안티 오이디푸스

L'ANTI-ŒDIPE

안티 오이디푸스
자본주의와 분열증

질 들뢰즈, 펠릭스 과타리

김재인 옮김

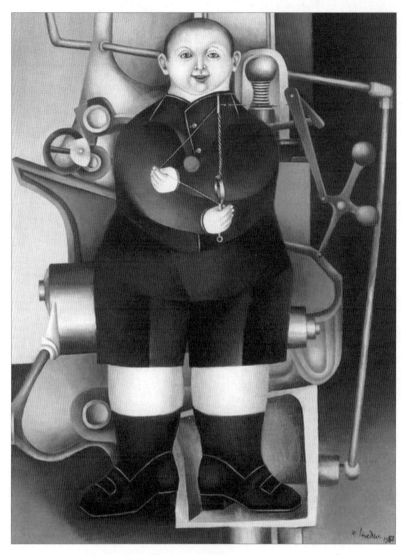

리처드 린드너,「기계와 함께 있는 소년(Boy with Machine)」
(1954, o/c, 40×30, Mr and Mrs C. L. Harrison, Batavia, Ohio)

서문
비-파시스트적 삶의 입문서*

1945~1965년에는(나는 지금 유럽을 언급하고 있는데), 올바르게 생각하는 특정 방식이, 정치적 담론의 특정 양식이, 지식인의 특정한 윤리가 있었다. 맑스와 친숙한 관계여야만 했고, 자신의 꿈들이 프로이트에서 너무 멀리 벗어나게 해서는 안 되었다. 기호-체계들, 즉 기표를 가장 소중히 다뤄야만 했다. 이것들이 자기 자신과 자기 시대에 대해 일말의 진실을 쓰고 말한다는 저 이상한 몰두를 받아들이게 만든 세 가지 요구 사항이었다.

그다음에 짧고, 감격적이고, 환희에 넘치고, 불가사의한 오 년의 세월이 왔다. 우리 세계의 출입문들에는, 물론 베트남이 있었고, 현존 권력들에 대한 최초의 주요한 타격이 있었다. 하지만 여기서, 벽 안쪽에서, 정확히 무슨 일이 일어나고 있었는가? 혁명적이며 반(反)탄압적인 정치의 아말감? 사회적 착취와 정신적 탄압에 맞서 두 개의 전선에서 치러진 전쟁? 계급투쟁에 의해 변조된 리비도의 분출? 그럴지도 모른

---

* Michel Foucault(1977), "Preface" to the English translation of *Anti-Oedipus*, pp.xi~xiv. 번역은 영어본을 기준으로 하되 프랑스어본을 참고하였다.

다. 어쨌든 저 세월의 사건들을 설명한다고 주장했던 것은 이 친숙한 이원론적 해석이다. 1차 세계대전과 파시즘 사이 유럽의 가장 꿈같은 부분들— 빌헬름 라이히의 독일, 초현실주의자들의 프랑스— 을 마법으로 호린 꿈은 되돌아와서 현실 그 자체에 불을 지르고 있었다. 곧, 작열하는 동일한 빛 속에 있는 맑스와 프로이트.

하지만 일어났던 일이 정말 그걸까? 1930년대의 유토피아적 기획이, 이번엔 역사적 실천의 규모에서, 재개되었던 것일까? 혹은 반대로 맑스주의 전통이 처방했던 모델에 더 이상 맞지 않는 정치투쟁들을 향한 운동이 있었던 걸까? 더 이상 프로이트적이지 않은 경험과 욕망의 테크놀로지를 향한 운동이 있었던 걸까? 옛 현수막이 걸린 건 맞지만, 전투는 새로운 지대로 이동하고 확산되었다.

『안티 오이디푸스』는 무엇보다도 얼마나 많은 땅이 가려 있었던가를 보여 준다. 하지만 실은 훨씬 그 이상을 행하고 있다. 『안티 오이디푸스』는 옛 우상들을 깎아내리는 데 시간을 허비하고 있지는 않다. 비록 실제로 프로이트를 상당히 많이 놀려 먹고 있긴 해도 말이다. 가장 중요한 것은, 이 책이 우리를 더 멀리 가도록 자극한다는 점이다.

『안티 오이디푸스』를 확정적인(*the*) 새로운 이론적 참고 자료로 읽는 것은 잘못이리라(알다시피, 마침내 모든 것을 망라하고, 마침내 총체화하고 안심을 주는 잘 선포된 저 이론, '희망'을 결핍하고 있는 우리의 이산(離散)과 전문화 시대에 우리에게 '지독히도 필요하다'라고 알려진 이론). 이 놀랍도록 풍요로운 새로운 생각들과 경이로운 개념들 가운데서 '철학'을 찾으려 해서는 안 된다. 『안티 오이디푸스』는 겉만 번드르르한 헤겔이 아닌 것이다. 내가 생각하기에 『안티 오이디푸스』를 읽는 가장 좋은 방법은, 가령 '성애술(erotic art)'이라는 말로 전달될 때의 의미에서 '술(術, art)'로 읽는 것이다. 다양체, 흐름, 배치체, 연결 등 표면상 추상적인 개념들에 의거하고 있기는 하나, 욕망과 현실의 관계, 욕망과 자본주의 '기계'의 관계에 대한 분석은 구체적 물음들에 대한 답변을 내놓는다. 왜 이것 아니면 저것인가보다는 어떻게 진행할 것인가와 더 관련된 물음들 말이다. 사고에, 담론에, 행동에 어떻게 욕망을 도입할까? 욕망은 어떻게 정치 영역에서 자신의 힘들을 펼칠 수 있으며 또 펼쳐야 할까? 그리고 욕망은 어떻게 기성 질서의 전복 과정에서 더 강렬해질 수 있으며 또 강화되어야 할까? 성애술, 이론술, 정치술(ars erotica, ars theoretica, ars politica).

이로써 『안티 오이디푸스』가 대면하는 세 부류의 적이 있게 된다. 이 적들은 똑같은 힘을 갖고 있지 않고, 다양한 정도의 위험을 대표하며, 이 책은 그들에 대해 상이한 방식으로 전투한다.

1. 정치적 금욕주의자들, 미친 투사들, 이론의 테러리스트들. 이들은 정치와 정치 담론의 순수한 질서를 보존하고자 한다. 이들은 혁명의 관료요 *진리*의 공무원이다.

2. 욕망의 서툰 기술자(技術者)들, 즉 정신분석가 및 모든 기호와 징후의 기호학자들. 이들은 욕망이라는 다양체를 구조와 결핍의 이항 법칙에 종속시키려 한다.

3. 끝으로 특히, 주요한 적수이자 전략적인 적은 파시즘이다(반면 다른 적수들에 대한 『안티 오이디푸스』의 적대는 차라리 전술적 관여의 성격을 띤다). 대중들의 욕망을 동원하고 매우 효과적으로 이용할 줄 알았던 역사적 파시즘, 히틀러나 무솔리니의 파시즘뿐 아니라, 우리 모두의 안에 있는, 우리의 머리와 우리의 일상 행동 속에 있는 파시즘, 우리가 권력을 사랑하게 만들고 우리를 지배하고 착취하는 바로 그것까지도 욕망하게 만드는 파시즘 말이다.

감히 말하건대 『안티 오이디푸스』(저자들은 나를 용서해 주길 바란다)는 윤리 책이며, 꽤나 오랜만에 프랑스에서 저술된 최초의 윤리 책이다

(이 책의 성공이 특정한 '독자'에게 국한되지 않았던 이유는 아마 이로써 설명되리라. 안티 오이디푸스라는 것은 삶의 양식, 생각과 삶의 양태가 되어 버렸다). 누군가가 자신을 혁명적 투사라고 믿는 바로 그때(특히 그때), 어떻게 해야 파시스트가 아닐 수 있을까? 어떻게 해야 우리는 말과 행동에서, 심장과 쾌락에서 파시즘을 떨쳐 낼까? 우리의 행동 속에 배어 있는 파시즘을 어떻게 해야 색출해 낼까? 기독교 모럴리스트들은 영혼 깊이 박혀 있는 살의 흔적들을 찾아냈다. 제 나름 들뢰즈와 과타리 쪽에서는 몸 안에 있는 파시즘의 가장 미세한 흔적들을 추적한다.

성 프랑수아 드 살에게 겸손한 경의를 표하면서, 『안티 오이디푸스』를 '비-파시스트적 삶의 입문서'라고 말할 수 있으리라.[1]

이미 현존하는 파시즘이건 임박한 파시즘이건, 파시즘의 모든 형식에 대항하는 이러한 삶의 예술(art)은, 내가 이 위대한 책을 일상생활의 지침서 내지 안내서로 만들고자 한다면, 다음과 같이 요약될 몇 개의 본질적 원리들을 동반한다.

— 모든 일원적이고 총체화하는 편집증에서 정치적 행동을 해방하라.

— 구획과 피라미드식 위계화 말고 증식, 중첩, 분리를 통해 행동, 생각, 욕망 들을 발전시키라.

— *부정의 낡은 범주들*(법, 한계, 거세, 결핍, 결함)로부터 충직함을 철회하라. 이는 서구 사상이 아주 오랫동안 권력의 형식 및 현실로의 접근법으로 신성시했던 것들이다. 차라리 실정(實定)적이고 다양한 것을, 획일성보다는 차이를, 통일성보다는 흐름을, 체계보다는 유동적 배치

---

1 Fraçois de Sales, *Introduction à la vie dévote*(1604), Lyon, Pierre Rigaud, 1609. 프랑수아 드 살은 17세기 제노아의 사제 겸 주교이다.

체를 취하라. 생산적인 것은 정주(定住)가 아니라 유목이라는 것을 믿으라.

— 자신이 맞서 싸우는 대상이 역겹더라도, 투사가 되기 위해서는 슬퍼야 한다고 생각하지 말라. 혁명적 힘을 지니고 있는 건 욕망과 현실의 연결이다(욕망이 재현의 형식들로 퇴각하는 것이 아니라).

— 정치적 실천의 근거를 *진리*에 두기 위해 사고를 이용하지 말라. 또, 사고의 선(線)을 단순한 사변이라고 깎아내리기 위해 정치적 행동을 이용하지 말라. 정치적 실천을 이용해 사고를 강화하고, 분석을 이용해 정치적 행동의 개입을 위한 형식들과 영역들을 다양화하라.

— 철학이 정의했던 것과 같은 개인의 '권리들'을 복원시키라고 정치에 요구하지 말라. 개인은 권력의 생산물이다. 필요한 건 배가(倍加)와 이전(移轉), 잡다한 조합을 통해 '탈-개인화'를 행하는 일이다. 집단은 위계화된 개인들을 통합하는 유기적 결합이 아니라, 탈-개인화의 항상적인 발생자여야 한다.

— 권력에 홀딱 반하지 말라.

들뢰즈와 과타리가 권력을 거의 개의치 않아서 자신들의 담론과 연결된 권력의 효과들을 중화하려고 노력했다는 말까지 나올 수 있으리라. 그래서 책 전반에 걸쳐 놀이들과 올가미들이 흩어져 있게 된 것인데, 이것들 때문에 이 책의 번역은 진정한 용맹의 위업이 된다. 하지만 이것들은 수사학이라는 친숙한 덫이 아니다. 수사학이라는 덫은 독자가 조작당한다고 깨닫지 못하는 사이에 독자를 휘두르려 하며 궁극적으로는 독자의 의지에 거슬러 독자에게 이긴다. 『안티 오이디푸스』의 덫은 유머라는 덫이다. 그리하여 자신을 내몰아, 텍스트를 떠나, 문을 탕 닫고 나가라는 수많은 초대들이 있다. 종종 이 책은, 본질적인 뭔가가, 극단으로 심각한 뭔가가 일어나고 있을 때, 재미와 놀이만 있다고 믿게 만든다. 우리를 둘러싸고 으깨는 엄청난 파시즘에서 우리의 일상

생활을 독재의 쓰라림으로 구성하는 작은 파시즘에 이르기까지, 파시즘의 모든 변종을 탐지하는 일 속에.

1977년

미셸 푸코

차례

일러두기

1 프랑스어 원문에서 이탤릭체는 고딕체로, 대문자는 이탤릭체로 표기하였고, 《 》로 묶여 있는 부분은 〈 〉로 묶었다.

2 옮긴이 주에는 각주 번호 뒤에 "(옮긴이)"라고 표시하거나 각주 번호 대신 "＊"를 썼다. 원주에는 아무런 표시도 하지 않았으며, 번역본과 프랑스어 원서의 각주 번호는 같다.

3 〔 〕로 묶은 말은 뜻이 잘 통하도록 하기 위해서 옮긴이가 개입한 부분이다.

4 외래어 표기는 국립국어원 원칙에 따르되, 일부 인명은 현재 학계에서 존중되는 표기를 따랐다(예: 맑스, 엥엘스, 빈스방어, 베르그손).

5 프랑스어 원문의 쪽수를 페이지 여백에 표시하였다.

6 각주에서 들뢰즈와 과타리를 가리킬 때 DG로 표시했다.

7 저자들이 참조한 독일어와 영어 텍스트는 원문에서 옮겼으며, 해당 원서의 쪽수를 고딕체 "영"과 "독"이라는 표시와 함께 밝혔다. 해당 원서는 따로 「인용 출처」(원서에는 없다)에서 밝혔다.

8 한국어 독자의 편의를 위해 「한국어-프랑스어 용어 대조」를 부록으로 실었다.

9 「인명 찾아보기」는 프랑스어 원본(pp.459~461)에 수록된 것을 참조하여 몇 명을 추가하고 언급된 쪽수를 더 자세히 밝혔다.

1장
욕망 기계들

1 욕망적 생산

분열자의 산책

그것(*ça*)은 도처에서 기능한다. 때론 멈춤 없이, 때론 단속적으로. 그것은 숨 쉬고, 열 내고, 먹는다. 그것은 똥 싸고 씹한다. 이드(*le ça*)라고 불러 버린 것은 얼마나 큰 오류더냐? 도처에서 그것은 기계들인데, 이 말은 결코 은유가 아니다. 그 나름의 짝짓기들, 그 나름의 연결들을 지닌, 기계들의 기계들. 기관-기계가 원천-기계로 가지를 뻗는다. 한 기계는 흐름을 방출하고, 이를 다른 기계가 절단한다. 젖가슴은 젖을 생산하는 기계이고, 입은 이 기계에 짝지어진 기계이다. 거식증의 입은 먹는 기계, 항문 기계, 말하는 기계, 호흡 기계 사이에서 주저한다(천식의 발작). 바로 이렇게 모두는 임시변통 재주꾼이다. 각자 자신의 작은 기계들이 있다. 에너지-기계에 대해 기관-기계, 언제나 흐름들과 절단들. 법원장 슈레버는 엉덩이에 태양 광선들을 지니고 있다. 태양 항문. 그리고 그것이 작동한다는 건 틀림없어라. 법원장 슈레버는 뭔가를 느끼고 뭔가를 생산하며, 또 그것을 이론으로 만들 수 있다. 뭔가 생산된다. 은유들 말고, 기계의 결과들이.

분열자의 산책. 이것은 소파에 누운 신경증자보다 나은 모델이다. 약간의 외기, 바깥과의 관계. 가령 뷔히너가 재구성한 렌츠의 산책.[1] 이 때의 렌츠는 그의 선한 목사 집에 있을 때와는 전혀 다르다. 이 목사는 종교의 신과 관련해서, 부모와 관련해서 렌츠의 사회적 위치를 억지로 지정한다. 반면 산책할 때 렌츠는 다른 신들과 함께 또는 전혀 신 없이, 가족 없이, 부모 없이, 자연과 함께 산속에, 눈 속에 있다. 〈아버진 뭘 바라지? 아버지가 내게 더 좋은 걸 줄 수 있을까? 불가능해. 날 평화롭게 내버려 둬.〉 모든 것은 기계를 이룬다. 별들이나 무지개 같은 천상 기계들, 알프스 기계들, 이것들은 렌츠의 몸의 기계들과 짝짓는다. 기계들의 끊임없는 소음. 〈온갖 형태의 깊은 삶과 접촉하는 것, 돌들, 금속들, 물, 식물들과 영혼을 교감하는 것, 달이 차고 기욺에 따라 꽃들이 공기를 빨아들이듯 꿈에 잠겨 자연의 모든 대상을 있는 그대로 맞이하는 것, 렌츠는 이런 것들이 무한한 지복의 느낌임이 틀림없다고 생각했다.〉 하나의 엽록소 기계 내지 광합성 기계이기, 또는 적어도 이와 유사한 기계들 속에 자기 몸을 하나의 부품으로 슬며시 밀어 넣기. 렌츠는 인간과 자연의 구별보다 앞서, 이 구별이 설정한 모든 좌표보다 앞서 자리해 있다. 그는 자연을 자연으로 사는 것이 아니라 생산과정으로 산다. 더 이상 인간도 자연도 없다. 오로지 하나 속에서 다른 하나를 생산하고 기계들을 짝짓는 과정만이 있다. 도처에 생산적 즉 욕망적 기계들, 분열증적 기계들, 유적(類的) 삶 전체로다. 자아와 비-자아, 외부와 내부의 구별은 이제 아무 의미가 없다.

---

1 Georg Büchner, *Lenz*, Paris: Fontaine 텍스트 참조.((옮긴이) 독: p.102 & pp.97~98. 영: p.141)

자연과 산업

분열자의 산책 속편. 베케트의 인물들이 외출하기로 결심하는 때. 우선 이들의 다양한 거동 자체를 하나의 정교한 기계라고 보아야 한다. 그다음에 자전거. '자전거-경적' 기계는 '어머니-항문' 기계와 어떤 관계일까? 〈자전거와 경적에 대해 말하는 건 얼마나 편안한가. 불행히도, 중요한 건 이것들이 아니라, 내 기억이 옳다면, 자기 엉덩이 구멍으로 날 세상에 낳아 준 여자이다.〉 사람들은 흔히 오이디푸스, 그건 다루기 쉬운 거라고, 주어져 있는 거라고 믿는다. 하지만 실은 그렇지 않다. 오이디푸스는 욕망 기계들의 환상적 탄압을 전제로 한다. 그러면 왜, 어떤 목적으로? 거기에 굴복하는 것이 정말 필요하고 바람직할까? 그리고 뭘 이용해 그렇게 하는 걸까? 오이디푸스 삼각형 속에 무엇을 넣을 거며, 무엇으로 그걸 형성할까? 자전거 경적과 내 어머니의 엉덩이만 있으면 만사 땡일까? 더 중요한 물음들이 있지 않을까? 하나의 결과가 주어진다면, 그 결과를 잘 생산할 수 있는 건 어떤 기계일까? 또한 하나의 기계가 주어진다면, 그걸 뭐에 써먹을 수 있을까? 가령 식탁 나이프 받침에 대한 질서정연한 설명서 앞에서, 그것이 어떤 용도일지 짐작해 보라. 또는 다음과 같은 기계가 있다. 내 외투 오른쪽 주머니에 돌 여섯 개(공급용 주머니), 내 바지 오른쪽 주머니에 돌 다섯 개, 내 바지 왼쪽 주머니에 돌 다섯 개(전달용 주머니들), 다른 돌들이 지나감에 따라 이미 사용된 돌들을 받아들일 외투의 마지막 주머니. 이렇게 형성된 완벽한 기계 앞에서, 입 자신도 돌들을 빨아들이는 기계로 삽입되는 이 분배 회로의 결과가 뭘까? 여기서 쾌감(volupté)의 생산이란 어떤 걸까? 『말론 죽다』의 끝에서 페달 부인은 분열자들을 자연으로 데리고 나가, 산책도 시키고 유람 마차에도 태우고 배도 태우고 소풍도 시킨다. 폭탄이 마련되었도다.

피부 아래 몸은 과열된 공장이다,

그리고 바깥에서,

환자는 빛을 내고,

반짝인다,

터져 나온,

피부의 모든 구멍으로부터.[2]

과정

우리는 자연을 분열증의 한 극(極)으로 고정할 마음은 없다. 분열자
가 특유하게 그리고 유적으로 체험하는 것은, 결코 자연이라는 특유한
극이 아니라 생산과정으로서의 자연이다. 여기서 과정이란 무슨 뜻일
까? 어떤 층위에서, 자연이 산업과 구별되는 일은 있을 법하다. 한편으
로 산업은 자연과 대립되며, 다른 한편 산업은 자연에서 원료를 퍼 오
며, 또 다른 한편 산업은 자연에 폐기물을 반환한다 등. '인간과 자연',
'산업과 자연', '사회와 자연'이라는 이런 구별 관계는, 심지어 사회 안
에서 〈생산〉, 〈분배〉, 〈소비〉라 불리는 상대적으로 자율적인 영역들을
구별하는 조건을 이룬다. 하지만 일반적으로 이 층위에서의 구별들은,
그 발전된 형식적 구조 속에서 고찰하자면, (맑스가 지적했듯이) 자본과
분업을 전제할 뿐 아니라 자본주의적 존재가 자신에 대해 그리고 경과
(經過) 전반의 응고된 요소들에 대해 필연적으로 갖는 허위의식 또한
전제한다. 왜냐하면 진실로 — 망상 속에 있는, 터져 나오는 검은 진실
이라는 점에서, 진실로 — 상대적으로 독립된 영역들 내지 회로들이란
없기 때문이다. 생산은 즉각 소비이며 등록이고, 등록과 소비는 직접

---

2 Antonin Artaud, *Van Gogh le suicidé de la société.*((옮긴이) 영: p.158)

생산을 규정하며, 그것도 생산 자체의 한가운데서 생산을 규정한다. 그리하여 모든 것은 생산이다. 생산의 생산, 즉 능동들과 수동들의 생산들. 등록의 생산, 즉 분배들과 좌표들의 생산들. 소비의 생산, 즉 쾌감들, 불안들, 고통들의 생산들. 모든 것은 생산이기에, 등록들은 즉각 완수되고 소비되며, 소비들은 직접 재생산된다.[3] 과정의 첫째 의미는 이렇다. 등록과 소비를 생산 자체 안으로 데리고 들어가서, 등록과 소비를 단 하나의 동일한 경과의 생산들로 만드는 것.

둘째로, 더군다나 '인간'과 '자연'의 구별은 없다. 자연의 인간적 본질과 인간의 자연적 본질은, 말하자면 인간의 유적 삶 안에서 일치하듯, 생산 내지 산업으로서의 자연 안에서 일치한다. 산업은 이제 효용이라는 외면적 관계 속에서 파악되지 않고, 자연과의 근본적 동일성 속에서 파악되는데, 이때의 자연은 인간의 생산 및 인간에 의한 생산으로서의 자연을 가리킨다.[4] 인간은 만물의 왕이 아니다. 오히려 인간은 온갖 형태 또는 온갖 종류의 깊은 삶과 접촉해 있으며, 별들 및 동물들도 짊어지고 있고, 기관-기계를 에너지-기계로, 나무를 자기 몸으로, 젖가슴을 입으로, 태양을 엉덩이로 끊임없이 가지 뻗는 자, 즉 우주의 기계들의 영원한 담당자이다. 이것이 과정의 둘째 의미이다. 인과나 이해나 표현 등의 관계(원인-결과, 주관-객체 등)에서 파악되는 때조차도, 인간과 자연은 서로 마주 보고 있는 두 항과 같은 것이 아니며, 오히려 생산자 및 생산물의 하나의 동일한 본질적 현실이다. 과정으로서의 생산

---

3 조르주 바타유는 자연의 에너지와 관련해 사치스러운 비생산적 낭비 내지 소비에 대해 말하는데, 여기서 중요한 것은 〈유용함〉으로 규정되는 한에서의 인간의 생산과 독립해 있다고 여겨지는 영역에 기입되지 않는 낭비 내지 소비이다. 따라서 중요한 것은 우리가 소비의 생산이라고 부르는 것이다.(*La Notion de dépense et la Part maudite*, Paris: Minuit 참조)
4 맑스에 따른 *자연*과 *생산*의 동일성 및 유적 삶에 대해서는 그라넬의 다음 주석 참조. Gérard Granel, "L'Ontologie marxiste de 1844 et la question de la coupure," in *l'Endurance de la pensée*, Paris: Plon, 1969, pp.301~310.

욕망적 생산

은 모든 관념적 범주를 넘어서 있으며, 내재적 원리로서의 욕망과 관계된 하나의 순환을 형성한다. 바로 이런 까닭에 욕망적 생산은 유물론적 정신의학의 실효적 범주인데, 유물론적 정신의학은 분열자를 호모 나투라(Homo natura)로 설정하며 다룬다. 그렇지만 여기에는 하나의 조건이 붙는데, 이 조건이 과정의 셋째 의미를 구성한다. 즉 과정은 목표나 끝으로 파악되면 안 되며, 과정 자체의 무한한 계속과 혼동돼서도 안 된다. 과정의 끝 또는 과정의 무한한 계속은 — 양자는 엄밀히 말해 과정의 난폭하고 미숙한 정지와 같은 것인데 — 병원에서 보게 되는 것 같은 인공적 분열자, 즉 임상 존재로서 생산된 자폐증 환자가 생겨나는 원인이다. 로렌스는 사랑에 관해 이렇게 말한다. 〈우리는 과정을 목표로 밀어붙였다. 모든 과정의 목적은 그 과정의 영속화가 아니라 그 과정의 완성이다. (⋯⋯) 과정은 완성으로 치달아야 하며, 영혼과 육체가 궁극적으로 사멸해 버릴 어떤 끔찍한 강화와 극단으로 치달아서는 안 된다.〉[5] 분열증도 사랑과 마찬가지이다. 분열증적 특유성도 분열증적 임상 존재도 없다. 분열증은 생산과 재생산을 행하는 욕망 기계들의 우주요, 〈인간과 자연의 본질적 현실〉로서의 1차적인 보편적[우주적] 생산이다.

욕망 기계, 부분대상들, 흐름 — 그리고⋯⋯ 그다음에⋯⋯

욕망 기계들은 이항 규칙 또는 연합 체제에 따르는 이항 기계이다. 하나의 기계는 언제나 다른 기계와 짝지어 있다. 생산적 종합, 생산의 생산은 〈그리고〉, 〈그다음에〉⋯⋯라는 연결 형식을 갖고 있다. 흐름을 생산하는 어떤 기계와 이 기계에 연결되는, 절단을, 흐름의 채취를 수

---

5 D. H. Lawrence, *La Verge d'Aaron*, Paris: Gallimard, p.199.((옮긴이) 영: pp.200~201)

행하는 또 다른 기계가 늘 있으니 말이다(젖가슴 ─ 입). 그리고 저 처음 기계는 그 나름으로는 절단 내지 채취 같은 작동을 통해 관계를 맺는 또 다른 기계에 연결되기 때문에, 이항 계열은 모든 방향에서 선형(線形)이다. 연속된 흐름들과 본질적으로 파편적이면서도 파편화된 부분대상들의 짝짓기를 욕망은 끊임없이 실행한다. 욕망은 흐르게 하고 흐르고 절단한다. 헨리 밀러는 욕망의 찬가에서 말한다. 〈나는 흐르는 모든 걸 사랑해, 심지어 수정되지 않은 난자를 나르는 월경의 흐름마저도…….〉[6] 한편에는 양수 주머니와 신장 결석(結石). 다른 한편에는 **12** 머리칼의 흐름, 침의 흐름, 정액과 똥오줌의 흐름. 이 흐름들은 부분대상들에 의해 생산되며, 다른 흐름들을 생산하는 또 다른 부분대상들에 의해 부단히 절단되고, 또 다른 부분대상들에 의해 재절단된다. 모든 〈대상〉은 흐름의 연속성을 전제하며, 모든 흐름은 대상의 파편화를 전제한다. 물론 각각의 기관-기계는 자기 고유의 흐름에 따라, 이 기관 기계에서 흘러나오는 에너지에 따라 전 세계를 해석한다. 가령 눈은 모든 것을, 즉 말하기, 듣기, 똥 싸기, 씹하기 등을 보기의 견지에서 해석한다. 하지만 하나의 횡단선 속에서, 어떤 다른 기계와 늘 하나의 연결이 설립된다. 이 횡단선 속에서, 저 처음 기계는 다른 기계의 흐름을 절단하거나, 다른 기계에 의해 자신의 흐름이 절단되는 것을 〈본다.〉

첫째 종합 ─ 연결 종합 또는 생산의 생산

따라서 연결 종합의 짝짓기, 즉 '부분대상-흐름'은 '생산물-생산하

---

6 Henry Miller, *Tropique du Cancer*, 13장(〈……그리고 내 내장은 거대한 분열증적 흐름 속에서 번저 나간다. 이것은 나를 '절대'에 대면시키는 배설이다〉).((옮긴이) **영**: 13장. **독**: pp.277ff.)

욕망적 생산

기'라는 또 다른 형식도 갖고 있다. 생산물에는 언제나 생산하기가 접붙으며, 바로 이런 까닭에, 모든 기계가 기계의 기계이듯, 욕망적 생산은 생산의 생산이다. 표현이라는 관념론적 범주는 만족스러울 수 없다. 생산과정에 결부하지 않으면서 분열증적 대상을 기술하려고 꿈꿀 수도 없고, 꿈도 꾸지 말지어다. 《아르 브뤼》 잡지들은 그 생생한 증명이다(또한 이를 통해 임상 존재인 분열자가 있었다는 게 부정된다). 다른 예로, 앙리 미쇼는 욕망의 경과인 생산의 경과와 관련하여 분열증적 탁자를 묘사한다. 〈그걸 처음 본 후로 그게 계속 내 머리를 사로잡았다. 그게 뭔지 나도 모르는 그 자신의 일을 그 탁자는 분명 계속해 왔다. (……) 놀라운 건, 그 탁자는 단순하지도 않았지만 또한 진정으로 복잡하지도 않았다는 점이다. 그건 단번에 복잡한 것도, 의도적으로 복잡한 것도, 또는 까다로운 계획에 의해 복잡한 것도 아니었다. 오히려 그건 작업이 더해짐에 따라 단순함을 잃어버렸다. (……) 그건 덧붙은 것들로 꽉 찬 탁자였는데, 마치 분열자의 이른바 덕지덕지한 그림들이 만들어지는 듯했다. 탁자가 종결된다면, 더 덧붙일 방도가 없어서일 텐데, 이 탁자는 점점 더 많이 쌓여, 점점 더 탁자가 아니게 되어 버렸다. (……) 그건 아무 쓸모도 없었고, 탁자에 기대할 만한 쓸모도 전혀 없었다. 그건 무겁고 거추장스러워 운반하기도 어려웠다. 그걸 (머리로건 손으로건) 어떻게 다뤄야 할지 알기 힘들었다. 탁자의 유용한 부분인 윗면은 점차 축소되고 사라졌으며, 거추장스러운 틀과는 거의 상관없어져, 더 이상 그 전체가 탁자라고는 꿈에도 생각할 수 없었고, 별개의 가구로, 용도 모를 미지의 도구로 생각하게 되었다. 탈인간화된 탁자, 그건 아무 편안함도 없었고, 저속하지도 투박하지도 않았고, 시골풍도, 요리용도, 작업용도 아니었다. 그건 아무 데도 적합하지 않았으며, 용도와 소통을 거절하고 거부했다. 그 탁자에는 망연자실케 하고 아연실색케 하는 뭔가가 있었다. 그건 멈춘 모터를 생각나게 할 수 있었으리라.)[7] 분열자는 보편적 생산자다. 여기에서 생산하기와 그 생산물을 구별할 여지는 없다. 적어도 생산된 대상은 자신의 여기를 새로운 생산하기로 가져가기 때문이다. 탁자는 〈자기 일〉을 계속한다. 탁자 윗면은 틀에 먹혀 버린다. 탁자가 종결되지 말아야 한다는 것은 생산의 지상명령이다. 레비스트로스가 임시변통 재주(bricolage)를 정의할 때, 그는 긴밀하게 엮인 특성들의 집합을 제안한다. ① 다양하고, 뒤얽히고, 그러면서도 제한된, 어떤 재고(stock) 내지 코드의 소유. ② 언제나 새로운 파편화 속으로 파편들을 들어가게 하는 능력. ③ 이로써 초래되는, 생산하기와 생산물 간의, 사용하는 도구들의 집합과 실현된 결과물의 집합 간의 차이 없음.[8] 어떤 것이 전류 배선으로 가지를 뻗을 때, 물줄기의 방향을 바꿀 때, 임시변통 재주꾼의 만족감은 〈아빠-엄마〉 놀이나 일탈의 즐거움으로는 잘 설명되지 못하리라. 생산하기를 항상 생산하기, 생산물에 생산하기를 접붙이기라는 규칙은, 욕망 기계들의, 또는 생산의 생산이라는 1차적 생산의 특성이다. 리처드 린드너의 그림 「기계와 함께 있는 소년」은 몸집이 크고 부어 있는 아이를 보여 주는데, 이 아이는 자신의 작은 욕망 기계들 중 하나를 거대한 사회·기술 기계에 접붙여서 기능하게 하고 있다(앞으로 보겠지만, 이것은 이미 아이에 대해서도 진실이니까).

기관 없는 몸의 생산

'생산하기', '생산물', '생산물과 생산하기의 동일성'……. 바로 이

---

7 Henri Michaux, *Les Grandes épreuve de l'esprit*, Paris: Gallimard, 1966, pp.156~157.((옮긴이) 영: pp.125~127) Henri Michaux, *Les Grandes épreuve de l'esprit*, Paris: Gallimard, 1966, pp.156~157.((옮긴이) 영: pp.125~127)
8 Claude Lévi-Strauss, *La Pensée sauvage*, Paris: Plon, 1962, pp.26ff.((옮긴이) 독: pp.29ff. 영: p.17)

욕망적 생산

동일성이 선형 계열 속에서 제3항을, 즉 미분화(未分化)된 거대한 대상을 형성한다. 모든 것이 한순간 정지하고, 모든 것이 응고된다(그다음에 모든 것이 재개된다). 어떤 점에선, 아무것도 작동하지 않고 아무것도 기능하지 않는 게 더 나으리라. 태어나지 않고, 탄생의 수레바퀴에서 벗어나고, 젖을 빨 입도 없고, 똥 쌀 항문도 없는 게. 기계들과 부품들을, 그리고 우리를, 무(無)로 돌려보낼 정도로, 기계들이 고장 나고 그 부품들이 이탈하게 될까? 아직도 에너지의 흐름들은 지나치게 묶여 있고, 아직도 부분대상들은 지나치게 유기적이라고 말할 수 있으리라. 하지만 하나의 순수한 유체(流體)가, 자유로운 상태에서, 절단 없이, 하나의 충만한 몸 위를 가볍게 스쳐 가는 중. 욕망 기계들은 우리를 하나의 유기체로 만든다. 하지만 이 생산 한가운데서, 이 생산의 생산 자체 안에서, 몸은 그렇게 조직화된 것을, 달리 조직화되지 않는 것을, 또는 아무 조직화도 없이 있지 못하는 것을 괴로워한다. 경과가 한창일 때, 제3의 시간으로서, 〈불가사의하고 완전히 뻣뻣한 멈춤.〉 즉 〈입 없음. 혀 없음. 이 없음. 목구멍 없음. 식도 없음. 위 없음. 배 없음. 항문 없음.〉 자동 장치들은 정지하고 전에 절합(節合)했던 비(非)유기체 덩어리를 등장시킨다. 기관 없는 충만한 몸은 비생산적인 것, 불임인 것, 출산되지 않은 것, 소비 불가능한 것이다. 앙토냉 아르토는, 그것이 형태도 모습도 없는 채로 있던 그곳에서, 그것을 발견했다. 죽음 본능, 그것이 그 이름이며, 죽음은 모델이 없지 않다. 사실이지, 욕망이 이것 즉 죽음 역시도 욕망하는 까닭은 죽음이라는 충만한 몸이 욕망의 부동의 모터여서인데, 이는 욕망이 삶을 욕망하는 까닭이 삶의 기관들이 작동하는 기계(working machine)여서인 것과 마찬가지이다. 그것이 어째서 함께 어우러져 작동하는지 묻지 말라. 이 물음조차도 추상의 산물이다. 욕망 기계들은 끊임없이 자신을 고장 내면서 고장 난 채로만 작동한다. 법원장 슈레버는 〈오랫동안 위도 없고 장도 없이, 거의 폐도 없이, 식도는 찢긴 채, 방광도 늑골도 없이 살았으며, 이따금 후두의 일부를 먹었고, 만사가 이랬다.〉기관 없는 몸은 비생산적이다. 그렇지만 그것은 연결 종합 내에서 자기 장소와 자기 시간에 생산하기와 생산물의 동일성으로서 생산된다 (분열증적 탁자는 하나의 기관 없는 몸이다). 기관 없는 몸은 본원적인 무 (無)의 증인이 아니며, 잃어버린 총체성의 여분도 아니다. 특히 그것은 그 어떤 투사가 아니다. 그것은 흔히 얘기되는 몸과, 또는 몸의 이미지와 아무 상관이 없다. 그것은 이미지 없는 몸이다. 그것은 비생산적이어서, 그것이 생산되는 그곳에, 이항-선형 계열의 제3의 시간에 실존한다. 그것은 생산 속에 끝없이 재주입된다. 긴장병의 몸은 욕조의 물 안에서 생산된다. 기관 없는 충만한 몸은 반(反)생산에 속한다. 하지만 생산을 반생산과, 반생산의 요소와 짝짓는 것은 여전히 연결 종합 내지 생산적 종합의 한 특성이다.

15

2 기관 없는 몸

밀쳐 냄과 편집증 기계

욕망 기계들과 기관 없는 몸 사이에는 명백한 충돌이 일어난다. 기계들의 연결, 기계의 생산, 기계의 소음은 그 각각이 기관 없는 몸에게 견딜 수 없는 것이 되었다. 기관들 아래에서 이 몸은 역겨운 애벌레들과 기생충들을 느끼며, 자신을 조직함으로써 자신을 헤집거나 목 조르는 신의 작용을 느낀다. 〈몸은 몸이다./ 그것은 혼자며/ 기관이 필요 없다./ 몸은 결코 유기체가 아니다./ 유기체는 몸의 적이다.〉[9] 살에 박힌 못마다, 그만큼의 고문이로다. 기관-기계들에 맞서, 기관 없는 몸은 미끄럽고 불투명하고 팽팽한 자신의 표면을 대립시킨다. 묶이고 연결되고 재절단된 흐름들에 맞서, 그 몸은 자신의 미분화된 무형의 유체를 대립시킨다. 음성학적으로 명료한 말들에 맞서, 그 몸은 분절되지 않은 블록들인 숨결들과 외침들을 대립시킨다. 우리가 생각하기에, 이른바

---

9 Antonin Artaud, in *84*, 5-6호, 1948.

본원적 억압이 뜻하는 것은, 일종의 〈대체-투자〉가 아니라 기관 없는 몸에 의한 욕망 기계들의 이 밀쳐 냄(répulsion)이다. 그리고 편집증 기계가 의미하는 것은 바로, 욕망 기계들의 기관 없는 몸으로의 불법 침입 작용 및 욕망 기계들을 전반적으로 박해 장치로 느끼는 기관 없는 몸의 밀쳐 내는 반작용이다. 그렇기에 우리는 타우스크가 편집증 기계를 〈자기 몸〉과 생식기관들의 단순한 투사로 볼 때 그를 따를 수 없다.[10] 편집증 기계의 발생은, 욕망 기계들의 생산의 경과와 기관 없는 몸의 비생산적 멈춤의 대립 속에서, 그 즉시 생겨난다. 편집증 기계의 익명적 성격과 그 표면의 미분화(未分化)가 그 증거이다. 투사는 대체-투자와 마찬가지로 2차적으로만, 즉 기관 없는 몸이 박해 기관 또는 외부 박해자의 형식으로 맞-안(un contre-dedans) 또는 맞-바깥(un contre-dehors)을 투자하는 한에서만, 개입한다. 하지만 그 자체로는 편집증 기계는 욕망 기계들의 아바타(化身)이다. 즉 그것은 기관 없는 몸이 욕망 기계들을 더 이상 견딜 수 없는 한에서 이 둘의 관계에서 귀결한다.

욕망적 생산과 사회적 생산——반생산은 어떻게 생산력들을 전유(專有)하는가

하지만 만일 우리가 중단 없는 과정 속에서 기관 없는 몸이 나중에 행하는 힘들에 대해 뭔가 알고자 한다면, 우리는 욕망적 생산과 사회적 생산의 병렬(parallèle)을 경유해야 한다. 이런 병렬은 현상학적일 뿐이다. 이런 병렬은 그 두 생산의 본성 및 관계에 대해, 또 두 가지 생산이 실제로 있는지의 문제에 대해서마저도, 조금도 미리 판단하고 있지 않

16

---

10 Victor Tausk, "De la genèse de l'appareil à influencer au cours de la schizophrénie," 1919, in *la Psychanalyse*, 4호.((옮긴이) 독: pp.1~33. 영: pp.519~556)

다. 그런데 가만 보면, 사회적 생산의 형식들 역시도 출산되지 않은 비생산적 멈춤, 경과와 짝지어진 반생산의 요소, 사회체라고 규정된 충만한 몸을 포함하고 있다. 그것은 토지의 몸일 수도, 전제군주의 몸일 수도, 자본일 수도 있다. 맑스가 "그것은 노동의 생산물이 아니며, 외려 노동의 자연적인 또는 성스러운 전제로 나타난다"라고 할 때, 그는 바로 충만한 몸에 대해 말한 것이다. 충만한 몸은 생산력들 그 자체와 대립하는 데서 그치지 않는다. 그것은 생산 전체로 복귀하고, 생산력들과 생산 담당자들이 분배되는 하나의 표면을 구성하며, 그렇게 해서, 그것은 잉여 생산물을 전유하고, 경과의 전체를 착복하며, 동시에 지금은 준-원인으로서 그것에서 발원하는 것처럼 보이는 경과의 부분들을 착복한다. 생산력들과 생산 담당자들은 기적적인 형태로 충만한 몸의 권력이 된다. 이것들은 충만한 몸에 의해 기적을 받은 것 같다. 요컨대 충만한 몸으로서의 사회체는 생산 전체가 자신을 등록하는 하나의 표면을 형성하며, 생산 전체는 그 등록 표면에서 발원하는 것처럼 보인다. 사회는 생산과정을 등록하면서 자기 고유의 망상을 구성한다. 그러나 이것은 의식의 망상이 아니다. 아니 오히려 허위의식은 거짓 운동에 대한 참된 의식이며, 외견상의 객관적 운동에 대한 참된 지각이며, 등록 표면에서 생산되는 운동에 대한 참된 지각이다. 자본은 그야말로 자본가의, 아니 차라리 자본주의적 존재의 기관 없는 몸이다. 하지만 이런 것이기에 자본은 단지 돈의 흐르고 멈추는 실체는 아니며, 자본은 돈의 불모성에 돈이 돈을 생산하는 형식을 부여하게 된다. 기관 없는 몸이 자신을 재생산하듯, 자본은 잉여가치를 생산하고, 싹이 터서, 우주 끝까지 뻗어 나간다. 자본은 기계에게 상대적 잉여가치를 제조하는 임무를 맡기고, 그 자신은 기계 안에 고정자본으로 체현된다. 그리고 기계들과 담당자들은 자본에 매달려서, 그것들이 작동하는 것 자체가 자본에 의해 기적적으로 일어난 일이 되는 지점까지 간다. 모든 것은 (객관적으로

17

36

는) 준-원인으로서의 자본에 의해 생산되는 듯 보인다. 맑스가 말하는 것처럼, 자본가들은 처음에는 노동과 자본의 대립에 대해, 그리고 초과 노동을 착취하는 수단으로서의 자본의 사용에 대해 필연적으로 의식하고 있다. 하지만 자본이 생산 전체로 복귀하는 등록 표면 역할을 수행함과 동시에, 주술에 걸린 전도된 세계가 재빨리 자리 잡게 된다(잉여 가치를 공급 내지 실현하는 것이 등록의 권리이다). 〈상대적 잉여가치가 자본주의 특유의 체계 속에서 발전하고 노동의 사회적 생산성이 증대함에 따라, 노동의 생산력들과 사회적 연관들은 생산과정에서 분리되어 노동에서 자본으로 넘어가는 듯 보인다. 그리하여 자본은 아주 신비한 존재가 된다. 왜냐하면 모든 생산력은 자본의 품 안에서 생기고 또 자본에 속하는 것처럼 보이기 때문이다.〉[11] 그리고 여기서 특유하게 자본주의적인 것은 기입 또는 등록 표면을 형성하기 위한 충만한 몸으로서의 돈의 역할과 자본의 사용이다. 하지만 토지의 몸이건 전제군주의 몸이건 그 어떤 충만한 몸, 등록 표면, 외견상의 객관적 운동, 변태적이고 마법에 걸린 물신적 세계는 사회적 재생산의 상수로서 모든 유형의 사회에 속한다.

전유 또는 끌어당김 그리고 기적 기계

기관 없는 몸은 욕망적 생산으로 복귀하며, 그것을 끌어당기고, 그것을 전유한다. 기관 없는 몸이 펜싱 선수의 조끼인 것처럼, 또는 자신들이 레슬러가 앞으로 돌진함에 따라 흔들거리는 그 운동복 위의 메달

---

11 Karl Marx, *Le Capital*, III, 7부 25장(Pléiade II, p.1435).((옮긴이) 독: p.835. 영: p.827) Louis Althusser, *Lire le Capital*, Paris: Maspero, 1965에서 발리바르의 주석, 2권 pp.213ff.((옮긴이) 독: pp.268ff. 영: pp.199~308) 참조 및 마슈레의 주석, 1권 pp.201ff.((옮긴이) 영: p.7, p.30, p.251의 각주들) 참고.

인 것처럼, 기관-기계들은 기관 없는 몸에 매달린다. 이렇게 끌어당기는 기계는 밀쳐 내는 기계의 뒤를 잇고 있으며, 또 뒤를 이을 수 있다. 편집중 기계 다음에 기적(奇蹟) 기계가 뒤를 잇는다. 그런데 여기서 〈다음에〉란 무엇을 의미하는가? 이 둘은 공존한다. 그리고 여기서 블랙 유머가 떠맡는 일은 모순들을 해결하는 것이 아니라, 모순들이 없는 듯이, 모순들이 전혀 없었던 듯이 만드는 것이다. 비생산적이고 소비될 수 없는 것인 기관 없는 몸은 욕망의 생산의 모든 경과를 등록하는 표면 노릇을 하기에, 욕망 기계들과 기관 없는 몸을 관련시키는 외견상의 객관적 운동 속에서 전자가 후자에서 나오는 것처럼 보인다. 기관들은 신의 광선들을 자신에게 끌어당기는 법원장 슈레버의 몸 위에서 재탄생되고 기적을 받는다. 물론 옛 편집중 기계는 기관들과 특히 법원장의 항문이 받은 〈기적을 제거〉하려는 조롱하는 목소리의 형태로 존속한다. 하지만 본질적인 것은 모든 생산력과 생산기관을 자신에게 귀속하고 이것들에다가 외견상의 운동을 전달함으로써 준-원인으로서 작용하는 마법적 기입 내지 등록 표면의 확립이다(물신). 분열자가 정치경제학을 한다는 것도, 성욕 전체가 경제의 사안이라는 것도, 그야말로 진실이다.

둘째 종합──분리 종합 또는 등록의 생산
……이건 ……이건

다만 생산은 자신이 생산되는 것과 같은 방식으로 등록되지는 않는다. 또는 차라리 생산은 구성의 경과에서 생산되었던 것과 같은 방식으로 외견상의 객관적 운동 속에서 재생산되지는 않는다. 우리는 부지불식간에 등록의 생산의 영역으로 옮겨 간 셈인데, 등록의 생산의 법칙은 생산의 생산의 법칙과는 같지 않다. 생산의 생산의 법칙은 연결 종합 또는 짝짓기였다. 하지만 생산적 연결들이 기계들에서 기관 없는 몸으로 이행할 때(노동에서 자본으로 이행하듯), 그것들은 〈자연적인 또는 성스러운 전제〉로서의 비생산적 요소와 관련해 하나의 분배를 표현하는 다른 법칙 아래 들어간다고 할 수 있으리라(자본의 분리들). 기관 없는 몸 위에는, 새로운 종합들의 그물 전체를 짜서 표면을 바둑판 모양으로 구획하는 수많은 분리 점들처럼 기계들이 매달린다. 분열증적인 〈……이건 ……이건〉이 〈그다음에〉와 교대한다. 어떤 임의의 두 기관을 고려하건, 그 둘이 기관 없는 몸에 매달리는 방식은 그 둘 사이의 모든 분리 종합이 미끄러운 표면 위에서 결국 같은 것으로 회귀하는 그런 식이어야 한다. 〈…… 아니면 ……〉이 호환 불가능한 항들 간의 결정적 선택(양자택일)을 표시하려 하는 데 반해, 〈……이건〉은 이전(移轉)되고 미끄러지면서 늘 같은 것으로 회귀하는 차이들 간의 호환 가능 체계를 가리킨다. 말하는 입과 걷는 발이 바로 이런 경우이다. 〈그는 때로는 아무 말 없이 멈추어 섰다. 결국 그는 아무 할 말도 없었거나, 뭔가 말할 것이 있었지만 결국 그걸 말하지 않기로 결정했거나. (……) 다른 주된 예들이 머리에 떠오른다. 금방 다시 걷기 시작하며 금방 말이 계속된다. 조금 있다가 다시 걷기 시작하면서 같은 일이 되풀이된다. 금방 다시 걷기 시작하면서 조금 있다가 말이 계속된다. 조금 있다가 다시 걷기 시작하면서 같은 일이 되풀이된다. 금방 다시 걷기 시작하면서 금방 말이 끊긴다. 금방 다시 걷기 시작하면서 같은 일이 되풀이된다. 금방 다시 걷기 시작하면서 조금 있어도 말은 계속되지 않는다. 조금 있다가 다시 걷기 시작하면서 같은 일이 되풀이된다.〉[12] 이렇듯 말론의 소유물들처럼 가장 보잘것없고 가장 애처로운 자본의 소유자인 분열자는 자신의 몸 위에 분리들을 지루하게 열거해 가며, 또 그는 가장 사소한 교체도

19

---

[12] Samuel Beckett, "Assez," in *Têtes-mortes*, Paris: Minuit, 1967, pp.40~41.((옮긴이) 영: "Enough". 독: pp.17ff.)

기관 없는 몸

새로운 상황에 대한 반응이나 무례한 질문자에 대한 대답이라고 여겨지는 과시용 세계를 만들어 낸다. 따라서 등록의 분리 종합은 생산의 연결 종합들을 다시 덮기에 이른다. 생산과정으로서의 과정은 기입 절차로서의 절차 속으로 연장된다. 또는 차라리, 리비도를 욕망적 생산의 연결적 〈노동〉이라 부른다면, 이 에너지의 일부는 분리적 기입의 에너지(누멘)로 변형된다고 말해야만 한다. 에너지 변형. 하지만 무의식의 문제는 외견상으로만 종교적이어서 많은 모호함을 야기하는데, 그런데도 왜 이 새 형태의 에너지를 성스럽다고, 즉 누멘이라고 부르는 걸까? 기관 없는 몸은 신(神)이 아니다. 차라리 정반대다. 하지만 기관 없는 몸이 생산 전부를 끌어당겨 기적을 낳는 마법적 표면 노릇을 하고, 생산 전체를 자신의 모든 분리 속에 기입할 때, 이 몸을 가로지르는 에너지는 성스럽다. 이로부터 슈레버가 신과 유지한 이상한 관계들이 생겨난다. 당신은 신을 믿습니까? 하고 묻는 사람에게 우리는 정확히 칸트 내지 슈레버 방식으로 이렇게 답해야 한다. 물론 믿습니다만, 단지 분리〔選言的〕 삼단논법의 대가(大家)로서, 이 삼단논법의 선험적 원리로서 믿을 뿐입니다(신은 *현실의 총체*로 정의되며, 파생된 현실들은 모두 이것의 나눔에서 비롯된다).

분열증의 계보학

따라서 성스러운 것은 분리의 에너지가 갖고 있는 성격뿐이다. 슈레버에게 있어 성스러운 것은 그가 자신 안에서 나뉘는 분리들과 뗄 수 없다. 즉 전방의 신의 왕국과 후방의 신의 왕국, 후방의 신의 왕국에서 상위의 신과 하위의 신 등. 프로이트는 특히 슈레버의 망상에서, 하지만 또한 망상 일반에서, 이 분리 종합들의 중요성을 강조한다. 〈그러**20** 한 나눔은 편집증적 정신병들에 아주 특징적인 것이다. 히스테리는 응축시키는 반면 이 정신병들은 나눈다. 또는 좀 더 정확히 말한다면, 이 정신병들은 무의식적 상상 속에서 실현된 응축들과 동일시들을 다시 그 요소들로 분해한다.)[13] 그런데 왜 프로이트는 다음과 같이, 즉 잘 반성해 보면 히스테리 신경증이 1차적이며 분리들은 최초에 응축된 것의 투사에 의해서만 얻어질 뿐이라고 덧붙이는 것일까? 분명 이것은 망상의 신 속에 그리고 분열증-편집증적 등록 속에 오이디푸스의 권리들을 보존하는 방식이다. 이렇기 때문에 우리는 이 점에 관해 가장 일반적인 물음을 제기해야 한다. 욕망의 등록은 오이디푸스 항들을 경유할까? 분리들은 욕망적 계보학의 형식이다. 그러나 이 계보학은 오이디푸스적일까? 이 계보학은 오이디푸스 삼각형화 속에 자신을 기입할까? 아니면 오이디푸스란, 그것을 사방으로 빠져나가는 계보학적 질료 및 형식을 사회적 재생산이 길들이기로 작정한 이상, 사회적 재생산의 요구 내지 결과가 아닐까? 사실 분열자가 심문을 받고, 끊임없이 받는다는 것은 확실하니 말이다. 분열자가 자연과 맺고 있는 관계는 특유할 것이 없으며, 바로 이 때문에 그는 통용되고 있는 사회적 코드의 용어들로 심문을 받는다. 네 이름은, 네 아버지는, 네 어머니는? 욕망적 생산을 행하는 중에, 몰로이는 경찰관에게 심문을 받는다. 〈당신 이름은 몰로이예요, 경찰이 말한다. 예, 금방 생각이 났습니다, 내가 말한다. 당신 어머니는? 경찰이 묻는다. 나는 답하지 못했다. 그녀 이름도 몰로이입니까? 경찰이 묻는다. 예, 내가 말한다. 그녀 이름이 몰로이인가요? 내가 말한다. 그래요, 경찰이 말한다. 나는 곰곰이 생각해 본다. 당신 이름은 몰로이지요, 경찰이 말한다. 예, 나는 말한다. 그러면 당신 어머니 이름도 몰로이지요? 경찰이 말한다. 나는 또 생각에 빠진다.〉* 정신분

---

13 Sigmund Freud, "Le président Schreber," *Cinq psychanalyses*, Paris: P.U.F., p.297.((옮긴이) 독: p.285. 영: p.432. 한: p.330)

* 영: S. Beckett, *Molloy*, p.29. 독: p.43. 영어와 프랑스어의 내용이 서로 다르다. 여기서는 프랑스어에서 옮겼다.

기관 없는 몸

석이 이 점에서 아주 혁신적이라고 말할 수는 없다. 정신분석은 이른바 정신병 현상들이 얼마나 이러한 참조 틀을 벗어나는지 느끼면서도, 오이디푸스 삼각형의 기초 위에서 계속해서 문제들을 제기하고 해석들을 전개한다. 슈레버의 상위의 신 아래에서 아빠를 발견해야만 하는데 그렇다면 하위의 신 아래에서 형을 발견하면 왜 안 되는가라고 정신분석가는 말한다. 분열자는 가끔은 참을 수 없게 되어 자기를 좀 조용히 내버려 둬 달라고 요구한다. 또 가끔은 장난을 일삼기 시작하여 엉뚱한 소리를 보태기도 하며, 그에게 제안된 모델 속에서 자신의 표식들을 다시 끌어들이고 또 안에서 이 모델을 깨부수기도 한다(예, 그분은 제 어머니예요, 그런데 제 어머니는 실은 동정녀 마리아예요). 우리는 법원장 슈레버가 프로이트에게 대답하는 것을 상상해 본다. "예, 예, 그렇지요. 말하는 새들은 어린 소녀들이고, 상위의 신은 아빠이고, 하위의 신은 제 형입니다." 하지만 슬그머니 그는 어린 소녀들에게 모든 말하는 새를, 자기 아버지에게 상위의 신을, 자기 형에게 하위의 신을 다시 회임시킨다. 이 모든 신의 형식들은 아주 단순한 오이디푸스 삼각형의 항들과 기능들을 뚫고 나감에 따라 복잡해지거나, 또는 차라리 〈단순함을 벗어난다.〉

난 아버질 믿지 않아

어머니도

난

엄마-아빠 게 아냐

욕망적 생산은 이항-선형 체계를 형성한다. 충만한 몸은 그 계열에서 제3항으로 도입되지만, 그 계열의 2, 1, 2, 1……이라는 성격을 부수지 않는다. 그 계열은 자신을 오이디푸스 같은 전형적인 3항 삼각형 형태에 집어넣고 주조하려는 베끼기〔轉寫〕에 전적으로 저항한다. 기관 없는 충만한 몸은 *반생산*으로서 생산된다. 말하자면, 그것은 부모가 있는 생산을 함축하는 모든 삼각형화의 시도를 거부하기 위해서만 반생산으로서 개입한다. 기관 없는 충만한 몸은 그것의 자기-생산, 자신에 의한 그것의 발생을 증언하는데, 어떻게 그것이 부모에 의해 생산되기를 바랄 수 있겠는가? 바로 그것 위에서, 그것이 있는 그곳에서, 그 어떤 투사와도 무관하게, 누멘이 분배되고 분리들이 설립되는 것이다. 그래, 나는 내 아버지였고 나는 내 아들이었다. 〈나, 앙토냉 아르토, 나는 내 아들이고 내 아버지이고 내 어머니이고 또 나다.〉 분열자는 자신에게 고유한 좌표 설정 양식들을 이용하는데, 왜냐하면 무엇보다 그는 사회적 코드와 일치하지 않는, 또는 사회적 코드를 패러디하기 위해서만 그것과 일치하는, 특수한 등록 코드를 이용하기 때문이다. 망상적 코드, 즉 욕망적 코드는 엄청난 유동성을 보인다. 이렇게 말할 수도 있으리라. 즉 분열자는 그에게 제기되는 물음들을 따라, 빠르게 미끄러지면서, 한 코드에서 다른 코드로 옮겨 가고, 모든 코드를 뒤섞는다고. 또한 매일매일 똑같은 설명을 하지 않으며, 같은 계보학을 원용하지도 않고, 같은 사건을 같은 방식으로 등록하지도 않으며, 진부한 오이디푸스 코드가 그에게 강요될 때 화가 나 있지 않으면 이 코드를 받아들이기까지 하지만, 이 코드가 배제하려 했던 모든 분리를 이 코드에 다시 틀어넣기까지 한다고. 아돌프 뵐플리의 그림들은 큰 시계들, 터빈들, 발전기들, 천상-기계들, 가옥-기계들 등을 등장시키고 있다. 그리고 이것들의 생산은 연이은 층들 또는 구역들을 지나 가장자리에서 중심부로 가면서 연결의 방식으로 일어난다. 하지만 그가 덧붙이는, 또 기분에 따라 달라지는 〈설명들〉은 그림의 등록을 구성하는 계보학적 계열들에 근거를 두고 있다. 더구나 등록은 그림 자체로 복귀하는데, 이때 그것은 〈파국〉 또는 〈전략〉을 나타내는 선들의 모습을 하고 있으며, 이 선들은 나선들

22

에 둘러싸인 그 수만큼의 분리들이기도 하다.[14] 분열자는 늘 뒤뚱거리지만 금방 바로 선다. 이렇게 되는 이유는 간단하다. 그에게는 그 어떤 분리들에서건 모든 측면에서 모든 것이 똑같기 때문이다. 이는 기관-기계들이 기관 없는 몸에 매달려도 소용없다는 말이다. 기관 없는 몸은 어디까지나 기관들이 없는 채로 있으며 보통 의미의 유기체로는 되지 않는다. 그것은 유동적이고 미끄러운 성격을 유지한다. 이와 마찬가지로, 생산자들이 슈레버의 몸 위에 자리 잡고 거기에 매달린다. 그가 끌어당기는, 수천의 작은 정자를 담은 태양 광선 같은 것들 말이다. 광선들, 새들, 목소리들, 신경들이 신 및 신의 나뉜 형태들과 복합적이고 교체 가능한 계보학적 관계들을 맺는다. 하지만 모든 일이 벌어지고 등록되는 것은 기관 없는 몸 위에서이다. 생산자들의 짝짓기들, 신의 나눔들, 바둑판 모양의 계보들 및 이것들의 교체들마저도. 사자의 갈기 속에 이〔虱〕들이 있듯이, 모든 것은 창조되지 않은 이 몸 위에 있다.

---

14 W. Morgenthaler, "Adolf Wölfli," tr. fr. *L'Art brut*, 2호.

3 주체와 향유

셋째 종합——결합 종합 또는 소비의 생산

따라서 그것은 ……이다

〈과정〉이란 말의 의미에 따르자면, 등록은 생산으로 복귀하지만, 등록의 생산 자체는 생산의 생산에 의해 생산된다. 이와 마찬가지로, 소비는 등록을 뒤따르지만, 소비의 생산은 등록의 생산에 의해 등록의 생산 안에서 생산된다. 기입 표면에 주체의 차원에 속하는 어떤 것이 눈에 띄게 되니 말이다. 그것은 이상한 주체이다. 고정된 정체성이 없고, 기관 없는 몸 위를 방황하며, 늘 욕망 기계들 곁에 있고, 생산물에서 차지하는 자신의 몫에 의해 정의되며, 도처에서 생성 내지 아바타라는 덤을 얻고, 자신이 소비하는 상태들에서 태어나고 또 각 상태마다 다시 태어나니까. 〈따라서 그것은 나다, 따라서 그것은 내 것이다…….〉 맑스의 말처럼, 괴로움마저도 자기 향유이다. 분명 모든 욕망적 생산은 이미 즉각 완수이자 소비이며, 따라서 〈쾌감〉이다. 하지만 각 나눔의 여분들 속에서 등록 표면의 분리들을 통해서만 자기 자리를 정할 수 있는 하나의 주체에게는 아직 그렇지가 않다. 법원장 슈레버는 언제나 이

23

점을 가장 생생하게 의식하고 있다. 우주에는 일정한 향유 비율이 있어, 신은 슈레버가 여자로 변하는 대가를 치러야만 쾌감을 얻을 수 있게 한다는 것이다. 하지만 이 쾌감 중 법원장이 체험하는 것은 그의 고통의 보수 또는 그의 여자-생성의 보상으로서 잔여의 몫뿐이다. 〈이 향유를 신에게 바치는 것은 내 의무이다. 그리고 이렇게 함으로써 관능적 쾌락이 조금 나에게 굴러떨어진다면, 몇 해 전부터 내 운명이었던 지나친 괴로움들과 궁핍들에 대한 약간의 보상으로서, 그것을 받아들이는 것이 정당하다고 나는 느낀다.〉 생산 에너지로서의 리비도의 일부가 등록 에너지(*누멘*)로 변형된 것과 마찬가지로, 등록 에너지의 일부는 소비 에너지(*볼룹타스*(Voluptas))로 변형된다. 바로 이 잔여 에너지가 무의식의 셋째 종합을, 〈따라서 그것은 ……이다〉라는 결합 종합 또는 소비의 생산을 추동한다.

독신 기계

우리는 어떻게 이 종합이 형성되는지 또는 어떻게 주체가 생산되는지 고찰해야 한다. 우리는 욕망 기계들과 기관 없는 몸의 대립에서 출발했다. 본원적 억압의 편집증 기계에서 나타났던 식의 저 둘 사이에서 일어나는 저 밀쳐 냄은 기적 기계에서 하나의 끌어당김에 자리를 내주었다. 하지만 끌어당김과 밀쳐 냄 사이에 대립은 지속된다. 실효적 화해는 〈억압된 것의 회귀〉로 기능하는 새 기계의 층위에서만 생겨날 수 있는 것 같다. 그런 화해가 실존한다는 또는 실존할 수 있다는 점은 모든 것이 증언해 준다. 전기(電氣) 편집증 기계들의 뛰어난 설계자였던 로베르 지에 관해, 다음과 같은 말보다 더 정확한 말을 들을 수는 없을 것이다. 〈그를 괴롭혔던 이 전류들에서 해방될 수 없었기 때문에, 그는 결국 강력하게 그것들 편을 들어, 그것들의 전적인 승리,

24

그것들의 압승의 형태로 그것들을 그리는 데 열중했던 것 같다.)[15] 프로이트는 더 정확하게 슈레버의 병의 전기, 즉 슈레버가 자신의 여성-생성과 화해하고 *자연＝생산*이라는 동일성(신인류의 생산)으로 그를 다시 데려가는 자기-치유의 과정에 들어가는 때의 중요성을 강조한다. 슈레버는 자신이 실제로 치료되고 자신의 모든 능력을 되찾은 바로 그때에, 사실상 여장 남자의 태도와 장치 속에 꼼짝없이 갇혀 있음을 알게 된다. 〈나는 가끔 상반신은 나체로, 여자처럼 리본들, 가짜 목걸이 등을 걸치고 거울 앞이나 딴 곳에 서 있다. 하지만 이런 일은 내가 혼자 있을 때만 일어난다…….〉 신인류 또는 영광스러운 유기체의 탄생을 위해 욕망 기계들과 기관 없는 몸 사이에 새 결연을 형성함으로써, 편집증 기계와 기적 기계의 뒤를 잇는 이 기계를 지칭하기 위해 〈독신 기계〉란 이름을 빌려 오자. 주체는 욕망 기계들 곁에서 여분으로서 생산된다는 말과 주체 자신은 이 제3의 생산 기계 및 이 기계가 행하는 잔여적 화해, 즉 〈따라서 이것은 그것이었다(C'était donc ça)!〉라는 놀라운 형식을 띤 소비의 결합 종합과 다르지 않다는 말은 결국 같은 얘기다.

미셸 카루주는 문학에서 발견한 몇 개의 환상적 기계들을 〈독신 기계〉란 이름 아래 떼어 냈다. 그가 내놓는 예들은 아주 다양하여, 얼핏 보면 같은 범주에 들어갈 수 없어 보인다. 뒤샹의 「벌거벗은 신부」, 카프카의 「유형지에서」의 기계, 레몽 루셀의 기계들, 자리의 「초남성」의 기계들, 에드거 앨런 포의 몇몇 기계들, 빌리에의 『미래의 이브』 등.[16] 여기서 각 예마다 중요성은 다르겠지만, 통일성을 부여해 주는 특징들은 다음과 같다. 우선 독신 기계는 체형(體刑)들, 그림자들, 옛 법 등으

---

15 *L'Art brut*, 3호, p.63.
16 Michel Carrouges, *Les Machines célibataires*, Paris: Arcanes, 1954.

주체와 향유

로 예전의 편집증 기계를 증언한다. 하지만 독신 기계 자체는 편집증 기계가 아니다. 그 둘은 톱니바퀴들, 견인차, 끌들, 바늘들, 자석들, 광선들이 서로 다르다. 독신 기계는 그것이 주는 체형들 또는 죽음에서까지도 새로운 무언가를, 태양의 권력을 드러낸다. 둘째로, 여기서 일어나는 변모는, 비록 그 기계가 최고의 기입들을 실효적으로 은닉하고 있긴 해도, 그 기계가 은닉하고 있는 기입으로 인해 지니는 기적을 낳는 성격으로는 설명될 수 없다(『미래의 이브』에서 에디슨이 행한 등록들을 참조할 것). 마치 기계적 에로티즘이 다른 무제한적 권력들을 해방하기라도 하듯, 새 결연, 새 탄생, 눈부신 황홀 같은 혼례가 맺어지는 이 새 기계의 현행적 소비가, 즉 자기 성애적 또는 차라리 자동 장치적이라 할 수 있을 쾌락이 존재한다.

물질, 알〔卵〕 그리고 내공들——*나는 느낀다*

물음은 이렇게 된다. 독신 기계는 무엇을 생산할까? 독신 기계를 통해 무엇이 생산될까? 내공(內鞏)량들이 답일 듯싶다. 순수 상태에서의, 거의 견딜 수 없는 한 점에서의, 내공량들에 대한 분열증적 경험이 있다. 즉 삶과 죽음 사이에서 유예된 아우성처럼 최고의 지점에서 체험되는 독신의 비참과 영광, 강렬한 이행감(移行感), 형태와 형식을 벗어 던진 순수하고 생생한 내공 상태들이로다. 사람들은 종종 환각들과 망상에 대해 말한다. 하지만 환각 현상(나는 본다, 나는 듣는다)과 망상 현상(나는 ……라고 생각한다)은 더 깊은 차원의 *나는 느낀다*를 전제하며, 이것은 환각들에 대상을 주고 생각의 망상에 내용을 준다. 〈나는 내가 여자가 된다고 느낀다〉, 〈내가 신이 된다고 느낀다〉 등은 망상이나 환각이 아니며, 오히려 환각을 투사하거나 망상을 내면화할 것이다. 먼저 내공들, 생성들, 이행들만을 체험하는 참으로 1차적인 감정에 비하면,

망상과 환각은 2차적이다.[17] 이 순수 내공들은 어디에서 유래하는가? 이 것들은 밀쳐 냄과 끌어당김이라는 앞서의 두 힘에서, 이 두 힘의 대립에 서 유래한다. 내공들 자신이 서로 대립하고 있고 어떤 중립 상태 주위에 서 평형을 이루고 있다는 생각은 버려야 한다. 그와는 반대로, 내공들은 기관 없는 충만한 몸을 지칭하는 내공=0에서 출발해서 모두 플러스 값 을 갖는다. 또한 내공들은 그들 간의 복잡한 관계에 따라 또 그들의 원 인이 되는 끌어당김과 밀쳐 냄의 비율에 따라 상대적으로 그 값이 하강 하거나 상승한다. 요컨대 끌어당기는 힘(引力)과 밀쳐 내는 힘(斥力)의 대립은 항상 플러스 값을 갖는 내공 요소들의 열린 계열을 생산하는데, 이 요소들은 한 체계의 최종적 평형상태 말고 한 주체가 경유하는 무수 한 준(準)안정적 멈춤 상태들을 표현한다. 칸트의 이론은 극도로 분열증 적인데, 그것에 따르면 내공량들은 잡다한 정도로 공백 없는 물질을 채우 고 있다. 법원장 슈레버의 설에 따르면, 끌어당김과 밀쳐 냄은 기관 없는 몸을 잡다한 정도로 채우고 있는 강렬한 신경 상태들을 생산하며, 슈레 버-주체는 이 상태들을 경유함으로써 영원회귀의 원(圓)에 따라 여자도 되고 어떤 다른 것들도 된다. 법원장의 벌거벗은 상반신에 있는 두 젖가 슴은 망상이나 환각이 아니다. 그것은 무엇보다도 그의 기관 없는 몸 위 의 어떤 내공 지역, 어떤 내공 지대를 지칭한다. 기관 없는 몸은 알이다. 알은 축선들과 문턱들, 위도들, 경도들, 측지선들이 가로질러 간다. 알은 생성들, 이행들, 거기서 발전될 행선지들 따위를 표시하는 기울기(句配) 들이 가로질러 간다. 여기서 그 무엇도 재현(再現)이 아니다. 모든 것은 삶이고 체험이다. 젖가슴이 체험하는 감정은 젖가슴을 닮아 있지 않으

26

---

17 비온은 *나는 느낀다*의 이러한 중요성에 대해 최초로 역설했다. 하지만 그는 이것을 단 지 환상의 차원에 기입하고 있을 뿐이며, 사실상 *나는 생각한다*의 정감적 평행물(parallèle affectif)로 보고 있을 뿐이다. *Elements of Psycho-analysis*, London: Heinemann, 1963, pp.94ff.

주체와 향유

며, 젖가슴을 재현하지도 않는다. 이는 마치 알 속의 한 예정된 지대가 거기에 들어설 기관을 닮지 않은 것과 같다. 거기에는 내공대(帶)들, 퍼텐셜들, 문턱들, 기울기들밖에는 없다. 이것은 애절하고 너무나 감동적인 경험으로, 이를 통해 분열자는 물질에, 물질의 강렬하고 생생한 중심에 가장 가까이 있게 된다. 〈이 감정은 정신이 그것을 찾는 특정한 지점 바깥에 있다. (……) 이 감정은 정신에게 물질의 아주 놀라운 소리를 들려주며, 영혼 전체는 거기로 흘러 그 작열하는 불 속으로 들어간다.〉[18]

역사의 이름들

분열자를 현실에서 격리되고 삶에서 절단된 무기력한 자폐증 환자로 그려 내는 일이 어떻게 가능할 수 있었을까? 더 나쁜 일인데, 어떻게 정신의학은 그를 임상적으로 이런 무기력자로 볼 수 있었으며, 죽어버린 기관 없는 몸의 상태로 환원할 수 있었을까? 그는 정신이 물질과 접촉하여 물질의 모든 내공을 살고 그것을 소비하는 저 견딜 수 없는 지점에 자리 잡고 있지 않았던가? 그리고 이 물음을 겉으로는 아주 다른 하나의 물음과 관련시켜야 하지 않을까? 즉 어떻게 정신분석은 이번에는 신경증자를 아빠-엄마만을 영원히 소비하고 다른 것은 일절 소비하지 않는 불쌍한 피조물로 환원해 버리는 걸까? 어떻게 〈따라서 이것은 그것이었다!〉, 〈따라서 이것은 나다!〉라는 결합 종합을 〈따라서 이것은 내 아버지다, 따라서 이것은 내 어머니다……〉라는 오이디푸스의 영원하고 서글픈 발견으로 환원할 수 있었을까? 우리는 아직 이 물음들에 답할 수 없다. 우리는 다만 순수 내공들의 소비는 어떤 점에서

18 Antonin Artaud, *Le Pèse-nerfs*, Paris: Gallimard, in *Œuvres complètes*, I, p.112. ((옮긴이) 독: p.53)

가족 인물들에 낯선지, 그리고 〈따라서 이것은 ……이다〉라는 결합 직조(織造)는 오이디푸스적 직조에 얼마나 낯선지를 볼 뿐이다. 이 삶의 운동 전체를 어떻게 요약하랴? 첫째 길(짧은 길)에 따르면 다음과 같다. 기관 없는 몸 위의 분리 점들은 욕망 기계들 주위에서 수렴원(收斂圓)들을 형성한다. 그러면 기계 곁에서 잔여로서 생산된, 즉 기계에 인접한 부속물 내지 부품으로서 생산된 주체는, 그 원의 모든 상태를 경유하고 한 원에서 다른 원으로 이행한다. 주체 자신은 기계에 의해 점유된 중심이 아닌 가장자리에, 고정된 정체성 없이 있으며, 중심에서 늘 벗어나고, 자신이 경유하는 상태들로부터 귀결된다. 그리하여 그 원들은 『무명씨』*에서 묘사된 고리들과 같은데, 그것들은 〈왈츠를 추듯 때로는 급작스럽고 짧으며 또 때로는 포물선처럼 폭넓으며〉, 머피, 와트, 메르시에 등을 자신의 상태로 가지고 있지만, 가족은 그것과 아무 관련도 없다. 아니면 더 복잡한 다른 길이 있지만, 결국 이것도 앞의 것과 마찬가지이다. 편집증 기계와 기적 기계를 가로질러, 기관 없는 몸 위에서의 밀쳐 냄과 끌어당김의 비율들이 독신 기계 속에서 0에서 출발하는 상태들의 계열을 생산한다. 그리고 주체는 그 계열의 각 상태마다 태어나고, 한순간 그것을 규정하는 그다음 상태에서 항상 다시 태어나며, 자신을 태어나게 하고 다시 태어나게 하는 이 모든 상태를 소비한다(체험된 상태가 이 상태를 사는 주체에 비해 1차적이다).

바로 이것을 클로소스키는 니체 주석에서 경탄할 만하게 보여 주었다. 그는 가장 높은 사고와 가장 날카로운 지각을 구성하는 물질적 감정으로서의 기분(Stimmung)의 현존을 보여 주었다.[19] 〈원심력들은 결코

---

* Samuel Beckett, *The Unnamable*, p.452. 베케트가 직접 프랑스어에서 옮긴 영어본.(독: p.432)

19 Pierre Klossowski, *Nietzsche et le cercle vicieux*, Paris: Mercure de France, 1969.

주체와 향유

중심에서 도망가는 게 아니며, 중심에서 다시 멀어지기 위해 새로 중심에 접근한다. 이렇게 격렬하게 진동하기 때문에, 그것들은 개체가 자기 자신의 중심만을 찾고 그 자신이 일부를 이루고 있는 원을 보지 못하는 한 그 개체를 뒤죽박죽으로 만든다. 왜냐하면 이 진동들이 그를 뒤죽박죽으로 만든다면, 그 까닭은 그 진동 하나하나가, 발견할 수 없는 중심의 관점에서 보면, 그가 믿는 것과는 다른 어떤 개체에 대응하기 때문이다. 그렇기 때문에, 정체성이란 본질적으로 우연한 것이며, 이 개체 또는 저 개체의 우연성이 개체성들을 모두 필연적이 되게 하려면 개체성들의 한 계열이 각자에 의해 주파되어야만 한다.〉끌어당기는 힘과 밀쳐 내는 힘, 날아오르는 힘과 퇴락하는 힘은 기관 없는 몸을 가리키는 내공=0에서 출발하는 내공 상태들의 계열을 생산한다(〈하지만 독특한 점은, 그저 이 부재를 의미하기 위해서라도, 거기에 여전히 새 유입이 필요하다는 점이다〉). 갑작스레 이성을 잃어 낯선 인물들과 자신을 동일시하게 될, 문헌학 교수 니체-자아는 없다. 상태들의 계열을 경유하는, "역사의 모든 이름이 나……"라며 역사의 이름들을 이 상태들에 동일시하는, 니체-주체가 있다. 주체는 자아가 그 중심을 저버린 원의 원주 위에서 자신을 펼친다. 중심에는 욕망의 기계가, 영원회귀의 독신 기계가 있다. 그 기계의 잔여 주체, 즉 니체-주체는 그 기계가 돌아가게 만드는 모든 것에서, 독자가 니체의 단편들로 이루어진 작품일 뿐이라고 생각한 모든 것에서, 행복에 겨운 덤(볼륩타스)을 끌어낸다. 〈니체는 이제부터 어떤 체계의 실현 말고, (……) 어찌 보면 니체의 어릿광대짓의 레퍼토리가 되어 버린 니체의 담론의 잔여들이라는 형식으로, 어떤 프로그램의 적용을 추구한다고 생각한다.〉자신을 인물들과 동일시하지 말고, 역사의 이름들을 기관 없는 몸 위의 내공 지대들과 동일시하라. 그러면 그때마다 주체는 〈이게 나다, 따라서 이게 나다!〉라고 외친다. 분열자만큼 역사를 이용한 자는, 분열자가 하는 방식으로 이용한 자는 없었다. 그는 단번에 세계사를 소비한다. 우리는 분열자를 호모 나투라로 규정하면서 시작했는데, 결국 분열자는 **호모 히스토리아**(Homo historia)로구나. 전자로부터 후자로 가는 이 긴 길은, 횔덜린에서 니체에 이르는, 점점 더 빨라지는 길이다(〈니체에서 행복감은 횔덜린의 명상적 소외만큼 길게 연장되지 못하리라. (……) 니체에게 허락된 세계관은 약 사십 년에 걸쳐 제법 한결같이 이어진 풍경들 내지 정물들에서 시작하지 않는다. 그것은 한 사건을 상기시키는 패러디이다. 한나절에 그것을 연기하는 단 한 명의 배우. 단 하루에 모든 것이 표명되고 다시 사라지기에. 12월 31일부터 1월 6일까지 **29** 지속되어야 했던, 보통 달력을 넘어서 있는 하루에〉).

주체와 향유

4 유물론적 정신의학

무의식과 생산의 범주

정신의학자 클레람보의 저 유명한 명제는 충분한 근거가 있어 보인다. 그 명제는 이렇다. "전체적·체계적 성격의 망상은 부분적·국지적 자동증(自動症)들에 비하면 2차적이다." 사실 망상은 욕망 기계들의 생산의 경과를 수용하는 등록의 성격을 띠고 있다. 편집증과 심지어 분열증의 편집증적 형태들에서 볼 수 있는 바와 같이 망상이 고유한 종합들과 변용들을 갖고 있기는 하지만, 그것은 자율적 영역을 구성하지는 못하며, 욕망 기계들의 작동과 고장들에 비하면 2차적이다. 하지만 클레람보는 그저 반복음, 무성음의 유성화, 돌발음, 무의미음 등 어간 형성 모음이 없는 음성 현상들을 가리키기 위해 〈(정신적) 자동증〉이라는 용어를 사용했다. 그는 이런 현상들에서 감염 내지 중독의 기계론(mécanisme)적 결과를 보았다. 그래서 그는 그 나름대로 망상의 좋은 부분을 자동증의 결과라 설명했다. 반면 다른 부분, 즉 〈개인적〉 부분에 관해서는, 그것이 반응적 본성을 지니고 있으며, 자동증에 앞서 여러 가지로 표명될 수 있는 〈성격〉(가령 편집증적 성격)에 관련되어 있다고 설명했다.[20] 이처럼 클레랑보는 자동증에서 말의 가장 일반적인 의미에서의 신경학적 메커니즘만 보았을 뿐, 욕망 기계들을 작동시키는 경제적 생산의 경과를 보지 못했다. 또한 역사와 관련해서는, 타고난 성격 내지 획득된 성격을 원용하는 데 그쳤다. 클레랑보는 맑스가 말한 것과 같은 의미에서 정신의학의 포이어바흐이다. 〈포이어바흐가 유물론자인 한 그에게는 역사가 나타나지 않고, 그가 역사를 고찰하는 한 그는 유물론자가 아니다.〉 반대로 참된 유물론적 정신의학은, 기계론에 욕망을 도입하기, 욕망에 생산을 도입하기라는 이중 작업으로 정의된다.

극장이냐 공장이냐?

관념론의 전형적 형식들과 가짜 유물론 사이에는 별 차이가 없다. 분열증 이론의 특징은 삼위일체의 정식을 구성하는 다음 세 개념이다. **30** 해리(크레펠린), 자폐증(블로일러), 시-공간 또는 세계-내-존재(빈스방어). 첫째는 설명적 개념인바 분열증에 특유한 장애나 1차적 결손을 지적하려 한다. 둘째는 이해를 도우려는 개념으로 분열증 결과의 특유성을 지적하고 있다. 망상 자체 또는 절단, 〈현실에서의 이탈은 내적 삶의 상대적 또는 절대적 우위를 수반한다.〉 셋째는 표현적 개념인바, 망상하는 인간을 그의 특유한 세계에서 발견 또는 재발견한다. 이 세 개념은 〈몸의 이미지〉를 매개로 분열증 문제를 자아에 관련시킨다는 공통점이 있다(몸의 이미지는 정신의 마지막 아바타인바, 이는 유심론과 실증주의가 다 같이 요구하고 있는 것이다). 그렇지만 자아는 엄마-아빠처럼 분열자가 오래전부터 믿지 않는 것이다. 자아는 엄마-아빠라는 문제들 너머에, 그 뒤에, 그 아래에, 다른 어디에 있지만, 그 속에는 없다. 그

---

20 G. de Clerambault, *Œuvre psychiatrique*, Paris: P.U.F.

유물론적 정신의학

리고 자아가 있는 곳에는, 몇몇 문제들, 극복할 수 없는 괴로움들, 견딜 수 없는 가난들이 있다. 그런데도 왜 그가 떠나온 곳으로 다시 그를 데려가려는 걸까? 왜 더 이상 자기 것이 아닌 이 문제들 속으로 자아를 다시 넣으려 할까? 왜 자아의 진실에 대해 머릿속으로 예의를 표함으로써 충분히 경의를 표했다고 믿어 버린 채, 그 진실을 우롱하려 할까? 혹 어떤 이는 다음과 같이 말할지 모른다. 분열자는 이제 더 이상 나라는 말을 할 수 없으니, 그에게 이런 언표를 할 수 있는 신성한 기능을 회복해 주어야 한다고. 이에 대해 분열자는 한마디로 대꾸한다. "또 나를 잡치는구먼."〈나는 더 이상 나라고 말하지 않을 거야. 절대로 그 말을 쓰지 않을 거야. 그건 너무나 바보 같은 짓이야. 내가 그 말을 알아들을 때마다 나는 그 말 대신 삼인칭을 쓸 거야. 내가 거기에 대해 생각한다면 말이야. 그게 저들을 즐겁게 해 주면 말이야. 그건 아무것도 바꾸지 않을 거야.〉 그리고 그가 나라고 다시 말한다 해도, 이 역시 아무것도 바꾸지 않는다. 그만큼 이 문제들 밖에, 그 너머에 있는 것이다. 프로이트마저도 자아라는 이 좁은 관점에서 떠나지 않는다. 그가 이 관점에서 떠나지 못하게 한 것은 자아에 대한 그의 삼위일체 공식, 그러니까 오이디푸스, 신경증, 즉 아빠-엄마-나라는 공식이다. 프로이트는 분열증에 적용되는 자폐증이라는 난처한 개념을 재발견하고 이것을 그의 권위로 보증했는데, 그를 여기로 인도한 것은 오이디푸스 콤플렉스의 정신분석적 제국주의가 아니었는지 따져 보아야 할 것이다. 조금도 숨길 것이 없는 일이겠는데, 결국 프로이트는 분열자들을 좋아하지 않는다. 그는 오이디푸스화에 맞선 저들의 저항을 좋아하지 않는다. 그는 오히려 저들을 짐승 취급하려는 경향이 있다. 프로이트가 말하기를, 분열자는 낱말을 사물로 여기며, 무감동하고 나르키소스적이며, 현실에서 절단되어 있고, 전이(轉移)가 안 되며, 철학자를 닮았는데, 철학자를 닮았다는 것은 〈바람직하지 않〉다. 충동들과 징후들의 관계, 상징과 상

31

징된 것의 관계를 분석적으로 착상하는 방식에 대해서는 종종 의문이 제기되었다. 그것은 인과 관계일까, 이해 관계일까, 표현 관계일까? 하지만 이 물음은 너무 이론적으로 제기되었다. 사실 우리가 오이디푸스 안에 놓이자마자, 오이디푸스를 기준으로 측정되자마자, 술책이 작동해서, 생산이라는 본래의 유일한 관계는 제거되고 말기 때문이다. 정신분석의 위대한 발견은 욕망적 생산, 무의식의 생산들의 발견이었다. 하지만 오이디푸스와 더불어 이 발견은 하나의 새로운 관념론에 의해 금세 은폐되었다. 즉 공장으로서의 무의식은 고대 극장으로 대체되었고, 무의식의 생산 단위들은 재현으로 대체되었고, 생산적 무의식은 자신을 표현할 수 있을 뿐인 무의식(신화, 비극, 꿈……)으로 대체되었던 것이다.

생산과정으로서의 과정

분열증의 문제를 자아에 귀착할 때마다, 이른바 분열자의 본질이나 특유성을 단지 〈맛볼〉 수 있을 따름이다. 사랑과 연민으로 그렇게 하건, 또는 혐오감으로 그것을 내뱉기 위해서이건 말이다. 분열자는 때로는 흩어진 자아로, 때로는 절단된 자아로, 때로는 (가장 매력적인 것인데) 존재하기를 멈춘 적 없이 특유하게 자기 세계에 존재해 온 자아로 여겨졌다. 이 마지막 경우는 약빠른 정신의학자, 포괄적인 이해력을 가진 뛰어난 관찰자, 요컨대 현상학자에 의해 재발견되었다. 여기서 한 번 더 맑스의 경고를 상기하자. 밀의 맛에서 누가 그것을 재배했는지 알아맞힐 수 없고, 생산물에서 생산 체제와 생산관계들을 알아맞힐 수 없다. 생산물을 그것이 의존하는 현실적 생산의 경과가 아니라 인과나 이해나 표현이라는 관념적 형식들에 관련시킬수록, 그만큼 그것은 특유하게, 말할 수 없이 특유하게 보인다. 〈정신과 육체가 끝내 파멸해 버리는 어

유물론적 정신의학

떤 끔찍한 극단〉*(자폐증)을 불러내는 식으로 과정을 정지하거나, 과정을 하나의 목표로 만들거나, 과정을 무한히 공전시키거나 하면 할수록 분열자는 그만큼 더 특유한 존재로서 인물화되어 나타난다. 크레펠린의 저 유명한 마지막 상태……. 이와 반대로 생산의 물질적 과정을 설정하자마자 생산물의 특유성은 사라지고, 동시에 또 하나의 〈완성〉 가능성이 나타난다. 분열증은, 자폐증 속에서 억지로 인물화된 분열자의 질환이기에 앞서, 욕망과 욕망 기계들의 생산과정이다. 왜 사람들은 하나에서 다른 하나로 이행할까? 이 이행은 불가피할까? 이것은 지금도 여전히 중요한 물음이다. 다른 점들에 대해서도 그러했지만 야스퍼스는 이 점에 대해 가장 귀중한 지적들을 해 주었다. 그의 〈관념론〉이 유달리 비전형적이었기 때문이다. 야스퍼스는 과정이라는 개념을 인성(人性)의 반응 내지 발전이라는 개념에 대립시키면서, 과정을 단절, 침입이라고 생각하며, 과정이 자아와의 허구적 관계와는 상관없다고 보고, 이를 자연 속에 있는 〈악령〉과의 관계로 대체한다. 그에게 결핍되어 있던 것은 다만 과정을 경제적·물질적 현실로, *자연=산업*, *자연=역사*의 동일성 속에 있는 생산과정으로 착상하는 일이었다.

결핍으로서의 욕망이라는 관념론적 착상(환상)

어떤 면에서, 욕망의 논리는 첫걸음부터 그 대상을 놓치고 있다. 우리에게 생산과 획득 중에서 선택하라는 플라톤의 나눔 말이다. 우리가 욕망을 획득 쪽에 두자마자 욕망에 대해 하나의 관념론적(변증법적, 허무주의적) 착상을 갖게 된다. 이 착상은 욕망을 무엇보다도 결핍, 대상의 결핍, 현실적 대상의 결핍이라고 규정한다. 사실 다른 쪽, 즉 〈생산〉 쪽

---

* D. H. Lawrence, *Aaron's Rod*, p.162.

이 무시되고 있는 것은 아니다. 욕망 이론에서 비판적 혁명을 일으킨 사람 역시 칸트이다. 칸트는 욕망을 〈자신의 표상을 통해 이 표상의 대상들의 현실성을 야기하는 능력〉이라고 정의한다. 하지만 이 정의를 예시하기 위해 칸트가 미신적 신앙들, 환각들, 환상들을 원용한 것은 우연이 아니다. 현실적 대상이 인과성과 외적 기계론들에 의해서만 생산될 수 있다는 것을 우리는 잘 알고 있다. 하지만 이렇다는 것을 안다고 해서, 우리가 자신의 대상을 낳을 수 있는 욕망의 내적 권력(이 권력이 비현실적, 환각적 또는 환상적 형식을 띤다 해도)을 믿지 못하게 되거나 이 인과성을 욕망 자체 속에서 재현하지 못하게 되는 것은 아니다.[21] 따라서 욕망에 의해 생산되는 한 대상의 현실은 심리적 현실이다. 그렇다면 비판적 혁명은 본질적으로 아무것도 바꾸지 않았다고 말할 수 있다. 이런 식으로 생산성을 보는 것은 욕망을 결핍으로 보는 고전적 착상을 되묻지 않고, 다만 이 착상에 기대고 의지해서 이 착상을 더 깊이 파고드는 데 그친다. 실제로 욕망이 현실적 대상의 결핍이라면, 욕망의 현실 자체는 환상된 대상을 생산하는 〈결핍의 본질〉 속에 있다. 이렇게 되면 욕망은 생산으로 파악되고 있으면서도 환상의 생산으로 파악되는 것이며, 정신분석에 의해 완전히 설명된 것이 된다. 해석의 가장 낮은 수준에서 이는 다음과 같은 뜻이다. 즉 욕망이 결핍하고 있는 현실적 대상은 그 나름으로는 외부적인 자연적 또는 사회적 생산에 관련되는 반면, 욕망은 마치 〈각 현실적 대상 뒤에는 꿈꾼 대상〉이 있거나 현실적 생산들 뒤에는 정신적 생산이 있기라도 한 양, 현실을 이중화하게 될 하나의 상상물을 내부적으로 생산한다. 또한 물론 정신분석이 대상의 정신분석(국수 봉지, 자동차 또는 〈이런저런 것〉의 정신분석)이라는 가장 비참한 형식으로, 기발한 물품들과 시장들에 대한 연구에 그렇게 귀착해야

33

---

21 Immanuel Kant, *Critique du jugement*, Introduction, §3.

유물론적 정신의학

만 하는 것은 아니다. 하지만 환상이 더 이상 하나의 대상이 아니라 욕망을 연출하는 특유한 기계라고 가장 넓게 해석될 때마저도, 이 기계는 극장 기계일 따름이며 이 극장 기계가 갈라놓은 것의 보완물을 존속케 한다. 바로 이런 식으로 필요는 상대적 결핍에 의해 정의되고 자신의 고유한 대상에 의해 규정되는 반면, 욕망은 환상을 생산하는 자로서 나타나며, 대상에서 이탈함으로써, 또 이와 동시에 결핍을 배가해 절대적인 것으로 데려가 〈존재의 치유할 수 없는 불충분함〉, 〈삶 그 자체인 존재-의-결핍〉으로 만듦으로써, 자기 자신을 생산한다. 이런 까닭에 욕망이 필요들에 기대 있다고 제시하고, 욕망의 생산성이 계속해서 작동하는 것은 필요들에 기초해서라고, 또 필요들이 대상의 결핍과 관계된다는 점에 기초해서라고 제시하는 일이 있게 된다(기댐의 이론). 요컨대 욕망적 생산을 환상의 생산으로 환원하고 나면, 욕망을 생산으로, 〈산업적〉 생산으로 정의하지 않고 결핍으로 정의하는 관념론적 원리의 모든 귀결을 끌어내는 데 그치고 만다. 클레망 로세는 다음과 같이 옳게 말하고 있다. 욕망의 대상을 정의하기 위해서 욕망이 결핍하고 있던 결핍을 강조하면, 그때마다 〈세계는 '욕망에는 대상이 결핍되어 있다'라는 논법에 의거해 어떤 다른 종류의 세계와 자신이 이중화되는 것을 본다. 따라서 세계는 모든 대상을 포함하고 있진 않고, 적어도 하나는, 즉 욕망의 대상은 결핍하고 있다. 따라서 (세계가 결핍하고 있는) 욕망의 열쇠를 포함하고 있는 다른 어떤 곳이 실존한다.〉[22]

34   현실계와 욕망적 생산 ── 수동적 종합들

욕망이 생산한다면, 그것은 현실계를 생산한다. 욕망이 생산자라면,

---

[22] Clément Rosset, *Logique du pire*, Paris: P.U.F., 1970, p.37.

그것은 현실 속의, 그리고 현실의 생산자일 수 있을 따름이다. 부분대상들, 흐름들, 몸들을 기계 작동하며, 생산의 통일로서 기능하는 수동적 종합들, 욕망은 이런 수동적 종합들의 집합이다. 현실계는 수동적 종합들에서 생겨난다. 현실계는 무의식의 자기-생산으로서의 욕망의 수동적 종합들의 결과물이다. 욕망은 아무것도 결핍하고 있지 않다. 욕망은 자신의 대상을 결핍하고 있지 않다. 오히려 욕망에 결핍되어 있는 것은 바로 주체이다. 또는 고정된 주체를 결핍하고 있는 것이 욕망이다. 탄압을 통해서만 고정된 주체가 생기는 법이니 말이다. 욕망과 그 대상은 일체이며, 즉 기계의 기계로서의 기계이다. 욕망은 기계이며, 욕망의 대상 역시 연결된 기계이다. 그래서 생산물은 생산하기에서 채취되고, 생산하기에서 생산물로 가는 중에 뭔가가 이탈하며, 이것이 유목하고 방랑하는 주체에게 여분을 준다. 욕망의 대상적 존재란 *현실계* 그 자체이다.[23] 심리적 현실이라 부를 수 있을 만한 특수한 실존 형식이란 없다. 맑스의 말처럼 결핍은 없으며, 다만 〈자연적이고 감각적인 대상적 존재〉로서의 겪음(passion)이 있다. 욕망은 필요들에 기대고 있지 않으며, 역으로 필요들이 욕망에서 파생된다. 필요들은 욕망이 생산하는 현실계 속에 있는 역-생산물들이다. 결핍은 욕망의 역-결과이며, 그것은 자연적·사회적 현실계 속에 공탁(供託)되고 설비되고 액포(液胞)화된다. 욕망은 항상 대상적 실존의 조건들 가까이에 있다. 욕망은 이 조건들에 합류하고 또 [이 조건들을] 뒤따르며, 이 조건들보다 오래가지 않으며, 이 조건들과 함께 이전된다. 바로 이런 이유로, 욕망은 너무도 쉽게 죽으려는 욕망이 된다. 반면 필요는 이 조건들의 수동적 종합

---

23 라캉의 놀라운 욕망 이론에는 우리가 보기에 두 극이 있다. 한 극은 욕망 기계로서의 〈작은 대상-a〉와 관련되는데, 이것은 욕망을 현실적 생산을 통해 정의하며 필요와 환상이라는 모든 관념을 넘어선다. 다른 극은 기표로서의 〈큰 *타자*〉와 관련되는데, 이것은 결핍에 대한 어떤 관념을 재도입한다. 〈욕망의 현실(La Réalité du désir)〉에 관한 르클레르의 논문(*Sexualité humaine*, Pairs: Aubier, 1970)에서 이 두 극 사이의 동요를 잘 볼 수 있다.

유물론적 정신의학

을 상실함으로써 욕망을 상실해 버린 주체의 소원(疏遠) 정도를 나타낸다. 공백(空白)의 실천(pratique du vide)으로서의 필요는, 수동적 종합들이 머물러 있는 곳으로 찾아가 이것들을 포획하고 이것들에 기생하는 것을 의미할 따름이다. "사람은 풀이 아니다, 사람은 오래전에 엽록소 종합을 잃어버렸고, 사람은 어쨌든 먹어야 한다……." 이런 식의 말들은 부질없다. 이럴 때 욕망은 결핍에 대한 저 비루한 공포가 된다. 하

35 지만 정확히 말해 이런 말을 하는 자는 가난한 자나 빼앗긴 자가 아니다. 반대로 가난한 자나 빼앗긴 자는 자신들이 풀 가까이 있다는 것을, 욕망은 아주 적은 것을 〈필요로〉 한다는 것을 안다. 이 적은 것은 이들에게 남겨진 것이 아니라 이들이 끊임없이 빼앗긴 것이며, 주체의 심장부에서 결핍을 구성해 온 것이 아니라, 오히려 인간의 대상성, 인간의 대상적 존재 — 그에게 욕망하기란 생산하기, 현실에서 생산하기이다 — 를 구성해 온 것이다. 현실계는 불가능하지 않다. 반대로 현실계 속에서는 모든 것이 가능하고, 모든 것이 가능하게 된다. 욕망은 주체 안에 있는 그램분자적 결핍을 표현하지 않는다. 오히려 그램분자적 조직화가 욕망에서 그 대상적 존재를 빼앗는다. 혁명가들, 예술가들, 견자(見者)들은 그들이 대상적이라는 데, 그저 대상적이라는 데 만족한다. 그들은 알고 있다, 욕망은 생산적 권력으로 삶을 껴안는다는 것을, 또한 욕망이 필요를 더 적게 가질수록 그만큼 더 강렬한 방식으로 삶을 재생산한다는 것을. 그리고 말은 쉽다느니, 그건 책에나 있는 관념이라느니라고 생각하는 자들이 있다는 건 어쩔 수 없다. 〈지금까지의 변변치 않은 독서에서 나는 이런 것을 관찰했다. 삶 속에 가장 깊이 잠겨 삶을 그대로 본뗘 삶 그 자체였던 사람들은 거의 먹지도 않았고 자지도 않았고 재산을 가졌다 해도 아주 적게만 갖고 있었다. 그들은 의무, 즉 일가친척의 존속이나 국가의 수호에 대해서는 아무런 착각도 없었다. (……) 허깨비 세계는 결코 충분히 정복된 적 없는 세계이다. 그것은 과거의 세

계이지, 미래의 세계가 아니다. 과거에 집착하면서 전진한다는 것은 쇠사슬에 금속구(球)를 부착한 족쇄를 질질 끌고 가는 것과 같다.〉[24] 살아 있는 견자, 그는 나폴리의 혁명가의 옷을 걸친 스피노자이다. 우리는 잘 안다, 결핍이 어디에서 오는지를, 또한 결핍의 주체적 상관물인 환상이 어디에서 오는지를. 결핍은 사회적 생산 속에서 설비되고 조직된다. 결핍은, 생산력들로 복귀해서 생산력들을 전유하는 반생산의 심급에 의해 역-생산된다. 결핍은 결코 1차적이지 않다. 생산은 결코 그에 앞선 결핍에 따라 조직되지 않는다. 오히려 결핍이야말로 선행하는 생산의 조직화 후에 자리 잡고 액포화되고 번식한다.[25] 생산의 풍부함 속에 결핍을 조직하기, 모든 욕망을 결핍에 대한 큰 공포 속으로 몰아넣기, 욕망 외부에 있다고 상정되는 현실적 생산에 대상을 의존시키기(합리성의 요구들) 등 시장경제라는 저 공백의 실천, 이게 바로 지배계급의 예술이며, 반면 욕망의 생산은 환상(오직 환상)으로 넘어간다.

사회적이자 욕망적인, 유일하고 동일한 생산

한편에 현실의 사회적 생산이 있고 다른 한편에 환상의 욕망적 생산이 있는 것이 아니다. 이 두 생산 사이에 설립될 수 있을 법한 것은 내입(introjection)과 투사라는 2차적 연줄들뿐으로, 마치 사회적 실천들

---

24 Henry Miller, *Sexus*, Buchet-Chastel, p.277.((옮긴이) 영: p.262, p.430. 독: p.248, p.411. 강조는 영)

25 사르트르와 관련해 모리스 클라벨은 맑스주의 철학은 처음부터 희소성이란 개념의 도입을 허용할 수 없다고 지적한다. 〈착취에 앞서는 이 희소성이 근원적 층위에 위치해 있기에, 이 희소성은 영원히 독립적인 채로 있을 현실 속에 수요와 공급의 법칙을 세운다. 따라서 이 법칙을 맑스주의에 포함하거나 그로부터 연역하는 것은 더 이상 문제가 아니다. 왜냐하면 이 법칙은 맑스주의가 유래했던 지반 위에서 미리 직접 읽어 낼 수 있으니까. 맑스는 엄밀하기에 희소성 개념을 사용하기를 거부하고 있으며, 또 거부해야 한다. 이 범주는 그를 파멸시킬 테니 말이다.〉(*Qui est aliéné?*, Paris: Flammarion, 1970, p.330)

유물론적 정신의학

이 내면화된 정신적 실천들을 중복하거나 또는 정신적 실천들이 사회 체계들 속에 투사되기라도 하는 것 같다. 하지만 이때 어느 쪽도 다른 쪽에 구체적 작용을 미치지는 못한다. 우리가 한편에 돈, 금, 자본 그리고 자본주의 삼각형을 놓고, 다른 한편에 리비도, 항문, 남근 그리고 가족 삼각형을 놓고서, 이 둘 사이에서 병렬을 보는 데 그치는 한, 우리는 기분 좋은 심심풀이를 일삼고 있는 것이다. 하지만 돈의 메커니즘들은 돈을 다루는 사람들의 항문의 투사들과는 전적으로 무관하다. 맑스-프로이트의 병렬은 어디까지나 불모이고 무의미하다. 돈=똥이라는 저 유명한 등식에서 볼 수 있듯이, 그것은 서로 내면화하거나 서로 투사하는 항들을 등장시키고 있으나, 이것들은 여전히 서로 낯선 채로 남아 있다. 진실로, 사회적 생산은 특정 조건들에서 단지 욕망적 생산 자체이다. 우리는 말한다, 사회장(社會場)은 즉각 욕망에 의해 주파되고 있다고, 사회장은 욕망의 역사적으로 규정된 생산물이라고, 리비도는 생산력들과 생산관계들을 투자하기 위해 그 어떤 매개나 승화도 심리 조작도 변형도 필요하지 않다고. 욕망과 사회가 있을 뿐, 그 밖엔 아무것도 없다. 심지어 사회적 재생산의 가장 탄압적이고 가장 치명적인 형식들조차도, 우리가 분석해야 하는 이런저런 조건에서 욕망으로부터 생겨나는 조직화 속에서, 욕망에 의해 생산된다. 바로 이런 이유로, 정치철학의 근본 문제는 아직도, 스피노자가 제기할 줄 알았던 (그리고 라이히가 재발견한) 저 문제이다. 〈왜 인간들은 마치 자신들의 구원을 위해 싸우기라도 하는 양 자신들의 예속을 위해 싸울까?〉 어째서 사람들은, 세금을 더 많이! 빵을 더 조금! 하며 외치는 지경까지 가는 걸까. 라이히의 말처럼, 놀라운 건 어떤 사람들이 도둑질을 하고 어떤 사람들이 파업을 한다는 점이 아니라, 굶주리는 자들이 늘 도둑질을 하는 건 아니며 착취당하는 자들이 늘 파업을 하는 건 아니라는 점이다. 왜 인간들은 몇 세기 전부터 착취와 모욕과 속박을 견디되, 남들을 위해서는 물론 자기 자신

37

들을 위해서도 그런 일들을 바라는 지점까지 간 걸까? 라이히는 파시즘을 설명하기 위해 대중들의 오해나 착각을 내세우기를 거부하고, 욕망을 통한 설명, 욕망의 견지에서의 설명을 요구하는데, 이럴 때 그는 가장 위대한 사상가였다. 아니, 대중들은 속지 않았다, 그 순간, 그 상황에서 저들은 파시즘을 욕망했고, 군중 욕망의 이런 변태성을 설명해야만한다.[26] 그렇지만 라이히는 충분히 답하는 데까지 가지는 못했는데, 그까닭은 '사회적 생산과정 속에 있는 또는 있어야만 하는 그런 합리성'과 '욕망 속의 비합리적인 것'을 구별하고 오직 후자만을 정신분석의 관할로 삼음으로써, 자기가 무너뜨리고 있던 것을 제 쪽에서 되살리고 있었기 때문이다. 그래서 그가 정신분석에 마련해 놓은 임무는 단지 사회장 속의 〈부정적인 것〉, 〈주관적인 것〉, 〈금지된 것〉에 대한 설명이다. 이렇게 함으로써 필연적으로 그는 합리적으로 생산된 현실적 대상과 비합리적인 환상적 생산 간의 이원론으로 되돌아간다.[27] 그는 사회장과 욕망의 공통 척도 또는 동일 외연을 찾는 일을 포기한다. 그리하여 유물론적 정신의학을 진정으로 정초(定礎)하는 일에서 라이히가 결핍하고 있던 건 욕망적 생산이라는 범주였다. 현실계는 그것의 이른바 비합리적 형식에서뿐 아니라 합리적 형식에서도 모두 이 범주에 속하니 말이다.

집단 환상의 현실성

욕망적 생산에 걸쳐 있는 사회적 탄압이 엄청나게 실존한다 해도 "욕망은 현실계를 생산한다 또는 욕망적 생산은 사회적 생산과 다르지

---

26 Wilhelm Reich, *Psychologie de masse du fascisme*.
27 문화주의자들에게서는 합리적 체계들과 투사적 체계들의 구별이 발견되는데, 정신분석은 후자에만 적용된다(가령 카디너). 라이히와 마르쿠제도 문화주의에 반감이 있었지만 이이원론의 어떤 점을 재발견한다. 비록 이들이 합리적인 것과 비합리적인 것을 아주 다르게 규정하고 평가하기는 하지만 말이다.

유물론적 정신의학

않다"라는 우리의 원리에는 조금도 영향이 없다. 욕망에 하나의 특유한 실존 형식, 즉 사회적 생산의 물질적 현실에 대립되는 정신적 내지 심리적 현실을 배정하는 것은 문제가 아니다. 욕망 기계들은 환상적 내지 몽환적 기계들이 아니다. 환상 기계, 몽환 기계 들은 기술 기계, 사회 기계 들과 구별될 수 있으며, 욕망 기계들의 분신이라고 볼 수 있다. 오히려 환상들은 2차 표현들로, 주어진 환경 속에서 두 종류의 기계의 동일성에서 파생된다. 또한 환상은 결코 개인적이지 않다. 그것은 집단 환상인바 제도 분석이 이를 잘 보여 준 바 있다. 집단 환상에는 두 종류가 있다. 동일성이 두 방향에서 읽힐 수 있기 때문이다. 하나는 욕망 기계들이, 이것들이 형성하는 거대 군중 속에서 파악되는 방향이고, 다른 하나는 사회 기계들이, 이것들을 형성하는 욕망의 요소적 힘들에 관련되는 방향이다. 따라서 집단 환상에 있어서는, 리비도가 가장 탄압적인 사회 형식들을 포함해서 기존 사회장을 투자하거나, 또는 반대로 리비도가 기존 사회장에 혁명적 욕망을 연결하는 대체-투자로 진행될 수도 있다(가령 19세기 위대한 사회주의 유토피아들은 이상적 모델로서가 아니라 집단 환상으로서, 즉 욕망의 현실적 생산성의 담당자로서 기능하고 있으며, 이 담당자는 욕망 자체의 혁명적 제도를 위해 현행 사회장에서 투자 철회하거나 〈탈제도화〉할 수 있게 한다). 하지만 그 둘 사이에는, 욕망 기계들과 사회·기술 기계들 사이에는 결코 본성의 차이가 없다. 구별이 있긴 하지만, 그건 단지 크기의 비율(rapports)에 따른 체제의 구별이다. 그것들은 체제의 차이를 제외하면, 같은 기계들이다. 그리고 집단 환상들이 이를 보여 준다.

욕망적 생산과 사회적 생산 사이 체제의 차이들

앞에서 우리는 사회적 생산과 욕망적 생산 사이의 병렬을 소묘하여,

이 두 경우에 반생산의 심급이 현존하며 이것이 생산 형식들로 복귀해서 이것들을 전유한다는 것을 밝혔다. 이때 이 병렬은 그 두 생산 간의 관계에 대해 아무것도 미리 말해 주지 않는다. 우리는 다만 체제의 구별에 관해 몇몇 양상을 명확하게 할 수 있었을 따름이다. 첫째로, 기술 기계들은 분명 고장 나지 않는다는 조건에서만 기능한다. 그것들 고유의 극한은 마모이지 고장이 아니다. 맑스는 이 단순한 원리를 근거 삼아, 기술 기계들의 체제는 생산수단과 생산물이 엄밀하게 구별되는 체제요, 이 구별 덕분에 그 기계는 생산물에 가치를 전달하되 자신이 마모됨으로써 잃는 가치만을 전달해 준다는 것을 밝혔다. 이와는 반대로, 욕망 기계들은 작동하면서 끊임없이 고장 나며, 고장 난 채로만 작동한다. 언제나 생산하기는 생산물에 접붙으며, 기계의 부품들은 연료이기도 하다. 예술은 종종 이 특성을 이용하여 욕망적 생산으로 사회적 생산을 합선(合線)하는 진정한 집단 환상들을 창조하며, 기술 기계들의 재생산 속에 고장의 기능을 도입한다. 아르망의 불탄 바이올린들, 세자르의 압축된 승용차들이 그런 것들이다. 더 일반적으로는 달리의 비판적 편집증의 방법은 사회적 생산의 대상 속에서 욕망 기계의 폭발을 확보한다. 하지만 이미 라벨은 마모보다 고장을 선호했으며, 느린 움직임이나 점진적 소멸 대신 갑작스러운 정지, 주저, 불규칙한 진동, 불발음, 파열음을 사용했다.[28] 예술가는 대상(objet)의 주인이다. 예술가는 욕망 기계들의 체제 속에 부서지고 불타고 고장 난 대상들을 들어오게 하기 위해 이 대상들을 자신의 예술 속에 통합하는데, 이때 욕망 기계들의 고장은 그 작동 자체의 일부를 이룬다. 예술가는 기술 기계들의 수만큼의 편집증 기계들, 기적 기계들, 독신 기계들을 제시하는데, 이때 욕망 기계들이 기술 기계들을 침식하는 것을 개의치 않는다. 더구나 예술 작

28 Vladimir Jankelevitch, *Ravel*, Paris: Seuil, pp.74~80.((옮긴이) 영: pp.73~80)

품은 그 자신이 욕망 기계이다. 예술가는 자기의 보물을 모아 곧 있을 폭발에 대비한다. 그렇기 때문에 그는 정녕 파괴들이 너무 빨리 온다고는 생각하지 않는다.

체제의 두 번째 차이가 여기서 유래한다. 욕망 기계들이 반생산을 생산하는 것은 자신들 자체를 통해서인 데 반해, 기술 기계들에게 고유한 반생산은 경과의 재생산의 외래적 조건들 속에서 생산될 뿐이다 (이 조건들이 〈나중에〉 오는 것은 아니지만 말이다). 바로 이렇기 때문에 기술 기계들은 하나의 경제적 범주가 아니며 언제나 하나의 사회체 내지 사회 기계와 결부되어 있다. 사회체 내지 사회 기계는 기술 기계들과 혼동되지 않으며 기술 기계들의 재생산을 조건 짓는다. 따라서 기술 기계는 원인이 아니라 단지 사회적 생산의 일반적 형식의 지표일 따름이다. 수동 기계들과 원시사회들, 수력기계와 아시아적 형식, 산업기계와 자본주의가 그 예이다. 따라서 우리가 사회체를 기관 없는 충만한 몸과 유사한 것으로 제시했을 때, 거기에는 한 가지 중요한 차이가 없지 않았다. 왜냐하면 욕망 기계들은 욕망의 경제의 기초 범주요, 그것들 자체를 통해 기관 없는 몸을 생산하며, 담당자들과 자신의 부품들을 구별하지 않으며, 또 생산관계들과 그 자신의 관계들을 구별하지 않고, 또 사회성과 기술성을 구별하지도 않기 때문이다. 욕망 기계들은 기술적이고 사회적이다. 바로 이런 의미에서, 욕망적 생산은 본원적 억압의 장소인 반면 사회적 생산은 탄압의 장소이며, 또한 후자로부터 전자로 〈고유한 의미의〉 2차적 억압과 유사한 뭔가가 실행된다. 여기서 모든 것은 기관 없는 몸 내지 그 등가물이 처한 상황에, 즉 그것이 내적 결과물이냐 외래적 조건이냐에 의존한다(특히 죽음 본능의 역할이 바뀐다).

사회체와 기관 없는 몸

그렇지만 그것들은 상이한 두 체제에 속해 있긴 해도 같은 기계들이다. 탄압을 욕망한다는 것이 욕망에게는 이상한 모험이긴 하지만 말이다. 하나의 생산만이, 현실계의 생산만이 있다. 물론 우리는 이 동일성을 두 방식으로 표현할 수 있는데, 하지만 이 두 방식은 순환으로서의 무의식의 자기-생산을 구성한다. 모든 사회적 생산은 특정 조건들에서 욕망적 생산에서 유래한다고 우리는 말할 수 있다. 무엇보다 호모 나투라. 하지만 또 우리는, 더 정확하게, 욕망적 생산은 무엇보다도 사회적이며, 끝에서야 자신을 해방하는 데로 향한다고 말해야 한다(무엇보다 호모 히스토리아). 이것은, 마치 한 위대한 편집증자, 원시 유목군 족장이 사회조직의 기저에 있는 것처럼, 기관 없는 몸이 그 자체로 기원에 있었고 이것이 다음에 상이한 종류의 사회체 속에 투사된 것은 아님을 의미한다. 사회 기계 또는 사회체는 토지의 몸, 전제군주의 몸, 돈의 몸일 수 있다. 그것은 결코 기관 없는 몸의 투사가 아니다. 기관 없는 몸은 오히려 탈영토화된 사회체의 궁극적 잔여물이다. 사회체의 문제는 언제나 다음과 같은 것이었다. 욕망의 흐름들을 코드화하고 기입하고 등록하여, 막히거나 수로화되거나 규제되지 않는 그 어떤 흐름도 흐르지 못하게 하기. 원시적 토지 기계가 더 이상 충분한 것이 못 되었을 때, 전제군주 기계는 일종의 초(超)코드화를 세웠다. 하지만 자본주의 기계는, 그것이 전제군주 국가에서 다소 떨어진 폐허 위에 설립되었기에, 완전히 새로운 상황에 있다. 즉 흐름들의 탈코드화와 탈영토화라는 상황. 이 상황에 대해 자본주의는 바깥에서 맞서지 않는다. 왜냐하면 자본주의는 이 상황을 살며, 이 상황 속에서 자신의 조건과 질료를 동시에 얻으며, 온 힘을 다해 이 상황을 강요하기 때문이다. 자본주의의 최고도 생산과 탄압은 이 대가를 치르고 나서야 실행된다. 실상 자본주의

41

유물론적 정신의학

는 두 종류의 흐름, 즉 돈-자본이라는 형식을 지닌 생산의 탈코드화된 흐름과 〈자유노동자〉라는 형식을 지닌 노동의 탈코드화된 흐름이 만나서 탄생한다. 또한 예전의 사회 기계들과는 반대로, 자본주의 기계는 사회장 전체를 포괄하는 코드를 제공할 능력이 없다. 그것은 돈 속에서 코드라는 관념 자체를 사회체의 탈영토화 운동에서 늘 더 멀리 가는 추상량들의 공리계로 대체했다. 자본주의는 탈코드화의 문턱으로 향하는 경향이 있다. 이 문턱은 사회체를 해체하여 기관 없는 몸을 출현시키고, 또 이 몸 위에서 탈영토화된 장 속에 있는 욕망의 흐름을 해방시킨다. 이런 의미에서, 마치 조울증과 편집증이 전제군주 기계의 생산물이고 히스테리가 토지 기계의 생산물이듯, 분열증은 자본주의 기계의 생산물이라고 말하는 것은 정확할까?[29]

자본주의 그리고 극한으로서의 분열증(상반된 경향성)

그리하여 흐름들의 탈코드화, 사회체의 탈영토화는 자본주의의 가장 본질적인 경향성을 형성한다. 자본주의는 끊임없이 자신의 극한에 접근하는데, 이 극한은 참된 분열증적 극한이다. 자본주의는 기관 없는 몸 위에서 탈코드화된 흐름들의 주체인 분열자를 온 힘을 다해 생산하

---

[29] 히스테리, 분열증 및 이것들과 사회구조들의 관계에 대해서는 Georges Devereux, *Essais d'ethnopsychiatrie générale*, Paris: Gallimard, pp.67ff.의 분석들 및 Karl Jaspers, *Stirindberg et van Gogh*, Paris: Minuit, pp.232~236((옮긴이) 독: pp.151ff.)의 훌륭한 글을 참조할 것(우리 시대에 〈분열자는 묶여 있던 시대에 분열증 없이도 순수하게 경험되고 표현될 수 있었던 영역들에서 하나의 순수함의 조건일까?〉— 야스퍼스는 다음과 같은 말을 덧붙여 이 물음을 바로잡고 있다. 〈예전에는 히스테리에 빠지려고 애쓰는 존재들이 있었음을 우리는 보았다. 마찬가지로 오늘날 많은 사람들이 분열증에 빠지려고 애쓰고 있다고 말할 수 있겠다. 하지만 전자의 시도는 심리적으로 어느 정도 가능하기는 해도, 후자의 시도는 전혀 가능하지 않으며 거짓말에 빠질 수 있을 뿐이다〉). (옮긴이) 독일어에서 "분열증"이라고 되어 있는 부분을 프랑스어에서는 "광기"로 옮기고 있다.

는 경향성이 있다. 이 주체는 자본가보다 더 자본주의적이고 프롤레타리아보다 더 프롤레타리아적이다. 이 경향성으로 늘 더 멀리 가면, 마침내 자본주의는 자신의 모든 흐름과 더불어 달나라에 이를 것이다. 물론 아직은 이렇게까지 되지는 않았다. 분열증이 우리의 병, 우리 시대의 병이라고 말할 때, 이는 그저 현대의 삶이 광기를 생기게 한다고 말하려는 것이어서는 안 된다. 문제는 삶의 양식이 아니라 생산의 경과이다. 가령 분열자들에게 의미의 미끄러짐이라는 현상들과 산업사회의 모든 단계에서 증대하는 불협화음이라는 메커니즘들 사이에는 코드들의 파탄이라는 관점에서 병렬이 있다는 것이 이미 아주 명확하지만, 그렇더라도 단순한 병렬은 더 이상 중요치 않다. 사실 우리는 이렇게 말하고자 한다. 자본주의는 자신의 생산과정에서 엄청난 분열적 부하(負荷)를 생산하는데, 그 탄압의 모든 무게로 이 부하를 눌러 보려 하지만, 이 부하는 경과의 극한으로서 끊임없이 재생산된다. 왜냐하면 자본주의는 자신의 경향성을 가속하는 동시에 끊임없이 이 경향성을 반대하고 금지하기 때문이다. 자본주의는 자신의 극한으로 향하는 동시에 끊임없이 이 극한을 억지한다. 자본주의는, 상상적이건 상징적이건, 온갖 종류의 잔여적·인조적 영토성들을 세우거나 재건하여, 이 영토성들 위에서, 추상량들에서 파생되는 인물들을 잘못 또는 잘 재코드화하고 틀어막으려 한다. 국가들, 고향들, 가족들, 이 모든 것이 다시 지나가고 다시 돌아온다. 이것이 바로 자본주의가 그 이데올로기에 있어 〈지금까지 믿어 온 모든 것의 얼룩덜룩한 그림〉이라 불리는 까닭이다. 현실계는 불가능하지 않다. 그것은 점점 더 인공적인 것이 된다. 맑스는 이윤율의 경향적 저하와 잉여가치의 절대량 증대라는 이중 운동을 상반된 경향의 법칙이라 불렀다. 이 법칙의 따름정리로서, 흐름들의 탈코드화 내지 탈영토화와 이 흐름들의 격렬하고 인조적인 재영토화라는 이중 운동이 있다. 자본주의 기계가 여러 흐름들에서 잉여가치를 추출해 내기 위해 이

유물론적 정신의학

흐름들을 탈코드화하고 공리화함으로써 탈영토화하면 할수록, 관료 조직과 경찰 기구 같은 자본주의의 부속 장치들은 잉여가치의 증대하는 몫을 흡수하면서 더욱더 재영토화한다.

신경증, 정신병, 변태

신경증자, 변태, 정신병자에 대해 현실적으로 충분한 정의를 내릴 수 있는 것은 확실히 충동들과의 관계를 통해서가 아니다. 왜냐하면 충동들은 그저 욕망 기계들 자체이기 때문이다. 충분한 정의는 현대의 영토성들과의 관계를 통해 내릴 수 있다. 신경증자는 우리 사회의 잔여적 또는 인조적 영토성들에 설치되어 있으며, 이것들 모두를 궁극적 영토성인 오이디푸스로 복귀시킨다. 이 오이디푸스는 분석가의 진료실에서 정신분석가의 충만한 몸 위에서 재구성된다(예, 보호자는 아버지예요, 국가의 수장도 그렇고요, 또 의사 선생님, 당신도 그래요……). 변태란 말 그대로 책략을 곧이곧대로 받아들이는 사람이다. 당신이 그것들을 원한다면 가질 것이오. 사회가 우리에게 제안하는 것들보다 무한히 더 인공적인 영토성들, 무한히 인공적인 새 가족들, 비밀스러운 달나라의 사회들을 말이오. 분열자에 관해 말하자면, 끊임없이 이동하고 헤매고 비틀거리는 그의 뒤뚱거리는 걸음걸이로 보아, 그는 자신의 기관 없는 몸 위에서 사회체의 해체를 무한히 추구하여 늘 탈영토화 속으로 더 멀리 가는 자이다. 또한 분열자의 산책은 아마도 그가 자신의 대지를 재발견하는 그 나름의 방식이다. 분열자는 자본주의의 극한에 매달려 있다. 그는 자본주의의 발전된 경향성이요 잉여 생산물이요 프롤레타리아요 또 죽음의 천사이다. 그는 모든 코드를 뒤죽박죽으로 만들고, 욕망의 탈코드화된 흐름들을 데려온다. 현실계는 흐른다. 우리를 자연 안에 있는 또는 대지의 심장부에 있는 〈악령〉과 접촉시키는 형이상학적 과정

과, 탈영토화된 사회 기계와 관련해서 욕망 기계들에 자율성을 회복시
켜 주는 사회적 생산의 역사적 과정이라는, 과정의 두 양상이 합류한다.
분열증, 그것은 사회적 생산의 극한으로서 욕망적 생산이다. 따라서 욕
망적 생산 및 그것과 사회적 생산의 체제 차이는 끝에 있지 처음에 있
지 않다. 이 두 생산 사이에는 현실의 생성이라는 단일한 생성만이 있
다. 그리고 유물론적 정신의학이 욕망 속에 생산 개념의 도입이라고 정
의된다면, 그것은 분석 기계, 혁명 기계, 욕망 기계들 사이의 최종 관계
라는 문제를 종말론적 견지에서 제기하지 않을 수 없다.

유물론적 정신의학

5 기계들

욕망 기계들은 기계들인데, 이 말은 은유가 아니다
절단의 첫 번째 양태 —— 흐름과 채취

욕망 기계들은 어떤 점에서 그 어떤 은유와도 무관하게 참으로 기계들인 걸까? 기계는 절단들의 체계라고 정의된다. 현실과의 격리라고 여겨지는 절단은 여기서 전혀 상관이 없다. 절단들은 고려되는 성격에 따라 다양한 차원에서 작동한다. 첫째로 모든 기계는 이 기계가 자르는 연속된 물질적 흐름(휠레(*hylè*))과 관련을 맺고 있다. 모든 기계는 햄을 절단하는 기계처럼 기능한다. 즉 절단은 연합적 흐름에서 채취를 수행한다. 가령 항문과 이것이 절단하는 똥의 흐름. 입과 젖의 흐름, 또 공기의 흐름, 소리의 흐름. 음경과 오줌의 흐름, 또 정액의 흐름. 연합적 흐름 각각은 관념적인 것으로, 돼지의 큰 넓적다리의 무한한 흐름 같은 것으로 고려되어야 한다. 실제로 휠레는 관념 안에 있는 물질의 순수한 연속성을 가리킨다. 졸랭은 통과의례에서 사용되는 경단과 가루를 묘사하면서, 그것들은 〈이론적으로 오직 하나의 시작점만을 갖고 있는 무한한 계열〉에서 채취된 것의 집합, 우주 끝까지 펼쳐져 있는 유일무이한 가루에서 채취된 것의 집합으로서 매년 생산된다는 점을 밝히고 있다.[30] 절단은 연속성에 대립하기는커녕 연속성의 조건을 이루며, 그것이 절단하는 것을 관념적 연속성으로서 내포하거나 정의한다. 이는, 우리가 앞서 보았듯, 모든 기계는 기계의 기계이기 때문이다. 기계는 흐름을 생산한다고 상정된 다른 기계에 연결되는 한에서 흐름의 절단을 생산한다. 물론 이 다른 기계도 현실적으로는 그 나름으로 절단이다. 하지만 무한한 연속된 흐름을 관념적으로 ― 말하자면 상대적으로 ― 생산하는 제3의 기계와 관련해서만, 이 다른 기계는 절단이다. 가령 항문-기계와 장-기계, 장-기계와 위-기계, 위-기계와 입-기계, 입-기계와 가축 떼의 흐름(〈그다음에, 그다음에, 그다음에……〉). 요컨대 모든 기계는 자신이 연결되는 기계와 관련해서는 흐름의 절단이지만, 자신에 연결되는 기계와 관련해서는 흐름 자체 또는 흐름의 생산이다. 이런 것이 생산의 생산의 법칙이다. 그렇기 때문에 횡단적 내지 초한적(超限的) 연결들의 극한에서, 부분대상과 연속된 흐름, 절단과 연결은 하나로 합쳐진다. 도처에 욕망이 샘솟는 흐름-절단들이 있는데, 이것들이 바로 욕망의 생산성이요, 생산물에 생산하기를 접붙이는 일을 한다(아주 기이하게도, 멜라니 클라인은 부분대상들에 대한 심오한 발견을 했는데도 불구하고 이런 관점에서 흐름들에 대한 연구를 경시하고 흐름들이 중요하지 않다고 선언한다. 이렇게 그녀는 모든 연결을 합선한 것이다).[31]

코네티컷(Connecticut), Connect(연결하라) ― I(나는) ― cut(자른다)라 ⁴⁵고 꼬마 조이가 외친다. 베텔하임은 이 아이의 그림을 그린다. 이 아이는 모터들, 도선들, 램프들, 기화기들, 프로펠러들, 조종 장치들을 갖춘

30 Robert Jaulin, *La Mort Sara*, Paris: Plon, 1967, p.122.

31 Mélanie Klein, *La Psychanalyse des enfants*, Paris: P.U.F., p.226.((옮긴이) 독: p.260. 영: p.291) 〈양성(兩性) 모두에게 **오줌**은 (몸의 모든 성분에 대한 무의식적 등치에 근거해) 적극적 의미에서 **모유**와 똑같은 것으로 설정된다.〉((옮긴이) 강조는 **독**)

기계들(전기 영양 기계, 자동 호흡 기계, 광원 항문 기계 따위)로 자신을 가지 뻗지 않으면 살지도 먹지도 못하고 배설하지도 자지도 못한다. 이것만큼 욕망적 생산의 체제를, 그리고 고장이 작동 자체의 일부를 이루는 방식을, 또는 절단이 기계적 연결들의 일부를 이루는 방식을 잘 보여주는 예는 거의 없다. 어떤 사람은 이렇게 말할지도 모르겠다. 이 기계론적이고 분열적인 삶은 욕망보다는 오히려 욕망의 부재와 파괴를 표현하고 있으며, 아이가 자신을 기계로 만들도록 반응케 한 부모에 대한 어떤 극단적인 부정적 태도들을 상정하고 있다고. 하지만 오이디푸스적 인과성 또는 전-오이디푸스적 인과성을 선호하는 베텔하임마저도, 이런 인과성은 아이의 생산성 내지 능동성의 자율적 양상들에 대한 반응으로만 개입할 수 있다는 것을 인정한다. 나중에 아이에게 비생산적 정지라든가 절대적 칩거의 태도가 생긴다는 것을 인정하긴 하지만 말이다. 따라서 우선 〈어머니를 단지 일부로서만 포함할 뿐인 삶의 전체 경험에 대한 자율적 반응〉[32]이 있다. 또한 바로 이 기계들 자체가 욕망의 상실 내지 억압(베텔하임이 자폐증이라는 용어로 번역하는 것)을 증언한다고 믿어서도 안 된다. 우리는 언제나 같은 문제로 되돌아온다. 어떻게 욕망의 생산과정이, 어떻게 그 아이의 욕망 기계들이 무한히 공전하게 되어 기계-아이를 생산하게 되었을까? 어떻게 과정이 목표로 변형되었을까? 또는 어떻게 과정이 때 이른 중단 내지 끔찍한 악화의 희생물이 되었을까? 생산의 일부분을 이루면서도 생산 전체를 빗나가게 하고 악화하는 어떤 것이 있는데, 이것이 생산되고 역-생산되는 것은 오직 기관 없는 몸(감은 눈들, 막은 코들, 닫은 귀들)과 관련해서이다. 하지만 기계는 어디까지나 욕망인 채로 있으며, 욕망의 정립은 본원적 억압과 억압된 것의 회귀를 가로질러, 차례로 편집증 기계들, 기적 기계

32 Bruno Bettelheim, *La Forteresse vide*, 1967, tr. fr. Paris: Gallimard, p.500.

들, 독신 기계들을 거치며 자신의 역사를 따라간다. 베텔하임의 치료가 진전함에 따라 조이는 이 세 기계들을 경유한다.

절단의 둘째 양태——사슬 또는 코드 그리고 이탈

둘째로 모든 기계는 자기 안에 가설하고 비축해 놓은 일종의 코드를 지니고 있다. 이 코드는 몸의 상이한 지역들에 자신이 등록되고 전달되는 방식과 뗄 수 없으며, 또한 다른 지역들과 관련해 몸의 각 지역이 등록되는 방식과도 뗄 수 없다. 하나의 기관은 상이한 연결들에 따라 여러 흐름들에 연합될 수 있다. 그것은 여러 체제 사이에서 주저할 수 있고, 심지어 어떤 다른 기관의 체제를 떠맡기까지 한다(거식증인 입). 이제 기능에 관한 온갖 종류의 물음이 제기된다. 어떤 흐름을 절단할까? 어디서 절단할까? 어떻게, 어떤 식으로? 다른 생산자들 내지 반생산자들에게 어떤 자리를 남겨 둘까(동생의 자리는?)? 먹은 걸로 질식하고, 공기를 마시고, 입으로 똥 싸는 따위의 일을 해야 할까, 그럴 필요는 없을까? 도처에서 등록들, 정보들, 전달들이 바둑판 모양의 분리들을 형성하는데, 이것들은 그전의 연결들과는 다른 유형이다. 하나 또는 여러 기표 사슬을 감고 있는 무의식의 코드라는 저 풍요로운 영역을 발견했고, 그리하여 정신분석을 변모케 한 것은 라캉의 공적이다(이 점에 관한 기초 텍스트는 「도둑맞은 편지」이다). 하지만 이 영역은 그 다양체 때문에 너무도 이상해서, 하나의 사슬 또는 심지어 하나의 욕망적 코드에 대해 말하는 것이 전혀 불가능할 정도다. 이 사슬들은 기호들로 이루어져 있기 때문에 *기표 사*슬이라고들 말하지만, 이 기호들 자체는 의미화를 행하지 않는다. 코드는 하나의 언어활동이라기보다는 하나의 전문어, 열린 다의적 구성체와 유사하다. 기호들은 코드 안에서 아무 본성이건 가질 수 있으며, 기호들의 받침대와는 무관하다(또는 이 받침대가 기호들과 무관한 것 아닐까? 받침대는 기관 없는 몸이다). 기호들은 아무 계획도 없으며, 모든 단계에서 또 모든 연결에서 작업한다. 기호는 각자 자신의 언어를 말하고, 다른 기호들과 더불어 여러 종합들을 설립하는데, 이 종합들은 요소들의 차원에서 간접적인 채로 머무는 그만큼 횡단에 있어서는 직접적이다. 이 사슬들에 고유한 분리들은 아직 그 어떤 배제도 내포하지 않는다. 배제들은 금지자들과 탄압자들의 개입을 통해서만 등장할 수 있을 따름인데, 이들은 받침대를 규정하고 특유한 인물적 주체를 확정하게 된다.[33] 어떤 사슬도 동종(同種)적이지 않으며, 오히려 서로 다른 알파벳 글자들의 행렬과 유사하다. 이 글자들에서는 갑자기 표의문자, 그림문자, 지나가는 코끼리나 떠오르는 해의 작은 이미지가 솟아나곤 한다. 음소들, 형태소들 등을 (조성하는 것이 아니라) 뒤섞고 있는 사슬 속에서 갑자기 아빠의 수염, 엄마의 쳐든 팔, 리본, 작은 소녀, 순경, 구두가 나타난다. 마치 서양란의 코드가 말벌의 형상을 〈끌어오는〉 것처럼, 각 사슬은 다른 사슬들의 파편들을 포획하여 그 파편들에서 잉여가치를 끌어온다. 이는 코드의 잉여가치를 보여 주는 현상이다. 이것은 마르코프 사슬과 흡사한, 부분적으로 서로 의존하는 우발적 현상들을 형성하는 철도 선로 변경과 제비뽑기의 전 체계이다. 내부 코드들이나 외부 환경에서 온 등록들과 절단들은 유기체의 한 지역에서 다른 지역으로 이동하며, 커다란 분리 종합의 끊임없이 갈라져 가는 길들을 따라 교차한다. 여기에 글이 있다면, 그것은 이상하게 다의적이며 결코 일대일대응 관계도 선형(線形)도 아닌, 바로 *현실계* 그 자신

---

33 Lacan, *Ecrits*, "Remarque sur le rapport de Daniel Lagache," Paris: Ed. du Seuil, p.658. 〈(……) 이 기호들에서 오는 배제는 하나의 사슬 속 구성적 정합성(consistance)의 조건으로만 행해질 수 있다. 이 조건이 통제되는 차원은 그러한 사슬에만 가능한 번역의 영역일 뿐이라는 것을 부언하기로 하자. 복권에 다시 한 번 주의해 주기를 바란다. 복권들이 발매될 때 우리가 그것을 뽑는 것은 그 요소들이 순서상 우연하게 뒤섞여 실제로 비조직적으로 되어 있기 때문이라는 점을 고찰하기 위해……〉

에 쓴 글이요, 횡단담론적인(transcursive) 글, 결코 담론적(discursive)이지 않은 글이다. 그것은 수동적 종합들의 〈현실적 비조직화〉의 전(全) 영역이며, 거기서 *기표*라 부를 수 있을 어떤 것을 찾아봐야 헛된 일이리라. 또한 그것은 의미화할 어떤 사명도 없는 기호들로 사슬들을 끊임없이 구성하고 분해한다. 욕망을 생산하는 것이 기호의 유일한 사명이며, 이 점은 그것(ça)이 작동하는 모든 방향에서 그렇다.

이 사슬들은 사방으로 일어나는 이탈의 끊임없는 소재지이다. 도처에 있는 분열들(schizzes), 이것들은 그 자체로 가치가 있으며 무엇보다도 메워서는 안 된다. 따라서 이것이 기계의 둘째 성격인 이탈-절단으로, 채취-절단과 혼동될 여지는 없다. 후자는 연속적 흐름들과 관련되며, 부분대상들로 회부된다. 전자는 이종(異種)적 사슬들과 관련되며, 이동이 쉬운 블록이나 벽돌 같은 이탈 가능한 절편들, 이동 가능한 재고들을 통해 진행한다. 벽돌들 각각은 먼 곳에서 방출된 것이라고, 그 자체가 이종적 요소들로 구성된 것이라고 파악해야 한다. 즉 그 각각에는 상이한 알파벳 기호들뿐 아니라, 여러 형상들, 나아가 하나나 여러 올의 지푸라기, 그리고 필경 시체 따위가 기입되어 있다. 흐름의 채취는 사슬의 이탈을 내포한다. 또 생산의 부분대상들은, 모든 종합의 공존과 상호작용 속에서, 등록의 재고들 내지 벽돌들을 전제한다. 흐름에 정보를 제공할 코드 속에 파편적 이탈이 없다면, 어찌 흐름의 부분적 채취가 있으랴? 조금 전에 우리가 분열자는 욕망의 탈코드화된 흐름들의 극한에 있다고 말했는데, 이 말은 사회적 코드들과 관련해 이해해야 한다. 사회적 코드들에서 전제군주 *기표*는 모든 사슬을 부수고 선형화하고 일대일 대응시키며, 벽돌들을 만리장성을 짓기 위한 이동 불가능한 요소들로 써먹는다. 하지만 분열자는 욕망의 코드라는 새로운 다의성을 되찾기 위해 늘 이 벽돌들을 이탈시키고 떼어 내고 모든 방향으로 가져간다. 모든 구성은, 그리고 모든 분해 역시도, 이동 가능한 벽돌들

48

을 통해 행해진다. 모나코브는 기능 해리(diaschisis)와 본능 해리(diaspasis)에 대해 말한 바 있다. 즉 하나의 상해가 이것을 다른 지역들로 연결하는 신경섬유들을 따라 확산되어 거기서 단지 기계론적 관점(하지만 기계적 관점은 아니다)으로는 이해할 수 없는 현상들을 거리를 두고 일으키는 것, 또는 체액의 장애가 신경 에너지를 표류케 하여 본능들의 영역에 파열되고 파편화된 방향들을 설립하는 것. 벽돌들은 등록 절차라는 관점에서 욕망 기계들의 본질적 부품이다. 구성 부분인 동시에 분해의 산물이기도 한 벽돌들은, 신경계라는 거대한 시간 발생 기계와 관련해서, 특정 순간에만 공간적으로 자리를 잡는다(〈오르골〉 유형의, 비공간적으로 자리를 잡는 멜로디 기계).[34] 모나코브와 무르그의 책에 비길 데 없이 훌륭한 성격을 부여하며 그 책에 영감을 준 잭슨주의 전체를 무한히 넘어서게 만드는 것은, 벽돌 이론, 벽돌들의 이탈 및 벽돌들의 파편화 이론이며, 무엇보다도 그 이론이 전제하고 있는 것 — 즉 신경학에 욕망을 도입했다는 점이다.

절단의 셋째 양태 ── 주체와 잔여

욕망 기계의 셋째 절단은 여분-절단 또는 잔여-절단으로, 이것은 기계 곁에 하나의 주체를, 기계의 인접 부품을 생산한다. 그리고 이 주체가 특유한 또는 인물적 동일성을 갖고 있지 않다면, 또 이 주체가 기관 없는 몸의 미분화를 부수지 않으면서 거기를 돌아다닌다면, 그것은 이 주체가 기계 곁에 있는 하나의 몫일 뿐 아니라, 기계에 의해 실행되는 사슬의 이탈들과 흐름의 채취들에 상응하는 부분들이 되돌아

34 Constantin von Monakow & R. M. Mourgue, *Introduction biologique à l'étude de la neurologie et de la psycho-pathologie*, Paris: Alcan, 1928.

오는 하나의 공유된 몫 그 자체이기도 하기 때문이다. 또한 이 주체는 자신이 경유하는 상태들을 소비하고, 이 상태들에서 태어나며, 부분들 — 이 부분 각각은 한순간에 기관 없는 몸을 채운다 — 로 이루어진 하나의 몫으로서 이 상태들에서 항상 귀결된다. 그래서 라캉은 어원적이기보다는 기계적인 다음과 같은 놀이를 전개할 수 있었다 — *parere*는 획득하다(procurer)이고 *separare*는 격리하다(séparer)이고 *se parere*는 자기 자신을 낳다(s'engendrer soi-même)라고. 그러면서 라캉은 이러한 놀이의 내공적 성격을 강조한다. 부분은 전체와 아무 관계도 없다. 〈부분은 완전히 혼자서 자신의 부분 노릇을 한다. 여기서 주체는 자기 분할(partition)에서 자기 분만(parturition)으로 진행한다. (……) 이렇기 때문에 주체는 여기서 자신과 관련된 것, 즉 우리가 시민 자격을 주는 상태를 획득할 수 있는 것이다. 한 사람의 삶에서 여기에 도달하는 일만큼 집요하게 매달리게 되는 일도 없다. 부분(pars)이 되기 위해 주체는 자기 이익의 대부분을 기꺼이 희생하리라……〉[35] 다른 두 절단과 마찬가지로, 주체 절단은 결핍을 가리키는 게 아니라 그와는 반대로 주체에게 몫으로 돌아오는 부분, 주체에 여분으로 돌아오는 수입을 가리킨다 (여기서 한 번 더, 거세라는 오이디푸스 모델은 얼마나 나쁜 모델인가!). 절단들은 분석의 사실이 아니다, 절단들 자체가 종합들이다. 나눔들을 생산하는 것은 종합들이다. 아이가 트림할 때 젖이 되올라오는 예를 생각해 보면 좋겠다. 그 젖은 연합적 흐름에서 채취한 것의 반환인 동시에, 기표 사슬에서 이탈한 것의 재생산이요, 주체 고유의 몫으로 주체에 회귀하는 잔여물이다. 욕망 기계는 은유가 아니다. 그것은 이 세 양태에 따라 절단하고 절단되는 자이다. 첫째 양태는 연결 종합에 관련되며, 리비도를 채취 에너지로 동원한다. 둘째 양태는 분리 종합에 관련되며,

---

35 Lacan, "Position de l'inconscient," in *Ecrits*, p.843.

누멘을 이탈 에너지로 동원한다. 셋째 양태는 결합 종합에 관련되며, 볼륨*타*스를 잔여 에너지로 동원한다. 바로 이 세 양상 아래에서 욕망적 생산의 경과는 생산의 생산인 동시에 등록의 생산이고 소비의 생산이다. 채취하기, 이탈하기, 〈여분 남기기〉— 이것이 생산하기이며, 욕망의 현실적 작업들을 수행한다.

6 전체와 부분들

다양체들의 위상

모든 것은 욕망 기계들 속에서 동시에 기능하지만, 또한 중단들과 단절들, 고장들과 결함들, 단속들과 합선들, 거리들과 분산들 속에서, 결코 그 부분들을 하나의 전체로 재통합하지 않는 총합 속에서 기능한다. 여기서 절단들은 생산적이며, 그 자체가 재통합들이기 때문이다. 분리들은, 분리인 한, 포괄적이다. 소비들 자체는 이행들, 생성들, 회귀들이다. 문학 기계의 층위에서 다음 문제를 아주 엄밀하게 제기할 줄 알았던 사람은 바로 모리스 블랑쇼이다. 서로의 관계를 위해 자신의 고유한 차이를 지니고 있으며, 잃어버린 근원적 통일성과 같은 것 또는 앞으로 도래할 결과적 총체성과 같은 것에 대한 그 어떤 지시도 없는 파편들을 어떻게 생산하고 또 생각할 것인가?[36] 실사(實辭)로서 사용되며, *하나*[一者]는 물론 여럿[多]도 넘어서고, *하나*와 여럿의 술어 관계를 넘어서는 다양체(multiplicité)라는 범주만이 욕망적 생산을 설명할 수

---

[36] Maurice Blanchot, *L'entretien infini*, Paris: Gallimard, 1969, pp.451~452.

있다. 욕망적 생산은 순수 다양체, 말하자면 통일체(unité)로 환원될 수 없는 긍정이다. 우리는 부분대상들, 벽돌들, 잔여물들의 시대에 살고 있다. 우리는 고대 조각상의 조각들처럼 완성되고 다시 모여, 기원(起源)에 있는 통일체 같은 통일체를 만들기를 기다리는 저 사이비 파편들을 더 이상 믿지 않는다. 더 이상 우리는 기원의 총체성도 목적지의 총체성도 믿지 않는다. 우리는 조각들을 평화롭게 만든다고 주장하는, 칙칙한 변증법적 진화의 잿빛 어조를 더는 믿지 않는다. 이 어조는 조각들의 가장자리를 깎아 두루뭉술하게 하기 때문이다. 우리는 총체성들을 곁으로 밀려났을 때에만 믿는다. 만일 우리가 부분들 곁에서 이러한 총체성을 만난다면, 그것은 이 부분들의 전체이기는 하나 이 부분들을 총체화하지는 않으며, 이 부분들 전체의 통일체이기는 하나 이 부분들을 통일하지는 않으며, 따로 조성된 새 부분으로서 지금까지 있어 온 부분들에 덧붙는다. 〈통일성이 이번에는 영감을 받아 태어나, 별도로 구성된 하나의 파편과 같은 집합체에 적용된다〉라고 프루스트는 발자크 작품의 통일성에 대해, 또 자기 작품의 통일성에 대해 말하고 있다. 『잃어버린 시간을 찾아서』라는 문학 기계에서, 어떤 지점에서건 모든 부분이 비대칭적인 두 쪽, 끊긴 방향들, 닫힌 상자들, 통하지 않는 관(管)들, 칸막이들로서 생산되고 있다는 것은 놀라운 일이다. 여기서는 인접성조차도 거리이고, 거리는 긍정이며, 하나가 아닌 서로 다른 퍼즐들에서 온 퍼즐 조각들이 언제나 위치는 있지만 절대로 획정되지는 않은 곳에 서로 억지로 삽입되고, 서로 맞지 않는 그 가장자리들이 언제나 여분들과 더불어 서로 강요되고 타락하고 기와모양으로 뒤얽혀 있다. 이것은 탁월한 분열증적 작품이다. 죄책감이나 죄책감의 고백들 같은 것은 웃자고 있는 것이다(클라인의 용어로 말한다면, 우울증의 자리는 더 깊은 곳에 있는 분열증의 자리를 덮기 위해 있는 것이라 하겠다). 왜냐하면 법의 엄격함은 겉으로는 *일자*의 항의를 표현하고 있지만, 사실 그 진정한 목적은 조각난 지역들을 면죄해 주는 것이기 때문이다. 여기서 법은 아무것도 *전체* 속에 통합하지 않으며, 오히려 광기 안에서 스스로 결백할 수 있는 것의 편차들, 분산들, 파열들을 측정하고 분배한다. 그렇기 때문에 프루스트에게는 죄책감이라는 외견상의 테마가 이것을 부정하는 전혀 다른 테마, 즉 양성 구별 속에 있는 식물적 순진함이라는 테마와 얽혀 있다. 이 테마는 샤를뤼스의 만남들에서도 알베르틴의 졸음들에서도 한결같이 드러난다. 여기서는 꽃들이 군림하며 광기의 결백이 드러난다. 샤를뤼스의 명백한 광기도 알베르틴의 상상된 광기도 결백하다.

따라서 프루스트는 이렇게 말했다. "전체는 생산된다. 그것 자체는 부분들 곁에서 하나의 부분으로서 생산된다. 그것은 통합하지도 않고 총체화하지도 않는다. 하지만 부분들에 적용되면서 통하지 않는 관들 사이에 엉뚱한 소통들만을 설립하고, 자기의 고유한 차원 속에서 다른 것들과의 차이를 보존하는 요소들 사이의 횡단적 통일들만을 설립한다." 그래서 『잃어버린 시간을 찾아서』의 철도 여행에서는 보이는 것의 총체성은 물론 관점의 통일성도 없다. 총체성 내지 통일성이 있다면, 그것은 이 창에서 저 창으로 미친 듯이 오가는 〈간헐적이며 대립하는 파편들을 근접시키고 바꾸어 놓아 보려는〉 여행자가 그리는 횡단선에만 있다. 근접시킨다, 바꾸어 놓아 본다는 것은 조이스가 말하는 〈다시 구현하기(re-embody)〉이다. 기관 없는 몸은 하나의 전체로서 생산되지만, 다만 자기 장소에서, 생산과정 속에서, 그것이 통일하지도 총체화하지도 않는 부분들 곁에서 생산된다. 기관 없는 몸이 부분들에 적용되고 부분들로 복귀할 때, 기관 없는 몸은, 기표 사슬들의 절단들 및 거기서 눈에 띄는 주체의 절단들을 통해 부분대상들의 기능적 절단들의 끊임없는 재절단이 일어나는 자기 자신의 표면 위에서, 횡단적 소통들, 초한적 총합들, 다의적·횡단담론적 기입들을 생겨나게 한다. 전체는 부분들과 공존할 뿐 아니라, 부분들에 인접해 있고, 그 자체로 따로 생산되 **52**

며, 부분들에 적용된다. 유전학자들은 이런 말을 통해 이 점을 제 나름의 방식으로 밝히고 있다. 〈여러 아미노산은 개별적으로 세포 속에 동화되며, 그다음에 각 아미노산 특유의 횡적 사슬이 고유한 위치를 차지하게 되는 거푸집과 비슷한 메커니즘에 의해 고유한 시퀀스에 정렬된다.〉[37] 일반 규칙을 보면, 부분들과 전체라는 관계의 문제는 고전적 기계론 및 생명론에서 전체를 부분들에서 파생된 총체성으로, 또는 부분들이 유출되어 나오는 본원적 총체성으로, 또는 변증법적 총체화로 고려되는 한 여전히 잘못 제기된 것이다. 기계론이나 생명론이나 모두 욕망 기계들의 본성을 파악하지 못했고, 기계론적인 것에 욕망을 도입하는 것 못지않게 욕망 속에 생산을 도입해야 한다는 이중의 필요를 파악하지 못했다.

부분대상들

충동들을 충동의 대상들과 함께 하나의 통합된 전체로 향해 가게 하는, 충동들의 진화란 없다. 충동들이 파생되어 나오게 될 원초적 총체성이란 것도 없다. 멜라니 클라인은 놀랍게도 부분대상들을, 즉 폭발들, 회전들, 진동들의 세계를 발견했다. 그런데도 그녀가 이 대상들의 논리를 그르쳤다는 것은 어떻게 설명해야 할까? 우선 그녀가 이 대상들을 환상이라 생각하고 이것들을 현실적 생산의 관점이 아닌 소비의 관점에서 판단하고 있으니 말이다. 그녀는 부분대상에 대한 관념론적 착상을 강요하는 인과성 메커니즘(가령 내입과 투사), 효과 발생 메커니즘(만족과 좌절), 표현 메커니즘(좋음과 나쁨)을 배정한다. 그녀는 부분대상을 욕망 기계들의 경과라는 생산의 진정한 경과에 결부하지 않는

---

37 J. H. Rush, *L'Origine de la vie*, Paris: Payot, p.141.((옮긴이) 영: p.157)

다. 둘째로 그녀는 편집-분열증적 부분대상들이 하나의 전체에, 이 전체가 원초적 국면에 있는 본원적 전체이건 훗날의 우울증 위치에서 도 래할 전체(*완전한 대상*)이건, 어떻든 하나의 전체와 관련된다는 생각을 떨치지 못한다. 따라서 그녀에게 부분대상들은 온전한 인물들에서 채취된 것으로 보인다. 그것들은 자아들, 대상들, 충동들에 관련된 통합의 총체성들 속에 들어갈 뿐 아니라, 또한 이미 나, 어머니, 아버지 사이의 대상관계의 1차 유형을 구성한다. 그런데 이렇게 되면 결국 모든 것이 결정되는 셈이다. 부분대상들이 그 자체로 오이디푸스를 날려 보낼 힘을 갖고 있고, 오이디푸스에서 무의식을 재현하고 무의식을 삼각형화 하고 모든 욕망적 생산을 포획하려는 어리석은 야망을 빼앗기에 충분한 힘을 갖고 있다는 것은 확실하다. 여기서 제기되는 물음은 전-오이디 푸스라 부를 수 있는 것이 오이디푸스와의 관계에서 얼마만 한 상대적 중요성을 지니고 있는가 하는 점이 아니다(왜냐하면 〈전-오이디푸스〉란 것은 진화의 면이나 구조의 면에서 아직도 오이디푸스와 관련되어 있기 때문이다). 중요한 것은 욕망적 생산의 절대적으로 무(無)오이디푸스적 성격이다. 하지만 멜라니 클라인은 전체, 온전한 인물들, 완전한 대상들이라는 관점을 그대로 지켜 나가고 있기 때문에 — 또 아마도 문에다 〈오이디푸스를 인정하지 않는 자는 아무도 이곳에 들어오지 말라〉라고 적어 놓은 국제정신분석협회와 관계가 나빠지는 것을 피하려는 생각이 있기 때문에 — 부분대상들을 이용하여 오이디푸스의 굴레를 벗어 버리려 하지 않는다. 반대로 그녀는 오이디푸스를 희석하고, 축소하고, 그 수를 늘리고, 저연령층까지 퍼지게 하기 위해 오이디푸스를 이용하고 있거나 이용하는 체하고 있다.

53

87

전체와 부분들

오이디푸스 비판, 오이디푸스적 기만

여기서 우리가 정신분석가들 중 가장 덜 오이디푸스화하는 예를 드는 것은, 오이디푸스를 욕망적 생산의 척도로 삼으려면 얼마나 무리해야 하는가를 보여 주기 위해서이다. 〈운동〉에 대해 조금도 알지 못하는 보통 정신분석가들에게는 더더욱 그렇다. 그것은 암시에 그치는 게 아니고 테러리즘에 속한다. 멜라니 클라인은 다음과 같이 적고 있다. 〈딕이 처음 내 집에 왔을 때 일인데, 그의 유모가 그를 나에게 맡겼을 때 그는 아무 감정도 나타내지 않았다. 미리 준비해 둔 장난감들을 보여 주었을 때, 그는 아무 흥미 없이 그것들을 쳐다보았다. 나는 큰 기차를 들어 작은 기차 옆에 놓고 이 기차들에 '아빠 기차'와 '딕 기차'란 이름을 붙여 가리켰다. 그러자 그는 내가 "딕"이라고 부른 기차를 들고 창이 있는 데까지 굴러가게 하고는 "정거장"이라고 말했다. "정거장, 그건 엄마야, 딕은 엄마 속에 들어간다"라고 나는 그에게 설명했다. 그는 기차를 내려놓고, 방의 이중 문 사이에 있는 공간에 뛰어 들어가, "어두워"라고 말하면서 틀어박히더니, 금세 거기서 뛰쳐나왔다. 그는 여러 번이 짓을 했다. "엄마 속은 어두워, 딕은 엄마의 어두운 속에 있는 거야"라고, 나는 그에게 설명했다. (……) 그의 정신분석이 진전했을 때 (……) 딕역시 세면기가 어머니의 몸을 상징한다는 것을 깨달았고, 놈이 물에 젖는 것을 몹시 두려워했다.〉[38] "이건 오이디푸스야"라고 말하라, 그렇지 않으면 따귀를 맞을 거야. 정신분석가는 이제 〈네게 있는 네 욕망 기계들은 뭐니?〉라고 묻지 않고 이렇게 소리 지른다. 〈내가 네게 말할 땐 아빠-엄마라고 대답해!〉 멜라니 클라인마저도……. 이렇게 되면 모든

---

[38] Mélanie Klein, *Essai de psychanalyse*, Paris: Payot, pp.269~271.(강조는 DG)((옮긴이) 독: pp.36ff. 영: pp.242~243)

욕망적 생산은 으깨지고, 부모의 이미지들로 복귀하고, 전-오이디푸스 단계들에 맞추어 늘어놓이고, 오이디푸스 속에서 총체화된다. 그리하여 부분대상들의 논리는 무로 환원되고 만다. 따라서 오이디푸스는 이제 우리에게는 이 논리의 시금석이 된다. 왜냐하면 처음에 우리가 예감했던 것처럼, 부분대상들은 외견상으로만 온전한 인물들에서 채취되기 때문이다. 부분대상들은 비-인물적인 하나의 흐름 내지 휠레에서 채취를 통해 현실적으로 생산되며, 다른 부분대상들에 자신을 연결함으로써 이 흐름 내지 휠레와 소통한다. 무의식은 인물들을 모른다. 부분대상들은 부모라는 인물의 대표가 아니며, 가족 관계들의 받침대도 아니다. 부분대상은 욕망 기계들 속 부품들이고, 오이디푸스의 형상 속에 자신을 등록하는 것에 비해 환원 불가능하며 1차적인 생산의 경과 및 생산관계들에 관련된다.

아이는 이미……

프로이트와 융의 결별에 관해 말할 때, 사람들은 그 출발점이 사소하고 실천적이었음을 너무나 자주 잊어버린다. 융은 정신분석가가 전이에 있어 자주 악마, 신, 마법사로 나타나며, 그 역할들이 부모의 이미지들을 독특할 정도로 넘어선다고 지적했다. 나중에는 모든 것이 나쁘게 돌아갔지만, 출발점은 좋았다. 아이들의 놀이도 마찬가지이다. 아이는 그저 아빠-엄마로만 놀지 않는다. 아이는 또한 마법사, 카우보이, 헌병, 도둑으로 놀며, 기차와 작은 자동차들로도 논다. 기차가 으레 아버지인 것도 아니요, 정거장이 으레 어머니인 것도 아니다. 문제는 욕망 기계들의 성적 성격에 관한 것이 아니라, 이 성욕의 가족적 성격에 관한 것이다. 아이가 크면 더 이상 가족 관계가 아닌 사회관계들 속에서 파악된다는 것은 누구나 인정하는 바이다. 하지만 이 관계들이 나중에 생긴 55

전체와 부분들

다고 생각되기 때문에, 가능한 길은 둘밖에 없다. 하나는 성욕이 정신분석에서 말하는 〈나중〉의 형식으로 사회적 (및 형이상학적) 관계들 속에서 승화 내지 중화된다고 인정하는 것이요, 다른 하나는 이 관계들이 성욕이 아닌 에너지를 작동하며, 성욕은 그 나름대로 이 에너지를 신비적인 〈너머〉로 상징화하는 데 그친다고 인정하는 것이다. 바로 여기서 프로이트와 융 사이에서 사태가 악화한다. 적어도 그들은 공히, 리비도는 사회장 내지 형이상학장(場)을 매개 없이 투자할 수 없다고 믿고 있다. 사실 그렇지는 않다. 놀고 있는, 또는 기어 다니면서 이 방 저 방을 탐색하는 아이를 보자. 그는 전기 콘센트를 살펴보고, 자기 몸을 기계처럼 움직이고, 한 다리를 노처럼 사용하고, 부엌과 서재에 들어가고, 작은 자동차들을 조작한다. 부모가 늘 현존한다는 것, 부모 없이는 아이에겐 아무것도 없다는 것은 분명하다. 하지만 그런 건 중요하지 않다. 중요한 건 아이가 만지는 모든 것이 부모의 대표로서 체험되는가 여부를 아는 일이다. 태어나면서부터 요람, 젖가슴, 고무젖꼭지, 배설물은 그의 몸의 부분들과 연결되어 있는 욕망 기계들이다. 아이가 부분대상들 가운데서 산다고 말하면서 동시에 아이가 부분대상들에서 파악하는 것은 조각들로 이루어진 부모라는 인물들 자체라고 말하는 것은 우리가 보기에 모순인 것 같다. 젖가슴이 어머니의 몸에서 채취된다는 것은, 아주 엄밀하게는 진실이 아닌데, 왜냐하면 젖가슴은 하나의 욕망 기계의 부품으로 실존하며, 입과 연결되어 있고, 묽거나 진한 비-인물적인 젖의 흐름에서 채취되기 때문이다. 욕망 기계, 부분대상은 아무것도 재현하지 않는다. 그것은 재현적이지 않다. 그것은 정녕 관계들의 받침대이며 담당자들의 분배자이다. 하지만 이 관계들은 주체들 간의 관계가 아님은 물론, 이 담당자들은 인물들이 아니다. 이 관계들은 바로 생산관계들이요, 이 담당자들은 생산과 반생산의 담당자들이다. 브래드버리는 육아실이 욕망적 생산과 집단 환상의 장소이며, 부분대상들과 담당자들을 조합하기만 할 뿐이라고 묘사하는데, 이때 그는 이 점을 잘 밝히고 있다.[39] 어린아이는 끊임없이 가족 안에 있다. 하지만 어린아이는, 가족 안에서 그리고 처음부터, 정신분석이 빠져나가게 내버려 두는 엄청난 비가족적 경험을 즉각 하고 있다. 린드너의 그림.

중요한 건, 부모의 삶과 사랑의 중요성을 부정하는 것이 아니다. 중요한 건, 욕망적 생산에서 부모의 위치와 부모의 기능이 무엇인지를 아는 것이요, 거꾸로 욕망 기계들의 모든 작동을 오이디푸스의 제한된 코드로 복귀시키지 않는 것이다. 부모가 다른 담당자들과 관계하면서 특수한 담당자의 위치와 기능을 점유하는 일은 어떻게 형성될까? 오이디푸스는 처음부터 사회장, 리비도에 의해 직접 투자된 생산의 장의 네 모퉁이로 열려 있는 한에서만 존재하니 말이다. 부모가 욕망적 생산의 등록 표면에 나타난다는 것은 명백해 보인다. 하지만 바로 다음과 같은 것들이 오이디푸스의 문제 전체이다. 어떤 힘들이 작용하여 오이디푸스 삼각형화가 닫힐까? 어떤 조건에서 오이디푸스 삼각형화는 이 삼각형화를 포함하고 있지 않은 표면에서 욕망을 수로화할까? 어떻게 이 삼각형화는 모든 면에서 이를 넘어서는 경험들과 기계화들에 일종의 기입을 행할까? 바로 이런 의미에서, 오직 이런 의미에서만, 아이는 부분대상인 젖가슴을 어머니라는 인물에 관계 짓고, 끊임없이 어머니의 얼굴을 살핀다. 〈관계 짓는다〉라는 것은 여기서 자연스러운 생산적 관계가 아니라, 기입에서의, 누멘에서의 하나의 설명, 하나의 기입을 가리킨다. 아이는 아주 어릴 적부터 온통 욕망적 삶을 살며, 욕망의 대상들 및 욕망의 기계들과 온통 비가족적 관계를 맺는다. 아이는 직접적 생산이라는 관점에서는 부모와 관련이 없지만, 경과의 등록이라는 관점에

<hr />

39 Ray Bradbury, *L'Homme illustré*, "La Brousse," Paris: Danoël.

전체와 부분들

서는, 이 등록의 아주 특수한 조건들 아래서, 이 조건들이 경과 자체에 대해 반작용을 하긴 해도(되먹임) (사랑이나 미움과 더불어) 부모와 관련 되어 있다.

고아인 무의식

아이가 자기 삶을 체험하고 또한 산다는 게 뭔지 자문하는 것은 부 분대상들 한가운데서요 욕망적 생산의 비가족적 관계들 안에서이다. 이 물음은 분명 부모와 〈관련〉되고 가족 관계 안에서만 잠정적인 답을 얻을 수 있지만 말이다. 〈나는 여덟 살 때부터, 아니 그 전부터, 늘 내 가 누구인지, 내가 무엇인지, 왜 사는지 자문했던 기억이 난다. 나는 여 섯 살 때 마르세유의 블랑카르드 거리의 어느 집(정확히는 59번지)에서 어머니라 불리는 어떤 여자가 준 초콜릿 빵을 먹으면서, 존재한다는 것 과 산다는 것이 무엇인지, 숨 쉬는 상태에 있다는 것이 무엇인지 자문 했고, 살아 있다는 사실을 실감하기 위해 또 그게 나한테 어울리는 일 인지 또 어떤 점에서 어울리는지 알아보기 위해 마침내 숨을 쉬려 했던 기억이 난다.〉[40] 여기에 본질적인 것이 있다. 한 물음이 아이에게 제기 된다. 그 물음은 아마 엄마라 불리는 여자와 〈관련될〉 테지만, 그 여자 와 관련해 생산된 것은 아니며, 욕망 기계들의 작동 속에서, 가령 입- 공기 기계나 미각 기계의 차원에서 생산되었다. 산다는 건 뭘까? 숨 쉰 다는 건 뭘까? 나는 뭘까? 내 기관 없는 몸에서 숨 쉬는 기계란 뭘까? 아이는 형이상학적 존재다. 데카르트의 코기토에서처럼 부모는 이 물 음 속에 없다. 그리고 이 물음이 (부모에게 이야기되고 표현된다는 의미에 서) 부모와 관련되어 있다는 사실과 (부모와 자연적 관계에 있다는 의미

---

40 A. Artaud, "Je n'ai jamais rien étudié…," in *84*, déc. 1950.

에서) 부모와 관련된다는 관념을 혼동하는 것은 잘못이다. 아이의 삶을 오이디푸스의 틀 속에 구겨 넣고, 가족 관계들을 어린 시절의 보편적 매개로 만들면, 무의식 자체의 생산과 무의식에 직접 결부되는 집단 메커니즘들을, 특히 본원적 억압, 욕망 기계들, 기관 없는 몸 등의 작용 전체를 몰라볼 수밖에 없다. 왜냐하면 무의식은 고아이며, 그 자체가 자연과 인간의 동일성에서 생산되기 때문이다. 무의식의 자기-생산이 생겨나는 것은, 데카르트적 코기토의 주체가 자신에게 부모가 없음을 발견했던 바로 그 지점, 사회주의 사상가가 생산 속에서 인간과 자연의 통일을 발견했던 그 지점, 순환이 부모로의 끝없는 퇴행과 관련해 자신의 독립성을 발견하는 지점에서이다.

난

아빠 - 엄마 게 아냐

정신분석에서 잘 안 되는 일은 뭐지?

우리는 〈과정〉이란 말의 두 의미가, 즉 자연 안에서 악령의 형이상학적 생산으로서의 과정과 역사 속에서 욕망 기계들의 사회적 생산으로서의 과정이 어떻게 합류했는지를 본 바 있다. 사회적 관계들과 형이상학적 관계들 둘 모두는 *나중*이나 *너머*를 구성하지 않는다. 이 관계들은 모든 심리-병리학적 심급에서 인정되어야만 하며, 가장 황폐하 **58** 고 가장 비사회화된 양상으로 나타나는 정신병 증후군들을 다루면 다룰수록 이 관계들의 중요성은 그만큼 더 커지리라. 그런데 이미 아이의 삶 속에서, 젖먹이 때의 가장 기초적인 행동들부터, 부분대상들, 생산의 담당자들, 반생산의 요인들과 더불어, 그 집합체 속에서 욕망적 생산의 법칙들에 따라, 이 관계들이 서로 짜인다. 이 욕망적 생산의 본성이 무엇인지, 또 어떻게, 어떤 조건에서, 어떤 압력들 아래서 오이디푸스 삼각형화가 경과의 등록 속에 개입하는지를 처음부터 보지 않으면, 우리는 아이의 삶과 그 여파, 성인의 신경증적·정신병적 문제들, 그리고 성욕 전부를 근본적으로 왜곡하는 확산되고 일반화된 오이디푸스주의의 덫에 걸려든다. 정신분석에 대한 로런스의 반발을 상기하고 잊지 말자. 그로서는, 적어도 그의 망설임은 성욕의 발견에 대한 공포에서 온건 아니었다. 오히려 그는 정신분석이 부르주아 장식이 달린 괴상한 상자 안에, 몹시 역겨운 일종의 인공 삼각형 안에 성욕을 가두고 있으며, 이 삼각형은 욕망의 생산으로서의 성욕 전체를 질식시켜, 새로운 양식으로 성욕을 다시 〈더러운 작은 비밀〉, 가족의 작은 비밀로 만들고, *자연과 생산*이라는 엄청난 공장 대신 내밀한 극장으로 만들고 있다는 인상을, 순수한 인상을 갖고 있었다. 그는 성욕에 더 많은 힘 내지 잠재력이 있다는 인상을 갖고 있었다. 아마 정신분석은 〈그 더러운 작은 비밀을 소독하게〉 되었지만, 그렇다고 해서 현대의 폭군-오이디푸스의 초라하고 더러운 비밀이 더 나은 건 아니리라. 이렇게 정신분석이 우리를 낮추고 깎아내리고 유죄로 만드는 낡은 시도를 다시 하는 게 과연 가능할까? 미셸 푸코는 광기와 가족의 관계가 어떤 점에서 19세기 부르주아사회 전체를 변용한 발전에 기초를 두고 있었는지 잘 지적했는데, 이 발전을 통해 가족 성원들의 책임과 이들의 결과적 죄책감을 평가할 수 있게 했던 기능들이 가족에게 부여되었던 것이다. 그런데 정신분석이 광기를 〈부모 콤플렉스〉 속에 집어넣고, 죄책감의 고백을 오이디푸스에서 귀결되는 자기 형벌의 모습들에서 다시 찾아내는 한, 정신분석은 혁신을 행한 것이 아니라, 19세기 정신의학이 시작했던 일을 완성하고 있다. 즉 정신병리학의 가족적·교화적 담론을 고양하고, 광기를 〈반은 현실적이고 반은 상상적인 *가족* 변증법에〉 묶고, 거기서 〈아버지에 맞선 끊임없는 위해 행위〉, 〈가족제도의 견고함에 맞선, 가장 의고(擬古)적인 가족 상징들에 맞선 본능들의 암투)를 판독하는 일을.[41] 이렇게 되면 정신분석은 실효적인 해방 사업에 참여하는 대신, 가장 일반적인 부르주아 탄압 작업에 가담한다. 이 탄압 작업은 유럽의 인간을 아빠-엄마의 굴레에 묶고 바로 이 문제를 끝장내지 못한 데서 성립한다.

---

41 Michel Foucault, *Historie de la folie à l'âge classique*, Paris : Plon, 1961.((옮긴이) 독: pp.512ff. 영: 푸코 자신의 축약)

2장
정신분석과 가족주의
──성가족(聖家族)

1 오이디푸스 제국주의

오이디푸스의 양태들

특수 오이디푸스는 아빠-엄마-나라는 삼각형 형상이며, 인물로 나타난 가족 성좌이다. 이렇게 정신분석이 오이디푸스를 교의로 삼고 있지만, 아이에게 있는 이른바 전-오이디푸스, 정신병자에게 있는 탈-오이디푸스, 다른 민족들에게 있는 곁-오이디푸스 등의 관계들이 있음을 모르지는 않는다. 교의로서의 오이디푸스 기능 또는 〈핵심 콤플렉스〉로서의 오이디푸스 기능은 정신분석 이론가가 일반화된 오이디푸스라는 생각에 도달하기 위해 경주하는 집중적인 노력과 분리할 수 없다. 한편으로 정신분석 이론가는 양성의 각 주체에서의 충동들, 감정들, 관계들의 내공 계열을 고려한다. 이것들은 콤플렉스의 정상적·긍정적 형식과 콤플렉스의 전도된 또는 부정적 형식을 통일해 준다. 이것이 계열의 오이디푸스인바, 이는 프로이트가 『자아와 이드』(1923)에서 제시한 것으로, 필요에 따라 전-오이디푸스 국면들을 부정적 콤플렉스에 결부하도록 해 준다. 다른 한편으로 정신분석 이론가는 주체들 자신의 외연적 공존과 이들의 다양한 상호작용들을 고려한다. 이것이 집단의 오이디푸스인바, 이는 방계 친족, 자손들, 조상들을 통일해 준다(그렇기에 오이디푸스화에 대한 분열자의 뚜렷한 저항, 오이디푸스적 연줄의 명백한 부재가 조부모의 성좌에서는 흐려질 수 있다. 정신병자를 하나 만들려면 삼대(三代)의 축적이 필요하다고 생각해서건, 조부모가 정신병에 더욱 직접 개입하는 메커니즘이 발견되어 오이디푸스의 제곱을 형성하게 되건 간에 말이다. 이리하여 신경증, 그것은 아버지-어머니이지만, 할머니, 그것은 정신병자이다). 끝으로 상상계와 상징계의 구별은 위치들과 기능들의 체계로서의 오이디푸스 구조를 끌어낼 수 있도록 해 준다. 이 위치들과 기능들은 특정한 사회구성체 내지 병리학 구성체 속에서 이것들을 점유하는 자들의 가변적 형상과 합치하지 않는다. 이것이 구조의 오이디푸스(3+1)인바, 삼각형과 합치하지 않으며, 규정된 영역에서 욕망과 욕망의 대상 그리고 그 법을 분배함으로써 가능한 모든 삼각형화를 수행한다.

정신분석에서의 오이디푸스적 전환점

앞서 본 두 가지 일반화의 양태가 구조적 해석에서만 그 진정한 타당성을 갖는다는 점은 확실하다. 바로 이 해석이 오이디푸스를 모든 상상적 양상 저편에 있는, 일종의 보편적인 정통 상징으로 만든다. 또 이 해석은 오이디푸스를 전-오이디푸스적 국면들, 탈-오이디푸스적 변이형들, 곁-오이디푸스적 현상들의 좌표축으로 만든다. 가령 〈폐제〉라는 개념은 고유하게 구조적인 누락(lacune)을 지시하는 것 같다. 이 누락을 이용해서 분열자는 가령 삼대의 관점에서 자연스럽게 오이디푸스의 축에 다시 자리하고, 오이디푸스의 궤도에 다시 놓인다. 이 경우 어머니는 자기 아버지에게 맞대 놓고 자신의 욕망을 제기할 수 없었고, 아들은 아들대로 그 뒤로 어머니에게 맞대 놓고 욕망을 제기할 수 없었다. 라캉의 제자라면 다음과 같은 글을 쓸지도 모른다. 즉 우리가 고찰하려는 것은, 우선 〈오이디푸스 조직이 정신병들 속에서 뭔가 역할을 하기 위해 사용하는 우회 수단이며, 그다음엔 정신병의 전성기기(前性器期)의 형식들은 어떤 것이며 어떻게 이 형식들이 오이디푸스 좌표를 유지할 수 있는가 하는 점이다〉라고. 따라서 우리가 앞에서 행한 오이디푸스 비판은, 마치 그것이 상상적 오이디푸스에만 적용되고 또 부모 형상들의 역할을 다루어서 상징적 위치들과 기능들의 구조와 그 질서에는 전혀 손대지 못하기라도 한 양, 완전히 피상적이고 보잘것없다고 판단될 위험이 있다. 그렇지만 우리의 문제는 바로 여기에서 차이가 생겨나는지 여부를 아는 일이다. 참된 차이는 상상적이면서도 구조적인 오이디푸스와 모든 오이디푸스가 억압하고 탄압하는 다른 어떤 것, 즉 욕망적 생산 사이에 있는 것 아닐까? ― 이때 말하는 욕망적 생산은 욕망의 기계들인데, 욕망의 기계들은 구조는 물론이고 인물들로도 환원될 수 없으며, 상징계와 상상계 양자 너머에 또는 이것들 아래에서 *현실계* 자체를 구성하고 있다. 말리노프스키는 해당 사회 형식에 따라 [오이디푸스의] 모습들이 달라진다는 것을 밝혔는데, 우리는 이런 시도를 다시 해 볼 마음이 전혀 없다. 오이디푸스가 일종의 불변항으로 제시될 때 우리는 그런 말을 하는 사람을 믿기까지 한다. 하지만 우리의 물음은 전혀 다른 데 있다. 무의식의 생산들과 무의식의 불변항 사이(욕망 기계들과 오이디푸스 구조 사이)에는 부합이 있을까? 아니면 그 불변항은 그 모든 변주와 양상을 가로질러 단지 하나의 오랜 오류의 역사를, 끝나지 않는 탄압의 노력을 표현할 뿐이지 않을까? 우리가 물음을 던지는 것은, 이미지 및 구조와 혼인한 자원으로서 정신분석이 실천적·이론적으로 전념하는 맹렬한 오이디푸스화이다. 그래서 라캉의 몇몇 제자가 최근에 좋은 책을 몇 권 썼지만, 우리는 라캉의 생각이 정말 이 방향으로 가고 있는지를 따져 보려 한다. 분열자마저도 오이디푸스화하는 것만이 중요할까? 아니면 다른 어떤 것, 심지어 정반대되는 것이 중요하지

62

않을까?[1] 분열증화하는 것, 즉 무의식의 장을, 또 역사장·사회장을 분열증화하는 것이 중요하지 않을까? 그리하여 오이디푸스의 속박을 풀어 도처에서 욕망적 생산들의 힘을 다시 발견하고, 정신분석 기계, 욕망 그리고 생산의 연줄을 심지어 *현실계*에 다시 연결하는 것이 중요하지 않을까? 왜냐하면 무의식 자체는 더 이상 구조적이지도 인물적이지도 않으며, 상징하지 않을 뿐 아니라 상상하지도 않고 형상화하지도 않기 때문이다. 무의식은 기계 작동하며 기계적이다. 무의식은 상상계도 상징계도 아니다. 무의식은 *현실계* 그 자체요, 〈불가능한 현실계〉 및 그것의 생산이다.

하지만 우리가 정신분석이 진행되어 온 기간만 고려한다 하더라도, 이 긴 역사는 무엇이란 말인가? 이 역사에는 여러 가지 의심, 우회, 후회가 없지 않다. 라플랑슈와 퐁탈리스는 다음과 같은 점들을 지적하고 있다. 즉 프로이트는 1897년에 자기-분석을 하는 중에 오이디푸스 콤플렉스를 〈발견〉한다, 하지만 프로이트는 1923년에 가서야 『자아와 이드』에서 최초의 일반화된 이론적 공식을 내놓고 있다, 또 1897년에서 1923년 사이에는 오이디푸스가 오히려 주변에 머물러 있으며, 〈가령 『성욕에 관한 세 논문』 속 사춘기의 대상 선택에 관해 따로 쓴 한 장 또는 『꿈의 해석』 속 전형적인 꿈들에 관해 따로 쓴 한 장에 한정되어〉 있다. 그들은 말하기를, 프로이트는 외상(外傷)과 유혹에 관한 이론을 어

---

1 〈『토템과 터부』가 꼬여 있다고 말할 수 없는 것은, 어쨌든 내가 프로이트로의 회귀를 권장하고 있기 때문이 아니다. 바로 그래서 프로이트에게 돌아가야만 한다. 무의식 구성체들이 어떤 것인지를 아는 데 있어 나에게 도움을 준 사람은 하나도 없다. (……) 나는 오이디푸스가 아무 쓸모없다고 말하고 있지 않으며, 그것이 우리가 하고 있는 일과 아무 관계도 없다고 말하고 있지도 않다. 그것이 정신분석가들에게 아무 쓸모도 없다는 것, 이것은 사실이다! 하지만 그 정신분석가들이 필경 정신분석가들이 아닌 관계로, 그 말은 아무것도 설명해 주지 않는다. (……) 이는 그들의 전성기 때 내가 말했던 것들이다. 그때 나는 내가 대해야 했던 사람들에게 말하고 있었다. 바로 정신분석가들 말이다. 그때 나는 아버지의 은유에 대해 말했지, 결코 오이디푸스 콤플렉스에 대해 말하지 않았다…….〉(Lacan, *Séminaire*, 1970)

느 정도 포기했는데, 그렇게 하면서 오이디푸스에 대한 일의적 규정으로 나아간 것이 아니라 내인성(內因性)을 띤 아이의 자발적 성욕에 대한 기술로 나아간다. 그러니 마치 〈프로이트가 오이디푸스와 아이의 성욕을 서로 유기적으로 절합(節合)하는 데 이르지 못하기라도 한〉 것처럼 모든 일이 진행되고 있다. 즉 후자는 발달이라는 생물학적 현실에, 전자는 환상이라는 심리적 현실에 결부되고 있다. 오이디푸스는 〈생물학적 실재론을 위해〉 없어질 뻔했던 것이다.[2]

욕망적 생산과 재현

하지만 사태를 이렇게 제시하는 것이 정확할까? 오이디푸스 제국주의는 생물학적 실재론의 포기만을 요구하고 있었을까? 아니면 무한히 더 강력한 다른 것이 오이디푸스 때문에 희생되지는 않았을까? 왜냐하면 프로이트와 초기 정신분석가들이 발견한 것은, 모든 것이 가능한 자유로운 종합들의 영역, 즉 끝없는 연결들, 배타적이지 않은 분리들, 비-특유적 결합들, 부분대상들, 흐름들이기 때문이다. 욕망 기계들은 무의식의 바닥에서 으르렁거리고 윙윙거린다. 즉 이르마의 주사(注射), 늑대 인간의 똑딱 소리, 안나의 기침하는 기계, 또 프로이트가 세운 모든 설명 장치, 이 모든 신경생물학적-욕망적 기계 말이다. 생산적 무의식에 대한 이러한 발견은 두 상관항과도 같은 것을 갖고 있다. 한편으로 이 욕망적 생산과 사회적 생산 사이에, 징후학적 구성체들과 집단 구성체들 사이에 직접적 대면이 있는데, 이것들은 그 본성은 같지만 체제는 다르다. 다른 한편 사회 기계가 욕망 기계들에 행사하는 탄압이 있고,

---

2 J. Laplanche & J. B. Pontalis, "Fantasme originaire, fantasmes des origines et origine du fantasme," *Les Temps modernes*, 215호, 1964년 4월, pp.1844~1846.

이 탄압과 억압의 관계가 있다. 절대권자 오이디푸스의 설립과 더불어 이 모든 것은 상실되거나, 또는 적어도 특이하게 타협된다. 자유연상이 다의적 연결들을 향해 열리지 않고 오히려 일의성의 막다른 골목에 갇혀 버린다. 무의식의 모든 사슬은 일대일 대응되고, 선형화되고, 전제군주 기표에 매달린다. 모든 욕망적 생산이 으깨지고, 재현의 요구들에 굴복하고, 재현 속에서 대표와 재현내용의 음침한 놀이들에 굴복한다. 그리고 본질적인 것은 다음과 같다. 즉 욕망의 재생산은 이론에서는 물론 치료 과정에서도 단순한 재현에 자리를 내준다. 생산적 무의식은 이제 자기를 표현할 줄밖에 모르는, 즉 신화, 비극, 꿈에서밖에 자기를 표현할 줄 모르는 무의식에 자리를 내준다. 하지만 변형 작업을 고려한다 하더라도, 누가 우리에게 꿈, 비극, 신화가 무의식의 구성체들에 적합하다고 말하는가? 인간과 *자연*이 외연을 같이할 때 일어나는 무의식의 자기-생산에 대해서는 프로이트보다 그로데크가 더 충실했다. 프로이트는 원시적 생산과 폭발적 욕망이라는 세계 앞에서 물러서서, 어떤 대가를 치르더라도 거기에 약간의 질서를, 고전이 되어 버린 오래된 희랍 극장의 질서를 세우려 했던 것 같다. 도대체 프로이트가 자신의 자기-분석에서 오이디푸스를 발견한다는 것은 무엇을 의미할까? 발견이 일어난 것은 정말 프로이트의 자기-분석에서일까, 아니면 그의 괴테적 고전 문화에서일까? 그는 자기-분석에서 무엇인가를 발견하고는 "그래, 그것(ça)은 오이디푸스를 닮았어!"라고 중얼거린다. 그는 이 무엇을 우선 〈가족 소설〉의 한 변이형으로 본다. 즉 욕망이 바로 가족의 규정들을 깨부술 때 수단으로 삼는 편집증적 등록의 한 변형으로 보는 것이다. 이와 반대로 그는 가족 소설을 오이디푸스에 단순히 의존하게 만드는 일을 아주 조금씩 해 나간다. 또 무의식 속의 모든 것을 오이디푸스화하는 동시에 신경증화하는 일, 무의식 전체를 가족 삼각형으로 꽉 움켜쥐는 일도 아주 조금씩 해 나간다. 여기서는 바로 분열자가 적이다. 욕망적 생산은 인물화되거나, 아니면 오히려 인물론화되고 상상화되고 구조화된다(앞에서 우리는 이 말들 사이에 진정한 차이나 경계는 없고, 이 말들이 아마도 서로 보완한다는 것을 보았다). 생산은 이제 환상의 생산, 표현의 생산일 뿐이다. 무의식은 본래의 모습, 즉 하나의 공장, 하나의 작업장이기를 그치고 하나의 극장, 즉 무대와 연출이 되고 만다. 그것도 프로이트의 시대에 있었던 것 같은 전위(前衛) 극장(베데킨트)이 아니라 고전 극장, 재현이라는 고전적 질서가 되고 만다. 정신분석가는 생산 단위들을 설립하고 생산과 반생산의 집단 담당자들과 싸우는 기술자나 기계공이 되지 못하고, 사적 극장의 연출가가 되고 만다.

욕망 기계들의 단념

정신분석은 마치 러시아혁명과 같아서, 언제 악화되기 시작했는지 알 수 없다. 죽 살펴 올라가야만 하는 것이다. 미국인들부터일까? 제1 인터내셔널부터? 비공개 위원회부터? 프로이트와 절연한 사람들의 배반들 못지않게 프로이트 자신의 포기들을 표시하는 최초의 단절들부터? 오이디푸스를 〈발견〉했을 때의 프로이트 자신부터? 오이디푸스, 그것은 관념론적 전환점이다. 그렇지만 정신분석이 욕망적 생산을 무시하기 시작했다고는 말할 수 없다. 욕망의 경제의 기초 개념들, 즉 노동과 투자는 그 중요성을 간직하고 있다. 하지만 그것들은 표현적 무의식의 형식들에 종속되어 있을 뿐, 더 이상 생산적 무의식의 구성체들에 종속되어 있지는 않다. 욕망의 생산의 무오이디푸스적 본성은 여전히 현존하지만, 그것은 〈전-오이디푸스〉, 〈곁-오이디푸스〉, 〈준-오이디푸스〉 등으로 번역되는 오이디푸스의 좌표들에 유인되어 있다. 욕망 기계들은 언제나 거기 있지만, 그것들은 이제 진료실의 벽 뒤에서만 작동한다. 근원적 환상이 모든 것을 오이디푸스의 무대로 유인할 때, 벽 뒤나 무대

뒤 같은 곳이 이 환상이 욕망 기계들을 허용하는 장소이다.[3] 욕망 기계
들은 여전히 지옥 같은 소란을 피우고 있다. 정신분석 자신도 이것을
무시할 수 없다. 그래서 정신분석의 태도는 오히려 부인(dénégation)으
로 기운다. 그것(ça)은 모두 참이지만, 바로 아빠-엄마에 대해서만 그렇
다는 것이다. 진료실 정면 상단에는 다음과 같은 말이 적혀 있다. "너의
욕망 기계들을 입구에서 내버릴 것. 너의 고아 기계들과 독신 기계들,
너의 녹음기와 작은 자전거를 버릴 것. 들어와서 너를 오이디푸스화할
것." 치료의 별난 성격, 종결되지 않는 고도로 계약적인 성격, 돈의 흐
름에 맞서는 말들의 흐름을 필두로, 모든 것은 여기서 나온다. 이렇게
되면 정신병 에피소드라 불리는 것, 즉 분열증의 섬광만으로 충분하다.
어느 날 우리가 녹음기를 들고 정신분석가의 진료실에 들어간다. 멈추
라, 욕망 기계의 침입. 그러자 모든 것이 뒤집힌다. 우리는 계약을 깼다.
우리는 제3자를 배제한다는 대원칙에 충실하지 않았다. 우리는 제3자,
즉 몸소 나타난 욕망 기계를 도입한 것이다.[4] 그렇지만 정신분석가 각
자는 오이디푸스 밑에서, 오이디푸스를 가로질러, 오이디푸스 뒤에서

66

---

3 〈본원적 환상〉 속에 하나의 작은 기계가 실존하지만, 언제나 무대 뒤에 실존한다
는 점에 대해서는 Sigmund Freud, *Un cas de paranoïa qui contredisait la théorie
psychanalytique de cette affection*, 1915 참조.
4 Jean-Jacques Abrahams, "L'Homme au magnétophone, dialogue psychanalytique,"
Les Temps modernes, 274호, 1969년 4월. 〈A: 이봐, 그건 그리 심각한 게 아냐. 난 네 아
버지가 아니야. 다시 말할 수도 있어. 정말 아니라고! 자, 이만하면 충분해. ─의사 X: 당신
은 지금 당신 아버지의 흉내를 내고 있나요? ─A: 아닙니다, 보세요, 당신 아버지 흉내지
요! 당신 눈 속에서 내가 보는 그 사람 말이에요. ─의사 X: 당신은 역할극을 하려 하는군
요……. ─A: ……당신은 사람들의 병을 고칠 수 없어요, 당신이 빠져나올 수 없는 당신 아버
지에 관한 문제들을 사람들에게 떠넘길 수 있을 뿐이지요. 치료한답시고 당신은 이렇게 아버
지 문제를 가지고 희생자들을 질질 끌고 다니지요……. 나는 환자였고 당신은 의사였어요. 당
신은 결국 당신 어린 시절 문제, 그러니까 아버지 앞에 있는 아이의 문제를 내게 덮어씌웠어
요……. ─의사 X: 나는 당신을 쫓아내려고, 당신을 내보내려고 609번에, 경찰에 전화했습니
다. ─A: 경찰에다가요? 아빠, 그게 그거지요! 당신의 아빠는 경찰관이지요! 당신은 당신 아
빠한테 전화해서 나를 잡아가게 하려는 거지요……. 이게 무슨 미친 소립니까! 여기서 일어나
고 있는 일을 이해하게 해 줄 작은 장치를 꺼낸다고 당신은 신경질을 부리고 화가 났군요.〉

자신이 문제 삼고 있는 것이 실은 욕망 기계들이라는 것을 알고 있었음이 틀림없다. 처음에 정신분석가들은 오이디푸스를 도입하고, 무의식 전체 속에 그것을 주입하는 데는 무리가 있다는 의식을 갖지 않을 수 없었다. 그 후 오이디푸스는 마치 욕망의 모든 생산력이 자기 자신에게서 생겨나기나 한 양 욕망적 생산으로 복귀해서 이것을 전유했다. 정신분석가는 오이디푸스의 시녀, 욕망 속의 반생산의 큰 담당자가 되었다. 자본의 역사와 똑같은 역사, 마법에 걸리고 기적을 받은 자본의 세계의 역사와 똑같은 역사이다(맑스가 말하기를, 처음에는 최초의 자본가들도 그러한 의식을 갖지 않을 수 없었다……).

오이디푸스 제국주의

2 프로이트의 세 텍스트

오이디푸스화
법원장 슈레버의 망상의 진압

문제가 우선 실천적인 것이요, 무엇보다도 치료의 실천과 관련되어 있다는 것은 쉽게 알 수 있다. 사실 맹렬한 오이디푸스화 과정은 오이디푸스가 〈핵심 콤플렉스〉로서 아직 이론적으로 충분히 형식화되지 않고 주변에 머물러 있던 바로 그때 더 명확하게 떠오른다. 슈레버 분석이 살아 있는 그를 대상으로 하지 않았다고 해서, 실천이라는 관점에서 이 분석의 모범적 가치가 조금이라도 훼손되는 것은 아니다. 즉 프로이트가 다음과 같은 가장 위험한 의문을 만나는 것은 저 텍스트(1911)에서이다. 그 법원장의 망상처럼 그토록 풍부하고 그토록 미분화되고 그토록 〈성스러운〉 망상을 어떻게 감히 아버지라는 주제로 환원하는가? ― 일단 그 법원장이 회상록에서 아버지의 기억에 대해서는 아주 짧게 언급하고 있다고 말했으니 말이다. 프로이트의 텍스트는 여러 번 되풀이해서 그가 어떤 점에서 어려움을 느끼고 있는지를 지적한다. 우선 의사 플레히지히라는 인물에 대한 〈동성애 리비도의 돌출〉을 그 병

의 원인 — 그저 우발적 원인일지 몰라도 — 으로 보기는 어려울 것 같다. 하지만 우리가 이 의사를 아버지로 대체하고 아버지에게 망상의 신⁶⁷을 설명할 책임을 부과할 때, 우리 자신은 이러한 상승 운동을 따라가기 힘들지만, 또 단지 우리가 망상을 이해하는 관점을 이용할 수 있다는 점에 의해서만 정당화될 수 있는 권리들을 갖는다(296, 298). 그렇지만 프로이트가 이러한 주저들을 대놓고 말할수록, 그는 더욱더 이 주저들을 물리치고 이것들을 하나의 확고한 대답 속에 쓸어 담는다. 그리고 이 답은 이중적이다. [한편으로] 정신분석이 커다란 단조로움을 증언하며 도처에서, 즉 플레히지히에서, 신에서, 태양에서 아버지를 재발견한다 해도, 그것은 내 잘못이 아니라 성욕과 성욕의 집요한 상징성의 잘못이다(301). 다른 한편 아버지가 가장 알아보기 어렵고 가장 숨겨진 형식으로 부단히 현실적 망상들 속으로 되돌아오는 것은 놀라운 일이 아니다. 왜냐하면 아버지는 그야말로 도처에서 되돌아오며, 고대 신화들과 종교들에서 가장 눈에 띄는 방식으로 되돌아오기 때문이다. 고대 신화들과 종교들은 무의식 속에서 영원히 작용하고 있는 힘들 내지 메커니즘들을 표현해 준다(298, 323). 법원장 슈레버는 생존 시에 하늘의 광선에 의해 비역질을 당하는 운명뿐 아니라 사후에 프로이트에 의해 오이디푸스화되는 운명도 알지 못했다는 점을 인정받아야 한다. 슈레버의 망상이 지닌 막대한 정치적·사회적·역사적 내용에 관해서는, 마치 리비도가 이런 것들과는 아무 상관도 없는 양 한마디도 언급되고 있지 않다. 다만 성적 논의와 신화학적 논의만이 원용되고 있는데, 전자는 성욕과 가족 콤플렉스를 용접하고 후자는 무의식의 생산적 역량과 〈신화들과 종교들의 건설적 힘들〉의 부합을 정립한다.

어떤 점에서 정신분석은 아직도 독실한가

이 마지막 논의는 매우 중요하며, 프로이트가 여기서 융과 의견 일치를 표명하는 것은 우연이 아니다. 어떤 점에서는 이 의견 일치가 그들이 결별한 후에도 존속하고 있다. 왜냐하면 무의식이 신화들과 종교들에서 적합하게 자신을 표현한다고 보더라도(물론 우리는 언제나 변형 작업을 고려해야 하겠지만) 이 적합함을 읽는 데는 두 가지 방식이 있는데, 이것들은 신화를 척도로 무의식을 측정하고 처음부터 생산적 구성체들을 단순한 표현적 형식들로 대체했다는 기본 전제를 공통으로 갖고 있기 때문이다. "왜 신화로 되돌아가는가? 왜 신화를 모델로 삼는가?"라는 근본적 물음은 무시되고 기각된다. 이렇게 되면 [무의식과 신화들 및 종교들의] 추정된 부합은 〈높은 곳〉을 지향하는 이른바 신비 추리적 방식으로 해석될 수 있다. 또는 거꾸로 〈낮은 곳〉을 향하는 분석적 방식으로, 신화를 충동들과 관련해 해석할 수도 있다. 하지만 충동들은 신화에서 베껴 써지고(轉寫), 여러 변형들을 고려하면서 신화에서 공제되는…… 것으로 해석될 수 있다. 우리가 여기서 말하고 싶은 것은, 같은 기본 전제에서 출발해 융은 가장 확산되고 가장 영적인 종교성으로 인도된 반면, 프로이트는 가장 엄격한 무신론을 확신하게 되었다는 점이다. 두 사람이 공히 기본 전제로 삼은 부합을 해석하기 위해서는, 융이 성스러운 것의 본질을 긍정한 것 못지않게 프로이트도 신의 실존을 부정할 필요가 있었다. 하지만 종교를 무의식적인 것으로 만들거나 무의식을 종교적인 것으로 만드는 것은 언제나 종교적인 것을 무의식 속에 주입하는 것이다(사람들이 무의식에 돌리는 저 유명한 죄책감들이 없다면 프로이트의 분석은 무엇이란 말인가?). 그런데 정신분석의 역사에 무슨 일이 일어났을까? 프로이트는 마치 영웅이라도 된 것처럼 자신의 무신론에 집착했다. 하지만 그의 주위에서는 점차 사람들이 그에

68

게 독실하게 말하게 하고, 이 노인이 말하도록 내버려 둬서, 그의 등 뒤에서 교회들과 정신분석의 화해를 준비하도록 했다. 바로 그 순간 교회는 그 나름의 정신분석가들을 형성하게 될 것이고, 또 운동의 역사 속에 다음과 같은 말이 쓰일 수 있을 것이다. "이 점에서 우리도, 우리는 아직도 독실하다!" 맑스의 위대한 선언을 상기하자. 신을 부정하는 자는 〈2차적인 것〉밖에 하고 있지 않은데, 왜냐하면 그는 인간의 실존을 내세우기 위해, 인간을 신의 자리에 놓기 위해(변형을 인정함) 신을 부정하는 것이기 때문이다.[5] 하지만 인간의 자리가 전혀 딴 곳에, 즉 인간과 자연의 공통-외연성에 있다는 것을 알고 있는 사람은 〈하나의 낯선 존재, 자연과 인간을 넘어 있는 존재〉에 관한 물음의 가능성조차 인정하려 하지 않는다. 그는 더 이상 이런 매개, 즉 신화가 필요 없다. 그는 더 이상 이런 매개, 즉 신의 실존에 대한 부정을 경유할 필요가 없다. 왜냐하면 그는 무의식의 자기-생산 지역들에 도달했기 때문이다. 이 지역들에서 무의식은 고아인 동시에 무신론자이며, 직접적으로 고아이고 직접적으로 무신론자이다. 아마도 첫째 논의를 검토해도 우리는 비슷한 결론에 도달하리라. 왜냐하면 성욕을 가족 콤플렉스에 용접하고 오이디푸스를 분석에 있어 성욕의 기준으로, 더할 나위 없는 정통성의 시금석으로 만듦으로써, 프로이트 자신이 사회적 관계들과 형이상학적 관계들을 둘 다 욕망이 직접 투자할 수 없는 하나의 나중 내지 하나의 너머(un par-après ou un au-delà)로 설정했기 때문이다. 그래서 프로이트는 이 너머가 욕망의 분석적 변형을 통한 가족 콤플렉스에서 유래하는지 아니면 그 변형을 통해 신비적 상징화 속에서 의미화하는지에 대해서는 아주 무관심해진다.

---

5 Karl Marx, *Economie et philosophie*, Pléiade II, p.98.((옮긴이) 독: p.546) 그리고 이 점에 관한 샤틀레의 탁월한 분석이 있다. "La Question de l'athéisme de Marx," in *Etudes philosophique*, 1966년 7월.

결핍의 이데올로기 ─── 거세

조금 뒤에 나온 프로이트의 다른 텍스트 「아이가 매를 맞는다」 (1919)를 고찰해 보자. 여기서는 벌써 오이디푸스가 〈핵심 콤플렉스〉로 제시되고 있다. 거기서 독자는 심상치 않은 이상함이 있다는 인상을 받지 않을 수 없다. 예전에도 아버지라는 주제는 결코 희미하지는 않았지만, 이렇게까지 열정과 단호함으로 긍정된 적은 한 번도 없었다. 여기서는 오이디푸스 제국주의가 부재에 근거를 두고 있다. 왜냐하면 결국 소녀에게서 상정되는 환상의 세 시기 중에서, 첫째 시기는 아버지가 아직 거기에 나타나지 않는 시기요, 셋째 시기는 아버지가 더 이상 나타나지 않는 시기이기 때문이다. 그래서 둘째 시기가 남는데, 이 시기에는 아버지가 〈아무런 애매함도 없이〉 영롱한 빛으로 환히 빛난다. 하지만 바로 〈이 둘째 국면은 결코 실제로 존재하지 않는다. 그것은 무의식인 채로 머무르기에, 결코 회상을 통해 상기될 수 없고, 단지 정신분석에 의해 재구성될 뿐이지만, 이 재구성은 꼭 필요하다.〉 사실상 이 환상에서 무엇이 문제일까? 소년들은 더러 어떤 사람에게, 가령 교사에게, 소녀들이 보는 앞에서 매를 맞는다. 처음부터 우리는 프로이트의 이중 환원을 목격하는데, 이 환원은 결코 환상에 의해 강요된 것이 아니라 하나의 전제로서 프로이트에 의해 요구된 것이다. 한편으로 프로이트는 환상의 집단적 성격을 순전히 개인적 차원으로 환원하기를 일부러 바란다. 매 맞는 아이들은 어느 모로 보나 자아(〈주체 자신의 대체물들〉)여야 하고 때리는 사람은 아버지(〈아버지의 대체물〉)여야 한다. 다른 한편 환상의 변형된 모습들은 엄밀하게 배타적으로 사용되어야 하는 분리들 속에서 조직되어야 한다. 그래서 소녀-계열과 소년-계열이 있겠지만, 이 계열은 서로 대칭을 이루지 않는다. 여자의 환상은 세 시기를 갖는데 그 마지막 시기는 〈소년들이 교사에게 매를 맞는〉 시기이며, 남자의 환상은 두 시기만을 갖는데 그 마지막 시기는 〈내 어머니가 나를 때리는〉 시기이다. 오직 하나 공통된 시기(소녀들의 둘째 시기와 소년들의 첫째 시기)는 그 두 경우에서 아버지의 우세를 아무 애매함 없이 단정하고 있지만, 이는 실존하지 않는 유명한 시기이다. 프로이트에게는 사태가 늘 이렇다. 남녀 양성에 공통되는 어떤 것이 있어야 하지만, 이것은 두 성에다 각각 결핍을 주고, 비대칭적인 두 계열에 결핍을 분배하며, "너는 소녀 아니면 소년이다!"라는 분리들의 배타적 사용의 기초를 놓기 위함이다. 오이디푸스와 그 〈해결〉도, 소년과 소녀에게 서로 다르긴 해도, 사태는 마찬가지이다. 그 두 경우에 거세에 대해서도, 거세와 오이디푸스의 관계에 대해서도 사태는 마찬가지이다. 거세는 공통된 운명, 말하자면 우세하며 초월적인 *남근*인 동시에, 소녀들에게는 음경에 대한 욕망으로 나타나고, 소년들에게는 음경을 잃는 공포 내지 수동적 태도의 거부로 나타나는, 배타적 분배이다. 이 공통된 어떤 것은 무의식의 분리들의 배타적 사용의 기초를 놓아야 하며, 우리에게 체념을 가르쳐 주어야 한다. 오이디푸스에 대한 체념, 거세에 대한 체념, 소녀들에게는 음경에 대한 욕망의 포기, 소년들에게는 남성적 항의의 포기, 요컨대 〈자기 성의 인수〉를 가르쳐 주어야만 하는 것이다.[6] 이 공통된 어떤 것, 즉 '거대한 남근', '중첩될 수 없는 두 얼굴의 결핍'은 순전

70

---

6 Singmun Freud, "Analyse terminée et analyse interminable," 1937(tr. fr. *Revue française de psychanalyse*, 1938~1939, 1호).((옮긴이) 독: pp.97ff. 영: pp.250~252) 〈서로 일치하는 두 주제는, 여성에게는 음경 선망, 즉 남성 성기를 소유하려는 적극적 열망이요, 남성에게는 다른 남성에 대해 수동적 내지 여성적 태도를 취하는 데 대한 반항이다. (……) 여성들의 마음을 돌이켜 음경에 대한 욕망은 실현될 수 없으니 그 욕망을 버리게 하려 하거나, 또는 남성들에게 다른 남성에 대한 수동적 태도는 거세와 마찬가지가 아니며 인간관계에서는 불가피하다는 것을 설득하려고 할 때처럼 마치 사막에서 설교하고 있다는 인상을 받는 일은 절대로 없다. 전이에 대한 가장 강한 저항들 중 하나는 남성의 완강한 과잉 보상 작용에서 생겨난다. 남성은 자기 아버지의 대체물에 굴복하기를 원치 않고 그의 채무자가 되기를 거부하며, 따라서 자신이 의사에 의해 치료되는 것을 보기를 거부한다…….〉

프로이트의 세 텍스트

히 신화적이다. 그것은 부정신학의 일자와 같다. 그것은 욕망에 결핍을 도입하며, 배타적 계열들을 생겨나게 해 이 계열들에 하나의 목표, 하나의 기원, 하나의 체념의 길을 고착한다.

이와는 반대되는 것도 말해야 하리라. 두 성 사이에는 공통점이 하나도 없지만, 이와 동시에 두 성은 횡단적 양태로는 끊임없이 서로 소통하는데, 이 방식에서 각 주체는 두 성을 소유하고 있지만 이 두 성은 칸막이로 나뉘어 있고, 다른 주체의 한 성 내지 다른 성과 소통한다. 이와 같은 것이 부분대상들의 법칙이다. 그 무엇도 결핍되어 있지 않으며, 결핍으로 정의될 수 있는 것은 없다. 무의식 속의 분리들은 결코 배타적이지 않으며, 우리가 나중에 분석할 고유하게 포괄적인 사용의 대상이다. 이 반대되는 것을 말하기 위해, 프로이트는 하나의 개념, 즉 양성성(兩性性)이란 개념을 준비하고 있었다. 하지만 이 개념에 그가 요구했던 정신분석상의 자리와 외연을 결코 줄 수 없었던 것, 또는 주기를 원하지 않았던 것은 우연이 아니다. 여기까지 가지도 않고, 멜라니 클라인을 따라 몇몇 분석가들이 여성 성기의 무의식적 힘들을 부분대상들과 흐름들과 관련해 적극적 성격들로 규정하려 했을 때, 활발한 논쟁이 벌어졌다. 이 약간의 미끄러짐은 신화적 거세를 말살하는 것이 아니며, 오히려 성기가 거세에 의존한다고 여겨지는 대신 거세를 2차적으로 성기에 의존하게 했는데, 이런 미끄러짐은 프로이트의 커다란 반대에 부딪혔다.[7] 프로이트가 주장하기를, 무의식의 관점에서 볼 때 성기는 결핍 또는 1차적 박탈에서 출발해야 이해할 수 있지, 그 역은 안 된다. 여기에는 정신분석 고유의 오류추리가 있으며(이 오류추리는 기표 이론에서 높은 수준으로 다시 만나게 된다) 이는 이탈될 수 있는 부분대상에

---

7 이 논쟁의 중요성에 관해서는 André Green, "Sur la Mère phallique," *Revue française de psychanalyse*, 1968년 1월, pp.8~9 참조.

서 이탈된 것으로서 하나의 완전한 대상(남근)의 정립으로 이행하는 지점에서 성립한다. 이 이행은 특정한 성을 가진 고정된 자아로 규정된 주체를 함축하며, 이 주체는 하나의 결핍으로서 전제군주적인 완전한 대상에 필연적으로 예속해 살아간다. 유일한 주체는 〈자아〉가 아니라 충동인데, 부분대상 그 자신이 이 충동과 함께 기관 없는 몸 위에 정립하면, 아마도 사태는 더 이상 그렇지 않으리라. 이 충동은 자기와 더불어 욕망 기계를 형성하며, 또한 그 각 요소가 실정적으로만 정립될 수 있는, 그에 상응하는 다양체의 한가운데서 다른 부분대상들과 연결·분리·결합의 관계에 들어가니 말이다. 〈거세〉에 대해서도 오이디푸스화에 대해서와 마찬가지로 말해야만 한다. 거세는 오이디푸스화의 완성이다. 오이디푸스화란 정신분석이 무의식을 거세하고 거세를 무의식 속에 주입하는 조작이다. 무의식에 대한 실천적 조작으로서의 거세는, 전적으로 정립적이고 전적으로 생산적인 욕망 기계들의 수천의 흐름-절단들이 하나의 똑같은 신화적 장소, 즉 기표의 단일한 자취 속에 투사될 때 얻어진다. 우리는 무의식이 알지 못하는 것들에 대한 신도송(信徒頌)을 부르기를 멈추지 않았다. 무의식은 오이디푸스도 모르지만 거세도 모른다. 무의식이 부모도, 신들도, 법도, 결핍도…… 모르는 것처럼 말이다. 각종 여성해방운동이 이렇게 말하는 것은 옳은 일이다. 우리는 거세되어 있지 않다, 당신들은 진저리가 난다.[8] 이에 대해 남성들은 그게 바로 여성들이 거세되어 있는 증거라고 응답하거나, 또는 자신들이 여성들과 겹치지 않는 아주 다른 양상으로 거세되어 있다는 것을 너무나 즐거워하며 남성들도 역시 거세되어 있다고 말함으로써 여성들을 위로하기까지 하는데, 남성들의 이런 너저분한 술책으로

72

---

8 가령 사회적인 동시에 성적이기도 한 〈여성 문제〉에 대한 프로이트와 정신분석의 착상에 대한 프리던의 (온건한) 항변을 참조할 것. Betty Friedan, *La Femme mystifiée*, 1963, Paris: Gonthier, t. I, pp.114ff.((옮긴이) **영**: *The Feminine mystique*. 독: pp.68ff.)

는 여성해방운동에서 빠져나올 수 없다. 각종 여성해방운동은 다소 애매한 상태에서이긴 해도 온갖 해방의 요구에 속하는 것을 지니고 있음을 인정해야 한다. 즉 그것들은 무의식 자체의 힘, 욕망에 의한 사회장의 투자, 탄압적 구조들의 투자 철회 등을 지니고 있다. 여기서 문제 되는 것은 여성들이 거세되어 있는지 여부를 아는 것이 아니라 오직 무의식 자신이 〈그것을 믿느냐〉를 아는 것이다 하고 말해서도 안 된다. 왜냐하면 다음과 같은 온갖 애매함이 여기에 있기 때문이다. 무의식에 적용된 믿음이란 무엇일까? 더 이상 생산하지 않고 단지 〈믿기〉만 하는 무의식이란 무엇일까? 비합리적이기는커녕 오히려 너무나 합리적이고 기성 질서에 일치하는 〈믿음들〉을 무의식에 주입하는 조작들과 술책들이란 무엇일까?

모든 환상은 집단 환상이다

〈아이를 때린다, 아이들이 매를 맞는다〉라는 환상으로 돌아가 보자. 이것은 전형적으로 집단 환상이다. 이 환상에서 욕망은 사회장과 그 탄압적 형식들 자체를 투자한다. 거기서 무엇인가가 출현하고 있다면, 그것은 사회적-욕망적 기계의 출현이다. 우리는 이 기계의 산물들을 추상적으로 고려해, 소녀와 소년의 경우를 분리해서, 마치 각자가 자기 아빠 및 엄마와 자기 자신 사이의 문제로 씨름하는 작은 자아인 것처럼 여겨서는 안 된다. 이와 반대로 우리는 각 개인에게서, 동시에 집단 환상의 조직을 주도하는 사회체에서, 소녀-소년, 생산과 반생산의 담당자-부모의 집합 및 보완성을 고려해야 한다. 소년들이 어린 소녀의 에로틱한 장면에서 교사에 의해 통과의례-매 맞음을 겪는 일(보는 기계)과 엄마 위에서 마조히즘적으로 즐기는 일(항문 기계)은 동시에 일어난다. 그래서 소년들은 어린 소녀가 되어야만 볼 수 있고, 소녀들은 소년이 되어야만 체벌의 쾌감을 체험할 수 있다. 이것은 온통 하나의 합창이요, 하나의 몽타주이다. 베트남전쟁에 출전했다가 고향 마을로 돌아와, 눈물을 흘리는 누이들 앞에서, 해병대의 방탕아들은 무릎 위에 엄마를 앉혀 놓은 교관들에게 매를 맞고, 자신들이 그토록 고약했고 그토록 심하게 고문했다는 것을 즐기게 된다. 이 얼마나 나쁜가, 그러나 이 얼마나 좋은가! 필경 영화 「북위 17도선」*의 한 시퀀스가 생각난다. 거기서 장군의 아들인 파통 대령이, 내 부하 젊은이들은 굉장한 놈들이다, 그들은 자기 아버지, 자기 어머니, 자기 조국을 사랑한다, 그들은 죽은 전우들을 위한 종교의식에서 눈물을 흘린다, 멋진 젊은이들이다 하고 선언하는 것을 볼 수 있다. 그런 다음 대령의 안색이 변하고, 얼굴을 찌푸리고, 군복을 입은 위대한 편집증자의 모습을 드러내고, 마침내 이렇게 소리 지른다. "아무리 그래도, 이들은 진짜 살인자야……." 전통적인 정신분석이 그 교관은 아버지요, 그 대령 역시 아버지요, 어머니마저도 또한 아버지라고 설명할 때, 이 정신분석이 모든 욕망을 리비도에 의해 투자된 현실 사회장과는 더 이상 아무 관계도 없는 하나의 가족적 규정으로 몰아가고 있다는 것은 분명하다. 물론 아버지나 어머니의 어떤 것, 가령 아버지의 수염, 어머니의 들어 올린 팔 같은 것이 기표 사슬 속에 언제나 들어 있다. 하지만 이것들은 집단 담당자들 가운데에서 잘 눈에 띄지 않는 자리를 차지하고 있다. 오이디푸스의 항들은 삼각형을 형성하지 않으며, 사회장의 모든 구석에 흩어져 존재한다. 어머니는 교관의 무릎 위에 있고, 아버지는 대령 곁에 있다. 집단 환상은 사회체에 연결되어 그 위에서 작동한다. 아버지와 어머니는 사회에서 전달 내지 집행의 하급 담당자로서 역할을 맡고 있기는 하나, 사회체에 의해 비역

---

* *Le dixseptième Parallèle /The seventeenth Parallel*, The Netherlands / France, 1968, 16m/m, 흑백, 유성, 113분, 감독: Joris Ivens, Marceline Loridan.

질 당한다거나 비역질 당하기를 욕망한다는 것은 아버지와 어머니에서 유래하는 것이 아니다.

집단 환상의 개념이 (라 보르드의 업적들 속에서, 장 우리의 주위에서) 제도 분석의 관점에서 정교하게 구성되었을 때, 처음 과제는 그것과 개인 환상의 본성의 차이를 밝히는 것이었다. 집단 환상은 현실적인 것으로서의 사회장을 규정하는 〈상징적〉 분절들과 분리할 수 없는 반면, 개인 환상은 이 사회장 전체를 〈상상적〉 소여들로 몰아붙이는 것 같았다. 이 첫째 구별을 연장하면, 개인 환상 그 자체는 현존 사회장에 접목되어 있기는 하나, 이 사회장을 상상적 성질들을 통해 파악하고 있음을 알 수 있다. 이 상상적 성질들로 말미암아 사회장에는 일종의 초월성 내지 불멸성이 부여되고, 이것들을 빙자해 개인, 즉 자아는 자신의 사이비-운명을 누린다. 그래서 장군은 이렇게 말한다, 군(軍)은 영원하기 때문에 내가 죽는 것은 대수롭지 않다고. 기존 사회질서에 부여된 불멸성은 자아 속에 탄압의 모든 투자, 동일시, 〈초자아화〉, 거세 등의 현상들, 모든 욕망-체념(장군이 되고, 하층 간부, 중간 간부, 상층 간부가 되겠다는 욕망의 체념)을 끌어넣고, 또 여기에는 이 사회질서를 위해 죽겠다는 체념도 포함되는데, 그런 한 개인 환상의 상상적 차원은 죽음 충동에 결정적 중요성을 지닌다. 반면 충동 자체는 바깥으로 투사되어 타인들을 겨냥한다(외국인에게 죽음을, 우리 편이 아닌 자들에게는 죽음을!). 이와 반대로 집단 환상의 혁명적 극(極)이 나타나는 것은 제도들 자체란 죽기 마련이라고 체험하는 권력에서, 그리고 죽음 충동을 참된 제도적 창조성으로 만들면서 욕망과 사회장의 마디들을 따라 제도들을 파괴하거나 변화시키는 권력에서이다. 왜냐하면 바로 여기에 법이 기성 질서 안에서 제도들에게 전달하는 엄청난 관성과 혁명적 제도를 가르는, 적어도 형식적인 기준이 있기 때문이다. 니체가 말한 것처럼 교회들, 군대들, 국가들, 이 모든 개 중에서 죽고자 하는 것이 무엇일까? 여기서 집

74

단 환상과 이른바 개인 환상 사이의 셋째 차이가 생겨난다. 이 차이는 개인 환상이 자아를 주체로 갖고 있다는 점이다. 이때의 자아는 그 속에서 그것이 〈자신을 상상하는〉 합법적이고 합법화된 제도들에 의해 규정된 한에서의 자아이다. 심지어 변태들 속에서도, 자아는 법에 의해 강요된 분리들의 배타적 사용에 순응한다(가령 오이디푸스적 동성애). 하지만 집단 환상은 이제 충동들 자체, 그리고 이 충동들이 혁명적 제도와 더불어 형성하는 욕망 기계들만을 주체로 갖는다. 집단 환상은 분리들을 포함하고 있는데, 그 한가운데서 각 주체는 자신의 인물적 동일성은 제거되었으면서도 독자성들은 제거되지 않았으므로, 부분대상들의 고유한 소통을 따라 다른 주체와 관계를 맺게 된다. 각 주체는 기관 없는 몸 위에서 다른 주체의 몸으로 이행한다. 클로솝스키는 이 점에서 환상을 두 방향으로 찢어 갈라놓는 역전된 관계를 잘 보여 주었다. 이런 갈라짐은 경제법칙이 〈심리적 교환들〉 속에서 변태성을 설립하거나 이와 반대로 심리적 교환들이 경제법칙의 전복을 촉진하면서 생겨난다. 〈군집성의 제도적 층위에 대응해서, 시대착오적인 독자적 상태는 그 내공이 강하냐 약하냐에 따라 제도 자체를 탈현행화할 수 있으며, 나아가 제도를 시대착오적이라고 고발한다.〉[9] 따라서 환상의 두 유형, 또는 차라리 환상의 두 체제는, 〈재화〉의 사회적 생산이 하나의 자아를 매개로 자신의 규칙을 욕망에 부과하느냐, 아니면 정감(情感, affect)들의 욕망적 생산이 자신의 규칙을 제도들에 부과하느냐에 따라 구별된다. 전자에 있어 자아의 허구적 통일은 재화 자체에 의해 보증되며, 후자에 있어 제도들의 요소들은 이제 단지 충동들일 따름이다. 푸리에식으로

75

---

9 Pierre Klosowski, *Nietzsche et le cercle vicieux*, p.122. 충동들과 제도들의 관계에 대한, 경제적 하부구조 속에 충동들의 현존에 대한 클로솝스키의 성찰은 "Sade et Fourier" (*Topique*, 4-5호)에 관한 그의 논문, 그리고 특히 *La monnaie vivante*, Paris: Losfeld, 1970에 전개되어 있다.

프로이트의 세 텍스트

이 후자의 의미에서 아직도 유토피아를 말해야 한다면, 이는 물론 이상적 모델로서의 유토피아가 아니라 혁명적 능동과 수동으로서의 유토피아이다. 또한 클로솝스키는 최근 저서들에서 우리가 프로이트와 맑스 사이에서 벌이는 논쟁의 쓸모없는 병렬을 극복하는 유일한 수단을 제시해 준다. 즉 그는 사회적 생산과 생산관계들이 어떤 방식으로 욕망의 제도인지, 정감들 내지 충동들이 어떤 방식으로 하부구조 자체의 일부가 되고 있는지 발견하고 있다. 왜냐하면 정감들 내지 충동들은 경제적 형식들 속에서 자신의 탄압뿐 아니라 이 탄압을 부수는 수단들도 창조함으로써 하부구조의 일부가 되고 온갖 방식으로 거기에 현존해 있기 때문이다.

집단 환상과 개인 환상 사이의 구별들의 발전은, 결국 개인 환상이란 없다는 것을 충분히 드러낸다. 오히려 두 종류의 집단들이, 즉 주체 집단들과 예속 집단들이 있다. 오이디푸스와 거세는 상상적 구조를 형성하는데, 이 구조에서는 예속 집단의 구성원들이 그 집단에 자기들이 속해 있음을 개인적으로 체험하거나 환상하도록 규정되어 있다. 또한 이 두 종류의 집단은 끊임없이 서로의 안으로 미끄러져 가고 있다고 말해야만 한다. 주체 집단은 언제나 예속될 위험에 직면해 있으며, 예속 집단은 어떤 경우에는 억지로라도 혁명적 역할을 떠맡아야만 할 수도 있다. 따라서 프로이트의 분석이 환상에서 배타적 분리의 선들만을 얼마나 남겨 놓는지, 개인 내지 사이비-개인의 차원들 속에서 환상을 얼마나 부숴 버리는지를 보는 것은 참으로 마음이 불편한 일이다. 환상의 이 차원들은 그 본성상 환상을 예속 집단들에 관련시키며, 그와 반대되는 작업을 통해 환상 속에 깔려 있는 집단의 혁명적 잠재력의 요소를 뽑아내지 못한다. 교관, 선생이 아빠요, 대령도 엄마도 역시 아빠라고 배울 때, 그리하여 모든 사회적 생산과 반생산의 담당자들을 가족적 재생산의 형상들 위에 포갤 때, 우리는 불안에 빠진 리비도가 감히 오이디푸스를 떠나려 하지 못하고 오히려 오이디푸스를 내면화한다는 것을 이해한다. 리비도는 언표 주체와 언표행위 주체를 거세하는 이원성의 형식으로 오이디푸스를 내면화하는데, 이것이야말로 사이비-개인적 환상의 특성이다(〈나는 인간으로서는 당신을 이해하지만 판사로서, 보호자로서, 대령이나 장군으로서는, 즉 아버지로서는 당신을 단죄한다〉). 하지만 이 이원성은 인공적이고 파생된 것이요, 집단 환상 속에 있는 언표행위의 집단 담당자들과 언표의 직접적 관계를 전제하고 있다.

흐름으로서의 리비도

한쪽의 탄압적 수용소, 법률 지상주의적 병원과 다른 쪽의 계약적 정신분석 사이에서 제도 분석은 자신의 어려운 길을 걸어가려고 노력하고 있다. 처음부터, 정신분석적 관계는 가장 전통적인 부르주아 의학의 계약관계의 틀에 맞춰 꾸며져 있다. 제3자를 배제하는 척하는 것, 정신분석이 웃기게 새로 정당화한 돈의 위선적 역할, 부채를 무한히 재생산하고 고갈되지 않는 전이를 부추기고 새 〈갈등들〉을 늘 배양하기 때문에 스스로 정신이 나가 버리기 일쑤인 이른바 시간제한 따위가 그런 틀이다. "어떤 분석이 끝났다는 것은 그렇다는 것 자체가 실패한 분석이다"라는 말을 들을 때, 우리는 놀라지 않을 수 없다. 이 명제가 분석가의 작은 미소를 수반하기는 하겠지만. 또 조예 깊은 분석가가, 여러 해 동안 분석한 후에, 마치 분석이 환자들을 조금도 비굴한 의존 상태에 몰아넣은 적이 없었다는 듯, 자기 〈환자들〉 중 한 사람이 분석가에게 초대받아 한잔 맛보거나 먹기를 아직도 꿈꾸고 있다고 지나는 말로 말하는 것을 들을 때, 우리는 놀라지 않을 수 없다. 사랑받으려는 이 비굴한 욕망, 무릎을 꿇고 소파에 누워서 쉬려는 히스테릭하고 질질 짜는 이 욕망을, 치료 활동을 할 때 어떻게 쫓아내랴? 프로이트의 세 번째 마지막 텍스트인 「끝이 있는 분석과 끝이 없는 분석」(1937)을 고찰해 보자. 이 책을 〈유한한 분석, 무한한 분석〉이라고 번역하는 것이 좋겠다는 최근의 제안을 따를 필요는 없다. 왜냐하면 유한이니 무한이니 하는 것은 대체로 수학이나 논리학의 영역인 데 반해, 여기서의 문제는 특히 실천적이고 구체적인 것들이기 때문이다. 이 이야기에는 끝이 있을까? 하나의 분석으로 이 이야기를 끝낼 수 있을까? 치료 과정은 종결될 수 있을까 없을까? 치료는 성취될 수 있을까 아니면 무한히 계속될 저주받은 운명일까? 프로이트가 말하고 있는 것처럼, 현재 있는 〈갈등〉을 근절할 수 있을까? 앞으로 생길 갈등들에서 환자를 대비할 수 있을까? 예방 목적으로 새 갈등들을 일깨워 줄 수도 있을까? 커다란 아름다움이 프로이트의 이 텍스트에 생기를 불어넣어 주고 있다. 거기에는 분명치는 않지만 절망감, 환멸, 피로가 있으며 동시에 완성된 작품의 평정(平靜)과 확신이 있다. 이것은 프로이트의 유언이다. 그는 곧 죽을 것이고, 그도 알고 있다. 그는 정신분석에서 무엇인가가 잘되어 가고 있지 않음을 알고 있다. 치료는 더욱더 종결될 수 없는 것으로 가고 있다. 그는 자기가 얼마 있지 않으면 거기에 없어 사태가 어떻게 돌아가는지 볼 수 없으리라는 것을 알고 있다. 그래서 그는 자기 작품 중 보물은 무엇이며 그 안에 스며든 독은 무엇인지를 감지하는 사람의 평정심을 갖고서, 치료의 장애물을 다시 검토한다. 욕망의 경제적 문제가 그저 양에 관한 것이기만 했다면 모든 것이 잘되어 갔으리라. 하지만 충동들에 맞서 자아를 강화하는 것이 문제가 되었다. 저 유명한 강하고 성숙한 자아, 〈계약〉, 어떻든 간에 정상적 자아와 분석가 사이의 〈협정〉……따위가. 다만 욕망 경제학 속에는 질적 요인들이 있어서 바로 이것들이 치료의 장애가 되는데, 프로이트는 자기가 이것들을 충분히 고려하지 못했음을 뉘우치고 있다.

이 요인들 중 첫째는, 비대칭적인 두 빗면을 지닌 거세라는 〈바위〉

이다. 이 바위는 우리를 치료할 수 없을 정도로 움푹 파 놓으며, 정신 분석은 이 바위에 기대고 있다. 둘째 요인은 갈등을 유발하는 질적 소질이다. 이 소질 때문에 리비도의 양은 이성애와 동성애에 대응하는 두 힘으로 나뉘지 못하고, 대부분의 사람들한테서 이 두 힘 사이에 서로 환원되지 않는 대립들을 만들어 낸다. 끝으로 셋째 요인은 그 위치를 정할 수 없는 일종의 저항들과 관련되어 있다. 이 요인은 역학적 및 장소론적 고찰로는 파악할 수 없을 만큼 경제학적으로 매우 중요하다. 어떤 자들은 아주 끈적이는 리비도를 갖고 있고 반대로 어떤 자들은 아주 막힘없이 흐르는 리비도를 갖고 있어서 아무것도 그들을 〈제어할〉 수 없다고 말할 수 있다. 프로이트의 이러한 지적이 세부 관찰에 지나지 않으며 지엽 말단에 속한다고 보는 것은 잘못된 일이다. 사실 여기서는 욕망의 현상 중 가장 본질적인 것, 즉 리비도의 여러 질적 흐름들이 문제 되고 있다. 앙드레 그린은 최근 그의 훌륭한 저서의 여러 대목에서 세 가지 유형의 〈회합〉을 표로 만들어 이 문제를 다시 거론하고 있다. 처음 두 유형은 분석의 반대 상황을 포함하며, 세 번째 유형만이 이상적 회합을 이룬다.[10] 유형 1(점착성, 즉 히스테리 형식의 저항)에 따르면 〈회합은 무겁게 내리누르는 질퍽한 분위기에 지배된다. 침묵들은 납과 같고, 담론은 현재 일어난 일이 지배적이며 (……) 한결같다. 그것은 묘사적인 이야기로, 과거에 대한 언급은 전혀 찾을 수 없다. 그것은 쭉 이어진 실처럼 펼쳐지며 단절이 들어설 틈이 없다. (……) 꿈들이 이야기된다. (……) 수수께끼인 꿈은 2차적으로 가공(élaboration)된다. 이 가공은 이야기나 사건으로서의 꿈을, 생각들에 대한 작업으로서의 꿈보다 우선적인 것이 되게 한다. (……) 전이는 끈끈해진다…….〉 유형 2(유동성, 즉 강박 형식의 저항)에 따르면 〈회합은 여

78

---

10 André Green, *L'Affect*, Paris: P.U.F., 1970, pp.154~168.

기서 극단적으로 변덕스러운 온갖 종류의 재현들에 지배된다. (……)
언어는 풀려나왔으며, 빠르고 급류 같다. (……) 모든 것이 거기를 지
나간다. (……) 환자는 분석 상황에 아무런 근본적 변화도 생기게 하지
않으면서도 자기가 주장하는 것과 정반대되는 말을 할 수 있다. (……)
이 모든 것은 아무 결과도 초래하지 않는다. 왜냐하면 물이 오리의 깃
털 위를 미끄러지듯 분석은 소파 위를 미끄러지기 때문이다. 무의식이
갈고리로 걸려 나오지도 않고, 전이 속에 정박하지도 않는다. 여기서
전이는 휘발되어 사라진다…….〉 이제 유형 3만이 남는데, 그것의 특
성들에 의해 좋은 분석이 정의된다. 환자는 〈기표들의 사슬의 경과를
구성하기 위해 말한다. 의미화는 언표된 기표들 각각이 지시하는 기의
에 결부되지 않으며, 오히려 사슬을 이루는 요소들의 경과, 봉합, 연결
에 의해 구성된다. (……) (환자가) 내놓는 모든 해석은 그 의미화를 기
다리고 있는 기성품-기의로 주어질 수 있다. 이 점에서 이 해석은 받
아들여진 의미화로서, 언제나 회고적이다. 그러니까 이것이 말하고자 했
던 것은 그것이었다…….〉

흐름들의 반란

여기서 중대한 것은 프로이트가 치료 과정을 절대로 의문시하지
않았다는 점이다. 프로이트로서는 그러기에 너무 늦었는지도 모른다.
하지만 그 뒤의 사람들에게는 어떨까? 프로이트는 질적 요인들을 치
료의 장애로 해석할 뿐, 치료 자체의 결함, 즉 치료 절차의 결과나 역
효과로 해석하지는 않는다. 왜냐하면 분석할 수 있는 상태(또는 분석할
수 없는 상태, 궁극의 바위)로서의 거세는 오히려 정신분석의 활동인 거
세의 결과이기 때문이다. 또 오이디푸스적 동성애(갈등을 일으키는 질적
소질)는 오히려 오이디푸스화의 결과이다. 물론 치료가 오이디푸스화

를 만들어 내는 것은 아니지만, 치료가 행사되는 인공적 조건들(전이) 속에서 오이디푸스화가 촉진되고 강화된다. 역으로, 리비도의 흐름들이 더러 치료의 실천에 저항하는 경우가 있는데, 이것은 자아의 저항이기보다는 오히려 욕망적 생산 전체의 요란한 아우성이다. 우리는 이미 변태가 잘 오이디푸스화되지 않는다는 것을 알았다. 오이디푸스의 영토성보다 더 인공적이고 더 몽상적인 영토성들을 발명해 내고 있는데, 그가 무슨 이유로 오이디푸스화되랴? 우리는 분열자가 오이디푸스화될 수 없다는 것을 알았다. 왜냐하면 그는 영토성 바깥에 있고, 자기 흐름들을 사막까지 가져갔기 때문이다. 하지만 오이디푸스의 토지에서마저도 히스테리 내지 강박 형식의 〈저항들〉이 욕망의 흐름들의 무오이디푸스적 질을 증언하고 있다는 것을 우리가 알게 될 때, 남는 것은 무엇일까? 질적 경제학이 보여 주는 것은 바로 이것이다. 여기서는 흐름들이 새어 나오고, 삼각형을 가로질러 지나가, 삼각형의 꼭짓점들을 서로 떼어 놓는다. 오이디푸스의 마개는 이 흐름들을 제어할 수 없다. 잼 속에서나 물 위에서는 마개가 아무 소용없는 것처럼 말이다. 이 흐름들은 용암의 저항할 수 없는 압력 내지 물의 꺾을 수 없는 침투력을 행사하며 삼각형의 벽면을 뚫고 바깥으로 나간다. 흔히, 치료의 좋은 조건들이 무엇이냐고 묻는다. ① 오이디푸스에 의해 막히는 흐름, ② 존재하지도 않는 완전한 대상, 즉 거세의 남근 아래 포섭되는 부분대상들, ③ 신화적 장소에 투사되는 흐름-절단들, ④ 일대일 대응되고 선형화되고 하나의 기표에 매달리는 다의적 사슬들, ⑤ 자신을 표현하는 무의식, ⑥ 온전하고 특유한 사용에서 파악되는 연결 종합들, ⑦ 배타적·제한적 사용에서 파악되는 분리 종합들, ⑧ 인물적·분리차별적 사용에서 파악되는 결합 종합들……. 도대체 〈따라서 이것이 말하고자 했던 것은 그것이었다〉란 무슨 뜻일까? 오이디푸스와 거세 위에서 〈따라서〉의 으깨짐. 안도의 한숨. 그렇지, 대령, 교관, 교사, 보호자, 이 모

프로이트의 세 텍스트

든 이것은 그것, 즉 오이디푸스와 거세를 말하려는 것이었어, 〈새 판본으로 된 역사 전체〉……. 우리는 오이디푸스와 거세가 아무것도 아니라고 말하지는 않는다. 우리는 오이디푸스화되기도 하고 거세되기도 한다. 이 조작들을 발명해 낸 것은 정신분석이 아니다. 정신분석은 단지 이 조작들에 제 나름의 탁월함을 발휘하여 새로운 자원들과 절차들을 제공하고 있을 따름이다. 하지만 이것이 욕망적 생산의 다음과 같은 아우성을 잠재우기에 충분할까? "우리는 모두 분열자이다! 우리는 모두 변태이다! 우리는 모두 너무나 끈적이는 또는 너무나 막힘없이 흐르는 리비도이다……. 이렇게 되고 싶어서 이렇게 된 게 아니다. 탈영토화된 흐름들이 우리를 데려간 그곳에서 이렇게 된 것이다……." 신경증자치고, 그 증상이 좀 심한 경우, 분열증의 바위, 이번에는 움직이는 것이니까 운석이라 할 이 바위에 기대지 않는 자가 누가 있을까? 오이디푸스의 어린이 공원들 너머에 있는, 변태적 영토성들에 누가 가끔씩 출몰하지 않으랴? 자신의 욕망의 흐름들 속에서 누가 용암과 물을 느끼지 않으랴? 특히, 우리는 무엇으로 앓고 있을까? 과정으로서의 분열증 자체로 앓고 있을까? 아니면 우리가 빠져든 맹렬한 신경증화로 앓고 있을까? 이를 위해 정신분석은 오이디푸스와 거세라는 새로운 수단을 발명하지 않았던가. 우리는 과정으로서의 분열증을 앓고 있을까? 아니면 이 과정이 공백(空白)에서 무한히 계속되어, 끔찍하게 악화되는 것으로 인해 앓고 있을까(임상 존재로서의 분열자의 생산)? 아니면 과정과 목표의 혼동으로 앓고 있을까(인공적 변태의 생산)? 또 아니면 과정의 때 이른 중단으로 앓고 있을까(정신분석에 의한 신경증자의 생산)? 우리를 오이디푸스와 거세라는 십자가로 측정하기 위해, 또는 이 십자가로 우리가 측정될 수 없다는 것을 확인하기 위해, 우리는 억지로 오이디푸스와 거세에 직면하여 이것들에 내몰린다. 하지만 어쨌든 나쁜 일이 생겼고, 치료는 오이디푸스화의 길을 선택했는데, 이 길에는 온통 오물이 뿌려져 있었다. 차라리 분열증화의 길을 선택했더라면 우리는 치료에서 치유되었을 텐데.

3 생산의 연결 종합

연결 종합의 두 가지 사용
온전하고 특유한 사용, 부분적이고 비-특유한 사용

무의식의 종합들이 주어질 때, 실천적 문제는 이 종합들 — 이것들이 정당하건 아니건 — 의 사용과, 종합의 사용이 정당한지 부당한지 규정하는 조건들의 문제이다. 동성애를 예로 들어 보자(그런데 이 예는 하나의 예 이상이다). 우리는 프루스트의 작품 『소돔과 고모라』의 유명한 장면들이 어떻게 뻔히 모순되는 두 주제, 즉 〈저주받은 인종〉의 근본적 죄책감에 관한 주제와 꽃들의 완벽한 결백에 관한 주제를 서로 얽히게 했는가를 지적한 바 있다. 사람들은 어머니, 지배적 우울증, 사도-마조히즘적 죄책감에 대한 고착화 때문에 프루스트에게 금방 오이디푸스적 동성애란 진단을 내렸다. 좀 더 일반적으로 말하자면, 사람들은 대개 책을 읽기만 하면 금방 모순들을 발견하고 마는데, 그렇게 하는 이유는 각자의 취향대로 때로는 모순들이 서로 환원 불가능하다는 것을 밝히기 위해서, 때로는 그것들을 해결하기 위해서, 또 때로는 그것들이 단지 표면적이라는 것을 보이기 위해서이다. 사실은, 표면상으로나 실제로나 모순은 전혀 없고 다만 유머의 상이한 등급들이 있을 뿐이다. 읽기 그 자체는 블랙 유머에서 백색 유머에 이르는 유머의 여러 등급들을 갖고 있고, 책에서 읽는 것 속에 공존하는 등급들을 이 유머의 등급들로 평가하기 때문에, 언제나 유일한 문제는 각 사물, 각 존재, 각 장면의 위치와 사용을 지정해 주는 내공들의 단계에서의 할당 문제이다. 이것이 있고 다음엔 저것이 있다, 우리는 이 정도로 족하다, 그것이 우리 마음에 들지 않아도 할 수 없다. 이 점에서 샤를뤼스의 다음과 같은 고약한 경고는 예언적이라 하겠다. ⟨이 늙은 할망구는 참 지겨워, 안 그래, 이 귀여운 깡패야!⟩『잃어버린 시간을 찾아서』는 무한히 변주되는 하나의 똑같은 이야기인데, 거기서 도대체 무슨 일이 일어날까? 아무것도 보지도 듣지도 못하는 화자가 하나의 기관 없는 몸이라는 건 분명하다. 아니, 그보다는 거미줄에 꼼짝 않고 웅크리고 있는 거미가 분명하다. 그는 아무것도 살피고 있지 않지만, 아주 작은 기호, 아주 작은 진동에도 민감하게 반응해 자기 먹이를 덮친다. 모든 것은 성운들에서, 즉 흐릿한 윤곽을 가진 통계적 집합체들에서, 우연히 배정된 독자성들을 포함하는 그램분자적 또는 집단적 구성체들에서 시작된다(살롱, 젊은 소녀들 집단, 풍경……). 그다음에, 이 성운들 또는 집합체들 속에서 ⟨측면들⟩이 윤곽을 드러내고, 계열들이 조직되고, 이 계열들 속에서 인물들이 모습을 나타내는데, 이런 일들은 결핍, 부재, 비대칭, 배제, 비–소통, 악덕과 죄책감 등 이상한 법칙들 아래서 이루어진다. 또 그다음에, 모든 것이 다시 뒤섞이고 해체되지만, 이번에는 순수하고 분자적인 다양체 속에서 이렇게 된다. 이 속에서는, 부분대상들, ⟨상자들⟩, ⟨그릇들⟩이 모두 동등하게 실정적 규정들을 갖고 있으며 횡단선을 따라 상궤를 벗어난 소통을 한다. 이 횡단선은 작품 전체를, 즉 각각의 부분대상이 생산하고 절단하고 재생산하고 다시 절단하는 거대한 흐름들을 주파하고 있다. 악덕보다도 광기와 광기의 결백이 불안을 일으킨다고 프루스트는 말한다. 만일 분열증이 보편적이라면, 위대한 예술가란 바로 분열증의 벽을 뛰어넘어 미지의 영역에 도달한 자이다. 이곳에서 그는 이제 더 이상 그 어떤 시간에도, 그 어떤 장소에도, 그 어떤 유파에도 속하지 않는다.

본보기가 되는 한 대목인 알베르틴에 대한 첫 키스에서도 사태는 마찬가지이다. 알베르틴의 얼굴은 처음에는 젊은 소녀들의 집합에서 가까스로 추출되는 하나의 성운이다. 그다음에 그녀의 별도 인물들과도 같은 일련의 면(面)들을 가로질러, 알베르틴의 용모가 분명해진다. 화자의 두 입술이 그녀의 뺨에 접근함에 따라, 알베르틴의 얼굴은 한 면에서 다른 면으로 도약한다. 끝으로 입술이 뺨에 과도하게 가까워질 때, 모든 것은 모래 위의 영상처럼 해체되고, 알베르틴의 얼굴은 분자적 부분대상들 속에서 확연히 드러난다. 한편 화자의 얼굴의 부분대상들은 기관 없는 몸, 즉 닫힌 눈, 막힌 코, 다문 입에서 다시 합쳐진다. 하지만 더 나아가 같은 이야기를 하는 것은 바로 사랑 전체이다. 남-녀의 사랑의 통계적 성운으로부터, 이 사랑의 그램분자적 집합체로부터, 저주받고 유죄인 두 계열이 분명해진다. 이것은 상호 배타적인 소돔 계열과 고모라 계열인데, 이것들은 서로 중첩될 수 없는 두 양상으로 하나의 똑같은 거세를 증언한다. 그렇지만 이것이 최종적인 말은 아니다. 왜냐하면 식물의 주제, 꽃들의 결백은 우리에게 다른 메시지와 다른 코드를 가져다주기 때문이다. 꽃들 각각은 성이 구별되고, 각각 두 개의 성을 가지며, 서로 떨어져 소통하지 않는다. 남성은 그 속에서 통계적으로 수컷 부분이 우세한 자일 따름이요, 여성은 그 속에서 암컷 부분이 통계적으로 우세한 자일 따름이다. 그래서 요소들의 조합이라는 층위에서는 두 남성과 두 여성을 끼워 넣어 하나의 다양체를 구성하여, 이 속에서 횡단적 소통들, 즉 부분대상들과 흐름들의 연결들을 설립해야만 한다. 한 남성의 수컷 부분은 한 여성의 암컷 부분과 소통할 수 있지만, 또한 한 여성의 수컷 부분과도, 또는 다른 남성의 암컷 부분과도, 아니면 다른 남성의 수컷 부분 등과도 소통할 수 있다. 여기서 모든 죄책감이 멈춘다. 왜냐하면 죄책감은 이 꽃들에 달라붙을 수 없기 때문이다. 〈…… 아니면 ……〉의 배타적 양자택일에 대해 조합들과 순열들의 〈……이건 ……이건〉이 대립한다. 후자에 있어 차이들은 여전히 차이이기를 멈추지 않으면서도 같은 것으로 회귀한다.

우리는 통계적 또는 그램분자적으로는 이성애자이지만, 인물적으로는 알게 모르게 동성애자이며, 결국 요소적으로, 분자적으로는 횡단 성애자(trans-sexués)이다. 바로 이런 이유로, 자신에 대한 해석들 중에서 오이디푸스화하는 모든 해석을 처음으로 거부한 사람인 프루스트는 동성애의 두 유형 또는 차라리 동성애의 두 영역을 대립시킨다. 이 두 영역 중 하나만이 오이디푸스적이고 배타적이고 우울증적이며, 다른 하나는 무오이디푸스적이고 포괄적이고 포함되며 분열증적이다. 〈필경 가장 소심한 어린 시절을 보냈던 남자들은, 이들이 받는 쾌락을 남성의 얼굴과 관련시킬 수만 있다면, 그 쾌락의 물질적 종류에는 거의 개의치 않는다. 반면 필경 더 격렬한 감각을 가진 남자들은, 자신들의 물질적 쾌락에 절박한 위치 지정을 부여한다. 이들의 고백은 아마도 세상의 보통 사람들에게 충격을 주리라. 아마 그들은 토성의 위성 아래서는 덜 배타적으로 살 것이다. 왜냐하면 이들에겐 첫 부류의 남자들에서처럼 여성들이 완전히 배제되지는 않으니 말이다. (……) 이 둘째 부류의 남자들은 여자들을 사랑하는 여자들을 찾는다. 이런 여자들은 이 남자들에게 젊은 남자를 얻어 줄 수 있으며, 이 남자들이 젊은 남자와 얻을 것임이 틀림없는 쾌락을 증가시켜 줄 수 있다. 더욱이 이 남자들은 한 남자와 얻는 것과 똑같은 쾌락을 이 여자들과도 똑같은 방식으로 얻을 수 있다. (……) 왜냐하면 이 남자들이 이 여자들과 맺는 관계들 속에서, 이 남자들은 여자들을 사랑하는 여자에 대해 한 명의 다른 여자 역할을 하며, 이와

83

생산의 연결 종합

동시에 이 여자는 이 남자들이 남자에게서 발견하는 것과 거의 같은 것을 이 남자들에게 제공하기 때문이다…….)[11]

여기서 서로 대립하는 것은 연결 종합의 두 가지 사용이다. 하나는 온전하고 특유한 사용이요, 다른 하나는 부분적이고 비-특유한 사용이다. 첫째 사용에 있어 욕망은 하나의 고정된 주체, 즉 어느 특정한 성으로 명시된 자아와 온전한 인물들로 규정된 완전한 대상들을 동시에 받아들인다. 이러한 작업의 복잡함과 토대는 어떤 특정 사용에 따른 무의식의 서로 다른 종합들 사이의 상호 반응들을 고려할 때 더 잘 나타난다. 사실, 오이디푸스의 조건들 속 기입 표면 위에서, 좌표 노릇을 하는 부모 이미지들(어머니, 아버지)과 관련해 규정 가능하거나 분별 가능한 자아를 정립하는 것은 무엇보다도 등록의 종합이다. 거기에는 그 본질상 구성(構成)적 금지를 내포하며 인물들을 억지로 분별하는 하나의 삼각형화가 있다. 이 삼각형화는 어머니와 근친상간을 행하는 것, 아버지의 자리를 차지하는 것을 방해한다. 하지만 사람들은 이상하게 추리해서, 이것은 금지되어 있기 때문에 바로 이것이 욕망되고 있었다고 결론을 내린다. 사실, 온전한 인물들, 나아가 이 인물들의 형식조차도 이들을 짓누르고 이들을 구성하는 금지들보다 먼저 존재하지 않았고, 또한 이들이 가담하는 삼각형화보다 먼저 존재하지 않았다. 욕망이 자신의 최초의 완전한 대상들을 얻는 것과 이것들이 금지된 것을 아는 것은 동시에 일어난다. 따라서 똑같은 오이디푸스적 작업이 자기 자신의 〈해결〉의 가능성의 기초가 되기도 하고, 그 실패나 침체의 가능성의 기초가 되기도 한다. 전자는 금지에 따른 인물들의 분별이라는 길을 통해 행해지며, 후자는 금지가 창조하는 분별들의 이면인 미분화(아버지와의 동일시를 통

---

11 Marcel Proust, *Sodome et Gomorrhe*, Pléiade II, p.622.(강조는 DG)((옮긴이) 독: pp.38ff.)

한 근친상간, 어머니와의 동일시를 통한 동성애……)로 추락함으로써 행해진다. 인물들의 형식은 물론이고 위반의 개인적 내용도 금지보다 먼저 존재하지 않는다. 따라서 처음부터 금지는 욕망을 이전하기 때문에, 금지 그 자신은 이전된다는 성질이 있음이 분명하다. 금지 자신이 이전된다는 것은 다음과 같은 의미이다. 즉 오이디푸스적 기입이 등록의 종합 속에서 강요되면, 반드시 생산의 종합에 대해 반작용하고 온전한 새 인물들을 도입함으로써 이 종합의 연결들을 심히 변형하게 된다. 아버지와 어머니 다음에 나타나는 인물들의 새 이미지들은 누이와 아내이다. 사실, 금지가 두 형식으로 있어 왔다는 점은 종종 지적되었다. 부정적 형식은 무엇보다 어머니와 관련되어 있으며 분별을 강요하는 반면, 적극적 형식은 누이에 관한 것이며 교환(내 누이가 아닌 다른 여자를 아내로 취할 의무, 내 누이를 다른 사람에게 남겨 줄 의무, 내 누이를 처남에게 주고 장인에게 아내를 받을 의무 등)을 명령한다.[12] 그래서 새 정체(停滯)들 또는 추락들은 이 층위에서 근친상간과 동성애의 새 형상들로 생산되지만, 오이디푸스 삼각형이 이 둘째 단계 없이 전달되고 재생산될 수단을 전혀 갖고 있지 않았다는 것은 확실하다. 첫째 단계는 삼각형 형식을 분명하게 만들어 내지만, 오직 둘째 단계만이 이 형식의 전달을 확실하게 해 준다. 나는 내 누이가 아닌 다른 여자를 취하는데, 이는 내 자식이 꼭짓점이 되는 새 역삼각형의 분별된 밑변을 구성하기 위해서이다. 이것은 오이디푸스에서 떠나는 것이라 불리기도 하지만, 실은 혼자 근친상간, 동성애, 좀비로 파열해 버리기보다는 오이디푸스를 재생산하고 전달하는 것이다.

---

12 Luc de Heusch, *Essai sur le symblisme de l'inceste royal en Afrique*, Bruxelle, 1959, pp.13~16.

생산의 연결 종합

그리하여 등록의 종합의 부모적 내지 가족적 사용은 생산의 연결 종합들의 혼인적 사용, 즉 결연적 사용으로 확장된다. 인물들의 혼인 체제가 부분대상들의 연결을 대체한다. 전체적으로는 욕망적 생산에 고유한 기관-기계들의 연결들이 가족적 재생산이라는 규칙들 아래에서 인물들의 혼인에 자리를 내준다. 이제 부분대상들은 서로 오가는 비-인물적 흐름들에서 채취되는 대신 인물들에서 채취되는 것처럼 보인다. 이것은 인물들이 흐름들 대신 추상량들에서 파생되기 때문이다. 부분대상들은 연결에 의해 전유되는 대신, 어떤 인물의 소유물이 되고, 또 필요한 경우에는 어떤 인물의 재산이 된다. 칸트는 신을 선언적 삼단논법의 원리로 규정함으로써 몇 세기에 걸친 스콜라적 명상에서 결론을 끌어내는데, 이와 마찬가지로 한 사람이 다른 사람의 성기의 소유자가 되도록 만드는 연줄이라고 그가 결혼을 규정할 때 그는 몇 세기에 걸친 로마법적 명상에서 결론을 끌어내고 있다.[13] 욕망 기계들과 기관들의 연결들이 사람들의 혼인 체제에서 어떤 제약들과 함께 관용되고 있는지를 알려면, 성(性)의 결의론(決疑論)에 관한 종교 편람을 참고하는 것으로 충분하다. 이 체제는 혼인을 통해 신부의 몸에서 무엇을 채취할 것인가를 법으로 정하고 있다. 하지만 더 잘 말한다면, 한 사회가 성이 뒤섞여 있는 유아 상태를 존속하게 내버려 둘 때마다, 체제의 차이가 나타난다. 이런 상태에서는 젊은 남자가 아이들의 사회적 생산을 규제하는 혼인의 원리 아래 들어가는 나이에 이르기까지는 모든 것이 허용된다. 확실히, 욕망적 생산의 연결들은 하나의 이항 규칙을 따라왔다. 또한 우리는 이 이항관계에 제3항이 개입하는 것도 보았다. 이 제3항은

---

13 Immanuel Kant, *Métaphysique des moeurs*, I, 1797.((옮긴이) 독: p.91)

기관 없는 몸인데, 이것은 생산물 속에 생산하기를 재주입해서 기계들의 연결들을 연장하고 등록 표면 노릇을 한다. 하지만 여기서 생산을 대표들에 끼워 맞추는 일대일대응의 조작은 전혀 생산되지 않는다. 이 층위에서는, 욕망의 대상들을 온전한 인물들에 관련시키고 욕망을 한 특유한 주체에 관련시키는 삼각형화도 전혀 나타나지 않는다. 유일한 주체는 기관 없는 몸 위에 있는 욕망 그 자체이다. 이 욕망은 부분대상 86들과 흐름들을 기계 작동하고, 소유자 또는 점유자인 자아의 사이비 통일성을 매번 파괴하는 연결들과 전유들을 따라 부분대상들과 흐름들을 서로 채취하고 절단하며, 한 몸에서 다른 몸으로 옮겨 간다(무오이디푸스적 성욕). 바로 이런 한에서 유일한 주체는 욕망 그 자체이다.

삼각형화의 원인
정신분석의 첫째 오류추리 —— 외삽

삼각형은 부모적 사용에서 형성되고 혼인적 사용에서 재생산된다. 우리는 욕망의 등록에 간섭해서 욕망의 모든 생산적 연결을 변형하는 삼각형화를 어떤 힘들이 결정하는지 아직 모르고 있다. 하지만 적어도 우리는 이 힘들이 진행하는 방식을 대체적으로 따라갈 수 있다. 부분대상들은 시기상조인 총체성에 대한 직관 속에서 파악되며, 이와 마찬가지로 자아는 이 자아의 확립에 앞서는 통일성에 대한 직관에서 파악된다고 흔히들 말한다(멜라니 클라인에게도, 분열증적 부분대상은 우울증 국면에서의 완전한 대상의 도래를 준비하는 하나의 전체와 관련되어 있다). 이러한 통일성-총체성이 부재의 어떤 양상에서만, 즉 부분대상들과 욕망의 주체들에 〈결핍되어 있는〉 것으로서만 정립된다는 것은 분명하다. 따라서 모든 것은 이미 작동하고 있다(tout est joué). 초월적이며 공통적인 어떤 것을 외삽(外揷)함으로써 성립하는 정신분석 조작은 도처에서

생산의 연결 종합

발견된다. 하지만 이 어떤 것이 보편적-공통적인 것은 오직 욕망에 결핍을 도입하기 위해서이다. 즉 이 보편적-공통적인 것의 부재라는 특정한 양상으로 인물들과 자아를 고정하고 특유화하고, 또 양성의 분리에 배타적 방향을 강요하기 위해서 그러는 것일 뿐이다. 프로이트에게는 모든 것이 그런 식이다. 오이디푸스나, 거세나, 아이가 매를 맞는다는 환상의 둘째 시기나, 또는 더 나아가 정신분석의 기만이 절정에 달하는 저 유명한 잠복기나 다 마찬가지이다. 의미화의 효과들을 사슬의 집합 속에 분배하고 거기에 배제를 도입하는(여기서 라캉주의가 행하는 오이디푸스화하는 해석들이 나온다) 이 기표 〈자체〉(〈le〉 signifiant)를 가리키기 위해 앞서 말한 공통적이고 초월적이고 부재하는 그 어떤 것은 남근 내지 법이라고 명명되리라. 그런데 삼각형화의 형식적 원인으로 작용하는 것, 다시 말해 삼각형의 형식과 그것의 재생산을 가능하게 하는 것은 바로 이 기표이다. 또한 오이디푸스도 3+1의 공식을 위해 초월적 남근이라는 *일자*를 가지고 있으며, 이것이 없으면 관련된 항들이 하나의 삼각형을 형성하지 못할 것이다.[14] 모든 것은 마치 다음과 같은 식으로
진행되는 것처럼 보인다. 즉 이른바 기표 사슬은 그 자체가 비기표적 요소들, 즉 다의적인 글과 이탈될 수 있는 파편들로 이루어져 있고, 특수 처리해서 사슬을 끊으면 이 사슬에서 전제군주 기표라는 이탈된 대상을 추출할 수 있는 듯하다. 일단 이렇게 되면 사슬 전체는 이 전제군주 기표의 법에 매달리고, 사슬의 고리마다 삼각형화가 발생하는 것 같다. 여기에는 무의식의 종합들의 초월적 사용을 내포하는 이상한 오류 추리가 있다. 사람들은 이탈될 수 있는 부분대상들에서 이탈된 완전한 대상으로 이행하는데, 이로부터 결핍의 배정을 통해 온전한 인물들이 등장한다.

---

14 M. C. et Edmond Ortigues, *Œdipe africain*, Paris: Plon, 1966, p.83. 〈가족제도나 오이디푸스 콤플렉스 속에서 하나의 구조가 실존하기 위해 필요한 조건들을 충족하려면, 적어도 네 개의 항이 있어야 한다. 즉 본래 필요한 것 외에 한 개의 항이 더 있어야 한다.〉

가령 자본주의 코드와 그 삼위일체 공식에서는, 이탈될 수 있는 사슬로서의 돈이 이탈된 대상으로서의 자본으로 바뀌는데, 자본은 재고와 결핍이라는 물신적 양상을 띠고서만 존재한다. 오이디푸스의 코드에서도 사정은 마찬가지이다. 채취와 이탈의 에너지로서의 리비도는 이탈된 대상으로서의 남근으로 바뀌는데, 남근은 재고와 결핍이라는 초월적 형식으로만 존재한다(이 남근은 남성에게나 여성에게나 다 같이 결핍되어 있는, 공통적이며 부재하는 어떤 것이다). 모든 성욕을 오이디푸스 틀 속에서 흔들거리게 하는 것은 바로 이 변환(conversion)이다. 모든 흐름-절단을 똑같은 신화적 장소에 투사하는 것, 모든 비기표적 기호를 똑같은 주(主)기표(signifiant majeur)로 투사하는 것 따위 말이다. 〈실효적인 삼각형화는 성욕을 어느 한 성으로 명시하는 것을 허용한다. 부분대상들은 그 유독성과 실효성에서 무엇도 상실하지 않았다. 그렇지만 음경에 대한 지시는 거세에 그 충만한 의미를 부여한다. 이로 말미암아 부분대상들의 박탈, 사취, 결핍에 연결된 모든 외적 경험이 나중에 의미를 얻는다. 그전의 역사 전체는 거세의 빛에 따라 새 판본으로 개정된다.〉[15]

초월적 사용과 내재적 사용

우려할 만한 것은 바로 역사의 이런 왜곡, 부분대상들에 귀속된 이 〈결핍〉이다. 그런데 부분대상들이 근본적으로 부당한 종합의 사용을 일단 맞이하면, 어떻게 그 유독성과 실효성을 잃지 않을 수 있으랴? 우리는 오이디푸스적 성욕, 오이디푸스적 이성애와 동성애, 오이디푸스적 거세 ─ 즉 완전한 대상들, 온전한 이미지들, 특유한 자아들이 있었다는 것을 부정하지 않는다. 우리는 이것들이 무의식의 생산들이라는   **88**

---

15 André Green, *L'Affect*, p.167.

것을 부정한다. 게다가 거세와 오이디푸스화는 하나의 근본적 가상을 낳는다. 이 가상은 우리가 다음과 같은 것을 믿게 한다. 즉 현실적인 욕망적 생산은 바로 그것을 통합하고 그것을 초월적 법들에 종속시키고 그것을 우월한 사회적·문화적 생산에 기여하게 하는 더 높은 구성체들에 의해 정당화될 수 있다고 말이다. 이렇게 되면 욕망의 생산과 관련하여 사회장의 일종의 〈박리(剝離)〉가 나타나며, 그 박리에 근거해서 모든 체념이 미리 정당화된다. 그런데 정신분석은 치료의 가장 구체적 층위에서, 전력을 다해 이 외견상의 운동을 뒷받침한다. 정신분석 자신이 무의식의 이 변환을 보증한다. 정신분석이 전-오이디푸스라고 부르는 것 속에서, 정신분석은 진화적 통합의 방향으로 (완전한 대상의 지배를 받는 우울증의 자리로) 넘어가거나 구조적 통합의 방향으로 (남근의 지배를 받는 전제군주 기표의 자리로) 조직되어야 하는 하나의 단계를 본다. 프로이트가 말한 갈등을 일으키는 소질, 즉 동성애와 이성애 사이의 질적 대립은 실은 오이디푸스의 한 귀결이다. 그것은 바깥에서 오는 치료의 장애물이기는커녕, 오이디푸스화의 한 산물이며 오이디푸스화를 다시 강화하는 치료의 한 역효과이다. 사실 문제는 오이디푸스를 여전히 축으로 삼고 있는 전-오이디푸스 단계들과 전혀 관련이 없다. 오히려 문제는 무오이디푸스적 성욕, 무오이디푸스적 이성애와 동성애, 무오이디푸스적 거세가 있는지, 있다면 그 본성은 무엇인지이다. 욕망적 생산의 흐름-절단들은 자신을 하나의 신화적 장소에 투사되게 하지 않으며, 욕망의 기호들은 자신을 하나의 기표 속에 외삽되게 하지 않으며, 횡단-성욕은 국지적·비-특유한 이성애와 동성애 사이에 아무런 질적 대립도 생기게 하지 않는다. 이런 전환 속에는, 도처에, 변절의 죄책감 대신 꽃들의 결백이 있다. 그런데 정신분석의 이론과 실천은 무의식 전체를 욕망적 생산의 무오이디푸스적 형식과 내용으로 전환할 것을 보증하거나 보증하려 하는 대신, 무의식의 형식과 내용을 오이디푸스로 변환하려고 끊임없이 추진한다(실제로 우리는 정신분석이 오이디푸스를 〈해결한다〉라고 부르는 것이 무엇인지 보게 될 것이다). 따라서 정신분석은 먼저 연결 종합들을 온전하고 특유한 사용으로 만듦으로써 이러한 변환을 추진한다. 이러한 사용은 초월적이라 규정될 수 있으며, 정신분석 작업 속의 첫째 오류추리를 함축한다. 우리가 여기서 한 번 더 칸트의 용어를 사용한다면, 이는 단순한 이유 때문이다. 칸트는, 그가 비판적 혁명이라고 부른 것 속에서, 의식의 종합들의 정당한 사용과 부당한 사용을 구별하기 위해 인식의 내재적 기준들을 발견하자고 제안했다. 따라서 그는 형이상학에 나타나는 그런 종합들의 초월적 사용을 초월론적 철학(기준들의 내재성)이란 이름으로 고발했다. 이와 마찬가지로 우리는 정신분석이 자신의 형이상학, 즉 오이디푸스를 갖고 있다고 말해야 한다. 또한 우리는 하나의 혁명이, 이번에는 유물론적 혁명이 오이디푸스 비판을 통해서만 일어날 수 있다고 말해야 한다. 이것은 오이디푸스적 정신분석에 나타나는 것과 같은 무의식의 종합들의 부당한 사용을 고발함으로써 진행되며, 이렇게 하는 것은 무의식의 기준들의 내재성에 의해 규정된 초월론적 무의식과 이에 대응하는 분열-분석으로서의 실천을 되찾기 위해서이다.

생산의 연결 종합

4 등록의 분리 종합

분리 종합의 두 가지 사용── 배타적·제한적 사용, 포괄적·비제한적 사용

욕망적 등록의 분리 종합들 속에 오이디푸스가 미끄러져 들어갈 때 오이디푸스는 이 종합들에 어떤 제한적 내지 배타적 사용이라는 이상을 강요한다. 이 사용은 삼각형화의 형식 ── 아빠, 엄마 아니면 아이임 ── 과 합류한다. 이것은 근친상간 금지라는 분별 기능 속에서의 *…… 아니면 ……*의 군림이다. 저기 엄마에서 시작해서, 저기는 아빠이고, 또 저기는 너다. 너는 네 자리에 있어라. 오이디푸스의 불행은 정확히 말하자면 어디서 누가 시작하는지, 누가 누구인지를 더 이상 알지 못한다는 데 있다. 그리고 〈부모 아니면 아이〉라는 것은 삼각형의 변들 위에 있는 다른 두 분별, 즉 〈남자 아니면 여자〉, 〈죽었거나 아니면 살아 있음〉도 수반한다. 오이디푸스는 자신이 부모인지 아이인지 알아서는 안 될 뿐만 아니라 자기가 살아 있는지 죽었는지, 남자인지 여자인지 알아서도 안 된다. 근친상간을 한다면, 너는 좀비이고 양성구유이리라. 바로 이런 의미에서 이른바 세 가지 커다란 가족 신경증은 분별 기능 또는 분리 종합의 오이디푸스적 퇴락에 대응하는 것처럼 보인다. 즉 공포증 환자는 자신이 부모인지 아이인지 더 이상 알 수 없고, 강박증 환자는 자신이 죽었는지 살아 있는지 더 이상 알 수 없으며, 히스테리 환자는 자신이 남자인지 여자인지 더 이상 알 수 없다.[16] 요컨대 가족 삼각형화는 하나의 〈자아〉가 동시에 세대나 성 또는 상태에 따라 자신 을 분별해 주는 좌표를 받아들이는 최소 조건을 재현한다. 그리고 종교 삼각형화는 다른 양태로 이 결과를 확증한다. 이렇게 삼위일체에서는 남근 상징을 위해 여성 이미지가 지워지는데, 이것은 어떻게 그 삼각형 이 자신의 고유한 원인을 향해 이전되고 이 원인을 통합하려 하는가를 보여 준다. 이번에는 인물들이 서로 분별되는 최대 조건들이 문제가 된 다. 이런 까닭에 우리에게는 신을 선언적 삼단논법의 선험적 원리로 내 세우는 칸트의 정의가 중요했다. 모든 것은 하나의 더 큰 현실(현실의 총 체)을 제한함으로써 신에서 파생한다고 보는 한에서 말이다. 칸트의 유 머가 신을 하나의 삼단논법의 대가로 만들고 있다.

90

오이디푸스적 등록의 특성은 분리 종합의 배타적·제한적·부정적 사용을 도입한다는 점이다. 우리는 너무나도 오이디푸스에 의해 형성 되었기 때문에 다른 사용은 거의 상상하기 힘들다. 심지어 세 가지 가 족 신경증마저도, 더 이상 오이디푸스를 적용할 수 없다는 고통을 겪고 있기는 하지만, 오이디푸스를 떠나지 못하고 있다. 우리는 정신분석에 서, 프로이트에서, 배타적 분리들에 대한 이런 취향이 도처에서 시행되 는 것을 보았다. 그렇지만 분열증은 우리에게 오이디푸스 외적인 독자 적 교훈을 주는 것 같으며, 분리 종합의 미지의 힘, 더 이상 배타적이지 도 제한적이지도 않으며 오히려 충분히 긍정적·무제한적·포괄적인 하 나의 내재적 사용을 우리에게 드러내는 것 같다. 여전히 분리되어 있으

---

16 히스테리의 〈물음〉(나는 남자인가 여자인가?)과 강박증의 〈물음〉(나는 죽었는가 살 아 있는가?)에 관해서는, Serge Leclaire, "La Mort dans la vie de l'obsédé," in *La Psychanalyse*, 2호, pp.129~130 참조.

면서도 분리된 항들을 긍정하고, 이 항들의 거리 전체를 가로질러 이 항들을 긍정하고, 한 항을 다른 항에 의해 제한하지도 않고 한 항을 다른 한 항으로 배제하지도 않는 분리, 이것은 아마 최고의 역설이다. 〈…… 아니 면 ……〉 대신 〈……이건 ……이건.〉 분열자는 남자이고 또한 여자인 것이 아니다. 그는 남자이거나 여자이지만, 정확하게 말하자면 두 측면을 가지고 있는데, 남자들의 측면에서는 남자요, 여자들의 측면에서는 여자이다. 사랑스런 제이예(알베르 데지레, 등록 번호 54161001)는 남성과 여성이라는 평행한 계열들을 길게 나열하고, 자신을 그 남녀 각각의 측면에 놓는다. 〈마트 알베르 남성-등록 번호 5416 미친 로마인 술탄〉, 〈마트 데지레 여성-등록 번호 1001 미친 로마인 술탄 비(妃)〉〉.[17] 분열자는 죽었거나 아니면 살아 있는데, 동시에 두 상태에 있지는 않되, 이 두 상태 각각은 분열자가 미끄러지며 조망하는 거리의 양 끝에 있다. 그는 아이이거나 부모이거나이지, 아이이면서 부모이지는 않으며, 하지만 나눌 수 없는 공간에 있는 막대기의 두 끝처럼 한쪽 끝에서 다른 것이 된다. 이와 같은 것이 베케트가 자기 작품의 인물들과 이 인물들이 겪는 사건들을 기입할 때 분리들의 의미이다. 즉 모든 것이 나뉘지만, 다만 자신 안에서 나뉜다. 분리들이 포괄적이 됨과 동시에, 거리들마저 긍정적이 된다. 마지막 헤겔주의 철학자처럼, 분열자가 분리들을 모순되는 것들의 동일시라는 모호한 종합들로 대체하는 것처럼 구는 것은 이러한 생각의 질서를 전적으로 무시하는 것이리라. 분열자는 모순되는 것들의 종합을 분리 종합으로 대체하는 것이 아니라, 분리 종합의 배타적·제한적 사용을 그것의 긍정적 사용으로 대체하고 있다. 그는 어

91

---

17 *Art brut* 3호, p.139(장 우리는 자기 논문에서 제이예를 〈영원히 상공을 나는〉, 〈경계가 정해져 있지 않은 자〉라 부르고 있다). (옮긴이) 원문을 보면 "Albert Désiré, matricule 54161001"이 "Mat Albert 5416 ricu-le sultan Roman vesin"과 "Mat Désiré 1001 ricu-la sultane romaine vesine"로 나뉘고 있다.

디까지나 분리 안에 있다. 그는 모순되는 것들을 더 깊이 파 내려가 동일시함으로써 분리를 없애는 것이 아니라, 이와 반대로 나눌 수 없는 거리를 조망함으로써 분리를 긍정한다. 그는 단순히 양성구유도 아니고 두 성 사이에 있지도 않으며 간성(間性) 존재(intersexué)도 아닌, 횡단-성애자이다. 그는 삶과 죽음을 가로지르며(trans-vimort) 부모와 아이를 가로지른다(trans-parenfant). 그는 두 개의 반대되는 것을 같은 것으로 동일시하지 않고, 그것들이 서로 다른 한에서 그것들을 서로 관련시키는 것으로서의 둘 사이의 거리를 긍정한다. 그는 모순인 것들에 대해 마음을 닫지 않고 도리어 마음을 연다. 그는 마치 포자(胞子)들로 부푼 주머니 같아서, 지금까지는 그 포자 하나하나의 독자성들을 살리지 않고 부당하게 가둬 놓고 있었는데, 이제는 그것들을 풀어놓는다. 지금까지는 이것들 중 어떤 것은 배제되고 어떤 것은 보유되었지만, 이제 이것들은 기호-점들*이 되어, 모든 것은 그들 간의 새로운 거리에 의해 긍정된다. 포괄적일 경우, 분리는 그 항들에 대해 닫혀 있지 않으며, 그와는 반대로 무제한적이다. 〈나는 이 닫힌 상자 때문에 잘 보존되어 왔지만, 나는 더 이상 이 닫힌 상자가 아니다. 칸막이가 부서졌다.〉 이리하여 하나의 공간이 열리는데, 여기서 몰로이와 모랑이 지시하는 것은 더 이상 인물들이 아니고, 사방에서 밀어닥치는 독자성들, 덧없이 사라져 버리는 생산자들이다. 그것은 자유로운 분리이다. 거기서 미분적 위치들은 완전히 존속하며, 하나의 자유로운 값(valeur)을 갖기까지 하지만, 그것들은 모두 얼굴도 없고 위치를 가로지르는 주체에 의해 점유되고 있다. 슈레버는 남자이자 여자이며, 부모이자 아이이며, 죽었으면서 살아 있다. 말하자면, 그는 하나의 독자성이 있는 곳이면 어디에나 있으며, 하나의 특이점에

---

* 과타리는 "D'un signe à l'autre," in *Psychanalyse et transversalité*, Paris: Maspero, 1973에서 이 개념을 최초로 상세히 발전시킨다.

등록의 분리 종합

의해 표시되는 모든 계열과 모든 분파(分派) 속이라면 어디에나 있다. 왜 냐하면 그 자신은 그를 여자로 변형하는 이 거리이기 때문이다. 이 거리 의 끝에서 그는 이미 신인류의 어머니요, 마침내는 죽을 수 있다.

92   포괄적 분리들——계보학

바로 이런 까닭에 분열증의 신과 종교의 신은 같은 삼단논법에 전 넘하고 있기는 하지만 거의 관계가 없다. 클로솝스키는 『바포메트』에 서 안티 그리스도를 신에 대립시켰다. 클로솝스키가 말하는 신은 자신 으로부터 파생되는 현실 속에서 배제들과 제한들의 주인이며, 이와 반 대로 안티 그리스도는 하나의 주체가 가능한 모든 술어를 통과하는 것 을 규정하는 변화의 군주이다. 나는 *신*이고 나는 *신*이 아니며, 나는 *신* 이고 나는 *인간*이다. 여기서 중요한 것은 신-인간이라는 근원적 현실 에 머무르면서 파생된 현실의 부정적 분리들을 넘어가는 종합이 아니 라, 한 항에서 다른 항으로 표류하면서 거리에 따라 그 자체로 종합을 수행하는 포괄적 분리이다. 근원적인 것이란 없다. 이것은 저 유명한 대목과도 같다. 〈자정이다. 비가 창을 때린다. 자정이 아니었다. 비가 오고 있지 않았다.〉 니진스키는 이렇게 적었다. 나는 신이고 나는 신이 아니었고 나는 신의 어릿광대이다. 〈나는 아피스요, 나는 이집트인이 요, 붉은 피부 인디언이요, 흑인이요, 중국인이요, 일본인이요, 외국인 이요, 미지의 사람이요, 바닷새요, 육지를 나는 새요, 톨스토이의 나무 요, 그 뿌리이다.〉 〈나는 남편이면서 아내요, 나는 내 아내를 사랑하며, 나는 내 남편을 사랑한다…….〉[18] 관건은 부모의 명칭도 인종의 명칭이

---

18 Vaslav Nijinsky, *Journal*, tr. fr. Paris : Gallimard.((옮긴이) 영 : p.20, p.156. 독 : p.34, p.151)

나 신의 명칭도 아니다. 다만 이 명칭들을 어떻게 사용하는가가 중요하다. 의미가 문제가 아니라 오직 사용의 문제. 근원적인 것도 파생적인 것도 중요하지 않으며 일반화된 표류가 중요하다. 분열자는 있는 그대로의 무제한적인 계보학적 질료를 해방한다고 말할 수 있으리라. 여기서 그는 모든 분기점에 동시에, 모든 측면에 자신을 놓고, 자신을 기입하고, 자기 자리를 탐지할 수 있다. 그는 오이디푸스적 계보학을 취소한다. 점점 더 관계를 늘려 감으로써 그는 나눌 수 없는 거리들을 절대적으로 조망한다. 미친 계보학자는 분리의 그물로 기관 없는 몸을 바둑판 모양으로 구획한다. 그래서 단지 등록 에너지를 지시할 뿐인 신은, 편집증적 기입에서는 최대의 적일 수 있지만 또한 기적을 낳는 기입에서는 최대의 친구일 수 있다. 어쨌든, 여기서는 자연과 인간보다 우월한 존재라는 물음은 전혀 제기되지 않는다. 모든 것은 기관 없는 몸 위에 있다, 기입되는 것도, 기입하는 에너지도. 출산된 것이 아닌 이 몸 위에서, 나눌 수 없는 거리들은 필연적으로 조망되고, 이와 동시에 분리된 항들은 모두 긍정된다. 나는 글자요 펜이요 종이이다(니진스키는 그의 일기를 이런 식으로 적고 있다). ― 그렇다, 나는 내 아버지였다, 또 나는 내 아들이었다.

93

배타적 분별들과 미분화

따라서 등록의 분리 종합은 연결 종합과 똑같은 결과로 우리를 이끈다. 여기서도 역시 두 가지 사용, 하나는 내재적이고 다른 하나는 초월적인 두 가지 사용이 있을 수 있다. 그런데 왜 정신분석은 아직도 도처에서 분리의 그물 속에 배제들, 제한들을 도입하는 초월적 사용을 뒷받침하고 무의식을 오이디푸스 속에서 움직이게 할까? 그리고 왜 바로 이것이 오이디푸스화일까? 이는 오이디푸스가 도입한 배타적 관계가 분별들이라고 여겨진 갖가지 분리들 사이에서만 작용하지 않고, 또한 그 관계가 강요하는 이 분별들의 집합과 이 관계가 상정하는 하나의 미분화 사이에서도 작용하기 때문이다. 오이디푸스는 우리에게 말한다. 만일 네가 아빠-엄마-나를 분별하는 선들을 따라가지 않고, 또 선들을 따라 늘어선 배타적인 것들을 따라가지 않으면, 너는 미분화의 캄캄한 밤 속에 떨어지리라. 배타적 분리는 포괄적 분리와 전혀 같지 않다는 것을 이해하자. [이 두 분리에서] 신은 동일하게 사용되지 않으며, 부모의 명칭들도 동일하게 사용되지 않는다. 부모의 명칭들은 이제는 내공 상태들(그렇다, 나는 ……이었다)이 아니라 온전한 인물들을 지시한다. 주체는 기관 없는 몸 위에서 이 내공 상태들을 지나가며, 고아인 채로 있는 무의식 속에서 이 내공 상태들을 경험한다. 한편 온전한 인물들은, 인물들을 정초하며 인물들을 서로 그리고 자아와 관련하여 분별하는 금지들보다 앞서 실존하지 않는다. 그래서 금지를 위반하면, 이에 따라 분별 규칙들 내지 분별 기능들이 없어져서, 인물들은 혼동되고 자아와 인물들은 동일시된다. 하지만 우리는 오이디푸스에 대해 이렇게 말해야만 한다. 그는 두 가지를, 즉 그가 정돈하는 분별들과 우리를 위협하는 미분화 둘 다를 창조하고 있다고 말이다. 바로 이 동일한 운동 속에서, 오이디푸스 콤플렉스는 욕망을 삼각형화 속에 도입하며 동시에 욕망이 삼각형화의 항들에 만족하지 못하게 금지한다. 오이디푸스 콤플렉스는 욕망에게 부모라는 분별된 인물을 대상으로 삼게 하고, 또 그것의 상관항인 자아가 이 인물들에 대한 자신의 욕망에 만족하지 못하게 금지한다. 이런 일은 분별이라는 동일한 요구의 이름으로, 미분화의 위협들을 휘두르면서 행해진다. 하지만 이 미분화를 그것이 창조하는 분별들의 이면으로 창조하는 것이 바로 오이디푸스 콤플렉스이다. 오이디푸스는 우리에게 말한다. 너는 배타적 분리들을 지휘하는 분별 기능들을 내재화하라, 그러면 너는 오이디푸스를 〈해결〉하리라, 그렇게 하지 않으면 너

94

는 상상적 동일시들의 신경증적 밤 속에 떨어지리라. 또는, 너는 세 항을 구조화하고 분별하는 삼각형의 선을 따르라, 그렇지 않으면, 너는 한 항이 다른 두 항과 관련해서 과잉인 양 그 항을 늘 작동할 것이요, 미분화 속에서의 동일시라는 이원적 관계를 모든 방향으로 재생산하리라. 하지만 어느 측면을 보더라도 그것은 오이디푸스이다. 그리고 정신분석이 오이디푸스를 해결한다고 부르는 것이 무슨 뜻인지는 온 세상이 다 안다. 그것은 바깥의 사회적 권위 속에서 오이디푸스를 더 잘 찾기 위해 오이디푸스를 내면화하고, 그럼으로써 오이디푸스를 아이들에게 이주시키고 이행시키는 것을 뜻한다. 〈아이는 오이디푸스 콤플렉스를 해결해야만 어른이 된다. 이 해결은 아이를 그가 처한 사회로, *권위*의 모습 속으로 안내하고, 오이디푸스 콤플렉스를 다시 살아야 한다는 의무 속으로 안내한다. 그런데 이번에는 모든 출구가 막혀 있다. 문화 상태에 앞서는 것으로의 불가능한 회귀와 문화 상태가 야기하는 커 가는 불안감 사이에서, 평형이 발견될 수 있는지는 확실하지 않다.〉[19] 오이디푸스는 미궁과 같다. 거기서 빠져나오면 반드시 그 속에 되들어간다(또는 누군가를 거기로 들어가게 한다). 문제로서의 오이디푸스 또는 해결로서의 오이디푸스는, 욕망적 생산 전체를 정지하면서 동여매는 끈의 양 끝이다. 암나사들은 단단히 죄어서, 더 이상 아무것도 생산될 수 없고, 단지 소음만 들릴 뿐이다. 무의식은 부서지고 삼각형화되며, 자신이 하지 않은 선택을 하게 된다. 모든 출구는 막혀 있다. 더 이상 분리들의 포괄적·무제한적 사용이 가능하지 않다. 무의식에 부모가 생긴 것이다!

---

19 A. Besançon, "Vers une histoire psychanalytique," *Annales*, 1969년 5월.

정신분석의 둘째 오류추리 — 오이디푸스의 *이중 구속*

베이트슨은 서로 모순인 두 질서의 메시지를 동시에 발신하는 것을 이중 구속(double bind)이라 부른다(가령 아버지가 자기 아들에게 이렇게 말한다. 자, 나를 비판해라. 하지만 아버지는 모든 실효적 비판, 적어도 어떤 종류의 비판은 환영받지 못하리라는 것을 은연중에 강하게 암시한다). 베이트슨은 여기에 특별히 분열증화하는 상황이 있음을 보고, 이 상황을 러셀의 유형 이론 관점에서 하나의 〈난센스〉라고 해석한다.[20] 우리에게는 오히려 이중 구속, 이중의 막다른 골목이 하나의 일상적 상황, 전형적인 오이디푸스화 상황으로 보인다. 이 상황을 정식화하게 되는 것을 무릅쓰고 말한다면, 이 상황은 다음과 같은 다른 종류의 러셀의 난센스를 보여 준다. 즉 하나의 양자택일, 하나의 배타적 분리가 하나의 원리와 관련해서 규정되지만, 이 원리 자체는 두 개의 항 내지 두 개의 부분집합을 구성하며 그 자신이 양자택일 속으로 들어간다(이것은 분리가 포괄적일 때 일어나는 것과는 전혀 다른 경우이다). 여기에 정신분석의 둘째 오류추리가 있다. 요컨대 〈이중 구속〉은 오이디푸스의 집합과 다를 바 없다. 오이디푸스는 하나의 계열로 제시되어야 한다는 것, 또는 신경증적 동일시와 이른바 규범적 내면화라는 두 극 사이에서 진동한다는 것은 바로 이런 의미에서이다. 이쪽이나 저쪽이나 모두 오이디푸스요, 이중의 막다른 골목이다. 여기서 분열자가 임상 존재로서 생산되는 것은, 그것이 이 이중의 길을 벗어나는 유일한 수단이기 때문이다. 이 길에서는 규범성도 신경증도 다 같이 출구가 없고, 문제도 해결도 다 같이 막혀 있다. 그리하여 그들은 기관 없는 몸으로 퇴각한다.

---

20 Gregory Bateson et coll., "Towards a Theory of Schizophrenia," *Behavioral Science*, Vol.1, 1956(Pierre Fédida의 주석들을 참조할 것. "Psychose et parente," *Critique*, oct, 1968).

오이디푸스는 매번 이긴다

　프로이트는 무의식을 이중의 막다른 골목에 몰아넣었는데, 그 자신은 오이디푸스가 이 막다른 골목들과 뗄 수 없음을 생생하게 의식하고 있었던 것 같다. 그래서 1936년 로맹 롤랑에게 보낸 편지에서 그는 이렇게 적고 있다. 〈마치 성공에서 중요한 점은 아버지보다 훨씬 더 멀리 가는 것인 양, 하지만 아버지를 능가하는 일은 언제나 금지된 것인 양, 모든 일이 일어나고 있습니다.〉 프로이트가 역사-신화 계열 전체를 설명할 때 이 점은 더 잘 보인다. 한쪽 끝에서 오이디푸스는 살해자와 동일시됨으로써 그 계열에 매이고, 다른 쪽 끝에서는 아버지의 권위를 회복하고 내면화함으로써 다시 그 계열에 매인다(〈새 면 위에서 옛 질서의 재건〉).[21] 이 두 끝 사이에 잠복기, 저 유명한 잠복기가 있는데, 필경 이것은 정신분석의 가장 큰 기만이다. 여기서 말하는 잠복기는, 범죄의 결실들을 스스로 금하고 필요한 모든 시간을 내면화하는 데 보내는 〈형제들〉로 구성된 사회이다. 하지만 우리는 다음과 같은 것을 알게 된다. 이 형제들의 사회는 그야말로 음침하고 불안정하고 위험하며, 부모의 권위의 등가물을 재발견할 준비를 해야 하며, 우리를 다른 극(極)으로 이행하게 해야 한다. 프로이트가 시사하는 바에 걸맞게, 미국 사회, 즉 경영의 익명성과 개인 권력의 소멸 등을 특징으로 하는 산업사회는 우리에게 〈아버지 없는 사회〉의 출현으로 제시되고 있다. 단, 이 사회는 부모의 등가물을 재건하기 위한 독창적인 양식들을 발견해야 할 것이다 ⁹⁶ (가령 무엇보다도 영국 왕실은 나쁜 것이 아니라는 (……) 미처리히의 놀라운 발견).[22] 따라서 사람들이 오이디푸스의 한 극(極)을 떠나는 것은 단지

---

21 Sigmund Freud, *Psychologie collective et analyse du moi*, 12장, B.
22 Alexander Mitscherlich, *Vers la société sans pères*, 1963, Paris : Gallimard, pp.327~330.((옮긴이) 독: pp.444ff. 영: pp.296ff.)

다른 극으로 옮겨 가기 위해서임이 분명하다. 신경증이건 규범성이건 오이디푸스에서 떠나가는 것은 아무 문제도 아니다. 형제들의 사회는 생산과 욕망 기계들에 관해 아무것도 찾아내지 못하며, 반대로 잠복이라는 장막을 친다. 이렇게든 저렇게든 어떤 식으로든 오이디푸스화되지 않는 사람들은, 정신분석가가 정신병원에 처넣거나 경찰을 부른다. "경찰은 우리 편이야!"라는 말은, 정신분석이 사회적 탄압의 운동을 뒷받침하고 온 힘을 다해 그 운동에 참가하려 했음을 가장 잘 보여 주었다. 여기서 우리가 정신분석의 실속 없는 양상들을 언급하고 있다고 생각하지 말기 바란다. 가장 유명한 협회들에서 군림하는 어조를 하찮게 생각해야 하는데, 그 까닭은 라캉 쪽에서 정신분석에 대해 새로운 견해를 만들어 냈기 때문은 아니다. 망델 박사, 스테판 박사 부부 같은 사람을 보라. 누군가가 오이디푸스의 덫에서 빠져나오려 하고 있다는 생각이 들 때 이들이 빠지는 격분 상태, 그리고 이들이 말 그대로 경찰을 불러들이는 것을 보라. 오이디푸스는, 아무도 믿지 않으면 않을수록 점점 더 위험해지는 그런 것들 중 하나다. 그렇기에 위대한 사제들을 대신해서 짭새들이 나타나는 것이다. 이런 의미에서, 이중 구속에 대한 분석의 최초의 깊은 사례는 맑스의 「유대인 문제」일 것이다. 가족과 국가 사이의, 가족의 권위인 오이디푸스와 사회의 권위인 오이디푸스 사이의 이중 구속이 거기서 깊이 분석되고 있다.

두 측면에서 무의식을 동여매는 것 말고는, 오이디푸스는 엄밀히 말해 아무 역할도 하지 않는다. 우리는 어떤 의미에서 오이디푸스가 엄밀히 말해 (수학 용어를 빌리자면) 〈진위를 결정할 수 없는〉 것인지 볼 것이다. 우리는 오이디푸스 때문에 건강이 좋다느니, 오이디푸스로 병들었느니, 오이디푸스 때문에 갖가지 병이 났느니 하는 이야기들에 아주 진저리가 난다. 때로 어떤 분석가가 정신분석의 여물통이요 땅굴인 이 신화에 싫증이 나서 그 원천으로 돌아가는 경우도 있다. 〈프로이트는 결국 아버지의 세계에서도, 죄책감에서도 (……) 빠져나오지 못했다. 하지만 그는 아버지와의 관계에 대한 논리를 구성할 가능성을 줌으로써 인간에 대한 아버지의 지배에서 해방의 길을 연 최초의 사람이다. 아버지의 법 너머에서, 모든 법 너머에서 살 수 있는 가능성은 아마도 프로이트의 정신분석이 가져온 가장 본질적인 가능성이다. 하지만 역설적으로, 또 아마도 프로이트 본인 때문에, 모든 것은 다음과 같은 것을 결론적으로 생각하게 한다. 정신분석이 허용한 이 해방은 정신분석 바깥에서 성취될 것이거나 또는 이미 성취되었다.)[23] 그렇지만 우리는 이 비관론이나 이 낙관론의 어느 편에도 가담할 수 없다. 사실 정신분석이 오이디푸스의 진정한 해결을 가능케 한다고 생각하는 많은 낙관론이 있다. "오이디푸스는 신과 같다. 아버지는 신과 같다. 문제라는 것은 문제와 해를 모두 없애 버릴 때에라야 해결된다." 분열-분석은 오이디푸스를 해결하겠다고 나서지 않으며, 오이디푸스적 정신분석보다 그것을 더 잘 해결할 수 있다고 자부하지 않는다. 그것은 무의식을 탈-오이디푸스화해서 진정한 문제들에 도달하려 한다. 그것은 고아인 무의식의 저 지역들, 바로 〈모든 법의 너머〉에 도달하려 한다. 거기서는 그 문제가 제기될 수도 없다. 이런 까닭에 우리는 이 변화, 이 해방이 정신분석 바깥에서만 성취될 수 있다고 믿는 데서 성립하는 비관론에 가담할 수도 없다. 이와 반대로 우리는 정신분석 기계를 혁명 장치의 불가결한 한 부품으로 만드는 내적 역전의 가능성을 믿는다. 게다가 이 가능성의 객관적 조건들은 현실적으로 주어져 있는 것 같다.

---

23 Marie-Claire Boons, "Le Meurtre du pére chez Freud," *L'Inconscient*, 5호, 1968년 1월, p.129.

　따라서 마치 오이디푸스가 스스로 두 극을 가진 듯 모든 일이 일어나고 있다. 동일시적·상상적 형상들이라는 극이 그 하나요, 분별적·상징적 기능들이라는 극이 다른 하나이다. 하지만 어떤 방식으로든 사람들은 오이디푸스화된다. 오이디푸스를 발작으로서 갖고 있지 않다면, 구조로서 갖고 있다. 이때 발작은 다른 것들로 전해지며, 그러면 오이디푸스가 다시 시작된다. 이와 같은 것이 오이디푸스적 분리이고, 진자운동이고, 배타적인 전도(顚倒)된 이성이다. 이런 까닭에 사람들이 우리에게 부모 이미지에 기초한 단순한 오이디푸스 이해를 넘어 상징적 기능들을 하나의 구조 속에서 규정하자고 권할 때, 그들은 전통적인 엄마-아빠를 어머니-기능, 아버지-기능으로 대체하는 쓸데없는 일을 하는 셈이다. 우리는 그들이 이를 통해 무엇을 얻었는지 잘 알지 못하며, 다만 그들이 이미지들의 가변성 너머에 오이디푸스의 보편성의 기초를 세우고, 욕망을 법과 금지령에 더 잘 용접하고, 무의식을 오이디푸스화하는 과정을 끝까지 밀고 나간다는 것을 알 뿐이다. 오이디푸스를 그 가변적 이미지들의 미분화된 가치로 향한다고 보느냐, 그렇지 않고 그 상징적 기능들의 분별 권력으로 향한다고 보느냐에 따라, 오이디푸스는 여기서 자신의 두 극단, 즉 자신의 최소치와 최대치를 발견한다. 〈사람들이 물질적 상상력에 근접할 때, 분별 기능은 감소되고 사람들은 등가물들로 향한다. 사람들이 형성적 요소들에 근접할 때, 분별 기능은 증대되고 사람들은 서로 구별되는 원자가들로 향한다.〉[24] 구조로서의 오이디푸스가 그리스도교의 삼위일체이며 발작으로서의 오이디푸스가 신앙에 의해 불충분하게 구조화된 가족 삼위일체라는 것을 알아도 우

98

---

24 Edmond Ortigues, *Le Discours et le symbole*, Paris: Aubier, 1962, p.197.

리는 별로 놀라지 않는다. 전도된 이성 속에는 항상 두 극이 있는 것이다. 오이디푸스여 영원하라!²⁵ 이 이중의 막다른 골목을 형성하고 또 닫아 버리고, 우리를 다시 아버지의 문제로 유인하고, 심지어 분열자를 오이디푸스화하기 위해, 그리고 상징계 속 구멍이 우리를 상상계와 관련시킨다는 점을, 거꾸로 상상계들의 과오들 내지 혼동들이 우리를 구조와 관련시킨다는 점을 밝히기 위해, 라캉주의의 얼마나 많은 해석들이, 공개적이건 은밀하게건 독실한 이 해석들이 구조적 오이디푸스를 원용했던가? 한 유명한 선배가 자기 동물들에게 말한 바 있는 것처럼, "당신들은 이미 그에 관한 상투적인 말들을 만들었다……." 이런 까닭에 우리로서는 발작-오이디푸스와 구조-오이디푸스 사이에, 또는 문제와 해결 사이에 그런 것과 마찬가지로, 상상계와 상징계 사이에 아무런 본성의 차이도, 아무런 경계선도, 아무런 극한도 지나가게 할 수 없었다. 서로 상관적인 이중의 막다른 골목, 즉 무의식 전체를 쓸어버리고, 끊임없이 한쪽 극과 다른 쪽 극을 관련시키는 임무를 띤 진자 운동이 문제일 뿐이다. 이중 집게가 자신의 배타적 분리 속에서 무의식을 부수 　99
고 있는 것이다.

　참된 본성의 차이는 상징계와 상상계 사이에 있는 것이 아니라, 기계적인 것이라는 현실적 요소와, 상상계와 상징계로 이루어진 구조적 집합 사이에 있다. 여기서 전자는 욕망적 생산을 구성하며, 후자는 오직 신화와 그 변이형들만을 형성한다. 차이는 오이디푸스의 두 가지 사

<hr />

25 J. M. Pohier, "La Paternité de Dieu," L'Inconscient, 5호 참조(이 논문은 오이디푸스를 *이중 구속*으로 완전히 정식화하고 있다. 〈인간의 정신생활은 오이디푸스 콤플렉스를 사는 두 방식 사이의 일종의 변증법적 긴장 속에서 펼쳐진다. 그 방식 중 하나는 오이디푸스를 직접 사는 데서 성립하며, 다른 하나는 오이디푸스적이라 불릴 수 있는 구조들을 따라 사는 데서 성립한다. 더구나 경험은 이 구조들이 이 콤플렉스의 가장 비판적인 국면에 낯설지 않음을 보여 준다. 프로이트에게, 인간은 결정적으로 이 콤플렉스의 표시를 지니고 있다. 이 콤플렉스는 인간의 비참함만큼이나 인간의 위대함을 만든다〉 등, pp.57~58).

용 사이에 있는 것이 아니라, 포괄적·무제한적 분리들의 비오이디푸스적 사용과 배타적 분리들의 오이디푸스적 사용 사이에 있다. 여기서 후자의 사용은 상상계의 길들 또는 상징계의 값들을 빌린다. 따라서 프로이트의 오이디푸스 신화에 대한 라캉의 다음과 같은 경고는 경청할 만했다. 〈비극의 의미가 더욱더 상실되어 가는 여러 형태의 사회에는 무한정 공연 포스터를 붙일 수 없다. (……) 어떤 의식(儀式)도 치르지 않는다면 신화는 존립하지 못한다. 그런데 정신분석은 오이디푸스 의식이 아니다.〉 그리고 이미지들에서 구조로 거슬러 올라가고, 상상적 형상들에서 상징적 기능들로 거슬러 올라가고, 아버지에서 법으로, 어머니에서 큰 *타자*로 거슬러 올라간다 해도, 사실상 물음은 그저 한 걸음 물러났을 뿐이다.[26] 사람들이 이러한 뒷걸음질에 보낸 시간을 살펴보려 하면, 라캉은 다시 이렇게 말한다. 형제들의 사회, 즉 형제애의 유일한 기초는 〈분리차별〉이다(이건 무슨 뜻인가?). 어쨌든 라캉이 방금 암나사를 풀어 놓고서, 그것을 다시 조인 것은 적절치 않았다. 또한 라캉이 방금 신경증까지도 분열증화해서, 정신분석장(場)을 전복할 수 있는 분열적 흐름을 통과하게 해 놓고는, 분열자를 오이디푸스화한 것은 적절치 않았다. 대상 a는 폭탄처럼 구조적 평형의 한가운데 침입한다, 즉 욕망 기계가. 라캉의 2세대 제자들이 뒤를 이었는데, 이들은 오이디푸스라는 사이비 문제에 대해서는 감각이 더 무뎠다. 그런데 1세대 제자들이 오이디푸스의 굴레를 다시 채우려고 했던 것은, 라캉이 기표 사슬들을 하나의 전제군주 기표에 계속해서 투사하여 모든 것을 하나의 결핍항에 매달리게 한 것 같다는 한에서 아닐까? 자기 자신을 저버리면서(manquant à lui-même) 욕망의 계열들에 결핍을 다시 도입해 이 계열들에 배타적 사용을 강요한 저 결핍항에. 오이디푸스를 신화라고 비난하

---

26 Lacan, *Ecrits*, p.813.

면서, 그러면서도 거세 콤플렉스는 신화가 아니라 오히려 반대로 현실
적인 어떤 것이었다고 주장하는 것은 과연 가능한 일일까(이것은 〈어쨌
건 정지해야 한다〉라는 아리스토텔레스의 외침, 프로이트의 저 아낭케, 저 *반석*
을 되풀이하는 것 아닐까)?

등록의 분리 종합

5 소비의 결합 종합

결합 종합의 두 가지 사용——분리차별적·일대일대응적 사용, 유목적·
다의적 사용

기관 없는 몸들과 내공들

우리는 셋째 종합, 즉 소비의 결합 종합에서, 어떻게 기관 없는 몸
이 정녕 하나의 알이었는지를 보았다. 축선들이 가로지르고 있고, 여
러 지대가 띠를 두르고 있으며, 마당들 또는 장(場)들이 자리 잡고 있
고, 기울기들로 측정되며, 퍼텐셜들이 주파하고 있고, 문턱들이 표시되
고 있는 하나의 알 말이다. 이런 의미에서 우리는 (약물들의 생화학과 연
관된) 분열증의 생화학이 가능하다고 믿는다. 이 생화학은 점점 더 이
알의 본성 및 장-기울기-문턱의 할당을 규정할 수 있게 될 것이다. 여
기서 중요한 것은 내공들의 관계인데, 이 관계를 통해 주체는 기관 없
는 몸 위를 가로지르고 그럼으로써 생성, 추락과 상승, 이주와 이동 등
을 겪는다. 랭이 분열증의 과정을 통과의례의 여행, 즉 *자아* 상실의 초
월론적 경험이라고 규정하는 것은 전적으로 옳다. 이 경험은 주체에게
이렇게 말하게 한다. 〈나는 삶의 최저 형식(기관 없는 몸)에서 출발하여

현재에 이르렀다〉, 〈나는 내 앞에서 엄청난 여행을 지켜봐 왔다, 아니 느껴 왔다.〉[27] 여기서 여행에 관해 말하는 것은 방금 전에 알에 관해, 또한 알 속과 알 위에서 일어나는 일에 관해 말한 것과 마찬가지로 은유가 아니다. 알 속과 알 위에서 일어나는 일은 형태 발생의 운동들, 세포 집단들의 이전들, 늘어남들, 접힘들, 이주들, 퍼텐셜들의 국지적 변주들이다. 내적 여행들과 외적 여행들을 대립할 일도 아니다. 렌츠의 산책, 니진스키의 산책, 베케트의 인물들의 산책들은 실효적 현실들이다. 하지만 여기서 물질의 현실계는 모든 외연을 떠나 있다. 마치 내면 여행이 모든 형식과 성질을 내버리기라도 한 것처럼. 그래서 이제는 밖에서나 안에서나 유목적 주체가 통과하는 내공들, 거의 감당할 수 없는, 서로 짝지어진 순수 내공들만이 눈에 띄게 된다. 이것은 환각적 경험도 망상적 사고도 아니며, 하나의 느낌, 즉 내공량의 소비로서의 감정들(émotions)과 느낌들의 계열이다. 이 감정들과 느낌들은 뒤이어 일어나는 환각들과 망상들의 재료를 형성한다. 내공적 감정, 즉 정감은 망상들과 환각들의 공통의 뿌리인 동시에 이것들의 분별의 원리이다. 또한 모든 것은 이 강렬한 생성들과 이행들과 이주들 속에서 뒤섞인다고 생각해도 좋다. 시간을 오르내리는 이 모든 표류가 그렇다. 즉 나라들, 인종들, 가족들, 부모의 명칭들, 신의 명칭들, 역사의 인명들, 지명들, 심지어 갖가지 사실들이 뒤섞여 있는 것이다. 나는 신이 된다, 나는 여자가 된다, 나는 잔 다르크였다, 나는 헬리오가발루스이다, 또한 그 위대한 몽골인, 한 중국인, 한 아메리카 인디언, 한 성당 기사이다, 나는 내 아버지였다, 나는 내 아들이었다(라고 나는 느낀다). 또한 모든 죄인, 죄인들의 전체 목록, 정직한 죄인들과 부정직한 죄인들이었다. 프로이트와 그

101

---

27 Ronald Laing, *La Politique de l'expérience*, 1967, Paris: Stock, p.106.((옮긴이) **영**: p.197. **독**: pp.141ff.)

소비의 결합 종합

의 오이디푸스보다 오히려 손디가 그렇다. 〈아마도 '버러지'가 되길 바람으로써 나는 마침내 '거인'이 될 것이다! 이렇게 되면 나는 '버러지'가 되기만 하면 된다. 나는 '그 아무개'가 되고자 노력함으로써 아마도 내가 되고 싶은 자가 될 것이다. 이렇게 되면 나는 '그 아무개'가 되기만 하면 된다.〉 그런데 모든 것이 이렇게 뒤섞인다면, 그것은 내공에서이다. 여기에 공간들과 형식들의 혼란은 없다. 왜냐하면 정확히 말하자면 공간들과 형식들은 새로운 질서, 즉 강렬한 내공적 질서를 위해 해체되었기 때문이다.

여행들, 이행들——나는 생성한다

이 질서는 무엇인가? 기관 없는 몸 위에 맨 먼저 할당되는 것은 인종들, 문화들, 신들이다. 분열자가 얼마만큼이나 역사를 만들었고 세계사를 환각하고 망상했으며 전 세계 인종들을 증식했는가 하는 점은 지금까지 충분히 주목되지 않았다. 모든 망상은 인종에 관한 것이다. 그렇다고 해서 꼭 인종주의를 뜻하는 것은 아니다. 이것은 기관 없는 몸의 지역들이 인종들과 문화들을 〈재현한다〉라는 말이 아니다. 충만한 몸은 숫제 아무것도 재현하지 않는다. 반대로 이 몸 위의 지역들, 즉 내공들의 지대들, 퍼텐셜들의 장들을 지시하는 것이 바로 인종들과 문화들이다. 이 장들 내부에서 개체화, 성 구별 등의 현상들이 생산된다. 한 장에서 다른 장으로 넘어가려면 문턱들을 넘어가야 한다. 사람들은 끊임없이 이주하고, 개체나 성을 바꾸기도 한다. 그리하여 떠남은 나고 죽는 일처럼 단순한 것이 된다. 인종들이 서로 싸우고 문명들을 파괴하는 일이 생긴다. 그 방식은 대이동 후 그들이 지나간 자리에 풀포기 하나 나지 않는 것과 같다. 앞으로 보겠지만, 이 파괴들은 아주 다른 두 방식으로 행해지기는 하지만 말이다. 한 문턱을 넘어서면 다른 쪽에 대

102

참사가 일어나는데, 어떻게 다른 식으로 할 수 있겠는가? 사람들이 살지 않게 된 곳들은 기관 없는 몸이 다시 삼켜 버린다. 우리는 잔혹극을, 우리 문화에 맞선 싸움, 〈인종들〉의 대결, 멕시코와 그 권력들 및 그 종교들을 향한 아르토의 대이동과 뗄 수 없다. 개체화가 생산되는 것은 오직 내공적 진동들에 의해 명백하게 규정된 힘들의 장에서이며, 이 장은 잔혹한 인물들을 오직 욕망 기계들의 유도 기관 내지 부품(즉 마네킹)으로서만 살아 움직이게 한다.[28] 지옥에서 보낸 한 철은 유럽의 가족들에 대한 고발, 충분히 빨리 왔다고는 할 수 없는 파괴들에 대한 호소, 갤리선을 젓는 죄수들에 대한 감탄, 역사의 문턱들의 강렬한 건너뜀, 저 굉장한 이주, 저 여자-생성, 저 스칸디나비아인과 몽골인-생성, 저 〈인종들과 대륙들의 이전〉, 환각은 물론 망상까지도 지배하는 저 날것 내공의 느낌, 그리고 특히 〈영원한 열등 인종〉이고자 하는 저 단호하고 집요한 물질적 의지 등과 어떻게 뗄 수 있으랴? 〈나는 명문가의 아들들을 모두 알고 있다, (……) 나는 결코 그런 축에 들지 않았다. 나는 한 번도 그리스도교인이 아니었다, (……) 그렇다, 나는 당신들의 빛에 눈이 감긴다. 나는 짐승, 검둥이이다…….〉

차라투스트라를 〈위대한 정치〉와 분리할 수 있을까? 그리고 니체로 하여금 "나는 독일인이 아니다, 나는 폴란드인이다"라고 말하게 한 인종들의 활성화와 분리할 수 있을까? 여기서도 개체화는 힘들의 복합체들 속에서만 이루어진다. 힘들의 복합체는 인물들을 한 〈죄인〉 속에 구현된 그 수만큼의 내공 상태들로 규정하며, 가족과 자아의 인공적 통일을 파괴함으로써 끊임없이 문턱을 넘어간다. 〈나는 프라도이다, 나는

---

28 잔혹극에서의 인종들과 내공들의 활동에 대해서는 cf. Antonin Artaud, *Œuvres complètes*, Paris: Gallimard, t. IV et V(가령 『멕시코 정복 계획』, IV, p.151, 그리고 『「쌍시 가(家)(Les Censi)」 속의 진동들의 역할과 내공들의 회전』, V, pp.46ff.). (옮긴이) 아르토의 「쌍시 가」의 영어본은 *The Cenci*, tr. Simon Watson Taylor, New York: Grove Press, 1970, pp.viiff.

소비의 결합 종합

프라도의 아버지이다, 나는 감히 내가 레셉스라고 말한다. 나는 사랑하는 파리 사람들에게 하나의 새 관념, 즉 정직한 죄인이라는 관념을 주려 했다. 나는 샴비주, 또 다른 정직한 죄인이다. (……) 내 겸손함을 난처하게 하는 불쾌한 일은, 근본적으로 역사의 이름 그 하나하나가 바로 나라는 점이다.〉[29] 그렇지만 광인이 〈자신을 ……라고 여긴다〉라는 식으로 사람들이 종종 잘못 말할 때처럼, 문제는 자신을 어떤 인물들과 동일시하는 것이 결코 아니다. 문제는 전혀 다른 어떤 것이다. 즉 인종들, 문화들, 신들을 기관 없는 몸 위의 내공장(場)들과 동일시하는 것이, 인물들을 이 장들을 채우고 있는 상태들, 즉 이 장들을 번개처럼 스치며 가로지르는 효과들과 동일시하는 것이 문제이다. 여기서 자신의 고유한 마술 속에서 행하는 이름들의 역할이 나온다. 재현의 무대 위에서 자신을 인종들·민족들·인물들과 동일시하는 하나의 자아는 없지만, 내공량들의 생산 속에서 인종들·민족들·인물들을 지역들·문턱들·효과들과 동일시하는 고유명사들은 있다. 고유명사들의 이론은 재현의 견지에서 착상되어서는 안 되며, 〈효과들〉의 부류에 관계된다. 효과들은 원인들에 단순히 의존하지 않고 한 영역을 채우며 기호 체계를 실효화한다. 이 점은 물리학에서 잘 볼 수 있다. 물리학에서 고유명사는 퍼텐셜들의 장에서의 그러한 효과들을 지시한다(줄 효과, 제베크 효과, 켈빈 효과). 역사에서도 물리학에서와 같은 일이 일어난다. 예컨대 잔 다르크 효과, 헬리오가발루스 효과 ── 역사의 모든 이름은 그러하지만, 아버지의 이름은 그렇지 않다…….

---

29 니체가 1889년 1월 5일에 부르크하르트에게 보낸 편지.

모든 망상은 사회적·역사적·정치적이다

　빈약한 현실, 현실의 상실, 삶과의 접촉 결핍, 즉 자폐증과 감정 상실에 관해, 사람들은 모든 것을 말했고, 분열자들도 모든 것을 말했다. 그러고는 대기 중이던 임상의 거푸집으로 금방 흘러들어 갔다. 검은 세계, 점점 커지는 사막. 이 사막에는 원자력 공장이 세워져, 고독한 기계가 백사장에서 윙윙거리고 있다. 그런데 기관 없는 몸이 바로 이 사막인 것은, 그것이 분열자가 조망하는 나눌 수 없고 분해할 수 없는 거리이기 때문이다. 분열자는 현실계가 생산되는 어디에나, 현실계가 생산되었고 또 생산될 어디에나 있기 위해 이 거리를 조망한다. 현실이 하나의 원리이기를 그쳤다는 것은 진실이다. 그런 [현실] 원리에 따르면, 현실계의 현실은 나눌 수 있는 추상량으로 정립되어 있는 반면, 현실계는 특화된 통일체들 속으로, 질적으로 상이한 형식들 속으로 할당되어 있다. 하지만 지금 현실계는 내공량들 속에 거리들을 감싸고 있는 하나의 생산물이다. 나눌 수 없는 것이 그 안에 감싸여 있는데, 나눌 수 없는 것이란 그것을 감싸고 있는 것이 본성이나 형식을 바꾸지 않고서는 나뉘지 않는다는 것을 뜻한다. 분열자에게는 원리들이 없다. 분열자는 어떤 다른 것일 때만 그 어떤 것이다. 그는 '버러지'여야만 '거인'이고, '그 아무개'여야만 '버러지'이다. 그가 소녀인 것은, 오직 소녀를 흉내 내고 소녀를 모의(模擬)하는 노인일 때이다. 또는 차라리, 한창 소녀를 모의하는 어떤 노인을 모의하는 그 누군가일 때이다. 또는 차라리, 어떤 사람을 모의할 때이다……. 이것은 이미 저 로마 황제들, 즉 수에토니우스가 전하는 열두 편집증자들의 전적으로 동방적인 절차였다. 자크 베스의 놀라운 저서 속에서 우리는 다시금 분열자의 이중 산책을 발견한다. 즉 분해할 수 없는 거리들을 따라가는 외적인 지리적 여행과 이 거리들을 감싸고 있는 내공들을 따라가는 내적인 역사적 여행을. 크

104

　　　　　　　　　　　　　　　　　소비의 결합 종합

리스토퍼 콜럼버스는 춤추는 창녀를 모의하는 (사이비) 제독을 모의함으로써만 자기 배의 승무원의 반란을 진정하고 다시 제독이 될 수 있었다.[30] 그런데 모의는 앞서 말한 동일시로 이해되어야 한다. 그것은 형식을 바꾸어야만 서로 나뉘는 내공들 속에 늘 감싸여 있는 분해할 수 없는 거리들을 표현한다. 동일시가 명명이요 지시(指示)라고 한다면, 모의는 이 명명에 대응하는 글, 심지어 현실계에서의 기이하게도 다의적인 글이다. 그것은 현실계를 그 원리에서 떼어 내어 현실계가 욕망 기계에 의해 실효적으로 생산되는 지점까지 데려간다. 이 지점에서는 복사는 복사이기를 그치고 *현실계* 및 그것의 책략(artifice)이 된다. 내공적 현실계를 그것이 자연과 역사의 공통 외연 속에서 생산되는 그대로 파악할 것, 로마제국, 멕시코 도시들, 희랍 신들, 발견된 대륙들을 파헤쳐서 거기서 늘 현실 이상인 것을 뽑아낼 것, 그리고 편집증적 고통과 독신의 영광 속에 있는 보물을 형성할 것. 역사상 모든 학살, 그것은 나다, 또한 모든 승리, 그것 또한 나다. 이는 마치 단순하고 일의적인 어떤 사건들이 이 극단적 다의성에서 뽑혀 나오기라도 한 것 같다. 클로솝스키의 공식을 따르면, 이와 같은 것이 분열자의 〈어릿광대짓〉이며, 잔혹극의 진정한 프로그램, 현실계를 생산하는 기계의 연출이다. 분열자는 삶과의 뭔지 모를 어떤 접촉을 상실하기는커녕, 오히려 현실의 고동치는 심장 가장 가까운 곳에, 현실계의 생산과 일체를 이루는 강렬한 지점에 있다. 이것은 라이히로 하여금 이렇게 말하도록 한다. 〈분열증의 특성을 이루는 것은 이 생명감 넘치는 요소의 경험이다. (……) 생명의 느낌에 관해 본다면, 신경증 및 변태 환자와 분열자의 관계는,

---

30 Jacques Besse, "Le Danseur," in *la Grande Pâque*, Paris: Belfond, 1969(이 책의 1부 전체는 도시에서 분열자의 산책을 묘사하고 있다. 2부 「광기와 전설들」은 역사적 에피소드들의 환각 내지 망상에서 시작하고 있다).

치사한 소매상과 위대한 탐험가의 관계와 같다.)[31] 그렇다면 다음과 같은 물음이 되돌아온다. 무엇이 분열자를 병원에 입원해 현실과 절단된 자폐증 환자의 모습으로 환원하는 걸까? 그것은 과정일까, 아니면 반대로 과정의 중단, 과정의 악화, 과정의 공전일까? 무엇이 분열자를 기관 없는 몸 위로 강제로 후퇴시켜 다시 귀머거리, 소경, 벙어리가 되게 하는 걸까?

사람들은 말한다. 그는 자신을 루이 17세로 여긴다고. 전혀 그렇지 않다. 루이 17세 사건에서, 또는 더 정확히 말해 가장 멋진 경우인 왕위 계승권 요구자 리슈몽의 경우에, 그 중심에는 하나의 욕망 기계 또는 독신 기계가 있다. 왕세자를 태워 도망가게 할, 다리가 짧은 말이 그것이다. 그 주위에는 온통 생산과 반생산의 담당자들이, 즉 도주의 조직자들, 공범자들, 동맹한 군주들, 혁명적인 적들, 적대적이고 질투하는 숙부들이 있다. 이들은 인물들이 아니라 왕위 계승권 요구자가 겪는 만큼 많은 높고 낮은 상태들이다. 게다가 왕위 계승권 요구자 리슈몽의 천재적 솜씨는, 그저 루이 17세를 〈해명하는 것〉도 아니고, 다른 왕위 계승권 요구자들을 해명하여 그들이 사이비라고 고발하는 것도 아니다. 그의 천재성은 다른 왕위 계승권 요구자들을 떠맡고 그들을 입증함으로써, 말하자면 그들도 역시 그가 지나온 상태들이라고 만듦으로써 그들을 해명하는 것이다. 나는 루이 17세이지만, 나는 또한 자신이 루이 17세라고 말했던 에르바고요, 마르튀랭 브뤼노이다.[32] 리슈몽은 자신을 루이 17세와 동일시하지 않는다. 그는 루이 17세를 해치우는 기계 주위에서 수렴하는 계열의 모든 독자성을 통과하는 자에게 돌아올

---

31 Wilhelm Reich, *La Fonction de l'orgasme*, 1942, Paris: L'Arche, p.62.((옮긴이) 독: p.59. 영: p.70) 자폐증 비판에 대해서는 Roger Gentis, *Les Murs de l'asile*, Paris: Maspero, 1970, pp.41ff.의 몇몇 쪽을 참고할 것.
32 Maurice Garçon, *Louis XVII ou la fausse énigme*, Paris: Hachette, 1968, p.177.

보상을 요구하고 있다. 중심에 〈나〉가 있는 것도 아니고, 주위에 인물들이 할당되어 있는 것도 아니다. 분리 그물 속에 있는 독자성들의 계열, 또는 결합 직조 속에 있는 내공 상태들의 계열, 그리고 모든 원 위에 있는 위치를 가로지르는 주체만이 있다. 이 주체는 모든 상태를 통과하며, 적들을 이기듯 어떤 상태에 대해 승리하며, 동맹자들을 만끽하듯 어떤 다른 상태를 만끽하며, 도처에서 자기 아바타들의 기만적 보상을 그러모은다. 특정한 상처, 게다가 불확실한 상처인 부분대상은, 왕위 계승권 요구자가 결핍하고 있는 어린 시절의 모든 추억보다 더 나은 증거이다. 여기서는 결합 종합이 이렇게 표현될 수 있다. 따라서 왕은 나다! 따라서 왕국은 내 차지이다! 하지만, 이 나는 원을 빙빙 돌고 그 진동들에서 귀결되는 잔여적 주체일 따름이다.

인종들

모든 망상은 세계사적·정치적·인종적 내용을 갖고 있다. 모든 망상은 인종들, 문화들, 대륙들, 왕국들을 혼합하고 끌어들인다. 이 긴 표류가 오이디푸스의 표류만을 구성하는지 물어보자. 가족 질서는 깨지고, 가족들은, 아들, 아버지, 어머니, 누이 할 것 없이 모두 거부당한다. 〈나는 인권선언을 전적으로 지키는 가족들을 내 가족으로 본다!〉, 〈만일 내가 가장 심각한 반대자를 찾는다면, 내 어머니와 누이가 언제나 그들이다. 내가 그런 독일 천민과 인척 관계임을 보는 것은 신성모독이었고, (……) 내 영원회귀 사상에 대한 가장 심각한 이의였다!〉 여기서 역사적-정치적, 인종적, 문화적인 것이 단순히 명시적 내용의 한 부분으로서 노작(勞作)에 형식적으로 의존하는지, 아니면 반대로 가족 질서가 우리에게 감추고 있는 잠복적인 것의 실마리로서 따라가야 하는 것인지 여부를 아는 것이 문제이다. 가족들과의 단절은 일종의 〈가족 소설〉, 즉 정확히 말해 여전히 우리를 가족들로 되돌려보내어, 가족 그 자체 안에서 하나의 사건 내지 구조적 규정을 조회하게 하는 〈가족 소설〉로 여겨져야 할까? 또는 이 단절은 문제가 전혀 달리 제기되어야 한다는 기호일까? 분열자는 자신을 가족 밖에 두고 있으니 말이다. 〈역사의 이름들〉은 아버지의 이름에서 파생된 것일까? 또한 인종들, 문화들, 대륙들은 아빠-엄마의 대체물이요, 오이디푸스 계보학의 의존물들일까? 역사는 죽은 아버지를 기표로 갖고 있을까? 다시 한 번 법원장 슈레버의 망상을 고려해 보자. 물론 인종들이 사용되고, 역사라는 개념이 있고 역사가 동원되고 있지만, 여기서는 앞서 우리가 언급한 저자들과는 전혀 다른 방식으로 이런 일이 행해지고 있다. 남은 문제는 슈레버의 회상록이 신에게 선택된 민족에 관한 이론들과, 현재 선택받은 민족인 독일인들이 유대인들, 가톨릭들, 슬라브인들의 위협을 받으며 직면하고 있는 위험들로 가득 차 있다는 점이다. 슈레버는 그의 변신들과 강렬한 이행들 속에서 제수이트의 제자가 되고, 독일인들이 슬라브인들에 맞서 싸우는 도시의 시장이 되고, 프랑스인들에 맞서 알자스를 지키는 소녀가 된다. 마침내 그는 아리아인의 기울기 내지 문턱을 넘어서 몽골의 군주가 된다. 이와 같은 제자-생성, 시장-생성, 소녀-생성, 몽골인-생성은 무엇을 의미할까? 이러한 역사적, 지리적, 인종적인 것들을 엄청난 양으로 동원하지 않는 편집증적 망상은 하나도 없다. 이로부터, 가령 파시스트들이 단순한 편집증자라고 결론을 내리는 것은 잘못이리라. 이런 결론이 잘못인 까닭은, 그 상태만 보면 그런 결론은 망상의 역사적·정치적 내용을 가족 내적 규정으로 돌려보낼 것이기 때문이다. 우리가 더욱 골치 아프게 보는 점은, 이 막대한 내용이 프로이트가 행한 분석에서는 온통 사라진다는 것이다. 아무 흔적도 남아 있지 않고, 모든 것이 오이디푸스 속에서 분쇄되고, 가루가 되고, 삼각형화된다. 모든 것이 아버지로 복귀해서, 오이디푸스적 정신분석의

소비의 결합 종합

불충분함을 가장 노골적으로 드러내고 있다.

동일시가 의미하는 것

모 마노니가 보고하고 있는, 특히 아주 정치적인 성격을 띤 편집증적 망상을 고찰해 보자. 그 예가 아주 놀라운 것이니만큼, 우리는 모 마노니의 작품과 그것이 제도적 문제들과 반정신의학적 문제들을 제기하는 솜씨에 경탄해 마지않는다. 자, 여기 마르티니크 섬에서 온 한 사내가 있다. 그는 망상 속에서 자신을 아랍인들 및 알제리 전쟁과 관련시키고, 백인들 및 1968년 5월 사건과 관련시키고, ……하는 식으로 행동한다. 〈나는 알제리 문제 때문에 병들었다. 나는 그들과 똑같이 어리석은 짓을 했다(성적 쾌락). 그들은 나를 같은 인종의 형제로 대했다. 내 몸에는 몽골인의 피가 흐른다. 알제리인들은 내가 뭐든 실현할 때마다 나를 반박했다. 나는 인종차별적 관념을 갖고 있었다. (……) 나는 갈리아 왕조의 후손이다. 이런 자격으로 나는 귀족 신분이다. (……) 내 이름을 확정받되, 학문적으로 확정받으면 좋겠다. 그렇게 하면 나는 후궁을 거느릴 수 있을 텐데.〉 그런데 모 마노니는, 정신병 속에 〈반항〉과 〈모두를 위한 진실〉의 성격이 함축되어 있음을 아주 잘 알고 있어서, 환자 자신이 표명하는 인종차별적, 정치적, 형이상학적 주제들을 위해 가족 관계들이 폭파되기 시작하는 것은 모태로서의 가족 구조 안에서부터라고 주장한다. 따라서 이 기원은 상징적 공백 속에서, 또는 〈아버지의 기표의 최초의 폐제〉 속에서 발견된다. 학문적으로 확정해야 할, 그리고 역사에 종종 출몰하는 그 이름은 단지 아버지의 이름일 뿐이다. 다른 경우와 마찬가지로 이 경우에도, 라캉의 폐제라는 개념을 사용하면 반역자를 강제로 오이디푸스화하는 쪽으로 흐른다. 오이디푸스의 부재는 아버지 측의 결핍, 즉 구조 속의 구멍으로 해석된다. 그다음, 이 결핍

108

의 이름으로 우리는 오이디푸스의 다른 극, 즉 모태의 미분화에서의 상상적 동일시라는 극으로 내몰린다. 이중 구속의 법은 가차 없이 기능한다. 이 법은, 상징계 속에서 폐제되는 것은 환각 형태로 현실계 속에 다시 나타나야만 한다는 의미에서, 우리를 한 극에서 다른 극으로 되던진다. 하지만 이렇게 오이디푸스에 의존하면, 즉 오이디푸스화를 위해 환자에게 〈결핍〉되어 있는 것에 의존하면, 역사적-정치적 테마 전체가 상상적 동일시들의 집합으로 해석된다.[33] 분명, 가족 규정들 내지 미규정들이 뭔가 역할이 있는지 여부를 아는 것은 중요하지 않다. 그것들이 뭔가 역할을 한다는 점은 분명하다. 그런데 그 역할은 역사적 망상의 떠다니는 내용들이 상상적 거울의 파편들처럼 나오게 하는 상징적 조직자(또는 파괴자)라는 주도적 역할일까? 아버지의 공백, 어머니와 누이의 암적 발전, 이런 것들은 바로 분열자를 억지로 강요해서 오이디푸스에게 되돌려보내는 분열자의 삼위일체 공식일까? 하지만 우리가 앞에서 본 바와 같이, 분열증에서 제기되지 않은 문제가 있다면, 그것은 동일시의 문제이다……. 따라서 치료가 오이디푸스화라면, 〈치료를 원치 않는〉, 또 정신분석가를 가족과 나아가 경찰과 한통속으로 여기는 환자의 경련을 이해할 수 있다. 분열자는 오이디푸스를 결핍하고 있기 때문에, 오이디푸스 속의 어떤 것을 〈결핍〉하고 있기 때문에 병들고 현실에서 단절되었을까? 아니면 반대로, 그가 병든 것은 그가 견딜 수 없는, 그리

33 Maud Mannoni, *Le Psychiatre, son fou et la psychanalyse*, Paris: Seuil, 1970, pp.104~107.((옮긴이) 독: pp.106ff.) 〈오이디푸스적 인물들이 여기에 있지만, 변환들의 놀이가 행해지면 공백 같은 것이 있게 된다. (……) 거부된 것으로 나타나는 것은 모두 남근과 아버지에 관계되는 것이다. (……) 조르주가 자기를 욕망하는 자로 파악하려 할 때마다, 그는 동일성의 해체라는 형식으로 돌려보내진다. 그는 어머니의 이미지에 사로잡힌 하나의 타자이다. (……) 그는 어머니의 모습에 사로잡혀 있는 상상적 정립의 덫에 언제까지나 걸려 있다. 이 장소로부터 그는 자기를 오이디푸스 삼각형 속에 자리 잡게 한다. 이 장소는 불가능한 동일시의 과정을 의미하며, 또 언제나 순전히 상상적인 변증법의 방식으로 이 파트너 내지 저 파트너를 파괴함을 의미한다.〉

소비의 결합 종합

고 모두가 덩달아 그에게 덮어씌우는 오이디푸스화(정신분석에 앞선 사회적 탄압) 때문일까?

정신분석은 사회-정치적 내용들을 어떻게 제압할까?

분열증의 알은 생물학의 알과 같다. 이것들은 비슷한 역사를 갖고 있다. 이것들에 대한 인식은 똑같은 난점들과 똑같은 가상들에 부딪쳐 왔다. 사람들은 처음에는, 알의 발달과 분화에 있어, 진정한 〈조직자들〉이 부분들의 운명을 결정한다고 믿었다. 하지만 한편으로 온갖 종류의 다양한 실체들이 관찰되는 자극과 똑같은 작용을 하고, 다른 한편으로 알의 부분들이 자극을 피해 가는 특유한 능력 내지 잠재력을 갖고 있다는 것이 알려졌다(이식 실험). 이런 점으로부터, 자극은 조직자가 아니라 단순한 유도자라는 생각이, 즉 극단적으로는 어떤 본성을 가져도 상관없는 유도자라는 생각이 생겼다. 온갖 종류의 실체들과 질료들은, 파괴되고 끓이고 분쇄되어도, 같은 결과를 가져왔다. 가상을 가능케 했던 것은 발달의 시작들이었다. 가령 세포 분할에서 볼 수 있는 것 같은 시작의 단순성은 유도되는 것과 유도자 사이에 일종의 부합이 있다고 믿게 할 수 있었다. 하지만 우리는 어떤 사물을 그 시작에 의해 판단할 때 언제나 잘못 판단한다는 것을 잘 알고 있다. 왜냐하면 그런 경우 그 사물이 나타나려면 반드시 구조적 상태들을 흉내 내고, 자신의 가면으로 사용되는 힘들의 상태들 속으로 흘러가야 하기 때문이다. 더욱이 시작에서부터 그 사물은 가면을 아주 다르게 사용하며, 이미 그 가면 아래서, 그 가면을 가로질러, 최종 형식들과 특유한 상위 상태들을 투자하여 궁극적으로는 이것들 자체를 정립하게 된다는 점을 우리는 알 수 있다. 이와 같은 것이 오이디푸스의 역사이다. 부모라는 인물은 결코 조직자가 아니다. 오히려 부모는 자극에 대한 일종의 무관심을 부여받은

168

완전히 다른 본성을 가진 과정들을 촉발하는, 어떤 값을 가져도 상관없는 유도자 내지 자극이다. 아마도 시작(?)에서는 오이디푸스적 유도자인 자극이 진정한 조직자라고 믿을 수도 있겠다. 하지만 믿는다는 것은 의식 내지 전의식의 조작이요, 외부에서 비롯되는 지각이지, 무의식의 자기 자신에 대한 어떤 조작이 아니다. 아이의 삶의 시작부터 이미 문제 되는 것은, 오이디푸스의 가면을 가로질러 꿰뚫는 전혀 다른 하나의 기획이고, 그 가면의 모든 구멍을 가로질러 흐르는 하나의 다른 흐름이며, 하나의 다른 모험, 즉 욕망적 생산의 모험이다. 그런데 정신분석이 어떤 점에서 이것을 알지 못했다고는 말할 수 없다. 본원적 환상, 태곳적 유전의 흔적들, 초자아의 내적 발생의 원천들에 관한 이론에서 프로이트는, 능동적 요인은 현실적 부모도 아니고 심지어 아이가 상상하는 부모도 아니라고 줄곧 단언한다. 상상계와 상징계의 구별을 다시 취하고, 아버지의 이름을 이마고와 대립시키고, 기표에 관련되는 폐제를 아버지라는 인물의 현실적 부재 내지 결여와 대립시킬 때, 라캉의 제자들도 마찬가지이며 더더욱 그렇다. 부모의 모습이 모종의 유도자이고, 진정한 조직자는 다른 곳에, 즉 유도자 쪽이 아니라 유도되는 것 쪽에 있다는 것은 아주 분명하다. 하지만 바로 여기서 생물학적 알의 경우와 똑같은 문제가 시작된다. 왜냐하면 이런 조건에서는, 전성설(前成設)이라는 계통발생적 생득성의 형식으로건, 조숙과 연결된 문화적·상징적 선험(a priori)의 형식으로건, 〈토양〉이란 관념을 다시 도입하는 것 외에는 다른 돌파구가 없지 않겠는가? 더 나쁜 것은, 그러한 선험을 도입한다 해도 정신분석 전체를 무겁게 누르는 가장 좁은 의미의 가족주의에서 절대로 빠져나올 수 없다는 것이 명백하다는 점이다. 오히려 가족주의에 빠져 이것을 일반화하기까지 한다. 부모는 무의식 속의 참된 제자리에, 즉 모종의 유도자 자리에 놓였지만, 조직자의 역할은 여전히 상징적 또는 구조적 요소들에, 즉 여전히 가족의 요소들 및 가족의 오이

110

디푸스적 모태의 요소들에 계속해서 맡겨져 있다. 한 번 더, 사람들은
가족에서 빠져나오지 못한다. 가족을 초월적인 것이 되게 하는 수단을
발견했을 따름이다.

고질적인 가족주의

이것이야말로 정신분석의 치료 불가능한 가족주의이다. 가족주의는
무의식을 오이디푸스의 틀에 가두고, 여기저기를 동여매고, 욕망적 생
산을 으깨 버리고, 환자에게 아빠-엄마라고 답하게 하고 언제나 아빠-
엄마를 소비하게 한다. 따라서 푸코가 이렇게 말한 것은 전적으로 옳았
다. 19세기의 수용소 정신의학이 피넬과 튜크와 더불어 계획했던 것을
정신분석은 어느 모로는 성취했다. 그 계획이란 이런 것들이다. ① 광
기를 부모 콤플렉스에 용접하고 〈가족의 반(半)현실적, 반(半)상상적 변
증법에 묶는 것.〉 ② 부르주아사회와 그 가치들의 육중한 거대 구조들,
즉 *가족과 아이들, 잘못과 징벌, 광기와 무질서*가 상징화되는 소우주를
구성하는 것. ③ 양 끝에 오이디푸스를 놓고, 탈소외도 소외와 똑같은
길을 걸어가게 하고, 그리하여 의사의 도덕적 권위를 *아버지*와 *재판관,
가족*과 법으로 정초하는 것. 끝으로 ④ 다음과 같은 패러독스에, 즉 〈정
신병자는 담당 의사라는 현실적 인물 속에서 전적으로 소외되는 반면,
의사는 정신병의 현실을 광기라는 비판적 개념 속으로 흩어 버린다〉라
는 패러독스에 도달하는 것.[34] 참으로 빛나는 문장이다. 다만 다음과 같

111

---

34 Michel Foucault, *Historie de la folie*, Paris: Plon, 1961, pp.607ff.((옮긴이) 독:
pp.534ff. 영: p.254, p.274, pp.276~278. 한: pp.775~777) 〈그리고 19세기 정신의학
전체가 실질적으로 프로이트에게 수렴되는 것은 이러한 범위 내에서이다. 최초로 그는 의
사-환자라는 짝패의 현실을 진지하게 받아들였다. (……) 피넬과 튜크가 수용을 통해 정비
한 모든 구조를 프로이트는 의사 쪽으로 넘어가게 했다. 그는 환자의 "해방자들"이 환자를 소
외했던 그러한 보호소 생활에서 환자를 그야말로 구출했지만, 그러한 생활에 스며들어 있던

은 것을 덧붙이기로 하자. 프로이트의 정신분석은 병을 환자 내부의 가족 콤플렉스로 감쌈으로써, 그다음엔 이 가족 콤플렉스 자체를 전이 또는 환자-의사의 관계로 감쌈으로써, 가족을 어떤 점에서는 내공적으로 사용하고 있었다. 물론, 이런 내공적 사용은 무의식 안에 있는 내공량들의 본성을 왜곡하는 것이었다. 하지만 그 사용은 부분적으로는 이 내공량들의 생산이라는 일반적 원리를 아직 존중하고 있었다. 이와 반대로, 그 사용이 다시 정신병과 대결해야만 하게 되었을 때, 갑자기 가족은 외연을 지니면서 다시 펼쳐졌고, 그 자체로 소외와 탈소외의 힘들의 등급을 측정하는 잣대로 여겨졌다. 그리하여 분열자의 가족에 대한 연구는, 오이디푸스로 하여금 전개된 가족의 외연적 질서를 지배하게 함으로써, 오이디푸스를 다시 살아나게 했다. 이 질서 속에서 각 개인은 자신의 삼각형을 타인들의 삼각형과 어떻게든 조합했으며, 그뿐만 아니라 확장된 가족의 집합은 두 극(極) 사이에서, 즉 구조화하고 서로를 분별하는 〈건강한〉 삼각형화라는 극과 미분화 속에서 서로를 융합하는 변태적 삼각형들의 형식들이라는 극 사이에서 왔다 갔다 하게 되었다.

가족과 사회장

자크 오슈망은 똑같은 〈융합형 기본전제〉를 갖고 정신병 가족의 몇몇 흥미로운 변이형들을 분석한다. ① 고유한 의미의 융합형 가

근본적인 것에서 환자를 구해 내지는 못했고, 환자에 대한 권력을 통합하고 최대로 확대하여 의사의 수중으로 몽땅 넘겼으며, 의사 안에서 정신이상이 주체로 탈바꿈하기 때문에 기막힌 접속 회로를 통해 정신이상이 정신이상의 극복 수단이 되도록 하는 정신분석 상황을 만들어 냈다. 의사는 개인의 자주성을 박탈하는 형상으로서 여전히 정신분석의 열쇠이다. 정신분석이 비이성의 목소리를 들을 수도, 정신이상자의 징후를 그 자체로 해독할 수도 없을 뿐만 아니라 앞으로도 그럴 수 없게 되는 것은 어쩌면 정신분석이 이러한 궁극적 구조를 제거하지 않았고 다른 모든 구조를 이 구조로 귀결시켰기 때문일 것이다. 정신분석은 광기의 형식들 가운데 몇 가지를 밝힐 수는 있지만, 여전히 비이성의 지고한 작업과는 무관하다.〉

소비의 결합 종합

족 ─ 여기서는 오직 안과 밖(가족이 아닌 사람들) 사이에만 구별이 존재
한다. ② 분파형 가족 ─ 이 가족은 자기 안에 블록들, 파벌들 또는 동
맹들을 설립한다. ③ 관(管)형 가족 ─ 여기서는 삼각형이 무한히 배
가되며, 핵가족의 경계가 분간되지는 않지만 각 구성원은 타인들의 삼
각형과 서로 맞물려 있는 자신의 삼각형을 갖고 있다. ④ 폐제형 가
족 ─ 여기서 구별은, 제거되고 말살되고 폐제된 그 한 구성원에게 포
함된 동시에 그로부터 쫓겨난 것으로서 존재한다.35 폐제 같은 개념이,
여러 세대, 적어도 세 세대가 정신병자 한 명을 만들어 내는 조건을 형
성하는 가족의 외연적 틀 속에서 기능한다는 것은 이해할 수 있는 일이
다. 가령 어머니가 자기 아버지와 불화를 겪으면, 이번엔 아들이 자기
어머니에 대해 〈욕망을 일으킬〉 수조차 없다. 이로부터 다음과 같은 이
상한 생각이 나온다. 정신병자가 오이디푸스에서 빠져나온다면, 이는
오직 정신병자가 조부모를 포함하는 외연의 장에서 제곱이 되기 때문
이다. 치료의 문제는 미적분학 연산과 아주 가까워진다. 이 연산은 원
함수들을 찾아내고 특징적 삼각형, 즉 핵심 삼각형을 복원하기 위해 차
수(次數)를 줄여 가면서 진행된다. 여기에는 언제나 신성한 삼위일체,
셋으로 된 상황으로의 접근 등이 있다. 가족이 소외와 탈소외의 고유한
권력들을 지니게 되는 외연을 가진 이 가족주의는, 정신분석 용어를 형
식적으로 보존하고는 있으나 성욕에 관한 정신분석의 기본 입장들을
포기하게 한다는 점은 분명하다. 가족들의 분류학을 위해 진정 퇴행이
있는 것이다. 이는 공동체 정신의학의 시도들 또는 이른바 가족 정신요
법의 시도들에서 잘 볼 수 있다. 이 시도들은 실제로는 기존 정신병원
을 부수지만, 여전히 그것의 모든 전제를 간직하며, 근본적으로는 오슈

---

35 Jacques Hochmann, *Pour une psychiatrie communautaire*, Paris: Seuil, 1971, 4장
(및 "Le postulat fusionel," *Information psychiatrique*, 1969년 9월).

망이 제안한 다음 슬로건을 따르면서 19세기 정신의학과 다시 관계를 맺는다. 〈가족에서 병원 제도로, 병원 제도에서 가족 제도로, (……) 치료를 가족에게 돌려주라!〉

하지만, 한편으로 제도 분석이라는 다른 한편으로 반정신의학이라는 진보적 내지 혁명적 분야에서도, 확장된 오이디푸스라는 이중의 막다른 골목에 순응하는, 외연을 지닌 이 가족주의의 위험이 존속하는데, 이런 사정은 병인(病因)이 되는 가족들 자체의 진단에서나 치료를 위한 사이비-가족의 구성에서나 마찬가지이다. 가족적·사회적 적응 내지 통합의 틀들을 재-형성하는 것이 문제가 아니라 능동적 집단들의 본래 형식들을 설립하는 것이 문제라고 했을진대, 제기되는 물음은 이 기초 집단들이 어느 지점까지 인공적 가족들을 닮았는지, 어느 지점까지 여전히 오이디푸스화에 동참하는지를 아는 것이다. 이 물음들은 장 우리에 의해 깊게 분석되었다. 이 물음들은 혁명적 정신의학이 공동체적 적응이라는 이상들과 단절하려 해도 소용없고, 모 마노니가 적응의 경찰이라 부르는 모든 것과 단절하려 해도 소용없음을 보여 준다. 혁명적 정신의학 역시도 여전히 매 순간, 결함이 있다면 금방 진단되어 말끔히 복원되는 구조적 오이디푸스의 틀로 — 즉 계속해서 욕망적 생산의 목을 조르고 욕망적 생산의 문제들을 질식시키는 신성한 삼위일체로 — 떠밀려 날 위험에 처해 있으니 말이다. 정치적, 문화적, 세계사적, 인종적 내용은 오이디푸스의 맷돌 속에 으깨진 채로 있다. 이것은 가족이 하나의 모태로, 더 잘 말하자면, 하나의 소우주로, 하나의 표현적 환경(milieu)으로 고집스레 다뤄지기 때문이다. 이 표현적 환경은 그 자체로는 타당하지만, 제아무리 소외시키는 힘들의 작용을 표현해도 욕망의 기계들 속에 있는 생산이라는 진정한 범주들을 압살함으로써 저 힘들을 〈중재(médiatiser)〉한다. 우리가 보기에는 이런 관점이 쿠퍼에게마저 남아 있는 것 같다(이 점에 관해 랭은 동방에서 온 흐름에 의지한 덕에

113

소비의 결합 종합

가족주의에서 더 잘 벗어나 있다). 쿠퍼는 말한다. 〈가족들은 사회 현실과 자기 아이들을 매개한다(mediate). 문제가 되는 사회 현실이 소외된 사회 형식들로 가득 차 있다 해도, 이 소외는 아이들 각각에게는 중재될 (mediated) 것이고 가족 관계에서의 이상한 일로 경험될 것이다. (……) 가령 아이는 자기 정신이 전기기계나 외계인들에 의해 통제되고 있다고 말할 수도 있다. 하지만 이런 구조물들은 대체로 가족의 과정이 구체화된 것들이며, 이 과정은 겉으로는 실체가 있는 현실처럼 보이지만, 정신병에 걸린 구성원의 정신을 글자 그대로 지배하는 가족 구성원들의 실천 행동의 소외된 형식이 아닌 다른 어떤 것도 아니다. 이 은유적 우주인들은 이른바 정신병 환자와 아침 식사의 식탁에 둘러앉아 있는 글자 그대로의 어머니요 아버지요 형제자매이다.〉[36] 반정신의학은 사회적 소외와 정신적 소외가 궁극적으로는 본성상 동일하다는 본질적 테제를 제기하는데, 이 테제마저도 가족주의의 거부가 아니라 가족주의의 유지와 관련해서 이해해야만 한다. 왜냐하면 소우주-가족, 사회지표-가족이 사회적 소외를 표현하는 한, 이 가족이 그 가족 구성원들 또는 정신병에 걸린 가족 구성원의 정신 속에 정신적 소외를 〈조직한다〉고 여겨지기 때문이다(또 모든 구성원 중에 〈누가 진짜 정신병자일까?〉).

베르그손은 소우주-대우주 관계라는 일반적인 착상 속에 우리가 꼭 돌아봐야 할 하나의 신중한 혁명을 도입했다. 생물과 소우주를 비슷하다고 보는 일은 고대의 흔해 빠진 생각이다. 그런데 생물이 세계를 닮았다면, 그것은 본성적으로 닫힌 고립된 체계이거나 그런 체계를 향하기 때문이라고 흔히들 말해 왔다. 따라서 소우주와 대우주의 비교는 두 개의 닫힌 형상, 그중 하나가 다른 것을 표현하고 다른 것 속에 자신을

---

36 David Cooper, *Psychiatrie et antipsychiatrie*, 1967, Paris: Seuil, p.64(강조는 DG).((옮긴이) 염: p.44. 독: pp.51ff. 강조된 부분의 métaphoriques는 영어 원본에는 metaphysical로 되어 있는데, 여기서는 DG를 따라 옮겼다.)

기입하는 두 형상의 비교였다. 『창조적 진화』의 첫머리에서 베르그손은 이 둘을 모두 열어 놓음으로써 비교의 범위를 온통 바꾼다. 생물이 세계를 닮았다면, 이는 반대로 생물이 세계의 열림에 대해 자신을 여는 한에서이다. 또한 생물이 하나의 전체라면, 이는 전체가, 생물의 전체와 마찬가지로 세계의 전체가, 환원 불가능하며 닫혀 있지 않은 시간의 차원에서, 언제나 자신을 만들고 자기를 생산하거나 진보하고, 자신을 기입하는 한에서이다. 우리는 가족-사회의 관계도 이와 같다고 믿는다. 오이디푸스 삼각형이란 없다. 오이디푸스는 열린 사회장 안에서 늘 열려 있다. 오이디푸스는 사방으로, 사회장의 네 구석으로 열려 있다(3+1도 아니고 4+n). 잘못 닫힌 삼각형, 구멍 숭숭 물 새는 삼각형, 다른 곳으로 욕망의 흐름들이 빠져나가는 폭파된 삼각형. 사이비 삼각형의 꼭짓점들에서, 엄마가 선교사와 춤을 추고, 아빠가 세리에게 남색을 당하고, 내가 백인에게 매 맞는 것을 알아차리기 위해 식민지인들의 꿈을 기다려야만 했다는 것은 이상한 일이다. 부모 형상들과 다른 본성을 지닌 담당자들의 이런 짝짓기, 이 둘의 씨름꾼처럼 얽힘, 바로 이것이 삼각형이 닫히고 그 자체로 타당해져서 무의식 그 자체 안에서 문제가 되는 이 담당자들을 표현 내지 재현하는 척하지 못하도록 방해한다. 파농은 어머니의 죽음과 연관된 박해 망상 정신병의 증례에 직면하여, 우선 〈프로이트가 『애도와 멜랑콜리』에서 기술한 것과 같은 무의식적 죄책감의 콤플렉스가 현존하는지〉 자문한다. 그러나 파농은 이내 환자의 어머니가 프랑스 군인에게 살해당했다는 것, 또 환자 자신이 식민 통치자의 아내를 죽였는데, 배를 갈라 죽인 이 여자의 망령이 줄곧 어머니를 떠올리게 하고 이 회상을 갈가리 찢게 되었다는 것을 깨닫는다.[37] 언제나 이렇게 말할 수 있다. 전쟁의 외상, 식민 상태, 극심한 사회적 비참 등의 극한상황들은 오이디푸스의 건설에 거의 도움이 되지 않는다고. 또한 바로 그렇기 때문에 극한 상황들은 정신병의 진전 또는 폭발을 돕

115

소비의 결합 종합

는다고. 그러나 우리는 문제가 다른 데 있다고 강하게 느낀다. 왜냐하면 오이디푸스화된 주체들을 공급하려면 부르주아 가족의 어떤 안락함이 있어야 한다고 흔히들 고백한다는 점은 별도로 하더라도, 정상적 또는 규범적이라고 상정된 하나의 오이디푸스의 안락한 조건들 속에 현실적으로 투자된 것을 아는 문제는 언제나 더 멀리 밀려나고 있으니 말이다.

욕망적 생산과 사회적 생산의 투자

혁명적인 자는 "오이디푸스, 그 따위는 몰라"라고 말할 수 있는 첫 번째 사람이다. 왜냐하면 서로 분리된 파편들은 역사장·사회장의 모든 구석에 달라붙어 있기 때문이다. 이 장은 싸움터이지 부르주아 극장의 무대가 아니다. 정신분석가들이 울부짖는다면 사태는 더 나빠진다. 그런데 파농이 지적한 바에 따르면, 동란의 시기에는 능동적 투사(鬪士)들에 대해서만이 아니라, 중립적인 사람들과 사건 바깥에 머물며 정치에 휘말리지 않으려는 사람들에 대해서도 시대가 효과를 미친다. 겉으로는 평화롭게 보이는 시기에 대해서도 같은 말을 할 수 있다. 아이의 무의식이 아빠-엄마만 안다고 믿는 것, 또 아이의 무의식이 아버지가 아버지의 아버지가 아닌 우두머리를 갖고 있다거나 아버지 자신이 아버지가 아닌 우두머리라는 것 등을 〈자기 식으로〉만 안다고 믿는 것은 기괴한 착오이다. 그래서 우리는 모든 경우에 대해 다음과 같은 규칙을 세운다. 아버지와 어머니는 파편으로만 존재하며, 무의식을 재현하는 동시에 집단의 갖가지 담당자들을 재현할 수 있는 하나의 형상 및

---

37 Franz Fanon, *Les Damnés de la terre*, Paris: Maspero, 1961, p.199.((옮긴이) 독: pp.200ff. 영: p.262)

구조 속에서 조직되는 일이 절대로 없으며, 다만 항상 폭발하여 파편들이 되어 육탄전에서처럼 이 담당자들과 접촉하고 대결하고, 적대하거나 화해한다. 아버지, 어머니, 나는 역사적·정치적 상황의 요소들, 즉 병사, 경찰관, 점령자, 협력자, 반체제 인사 또는 레지스탕스, 우두머리, 우두머리의 아내와 얽혀 있고 직접 결부되어 있다. 이들은 줄곧 모든 삼각형화를 깨부수고, 상황 전체가 가족 콤플렉스로 복귀해서 그 속에서 내면화하는 것을 방해한다. 요컨대 결코 가족은, 설사 더 큰 집단 속에 기입되어 이것을 격하하고 이것을 표현한다 해도, 자율적 형상이란 의미에서는 하나의 소우주가 아니다. 가족은 그 본성상 중심을 떠나 있고, 중심을 잃고 있다. 융합형, 분열형, 관(管)형, 폐제형 가족에 관한 논의가 있다. 그런데 바로 가족을 하나의 〈내부〉이게 하는 것을 방해하는 절단들과 이것들의 분배는 어디서 올까? 아메리카에서 온 삼촌, 망나니가 된 형, 어떤 군인과 함께 떠난 숙모, 파산했거나 공황의 여파로 실직한 사촌 형, 무정부주의자인 할아버지, 미쳤거나 노망들어 입원한 할머니가 늘 있다. 가족은 이 절단들을 낳지는 않는다. 가족들은 가족적이지 않은 절단들에 의해 절단된다. 파리 코뮌, 드레퓌스사건, 종교와 무신론, 스페인내전, 파시즘의 대두, 스탈린주의, 베트남전쟁, 1968년 5월…… 이런 것들이 모두 무의식의 콤플렉스들을 형성하는데, 이것들은 늙어 빠진 오이디푸스보다 더 큰 영향들을 끼친다. 따라서 바로 무의식이 문제이다. 구조들이 있다면, 그것들은 정신 속에, 무의식의 결핍들, 이행들, 절합들을 분배하는 환상적인 남근의 보호 아래 있지 않다. 그것들은 불가능한 직접적 현실계 속에 실존한다. 곰브로비치가 말하고 있는 바와 같이, 구조주의자들은 〈그들의 구조들을 문화 속에서 찾고 있지만, 나는 직접적 현실 속에서 찾는다. 내가 사물을 보는 방식은 당시의 사건들, 즉 히틀러주의, 스탈린주의, 파시즘…… 등과 직접 관계하는 것이다. 나는 인간들 사이의 영역에서 생겨 그때까지 존경

소비의 결합 종합

받아 왔던 모든 것을 파괴한 기괴하고 무서운 형식들에 마음이 사로잡혔다.)[38]

희랍 연구가들은 유서 깊은 오이디푸스 속에서조차도 이미 〈정치적인 것〉이 중요했다는 점을 상기시키는데, 이는 옳은 일이다. 다만 이 점에서부터 리비도는 따라서 오이디푸스와 아무 관계도 없다고 결론지은 것은 이들의 잘못이다. 실상은 이와 정반대이다. 오이디푸스의 흩어진 요소들을 가로질러, 또 바로 이 요소들이 결코 자율적·표현적 정신 구조를 형성하지 않는 한에서, 리비도가 투자하는 것은 가족 바깥과 가족 아래의 저 절단들, 즉 욕망적 생산과 관련된 사회적 생산의 저 형식들이다. 따라서 분열-분석은 정치적·사회적 정신분석임을, 하나의 전투적 정신분석임을 숨기지 않는다. 분열-분석이 오이디푸스를 문화 속에서, 지금까지 유통되어 온 우스꽝스러운 조건들에서, 일반화해 와서가 아니다. 오히려 정반대로, 분열-분석은 사회적·역사적 생산의 무의식적·리비도적 투자가 실존함을, 이것과 공존하는 의식적 투자와는 분명히 다른 채로 실존함을 밝히려 하기 때문이다. 프루스트는, 자신은 내면파 작품을 만들기는커녕 〈의도적으로〉 표현적인 작품들 속에서 사회적인 것과 정치적인 것을 묘사하는 데 그치는 민중예술이나 프롤레타리아 예술의 옹호자들보다 더 멀리 갔다고 말하는데, 이는 조금도 틀린 말이 아니다. 프루스트는 제 나름대로, 드레퓌스사건과 그에 이은 1차 세계대전이 가족들을 재절단하고 거기에 새 절단들과 새 연결들을 도입해서 결국은 (가령 게르망트 집안의 해체된 환경 속에서) 이성애 및 동성애의 리비도를 개조하는 데 이른 방식에 흥미가 있었다. 여러 무의식적 형식으로 사회장을 투자하고, 그럼으로써 역사 전체를 환각하고, 문명들과 대륙들과 인종들을 망상하고, 세계의 생성을 강렬하게

---

38 Witold Gombrowicz, *L'Herne*, 14호, p.230.

〈느끼는〉 일이 리비도에 속한다. 중국인, 아랍인, 흑인이 편집증자 백인의 머리에 떠올라 그의 밤을 교란하지 않고서는, 기표 사슬은 없다. 분열-분석은 직접적인 생산적 무의식에 도달하기 위해, 언제나 인공적이고, 탄압적이면서 억압되고, 가족에 의해 매개된 오이디푸스적인 표현적 무의식을 파괴하려 한다. 그렇다, 가족은 하나의 자극이다. 하지만 가족은 어떤 가치를 지닌 자극이요, 조직하는 것도 조직을 파괴하는 것도 아닌 하나의 유도자이다. 반응에 관해 보자면, 그것은 언제나 다른 데서 온다. 만일 언어활동이란 것이 있다면, 그것은 반응 쪽에 있지 자극 쪽에 있지 않다. 오이디푸스적 정신분석조차도, 실효적인 부모 이미지들이 별것 아니라는 점과 이 이미지들이 일으키는 자극으로 반응이 환원될 수 없다는 것을 잘 알고 있었다. 하지만 정신분석은 반응을 생산 따위의 무의식적 체계 속에서 해석하는 대신, 여전히 가족적인 표현적 상징주의에서 출발하여 이해하는 데 그치고 있다(분석적 경제학).

어린 시절부터   118

  가족주의의 주된 논변은 〈적어도 처음에는 ……이다〉라는 것이다. 이 논변은 명시적으로 정식화될 수 있다. 하지만 그것은 또한 발생의 관점을 거부하는 이론들 속에도 은연중에 존속하고 있다. 적어도 처음에는 무의식이 현실계, 상상계, 상징계가 뒤섞인 가족 관계들과 가족 성좌들 속에서 표현되리라는 것이다. 사회적·형이상학적 관계들은 나중에, 마치 하나의 너머처럼 출현하리라는 것이다. 그런데 처음은 언제나 쌍으로 진행되기에(이것이 바로 거기서 벗어나지 못하게 하는 조건이다) 전-오이디푸스적인 첫 번째 처음, 즉 어머니와의 관계에서의 〈인물의 가장 미숙한 단계들의 원초적 미분화〉를 끌어대고, 그다음 두 번째 처

소비의 결합 종합

음, 즉 아버지의 법을 지닌 오이디푸스 자신과 그 법이 가족 한가운데 처방하는 배타적 분별들을 끌어댄다. 끝으로 잠복기, 저 유명한 잠복기를 끌어대는데, 이것 다음에, 너머가 시작된다. 하지만 이 너머는 다른 사람들(도래할 아이들)에게 같은 길을 다시 걸어가게 하기 위한 것이기에, 또한 첫 번째 처음을 〈전-오이디푸스〉라 말하는 것은 이미 그것이 좌표축으로서의 오이디푸스에 속해 있음을 표시하기 위해서일 뿐이기에, 아주 분명한 것은 오이디푸스의 두 끝은 쉽게 닫혀 버렸다는 점, 너머나 나중은 오이디푸스와 관련해서, 오이디푸스와의 관계에서, 오이디푸스의 틀 안에서 늘 해석되리라는 점이다. 신경증자의 어린 시절 요인들과 현행 요인들의 역할을 비교하는 논의들이 증언하듯이, 모든 것은 오이디푸스로 복귀한다. 〈현행〉 요인이 나중이라는 이런 형식으로 착상되는 한, 어떻게 사태가 달라질 수 있으랴? 하지만 진실로 우리는, 현행 요인들이 어린 시절부터 있고, 그것들이 가족 속에 도입하는 단절들 및 연결들과 관련하여 리비도 투자들을 규정한다는 것을 알고 있다. 가족 식구들의 머리 위에는, 또는 아래에는, 아이의 경험 속에서 그 본성의 동일함과 그 체제의 차이가 체험되는 욕망적 생산과 사회적 생산이 있다. 어린 시절에 관한 다음 세 권의 위대한 책들을 고찰해 보기 바란다. 쥘 발레스의 『아이』, 다리앵의 『마음을 낮게』, 셀린의 『저당 잡힌 죽음』. 이 책들에서 보게 되는 것은, 빵, 돈, 집, 사회적 승진, 부르주아 가치들과 프롤레타리아 가치들, 부유함과 가난, 압제와 반항, 사회 계급들, 정치적 사건들, 형이상학적·집단적 문제들, "숨 쉰다는 것은 무엇일까?", "왜 가난할까?", "왜 부자들이 있을까?" 등이, 그 속에서 부모는 생산 또는 반생산의 특수한 담당자 노릇을 하고 있을 뿐, 아이의 천국과 지옥에서 부모가 언제나 다른 담당자들과 맞서 싸우며 실랑이하면 할수록 어떻게 그만큼 덜 표현되는 투자들의 대상이 되는가이다. 그리고 아이는 "왜?"라고 묻는다. 쥐 인간은 자신의 강박의 현행 요인을 구성하고 있는 부유한 여자와 가난한 여자를 투자하기 위해 어른이 되기를 기다리지 않는다. 유아성욕의 실존이 부정되는 것은 내놓고 말할 수 없는 이유들 때문이지만, 유아성욕이 엄마를 욕망하고 아버지의 자리를 바라는 데 환원되는 것 또한 내놓고 말하기 힘든 이유들 때문이다. "유아성욕의 오이디푸스적 성격을 인정할래?" 아니면 "성욕의 정립 전체를 포기할래?"라는 양자택일은 프로이트의 공갈이다. 하지만, 초월적 남근의 그림자 아래서도 〈기의〉의 무의식적 효과들이 사회장의 규정들의 집합 위에 정립되지는 않는다. 이와 반대로, 이 규정들의 리비도 투자가 욕망적 생산 속에서 그 특수한 사용을 고정하며, 또한 욕망적 생산과 비교된 사회적 생산 체제에서 욕망의 상태와 욕망의 탄압 상태, 담당자들의 분배 및 성욕의 오이디푸스화 정도가 나온다. 라캉은 과학의 위기들 및 단절들과 관련해서, 때로 광기에까지 이르는 학자의 드라마가 있다는 것을 잘 말하고 있다. 이 학자는 〈오이디푸스를 문제 삼지 않았다면〉, 결과적으로, 〈자신이 여기서 오이디푸스에 말려들지 않았을 텐데.〉[39] 각각의 아이는 이런 의미에서 작은 학자요, 작은 칸토어이다. 따라서 연령의 흐름을 아무리 거슬러 올라가도 소용없다. 자율적인, 표현적인 또는 기표의 가족적 질서에 붙들려 있는 아이란 절대로 찾아볼 수 없다. 놀 때나 먹을 때나, 가만히 있거나 생각에 잠기거나, 젖먹이도 이미 현실의 욕망적 생산에 말려들어 가 있다. 이 생산에서는 부모가, 모든 면에서 그들을 넘어서는, 그리고 욕망을 역사적·사회적 현실에 직접 관계시키는 하나의 진행의 흐름 속에서, 부분대상, 증인, 보고자, 담당자의 역할을 맡고 있다. 사실 전-오이디푸스는 없으며, 오이디푸스를 그 가장 어린 나이까지 거슬러 가야 하되, 무의식의 탄압 차원에서 그

120

---

39 Lacan, *Ecrits*, p.870(〈쥐 인간〉에게 부유한 여자와 가난한 여자의 특유한 역할에 관해서는 「신경증자의 개인적 신화」, C.D.U. 속 라캉의 분석들을 참조할 것. 이 논문은 *Ecrits*에 다시 수록되어 있지 않다).

럴 수 있을 뿐이다. 생산 차원에서는 모든 것이 무오이디푸스적이라 함
은 어디까지나 진실이다. 비-오이디푸스적인 것이 있음도 사실이다. 무
오이디푸스적인 것은 오이디푸스와 똑같이 일찍 시작되고, 똑같이 오
래 지속되는데, 오이디푸스와는 리듬, 체제, 차원을 달리하며, 무의식의
종합들을 달리 사용한다. 이 종합들의 사용은 무의식의 자기-생산을 돕
는데, 이것은 고아-무의식, 놀이꾼 무의식, 명상적·사회적 무의식이다.

정신분석의 셋째 오류추리 —— 일대일대응적 〈적용〉으로서의 오이디푸스

오이디푸스 조작은, 한쪽엔 사회적 생산, 재생산, 반생산의 담당자
들, 다른 쪽엔 이른바 자연적·가족적 재생산의 담당자들 사이에 일대
일대응 관계들의 집합을 세우는 데서 성립한다. 이 조작은 적용이라고
불린다. 모든 것은 마치 책상보가 접혀, 그 네(+n) 모퉁이가 세(3+1, 접
기를 조작하는 초월적 요인을 가리키기 위해) 모퉁이에 접히는 양 진행된
다. 이로써, 도처에서 아버지, 어머니, 나를 재발견하는 등가성의 체계에
서, 집단 담당자들은 부모 형상들의 파생물 내지 대체물로 억지로 해석
된다(그런데 체계의 집합을 초월적 항, 즉 남근에 의존하게 함으로써 체계의 집
합을 고찰한다 해도, 난점은 뒤로 미뤄질 따름이다). 여기에 결합 종합의 잘
못된 사용이 있는데, 이 사용은 〈따라서 이것은 네 아버지였어, 따라서
이것은 네 어머니였어……〉라고 말하게 한다. 그것(ça) 전부가 아버지
와 어머니였음을 단지 나중에 발견한다는 점은 조금도 놀라운 일이 아닌
데, 왜냐하면 처음부터 그것은 그러했고, 다만 뒤이어(ensuite)와 관련해
서 나중에 재발견될 테지만, 뒤이어 잊히고-억압됐다고 상정되었으니
말이다.* 이로부터 일대일대응, 말하자면 두 절합 사이의 상징적 관계를
위해 다의적 현실계의 으뜸을 잘 나타내는 마술적 공식인 〈따라서 이것
이 의미하려던 것은 저것이었다〉가 나온다. 적용에 의해 모든 것을 오

이디푸스로 돌려보낼수록 그만큼 확실하게, 모든 것은 설명에 의해 오이디푸스에서 출발한다. 역사적 내지 선사적 기원으로건 구조적 정초로건, 오이디푸스는 단지 외견상으로만 처음이다. 그것은 전적으로 이데올로기적 처음이요, 이데올로기를 위한 것이다. 오이디푸스는 언제나 단지 사회구성체에 의해 구성된 출발 집합에 대응하는 도달 집합일 뿐이다. 거기서는 모든 것이 적용되는데, 여기서 적용이라는 말을 쓰는 까닭은 사회적 생산의 담당자들과 관계들, 그리고 이것들에 대응하는 리비도 투자들이 가족적 재생산의 형상들로 복귀한다는 의미에서이다. 출발 집합에는 사회구성체, 아니 차라리 여러 사회구성체들이 있다. 인종들, 계급들, 대륙들, 민족들, 왕국들, 주권들이. 잔 다르크, 위대한 몽골인, 루터, 아즈텍족의 뱀이. 도달 집합에는 단지 아빠, 엄마, 나만 있다. 따라서 욕망적 생산에 대해서와 마찬가지로 오이디푸스에 대해서도 "그것은 끝에 있지 처음에 있지 않다"라고 말해야 한다. 하지만 그 둘이 결코 똑같은 방식으로 그렇게 있는 것은 아니다. 우리가 앞서 본 바와 같이, 욕망적 생산은 사회적 생산의 극한이고, 자본주의 구성체 안에서 늘 방해를 받고 있다. 탈영토화된 사회체의 극한에 있는 기관 없는 몸, 도시의 성문들에 있는 사막……. 하지만 긴급하고 본질적인 점은, 그 극한이 이전되고, 무해한 것이 되어, 사회구성체 자체의 내부로 이행하고 있거나 이행하고 있는 듯하다는 점이다. 분열증 또는 욕망적 생산은 욕망의 그램분자적 조직과 욕망의 분자적 다양체 사이의 극한이다. 탈영토화의 이 경계는 이제 그램분자적 조직의 내부로 옮겨 가서 억지로

---

* 여기서 영역자는 DG의 프랑스어에서 정신분석의 논리에 대한 패러디를 즐길 수 있으리라 지적한다. 프랑스어 원문은 이렇다. "Et qu'on découvre seulement par après que tout ça c'était le père et la mère, n'a rien d'étonnant, puisqu'on suppose que ça l'est dès le début, mais que c'est ensuite oublié-refoulé, quitte à le retrouver après par rapport à l'ensuite."

소비의 결합 종합

'순종하며 영토성에 적용됨이 틀림없다. 이때 우리는 오이디푸스가 무엇을 의미하는지 예감한다. 오이디푸스는 극한을 이전하고, 극한을 내부화한다. 자폐증에 걸리지 않은 성공한 한 명의 분열자보다는 차라리 신경증자들이여. 군집성의 비할 데 없는 도구인 오이디푸스는 유럽인의 유순하고 사적인 궁극의 영토성이다(더욱이, 이전되고 쫓겨난 극한이 오이디푸스 내부로, 오이디푸스의 두 극 사이로 이동한다).

역사에서 정신분석의 수치

역사와 정치에서 정신분석의 수치에 대해 한마디 하겠다. 그 절차는 잘 알려져 있다. *위인*과 *군중*을 등장시키는 것이다. 역사는 이 두 존재물, 이 두 꼭두각시, 즉 위대한 *갑각류*와 미친 *무척추동물*로 되어 있다고 주장된다. 오이디푸스가 처음에 놓인다. 한쪽에는 오이디푸스적으로 규정된 위인이 있다. 따라서 그는 아버지를 죽였다. 이 살인은, 아버지를 죽이고 어머니와 동일시되기 위해서건, 아버지를 내면화하고 아버지 자리에 들어앉거나 아버지와 화해하기 위해서건, 끝나는 법이 없다(자세히 말하면, 이 살인에는 많은 이본이 있어, 각각에 대응하는 신경증자의 해법, 정신병자의 해법, 변태의 해법, 또는 〈정상인〉의 해법인 승화의 해법 등이 있다). 어쨌든, 위인은 이미 위대한데, 왜냐하면 그는 선이건 악이건 오이디푸스적 갈등에 대한 어떤 근원적 해법을 찾아냈기 때문이다. 히틀러는 아버지를 죽이고 나쁜 어머니의 힘들을 자기 속에 풀어놓으며, 루터는 아버지를 내면화하고 초자아와의 타협을 확립한다. 다른 한쪽에는 군중이 있는데, 군중 역시 2차적인 부모 이미지, 즉 집단의 부모라는 이미지에 의해, 오이디푸스적으로 규정되어 있다. 따라서 루터와 16세기 그리스도교도의 만남, 히틀러와 독일 국민의 만남이 대응 관계 속에서 이루어질 수 있는데, 이 대응은 반드시 동일함을 내포하지는 않는다(히틀러는 〈동성애적 수혈〉을 통해 여성 군중에 대해 아버지 역할을 하며, 루터는 그리스도교도의 신에 대해 여성 역할을 한다). 물론 역사가의 정당한 분노에 맞서 변호하기 위해, 정신분석가는 자신은 특정 차원만을 문제 삼으며, 〈다른〉 원인들도 고려해야 하지만, 자신으로서도 모든 걸할 수는 없다고 정확히 밝힌다. 다른 점에서 보면, 정신분석가는 다른 원인들도 제법 충분히 검토하여 우리에게 미리 맛보게 해 준다. 정신분석가는 한 시기의 제도들(16세기의 로마교회, 20세기의 자본주의 권력)을 고려한다. 이것이 다만 거기서 아버지와 어머니를 연상시켜 (……) 더 새로운 차원의 부모 이미지들을 보기 위한 것이기는 해도, 또한 부모 이미지들은 위인과 군중의 행동 속에서 분해되어 달리 재편되기는 해도 말이다. 이 책들의 논조가 정통 프로이트파의 것인지, 문화주의적 프로이트파의 것인지, 원형적 프로이트파의 것인지는 전혀 중요하지 않다. 이런 책들은 구역질 난다. 이런 책들이 정신분석의 먼 과거에속한다고 말하면서 물리치지 않기 바란다. 우리 시대에도 이런 책들이쏟아져 나오고 있다, 그것도 많이. 오이디푸스의 경솔한 사용이 문제라고 말하지도 말기 바란다. 오이디푸스를 어떻게 달리 사용할 수 있으랴? 〈정신분석 적용〉이라는 애매한 차원은 더 이상 문제가 아니다. 왜냐하면 말의 엄격한 의미에서, 오이디푸스 전체가, 오이디푸스 그 자체가 이미 하나의 적용이기 때문이다. 그래서 가장 우수한 정신분석가들이 역사적-정치적 적용들을 스스로 금할 때, 사태가 호전된다고 말할수 없다. 왜냐하면 이들은 환원 불가능한 〈견딜 수 없는 진실〉의 장소라고 제시된 거세라는 바위에 틀어박혀 있기 때문이다. 이들은 남근 중심주의에 갇혀 있다. 이 남근 중심주의 때문에, 이들은 꼼짝없이 정신분석 활동을 언제나 가족이라는 소우주 속에서 전개되어야 할 것으로여겨야만 하게 되며, 사회장에 대한 리비도의 직접 투자들을 〈융합하는꿈〉, 〈일자로 회귀하는 환상〉 따위는 고발해야만 하는 오이디푸스의 단

소비의 결합 종합

순한 상상적 종속물들로 다뤄야만 하게 된다. 이들은 말한다, 사회 역시도 삼각형이며 상징계임을 잊지 않고 있는 우리 정신분석가들에게, 거세는 바로 우리를 정치적인 것과 분리하는 것이요, 우리의 독창성을 이루는 것이다!

분리차별과 유목

오이디푸스가 복귀 내지 적용에 의해 얻어진다는 것이 진실이라면, 오이디푸스 자신은 사회장의 리비도 투자의 특정 유형을, 사회장의 생산과 형성의 특정 유형을 전제하고 있다. 개인 환상이 없는 것처럼 개인적 오이디푸스도 없다. 오이디푸스는, 그를 한 세대에서 다른 세대로 이행시키는 자신의 고유한 재생산의 적용된 형식으로, 또 미리 조정된 막다른 골목들에서 욕망을 차단하는 자신의 부적응적·신경증적 정체(停滯)들 속에서 집단으로의 통합 수단이다. 오이디푸스는 또한 예속 집단들 속에서 꽃피는데, 여기서는 기성 질서가 그것의 탄압적 형식들 자체 속에서 투자되어 있다. 그리고 예속 집단의 형식들이 오이디푸스적 투사들과 동일시들에 의존하고 있는 것이 아니다. 오히려 정반대이다. 오이디푸스적 적용들이 출발 집합으로서 예속 집단의 규정들과, 이 규정들의 리비도 투자에 의존하고 있는 것이다(열세 살 때부터 나는 일했고, 사회의 계단을 올라 승진했으며, 착취자들 편에 붙었다……). 따라서 무의식 속에서의 결합 종합들의 분리차별적 사용이 있다. 이 사용은 지배계급에게 봉사하는 비길 데 없는 무기이긴 하지만, 계급들의 구별들과 일치하지는 않는다. 바로 이 분리차별적 사용이 〈우리 편이어서 좋다〉라는 느낌, 바깥의 적들의 위협을 받고 있는 우등 인종에 속해 있다는 느낌을 구성한다. 이렇게 해서 개척자들의 *작은 백인* 아들, 자기네 조상의 승리를 기념하는 아일랜드 프로테스탄트, 주인 인종이라는 파시스트가 생겨난다. 오이디푸스는 이러한 민족주의적·종교적·인종주의적 느낌에 의존하지, 그 반대가 아니다. 아버지가 우두머리 속에 투사되는 것이 아니라, 우두머리가 아버지에게 적용된다. 우리에게 〈너는 네 아버지를 넘어서지 못하리라〉라고 말하기 위해서건, 우리에게 〈너는 네 아버지를 넘어서서 네 조상을 되찾으리라〉라고 말하기 위해서건 말이다. 라캉은 오이디푸스와 분리차별의 연줄을 깊이 있게 밝혔다. 그렇지만 그것은 분리차별이, 일단 아버지가 죽은 후 형제들의 우애 밑에 깔려 있는, 오이디푸스의 귀결이라는 의미에서가 아니다. 반대로, 사회장이 하나의 거대한 의고주의 — 즉 인종을 인물 내지 정령으로 육화하는 것 — 를 전제함으로써만 가족적 연줄로 복귀하는 한에서, 분리차별적 사용은 오이디푸스의 조건이다. 그렇다, 나는 당신들과 하나이다…….

124

이것은 이데올로기의 문제가 아니다. 사회장의 무의식적 리비도 투자가 있는데, 이것은 전의식적 투자들 또는 전의식적 투자들〈이어야 마땅한〉 것과 공존하기는 하지만 꼭 일치하는 건 아니다. 바로 이런 까닭에 개인이건 집단이건 주체들이 자기 계급의 이해관계에 명백히 어긋나게 행동할 때, 또 그들의 객관적 상황으로 보아 투쟁해야 마땅한 계급적 이해관계와 이상들에 찬동할 때, "그들은 속았다, 대중은 속았다"라고 말하는 것으로는 충분치 않다. 그것은 이데올로기의 문제, 오해와 가상의 문제가 아니다. 그것은 욕망의 문제이며, 욕망은 하부구조의 일부이다. 전의식적 투자들은 적대계급들의 이해관계에 따라 행해지고 있거나 행해져야 한다. 하지만 무의식적 투자들은 욕망의 정립들과 종합의 사용들에 따라 행해지며, 이것들은 개인이건 집단이건 욕망하는 주체의 이해관계와는 아주 다르다. 사회장이 바로 이해관계가 아니라 욕망에 의해 투자되는 한, 무의식적 투자들은 절단들과 분리차별들을 사회장 속으로 지나가게 함으로써 지배계급에 대한 일반적 복종을 확보할

소비의 결합 종합

수 있다. 사회적 생산과 반생산의 형식은 그 경제·금융 메커니즘들, 그 정치 구성체들 등과 함께, 전체로건 부분으로건, 욕망하는 주체의 이해 관계와 독립해서 바로 그런 형식으로 욕망될 수 있다. 히틀러가 파시스트들을 단결시킨 것은 은유에 의해서가 아니며, 심지어 아버지 은유에 의해서도 아니다. 은행이나 주식거래, 유가증권, 배당권, 신용이 은행가도 아닌 사람들을 단결시킨 것은 은유에 의해서가 아니다. 그럼 싹트는 돈, 즉 돈을 생산하는 돈에 의해서일까? 무의식의 진정한 콤플렉스들이자, 그 위계의 위에서 아래로 쾌감을 전달하는, 경제적-사회적 〈복합체들〉이 있다. 이데올로기, 오이디푸스, 남근은 여기서 아무 일도 하지 않는다. 왜냐하면 이것들은 원리에 속하지 않고 원리에 의존하기 때문이다. 중요한 것은 흐름들, 재고들, 흐름의 절단들과 유동들이다. 무엇인가가 흐르고 흘러가는 곳이면 어디에나 욕망이 있다. 이 욕망은 이해관계를 지닌 주체들뿐 아니라 취해 있거나 잠든 주체들까지도 죽음의 하구로 몰고 간다.

따라서 분열-분석의 목적은 다음과 같다. 경제적인 것과 정치적인 것의 리비도 투자들의 특유한 본성을 분석하는 것, 이를 통해 어떻게 욕망이 욕망하는 주체 속에서 자기 자신의 탄압을 욕망하게끔 규정될 수 있는가를 밝히는 것(여기에서부터 욕망과 사회적인 것의 접목에서 죽음 충동의 역할이 나온다). 이 모든 것은 이데올로기에서가 아니라 이데올로기 밑에서 벌어진다. 파시스트적 내지 반동적 유형의 무의식적 투자는 의식적인 혁명적 투자와 공존할 수 있다. 거꾸로, 혁명적 투자는, 욕망의 층위에서, 의식적 이해관계에 합치하는 반동적 투자와 (드물지만) 공존할 수 있다. 어쨌건 의식적 투자와 무의식적 투자는, 일치하고 중첩될 때조차도, 같은 유형이 아니다. 우리는 무의식적인 반동적 투자를 지배계급의 이해관계에 합치하는 것이라고 규정했지만, 그것은 그 자체로 보면 욕망의 견지에서, 오이디푸스가 발생하는 결합 종합들의 분

125

리차별적 사용에 의해 진행된다. "나는 우등 인종이다" 따위가 바로 그런 사용이다. 무의식적인 혁명적 투자란, 욕망이, 여전히 자기의 고유한 양태로, 착취당하는 피지배계급들의 이해관계를 재절단하여, 모든 분리차별 및 그 오이디푸스적 적용을 동시에 부술 수 있는 흐름을 흘러가게 하며, 역사를 환각하고 인종들을 망상하고 대륙들을 불태워 버릴 수 있는 흐름들을 흘러가게 하는 그런 식의 투자이다. 아니, 난 너희와 다른 부류야, 난 이방인이고 영토가 없어, 〈난 영원히 열등 인종이야……. 난 짐승, 검둥이야.〉 여기서도 중요한 것은 무의식 속에서 투자하고 대체-투자하는 강렬한 권력이다. 오이디푸스는 도약한다. 그의 조건들 자체가 도약했기 때문이다. 결합 종합들의 유목적·다의적 사용은 분리차별적·일대일대응적 사용에 대립된다. 망상은 두 극(極)과 같은 것을, 인종주의적 극과 인종적 극, 분리차별적-편집증적 극과 유목적-분열증적 극을 갖고 있다. 그런데 이 두 극 사이에는 어떤 미묘한 미끄러짐이 있어서, 무의식 자체가 그 반동적 충전(充電)들과 그 혁명적 잠재력들 사이를 오간다. 슈레버조차도 아리아인의 분리차별을 뚫고서 자신이 위대한 몽골인임을 재발견한다. 이 점 때문에, 위대한 저자들이 인종이라는 테마를 다룰 때 텍스트의 애매성이 생겨나는 것이다. 그 테마는 운명처럼 다의성으로 가득 차 있기에. 여기서 분열-분석은 실을 풀어야만 한다. 왜냐하면 어떤 텍스트를 읽는다는 것은 기의들을 찾아나서는 박식한 실행도 아니요, 하나의 기표를 추적하는 고도의 텍스트적 실행도 아니기 때문이다. 어떤 텍스트를 읽는다는 것은 문학 기계의 생산적 사용이요, 욕망 기계들의 조립이요, 텍스트에서 그 혁명적 권력을 뽑아내는 분열증적 실행이기 때문이다. 광기와 본질적 관계를 맺고 있는, 〈그러니까 이것은 ……이다!〉 또는 인종에 관한 『이지튀르』의 명상.

126

6 세 종합의 요약

오이디푸스 우화집

오이디푸스 우화집은 무궁무진하고 늘 현행적이다. 아버지들은 〈수천 년 동안 내내〉 죽어 왔고(저런! 저런!) 또 이에 대응하는 아버지 이미지의 〈내면화〉가 〈약 팔천 년 전〉 신석기시대가 시작될 때까지 구석기시대 내내 생산되었다는 말을 우리는 듣고 있다.[40] 사람들은 이런 역사를 만들었거나, 아니면 만들지 않았다. 하지만 사실, 아버지의 죽음에 관해서라면, 소식은 빨리 전해지지 않는다. 이 역사에 니체를 끌어들이는 것은 잘못일지 모른다. 왜냐하면 니체는 아버지의 죽음을 반추하는 사람도 아니고, 아버지를 내면화하기 위해 구석기시대 내내 시간을 보내는 사람도 아니기 때문이다. 실은 정반대이다. 니체는 아버지의 죽음, 신의 죽음을 둘러싸고 만든 이 모든 이야기에 심히 싫증이 나서, 이 주제에 관한 끝없는 담론들, 그가 살던 헤겔적 시대에 이미 유행하고 있

---

40 Gérard Mendel, *La révolte contre le père*, Paris: Payot, 1968, p.422.((옮긴이) 독: p.361)

던 이런 담론들에 종지부를 찍고자 한다. 아, 슬프게도, 그는 잘못 생각했고, 담론들은 계속되어 왔다. 하지만 니체는 사람들이 결국은 중대한 일들에 이르게 될 것을 바랐다. 신의 죽음에 관해 니체는 열두 내지 열세 가지 판본을 내놓는데, 이렇게 한 것은, 판본을 넉넉히 내놓아 사람들이 이에 관해 더는 말하지 않게 하고, 그 사건을 우스운 것으로 만들게 하기 위해서이다. 또 니체는, 이 사건은 엄밀히 말해 아무 중요성도 없고, 실로 마지막 교황에게나 흥미롭다고 설명한다. 신이 죽었는지 죽지 않았는지, 아버지가 죽었는지 죽지 않았는지는 결국 같은 것으로 돌아온다. 왜냐하면 살아 있다면 신 또는 살아 있는 아버지의 이름으로, 죽었다면 인간 또는 내면화된 죽은 아버지의 이름으로, 똑같은 탄압과 똑같은 억압이 뒤따르기 때문이다. 중요한 것은 신이 죽었다는 소식이 아니라 그 소식이 열매를 맺는 시간이라고 니체는 말한다. 여기서 정신분석가는 귀를 세우고, 자기 길을 찾았다고 믿는다. 무의식이 하나의 소식을 소화하는 데는 시간이 오래 걸린다는 점은 잘 알려져 있으며, 사람들은 심지어 시간을 무시하고 이집트 무덤처럼 자기 대상들을 보존하는 무의식에 관한 프로이트의 몇몇 텍스트를 인용할 수도 있다. 단지, 니체는 이런 것들을 말하려던 건 아니었다. 그는 신의 죽음이 무의식 속에 흘러드는 데 오랜 시간이 걸린다는 것을 말하려는 게 아니다. 그가 말하려는 것은, 의식에 도달하는 데 아주 오랜 시간이 걸리는 것은, 신의 죽음이 무의식에 대해 전혀 중요하지 않다는 소식이라는 점이다. 이 소식의 열매들은 신의 죽음의 귀결들이 아니라, 신의 죽음은 아무런 귀결도 갖고 있지 않다는 이런 다른 소식이다. 달리 말하면, 신이나 아버지는 한 번도 실존한 적이 없었다(그런 적이 있었다면, 그것은 아주 오래전, 아마 구석기시대 동안이었다……). 사람들은 언제 어느 때나 죽어 있는 자를 살해했을 따름이다. 신이 죽었다는 소식의 열매들은, 삶의 싹만큼이나 죽음의 꽃도 제압한다. 왜냐하면, 살아 있건 죽었건 그

127

것은 다만 믿음의 문제일 뿐, 믿음의 요소에서는 떠나오지 않고 있는 것이다. 죽은 아버지의 고지(告知)는 마지막 믿음, 즉 〈불신에 기초한 믿음〉을 구성한다. 이 믿음에 대해 니체는 이렇게 말한다. 〈이 폭력은 언제나 하나의 믿음, 하나의 받침대, 하나의 구조……의 필요를 보여 준다.〉 즉 오이디푸스-구조의 필요를.

오이디푸스와 〈믿음〉

엥엘스는 바흐오펜이 신화 속에 모권과 부권의 여러 모습들, 이것들의 투쟁들과 이것들의 관계들이 있음을 인식한 데 대해 그의 천재성에 경의를 보냈다. 하지만 그는 다음과 같은 비난을 슬쩍 비쳐 사태를 일변한다. 바흐오펜은 그것들을 믿는다고, 신화들을, 복수의 여신들을, 아폴론을, 아테나를 믿는다고 진실로 말할 수 있으리라.[41] 정신분석가들에게는 똑같은 비난이 더 심하게 적용된다. 그들은 신화를, 오이디푸스를, 거세를 믿는다고 말할 수 있으리라. 그들은 이렇게 답한다. 문제는 우리가 그것들을 믿는가에 있지 않고, 무의식 자체가 그것들을 믿는가에 있다고. 하지만 이 무의식이 믿음의 상태로 환원된다면, 도대체 그런 무의식이란 무엇일까? 누가 무의식에 믿음을 주입할까? 정신분석은 믿음을 괄호에 넣을 때만, 말하자면 이데올로기 형식으로서의 오이디푸스를 유물론적으로 환원할 때만 엄밀한 분과가 될 수 있다. 중요한 것은, 오이디푸스는 잘못된 믿음이라고 말하는 것이 아니라, 믿음이란 것이 필연적으로 잘못된 어떤 것이요, 실효적 생산을 빗나가게 하고 질식시킨다고 말하는 것이다. 바로 이런 까닭에 견자(見者)란 가장 덜 믿

---

41 Friedrich Engels, *L'Origine de la famille*, Paris: Sociales, p.19, 서문.((옮긴이) **독**: pp.163ff. 영: p.10)

는 자이다. 우리가 욕망을 오이디푸스와 관련시킬 때, 우리는 할 수 없이 욕망의 생산적 성격을 무시하는 것이며, 우리는 욕망을 그 의식적 표현에 불과한 모호한 꿈이나 상상이라고 단죄하는 것이며, 우리는 욕망을 독립적 실존들, 즉 생식자인 아버지, 어머니 — 이들은 자신의 요소들을 아직 욕망의 내적 요소들로 파악하고 있지 않다 — 와 관련시키는 것이다. 아버지의 문제는 신의 문제와 같다. 그것은 추상의 산물로서, 인간과 자연의 연줄, 인간과 세계의 연줄이 끊겼다고 상정한다. 그래서 인간은 자연과 인간 외부에 있는 어떤 것에 의해 인간으로 생산되어야 한다. 이 점에 관해서 니체는 맑스나 엥엘스와 아주 비슷한 지적을 한다. 〈'인간과 세계'가 '과'라는 작은 낱말의 숭고한 특권에 의해 격리된 채 이웃에 있는 것을 보면, 우리는 웃음을 터뜨린다.〉[42] 공통 외연성, 즉 인간과 자연의 외연이 서로 같다는 것은 이와는 전혀 다른 말이다. 그 말은, 무의식이 늘 주체로 있으면서 스스로 자신을 생산하고 재생산하는 순환 운동을 한다는 뜻이다. 무의식은 한 몸에서 다른 몸으로, 즉 네 아버지로, 네 아버지의 아버지로…… 전진하는 (또는 퇴행하는) 생식의 길들을 따라가지 않는다. 조직화된 몸은 생식을 통한 재생산의 대상이다. 그것은 재생산의 주체가 아니다. 재생산의 유일한 주체는 생산의 순환 형식을 고수하는 무의식 자신이다. 성욕은 생식에 봉사하는 수단이 아니다. 오히려 몸의 생식이 무의식의 자기-생산으로서의 성욕에 봉사한다. 성욕은 자아가 생식 과정에 종속되는 것을 대가로 주어지는 자아를 위한 덤을 재현하지 않는다. 반대로 생식이 자아의 위로이고 자아의 확장이며, 무의식이 자신 안에서 자기 자신을 재생산하게 할 따름인 한 몸에서 다른 몸으로의 이행이다. 바로 이런 의미에서 이

128

---

[42] Nietzsche, *Le Gai Savoir*, 5부 346절(또한 Karl Marx, *Economie et philosophie*, Pléiade, II, pp.88~90((옮긴이) 독: p.545. 영: pp.144~146)).

렇게 말해야 한다. 무의식은 언제나 고아였다. 말하자면, 무의식은 자연과 인간, 세계와 인간의 동일성 속에서 자기 자신을 낳았다. 이제 아버지의 문제, 신의 문제는 불가능한 것, 무관심한 것이 되었다. 그런 존재를 긍정하건 부정하건, 살리건 죽이건, 그것은 같은 것으로 돌아온다. 즉 무의식의 본성에 대한 유일하고 똑같은 오해로.

하지만 정신분석가들은 문화를 위해 추상적으로, 말하자면 이데올로기적으로 인간을 생산하는 데 집착한다. 인간을 이런 식으로 생산하고, 무한한 전진이나 퇴행이라는 거짓 운동에 하나의 구조를 부여하는 것이 바로 오이디푸스이다. 네 아버지, 네 아버지의 아버지……라는 오이디푸스의 눈덩이는 굴러 굴러 원시 유목민의 아버지, 신, 구석기시대까지 간다. "어떤 운명으로 이끌건 간에, 우리를 인간으로 만드는 것은 오이디푸스이다"라고 그 우화집은 말한다. 이 점에서, 어조는 달라질 수 있으나 바탕은 여전히 똑같다. 넌 오이디푸스를 빠져나갈 수 없으리라, 넌 〈신경증의 출구〉와 〈신경증 아닌 출구〉 사이에서만 선택할 수 있으리라. 어조는 화가 난 정신분석가, 경찰관-정신분석가의 어조일 수 있다. 오이디푸스 제국주의를 인정하지 않는 자들은 사회와 경찰의 탄압에 맡겨야 할 위험한 이단자요 좌파이다, 그들은 너무 많이 말하며 항문성을 결핍하고 있다(망델 박사, 스테판 박사 부부). 말장난을 얼마나 요란하게 하고 나서야 정신분석가는 항문성의 추진자가 되는 걸까? ① 사제-정신분석가, 즉 존재의 치유 불가능한 불충분함을 노래하는 독실한 정신분석가. "당신은 오이디푸스가 우리를 오이디푸스에서 구하는 것을 보지 못하는가. 우리가 오이디푸스를 신경증적으로 사느냐 아니면 그 구조를 사느냐에 따라, 오이디푸스는 우리의 비참함이지만 또한 우리의 위대함이기도 하다. 오이디푸스는 성스러운 믿음의 어머니이니라."(포이에) ② 기술자-정신분석가, 즉 삼각형에 사로잡힌 수정주의자. 그는 문명의 찬란한 선물들, 즉 정체성, 조울증, 무한히 전진하는 자유를 오이디푸스 속에 넣는다. 〈오이디푸스 속에서, 개인은 삼각형 상황, 자기 정체성을 사는 법을 배우며, 동시에, 때로는 우울하게 때로는 신나게 자신의 근본적 소외, 자신의 치유할 수 없는 고독, 자신의 자유의 대가를 발견한다. 오이디푸스의 근본 구조는 아이가 부모와 함께 갖는 모든 삼각형적 경험으로 시간 속에서 일반화되어야 할 뿐 아니라, 또한 부모-아이 관계들이 아닌 다른 삼각형 관계들로도 공간 속에서 일반화되어야 한다.〉[43]

의미, 그것은 사용이다

무의식은 그 어떤 의미의 문제도 제기하지 않는다. 오직 사용의 문제들만을 제기한다. 욕망의 물음은 〈그것은 무엇을 의미할까?〉가 아니라 그것은 어떻게 작동할까이다.[*] 네 것이건 내 것이건, 욕망 기계들은 어떻게 기능하며, 어떤 고장을 자신의 사용의 일부로 삼을까? 어떻게 욕망 기계들은 한 몸에서 다른 몸으로 옮겨 갈까? 어떻게 욕망 기계들은 기관 없는 몸 위에 달라붙을까? 어떻게 욕망 기계들은 자신들의 체제를 사회 기계들과 대결시킬까? 유순한 톱니바퀴에 기름이 쳐지거나, 아니면 반대로 폭탄이 준비된다. 어떤 연결들, 어떤 분리들, 어떤 결합들일까? 종합들의 사용은 어떠할까? 그것(ça)은 아무것도 재현하지 않으며, 오히려 그것은 생산한다. 그것은 아무것도 의미하지 않으며, 오히려 기능한다. 〈그것은 무엇을 의미할까?〉란 물음의 일반적 붕괴 속에서 비로소 욕망이 등장한다. 언어활동의 문제를 제기할 줄 알게 된 것은,

---

43 Jacques Hochmann, *Pour une psychiatrie communautaire*, p.38.((옮긴이) 독: p.34)

* 원문은 〈comment ça marche?〉로 프랑스어의 〈qu'est-ce que ça veut dire(무슨 뜻이지)?〉라는 말에서 ça가 사용되고 있다는 점과 관련된다.

언어학자들과 논리학자들이 의미를 비워 냈을 때였다. 또한 언어활동의 가장 높은 역량이 발견된 것은, 작품이 뭔가 효과들을 생산하며 뭔가 사용에 의해 정당화될 수 있는 하나의 기계로 여겨질 때였다. 맬컴 라우리는 자기 작품에 대해 이렇게 말한다. 그것이 기능하는 순간부터, 이것이 당신들이 바라는 전부다, 〈그것은 작동해요, 날 믿어요, 내가 확인했으니까요〉 — 그것은 하나의 기계장치이다.[44] 다만, 의미란 사용 말고는 아무것도 아니라는 것이 확고한 원리가 되는 것은, 사용을 전제된 의미에 결부하고 일종의 초월성을 재건하는 부당한 사용에 대립해서, 이와 반대인 적법한 사용을 규정할 수 있는 내재적 기준들을 우리가 마음대로 이용할 수 있을 때이다. 이른바 초월론적 분석이 바로 이 기준들의 규정이다. 이 기준들은 〈그것은 무엇을 의미할까?〉라는 물음의 초월적 실행에 대립하는 한에서 무의식장(場)에 내재한다. 분열-분석은 초월론적인 동시에 유물론적인 분석이다. 그것은 오이디푸스 비판을 이끈다는 의미에서, 또는 오이디푸스를 그 자신의 자기-비판 지점까지 몰고 간다는 의미에서 비판이다. 그것은 형이상학적 무의식 대신 초월론적 무의식을 탐색하려 한다. 이데올로기적 무의식 대신 질료적 무의식, 오이디푸스적 무의식 대신 분열증적 무의식, 상상적 무의식 대신 비구상적 무의식, 상징적 무의식 대신 현실적 무의식, 구조적 무의식 대신 기계적 무의식, 그램분자적 내지 군집적 무의식 대신 분자적·미시 심리적·미시론적 무의식, 표현적 무의식 대신 생산적 무의식 말이다. 그리고 여기서 중요한 것은 〈치료〉 방향들로서의 실천적 원리들이다.

---

44 Malcolm Lowry, *Choix de lettres*, Paris: Denoël, pp.86~87.((옮긴이) 영: p.66)

욕망적 생산의 내재적 기준들

따라서 우리는 앞에서 어떻게 욕망적 생산의 내재적 기준들이, 오이
디푸스적 사용들과는 완전히 다른, 종합들의 적법한 사용들을 정의할
수 있게 해 주었는지를 보았다. 그리고 우리가 보기에 이 욕망적 생산 131
과 관련해서, 오이디푸스적인 부당한 사용들은 여러 형식을 갖는 것 같
지만, 늘 똑같은 오류 주위를 돌고 있고 또 이론적·실천적 오류추리들
을 내포하고 있는 것 같다. ① 첫째, 연결 종합들의 부분적 비-특유한
사용은, 온전하며 특유한 오이디푸스적 사용에 대립하는 것이었다. 이
온전한-특유한 사용은 부모와 혼인이라는 두 양상을 띠고 있었는데,
이 각각에는 오이디푸스 삼각형 형식과 이 형식의 재생산이 대응하고
있었다. 그것은 외삽이라는 오류추리에 기대 있었으며, 이 오류추리는
결국 오이디푸스의 형식적 원인을 구성하고 있었고, 그 부당성은 다음
과 같은 조작 전반을 짓누르고 있었다. 즉 모든 사슬이 결국은 의존하
고 있는 것처럼 보이는 전제군주 기표로서의 초월적인 완전한 대상을
기표 사슬에서 추출하기, 그러면서 욕망의 매 정립마다 결핍을 할당하
고, 욕망을 법에 용접하고, 박리(剝離)라는 가상을 낳기. ② 둘째, 분리
종합들의 포괄적 내지 비제한적 사용은, 이 종합들의 오이디푸스적·배
타적·제한적 사용에 대립한다. 이 제한적 사용 쪽을 보자면, 상상적 극
과 상징적 극이라는 두 극을 갖는데, 왜냐하면 이 사용은 오이디푸스에
의해 상관적으로 규정된 두 항, 즉 배타적인 상징적 분별들과 미분화
된 상상계 중에서의 선택만을 허용하고 있기 때문이다. 이 사용은 이번
에는 어떻게 오이디푸스가 진행하며, 오이디푸스의 절차가 무엇인지를
보여 준다. 즉 이중 구속, 이중의 막다른 골목이라는 오류추리. (또는 무
의식을 두 끝에 동여맬 때 무의식에 강요하는 취급을 더 잘 나타내기 위해, 앙
리 고바르의 제안을 따라 double bind를 프로레슬링의 풀넬슨 조이기처럼 〈이

세 종합의 요약

중 조임(prise double)〉이라고 옮기는 것이 더 나을 듯싶다. 건강할 때처럼 병들었을 때도, 발작을 극복할 때처럼 발작할 때도, 문제가 있을 때처럼 해결된 때도, 무의식은 그저 오이디푸스라 답하고 오이디푸스를 되뇌는 것 말고는 선택의 여지가 없게 된다. 왜냐하면 어쨌건 이중 구속은, 그것이 과정을 멈추게 하거나 공전하게 하는 한, 분열증의 과정이 아니라 반대로 바로 오이디푸스이기 때문이다.) ③ 셋째, 결합 종합들의 유목적·다의적 사용은, 분리차별적·일대일대응적 사용에 대립한다. 여기서도, 무의식 자체의 관점에서 봐서 부당한 이 일대일대응적 사용은 두 가지 계기 같은 것을 갖고 있다. 인종주의적·국가주의적·종교적…… 계기가 그 하나인데, 이 계기는 분리차별을 통해 언제나 오이디푸스에 의해 전제되는 출발 집합을 구성하며, 이 구성은 아주 암묵적인 방식으로 행해지기 일쑤이다. 다음으로, 가족적 계기가 있는데, 이 계기는 적용을 통해 도달 집합을 구성한다. 이로부터 적용이라는 셋째 오류추리가 생긴다. 이 오류추리는 사회장의 규정들과 가족의 규정들 사이에 일대일대응 관계의 집합을 설립하고, 이로써 리비도 투자들을 영원한 아빠-엄마로 복귀시키는 것을 가능하게 하면서도 불가피하게 함으로써, 오이디푸스라는 조건을 고착한다. 아직 우리는 치료를 광란의 오이디푸스화 방향으로 실천적으로 이끌어 가는 오류추리들을 모두 살펴보지는 않았다. 욕망의 배반, 무의식을 탁아소에 맡기기, 건방지고 수다스러운 작은 자아들을 위한 나르키소스 기계, 자본주의적 잉여가치의 영속적 흡수, 돈의 흐름에 맞선 말의 흐름, 끝나지 않는 이야기, 즉 정신분석을.

욕망은 법, 결핍, 기표를 모른다

욕망에 대한 세 가지 오류는 결핍, 법, 기표라 불린다. 그것은 결국 하나의 똑같은 오류, 즉 독실한 무의식관(觀)을 형성하는 관념론이다.

결핍으로 박탈이 아니라 공백을 만들고, 법으로 명령이 아니라 놀이 규칙을 만들며, 기표로 의미가 아니라 분배자를 만드는 조합(組合)의 견지에서 이 개념들을 해석해 봐야 소용없다. 이것들이 자기들 뒤에 신학적 수행원들, 즉 존재의 불충분, 죄책감, 의미화를 거느리는 것을 막을 수는 없기 때문이다. 구조적 해석은 모든 믿음을 거부하고, 이미지들을 넘어서며, 아버지와 어머니에 관해서는 기능만을 남겨 두고, 금지와 위반을 구조의 조작자들로 규정한다. 하지만 어떤 물로 이 개념들에서 그 배경, 그 배후 세계, 즉 종교성을 씻어 낼 수 있으랴? 불신으로서의 과학적 앎은 참으로 믿음의 마지막 피난처이다. 그리고 니체가 말하듯, 이제껏 단 하나의 심리학, 즉 사제의 심리학만이 있었다. 욕망에 결핍이 다시 도입되자마자, 모든 욕망적 생산은 으깨지고 환상의 생산에 불과한 존재로 환원된다. 하지만 기호는 환상을 생산하지 않는다. 기호는 현실계의 생산이며, 현실 속에서 욕망의 정립이다. 법이 없으면 욕망도 없다는 것이 어느 시대에나 잘 알려진 일임을 군이 환기할 필요는 없겠지만, 욕망을 법에 유착시키자마자, 실상 영원한 탄압의 영원한 조작이 다시 시작된다. 이 조작은 무의식 위에 금지와 위반의 원을, 흰 미사와 검은 미사를 닫는다. 하지만 욕망의 기호는 결코 법의 기호가 아니다. 욕망의 기호는 권력의 기호이다. 그리고 욕망은 자신의 권력을 정립하고 전개하며, 욕망이 있는 곳이면 어디서나 흐름들을 흐르게 하고 실체들을 절단한다는 이 사실을 누가 감히 법이라 부르랴(〈나는 화학 법칙에 관해서는 말하지 않겠다, 그 단어에는 도덕적 뒷맛이 있기 때문이다〉)? 욕망을 기표에 의존하게 하자마자, 욕망은 다시 거세라는 효과를 낳는 전제군주제의 굴레 아래 들어간다. 거기서 우리는 기표 자체의 특질을 알게 된다. 하지만 욕망의 기호는 결코 의미화하지 않는다. 그것은 수천의 생산적 흐름-절단들 속에 있으며, 이것들은 거세라는 단 하나의 특질 속에서 의미화하지 않는다. 욕망의 기호는 언제나 많은 차원을 가진

133

하나의 기호-점이며, 점(點) 기호론의 기초로서의 다성성(多聲性)이다.

〈당신은 햄릿으로 태어났나……?〉

무의식은 검다고들 말한다. 라이히와 마르쿠제는 그들의 〈루소주의〉, 그들의 자연주의 때문에 종종 비난을 받는다. 무의식을 너무 목가적으로 생각한다는 것이다. 하지만 이는 단지 의식의 두려움들, 자신에 대한 너무 확실한 믿음의 두려움들에 불과한 두려움들을 바로 무의식에 돌리는 것이 아닐까? 상속자나 군인이나 국가원수의 의식보다 무의식 속에 잔혹성과 두려움이 필연적으로 더 적으며, 그 유형도 다르다고 말한다면 과장일까? 무의식은 제 나름의 두려움들을 갖고 있지만, 이것들은 인간 형태가 아니다. 괴물들을 낳는 것은 이성의 잠이 아니라, 오히려 깨어 있고 잠들지 않는 합리성이다. 무의식은 자연-인(homme-nature)이기에 루소주의적이다. 그리고 루소 속에는 얼마만큼의 악의와 책략이 있는가. 위반, 죄책감, 거세 — 이것들은 무의식의 규정들일까, 아니면 사제가 사물들을 보는 방식일까? 그리고 필경 정신분석 외에도 무의식을 오이디푸스화하고 그것에 죄책감을 주고 그것을 거세하는 다른 힘들이 많이 있다. 하지만 정신분석은 이 운동을 뒷받침하고 최후의 사제를 발명한다. 오이디푸스적 분석은 무의식의 모든 종합에 이 종합들을 확실하게 변환(conversion)하는 하나의 초월적 사용을 강요한다. 따라서 분열-분석의 실천적 문제는 이 변환을 거꾸로 역전(réversion)하는 일이다. 즉 무의식의 종합들을 내재적 사용에 맡기는 일이다. 탈-오이디푸스화하라, 아버지-어머니의 거미줄을 해체하라, 믿음들을 해체하여 욕망 기계들의 생산에 도달하고, 또 전투적 분석이 벌어지는 경제적·사회적 투자들에 도달하라. 기계들을 건들지 않는 한, 아무것도 한 게 없다. 기계들을 건든다는 것은 그야말로 아주 구체적인 개입을 내포한다. 아버지와 어머니만을 원하고 이해하는 오이디푸스적 분석가의 호의적인 사이비 중립성을 악의적인, 공공연하게 악의적인 활동으로 대체하라. 너는 오이디푸스로 나를 진저리나게 한다, 만일 네가 계속한다면 분석을 중단하거나 전기쇼크를 줄 테다, 아빠-엄마라고 말하는 것을 멈추라. 물론, 〈베르테르가 당신 속에 살고 있는 것처럼 햄릿이 당신 속에 살고 있다.〉 그리고 오이디푸스도, 당신이 원하는 모든 것도. 하지만 〈당신은 모계의 팔과 다리, 모계의 입술, 모계의 콧수염으로 자란다. '기억 죽음들(memory deaths)'을 거슬러 추적하면서, 당신의 자아는 삶의 허망함을 부단히 증명하는 일종의 광물적 정리(定理)가 된다. (……) 당신은 햄릿으로 태어났나? 아니면 오히려 당신은 자신 안에서 그 유형을 창조했던 게 아닐까? 왜 신화로 돌아가느냐?〉[45] 신화를 포기함으로써 정신분석에서 약간의 기쁨, 약간의 발견을 회복하는 것이 중요하다. 왜냐하면 모든 것이 미리 행해져 있기에, 정신분석은 아주 음울하고, 아주 슬프고, 아주 끝없는 것이 되어 버렸으니 말이다. 분열자는 더 이상 기쁘지 않다고 말하려느냐? 하지만 그의 슬픔은 사방에서 그를 죄는 오이디푸스화와 햄릿화의 힘들을 더 이상 견딜 수 없는 데서 오는 것이 아닐까? 차라리 도주하라, 기관 없는 몸으로, 그래서 그 속에 숨고, 자기 안에 틀어박혀 있으라. 작은 기쁨은 과정으로서의 분열증화이지, 임상 존재로서의 분열자가 아니다. 〈당신은 과정을 목적으로 만들었다…….〉 만일 정신분석가를 생산적 무의식의 영역들에 강제로 들어가게 한다면, 거기서 그는 코메디프랑세즈의 여배우가 공장에, 중세 신부가 작업 라인에 옮겨진 것처럼, 자신의 극장과 함께 옮겨졌다고 느낄

---

45 Henry Miller, *Hamlet*, Paris : Correa, p.156.((옮긴이) **영**: 1권, pp.124~126. 「밀러가 프랑켈에게 보낸 1936년 5월 7일 자 편지」에서 옮겼다. 첫 문장의 영어 원문에는 "당신"만 강조되어 있다. 또 영어 원문에는 마지막 문장 앞에 "그렇건 아니건, 무한히 더 중요한 것처럼 보이는 것은——"이라는 구절이 있다.)

세 종합의 요약

것이다. 생산 단위들을 조립하고, 욕망 기계들을 연결하라. 이 공장에서 일어나는 일, 바로 이 과정, 그 고뇌와 그 영광, 그 고통과 그 기쁨, 이런 것들은 아직 알려져 있지 않다.

7 탄압과 억압

법

우리는 오이디푸스 삼각형의 형식, 그 재생산, 그 (형식적) 원인, 그 절차, 그 조건을 분석하려 했다. 하지만 우리는 그 삼각형화가 의존하는 현실적 힘들, 현실적 원인들의 분석을 뒤로 미루었다. 이에 대한 답의 일반적 노선은 단순하며, 라이히에 의해 묘사되었다. 그 답은 사회적 탄압, 사회적 탄압의 힘들이다. 그렇지만 이 답은 두 문제를 그대로 존속시키고 있으며, 또 심지어 이 두 문제를 더욱 다급한 것으로 만든다. 한편으로 탄압과 억압의 특유한 관계가 있으며, 다른 한편으로 억압-탄압의 체계에서 오이디푸스의 특수한 상황이 있다. 이 두 문제는 명백하게 연결되어 있다. 왜냐하면 만일 억압이 근친상간 욕망들에 관여한다면, 바로 이 관여를 통해 억압은 교환의 구성 및 전체 사회의 조건으로서, 기존 사회 속에서 억압된 것의 회귀에만 관계하는 탄압과 관련해서, 독립성과 우위를 획득하게 될 것이기 때문이다. 따라서 우리는 먼저 다음과 같은 둘째 물음을 고찰해야 한다. 억압은 무의식의 적합한 표현으로서 오이디푸스 콤플렉스에 관여할까? 프로이트와 더불어, 오이디푸스 콤플렉스는 그 두 극(極)을 따라 억압되든가(물론 억압된다 해도 금지들에 직면하는 흔적들과 회귀들은 남겠지만) 진압된다고(물론 진압된다 해도 아이들에게 옮겨 가 똑같은 역사가 다시 시작되겠지만)까지 말해야 할까?[46] 사람들은 묻는다, 오이디푸스는 실제로 욕망을 표현할까? 만약 오이디푸스가 욕망된다면, 확실히 억압은 오이디푸스에 관여하는 것이다. 그런데 프로이트의 이 논증에는 고민에 빠뜨리게 하는 뭔가가 있다. 프로이트는 프레이저의 지적을 다시 거론하는데, 이 지적에 따르면 〈법은 인간들이 자신의 몇몇 본능들의 압력 아래에서 행할 수 있는 것만을 금지한다. 따라서 근친상간에 대한 법적 금지로부터, 우리는 우리를 근친상간으로 몰아가는 자연적 본능이 있다고 결론을 내려야 한다.〉[47] 바꾸어 말하면, 근친상간이 금지되는 것은 그것이 욕망되고 있기 때문이라는 것이다(사람들이 욕망하지 않는 것을 금지할 필요는 없었으리라……). 다시 한 번 말하자면, 법에 대한 이 같은 신뢰가, 법의 책략들과 절차들에 대한 무지가 우리를 고민에 빠뜨린다.

정신분석의 넷째 오류추리 ── 이전 또는 억압된 것의 왜곡

셀린의 『저당 잡힌 죽음』에 등장하는 불멸의 아버지는 이렇게 외친다. "그러니 넌 날 죽게 하고 싶지, 네가 바라는 게 바로 이거지? 자, 말해 봐." 그렇지만 우리는 그 비슷한 어떤 것도 바라지 않았다. 우리는 아빠가 기차이고, 엄마가 정거장이기를 바라지 않았다. 우리가 바란 것은 단지 결백과 평화였고, 우리가 우리의 작은 기계들을 작동하도록 내

46 Sigmund Freud, "La Disparition du complexe d'Œdipe," 1923, in *la Vie sexuelle*, Paris: P.U.F., p.120.((옮긴이) 독: p.399. 영: pp.176~178)
47 Sigmund Freud, *Totem et tabou*, 1912, Paris: Payot, p.143.((옮긴이) 독: p.150. 영: p.123)

버려 두는 것이었다. 오, 욕망적 생산이여. 물론 어머니와 아버지의 몸의 조각들이 연결들 속에서 취해지고, 부모의 명칭들이 사슬의 연결들 속에 등장하며, 부모는 거기서 모험들, 인종들, 대륙들의 생성을 시동하는 자극들로 존재한다. 하지만 책들의 환각과 학습들의 망상(교사는 아버지의 대체요, 책은 가족 소설이다……)에서 시작해, 사방에서 오이디푸스를 넘어서는 것을 오이디푸스와 관련시키다니, 프로이트의 열중은 얼마나 이상한가. 융은, 미개인마저도 자기 어머니나 할머니보다는 젊고 예쁜 여자를 더 좋아하기 때문에 오이디푸스는 정말 현실적으로 실존했을 리가 없다고 말했는데, 프로이트는 융의 이 단순한 농담을 견디지 못했다. 설사 융이 모든 것을 배반했다 해도, 그것은 이 농담을 해서가 아니다. 이 농담은 다만 예쁜 소녀가 어머니의 기능을 하는 만큼 어머니도 예쁜 소녀의 기능을 한다는 것을 시사할 수 있을 따름이다. 미개인이나 아이에게 핵심은, 자기 욕망 기계들을 형성하고 작동하는 것이며, 자기 흐름들을 지나가게 하고, 자기 절단들을 실행하는 것이다. 법은 우리에게 말한다. "너는 어머니와 결혼해서는 안 돼, 아버지를 죽여서도 안 돼." 그래서 우리, 온순한 신민인 우리는 말한다. "그러니까 이것은 내가 바라고 있던 그것이구나!" 법이 유죄로 추정하는 사람, 법이 유죄이길 바라는 사람, 법이 자신을 유죄라고 느끼길 바라는 사람에 대해, 법이 명예를 훼손한다고, 법이 그 명예를 훼손하여 망치려 한다고 하는 의심이 우리에게 생길까? 사람들은 마치 억압에서 억압된 것의 본성을, 또한 금지에서 금지되는 것의 본성을 직접 결론 내릴 수 있는 것처럼 군다. 여기에 또 다른 전형적인 오류추리가 있다. 그것은 넷째 오류추리인바, 이전이라고 명명해야 할 것이다. 왜냐하면 법이 욕망 내지 〈본능들〉의 차원에서 완전히 허구적인 어떤 것을 금지하고는 자신의 신민들이 이 허구에 대응되는 의도를 갖고 있었다고 이들을 설득하는 데까지 일이 진행되기 때문이다. 이것은 법이 의도를 물어뜯고 무

탄압과 억압

의식을 유죄로 만드는 유일한 방식이기도 하다. 요컨대 이항 체계에서는 형식적 금지에서 현실적으로 금지된 것을 결론지을 수 있지만, 우리 앞에 있는 것은 이러한 이항 체계가 아니다. 우리 앞에 있는 것은 삼항 체계요, 여기서는 이런 결론은 완전히 부당한 것이 된다. 우리는 다음 세 가지를 구별해야 한다. ① 억압을 실행하는 억압적 재현작용, ② 억압이 현실적으로 관여하는 억압된 대표, ③ 억압된 것에 욕망이 거기에 사로잡혔다고 여기게 되는 명백히 위조된 이미지를 주는, 이전된 재현내용. 그것이 바로 오이디푸스, 즉 위조된 이미지이다. 억압이 작동하는 것은 오이디푸스 속에서가 아니며, 또한 억압이 관여하는 것도 오이디푸스가 아니다. 그것은 심지어 억압된 것의 회귀도 아니다. 그것은 억압의 인조 생산물이다. 오이디푸스는 억압에 의해 유발된 한에서 단지 재현내용이다. 억압이 작용할 수 있으려면 언제나 욕망을 이전하며, 이미 기꺼이 벌 받으려 하는 후속 욕망을 언제나 올라오게 한다. 또한 억압이 작용할 수 있으려면 언제나 욕망은 원리상으로건 현실적으로건 억압이 영향을 행사하는 선행 욕망을 대신한다(〈아, 그러니까 이건 그것이었어!〉). 로런스는 *이상*(理想)의 권리라는 이름으로 프로이트에 맞선 싸움을 진행하는 것이 아니라, 성욕의 흐름들, 무의식의 내공들을 위해 말하고 있으며, 또 프로이트가 성욕을 오이디푸스 육아실에 가두어 놓을 때 하고 있는 일에 분개하고 낭혹하여, 이 이전(移轉)의 조작을 예감하고, 온 힘을 다해 항의하는 것이다. "아니, 오이디푸스는 욕망과 충동들의 상태가 아니다. 오이디푸스는 하나의 관념이다. 억압이 욕망에 관해 우리에게 불어넣는 하나의 관념에 지나지 않는다. 심지어 오이디푸스는 타협도 아니다. 차라리 그것은 억압 및 억압의 선전 내지 전파에 봉사하는 하나의 관념이다." 〈근친상간의 동기는 인간 이성의 논리적 연역이요, 이성이 자신을 구원하기 위해 이 마지막 극단에 호소하여 생겨났다. (……) 그것은 설사 무의식적으로 만들어졌다 해도, 먼

137

저 그리고 무엇보다 인간 이성에 의해 만들어진 논리적 연역이며, 그다음에 정감적 정념의 영역에 도입되어 여기서 행동의 원리로 기여하게 된 것이다. (……) 이것은 반짝이고 진동하고 여행하는 능동적 무의식과는 아무 관계가 없다. (……) 무의식은 관념적인 것도, 일말의 개념적인 그 어떤 것도, 따라서 인물적인 그 어떤 것도 전혀 담고 있지 않다는 것을 우리는 깨닫는다. 왜냐하면 인물(personality)이란 자아와 마찬가지로, 의식적 또는 정신적-주관적 자아에 속하기 때문이다. 그래서 최초의 분석들은 인물과는 전혀 상관없는 것이요, 또 그래야만 한다. 그리하여 이른바 인간관계들은 전혀 상관이 없다. 최초의 관계는 인물적인 것도 생물학적인 것도 아니다. 바로 이것이 정신분석이 파악하는 데 성공하지 못한 사실이다.〉[48]

욕망은 혁명적이다

오이디푸스적 욕망들은 조금도 억압되어 있지 않고 또 억압될 필요도 없다. 그렇지만 그것들은 어떤 다른 방식으로는 억압과 내밀한 관계를 갖고 있다. 그것들은 미끼, 즉 억압이 욕망을 덫에 빠뜨리는 왜곡된 이미지이다. 욕망이 어머니에 대한 욕망이고 아버지의 죽음에 대한 욕망이어서 욕망이 억압되는 것은 아니다. 반대로, 욕망이 억압되기 때문에 그런 일들이 벌어지는 것이다. 욕망이 이런 가면을 쓰는 것은, 욕망의 가면을 설계해서 이 가면을 욕망에게 떡칠하는 억압 아래에서일 뿐이다. 물론 교환주의적 착상의 신봉자들이 말하는 것처럼, 근친상간이 사회 설립에 진정한 장애물이 된다고 의심해 볼 수는 있다. 다른 장애

138

---

48 D. H. Lawrence, "Psychanalyse et inconscient," 1920, in *Homme d'abord*, bibl. 10~18, pp.219~256.((옮긴이) **영**: pp.11~30. 영어에서 옮겼다. 영어에서는 강조된 부분 중 "인간"만이 강조되어 있다.)

물들도 눈에 띄었을 테지만……. 진정한 위험은 다른 데 있다. 욕망이 억압되는 까닭은, 아무리 작은 욕망일지라도 일단 욕망이 있게 되면 사회의 기성 질서가 의문시되기 때문이다. 욕망이 비-사회적(a-social)이기 때문이 아니라, 그 반대다. 하지만 욕망은 뒤죽박죽이다. 욕망 기계가 있을 수 있게 되면 사회의 모든 부문은 온통 요동친다. 몇몇 혁명가들이 어떻게 생각하건, 욕망은 본질적으로 혁명적이다. 혁명적인 것은 욕망이지 축제가 아니다! 또한 어떤 사회라도 참된 욕망의 정립을 허용할 수 있게 되면 그 착취, 예속, 위계의 구조가 반드시 위태로워진다. 만일 어떤 사회가 이 구조들과 뒤섞이면(이것은 재미있는 가정이다) 그때에는, 그렇다, 욕망이 그 사회를 본질적으로 위협한다. 따라서 욕망을 억압하고 나아가 탄압보다 더 나은 것을 찾아내어 탄압, 위계, 착취, 예속이 그 자체로 욕망되도록 하는 것이 사회로서는 사활이 걸린 중대한 일이다. 다음과 같은 아주 초보적인 것들을 말해야 한다는 것이 정말 유감스럽다. 욕망은 그것이 어머니와 동침하려는 욕망이기 때문에 사회를 위협하는 것이 아니라, 그것이 혁명적인 것이기 때문에 사회를 위협하는 것이다. 이 말은, 욕망이 성욕과는 다른 것이라는 뜻이 아니라, 성욕과 사랑은 오이디푸스의 침실에서 사는 게 아니라 오히려 훨씬 넓은 곳을 꿈꾸고 기성 질서 속에 저장되지 않는 낯선 흐름들을 흐르게 한다는 뜻이다. 욕망은 혁명을 〈바라지〉 않는다. 욕망은 그 자체로, 저도 모르게, 자신이 바라는 것을 바람으로써 혁명적이다. 이 연구의 처음부터, 우리는 사회적 생산과 욕망적 생산은 하나라는 것을, 하지만 그것들은 체제에 있어 차이가 난다는 것을, 그래서 생산의 사회적 형식은 욕망적 생산에 대해 본질적 탄압을 행사하며, 또한 욕망적 생산(〈참된〉 욕망)은 잠재적으로 사회의 형식을 요동치게 하는 뭔가를 갖고 있다는 것을 동시에 주장했다. 하지만 〈참된〉 욕망이란 무엇일까? 왜냐하면 탄압 역시도 욕망되고 있으니 말이다. 어떻게 그것들을 구별할까? 우리는 아주 느리게 분석할 권리를 요구한다. 왜냐하면, 오해하지 말기 바라거니와, 서로 대립되게 사용될 때마저도, 그 사용들은 동일한 종합들이기 때문이다.

오이디푸스가 억압의 대상이면서 또한 초자아를 매개로 한 억압의 주체이기도 하다는 연계성을 주장함으로써 정신분석이 기대하는 바는 분명하다. 정신분석은 이로부터 억압의 문화적 정당화를 기대한다. 이 정당화는 억압을 가장 중요한 것이 되게 하고, 탄압의 문제를 무의식의 관점에서는 단지 2차적인 것으로만 여기게 한다. 바로 이런 이유로, 비판자들은 프로이트의 보수적·반동적 전환점을 지적할 수 있었는데, 그 시점은 프로이트가 근친상간 충동들에 맞서 행사되는 문화의 조건으로서 억압에 자율적 가치를 부여한 순간부터이다. 라이히는 심지어, 프로이트주의의 대전환점이 되는 성욕의 포기는 프로이트가 억압을 내인성(內因性) 방식으로 시동하게 될 최초의 불안이라는 관념을 받아들이는 때라고 말한다. 〈문명화된 성도덕〉에 관한 1908년 논문을 고찰해 보라. 거기서 오이디푸스는 아직 명명되고 있지 않으며, 억압은 탄압과 관련하여 고찰되고 있는데, 이 탄압은 이전을 유발하고 있으며, 적법한 결혼을 위협하는 근친상간 충동들 내지 다른 충동들에 대해 행사되기 전에는, 부분 충동들이 그 나름대로 일종의 욕망적 생산을 재현하는 한에서 이 부분 충동들에 대해 행사되고 있다. 그러나 그다음에는 분명히, 오이디푸스와 근친상간의 문제가 무대 전면을 차지하면 할수록, 억압과 그 상관항인 제압과 승화가 더욱더 소위 문명의 초월적 요구들에 기초하게 되고, 동시에 정신분석은 더욱더 가족주의적·이데올로기적 관점에 빠지게 된다. 우리는 프로이트주의의 반동적 타협들과 심지어 그 〈이론적 항복〉에 대한 이야기를 다시 시작할 필요가 없다. 이 작업은 여러 차례, 깊이 있게, 엄밀하고도 정교하게 행해졌다.[49] 이론적이며 실천적인 동일한 학설 한가운데 혁명적·개량적·반동적 요소들이 공존한다고 해서, 우리는 어떤 특별한 문제가 있다고 보지는 않는다. 이론이 실천에서 나왔으니 이론은 실천을 정당화한다든가, 아니면 〈치료〉 과정에 대한 이의 제기는 바로 이 치료에서 뽑아낸 요소들에서 출발할 때만 할 수 있다든가 하는 구실 아래, 〈취하든가 버리든가〉 하는 방식을 우리는 거부한다. 하나는 마치 모든 위대한 학설이 하나의 조합된 구성체가 아니었던 듯 되는 경우이다. 그런데 조합된 구성체란 파편들과 조각들, 잡다하게 뒤섞인 코드들과 흐름들, 부분적인 것들과 파생된 것들로 이루어져 있으며, 이것들이 그 구성체의 삶 자체 내지 생성을 구성한다. 다른 하나는, 마치 정신분석이 그것이 발견하는 것 및 그것이 다루는 힘들과 이론적·실천적으로 애매한 관계로 성립되었다는 점을 먼저 언급하지 않으면서, 어떤 사람이 정신분석과 애매한 관계를 맺고 있다고 그 사람을 비난할 수 있는 듯 되는 경우이다. 프로이트 이데올로기에 대한 비판적 연구가 행해지고, 그것도 잘 행해지고 있다면, 역으로 그 운동의 역사는 소묘조차 되지 않고 있다. 정신분석 집단의 구조, 그 정치, 그 경향성들과 초점들, 그 자기 적용들, 그 자살들과 광기들, 거대한 집단 초자아, 저 대가(大家)의 충만한 몸 위에서 일어난 모든 것 말이다. 어니스트 존스의 기념비적 작품이라 할 만한 작품도 검열을 뚫고 가지 못하고, 오히려 검열을 코드화하고 있다. 그리고 정신분석에는 세 요소가 공존한다. 욕망적 생산을 발견한 탐험적·개척적·혁명적 요소. 오이디푸스 극장의 재현 무대로 모든 것을 복귀시키는 고전 문화적 요소(신화로의 회귀!). 끝으로 셋째 요소가 가장 우려할 만한데, 이것은 끊임없이 자기를 인정받게 하고 제도화하는, 존경에 목마른 일종의 공갈이며, 끝나지 않는 치료를 제 나름 코드화하고 돈의 역할을 제 나름 냉소적으로

---

49 두 개의 고전적인 작업인 라이히(*La Fonction de L'orgasme*, pp.155~181.((옮긴이) 독: pp.155ff. 영: 6장))와 마르쿠제(*Eros et civilisation*, Paris: Minuit, 1장)를 참조할 것. 이 문제는 더 최근에는 *Partisans*, 46호, 1969년 2월의 훌륭한 논문들에서 다시 다루어졌다. François Gantheret, "Freud et la question socio-politique" 및 Jean-Marie Brohm, "Psychanalysér ét évolution".(p.85, p.97)

정당화하며 그것이 기성 질서에 모든 담보를 제공함으로써 잉여가치를 흡수하려는 엄청난 기획이다. 프로이트에게는 이 세 요소가 모두 있었다. 환상적인 크리스토퍼 콜럼버스, 괴테, 셰익스피어, 소포클레스에 대한 탁월한 부르주아 독자, 가면을 쓴 알 카포네.

억압을 위탁받은 담당자

라이히의 힘은 어떻게 억압이 탄압에 의존하는지를 밝혔다는 데 있다. 이것은 이 두 개념의 혼동을 조금도 내포하지 않는데, 왜냐하면 유순한 주체들을 형성하기 위해, 또 탄압적 구조들 속에 포함되는 사회구성체의 재생산을 확보하기 위해, 탄압은 바로 억압이 필요하기 때문이다. 하지만 사회적 탄압은 문명과 외연이 같은 가족적 억압에서 출발해 이해되어서는 안 되며, 오히려 바로 가족적 억압이 주어진 사회적 생산 형식에 내재한 탄압과 관련해 이해되어야 한다. 탄압은 필요들 내지 이해관계들에만 관계하는 것이 아니라 욕망과도 관계하는데, 이는 성적 억압을 통해서만 그렇게 된다. 가족이란 〈한 사회의 경제 체계의 대중 심리적 재생산〉을 확보하는 한에서, 이 성적 억압을 위탁받은 담당자이다. 물론 이로부터 욕망이 오이디푸스적이라고 결론지어서는 안 된다. 이와 반대로, 오이디푸스를 현행화하고 또 탄압적 사회가 바라고 조직한 이 막다른 골목에 욕망을 연루시키는 것이 바로 욕망의 탄압 또는 성적 억압, 즉 리비도 에너지의 정체(停滯)이다. 라이히는 욕망과 사회장의 관계라는 문제를 맨 처음 제기한 사람이리라(그는 이 문제를 가볍게 다룬 마르쿠제보다 더 멀리 가고 있다). 라이히는 유물론적 정신의학의 참된 창시자이다. 라이히는 이 문제를 욕망의 견지에서 제기함으로써, 대중은 속았고 기만당했다고 너무 성급하게 말하는 요약식 맑스주의의 설명들을 거부한 최초의 사람이다. 하지만 라이히는 욕망적 생산이라

141

는 개념을 충분히 형성하지 못했기 때문에, 경제적 하부구조 자체 속으로의 욕망의 삽입, 사회적 생산 속으로의 충동의 삽입을 규정하는 데까지 이르지는 못했다. 이렇게 해서, 라이히에게는, 혁명적 투자란 욕망이 거기서 단순히 경제적 합리성과 일치하는 그런 것으로 보였다. 또 대중의 반동적 투자들에 관해 말하자면, 라이히에게는, 이것들은 이데올로기에 관계되는 것으로 보였다. 그래서 정신분석의 유일한 역할은 주관적인 것, 부정적인 것, 금지된 것을 설명하는 데 그쳤으며, 정신분석 자체로는 혁명적 운동의 적극성이나 욕망적 창조성에 직접 참가하지는 않았다(이것은 모종의 방식으로 오류나 가상을 다시 도입하는 것 아니었을까?). 라이히가 욕망의 이름으로 정신분석 속에 삶의 노래를 건네주었다는 사실은 여전히 남아 있다. 프로이트주의를 최종적으로 포기함에 있어, 라이히는 삶의 대한 공포, 금욕적 이상의 재등장, 양심의 가책이라는 문화의 거품을 고발했다. 이런 조건들 속에서 정신분석가이기를 계속하느니보다는 차라리 〈오르곤(Orgone)〉을 찾아서 욕망의 생생하고 우주적인 요소로 떠나는 것이 훨씬 낫다고, 그는 말했다. 아무도 그를 용서하지 않겠지만, 프로이트는 라이히를 크게 용서했다. 라이히는 정신분석 기계와 혁명 기계를 함께 기능시키려 한 최초의 사람이었다. 그리고 마지막에 라이히는 자신의 욕망 기계들만을, 양털과 모직으로 장식된 금속 내벽을 갖춘 자신의 독신 상자들, 기적 상자들, 편집증 상자들만을 갖고 있었다.

억압은 그 작용과 그 작용 결과의 무의식적 성격 때문에 탄압과 구별되는데(〈반항의 금지조차도 무의식적인 것이 되었다〉) 이 구별은 바로 본성의 차이를 표현하고 있다. 하지만 이로부터 이 양자가 현실적으로 서로 독립해 있다는 결론을 내릴 수는 전혀 없다. 억압은, 탄압이 의식적이기를 그치면서 욕망되게 되어 버린 그런 탄압이다. 그리고 억압은 후속 욕망, 즉 억압이 행사되는 대상의 위조된 이미지를 유도하며, 억압은 이 이미지에 외견상 독립성을 부여한다. 고유한 의미의 억압은 탄압에 봉사하는 수단이다. 억압이 행사되는 대상은 또한 탄압의 대상, 즉 욕망적 생산이기도 하다. 하지만 억압은 이중의 근원적 조작을 내포한다. 한 조작을 통해서는, 탄압적 사회구성체가 자기 권력을 억압적 심급에 위탁하며, 다른 조작을 통해서는, 앞의 것과 상관적으로, 억압된 욕망은 억압이 탄압을 야기한다는 이전되고 위조된 이미지에 의해 뒤덮인 것 같다. 사회구성체에 의한 억압의 위탁과 동시에, 이 억압에 의한 욕망적 구성체의 왜곡과 이전이 있다. 억압의 위탁된 담당자, 또는 차라리 억압에 위탁된 담당자, 그것은 바로 가족이다. 한편 억압된 것의 왜곡된 이미지, 그것은 근친상간 충동들이다. 따라서 오이디푸스 콤플렉스, 오이디푸스화는 이중 조작의 열매이다. 탄압적·사회적 생산이 억압적 가족에 의해 대체되고, 또 후자가 억압된 것을 가족적 근친상간 충동들로 재현하는 이전된 이미지를 욕망적 생산에 주는 것은 동일한 운동 속에서이다. 그리하여 모든 정신분석이 길을 잃는 교란 속에서, 가족과 충동들 간의 관계가 두 생산 간의 관계를 대신한다. 사회적 생산의 관점에서 볼 때 이러한 조작의 이익은 분명해 보인다. 사회적 생산은 욕망이 갖고 있는 반항과 혁명의 권력을 다른 식으로는 쫓아낼 수 없었으리라. 욕망에 근친상간이라는 일그러진 거울을 들이댐으로써(흥, 이게 네가 원했던 거지?) 욕망을 부끄러운 것으로 만들고, 욕망을 어안이 벙벙하게 하고, 욕망을 출구 없는 상황에 몰아넣으며, 문명이라는 보다 우월한 이해관계들의 이름으로 욕망이 〈자기 자신〉을 포기하도록 설득한다(그러니 만일 모든 사람이 그런 일을 한다면, 즉 모든 사람이 자기 어머니를 아내로 삼고, 또는 자기 누이를 자기가 데리고 있으려 한다면, 어찌 될 것인가? 그렇게 되면 더 이상 분별도 교환도 가능하지 않을 것이다……). 재빠르게 곧바 **143** 로 행동해야 한다. 근친상간은 별로 깊지도 않은 개울인데 중상모략을 당했구나.*

하지만 사회적 생산의 관점에서 이 조작의 이점은 분명하지만, 욕망적 생산 자체의 관점에서 보면 이 조작을 가능하게 하는 것은 잘 보이지 않는다. 그렇지만 우리는 이에 대한 답의 요소들을 갖고 있다. 사회적 생산은 사회체의 등록 표면 위에서 하나의 심급을, 즉 욕망의 등록 표면을 침범할 수도 있고 또 기입될 수도 있는 심급을 이용해야만 할 것이다. 그러한 심급이 실존하는데, 바로 가족이다. 가족은 생산자들의 재생산 체계로서 사회적 생산의 등록에 본질적으로 속한다. 그런데 필경, 다른 극(極)에서는, 기관 없는 몸 위에서 욕망 생산의 등록은 비-가족적 계보학의 그물을 가로질러 행해진다. 부모는 모든 면에서 부모를 넘어서는 하나의 경과의 부분대상들, 흐름들, 기호들, 담당자들로서만 여기에 개입할 뿐이다. 기껏해야 아이는 자신의 욕망으로 행하는 놀라운 생산적 경험의 어떤 것을 부모와 천진난만하게 〈관련시킬〉 따름이다. 하지만 이 경험 자체는 부모에게는 아이의 경험처럼 관련되지 않는다. 그런데 바로 여기서 저 조작이 등장한다. 사회적 탄압의 조숙한 작용을 받으면서, 가족은 욕망적 계보학의 그물로 미끄러져 들어가 이것에 간섭하며, 자기 입장에서 계보학 전체를 소외하고, 누멘을 압수해 버린다(그런데 잘 보자, 신, 그건 아빠야······). 사람들은 마치 욕망적 경험이 〈자신을〉 부모에게 관련시키는 듯이, 마치 가족이 이 경험의 최고의 법인 듯이 행동한다. 사람들은 부분대상들을, 〈결핍하고 있는 것〉으로서 작용하는 통일체-전체성이라는 저 유명한 법에 종속시킨다. 사람들은 분리들을 미분화냐 배제냐 하는 양자택일에 종속시킨다. 따라서 가족은 욕망의 생산 속에 도입되며, 아주 어렸을 때부터 욕망의 이전, 놀라운 억압을 조작하게 된다. 가족은 사회적 생산에 의해 억압에 위탁된

---

* 독일어 역주를 보면, 말라르메의 시 "Tombeau," *Sämtliche Gedichet*, 독일어-프랑스어 대역, Carl Fischer 옮김, Heidelberg, 1957을 참고할 것이라고 지적되어 있다.

다. 이렇게 가족이 욕망의 등록 속으로 미끄러져 들어가는 것은, 이 등록이 행해지는 장소인 기관 없는 몸이, 앞서 우리가 본 바와 같이, 이미 그 나름대로, 욕망적 생산에 대해 본원적 억압을 행하고 있기 때문이다. 이 본원적 억압에서 이익을 취하고 거기에 고유한 의미의 2차적 억압을 중첩하는 일이 가족에 속한다. 이 2차적 억압은 가족에 위탁되었거나 또는 가족이 이 억압에 위탁되었다(정신분석은 이 두 억압 간의 차이를 잘 밝혔으나, 이 차이의 범위나 그 두 억압의 체제 구별을 밝히지는 못했다). 이런 까닭에 고유한 의미의 억압은 현실적인 욕망적 생산을 억압하는 데 그치지 않고, 욕망의 등록을 가족적 등록으로 대체함으로써 억압된 것에 외견상 이전된 이미지를 준다. 욕망적 생산의 집합이 저명한 오이디푸스의 모습을 띠는 것은, 욕망적 생산의 등록을 가족적으로 번역하는 작업, 즉 배반-번역에서일 뿐이다.

144

오이디푸스를 발명한 것은 정신분석이 아니다

우리는 때로 오이디푸스는 (욕망적 생산의 차원에서는, 아이에게조차) 아무것도 아니라고, 거의 아무것도 아니라고 말하고, 또 때로는 오이디푸스가 (무의식을 길들이고 욕망과 무의식을 재현한다는 기획에 있어서는) 어디에나 있다고 말한다. 물론 우리는 정신분석이 오이디푸스를 발명했다고 말한다는 것을 꿈도 꾼 적이 없다. 모든 것은 이와 반대되는 것을 보여 준다. 정신분석의 환자들은 완전히 오이디푸스화했고 오이디푸스를 요구하고 거듭 요구한다……. 신문 기사 한 토막. 스트라빈스키는 죽기 전에 이렇게 말했다 한다. 〈나는 확신하거니와, 내 불행은 아버지가 나를 멀리하고 어머니의 애정이 거의 없었다는 데서 왔다. 그래서 나는 언젠가 그들에게 밝히리라 결심했다…….〉 예술가들마저 이런 상태일진대, 열성인 정신분석가에게 거북함을 느끼고 통상 주저하는 것

탄압과 억압

은 잘못이리라. 한 음악가는 우리에게, 음악이 증언하는 것은 능동적이고 정복하는 힘들이 아니라 반동적 힘들, 아버지-어머니에 대한 반작용들이라고 말하는데, 만일 그렇다면, 니체가 좋아하는 역설을 별로 고치지 않고 다시 써먹을 수 있을 따름이다. 음악가-프로이트라고. 아니, 정신분석가들은 아무것도 발명하지 않는다. 하기야 그들이 다른 방식으로 많은 것을 발명했고 많은 법을 제정했고 많은 것을 강화했고 많은 것을 주입하기는 했지만 말이다. 정신분석가들이 하는 일은 그 운동을 뒷받침하고, 무의식 전체의 이전에 최후의 도약을 첨가한 일밖에 없다. 그들이 하고 있는 것은, 다른 힘들에 의해 무의식에 강요된 종합의 초월적 사용들에 따라 무의식이 말하게 한 것밖에 없다. 온전한 인물들, 완전한 대상, 위대한 남근, 상상계의 무서운 미분화, 상징적 분별들, 분리차별……. 정신분석가들이 발명하는 것은 전이, 전이의 오이디푸스, 치료실의 오이디푸스라는 오이디푸스인데, 이것은 유독(有毒)하며 유해하지만, 거기서 환자는 마침내 바라는 것을 얻어, 정신분석가의 충만한 몸 위에서 자신의 오이디푸스를 핥아 댄다. 그리고 이미 너무 많다. 하지만 오이디푸스는 가족 안에서 만들어지지, 최후의 영토로서만 작용하는 정신분석가의 치료실 안에서 만들어지지 않는다. 그리고 오이디푸스는 가족에 의해 만들어지지 않는다. 종합의 오이디푸스적 사용들, 오이디푸스화, 삼각형화, 거세, 이 모든 것은 정신분석보다도, 가족보다도, 이데올로기보다도, 심지어 이것들을 합한 것보다도 조금 더 강력한, 조금 더 지하에 있는 힘들과 관계가 있다. 거기에는 사회적 생산, 사회적 재생산, 사회적 탄압의 모든 힘이 있다. 이것은, 욕망의 힘들을 정복하여 감수케 하려면, 또 무의식 자체 속에 있는 본질적으로 능동적·공격적·예술적·생산적·정복적인 것을 어디서나 아빠-엄마 유형의 반작용들로 대체하려면, 실로 아주 강력한 힘들이 있어야만 하기 때문이다. 앞서 우리가 본 바와 같이, 바로 이런 의미에서 오이디푸스는 하나의 적용이요, 가족은 하나의 위탁된 담당자이다. 그리고 적용이 된다 하더라도, 아이에게는 한 각(角)으로 산다는 것은 힘들고 어려운 일이다.

> 이 아이,
> 그는 거기 있지 않다,
> 그는 한 각(角)일 따름이다,
> 도래할 각,
> 그런데 각은 없다……
> 그러니까 아버지-어머니의 이 세계는 바로 가 버려야 할 세계이다,
> 그 세계는 이중의-이중화된 세계인 것이다,
> 항상 통일되기를 바라면서도,
> 항상 흩어지는 상태에 있누나……
> 이 상태 주위를 이 세계의 체계 전체가 돌고 있다
> 가장 어두운 조직에 의해 빈틈없이 지탱된 채.[50]

---

50 Antonin Artaud, "Ainsi donc la question……," in *Tel Quel*, 1967, 30호.

8 신경증과 정신병

현실

프로이트는 1924년에 신경증과 정신병의 간단한 구별 기준을 제안했다. 즉 신경증에서는 자아가 현실의 요구들에 복종하며 이드의 충동들을 억압하는 데 개의치 않는 반면, 정신병에서는 자아가 이드에 사로잡혀 있고 현실과의 단절을 개의치 않는다. 프로이트의 관념들이 프랑스에 들어오는 데는 종종 얼마간 시간이 걸리곤 했다. 그렇지만 이 구별 기준에 관한 관념은 그렇지 않았다. 같은 해(즉 1924년)에 카프그라와 카레트는 꼭 닮은 사람들(sosies)로 착각하는 분열증의 증례를 제시했다. 이 증례에서 환자는 어머니에 대한 생생한 증오와 아버지에 대한 근친상간 욕망을 보이고 있었는데, 하지만 이는 부모가 사이비 부모, 〈꼭 닮은 사람들〉로 체험되는 현실 상실 조건에서였다. 이로부터 카프그라와 카레트는 반비례 관계인 예화를 끌어냈다. 즉 신경증에서는 현실의 대상 기능이 보존되지만, 원인 콤플렉스가 억압된다는 조건 아래서요, 정신병에서는 이 콤플렉스가 의식 속에 침입하여 의식의 대상이 되지만, 현실 자체 또는 현실계의 기능에 지금 행사되는 〈억압〉을 대가로 해서이다.

146

분명 프로이트는 이 구별의 도식적 성격을 강조하고 있었다. 왜냐하면 신경증에서도 단절은 억압된 것의 회귀와 함께 발견되며(히스테리 기억 상실, 강박적 파기) 정신병에서 현실의 회복은 망상적 재구성과 함께 나타나기 때문이다. 프로이트가 이 단순한 구별을 절대로 버리지 않았다는 사실은 계속해서 남아 있다.[51] 그런데 프로이트가 독창적인 길을 따라 전통적 정신의학에서 소중했던 관념을 재발견하고 있다는 점은 중요해 보인다. 즉 광기가 근본적으로 현실 상실과 연관되어 있다는 관념 말이다. 이는 관념해리(解離) 내지 자폐증이라는 개념의 정신의학적 정교화로 수렴된다. 아마 이 때문에 프로이트의 설명이 그렇게 빨리 확산되었으리라.

전도된 이성

그런데 우리에게 흥미가 있는 것은, 이 수렴에서 오이디푸스 콤플렉스의 정확한 역할이다. 왜냐하면 가족의 주제들이 가끔 정신병자의 의식에 침입하는 것이 사실이라 해도, 라캉의 지적처럼, 다음과 같은 점을 알수록 더욱 놀라지 않을 수 없기 때문이다. 즉 오이디푸스가 〈발견〉된 것은, 그것이 명백했을 정신병에서라기보다는, 반대로 그것이 잠복하고 있다고 여겨지는 신경증에서라는 점 말이다.[52] 하지만 이는, 정신병에서는, 가족 콤플렉스가 바로 모종의 가치를 지닌 자극으로, 즉 조직

---

51 1924년의 두 논문은 〈신경증과 정신병〉 및 〈신경증과 정신병에서의 현실 상실〉이다. Capgras & Carette, "Illusion des sosies et complexe d'Œdipe," *Annales medico-psychologiques*, 1924년 5월 역시 참고할 것. 〈물신(物神)〉에 관한 프로이트의 논문(1927)은 가끔 이 구별에 대해 언급하고는 있지만, 그저 그것을 확인하고 있다.(S. Freud, *la Vie sexuelle*, Paris: P.U.F., p.137)((옮긴이) **독**: p.316. 영: pp.198~204)) 〈이리하여 나는 내 가정을 유지할 수 있다…….〉

52 Lacan, "La Famille," *Encyclopedie francaise*, VIII, 1938.

자의 역할이 없는 단순한 유도자로 나타난다는 것 아닐까? 현실의 내
공적 투자들은 전혀 다른 것(사회장, 역사장, 문화장)에 관계하니 말이다.
오이디푸스는 의식에 침입하고 동시에 자기 안에서 해소되니, 이는 오
이디푸스가 〈조직자〉일 수 없음을 증시한다. 이러니 현실 상실의 효과
를 얻기 위해서는, 정신병을 저 날조된 척도로 측정하고, 저 사이비 기
준인 오이디푸스로 다시 끌어오는 것으로 충분하다. 이것은 추상적 조
작이 아니다. 정신병자 안에, 바로 그에게, 결핍을 배정하기 위해서이
더라도, 어쨌든 정신병자에게 오이디푸스적 〈조직화〉가 강요되는 것이
다. 이 조작은 충만한 살에, 충만한 혼에 행사된다. 정신병자는 자폐증
과 현실 상실을 통해 반응한다. 현실 상실이 분열적 과정의 결과가 아
니라, 이 과정의 강요된 오이디푸스화의 결과, 말하자면 이 과정이 중
단된 결과라는 것이 가능할까? 우리가 방금 전에 말한 것을 바로잡아,
어떤 이들은 다른 이들보다 오이디푸스화를 잘 견디지 못한다고 상정
해야 할까? 분열자가 〈자신의〉 무의식의 상징적 조직화 속에 오이디푸
스를 결핍하면 할수록 자신의 환각된 의식 속에 그만큼 더 오이디푸스
가 등장하겠지만, 그렇다고 해서 분열자가 오이디푸스 속에서, 오이디
푸스로 인해 병들지는 않을 것이다. 반대로, 마치 사람들이 대륙들과
문화들을 편력하는 사람을 끊임없이 고향 등대로 다시 데려오는 것처
럼, 먼 여행을 떠난 분열자에게 오이디푸스화(가장 어두운 조직화)를 겪
게 해서 그가 더 이상 이를 견디지 못해 병드는 것 같다. 그가 괴로움을
겪는 것은 분열된 자아로 인해서도 아니고 폭발된 오이디푸스로 인해
서도 아니며, 오히려 그가 버리고 떠난 이 모든 것으로 다시 이끌려 오
기 때문이다. 기관 없는 몸=0까지 내공의 추락, 그것이 자폐증이다. 오
이디푸스적 억압-탄압의 체계가 분열자에 대립시켜 세우는 장벽, 분열
자의 모든 현실 투자를 막는 장벽에 반응하는 다른 수단이 분열자에겐
없다. 랭의 말처럼, 이 투자들은 여행 중에 중단된다. 현실을 상실하고

만 것이다. 하지만 언제 현실을 상실했을까? 여행 중에, 아니면 여행의
중단에서?

〈진위를 결정할 수 없는〉 오이디푸스 ― 공진(共振)

따라서 반비례 관계의 또 다른 정식화가 가능하다. 즉 정신병자와
신경증자, 이렇게 두 집단이 있는데, 전자는 오이디푸스화를 견디지 못
하는 자들이요, 후자는 오이디푸스화를 견디고 심지어 그 안에서 진화
하며 그것에 만족하는 자들이다. 전자는 오이디푸스적 각인이 통하지
않는 자들이요, 후자는 통하는 자들이다. 〈나는 내 친구들이 *새 시대*의
벽두에, 내가 악하다고 믿는 가부장적 편향 속으로 그들을 던졌던 실천
적 폭발력을 지니고서, 집단을 이루기 시작했다고 믿는다. (……) 내가
속했던 외떨어진 자들로 이루어진 둘째 집단은, 분명 몇몇 쇄골들의 중심
들로 구성되어 있었는데, 이들이 아담이 신에게 받은 지식에서 힘든 연
구들을 하고 있던 그때, 이들은 개인적 성공 가능성 밖으로 완전히 밀
려나 있었다. 내 관심사의 측면에서 보면, 첫째 집단의 가부장주의에 대 **148**
한 내 반항이 둘째 해부터 점점 더 숨 막히는 사회적 어려움 속으로 나
를 몰아넣었다. 그래, 당신은 이 두 집단이 접합 가능하다고 믿느냐? 나는
남성적 가부장주의의 저 자식들을 그다지 나무라고 싶지 않다. 나는 복
수심이 강하지 않다. (……) 어쨌건, 내가 이겼다면, *아버지*와 *아들*의 싸
움은 더는 없으리라! (……) 물론 나는 신의 위격들에 대해 말하는 것이
지, 자신을 오해하는 저 이웃들에 대해 말하는 건 아니다…….〉[53] 이 두
집단을 가로질러 대립되는 것은, 창조되지 않은 기관 없는 몸 위에서
의 욕망의 등록과 사회체 위에서의 가족의 등록이요, 또 정신병에 있는

---

53 Jacques Besse, *La Grande Pâque*, p.27, p.61.

아담이 신에게 받은 지식과 신경증의 실험적 학문들이다. 대립되는 것은, 분열증적 이심원(離心圓)과 신경증의 삼각형이다. 더 일반적으로 말하면, 대립되는 것은 두 종류 종합의 사용이다. 한편에는 욕망 기계들이 있고, 다른 한편에는 오이디푸스-나르키소스 기계가 있다. 이 싸움의 세부 사항들을 이해하려면, 가족이란 것이 욕망적 생산 속에서 재단하고, 끊임없이 재단한다는 점을 고려해야 한다. 욕망의 등록 속에 자신을 기입하고 거기서 자기 발판을 슬쩍 밀어 넣음으로써, 가족은 생산력들을 대규모로 거머쥐고, 욕망의 기계들을 특징짓는 절단들의 집합을 자기 방식으로 이전하고 재조직한다. 가족은 이 모든 절단을 가족 자체를 조건 짓는 보편적 거세의 장소로 떨어지게 하지만(〈하늘의 천장에 매달린 죽은 쥐의 엉덩이〉라고 아르토는 말한다) 또한 가족은 자기 고유의 법들과 사회적 생산의 요구들에 따라 이 절단들을 재분배한다. 가족은 가족 삼각형을 따라 절단하여, 가족에 속하는 것과 그렇지 않은 것을 구별한다. 가족을, 또 가족 안에서도, 온전한 인물들을 형성하는 분별의 선들을 따라 절단한다. 저게 아빠이고, 저건 엄마이다, 저건 너다. 또 저건 네 누이이다. 여기서 젖의 흐름을 절단해라, 이젠 동생 차례야, 여기서 지지하지 마, 저기서 똥 줄기를 절단해. 가족의 1차 기능은 보유이다. 중요한 건, 가족이 욕망적 생산에서 거부하려 하는 것과 보유하려 하는 것, 자신의 미분화(하수구)로 통하는 출구 없는 길들 위에서 인도하려 하는 것과 역으로 증식과 재생산이 가능한 분별의 길들에서 이끌고 가려 하는 것이 무엇인지를 아는 일이다. 왜냐하면 가족은 그 수치들과 동시에 그 영광들을, 겉으로만 구별되는 그 신경증의 미분화와 그 이상(理想)의 분별을, 동시에 창조하기 때문이다. 그러면 이 시간 동안, 욕망적 생산은 뭘 하는 걸까? 보유된 요소들이 이것들을 아주 깊이 변형하는 종합의 새로운 사용 속에 들어가면 반드시 삼각형 전체에 공진을 일으킨다. 욕망 기계들은 문밖에 있고, 문으로 들어가면 모든 것

149

을 진동시킨다. 더욱이, 들어가지 않는 것까지도 필경 진동시킬 것이다. 욕망 기계들은 자신들의 엉뚱한 절단들을 재도입하거나 재도입하려 한다. 아이는 자신에게 전해지는 임무를 알아차린다. 하지만 삼각형 속에 무엇을 넣고 어떻게 선별할까? 아버지의 코와 어머니의 귀는 소용이 될까? 그건 보유될 수 있을까? 그건 오이디푸스적 절단을 잘해 낼까? 또 자전거 경적은? 가족의 일부가 되는 게 뭘까? 삼각형이 밀쳐 내는 것의 압력을 받는 것처럼 삼각형이 보유하는 것의 압력을 받아, 진동하고 공진하는 것이 삼각형에 귀속된다. 공진(여기에도 또한 숨 막히거나 공개되거나, 부끄럽거나 영광스러움이 있는데)은 가족의 둘째 기능이다. 가족은 보유하는 항문이요, 공진하는 목소리인 동시에, 또한 소비하는 입이다. 이 세 종합이 가족에 속한다. 왜냐하면 이미 만들어진 사회적 생산의 대상들에 욕망을 인도하는 일이 중요하기 때문이다. 공진들을 얻으려면, 콩브레의 마들렌을 사라.

하지만 저 두 집단의 단순한 대립은 신경증을 오이디푸스 내적 장애로, 정신병을 오이디푸스 외적 도주로 규정할 수 있게 해 주지만, 이제 이 대립에는 만족할 수 없다. 이 두 집단이 〈접합 가능하다〉라는 것을 확증하는 것으로도 충분치 않다. 오히려 문제가 되는 것은 이 집단들을 직접 변별할 가능성 여부이다. 가족 재생산이 욕망적 생산에 행사하는 압력과, 욕망적 생산이 가족 재생산에 행사하는 압력을 어떻게 구별할까? 오이디푸스 삼각형은 진동하고 떤다. 하지만 이것은 오이디푸스 삼각형이 욕망의 기계들 위에서 확보하는 발판과 관련해서일까, 아니면 오이디푸스 삼각형의 각인을 벗어나 발판을 내놓게 하는 욕망의 기계들과 관련해서일까? 공진의 극한은 어디일까? 가족 소설은 오이디푸스 계보학을 구하려는 노력을 표현하고 있지만, 또한 비-오이디푸스 계보학의 자유로운 돌출도 표현하고 있다. 환상들은 결코 충만한 형식들이 아니다. 환상들은 한쪽에서 다른 쪽으로 건너갈 준비가 되어 있는

　　　　　　　　　　　　　　　　　　신경증과 정신병

가장자리 내지 변경(邊境)의 현상들이다. 요컨대 오이디푸스는 엄밀히 말해 진위를 결정할 수 없다. 오이디푸스가 결정될 수 없는 만큼 오이디푸스는 어디서나 발견될 수 있다. 오이디푸스는 엄밀하게 아무 소용없다고 말하는 것은, 바로 이런 의미에서 옳다. 네르발의 아름다운 이야기로 돌아가 보자. 그는 사랑하는 여인 오렐리가 어린 시절의 소녀 아드리엔과 같은 사람이기를 바란다. 그는 이 둘이 동일하다고 〈지각〉한다. 또 오렐리와 아드리엔 둘 모두는 하나인데, 곧 어머니이다. 〈지각의 동일성〉으로서의 동일시가 여기서 정신병의 기호라고 말할 수 있을까? 이때 현실의 기준과 만난다. 즉 콤플렉스가 정신병적 의식에 침입하는 것은 다만 현실계와의 단절을 대가로 해서이고, 반면 신경증에서는 동일성이 무의식적 재현들의 그것으로 머무르지 지각과 타협하지 않는다. 하지만 모든 것을, 심지어 정신병마저도 오이디푸스에 기입함으로써 얻은 것이 무엇일까? 한 걸음 더 나아가면, 오렐리, 아드리엔 그리고 어머니, 이 모두는 성모(聖母)이다. 네르발은 삼각형의 진동의 극한을 찾고 있는 것이다. 오렐리는 말한다, 〈당신은 하나의 드라마를 찾고 있어요.〉 모든 것이 오이디푸스 속에 기입된다면, 모든 것은 극한에서는 반드시 오이디푸스 밖으로 도주한다. 동일시는 지각의 관점에서 인물들의 동일시가 아니었으며, 여전히 더 강렬한 다른 지역들을 향해 출발하게 해 주는 내공 지역들, 전혀 다른 여행을 촉발하는 모종의 자극들, 이제 어머니가 아니라 성모와 신을 만나는 다른 돌파들 및 다른 운동들을 준비하는 정체(停滯)들에서의 이름들의 동일시였다. "이리하여 나는 세 번 승자로서 아케론을 건넜다." 이렇듯 분열자는 모든 것을 어머니로 환원하는 것을 받아들이리라. 왜냐하면 그건 전혀 중요하지 않기 때문이다. 분열자는 모든 것을 어머니 밖으로 다시 나가게 할 수 있다고, 어머니 속에 집어넣어졌던 모든 성모를 자신의 비밀스러운 사용을 위해 다시 끄집어낼 수 있다고 확신하고 있는 것이다.

현행 요인이 의미하는 것

모든 것이 신경증으로 변환되거나 아니면 모든 것이 정신병으로 쏠린다. 따라서 그런 식으로 물음이 제기되어서는 안 된다. 신경증에 대해서는 오이디푸스적 해석을 유지하고, 정신병에 대해서는 오이디푸스 외적 설명을 마련해 놓는 것은 정확하지 않으리라. 두 집단이 있는 것이 아니며, 신경증과 정신병 사이에 본성의 차이가 있는 것이 아니다. 하여간 원인은 욕망적 생산이기 때문이다. 오이디푸스를 파괴하거나 침몰시키는 정신병적 전복들이건, 오이디푸스를 구성하는 신경증적 공진들이건, 그 최후의 원인은 욕망적 생산이다. 이런 원리는, 〈현행 요인들〉의 문제와 관련시킬 때 그 온전한 의미를 얻는다. 정신분석의 가장 중요한 점들 중 하나는, 신경증에서조차, 현행 요인들이 어린 시절의 가족적 요인들과 구별되는 한에서, 이 현행 요인들의 역할을 평가한 점이리라. 의견이 크게 갈리는 것들은 모두 이 평가와 연관되어 있으리라. 그리고 난점들은 다양한 양상을 띠고 있었다. 우선, 이 현행 요인들의 본성(이것들은 육체적일까, 사회적일까, 형이상학적일까? 또 탈성욕화된 아주 순수한 관념론을 정신분석에 재도입한 저 유명한 〈삶의 문제들〉일까?). 둘째로, 이 요인들의 양상. 그것들은 단순한 좌절 때문에 부정적·박탈적 방식으로 작용하고 있었을까? 끝으로, 그것들의 순간, 그것들의 시간. 어린 시절의 요인 또는 가장 오래된 요인이 가족 콤플렉스에 의해 충분히 설명되었던 데 반해, 현행 요인은 나중에 생겼으며 〈최근의 것〉을 의미한다는 것은 자명한 일 아닐까? 라이히 같은 저자도, 욕망을 사회적 생산의 형식들과 관련시키고, 그럼으로써 동시에 현행 신경증이 아닌 정신신경증은 없다는 것을 증명하는 데 아주 사려 깊기는 했지만, 그러면서도 계속해서 현행 요인들을 탄압적 결핍(〈성적 정체(停滯)〉)에 의해 작용하는 것이라고 제시하고 나중에 생겨나는 것이라고 설명한다. 이는 라이히

151

에게 일종의 확산된 오이디푸스주의를 주장하게 하는데, 왜냐하면 정체 또는 결핍적 현행 요인은 신경증의 에너지만을 정의할 뿐, 자기 쪽에서 보면 어린 시절의 오이디푸스적 갈등에 귀착되는 내용을 정의하지는 않기 때문이다. 사실 이 옛 갈등은 현행 정체(停滯)에 의해 재활성화되는 것이다.[54] 그런데 오이디푸스주의자들이 현행의 결핍 내지 좌절은 더 오래된 내적인 질적 갈등 ── 이 갈등은 현실에 의해 금지된 길들뿐 아니라 현실이 열어 놓지만 이번엔 자아가 스스로 금지하는 길들마저 막는다(이중 막다른 골목의 공식) ── 의 한가운데서만 체험될 수 있다고 지적할 때 이들은 다른 말을 하고 있는 것이 아니다. 현행 신경증들의 도식을 예시하는 〈사례들을 죄수나 수용소 수감자나 노동에 지친 노동자에게서 볼 수 있을까? 이들이 많은 사례를 제공하리라는 것은 확실치 않다. (……) 우리의 체계적 경향은, 상세한 목록 없이는, 현실의

152 명백한 죄악들을 인정하지 않는다는 것이다. 즉 세계의 무질서가 시간이 지나면서 다소간 불가역적인 구조들 속에 기입된다 해도, 이 혼란이 어떤 점에서 주관적 혼란 속에 다시 나타나는가를 밝히지 않고서는 말이다.)[55] 우리는 이 구절을 이해하지만, 불온한 어조가 있음을 발견하지 않을 수 없다. 우리는 다음의 선택을 강요받는 것이다. 즉 현행 요인이 온통 외적인 결핍의 방식으로 착상되거나(이는 불가능한 일이다) 아니면 현행 요인이 오이디푸스와 관계하는 필연적으로 내적인 질적 갈등에 잠겨 있거나……(오이디푸스, 그것은 정신분석가가 세계의 사악함들에서 손

---

54 W. Reich, *La Fonction de l'orgasme*, p.94.((옮긴이) 독: p.89. 영: p.112) 〈신경증자의 모든 환상은 부모에 대한 어린 시절의 성적 애착에 그 뿌리를 박고 있다. 하지만 아이와 부모의 갈등은, 기원에서 이 갈등 자체가 만들어 낸 현행 정체에 의해 계속 양분이 주어지지 않았다면 정신적 안정의 지속적 장애를 생산하지는 않았을 것이다……〉

55 Jean Laplanche, *La Réalité dans la nevrose et la psychose* (conférence à la Société francaise de psychanalyse, 1961). 또한 Laplanche & Pontalis, *Vocabulaire de la psychanalyse*의 "Frustration" 및 "Nevrose actuelle" 항목((옮긴이) 독: "Versagung" & "Aktual-Neurose", 영: "Frustration" & "Actual Neurosis")을 참조할 것.

을 씻어 내는 원천이다).

정신분석의 다섯째 오류추리 —— 나중

완전히 다른 길에서, 우리가 정신분석의 이상주의적 탈선을 고찰해
보면, 거기서 현행 요인들에 결핍적·차후적 지위와는 다른 지위를 주
기 위한 흥미로운 시도를 본다. 겉보기의 역설 속에 서로 연관된 두 개
의 배려가 발견되기 때문이다. 가령 융이 그렇다. 하나는 장애의 현재
또는 현행성에 달라붙어 끝나지 않는 치료를 단축하려는 배려요, 다른
하나는 오이디푸스보다 더 멀리, 심지어 전-오이디푸스보다도 더 멀리
가고, 아주 높이 거슬러 올라가, 마치 가장 현행적인 것은 또한 가장 근
원적인 것, 가장 짧은 것, 가장 먼 것인 양하는 배려이다.[56] 융에게서 원
형(原型)들은 전이 속에서 정확히 가족 이미지들을 넘어서는 현행 요인
들이라고 제시되는 동시에, 어린 시절의 요인들 자체보다도 무한히 오
래된, 또 다른 오래됨을 지닌 의고적 요인들로 제시되고 있다. 하지만
이렇게 해서 얻은 것은 전혀 없다. 왜냐하면 현행 요인이 결핍적이기를
그치는 것은, 오직 *이상*(理想)의 권리들을 향유한다는 조건에서만이요,
또 나중이기를 그치는 것은 그것이 하나의 너머가 된다는 조건에서이
기 때문이다. 그런데 이 너머는 분석적으로 오이디푸스에 의존하는 대
신 오이디푸스에 의해 신비적으로 의미가 주어져야만 한다. 그래서 나
중은, 융이 제안한 저 놀라운 할당이 증시하는 바와 같이, 시간성의 차
이 속에 필연적으로 재도입된다. 가족과 사랑이 문제인 젊은이들에게

153

---

56 랑크에 대해서도 똑같은 지적이 타당하다. 탄생의 외상은 오이디푸스와 전-오이디푸스
너머로 거슬러 올라감을 내포할 뿐 아니라 또한 치료를 단축하는 수단이어야만 한다. 프로이
트는 『끝이 있는 분석과 끝이 없는 분석』에서 이를 신랄하게 논평한다. 〈랑크는 사후 분석을
통해 이 원(原)외상을 깨끗이 없앰으로써 모든 신경증을 치료하기를 희망한다. 그래서 한 조
각 분석이 나머지 모든 분석 작업을 면제해 주리라……〉

는 프로이트의 방법을! 사회 적응이 문제인 덜 젊은 사람들에게는 아들 러를! 그리고 *이상*(理想)이 문제인 어른들과 노인들에게는 융을……[57] 그리고 우리는 프로이트와 융 사이에 공통점으로 남아 있는 것이 무엇 인지를 보았다. 그것은 무의식이 언제나 (생산의 단위로 측정되지 않고) 신화에 의해 측정된다는 점인데, 다만 그 측정은 서로 반대되는 두 방향으로 행해지고 있기는 하다. 하지만 도덕이나 종교가 오이디푸스에 게서 분석적·퇴행적 의미를 발견하느냐, 아니면 오이디푸스가 도덕이나 종교 속에서 신비적·전망적 의미를 발견하느냐 하는 것이 결국 무슨 상관이겠는가?

우리가 말하고 있는 것은, 신경증이건 정신병이건 장애의 원인은 언제나 욕망적 생산 속에, 즉 욕망적 생산과 사회적 생산의 관계, 이 두 생산 사이의 체제의 차이나 갈등 그리고 욕망적 생산이 사회적 생산 속에서 수행하는 투자의 양태들에 있다는 것이다. 이 관계, 이 갈등, 이 양상들 속에서 파악되는 한에서의 욕망적 생산, 이런 것이 현행 요인이다. 또한 현행 요인은 박탈적인 것도 아니고 이면적인 것도 아니다. 현행 요인은 욕망의 충만한 삶으로 구성되어 있기에, 가장 여린 어린 시절과 동시간적이며, 매 걸음마다 삶에 동반한다. 그것은 오이디푸스 다음에 따라 나오지 않으며, 오이디푸스적 조직화도, 전-오이디푸스적·전(前)-조직화도 전혀 상정하지 않는다. 이와 반대로, 모종의 가치를 띤 자극, 즉 욕망적 생산의 무오이디푸스적 조직화가 어린 시절부터 행해지게 하는 단순한 유도자로서 의존하건, 사회적 재생산이 가족을 가로질러 욕망적 생산에 강요하는 억압-탄압의 결과로서 의존하건, 어쨌건 현행 요인에 의존하는 것은 바로 오이디푸스이다. 따라서 현행이라고 명명한 것은, 그것이

---

57 C. G. Jung, *La Guérison psychologique*, Paris: Georg, 1953, 1~4장.((옮긴이) 독: "Ziele der Psychotherapie". 영: 1~4장 및 p.345)

보다 최근이어서도 아니고 또 오래된 또는 유년의 것에 대립되기 때문도 아니며, 오히려 〈잠재〉와의 차이 때문이다. 그리고 잠재적인 것이 현행 요인에서 파생된 결과로서 신경증 구성체 속에서 현행화되어야 하는 한에서건, 이 현행 요인의 직접적 결과로서 정신병 구성체 속에서 해체되고 용해되는 한에서건, 어쨌건 잠재적인 것은 바로 오이디푸스 콤플렉스이다. 바로 이런 의미에서 나중이란 관념은 우리에게는 정신분석의 이론과 실천에서 마지막 오류추리로 보였다. 능동적인 욕망적 생산은, 그 경과 자체에서, 처음부터 육체적·사회적·형이상학적 관계들의 집합을 투자한다. 그런데 이 관계들은 오이디푸스적인 심리학적 관계들에 뒤따르지 않는다. 반대로, 이 관계들은 반작용에 의해 규정되는 오이디푸스적 부분집합에 적용되게 되거나, 아니면 이 부분집합을 자기 활동의 투자장(場)에서 배제하게 될 것이다. 진위를 결정할 수 없고 잠재적이고 반작용적 내지 반동적인 것, 이런 것이 오이디푸스이다. 그것은 반동적 구성체일 뿐이다. 욕망적 생산에 대한 반동적 구성체 말이다. 이 구성체와 공존하고 이 구성체가 반작용하는 현행 요인과 독립해서 이 구성체를 그 자체로, 추상적으로 고찰하는 것은 큰 잘못이다.

154

욕망적 생산의 현행성

하지만 정신분석은 자기를 오이디푸스에 가두면서, 그리고 오이디푸스에 관련하여, 또는 심지어 오이디푸스와의 관계에 의해 전진들과 퇴행들을 규정하면서, 바로 이런 일을 하고 있다. 이렇게 해서 종종 정신병을 특징지으려는 시도의 기반이 되는 전-오이디푸스적 퇴행이라는 관념이 생긴다. 이것은 잠수 인형*과도 같다. 퇴행들과 전진들은 오이디푸스라는 인공적으로 닫힌 그릇 내부에서만 행해지지만, 실은 무오이디푸스적인 욕망적 생산 속에 있는, 변하지만 늘 현행적이고 현재적인 힘들의 상태에 의존한다. 욕망적 생산은 현행적 실존만을 갖는다. 전진들과 퇴행들은 욕망의 상태들 덕에 가능한 한 늘 완전히 채워진 채로 있는 잠재성의 실효화일 따름이다. 분열자가 어른이건 아이이건, 분열자들과 현실적으로 영감을 받은 직접적 관계를 세울 줄 알았던 정신의학자와 정신분석가는 극히 드물었는데, 이들 가운데 지슬라 판코브와 브루노 베텔하임은 그 이론적 힘과 치료적 실효성을 통해 새로운 길들을 그리고 있다. 이 두 사람이 모두 퇴행 개념을 문제 삼는 것은 우연이 아니다. 어떤 분열자에게 행한 몸 돌보기, 즉 마사지, 목욕, 찜질의 예를 들고서 지슬라 판코브는 묻는다. 간접적·상징적 만족들은 환자에게 다시 전진할 수 있게 하고 전진하는 걸음을 회복시켜 주는데, 이런 만족들을 환자에게 주기 위해 환자의 퇴행 지점까지 도달하는 것이 중요한 일일까? 그래서 판코브는 말한다. 〈분열자가 아기 때 받지 못했던 돌보기를 해 주는 것〉이 문제는 아니다. 〈오히려 환자에게 자기 몸의 극한을 인정하게 해 주는 촉각적인 몸 감각들과 여타 감각들을 주는 것이 중요하다. (……) 무의식적 욕망의 인정이 중요하지, 이 욕망의 만족이 중요한 게 아니다.〉[58] 욕망을 인정한다는 것은, 분열자가 몸을 사려 욕망적 생산을 침묵시키고 질식시키는 바로 그곳, 즉 기관 없는 몸 위에서 욕망적 생산을 다시 작동하는 것, 바로 그것이다. 욕망의 이런 인정, 욕망의 이런 정립, 즉 이 '기/호'는, 현실적이고 현행적인 생산성의 차원과 결부된다. 이 생산성은 간접적 내지 상징적 만족과는 전혀 무관하

155

* 물리학 실험에서 사용되는 작고 속이 빈 유리 인형으로, 물을 채운 밀폐된 그릇에 넣고 압력을 조절하면, 즉 그 인형 안에 들어 있는 물의 양을 조절하면, 솟아오르거나 가라앉게 할 수 있다.

58 Gisela Pankow, *L'Homme et sa psychose*, Paris: Aubier, 1969, pp.24~26(*Structuration dynamique dans la schizophrenie*, Paris: Huber, 1956에서 지슬라 판코브가 전개한 아주 훌륭한 기호 이론을 참조하는 것이 좋겠다). 브루노 베텔하임에 의한 퇴행 비판에 관해서는, Bruno Bettelheim, *La Fortersse vide*, pp.369~374((옮긴이) 영: pp.294~296)를 참조할 것.

며, 또한 그것이 정지해 있을 때나 작동하고 있을 때나, 전-오이디푸스적 퇴행은 물론 오이디푸스의 전진적인 복원과도 구별된다.

9 과정

떠나기

신경증과 정신병 사이에는 본성, 종류, 집단의 차이가 없다. 정신병과 마찬가지로, 신경증도 오이디푸스적으로는 설명될 수 없다. 오히려 반대로 오이디푸스를 설명해 주는 것이 바로 신경증이다. 그러면 정신병-신경증의 관계를 어떻게 착상해야 할까? 그런데 이 관계는 다른 관계들에 의존하고 있는 것이 아닐까? 우리가 정신병을 과정 자체라 부르느냐, 아니면 반대로 과정의 중단이라 부르느냐(또한 어떤 종류의 중단인가?)에 따라 모든 것이 바뀐다. 과정으로서의 분열증은 욕망적 생산이지만, 그것은 끝에 가서, 자본주의의 조건들 속에서 규정된 사회적 생산의 극한으로서 그러하다. 분열증은 우리, 현대인의 〈병〉이다. 역사의 끝은 다른 의미가 아니다. 역사의 끝에서는 과정의 두 방향이 합쳐진다. 즉 자신의 탈영토화의 끝까지 가는 사회적 생산의 운동과 새로운 대지에 욕망을 나르고 거기서 욕망을 재생산하는 형이상학적 생산의 운동이라는 두 방향이 역사의 끝에서 합쳐지는 것이다. 〈사막은 넓어지고 (……) 기호는 가깝다…….〉 분열자는 탈코드화된 흐름들을 나르고, 이 흐름들이 기관 없는 몸이라는 사막을 가로지르게 하는데, 여기서 그는 자신의 욕망 기계들을 설치하고 작용하는 힘들의 영속적 유출을 생산한다. 분열자는 극한, 분열을 넘어섰다. 그는 사회적 생산의 외곽에서 욕망의 생산을 늘 유지하면서, 거기에 접해 있으면서도 늘 밀려나고 있었다. 분열자는 떠날 줄 안다. 분열자는 떠남을, 태어나고 죽는 것만큼이나 단순한 어떤 것으로 만들었다. 하지만 동시에 분열자의 여행은 기이하게도 제자리에서 일어난다. 분열자는 다른 세계에 관해 말하지 않으며, 다른 세계에 속하지도 않는다. 설사 공간 속에서 이전된다 해도, 그것은 내공에서의 여행이요, 여기 세워져 머물러 있는 욕망 기계 둘레에서의 여행이다. 왜냐하면 바로 여기에서 우리 세계로 사막이 전파되고, 또한 새로운 대지와 윙윙거리는 기계가 전파되기 때문이며, 이 기계 둘레를 분열자들은 새 태양의 행성들처럼 돈다. 이 욕망의 인간들(어쩌면 이들은 아직 실존하지 않는다)은 차라투스트라와 같다. 분열자들은 엄청난 괴로움들, 현기증들, 병들을 알고 있다. 분열자들은 자신들의 유령들을 지니고 있다. 분열자들은 몸짓 하나하나를 새로 발명해야만 한다. 하지만 그런 인간은 자유롭고 책임이 없고 고독하고 기쁜 인간으로, 마침내 누구의 허락도 구하지 않으면서 자신의 고유명사로 단순한 어떤 것을 말하고 행할 수 있는 인간으로 생산된다. 즉 그는 아무것도 결핍하고 있지 않은 욕망, 장벽들과 코드들을 뛰어넘는 흐름, 그 어떤 자아도 가리키지 않는 이름을 말하고 만들어 낼 수 있는 자이다. 그는 미치지 않을까 하는 두려움을 소박하게 버렸다. 그는 더 이상 그를 건들지 않을 숭고한 병으로서 자신을 산다. 여기서 정신과 의사는 어떤 가치가 있으며, 앞으로 어떤 가치가 있을까? 정신의학 전체에서 오직 야스퍼스만이, 그 후에는 랭만이 이 과정과 과정의 완성이 의미하는 것에 대해 알고 있었다(바로 이런 까닭에 그들은 정신분석과 정신의학의 일상적인 침대인 가족주의에서 벗어나는 법을 알고 있었다). 〈만일 인류가 살아남는다면, 미래의 인간들은 우리의 계몽된 시대를 정말 암흑시대로 돌아보리라고 나는 짐작한다. 그들은 아마 이 상황의 아이러니를 우리가 추출할 수 있는 것보다 더 재미있게 맛볼 수 있을 것이다. 그들은 우리를 우습게 볼 것이다. 그들은 우리가 *분열증*이라고 부르는 것이 사실은 빛이, 종종 아주 평범한 사람들을 통해서, 우리의 너무나도 닫힌 마음의 균열들을 뚫고 들어오기 시작하는 형식들 중 하나였다는 것을 알 것이다. (……) 광기는 반드시 붕괴(breakdown)일 필요는 없다. 그것은 돌파(breakthrough)일 수도 있다. (……) 자아 상실 또는 초월론적 경험을 겪는 사람은 여러 방식으로 혼돈스럽게 될 수도 있고 아닐 수도 있다. 이때 그는 미친 사람으로 적법하게 간주될 수 있을지도 모른다. 그러나 미친 것과 병든 것, 이 두 범주가 우리 문화에서는 혼동되었기는 하나, 미친 것이 반드시 병든 것은 아니다. (……) 우리의 사이비 건강이라는 소외된 출발점에서 보자면, 모든 것이 애매하다. 우리의 건강은 *참된* 건강이 아니다. 저들의 광기는 *참된* 광기가 아니다. 우리의 환자들의 광기는 우리가 그들에게, 또 그들이 그들 자신에게 가하는 파괴의 책략이다. 아무도 우리가 *참된* 광기를 만날 수 있다거나, 우리가 참으로 멀쩡하다고 상정하지 말자. 우리가 환자들에게서 만나는 광기는, 우리가 건강이라고 부르는 저 이상한 종합의 자연스러운 치유일지도 모를 것의 졸렬한 모조품, 거짓 꾸밈, 기괴한 희화이다. 참된 정신 건강은 그 어떤 식으로건 정상적 자아의 해체를 함축한다…….)[59]

---

59 Ronald Laing, *La Politique de l'experience*, p.89, p.93, p.96, p.100.((옮긴이) 영: p.129, p.133, p.138, p.144. 독: pp.118~133. 마지막 문장의 "정신"은 DG의 첨가) 이와 비슷한 의미에서 미셸 푸코는 다음과 같이 선언한다. 〈아마 언젠가는, 광기가 무엇일 수 있었는지 더 이상 알지 못하게 되리라. (……) 아르토는 우리 언어활동의 토양에 속할 것이며, 단절된 곳에 속하지 않으리라. (……) 우리가 오늘날 극한이나 낯섦이나 견딜 수 없는 것이라는 식으로 체험하는 모든 것은 긍정적인 것의 고요함과 합류하리라. 그리고 현재 이 *외부*를 가리키고 있는 것은 언젠가는 우리를, 바로 우리를 가리킬 기회가 있으리라. (……) 광기는 정신 질환과의 친족 관계를 청산하고, (……) 광기와 정신 질환은 같은 인간학적 단위에 속하지 않게 된다.〉("La Folie, l'absence d'oevre," *La Table ronde*, 1964년 5월)

화가 터너

런던 방문은 우리가 델피 무녀 피티아를 방문하는 일이다. 바로 거기에는 터너가 있다. 터너의 그림들을 바라보면, 벽을 돌파하며 그러면서도 이쪽에 머물러 있다는 것이 뜻하는 바를, 흐름들을 흐르게 하되 그 흐름들이 우리를 다른 곳으로 데려가는지 그 흐름들이 이미 우리에게 돌아왔는지 더 이상 알지 못한다는 것이 뜻하는 바를 이해하게 된다. 그림들은 세 시기로 나뉘어 전시되어 있다. 만일 정신의학자가 말해야 할 게 있다면, 처음 두 시기가 실은 가장 이성적이긴 하지만 이 두 시기에 대해 말할 수 있으리라. 처음 화폭들은 말세의 재난들을, 눈사태와 폭풍우를 보여 준다. 터너는 바로 이런 것들에서 시작한다. 둘째 시기의 화폭들은 망상적 재건과도 같은데, 여기에는 망상이 숨어 있으며, 아니 차라리 망상이 푸생이나 로랭 또는 네덜란드 전통에서 물려받은 고도의 기술에 육박한다 하겠다. 현대적 기능을 지닌 의고주의들을 가로질러 세계가 재건되고 있다. 하지만 비길 데 없는 어떤 것이 셋째 시기의 화폭들의 층위에서 나타나는데, 이는 터너가 보여 주지 않고 비밀스레 간직하고 있는 화폭들의 계열이다. 터너가 자기 시대보다 아주 앞서 있다고 말할 수조차 없다. 그것은 어떤 시대의 것도 아닌, 영원한 미래에서 우리에게 오는, 또는 영원한 미래로 도주하는 그 무엇이다. 화폭은 자기 안에 빠져 있으며 구멍, 호수, 불꽃, 회오리바람, 폭발이 관통하고 있다. 예전 그림들의 주제들이 여기서도 다시 나타나지만, 그 의미는 바뀌었다. 화폭은 그것을 관통하고 있는 것에 의해 그야말로 **158** 부서지고 찢겨 있다. 안개 낀 황금빛 배경만이 살아남아 있으며, 이 배경은 강렬하고 내공적이며, 화폭을 넓게 찢어 온 것이 심층에서 관통해 있다. 바로 분열증이. 모든 것이 흐릿하며, 바로 거기서 (붕괴가 아닌) 돌파가 생산된다.

과정의 중단들 — 신경증, 정신병, 변태

기이한 영미 문학이 있다. 토머스 하디에서, 로런스에서 라우리까지, 밀러에서 긴즈버그와 케루악에 이르는. 이들은 출발하는 법을, 코드들을 뒤섞고, 흐름들을 흐르게 하고, 기관 없는 몸의 사막을 가로지르는 법을 알고 있다. 그들은 극한을 뛰어넘으며, 벽 즉 자본주의의 장벽을 부순다. 물론 그들은 과정을 완성하는 데 실패하며, 끊임없이 실패한다. 신경증의 막다른 골목이 다시 닫힌다. 오이디푸스화의 아빠-엄마, 미국, 모국으로의 귀환. 또는 이국적인 영토성들의 변태 그리고 마약, 술. 또는 더 나쁘게는, 오래된 파시즘의 꿈. 망상이 한쪽 극에서 다른 쪽 극으로 이만큼 잘 왕복했던 적은 없었다. 하지만 막다른 골목들과 삼각형들을 가로질러, 분열적 흐름이 저항할 수 없을 정도로 흐른다. 정액, 강, 배수구, 코드화되게 내버려 두지 않는 말들의 임질(淋疾) 내지 물결, 너무도 유동적이면서 너무도 끈끈한 리비도가. 그것은 통사론에 대한 폭력, 기표에 대한 협의된 파괴, 흐름으로 건립된 무의미, 모든 관계에 거듭 출몰하는 다성성(多聲性)이다. 문학이 지닌 이데올로기나 사회질서가 행하는 문학의 회유에서 출발한다면, 문학의 문제는 얼마나 잘못 제기된 것인가. 사람들은 회유되지만, 작품들은 회유되지 않는다. 언제나 작품들은 잠든 새 젊은이를 찾아내어 그의 잠을 깨울 것이요, 또 작품들의 불을 끊임없이 더 멀리 가져가고 있다. 이데올로기에 관해 말하자면, 그것은 가장 혼란스러운 개념이다. 왜냐하면 이데올로기는 문학 기계와 생산의 장의 관계를 우리가 파악하지 못하게 하고, 또 발신된 기호가 기표의 질서 속에서 이데올로기를 유지하려 하는 〈내용 형식〉을 돌파하는 순간을 우리가 파악하지 못하게 하기 때문이다. 그렇지만 오래전에 엥엘스는 이미 발자크와 관련해서, 위대한 작가란 어떤 작가인지 밝혔다. 위대한 작가는 자기 작품의 정통적·전제군주적 기표를 갈라지게 하며 지평선에 있는 혁명 기계를 필연적으로 부양하는 흐름들을 그려 내고 흐르게 하기를 마지않는 자이다. 이것이 문체요, 또는 차라리 문체의 부재, 즉 탈통사론, 탈문법성이다. 바로 이 순간, 언어활동은 그것이 말하는 것에 의해 규정되지 않으며, 그것을 의미에 종속시키는 것에 의해서는 더더욱 규정되지 않는다. 오히려 언어활동은, 언어를 흐르게 하고 유통시키고 또 폭발시키는 것, 즉 욕망에 의해 규정된다. 왜냐하면 문학은 전적으로 분열증과 같은 것이기 때문 ^{이다}. 문학은 과정이지 목적이 아니요, 생산이지 표현이 아니다.

159

문학을 기성 질서에 순응하면서 아무에게도 해를 끼칠 수 없는 소비 대상으로 환원하는 데서도, 역시 오이디푸스화가 가장 중요한 요인들 중 하나이다. 문제가 되는 것은 작가와 그 독자들의 개인적 오이디푸스화가 아니라, 사람들이 작품 자체를 지배적 사회 코드들을 따라 이데올로기를 분비하는 소소한 표현 활동이 되도록 복속시키려 시도하는 오이디푸스 형식이다. 그래서 예술 작품은 오이디푸스의 두 극, 즉 문제와 해결, 신경증과 승화, 욕망과 진실 사이에 기입되는 것으로 여겨진다. 그 하나는, 거기서 예술 작품이 어린 시절의 해결되지 않은 갈등들을 혼합하고 재분배하는 퇴행적 극이요, 다른 하나는 거기서 예술 작품이 인간의 장래에 관한 새로운 해결의 길들을 발명하는 전망적 극이다. 내면이 작품으로 전환되면 작품이 〈문화 대상〉으로 구성된다고들 말한다. 이런 관점에서는 정신분석을 더 이상 예술 작품에 적용할 여지조차 없다. 왜냐하면 예술 작품 자체가 성공한 정신분석을, 즉 모범적인 집단적 잠재성들을 지닌 숭고한 〈전이〉를 구성하기 때문이다. 위선적인 경고가 울려 퍼진다. 약간의 신경증은 예술 작품을 위해서 좋은 것이요, 좋은 재료지만, 정신병은, 무엇보다 정신병은 그렇지 않아. 우리는 결과적으로는 창조적인 신경증 양상과 소외시키며 파괴하는 정신병 양상을 구별하니까⋯⋯. 마치 문법과 통사론을 돌파해서 언어활동 전체를 욕망으로 만들 줄 알았던 위대한 목소리들이, 정신병의 바닥에서 말하지는 않았고 또 현저하게 정신병적인 혁명적 도주점(點)을 우리에게 보여 주지 않기라도 한 것처럼 말이다. 기성 문학을 오이디푸스적 정신분석과 대면하게 하는 일은 옳은 일이다. 기성 문학은, 기록되지 않은 초자아보다 더 해로운, 자기 고유의 초자아의 형식을 전개하니 말이다. 오이디푸스는 실상 정신분석적이기 전에 문학적이다. 아르토에 맞서는 브르통 같은 사람이, 렌츠에 맞서는 괴테 같은 사람이, 횔덜린에 맞서는 실러 같은 사람이 늘 있어서, 문학을 초자아화하고는 우리에게 이렇게 말할 것이다. 주의하라, 지나치지 말라! 〈서툰 짓〉 하지 말라! 베르테르는 좋아, 렌츠는 못써! 문학의 오이디푸스 형식은 문학의 상품 형식이다. 심지어 이런 문학보다는 정신분석 속에 결국 수치가 적다고 생각해도 괜찮을 법하다. 왜냐하면 단적인 신경증자는 고독하고 무책임하고 읽히지 않고 팔리지도 않는 작품을, 오히려 역으로 읽히기 위해서만이 아니라 번역되고 환원되기 위해서도 대가를 치러야만 하는 작품을 만들기 때문이다. 그는 적어도 경제적 잘못을 저지르고 솜씨가 없어 자기 가치를 퍼뜨리지도 못한다. 아르토는 이렇게 잘 말했다. 모든 글은 돼지 똥이다. 말하자면, 문학이 〈존재의 똥과 자기 언어활동의 똥을 파내고〉 허약한 자들, 실어증 환자들, 문맹자들을 운반하는 과정이 되는 대신, 자기를 목적으로 삼거나 목적들을 고착하는 그런 모든 문학은 돼지 똥이다. 적어도 우리에게서 승화를 덜어다오. 모든 작가는 팔린 자이다. 유일한 문학은 자기 꾸러미 속에 폭발물을 장치하여, 위조화폐를 만들고, 자기의 표현 형식인 초자아와 자기의 내용 형식인 상품 가치를 폭파한다. 하지만 어떤 이들은 이렇게 응답한다. 아르토는 문학에 속하지 않는다, 그는 문학 밖에 있다, 왜냐하면 그는 분열자니까. 다른 이들은 또 이렇게 응수한다. 아르토는 분열자가 아니다, 왜냐하면 그는 문학에, 그것도 가장 위대한 문학에, 말 그대로의 문학에 속하니까.

이 양자는 적어도 공통점이 있는데, 분열증에 대해서는 똑같이 유치하고 반동적인 착상을 하고 있고, 문학에 대해서는 똑같이 상품적인 신경증적 착상을 하고 있다는 점이다. 어느 심술궂은 비평가는 이렇게 쓰고 있다. 〈아르토의 언어활동이 분열자의 그것이라고 단호하게 선언하기 위해서는〉 기표에 관해 전혀 이해할 필요가 없다. 〈정신병자는 비자발적이고 속박된 순종적 담론을 생산한다. 따라서 그것은 모든 점에서 텍스트적 글의 정반대이다.〉 하지만 이 엄청난 텍스트적 의고주의는 뭐란 말인가? 즉 문학을 거세의 표시에 종속시키고 그 오이디푸스적 형식의 두 양상을 신성하게 만드는 기표란 무엇일까? 이 심술궂은 자에게 정신병자의 담론은 〈비자발적이고 속박된 순종적인〉 것이라고 말하는 자는 누구일까? 그렇지만 다행히도, 사태가 이와 반대되는 것도 아니다. 하지만 특이하게도 이런 대립들 자체가 거의 적절치 않다. 아르토는 정신의학을 산산조각 낸다. 이는 그가 분열자가 아니기 때문이 아니라, 바로 분열자이기 때문이다. 아르토는 문학의 완성이다. 이는 그가 분열자가 아니기 때문이 아니라, 바로 분열자이기 때문이다. 오래전에 그는 기표의 벽에 균열을 냈다. 분열자인 아르토가 말이다. 자신의 고뇌와 영광의 바닥으로부터, 그는 욕망의 흐름들을 한창 탈코드화하고 있는 정신병자에 대해 사회가 하는 짓을 고발하고(『사회가 자살시킨 사람 반 고흐』) 또 사회가 신경증 내지 변태라는 재코드화의 이름으로 문학을 정신병에 대립시킬 때 문학에 대해 사회가 하고 있는 짓(루이스 캐럴 또는 순문학의 비겁자)을 고발할 권리를 갖고 있다.

탈영토화 운동과 영토성들 161

분열적인 이런 벽 내지 이런 극한의 돌파라고 랭이 부르는 것을 수행하는 사람은 극히 적다. 그렇지만 이들은 〈아주 보통 사람들〉이다……. ① 대부분의 사람들은 벽에 접근하고는 무서워서 후퇴한다. 오히려 기표의 법 아래로 다시 떨어져, 거세 표시를 받고, 오이디푸스 속에서 삼각형화된다. 따라서 이들은 극한을 이전한다. 이들은 극한을 사회구성체 내부로, 이들이 투자하는 사회적 생산 및 재생산과 이들이 복귀해서 모든 투자를 적용하는 가족적 재생산 사이로, 이행하게 한다. 이들은 오이디푸스에 의해 그렇게 그려진 영역 내부로, 오이디푸스의 두 극 사이로, 극한을 이행한다. 이들은 이 두 극 사이에서 끊임없이 내행하고(involuer) 진화한다(evoluer). 마지막 바위로서의 오이디푸스, 그리고 동굴로서의 거세 — 이것은 정신분석가의 소파로 환원된다 해도, 도주하고 흘러 나가 우리를 어딘가로 이끌어 갈 욕망의 탈코드화된 흐름들보다 더 궁극적인 영토성일까? 이런 것은 신경증이요 극한의 이전인데, 이것은 자신의 작은 식민지를 만들려 한다. ② 하지만 다른 사람들은 자신들이 변태의 장소들 속에서 벽을 따라 설계하고 설립하는, 좀 더 현실적으로 이국적인 처녀지들, 좀 더 인공적인 가족들, 좀 더 비밀스러운 사회들을 바란다. ③ 또 다른 사람들은 오이디푸스의 도구는 물론 변태적인 조잡함과 유미주의에도 진력이 나서, 때로는 극단적 폭력으로 벽까지 가서 튕겨 나온다. 이때 이들은 움직이지 않고 침묵하며 기관 없는 몸으로 퇴각한다. 이 몸 역시 하나의 영토성이기는 하지만, 이번엔 완전히 사막과도 같으며, 이 위에서는 모든 욕망적 생산이 정지되고, 아니면 경직되어 정지되는 척한다. 이것이 바로 정신병이다. 긴장병에 걸린 이 몸들은 납처럼 강물에 빠져 꼼짝 않는 거대한 하마처럼 표면에 다시 떠오르지 않는다. 이 몸들은 신경증자들을 제조하는 억압-탄압 체계를 피하려고 온 힘을 다해 본원적 억압에 자신들을 내맡겼다. 하지만 더 노골적인 탄압이 이들을 덮쳐, 이들을 병원의 분열자, 저 위대한 자폐증 환자, 오이디푸스를 〈결핍〉한 임상 존재와 동일시한다. 극한을 뛰어넘는 한에서의 과정과 극한에 부딪쳐 언제까지나 그것을 쳐 대는 한에서의 과정의 결과를 동시에 가리키기 위해, 왜 분열자라는 똑같은 말이 사용될까? 왜 결과적인 돌파와 가능한 붕괴를 동시에 가리키는 데, 또 이 둘이 서로 이전되고 서로 뒤얽히는 것을 가리키는 데, 이 똑같은 말이 사용될까? 이는 앞에서의 세 가지 모험 가운데 정신병의 모험이 과정과 가장 내밀한 관계이기 때문이다. 여기서의 관계란, 야스퍼스가 보여 준 다음과 같은 뜻에서의 관계를 말한다. 즉 보통은 탄압되고 억압된 〈악령〉이 붕괴와 와해를 오갈 위험을 끊임없이 무릅쓰게 될 그런 상태를 위해 갑자기 분출하거나 그런 상태들을 유발한다는 그런 뜻에서 말이다. 정말 광기라고 불러야 하는 것은 과정이요 병은 이 과정의 위장(僞裝) 내지 풍자화에 불과한 것인지, 아니면 병이 과정에 의해서만 우리가 치유되어야 할 유일한 광기인지 더 이상 알 수 없다. 하지만 어쨌건 이 관계의 내밀함은 곧바로 반비례 관계로 나타난다. 생산의 과정이 그 경로에서 벗어나 갑자기 중단될수록, 환자인 분열자가 특유한 생산물로서 더욱더 나타난다. 거꾸로, 바로 이런 이유로 우리는 정신병과 신경증 사이에 어떠한 직접적 관계도 세울 수 없었다. 신경증, 정신병, 변태 등 이 셋의 관계는 이들 각각이 과정과 관련하는 상황에 의존하며, 또한 이들 각각이 과정의 중단의 양태를 재현하는 방식에, 즉 욕망의 탈영토화된 흐름들에 의해 운반되어 가지 않기 위해 아직도 달라붙어 있는 잔여의 토지를 재현하는 방식에 의존한다. 오이디푸스라는 신경증의 영토성, 책략이라는 변태의 영토성, 기관 없는 몸이라는 정신병의 영토성. 때로는 과정이 덫에 걸려 삼각형 속에서 빙빙 돌고, 때로는 과정이 자신을 목적으로 삼고, 때로는 과정이 공백 속에서 계속되어 과정의 완성 대신 끔찍한 악화를 초래한다. 이 세 형식은 각기 분열증을 바닥으로 갖고 있다. 과정으로서의 분열증이야말로 유일한 보편이다. 분열증은 벽인 동시에 벽의 돌파요, 이 돌파의 실패이다. 〈어떻게 이 벽을 가로질러야 할까. 강하게 두드려도 아무 소용이 없

으니. 이 벽을 파고 줄로 갈아 가로질러야 한다, 내 느낌에 천천히 참을
성 있게.)[60] 그리고 여기에 걸린 것은 예술이나 문학만이 아니다. 왜냐
하면 예술 기계, 분석 기계, 혁명 기계는 억압-탄압 체계의 약해진 틀
속에서 이것들을 작동시키는 외래적 관계들 속에 머물러 있거나, 아니
면 이것들이 단 하나의 욕망 기계를 배양하는 흐름 속에서 서로 부품이
되고 톱니바퀴가 되고 또 일반화된 폭발을 위해 참을성 있게 점화된 그
수만큼의 국지적인 불이 되거나, 이 둘 중 하나이기 때문이다. 분열증
이지, 기표가 아니다.

---

60 고흐의 1888년 9월 8일 편지.((옮긴이) *Artaud Anthology*, p.150에 수록)

3장
미개, 야만, 문명

1 기입을 행하는 사회체

등록

어떤 의미에서 자본주의는 보편적일까

결국 보편적인 것, 즉 기관 없는 몸과 욕망적 생산이 명백히 승리자인 자본주의에 의해 규정된 조건들 속에 있다면, 세계사를 만들기에 충분한 결백함은 어떻게 찾을까? 욕망적 생산 역시 처음부터 있다. 사회적 생산과 재생산이 있으면 곧바로 욕망적 생산이 있다. 하지만 진실로 전(前)-자본주의사회 기계들은 아주 엄밀한 의미에서 욕망의 핵심에 있다. 그것들은 욕망을 코드화하고, 욕망의 흐름들을 코드화한다. 욕망을 코드화하는 것 ― 또 탈코드화된 흐름들에 대한 공포와 불안을 코드화하는 것, 이것이 바로 사회체의 일이다. 나중에 보겠지만, 자본주의는 탈코드화된 흐름들 위에서 구성된 유일한 사회 기계로, 생래적 코드들을 화폐 형식을 띤 추상량들의 공리계로 대체한다. 따라서 자본주의는 욕망의 흐름들을 해방하지만, 이는 자본주의의 극한 및 자본주의의 해체 가능성을 정의하는 사회적 조건들에서만 그러하며, 그래서 자본주의는 자신을 극한으로 밀어붙이는 운동에 맞서 온 힘을 다해 끊임없이 거역한다. 자본주의의 극한에서, 탈영토화된 사회체는 기관 없는 몸의 자리를 차지하고, 탈코드화된 흐름들은 욕망적 생산으로 뛰어든다. 따라서 맑스가 정식화한 규칙들을 정확하게 따른다는 조건에서, 역사 전체를 자본주의의 조명 아래 회고적으로 이해하는 일은 정당하다. 무엇보다, 세계사는 우발들의 역사이지 필연의 역사가 아니며, 절단들과 극한들의 역사이지 연속성의 역사가 아니다. 왜냐하면 흐름들이 코드화를 벗어나, 이렇게 벗어나면서 그래도 자본주의 사회체라 규정할 법한 새로운 기계를 구성하려면, 큰 우연들, 즉 다른 데서 예전에 생산될 수도 있었을 법한 또는 절대로 생산될 수 없었을 법한 놀라운 만남들이 있어야 했기 때문이다. 가령 사유재산과 상품생산의 만남이 그것인데, 그렇지만 이 둘은 사유화와 추상화라는 탈코드화의 아주 다른 두 형식으로 제시된다. 아니면 사유재산 자체의 관점에서 보자면, 자본가들이 소유한 변환 가능한 부의 흐름들과 노동력만을 소유한 노동자들의 흐름의 만남(여기에도 탈영토화의 상이한 두 형식이 있다). 어떤 점에서는, 자본주의는 모든 사회 형식에 출몰했으나, 섬뜩한 악몽으로, 즉 모든 사회 형식의 코드들을 벗어날 흐름에 대해 이 사회 형식들이 갖고 있는 공황 수준의 공포로 출몰했다. 다른 한편 세계사의 조건들과 가능성을 규정하는 것이 자본주의라면, 이는 본질적으로 자본주의 자신의 극한, 자본주의 자신의 파괴와 관련되는 한에서만 진실이다. 맑스의 말처럼 자본주의가 자기 자신을 비판할 수 있는 한에서만 말이다(적어도 어떤 지점까지는, 즉 (……) 경향성에 거역하는 운동 속에서조차, 극한이 나타나는 지점까지는).[1] 요컨대 세계사는 회고적이기만 한 것이 아니다. 그것

---

1 K. Marx, *Introduction générale à la critique de l'économie politique*, 1857, Pléiade I, pp.260~261. 모리스 고들리에는 이렇게 주석을 단다. 〈서구의 발전 노선은, 어디서나 발견되기에 보편적이라고 하기는 어렵고, 어디서도 발견되지 않기에 보편적인 것으로 보인다. (……) 따라서 그것은 독자적으로 전개됨으로써 보편적 결과를 획득했기 때문에 전형적이다. 그것은 그 자신이 이 노선에서 떠나기 위한, 또 모든 사회로 하여금 인간이 인간

은 우발적이고 독자적이고 아이러니하고 비판적이다.

사회 기계
사회체의 문제, 즉 흐름들을 코드화하기

욕망과 생산의 원시적·미개적 통일체는 토지이다. 왜냐하면 토지는 다양하고 나누어진 노동대상일 뿐 아니라, 나눌 수 없는 단일한 존재물, 즉 생산력들로 복귀해 생산력들을 자연적 또는 성스러운 전제로서 전유하는 충만한 몸이기도 하기 때문이다. 흙은 생산적 요소이자 전유의 결과일 수 있으며, 대지는 출산되지 않은 거대한 정체(停滯)요, 흙을 공동으로 전유하고 사용하도록 조건 짓는 생산보다 우월한 요소이다. 토지는 그 위에 생산의 모든 경과가 기입되고, 노동대상들, 노동수단들, 노동력들이 등록되고, 담당자들과 생산물들이 분배되는 표면이다. 여기서 토지는 생산의 준-원인이자 욕망의 대상으로 나타난다(토지 위에서 욕망과 욕망의 고유한 탄압의 연줄이 맺어진다). 따라서 영토 기계는 사회체의 첫째 형식이며, 원시적 기입 기계이고, 사회장을 덮는 〈거대기계〉이다. 영토 기계는 기술 기계들과 혼동되지 않는다. 기술 기계는 이른바 가장 단순한 손기술 형식으로도, 이미 작용하고 전달하고 심지어 운동하는 비인간적 요소를 내포하고 있으며, 이 요소는 인간의 힘을 확장하고 어느 정도 풀어 준다. 반대로 사회 기계는 인간들을 부품으로 삼으며, 그래서 마치 인간들은 인간의 기계들과 함께 고려되고, 또 작용과 전달과 운동의 모든 단계에서 인간들은 하나의 제도적 모델 속에 통

165

을 착취하는 가장 낡은 형식들 내지 가장 최근 형식들에서 떠나게 하기 위한 실천적 토대(산업 경제)와 이론적 착상(사회주의)을 제공했다. (……) 따라서 서구의 발전 노선의 참된 보편성은 그 독자성에 있지, 이것 바깥에 있지 않다. 즉 다른 진화 노선들과의 차이에 있지 유사성에 있지 않다.〉(*Sur le mode de production asiatique*, Paris: Ed. Sociales, 1969, pp.92~96)

기입을 행하는 사회체

합되고 내부화되기라도 하는 것 같다. 또한 사회 기계는 하나의 기억을 형성하는데, 이 기억이 없었다면 인간과 인간의 기계들(기술들)의 시너지는 없었으리라. 인간의 기계들은 실제로는 그것들의 경과의 재생산 조건들을 포함하고 있지 않다. 인간의 기계들은, 그것들을 조건 짓고 조직하면서도 그 발전을 제한 내지 억제하는 사회 기계들과 결부되어 있다. 기억과 재생산을 전유하는 경향을 띠며, 이를 통해 인간의 착취 형식들을 변경하는, 준-자율적인 기술적 생산 체제를 발견하려면, 자본주의를 기다려야 하리라. 하지만 엄밀히 말해 이 체제는 예전의 거대 사회 기계들의 붕괴를 전제한다. 같은 기계가 기술 기계이고 사회 기계일 수는 있지만, 그 양상마저 같은 건 아니다. 가령 시계는 균일한 시간을 측정하는 기술 기계일 수도 있고, 표준 시간을 재생하고 도시의 질서를 확보하는 사회 기계일 수도 있다. 따라서 멈퍼드가 집단 존재물로서의 사회 기계를 가리키기 위해 〈거대기계〉란 말을 창조해 낸 것은 말그대로 옳은 일이다(비록 그가 야만 전제군주 제도에 이 말의 적용을 국한하고 있지만 말이다). 〈만일 룔로의 고전적 정의를 얼마간 따라, 기계를 각 요소가 전문화된 기능을 갖고 인간의 통제 아래 기능하여 운동을 전달하고 노동을 수행하는 견고한 요소들의 조합이라고 여길 수 있다면, 인간 기계는 정말이지 하나의 참된 기계이리라.〉[2] 사회 기계가 부동의 모터를 제시하고 잡다한 종류의 절단들을, 즉 흐름의 채취, 사슬의 이탈, 몫들의 할당 따위를 행하는 한, 사회 기계는 그 어떤 은유와도 상관없이, 문자 그대로 하나의 기계이다. 흐름들을 코드화하는 일은 이 모든 조작을 내포한다. 생산의 생산들, 등록의 생산들, 소비의 생산들을 조직하는 욕망과 운명의 체계 전반에서, 생산의 채취들이 사슬의 이탈들에 대응하고 이로부터 각 구성원의 잔여 몫이 결과하는 한, 흐름들을 코드

---

2 Lewis Mumford, "La Première mégamachine", *Diogène*, 1966년 7월.

화하는 일은 사회 기계의 최고 임무이다. 여자들과 아이들의 흐름, 양 떼와 낟알들의 흐름, 정액과 똥과 월경의 흐름, 그 어느 하나도 빠져나가서는 안 된다. 부동의 모터인 토지를 지니고 있는 원시 영토 기계는 이미 사회 기계, 즉 거대기계이며, 이 기계는 생산의 흐름들, 생산수단의 흐름들, 생산자들 및 소비자들의 흐름들을 코드화한다. 여신 대지의 충만한 몸은 자기 자신 위에서 재배 가능한 종들, 농업 도구들, 인간 기관들을 집결한다.

교환하기가 아니라 표시하고 표시되기

마이어 포터스는 지나가는 말로 유쾌하고 의미 가득한 지적을 한다. 〈문제는 여자들의 순환이 아니다. (······) 여자는 스스로 순환한다. 여자를 마음대로 하지는 못하며, 자손에 대한 법적 권리들이 또한 특정인에게 이익이 되도록 정해져 있다.〉[3] 실상 우리는 사회에 대한 교환주의적 착상들 밑에 깔린 기본전제를 받아들일 이유가 없다. 무엇보다 사회는 순환하고 순환시키는 것을 본질로 하는 교환의 터전이 아니라, 표시하고 표시되는 것을 본질로 하는 기입의 사회체이다. 순환은 기입이 요구하거나 허용할 때만 존재한다. 이런 의미에서, 원시 영토 기계의 절차는 기관들의 집단 투자이다. 왜냐하면 흐름들의 코드화가 행해지는 것은, 흐름들을 생산하고 또 절단할 수 있는 기관들 각각이 부분대상들로 명료해지고 제도화되며, 사회체 위에 분배되고 부착되는 한에서이기 때문이다. 가면이란 그런 기관들의 제도이다. 통과의례를 행하는 사회들은 감각기관이자 해부 조직이며 관절이기도 한 몸의 조각들을 합성한다. 특정 상태 내지 특정 경우에 집단 투자된 기관을 향유하지 않는

---

3 Meyer Fortes, *Recherches voltaïques*, 1967, pp.135~137.

　　　　　　　　　　　　　　기입을 행하는 사회체

자들에게는 금지(보지 말라, 말하지 말라)가 적용된다. 신화들은 부분대 상-기관들을 노래하며, 이것들을 밀쳐 내거나 끌어당기는 충만한 몸과 이것들의 관계를 노래한다. 여자들의 몸에 처박혀 있는 질(膣)들, 남자 들 사이에 배정된 거대한 음경, 항문 없는 몸에 귀속된 독립된 항문 따 위를. 구르마족의 이야기는 이렇게 시작한다. 〈입이 죽자, 몸의 다른 부 분들은 어느 부분이 매장을 맡을 것인지 의논하네……〉 단위들은 본래 의미에서나 〈사적(私的)〉 의미에서나 결코 인물들에 있지 않으며, 기관 들의 연결들, 분리들, 결합들을 규정하는 계열들에 있다. 바로 이런 까 닭에 환상들은 집단 환상들이다. 욕망을 사회체로 가지 뻗게 하고 사회 적 생산과 욕망적 생산을 토지 위에서 하나의 전체로 집결하는 것은 바 로 기관들의 집단 투자이다.

기관들의 투자 및 투자 철회

이와 반대로 우리 현대사회들은 기관들의 방대한 사유화(私有化)를 실행했는데, 이 사유화는 추상적인 것이 되어 버린 흐름들의 탈코드화 에 상응한다. 사유화되어 사회장 밖에 두어야 할 최초의 기관은 항문이 리라. 항문은 사유화에 모델을 제공했는데, 이는 돈이 흐름들의 추상의 새로운 상태를 표현했던 때와 동시였다. 화폐경제의 항문적 성격에 대 한 정신분석의 언급들이 지닌 상대적 진실성은 여기에서 비롯했다. 하 지만 〈논리적〉 순서는 다음과 같다. 코드화된 흐름들을 추상량으로 대 체, 그에 이어 항문을 모델로 기관들의 집단 투자 철회, 사적 인물들을 추상량에서 파생된 기관들과 기능들의 개인적 중심들로 구성. 이렇게 도 말해야 하리라. 남근이 우리 사회들에서 이탈된 대상의 위치를 차지 하여 남녀 인물들에게 결핍을 분배하고 오이디푸스 삼각형을 조직했다 면, 남근을 그렇게 이탈시킨 것이 바로 항문이고, 남근을 구성하는 일종의 지양(Aufhebung)을 통해 음경을 탈취해서 승화시킨 것이 바로 항문이라고. 승화는 항문성과 깊이 연계되어 있지만, 이는 항문성이 달리 사용될 수 없기에 승화의 재료를 제공하리라는 의미에서가 아니다. 항문성은 가장 높은 것으로 전환시켜야 할 가장 낮은 것을 재현하지 않는다. 더 높은 데로 이행하는 것은 바로 항문 자신인데, 이는 항문이 장 밖에 놓이는 (우리가 앞으로 분석할) 조건들에서이며, 승화는 거꾸로 이 조건들에서 유래하기 때문에 이 조건들은 승화를 전제하지 않는다. 항문적인 것이 승화에 자신을 내맡긴 게 아니라, 바로 승화 전부가 항문적이다. 또한 승화에 대한 가장 단순한 비판은, 승화는 우리를 결코 똥에서 빠져나오게 하지 못한다는 점이다(오직 정신만이 똥을 눌 수 있다). 항문성은 항문이 투자 철회되는 만큼 더 크다. 욕망의 본질은 물론 리비도이다. 하지만 리비도가 추상량이 될 때, 고갈되고 투자 철회된 항문은 바로 이 추상량을 측정하는 단위들 노릇을 하는 온전한 인물들과 특유한 자아들을 생산한다. 아르토는 이렇게 잘 말한다. 이 〈하늘의 천장에 매달린 죽은 쥐의 엉덩이〉, 여기서 아빠-엄마-나라는 삼각형, 즉 〈미친 항문의 외(外) 아버지-어머니〉가 나오며, 이들의 아이는 한 각(角)일 따름이요, 〈자아라는 어떤 것 위에는 일종의 이런 덮개가 영원히 있다.〉 오이디푸스 전체는 항문적이며, 또한 오이디푸스 전체는 집단 투자 철회를 만회하기 위한 기관의 개인적 덧투자를 내포한다. 바로 이런 까닭에 오이디푸스의 보편성에 가장 호의적인 주석자들마저도, 우리 사회들에서 오이디푸스를 구현하는 메커니즘들과 태도들이 원시사회들에서는 전혀 발견되지 않는다고 인정한다. 초자아도 없고, 죄책감도 없다. 특유한 자아와 온전한 인물들의 동일시도 없다. 오히려 조상들의 집약되고 응집된 계열을 따라, 동료들이나 사촌들의 파편화된 계열을 따라, 언제나 부분적이고 집단적인 동일시들이 있다. 항문성도 없다. 설사 있었다 해도, 차라리 그것은 집단 투자된 항문이 있기에 그랬

168

기입을 행하는 사회체

다. 그렇다면 오이디푸스를 만들기 위해 남아 있는 것은 무엇일까?[4] 구조, 말하자면 실효화되지 않은 잠재성? 자본주의가 모든 사회에 출몰하는 것과 꼭 같이, 말하자면 흐름들의 탈코드화와 기관들의 집단 투자 철회가, 욕망의 흐름들의 추상-화(化)와 기관들의 사유-화(私有-化)가 있게 되리라는 것에 대한 악몽 내지 불안한 예감과도 같이, 보편적 오이디푸스가 모든 사회에 출몰한다고 믿어야 할까?

잔혹 — 인간에게 기억을 만들기

원시 영토 기계는 흐름들을 코드화하고, 기관들을 투자하고, 몸들에 표시한다. 다른 모든 임무를 요약하는 이 임무, 즉 몸들 — 이것들은 토지의 일부인데 — 에 표시한다는 이 임무와 관련해, 순환시키고 교환하는 일은 어떤 점에서 2차적 활동일까. 등록과 기입을 행하는 사회체가 생산력들을 자신에게 귀속하고 생산자들을 분배하는 한에서, 사회체의 본질은 이런 것들이다. 즉 문신하기, 절제(切除)하기, 째기, 자르기, 긁어내기, 훼손하기, 명료화, 통과의례. 니체는 〈풍습의 도덕성, 즉 인류의 가장 오랜 시간에 걸쳐 인간이 자신에게 행한 고유한 작업, 인간의 선사(先史) 작업 전체〉를 몸의 사지와 부분들에 관련해서 법의 힘이 있는 평가 체계라고 정의했다. 죄인은 집단 투자들의 질서에 따라 기관들을 박탈당하며, 먹혀야만 하는 자는 쇠고기를 자르고 할당하는 규칙들

---

4 Paul Parin et coll., *Les Blancs pensent trop*, Paris: Payot, 1963. 〈어머니와의 전(前)-대상관계들은 또래 친구 집단과의 동일시 관계들로 이행하며 이 안에서 할당된다. 아버지와의 갈등은 형 집단과의 동일시 관계들 속에서 중화되는 것으로 밝혀진다……〉 (pp.428~436) 비슷한 분석과 결과들은 M. C. & Edmond Ortigues, *Œdipe africain*, Paris: Plon, 1966(pp.302~305, 주 22)에도 있다. 하지만 이 저자들은 오이디푸스 문제나 오이디푸스 콤플렉스가 있다고 주장하기 위해 이상한 체조에 몰두한다. 그들이 제시하는 모든 근거가 반대 논거로 쓰이고, 또 오이디푸스가 〈임상 치료를 할 수 있는〉 것이 아니라고 말하면서도 말이다.

만큼이나 엄밀한 사회 규칙들에 따라 먹히지만, 그뿐 아니라 자기 권리
들과 의무들을 십분 누리는 사람도 자신의 기관들과 이 기관들의 행사
를 집단성과 관련시키는 체제에서는 온통 표시가 새겨진 몸을 갖는다
(기관들의 사유화는 단지 〈인간 앞에서 생기는 인간의 부끄러움〉과 함께 시작
될 뿐이리라). 왜냐하면 이것은 정초(定礎) 행위이기 때문이다. 이 행위
를 통해 인간은 생물학적 유기체이기를 그치고 하나의 충만한 몸, 하나
의 토지가 되며, 이 위에서 인간 기관들은 사회체의 요구들에 따라 부
착되고 끌려오고 밀쳐지고 기적을 낳는다. 기관들은 사회체 속에서 마
름질되고, 흐름들은 사회체 위를 흘러야 하리라. 니체는 이렇게 말한
다. 인간에게 하나의 기억을 만드는 것이 문제이다. 망각이라는 능동적
능력을 통해, 생물학적 기억의 억압을 통해 자신을 구성한 인간은 이와
는 다른 또 하나의 기억을 만들어야만 하는데, 이 기억은 집단적인 것으
로서, 말들의 기억이지 사물들의 기억이 아니며, 기호들의 기억이지 결
과들의 기억이 아니다. 잔혹의 체계, 섬뜩한 알파벳, 몸에 기호들을 아
로새기는 이 조직화. 〈아마 인간의 모든 선사시대에서 그의 기억술보다
더 무섭고 더 기괴한 것은 하나도 없었으리라. (……) 인간이 하나의 기
억을 만들어 내는 것이 필요하다고 판단했을 때 피와 순교와 희생 없이
이루어진 것은 결코 아니었다. 가장 끔찍한 희생과 저당, 가장 역겨운
사지 절단, 모든 종교 종파의 가장 잔혹한 종교의식들 말이다. (……)
"생각하는 자들의 민족(Volk von Denkern)"을 길러 내는 것이 이 대지에
끼친 수고를 알기 위해서는 우리의 고대 형벌 제도만 봐도 된다.〉[5] 인   170
간의 역사를 설명할 때 떠맡곤 하는 그 어떤 폭력 내지 자연적 폭력은

---

5 Nietzsche, *La Généalogie de la moral*, II, 2-7. (옮긴이) 이 문단에 산재한 니체의 글은
문맥을 고려하면서 모두 독일어에서 옮겼다. 첫째 인용의 강조는 니체의 것인데 DG가 생략
한 것을 살렸으며, 둘째 인용의 강조는 원문을 따라 DG의 것과 약간 달리했다. 셋째 인용의
마지막 문장은 프랑스어에서는 "생각하는 자들의 민족을 길러 내기 위해 이 대지 위에 존재
한 어려움들을 생각해 볼 수 있으리라!" 정도로 표현하고 있다.

기입을 행하는 사회체

잔혹과 아무 관련이 없다. 잔혹은 몸들에 상처를 내면서 몸들에서 작동되고 몸들에 기입되는 문화의 운동이다. 잔혹이 의미하는 바는 바로 이것이다. 이 문화는 이데올로기의 운동이 아니다. 반대로 이 문화는 생산을 욕망에 억지로 집어넣고, 또 거꾸로 욕망을 사회적 생산과 재생산에 억지로 삽입한다. 왜냐하면 심지어 죽음, 징벌, 체형들마저도 욕망되며, 이것들마저도 생산이기 때문이다(숙명론의 역사를 참조할 것). 문화는 인간들 내지 인간의 기관들을 사회 기계의 부품들 및 톱니바퀴들로 만든다. 기호는 욕망의 정립이다. 하지만 최초의 기호들은 자신의 깃발들을 몸들에 심는 영토 기호들이다. 그리고 충만한 살에 이렇게 기입하는 것을 〈글〉이라고 부르고자 한다면, 말은 글을 전제한다고, 또 인간에게 언어활동을 가능하게 하고 말들의 기억을 주는 것은 기입된 기호들의 저 잔혹한 체계라고 실제로 말해야만 한다.

2 원시 영토 기계

토지라는 충만한 몸

영토성이란 개념은 겉보기에만 애매하다. 왜냐하면 영토성을 거주 내지 지리적 할당의 원리로 이해한다면, 원시사회 기계가 영토적이 아님이 분명하기 때문이다. 엥엘스의 공식을 따르면, 국가 장치만이 영토적일 텐데, 국가 장치는 〈국민이 아니라 영토를 세분하며〉 씨족 조직을 지리 조직으로 대체한다. 하지만 친족이 토지보다 우세한 듯 보이는 곳에서도 지역 연줄들의 중요성을 보는 일은 어렵지 않다. 그 까닭은, 원시 기계가 국민을 세분하기는 하지만, 이런 일은 각 분파가 다른 분파들과 맺는 연결, 분리, 결합 관계들이 기입되는 나뉘지 않는 토지 위에서 행해지기 때문이다(그래서 가령 분파의 족장과 토지의 수호자가 공존하거나 보완된다). 부동산이나 거주 같은 행정조직에 의해 나눔이 토지 자체에까지 관여하게 되더라도, 그렇다고 금방 거기에서 영토성이 촉진되었다고 볼 수는 없으며, 반대로 최초의 거대한 탈영토화 운동이 원시공동체들에 영향을 미쳤다고 보아야 한다. 부동의 모터로서 토지의 내재적 통일성이 전혀 다른 본성의 초월적 통일성, 즉 국가의 통일성 ¹⁷¹

에 자리를 내준다. 충만한 몸은 이제는 토지의 몸이 아니라 *전제군주*의 몸이다. 전제군주는 이제 하늘의 비는 물론 흙의 비옥함의 책임을 떠맡고, 생산력들의 일반적 전유의 책임을 떠맡는 *출산되지 않은 자*이다. 따라서 미개 원시 사회체야말로 엄밀한 의미에서 유일한 영토 기계였다. 그리고 그러한 기계의 기능은 다음과 같은 데 있다. 즉 국가가 있기 전에, 토지의 몸 위에서 결연과 혈연을 직조하는 것, 즉 가문들을 직조하는 것.

결연과 혈연, 이들의 환원 불가능성

이 기계가 직조를 맡는다면, 이는 혈연에서 결연을, 혈연의 계열들에서 결연들을 단순히 연역하는 것이 불가능하기 때문이다. 결연에 한 가문의 인물들을 개체화하는 힘만을 부여하는 것은 잘못이리라. 결연은 오히려 일반화된 분간 가능성을 생산한다. 리치는 아주 잡다한 혼인 체제들의 사례를 인용하면서, 이 사례들에서는 그 혼인 체제들에 대응하는 집단들의 혈연이 다르다고 추론해서는 안 된다고 한다. 많은 분석들에서 〈단일 가계 집단(unilineal corporation) 안에서의 연줄들(ties) 또는 공동 혈연(descent)에 의해 묶인 상이한 집단들 간의 연줄들에 강조점이 놓여 있었다. 상이한 집단 구성원들 간의 결혼에서 생기는 구조적 연줄들은 대부분 무시되어 왔거나, 아니면 혈연이라는 극히 중요한 개념에 흡수되어 있었다. 그래서 포터스(1953)는 결연(affinity)의 연줄이 혈연의 연줄에 견줄 만큼 중요하다는 점을 인정하면서도, 전자를 보완적 혈통(complementary filiation)이란 표현 아래 위장하고 있다. 이 개념은 부계 친족과 모계 친족이라는 로마인의 구별과 유사한데, 이 개념의 본질은 어떤 *자아*(Ego)이건 그는 부모가 결혼해서가 아니라 부모 양가의 후손이기 때문에 양 부모의 혈족과 연관된다는 것이다. (……) 상이한 부계들을 방계(傍系)로 연결하는 교차 연줄들(cross ties)은 원주민들 자신에게는 혈연의 본성이 있다고 느껴지지 않는다. 수직 구조의 시간적 연속성은 부계의 이름이 부계 친족에 전해짐으로써 적합하게 표현된다. 하지만 방계 구조의 연속성은 이런 식으로 표현되지 않는다. 그 대신, 그것은 경제적인 종류의 부채 관계의 연속되는 사슬에 의해 유지된다. (······) 결연 관계의 연속성을 확언하는 것은 바로 이 공공연한 부채들의 실존이다.)[6] 혈연은 행정적이고 위계적이다. 하지만 결연은 정치적이고 경제적이다. 즉 결연은 위계와 혼동되지 않고 위계에서 연역되지 않는 한에서 권력을 표현하며, 또 행정과 혼동되지 않는 한에서 경제를 표현한다. 혈연과 결연은 원시 자본의 두 형식과도 같다. 말하자면 불변자본, 즉 혈연적 재고와, 순환 자본, 즉 이동 부채 블록들 말이다. 이 것들에는 두 가지 기억이 대응하는데, 그 하나는 생물적·혈연적 기억이요, 또 하나는 결연과 말들의 기억이다. 사회체 위의 혈연적 분리들의 그물 속에 생산이 등록된다 할지라도, 노동의 연결들은 생산과정에서 이탈되어야 하며, 준-원인으로서 이것들을 전유하는 이 등록 요소로 이행해야만 한다. 하지만 이런 일이 행해질 수 있는 것은, 결연의 연줄이라는 형식으로, 즉 혈연의 분리들과 양립 가능한 인물들의 혼인이라는 형식으로, 연결 체제를 자기 수중에 되찾을 때뿐이다. 바로 이런 의미에서 경제는 결연을 통과한다. 아이들의 생산에 있어서, 아이는 아버지나 어머니라는 분리 가계들과 관련해서 기입되지만, 거꾸로 이 가계들은 아버지와 어머니의 결혼에 의해 재현되는 연결을 매개로 해서만 아이를 기입한다. 따라서 그 어떤 때에도 결연이 혈연에서 파생되지 않는다. 오히려 이 둘 모두는 본질적으로 열린 순환을 구성한다. 이

172

---

6 E. R. Leach, *Critique de l'anthropologie*, 1966, Paris: P.U.F., pp.206~207.((옮긴이) **영**: pp.122~123. 프랑스어 맥락과의 관련을 염두에 두고 영어에서 옮겼다.)

과정에서 사회체는 생산에 작용하지만, 또한 생산은 사회체에 반작용한다.

　"원시사회에서는 친족 관계가 지배적이더라도, 친족 관계는 경제적·정치적 요인들에 의해 그렇게 되도록 규정된다"라고 맑스주의자들은 환기시키는데, 맞는 말이다. 혈연은 "전적으로 규정되어 있으면서 지배적인 자"를 표현한다면, 결연은 "규정하는 자" 또는 차라리 "규정자의 규정된 지배 체계로의 회귀"를 표현한다. 바로 이런 까닭에 주어진 영토성 표면 위에서 결연들이 어떻게 혈연들과 함께 구체적으로 구성되는가를 고찰하는 것이 본질적이다. 리치는 지역 가계(local lineages)라는 심급을 정확하게 뽑아냈는데, 지역 가계는 혈연 가계와는 구별되며 또 작은 분파의 층위에서 작동한다. 지역 가계란 같은 지역 내지 이웃 지역에 거주하며, 결혼을 도모하고, 구체적 현실을 형성하는 사람들의 집단으로, 혈연 체계 및 추상적 혼인 계급보다 훨씬 구체적이다. 친족 체계는 하나의 구조가 아니라 하나의 실천, 하나의 프락시스, 하나의 절차, 심지어 하나의 전략이다. 루이 베르트는 결연과 위계의 관계를 분석하면서, 마을이 제3자로서 개입하여, 구조의 엄밀한 관점에서는 두 반쪽의 분리가 금할 요소들 사이의 혼인 연결들을 허용한다는 것을 잘 밝히고 있다. 〈제3항은 참된 구조적 요소라기보다는 절차로 해석되어야 한다.〉[7] 원시공동체의 친족 관계들을 정신 속에서 전개되는 구조와 관련해서 해석하면, 그때마다 결연을 주요 혈연에 의존시키지만 실행을 통해서는 제정신이 아님이 판명되는 거대한 절편이라는 이데올로기에 다시 빠지고 만다. 〈비대칭적 결연 체계들 속에 일반화된 교환으로 향하는, 즉 순환의 폐쇄로 향하는 근본 경향성이 실존하는지 자문해

---

7 Louis Berthe, "Aînes et cadets, l'alliance et la hiérachie chez les Badu," *L'Homme*, 1965년 7월. 뤽 드 외쉬의 다음 공식을 참조할 것.(in "Lévi-Strauss," *l'Arc*, 26호) 〈친족 체계는 또한 그리고 무엇보다 하나의 실천(une praxis)이다.〉(p.11)

야 한다. 나는 므루족에게서 이와 비슷한 그 어떤 것도 발견할 수 없었다. (……) 그들 각자는 마치 순환이 닫히면 그 결과 생길 만회(挽回) 따위는 모르는 듯 행동하며, 또한 채권자-채무자 행동에 역점을 두면서 비대칭 관계를 강화한다.〉[8] 친족 체계가 닫힌 것처럼 보이는 것은, 친족 체계를 열린 채 유지하며 또 결연을 혼인 계급들 및 혈연 가계들의 배치(arrangement)와는 다른 것이 되게 하는 경제적·정치적 준거들에서 친족 체계를 절단하는 한에서만 그럴 뿐이다.

마을의 변태와 지역 집단들

거기서 진행되는 것은 흐름들을 코드화한다는 전반적 기획이다. 기표 사슬과 생산의 흐름의 상호 적응과 각각의 졸라매기를 어떻게 보증할까? 위대한 유목민 사냥꾼은 흐름들을 따라가고, 한자리에서 흐름들을 말라붙게 하며, 흐름들과 함께 이전한다. 그는 가속화된 방식으로 자신의 혈연 전체를 재생산하며, 자신을 조상이나 신과 직접 관계시키는 한 점에 자신의 혈연 전체를 응축시킨다. 피에르 클라스트르가 묘사하는 고독한 사냥꾼은 이제 자신의 힘과 운명과 일체일 따름이며, 점점 빨라지고 일그러지는 언어활동으로 자기 노래를 내던진다. 바로 나, 나, 나, 〈나는 강력한 자연이다, 성나서 공격하는 자연이다!〉[9] 흐름들과 함께하는 현실적 이전 및 신과의 직접 혈연 ─ 이런 것이 사냥꾼, 즉 수풀이나 숲의 위대한 편집증자의 두 성격이다. 유목 공간에서, 사회체의

---

8 L. G. Löffler, "L'Alliance asymétrique chez les Mru," *L'Homme*, 1966년 7월, pp.78~79. 리치는 카친족의 결혼에 관해 이데올로기와 실행 사이의 차이를 분석한다.(*Critique de l'anthropologie*, pp.140~141.((옮긴이) 영: pp.81~82) 그는 닫힌 체계로서의 친족 관계라는 착상들에 대한 비판을 아주 멀리 밀고 간다.(pp.153~154((옮긴이) 영: pp.89~90)))

9 Pierre Clastres, "L'Arc et le panier," *L'Homme*, 1966년 4월, p.20.

충만한 몸은 생산 부근에 있는 듯하며, 아직 생산으로 복귀하지 못하니 말이다. 야영 공간은 숲의 공간 부근에 머물러 있다. 야영 공간은 끊임없이 생산과정 속에서 재생산되지만, 아직 이 과정을 전유하지는 못했다. 기입의 외견상 객관적 운동은 유목의 현실적 운동을 진압하지는 못했다. 하지만 순수 유목민은 없다. 언제나 이미 야영지가 있어서, 여기서는 아무리 소량일지라도 비축하는 일이, 또 기입하고 할당하고 결혼하고 먹고사는 일이 문제이다(클라스트르는 구아야키족에서 어떻게 사냥꾼들과 살아 있는 짐승들 간의 연결이 야영지의 죽은 짐승들과 사냥꾼들 간의 분리로 바뀌는가를 잘 보여 준다. 이 분리는 근친상간 금지와 비슷한데, 왜냐하면 사냥꾼은 자기가 잡은 것을 소비할 수 없기 때문이다). 요컨대 우리가 다른 기회에 밝히겠지만, 편집증자에 뒤이어 또는 편집증자와 동반해서 언제나 변태가 있다. 때로 같은 사람이 두 상황에서 달라지는데, 가령 수풀의 편집증자는 마을의 변태이다. 왜냐하면 사회체가 고착되고 생산력들로 복귀해서 생산력들을 자기에게 귀속하자마자, 이제는 더 이상 흐름들의 관점에서의 이전(移轉)과 사슬의 관점에서의 가속된 재생산의 동시성을 통해 코드화의 문제가 해결될 수 없기 때문이다. 흐름들은 재고의 최소치를 구성하는 채취들의 대상이어야 하며, 기표 사슬은 매개의 최소치를 구성하는 이탈들의 대상이어야 한다. 하나의 흐름이 코드화되는 것은, 사슬에서의 이탈과 흐름에서의 채취가 조응해서 행해지고, 서로 합해지고 결혼하는 한에서이다. 그래서 원시 영토성 위에 결혼들을 가동하는 일은 이미 지역 집단들의 고도로 변태적인 활동이다. 그것은, 앙리 에이가 〈선별과 정련과 계산이라는 정신 작업〉이 드러나는 다른 경우들에 관해 말한 것처럼, 정상적인, 즉 비(非)병리적인 변태이다. 그리고 사태는 처음부터 그러했다. 왜냐하면 흐름들을 타고 직접 혈연을 노래하는 데 그칠 수 있는 순수 유목민이란 없고, 이미 채취하고 이탈하면서 복귀하려고 기다리는 사회체가 늘 있기 때문이다.

혈연적 재고와 결연의 부채 블록들
기능적 비평형 ─ 코드의 잉여가치

흐름에서의 채취들은 기표 사슬에서 혈연적 재고를 구성한다. 하지만 거꾸로 사슬에서의 이탈들은 결연의 이동 부채들을 구성하며, 이 부채들은 흐름들의 방향을 잡아 통제한다. 가족의 재고로서의 담요 위에서 사람들은 결연의 돌들, 즉 자패(紫貝)들을 순환시킨다. 이 순환에는 이를테면 큰 순환과 작은 순환이 있다. 큰 순환은 생산의 흐름들과 기입의 사슬들의 순환이요, 작은 순환은 흐름들을 사슬에 넣거나 처박는 혈연의 재고들과 사슬들을 흐르게 만드는 결연의 블록들 사이의 순환이다. 혈통은 생산의 흐름인 동시에 기입의 사슬이요, 혈연의 재고인 동시에 결연의 유동이다. 마치 이 재고가 기입 내지 등록 표면 에너지, 즉 외견상 운동의 퍼텐셜 에너지를 구성하는 듯 모든 일이 일어난다. 하지만 부채가 이 운동의 현행 방향이요, 이 표면 위에서 선물 주고받기가 이동하는 각각의 길에 의해 규정되는 운동에너지이다. 쿨라에서, 목걸이와 팔찌의 순환은 특정 구역들과 특정 경우에 정지해서 다시 재고를 형성한다. 생산적 연결들을 전유하는 혈연의 분리들 없이는 생산적 연결들이 없지만, 인물들의 결연들 및 혼인들을 통한 방계 연결들을 재구성하지 않는 혈연의 분리들도 없다. 흐름들과 사슬들뿐 아니라 고정된 재고들과 이동 블록들은, 제 나름 두 방향에서 사슬들과 흐름들 간의 관계들을 내포하는 한, 영속적인 상대성의 상태에 있다. 즉 그 요소들인 여자들, 소비재들, 제구(祭具)들, 권리들, 위신들, 지위들이 변주되는 것이다. 어디에선가 일종의 가격 평형이 이루어져야만 한다고 가정하면, 관계들의 명백한 비평형 속에서는 병리적 귀결을 보도록 강제된다. 이 병리적 귀결은, 급부(給付)가 더 넓고 복잡해지면서 닫혀 있다고 상정된 체계가 한 방향으로 확장되고 개방되는 것이라고 말함으로써 설명된다. 하지만 이런 착상은 순(純) 투자도 없고, 화폐와 시장도 없고, 상품 교환 관계도 없는 원시적인 〈차가운 경제〉와는 모순된다. 반대로 그런 경제의 원동력은 진정한 코드의 잉여가치에 있다. 사슬에서의 이탈 각각은 생산의 흐름들의 이쪽저쪽에서 초과와 부족, 결핍과 축적 등의 현상을 생산하는데, 이런 현상은 획득된 위신 내지 분배된 소비라는 유형의 교환 불가능한 요소들로 만회된다(〈족장은 화려한 축제를 매개로 소멸하는 가치를 소멸하지 않는 위신으로 전환한다. 이런 식으로 궁극적 소비자는 결국 최초 생산자이다〉).[10] 코드의 잉여가치는, 그것이 모스의 다음과 같은 유명한 공식에 대응하는 한에서, 잉여가치의 원시적 형식이다. 즉 선물은 욕망과 권력의 영토적 기호요 재화의 풍요와 결실의 원리이므로 이자를 보태 갚아야 하는데, 바로 증여된 사물의 영(靈), 즉 그 사물들의 힘이 이렇게 되게 만든다. 비평형은 병리적 귀결이기는커녕 기능적이며 근본적이다. 열림은 애초부터 닫힌 체계의 확장이기는커녕 오히려 1차적이며, 급부를 구성하며 비평형의 이전을 통해 비평형을 만회하는 요소들의 이종성(異種性)에 기초해 있다. 요컨대 결연의 관계들에 따른 기표 사슬에서의 이탈들은 흐름들의 층위에서 코드의 잉

10 E. R. Leach, *Critique de l'anthropologie*, p.153.((옮긴이) 영: p.89) 리치가 레비스트로스에게 가하는 비판은 이렇다. 〈레비스트로스의 다음 주장은 옳다. 즉 친족 집단 간의 거래의 전 계열 속에 있는 한 항목으로 결혼을 이해할 때에만 결혼의 구조적 함축들을 이해할 수 있다. 여기까지는 좋다. 하지만 그의 책에서 제공하는 예들 중 어느 하나에서도, 그는 이 원리를 충분히 개진하지 않는다. (……) 근본적으로 그는 그가 논의하는 체계들 속에서 여성의 등가물로 기여하는 반대급부의 본성과 의미에는 실제로 관심이 없다. (……) 우리는 제1 원리들에서 출발하여 어떻게 평형을 얻는가를 미리 말할 수 없다. 왜냐하면 우리는 어떤 특수한 사회에서 서로 다른 범주의 급부들이 어떻게 평가될지 알 수 없기 때문이다. (……) 소비 가능한 재화들과 소비 불가능한 재화들을 구별하는 것은 매우 중요하다. 또한 '권리들'과 '위신'처럼 전혀 만질 수 없는 요소들이 교환된 '물건들'의 전체 목록 가운데 일부를 이룬다는 점을 헤아리는 것도 매우 중요하다.〉(p.154, p.169, p.171((옮긴이) 영: p.90, p.100)) (옮긴이) 인용문 중 셋째 대목이 프랑스어본과 영어본에서 서로 달라, 이 부분은 프랑스어본에서 옮겼다.

여가치를 낳으며, 이로부터 혈연의 계열들을 위한 지위 차이가 나온다 (가령 여자를 주는 자와 받는 자의 신분 우열). 코드의 잉여가치는 원시 영토 기계의 잡다한 조작들을 실효화한다. 즉 사슬에서 절편들을 이탈시키기, 흐름에서 채취들을 조직하기, 각자에게 돌아오는 몫을 할당하기. 177

그것은 고장 나면서만 작동한다

원시사회들은 역사가 없으며 원형들 및 그 반복에 의해 지배당한다는 관념은 특히 허약하며 부적합하다. 이 관념은 민족학자들에게서 탄생한 것이 아니다. 오히려 그것은 유대-그리스도교의 비극적 의식에 매여 있던 이데올로그들에게서 탄생했는데, 이들은 역사의 〈발명〉을 통해 이 비극적 의식을 뒷받침하려 했다. 기능적 비평형 상태 또는 요동치고 불안정하며 늘 만회되는 평형 상태 속에서, 제도화된 갈등들뿐 아니라 변화, 반항, 단절, 분열 들을 낳는 갈등들도 아우르는, 사회들의 역동적이고 열린 현실이 역사라고 불린다면, 원시사회들은 충만히 역사 속에 있으며, 만장일치 집단이 우위에 있다는 이유로 원시사회들에 돌리려 하는 안정 내지 심지어 조화와는 아주 거리가 멀다. 모든 사회 기계 속 역사의 현존은, 레비스트로스의 말처럼, 〈사건의 오인할 수 없는 표시가 발견되는〉[11] 부조화들에 잘 나타나 있다. 그러한 부조화들을 해석하는 방식이 많다는 것은 사실이다. 관념적으로는, 현실 제도와 상정된 이상적 모델 사이의 편차에 의해 해석하는 방식이 있고, 도덕적으로는, 법과 위반 간의 구조적 연줄을 원용함으로써 해석하는 방식이 있

---

11 Claude Lévi-Strauss, *Anthropologie structurale*, Paris: Plon, 1958, p.132.((옮긴이) 독: p.134. 영: p.117. 이 영역본에서 해당 구절은 "bare the unmistakable stamp of time elapsed"로 되어 있는데, 『안티 오이디푸스』의 영역자에 따르면 이 대목은 원래 "la marque, impossible à méconnaître, de l'événement"이어서, 영어 번역이 marque(표시)와 événement(사건)의 효과를 살리지 못했다고 비판한다.(151쪽 각주))

원시 영토 기계

으며, 물리적으로는, 마치 사회 기계가 더 이상 그 재료들을 적절히 처리하지 못하게 만드는 마모 현상이 문제인 양 해석하는 방식이 있다. 하지만 여기서도 역시 정당한 해석은 무엇보다 현행적이고 기능적인 해석일 듯싶다. 즉 어떤 사회 기계가 잘 기능하지 말아야 하는 것은 바로 기능하기 위해서이다. 이 점은 바로 절편적 체계와 관련해서 정확히 볼 수 있었는데, 이 체계는 언제나 자신의 폐허 위에서 자신을 재구성할 만했다. 같은 점을 이 체계들에서 정치 기능의 조직에서도 볼 수 있는데, 정치조직은 자신의 무력함을 내보임으로써만 실효적으로 실행된다.[12] 민족학자들은 친족 관계의 규칙들이 현실의 결혼에서는 적용되지도 않고 또 적용될 수 없다고 끊임없이 말한다. 이 규칙들이 이상적이라서가 아니다. 오히려 반대로 이 규칙들이, 봉쇄된다는 조건에서 배치(le dispositif)가 다시 작동을 시작하며 또 배치가 집단과 필연적으로 부정적 관계에 놓이는 임계점들을 규정하기 때문이다. 바로 여기에서 사회 기계와 욕망 기계의 동일성이 나타난다. 사회 기계의 극한은 마모가 아니라 고장이며, 사회 기계는 삐걱거리고 고장 나고 작은 폭발들을 터뜨리면서만 기능한다. 기능 장애들은 그 기능 자체의 일부를 이루는데, 이는 잔혹 체계의 미미한 양상이 결코 아니다. 부조화나 기능 장애가 사회 기계의 죽음을 알린 적은 한 번도 없었다. 이와 반대로 사회 기계는 자기가 유발하는 모순들, 자기가 초래하는 위기들, 자기가 낳는 불안들, 그리고 자신에게 새로운 힘을 주는 지독한 조작들을 먹고사는 습관이 있다. 자본주의는 이것을 깨달았고, 자기 의심을 멈췄으며, 한편 사회주의자들도 마모에 의한 자본주의의 자연사(自然死) 가능성을 믿기를 포기했다. 그 누구도 모순으로 인해 죽은 적은 없다. 그리고 그것(ça)이

---

12 Jeanne Favret, "La Segmentarité au Maghreb," *L'Homme*, 1966년 4월. Pierre Clastres, "Echange et Pouvoir," *L'Homme*, 1962년 1월.

고장 날수록, 그것이 분열증화할수록, 그것은 더 잘 작동한다, 미국식으로 말이다.

절편 기계

하지만 비록 같은 방식으로는 아니더라도 이미 이 관점에서 원시 사회체, 즉 결연들과 혈연들을 직조하는 영토 기계를 고찰해야 한다. 이 기계는 *절편* 기계인데, 그 까닭은 그것이 부족과 가문이라는 이중 장치를 가로질러 여러 길이의 절편들을 잘라 내기 때문이다. 즉 먼저 주요 가문, 소수 가문, 최소 가문 등 계보적 혈연 단위들이 있는데, 이 가문들은 위계, 각각의 족장들, 나이 많은 재고품 수호자, 결혼의 조직자들을 갖고 있다. 또한 1차 구역, 2차 구역, 3차 구역 등 부족적 영토 단위들이 있는데, 이 구역들도 제 나름의 지배들과 결연들을 갖고 있다. 〈부족 구역들 간 분리 지점은 각 구역과 연결된 가문들의 씨족 구조의 발산 지점이 된다. 씨족들과 그 가문들은 별도의 단체 집단들이 아니라, 지역공동체에 합체되어 이를 통해 구조적으로 기능하기 때문이다.〉[13] 이 두 체계는 재절단되어, 각 절편은 흐름들과 사슬들에, 흐름의 재고들과 이행의 흐름들에, 흐름에서의 채취들과 사슬에서의 이탈들에 연합된다(어떤 생산 작업들은 부족 체계의 틀 안에서 행해지고, 다른 생산 작업들은 가문 체계의 틀 안에서 행해진다). 혈연의 양도 불가능성과 결연의 이동성 사이에는, 절편들의 가변성과 상대성에서 유래하는 온갖 종류의 상호 침투가 있다. 각 절편은 정돈된 등급들의 계열 속에서 서로 다른 절편들과 대립함으로써만 자신의 길이를 측정하며, 또한 그런

179

---

13 Edward E. Evans-Pritchard, "Les Nouer du Soudan méridional," in *Systemes politiques africains*, 1962, Paris: P.U.F., p.248.((옮긴이) 영: p.287. 이 대목은 영어 원본을 참고하여 프랑스어에서 옮겼다.)

절편으로 실존하기 때문이다. 절편 기계는 혈연의 변주와 결연의 유동을 가로질러 경쟁들, 갈등들, 단절들을 뒤섞는다. 체계 전체는 두 극 사이에서 진화한다. 한 극은 다른 집단들과 대립하는 융합의 극이요, 다른 극은 결연들과 혈연을 자본화함으로써 독립을 열망하는 새 가문을 부단히 형성하는 분열의 극이다. 한 극에서 다른 극에 걸쳐, 자신의 부조화들에서 끊임없이 다시 태어나는 체계 안에서 온갖 실패와 온갖 궁지가 생산된다. 잔 파브르는, 다른 민족학자들과 함께 〈절편 조직의 완강함은 그 메커니즘들이 충분히 유효하지 못해서 두려움이 집합체의 동력으로 있어 주기를 역설적으로 요구한다〉라는 것을 밝히는데, 이때 이 말은 무슨 뜻일까? 또 어떤 두려움일까? 사회구성체들은 치명적이고 우울한 예감 속에서 자신에게 도달하게 될 것을, 이것이 비록 언제나 바깥에서 도달하고 또 그 열린 곳으로 밀려들기는 해도, 예감한다고 말할 수 있으리라. 아마 심지어 바로 이런 이유로 그것이 바깥에서 거기에 도달하는 것인지도 모른다. 사회구성체들은 자기 체계의 기능의 필수 부분을 이루는 저 기능 장애들을 대가로 바깥에서 도달하는 것의 내부 잠재력을 질식시킨다.

탈코드화된 흐름들의 커다란 공포
안에서 올라오는, 하지만 밖에서 오는 죽음

절편 영토 기계는 분열에 의해 융합을 쫓아내고, 족장제의 기관(器官)들을 집단과 무력한 관계로 유지함으로써 권력 집중을 막는다. 마치 미개인들 자신이 제국 *야만인*의 등장을 예감했던 듯싶지만, 이 야만인은 바깥에서 미개인들의 모든 코드를 초(超)코드화하게 될 터이다. 하지만 가장 큰 위험은 역시 분산과 분열일 터인데, 코드의 모든 가능성이 진압될 테니 말이다. 눈멀고 말 없고 탈영토화된 사회체 위를 흐르는 탈코드화된 흐름들, 바로 이 흐름들은 원시 기계가 온 힘을 다해, 또 그 모든 절편 분할을 통해 쫓아내는 악몽이다. 원시 기계는 교환, 상업, 공업을 모르지 않는다. 원시 기계는 이것들을 쫓아내고, 국지화하고, 구
획하고, 처박고, 상인과 대장장이를 종속적 지위에 묶어 둠으로써, 교환과 생산의 흐름이 자기들의 추상량들 내지 허구량들을 위해 코드들을 파괴하지 못하게 한다. 이것은 또한 오이디푸스, 즉 근친상간의 공포가 아닐까? 즉 탈코드화된 흐름에 대한 두려움이 아닐까? 자본주의가 보편적 진리라면, 이것은 자본주의가 모든 사회구성체의 음화(陰畵)라는 의미에서이다. 자본주의는 대립 추론에 의해(a contrario) 모든 사회구성체의 비밀을 이해하게 해 주고, 어떤 것이 코드화에서 빠져나가기보다 오히려 흐름들을 코드화하고 심지어 초코드화하게 하는, 그 어떤 것, 이름 붙일 수 없는 것, 흐름들의 일반화된 탈코드화이다. 역사 밖에 있는 것은 원시사회들이 아니다. 바로 자본주의가 역사의 끝에 있는 것이다. 바로 자본주의가 우발들과 우연들의 오랜 역사에서 귀결되는 것이며, 역사의 끝을 도래하게 한다. 예전의 구성체들이 이를, 즉 안에서 올라오기에 올라오는 것을 애써 막아 바깥에서 왔을 뿐인 *이 자*(cette Chose)를 예견하지 못했다고 말할 수는 없다. 이로부터 역사 전체를 자본주의와 관련해서 회고적으로 읽을 가능성이 나온다. 전-자본주의사회들에서 계급의 기호를 찾아보는 일은 이미 가능하다. 하지만 민족학자들은 이 원(原)-계급들, 즉 제국 기계에 의해 조직된 카스트들과 원시 절편 기계에 의해 분배된 신분들을 할당하는 것이 얼마나 어려운지 지적하고 있다. 계급, 카스트, 신분을 구별하는 기준들은 고정성이나 침투성, 상대적 폐쇄성 내지 개방성 등의 측면에서 찾아서는 안 된다. 이런 기준들은 매번 믿을 수 없고 특히나 기만적임이 들통 난다. 하지만 신분은 원시 영토 기계와 뗄 수 없는데, 이는 마치 카스트가 제국의 국가적 초코드화와 뗄 수 없는 것과 같다. 반면 계급은 자본주의 조건들 속에

서 탈코드화된 상공업 생산과정과 상대적이다. 따라서 계급의 기호 아래서 전체 역사를 읽을 수는 있으나, 이것은 맑스가 제시한 규칙들을 지킴으로써, 또 계급이 카스트와 신분의 〈음화〉인 한에서만 그럴 수 있다. 왜냐하면 확실히 탈코드화 체제는 조직화의 부재를 의미하는 것이 아니라, 가장 음침한 조직, 가장 경직된 회계를, 즉 언제나 대립 추론에 의해, 코드들을 대체하고 코드들을 포함하는 공리계를 의미하기 때문이다.

3 오이디푸스 문제

근친상간

토지의 충만한 몸은 구별이 없는 게 아니다. 괴로워하고 위험하며 유일하고 보편적이기에, 토지의 충만한 몸은 생산 및 생산자들 그리고 생산의 연결들로 복귀한다. 하지만 이 위에는 또한 모든 것이 달라붙고 기입되고, 모든 것이 끌어당겨지고 기적을 낳는다. 그것은 분리 종합의 요소요 이 종합의 재생산의 요소이다. 그것은 혈연 내지 계보의 순수한 힘, 즉 누멘이다. 이 충만한 몸은 출산된 것이 아니다. 하지만 혈연은 이 몸 위에 표시된 기입의 최초 특성이다. 우리는 이 내공적 혈연, 이 포괄적 분리가 무엇인지 알고 있다. 여기서는 모든 것이 나뉘지만, 단지 자기 안에서 나뉘며, 또 여기서는 같은 존재가 도처에, 모든 측면에, 모든 층위에, 내공의 차이를 지닌 채 있다. 포함된 동일한 존재는 충만한 몸 위에서 나눌 수 없는 거리들을 편력하며, 모든 독자성을, 즉 미끄러지면서 자신을 재생산하는 종합의 모든 내공을 지나간다. 계보적 혈연이 생물학적이 아니라 사회적인 것이라고 상기시켜 봐야 아무 소용없다. 계보적 혈연은 토지의 충만한 몸이라는 우주적 알 위에 기입되어 있는 만큼 필연적으로 생물적-사회적이다. 그것은 일자 또는 차라리 원시적인 '둘이자-하나(l'un-deux)'라는 신화적 기원을 갖고 있다. 쌍둥이들이라 말해야 할까 쌍둥이라 말해야 할까? 이 쌍둥이는 나뉘어 있으면서도 자기 안에서 통일되어 있다. 놈모일까 놈모들일까? 분리 종합은 원생(原生) 조상들을 분배하지만, 각 조상 자신은 수컷이자 암컷인 완전한 충만한 몸이요, 모든 부분대상을 도곤족 알의 내적 지그재그에 대응하는 내공적 변주만을 지닌 채 자기에게 응집한다. 각 조상은 제 나름으로 계보 전체를 내공적으로 반복한다. 그리고 이는 어디서나 똑같다, 나눌 수 없는 거리들의 두 끝과 모든 측면에서, 쌍둥이들의 장광설, 강렬한 혈연은. 마르셀 그리올과 제르멘 디테를랑은 『창백한 여우』의 첫머리에서 멋진 기호 이론을 묘사한다. 혈연의 기호들, 인도자-기호들과 주인-기호들, 무엇보다도 내공적 욕망 기호들 — 이것들은 이미지들, 형상들, 소묘들 속에서 외연을 얻기 전에 나선에 빠져 일련의 폭발들을 가로지른다.

토지라는 충만한 몸 위에서의 포괄적 분리들

충만한 몸이 생산적 연결들로 복귀하고, 이것들을 내공적·포괄적 분리들의 그물 속에 기입하면, 또한 그 충만한 몸은 이 그물 자체 속에서 방계의 연결들을 되찾거나 소생해야만 할 것이며, 또 충만한 몸 자신이 그것들의 원인이라도 되는 양 그것들을 자신에게 귀속해야만 할 것이다. 이것들이 충만한 몸의 두 양상이다. 즉 한편으로 마력을 지닌 기입 표면, 환상적 법 또는 외견상 객관적 운동이지만, 다른 한편 마술적 내지 물신적 담당자요, 준-원인이다. 충만한 몸에게는 모든 것을 기입하는 것만으로는 충분치가 않다. 충만한 몸이 마치 모든 것을 생산하는 양해야만 하는 것이다. 설사 연결들이 기입된 분리들의 형식에 제 나름 반작용하는 일이 있다 해도, 연결들은 이 분리들과 양립할 수 있는 형식으로 다시 나타나야만 한다. 이런 것이 기입의 둘째 특성으로서의 결연이다. 결연은 기입의 분리들과 양립할 수 있는, 인물들의 혼인이라는 외연적 형식을 생산적 연결들에 강요하지만, 거꾸로 결연은 똑같은 이 분리들의 배타적·제한적 사용을 규정하면서 기입에 반작용한다. 따라서 결연이 혈연적 가계 속에서 어느 순간 불시에 나타나는 것이라고 신화적으로 재현되는 일이 강요된다(비록 다른 의미에서는 결연이 이미 늘 있어 온 것이기는 해도 말이다). 그리올은 도곤족에서 8대조(八代祖)의 어떤 순간, 어떤 층위, 어떤 측면에서 어떤 것이 어떻게 생산되었는지 상세히 이야기한다. 즉 분리들이 상궤를 벗어나 포괄적이기를 그치고 배타적이 된 것이다. 이때부터 충만한 몸은 사지가 찢기고, 쌍둥이 특성은 무화(無化)되고, 할례에 의해 표시되는 양성 분리가 일어난다. 하지만 또한 연결이나 혼인이라는 새 모델 위에서 몸이 재구성되고, 몸들이 그 자체로 또는 서로 간에 관절을 갖추고, 이런 절합적 결연의 돌들로 방계의 기입을 행한다. 요컨대 온통 결연의 궤(櫃)가 있게 된다.[14] 결코 결연은 혈연에서 파생되지도 않고 연역되지도 않는다. 하지만 이 원리가 정립되면, 우리는 두 관점을 구별해야 한다. 하나는 경제적·정치적 관점으로, 이에 따르면 결연은 외연을 지닌 채 주어졌다고 상정되는 체계 속에 미리 실존하지 않는 확장된 혈연 가계들과 함께 조합되고 직조되면서 늘 있다. 또 하나는 신화적 관점으로, 이는 체계의 외연이 강렬하며 원생적인 혈연 가계들에서 출발하여 어떻게 형성되고 제한되는지, 나아가 필연적으로 자신의 포괄적 내지 비제한적 사용을 잃는지를 보여 준다. 바로 이 관점에서 보면, 확장된 체계는 결연들과 말들의 기억과도 같으며, 혈연의 강렬한 기억에 대한 능

---

14 Marcel Griaule, *Dieu d'eau*, Paris: Fayard, 1948, 특히 pp.46~52.

오이디푸스 문제

동적 억압을 내포하고 있다. 왜냐하면 계보와 혈연들이 늘 깨어 있는 기억의 대상이 되는 것은, 이미 이것들이 결연들이 특정 의미를 지녔다고 규정되기 전에는 분명코 소유하고 있지 않았던 외연상의 의미로 파악되는 한에서이다. 이와 반대로, 계보와 혈연들은 내공적 혈연들로서, 밤의 기억이요 생물적-우주적 기억인 특별한 기억의 대상이 되며, 이 기억은 확장된 새 기억이 설립되기 위해 정확히 말해 억압을 겪어야만 한다.

내공들에서 외연으로——기호

왜 문제가 결코 혈연에서 결연으로 가는 데 있지 않은지, 즉 후자를 전자에서 끌어내는 데 있지 않은지를 우리는 더 잘 이해할 수 있다. 문제는 에너지와 내공의 차원에서 외연의 체계로 이행하는 데 있는데, 후자는 질적 결연들과 확장 혈연들을 동시에 포함한다. 내공 차원의 최초의 에너지, 즉 누멘이 혈연의 에너지라는 점은 사태를 조금도 바꾸지 않는다. 왜냐하면 이 강렬한 혈연은 아직 확장되지 않았고, 아직 인물들 및 심지어 성의 구별도 포함하고 있지 않으며, 다만 내공을 지닌 전(前)-인물적 변주들만을 포함하고 있고, 그러면서 잡다한 등급에서 취한, 같은 쌍둥이 내지 양성성을 변용하고 있기 때문이다. 따라서 이 차원의 기호들은 (라이프니츠가 플러스(+)일 수도 마이너스(-)일 수도 있는 기호를 가리키기 위해 사용한 표현을 따르면) 근본적으로 중립이거나(neutre) 중의적이다(ambigus). 문제는 어떻게 이 최초의 내공에서 출발해 다음과 같은 일들이 벌어지는 외연 체계로 이행하는지를 아는 일이다. ① 혈연들이 가문들의 형식으로 확장 혈연들이 되어, 인물들의 구별들과 부모의 명칭들을 포함하는 일. ② 결연들은 동시에 질적 관계들이 되는데, 이 관계들이 확장 혈연들을 전제하는 만큼이나 이 혈연들이 또한 이 관계들을 전제하는 일. ③ 요컨대 중의적인 강렬한 기호들이 중의적이기를 그치고 플러스나 마이너스가 되는 일. 레비스트로스가 결혼의 단순한 형식을 위해 평행 사촌의 결혼 금지와 교차 사촌의 결혼 승인을 설명하는 여러 구절에 걸쳐 이 점은 분명히 나타난다. 두 가문 A와 B 사이의 결혼마다, 이 부부가 A나 B에게 획득에서 결과하느냐 상실에서 결과하느냐에 따라 〈+〉 또는 〈-〉 기호의 절단이 부여된다. 이 점에 관해 혈연의 체제가 부계인가 모계인가는 거의 중요하지 않다. 가령 부계요 친가인 체제에서, 〈친족의 여자들은 잃은 여자들이요, 인척의 여자들은 획득된 여자들이다.* 따라서 이런 결혼에서 생긴 각 가족은, 아이들의 어머니가 처음 집단에 대해 딸이냐 며느리냐에 따라 규정되는 기호를 부여받는다. (······) 형제에서 누이로 옮겨 가면 기호가 바뀐다. 왜냐하면 형제는 아내를 획득하는 데 반해 누이는 자기 가족에서 상실되기 때문이다.〉하지만 레비스트로스는 세대가 바뀜에 따라 기호 역시 바뀐다고 지적한다. 〈처음 집단의 관점에서 아버지가 아내를 받았느냐 어머니가 밖으로 보내졌느냐에 따라, 아들들은 여자 하나에 대해 권리를 갖거나 누이 하나를 빚진다. 필경 이 차이는, 현실에서는, 사촌 형제들의 절반이 독신 생활을 해야만 한다는 것으로 번역되지 않는다. 오히려 그것은 모든 경우에서 한 남자가 윗세대에서 한 명의 누이나 딸을 상실했기 때문에 여자 하나를 요구할 수 있는 집단에서만 아내를 받을 수 있다는 법칙을 표현한다. 한편 한 명의 형제는 윗세대에서 여자 하나를 얻었기 때문에 누이 한 명을 (또는 아버지는 딸 하나를) 바깥세상에 빚지고 있다. (······) 남자 a와 여자 b가 결혼해서 형성된 주축이 되는 부부를 보자면, 이 부부는 A의 관점에서 보느냐 B의 관점에서 보느냐에

184

---

* 이 문장에서 paranté는 "친족"으로 alliance는 "인척"으로 옮겼으며, 아래에서도 이를 유지했는데, "친족"이 "혈연(filiation)"으로 이해되고 "인척"이 "결연"으로 이해되어야 함은 물론이다.

따라 분명히 두 기호를 가지며, 이들의 아이들에게도 이 점은 마찬가지이다. 〈++〉나 〈--〉 관계에 있는 사람들은 모두 평행이고 〈+-〉나 〈-+〉 관계에 있는 사람들은 모두 교차라는 것을 확인하는 데는 이제 사촌들 세대를 보는 것으로 충분하다.)[15] 하지만 문제가 이렇게 설정되면, 레비스트로스가 바랐던 것처럼, 교환 작용을 규제하는 논리적 조합의 실행이 문제라기보다는, 오히려 부채의 견지에서 자연스럽게 표현되어야 할 물리 체계의 설립이 문제이다. 레비스트로스는 이 물리 체계를 은유로만 보지만, 그 자신이 이 체계의 좌표를 원용하고 있다는 점은 우리에게 매우 중요해 보인다. 외연을 지닌 물리 체계에서는, 에너지 흐름의 차원에 속하는 어떤 것은 지나가고(+- 또는 -+) 어떤 것은 지나가지 않거나 봉쇄된 채로 있으며(++ 또는 --) 어떤 것은 봉쇄하고, 또는 반대로 어떤 것은 지나가게 한다. 어떤 것 또는 어떤 사람. 외연을 지닌 이 체계에는 최초의 혈연도 없고, 최초 세대나 최초의 교환도 없으며, 오히려 혈연들이 확장되는 것과 동시에 언제나 또 이미 결연들이 있어서, 이 결연들은 혈연에서 봉쇄된 채로 있어야 하는 것과 결연으로 이행해야 할 것을 표현한다.

185   본질적인 것은, 기호들이 성별과 세대에 따라 바뀐다는 것이 아니라, 사람들이 내공적인 것에서 외연적인 것으로, 말하자면 중의적인 기호들의 차원에서 바뀌지만 규정된 기호들의 체제로 이행한다는 것이다. 바로 여기서 신화에 호소하는 것이 불가결하다. 이는 신화가 외연을 지닌 현실적 관계들의 치환된 재현 내지 심지어 역전된 재현이기 때문이 아니라, 신화만이 (생산 체계를 포함하여) 체계의 내공적 조건들을 토착인의 사상과 행동에 맞게 규정하기 때문이다. 바로 이런 까닭

---

15 Claude Lévi-Strauss, *Les Structures élémentaires de la parenté*, 2판, Paris: Mouton, 1967, p.152.((옮긴이) 영: pp.130~131)

에 숙권제(叔權制)*의 설명 원리를 신화에서 찾는 마르셀 그리올의 텍스트는 우리에게는 결정적인 것으로 보이며, 또 이런 종류의 시도에 대해 상습적으로 가해지는 관념론이란 비난을 피할 수 있는 것으로 보인다. 아들러와 카트리가 이 문제를 다시 다루는 최근 논문도 마찬가지이다.[16] 이 저자들의 다음 지적은 옳다. 즉 (형제-누이, 남편-아내, 아버지-아들, 외삼촌-조카 등 네 가지 관계를 지닌) 레비스트로스의 친족 원자는 완전한 집합으로 주어지는데, 여기서 어머니는 자식들과 관련해서 경우에 따라 다소간 〈친족〉이거나 다소간 〈인척〉일 수는 있지만 이상하게도 어머니로서는 제외되고 있다. 그런데 바로 여기가 신화가 뿌리내리고 있는 곳이다. 신화는 표현하지 않고 조건 짓는다. 그리올이 보고하고 있듯이, 유루구는 자기가 훔친 태반 조각 속으로 뚫고 들어갔기에, 바로 이 권리로 인해, 자신이 혼인한 어머니의 형제와 같다. 〈이 인물은 실상 영양을 주는 태반의 일부, 즉 자기 어머니의 일부를 가지고서 공간으로 나온다. 그는 또 이 기관이 본래 자기에게 속하며 또 자신이라는 인물의 일부를 이룬다고 생각했기에, 그는 자기를 낳은 사람과, 특히 이 경우에는 세계의 자궁과 자신을 동일시했으며, 세대의 관점에서는 자기가 어머니와 동일한 층(plan)에 위치하고 있다고 평가했다. (……) 그는 무의식적으로 자기가 상징적으로 자기 어머니의 세대에 속하고 자기의 현실 세대에서 이탈되어 있다고 느끼고 있다. (……) 그에 따르면, 그는 자기 어머니와 같은 실체(substance) 및 같은 세대이기에, 자기를 낳은 사람의 남자 쌍둥이라고 보며, 또한 부부가 되는 두 구성원의 결합에 관한 신화적 규칙은 그를 이상적 남편으로 내세운다. 따

---

* 숙권제(avunculat)란 외삼촌과 조카의 특별한 상호 관계 내지 책임 관계이다.

16 Marcel Griaule, "Remarques sur l'oncle utérin au Soudan," *Cahiers internationaux de sociologie*, 1954년 1월. Alfred Adler & Michel Cartry, "La Transgression et sa dérision," *L'Homme*, 1971년 7월.

라서 그는 자기를 낳은 사람의 사이비 형제 자격으로 이 여자의 지정된 남편인 자기 외삼촌의 자리에 있어야 하리라.〉 필경 이 층위에서는 모든 등장인물이, 즉 어머니, 아버지, 아들, 외삼촌, 아들의 누이가 등장한다. 하지만 이들이 사실은 인물들이 아니라는 것은 명백하면서도 놀라운 일이다. 그 이름들이 가리키는 것은 인물들이 아니라,〈진동하는 나선운동〉의 내공적 변주들, 포괄적 분리들이며, 주체가 우주적인 알 위에서 통과하는 필연적으로 쌍둥이이면서도 자웅동체 상태들이다. 모든 것은 바로 내공 속에서 해석되어야 한다. 알과 태반 그 자체는〈증감할 수 있는〉무의식적 생명 에너지에 의해 편력된다. 아버지는 결코 부재하지 않는다. 그런데 아버지이자 낳는 자인 암마는 그 자신이 태반에 내재하는 내공이 가장 높은 부분이요, 그를 그의 여성적 부분에 관계시키는 쌍둥이의 특성과 뗄 수 없다. 그리고 아들 유루구가 이번에는 태반의 일부를 가지고 나온다면, 이는 자신의 누이 또는 쌍둥이 누이를 포함하는 태반의 다른 부분과의 내공적 관계 속에서이다. 하지만 그가 가지고 나온 부분은 너무 높은 데를 바라보기에 그를 자기 어머니의 형제가 되게 하며, 이 어머니는 탁월하게 누이를 대신하므로 자기가 암마를 대신해서 어머니와 결합한다. 요컨대 온통 중의적인 기호들, 포괄적 나눔들, 자웅동체 상태들의 세계이다. 나는 아들이요 또한 내 어머니의 형제이며, 내 누이의 남편이요, 나 자신의 아버지이다. 모든 것은 토지가 된 태반에, 즉 출산되지 않은 것에, 희생된 놈모의 부분대상-기관들이 달라붙어 있는 반생산의 충만한 몸에 좌우된다. 그 까닭은 태반이 어머니와 아이의 공통 실체인 한에서 이들 몸들의 공통부분이기 때문이며, 또한 태반은 이 몸들이 원인과 결과 같은 것이 아니라, 아들과 어머니를 쌍둥이가 되게 하는 이 실체에서 나온 두 생산물이 되도록 해 주기 때문이다. 바로 이런 것이 그리올이 보고한 도곤족 신화의 축이다. 그렇다, 나는 내 어머니였고, 나는 내 아들이었다. 신화와 과학이 아주 먼 거리를 두면서도 같은 것을 말하는 일은 흔치 않다. 도곤족의 이야기는 신화적 바이스마니즘을 전개하고 있는데, 여기서는 생식질 플라스마가 불멸의 연속된 가계를 형성하고, 이 가계는 몸들에 의존하지 않고 역으로 아이들의 몸은 물론 부모들의 몸도 이 가계에 의존한다. 여기서 두 가계의 구별이 생기는데, 하나는 연속적·배아(胚芽)적 가계이고 또 하나는 체세포적·비연속적 가계이며, 후자만이 세대들의 계승에 좌우된다(뤼센코는 자연적인 도곤족의 어조를 찾아 바이스만에 반대하기 위해 사용했으며, 바이스만이 아들을 어머니의 유전적·배아적 형제가 되게 한다고 비난했다. 〈바이스만을 이어 모건주의자들과 멘델주의자들은, 부모는 유전적으로 그들 아이들의 부모가 아니라는 이런 관념에서 시작한다. 이들의 학설을 믿는다면, 부모와 아이들은 형제요 누이다……〉[17]).

어떤 의미에서 근친상간은 불가능할까

하지만 아들은 육체적으로 자기 어머니의 형제도 쌍둥이도 아니다. 이런 까닭에 아들은 어머니와 결혼할 수 없다(이 〈이런 까닭에〉의 의미에 대해 우리가 방금 전에 설명한 바를 염두에 둘 것). 따라서 어머니와 결혼했어야 하는 사람은 외삼촌이다. 여기서 나오는 첫째 귀결은 이렇다. 누이와의 근친상간은 어머니와의 근친상간의 대용물이 아니고, 반대로 배아 가계의 현현(顯現)으로서 근친상간의 내공적 모델이다. 다음 귀결은 이렇다. 햄릿은 오이디푸스의 연장, 즉 2차 등급의 오이디푸스가 아니다. 반대로 부정적인 또는 역전된 햄릿 같은 자(un Hamlet)

---

17 T. D. Lysenko, *La Situation dans la science biologique*, Ed. Française, Moscou, 1949, p.16.((옮긴이) 독: p.13)

오이디푸스 문제

는 오이디푸스와 관련해서 1차적이다. 주체[아들]는 자기가 하려고 욕망했던 것을 했다고 삼촌을 비난하지 않는다. 그는 아들인 자기가 할 수 없었던 것을 하지 않았다고 삼촌을 비난한다. 그러면 삼촌은 왜 어머니, 즉 자기 누이와 결혼하지 않았을까? 그는 쌍둥이 특성과 양성성의 중의적인 기호들이 표시된 이 배아 가계의 이름으로만 그렇게 했어야 하기 때문이다. 이 배아 가계에 따르면, 아들 역시도 어머니와 결혼할 수 있었고, 또 그 자신이 쌍둥이인 어머니와 강렬한 관계를 맺고 있는 이 삼촌일 수 있었다. 배아 가계의 악순환은 닫힌다(원시적 이중 구속). 외삼촌은 이제 자기 누이, 즉 어머니와 결혼할 수 없다. 또 이로써 주체도 자기 누이와 결혼할 수 없다. 유루구의 여자 쌍둥이는 잠재적 인척인 놈모들에게 내맡겨질 것이다. 육체적 차원은 내공 단계 전체를 다시 굴러떨어지게 한다. 하지만 그 결과로 만일 아들이 자기 어머니와 결혼할 수 없다면, 이는 아들이 육체적으로 다른 세대이기 때문이 아니다. 말리노프스키에 반대해 레비스트로스가 잘 보여 준 것은, 세대의 혼합은 세대의 혼합이라고 꺼려지는 게 결코 아니며, 근친상간 금지는 그런 식으로 설명되지 않는다는 점이다.[18] 이는 아들-어머니 경우의 세대 간의 혼합은 그에 대응되는 삼촌-누이 경우의 세대 간의 혼합과 같은 결과로 이어지기 때문이다. 말하자면, 그것은 이 두 경우에 억압해야만 하는 건 하나의 동일한 내공적 배아 혈연임을 증시한다. 요컨대 외연을 지닌 육체적 체계는, 설립되는 방계 결연들과 상관적으로 혈연들이 확장되는 한에서만 구성될 수 있다. 방계 결연이 맺어지는 것은 바로 누이와의 근친상간 금지에 의해서이며, 혈연이 확장되는 것은 바로 어머니와의 근친상간 금지에 의해서이다. 여기에 아버

---

18 C. Lévi-Strauss, *Les Structures élémentaires de la parenté*, pp.556~560.((옮긴이) 영: pp.485~488)

지의 억압은 전혀 없으며, 아버지 이름의 폐제도 전혀 없다. 친족 내지 인척으로서의 어머니나 아버지 각각의 정립, 혈연의 부계적 또는 모계적 성격, 결혼의 친가 또는 외가의 성격 등은 억압의 능동적 요소들이지 억압이 향하는 대상들이 아니다. 결연의 기억에 의해 억압되는 것은 심지어 혈연의 기억 일반도 아니다. 확장 혈연들(부계이건 아니면 모계이건)과 이것들이 내포하는 결연들로 이루어진 외연을 지닌 육체적 기억을 위해, 바로 내공적 배아 혈연의 위대한 밤의 기억이 억압되는 것이다. 도곤족 신화 전체는 두 계보, 두 혈연 간의 대립에 대한 부계 판본이다. 그 둘이란, 내공과 외연, 강렬한 배아 차원과 육체적 세대들의 외연적 체제이다.

외연을 지닌 체계는 이것을 가능하게 하는 내공적 조건들에서 태어나지만, 이것들에 반작용하고, 이것들을 무화하고, 이것들을 억압하며, 이것들에 신화적 표현만을 허용한다. 기호들은 중의적이기를 그치고 이와 동시에 확장 혈연 및 방계 결연과 관련해서 규정된다. 분리들은 배타적, 제한적이 된다(이것이나 저것이냐가 강렬한 〈……이건 ……이건〉을 대신한다). 이름들, 명칭들은 더 이상 내공 상태들이 아니라 분간 가능한 인물들을 가리킨다. 금지된 배우자로서의 누이와 어머니에게 분간 가능성이 설정된다. 인물들은 지금 그들을 가리키는 이름을 갖고 있지만, 그들을 그런 인물들로 구성하는 금지들보다 먼저 실존하지는 않는다. 어머니와 누이는 이들을 배우자로 금지하기 전에는 실존하지 않는다. 로베르 졸랭은 이를 아주 잘 말하고 있다. 〈신화적 담론은 근친상간에 대한 무관심에서 근친상간 금지로의 이행을 주제로 삼고 있다. 암묵적으로건 명시적으로건, 이 주제는 모든 신화의 밑바닥에 깔려 있다. 따라서 이 주제는 신화적 언어활동의 공식 특성이다.〉[19] 근친 **189**

---

19 Robert Jaulin, *La Mort sara*, p.284.

오이디푸스 문제

상간에 관해, 그것은 문자 그대로 실존하지 않으며 실존할 수도 없다고 결론지어야 한다. 사람들은 언제나 근친상간의 이쪽 아니면 저쪽에 있다. 이쪽이란 분간 가능한 인물들을 알지 못하는 내공들의 계열에 있다는 말이며, 저쪽이란 그 인물들을 알아보고 구성하지만 성적 파트너로는 불가능하게 만들어야만 이들을 구성하는 외연 속에 있다는 말이다. 근친상간은, 언제나 우리를 근친상간에서 멀어지게 하는 일련의 대체물들을 따라서만 할 수 있다. 말하자면, 어머니나 누이가 아니라는 이유에서만 어머니나 누이의 등가물인 인물과만, 즉 가능한 배우자로서 분간된 여자와만 근친상간을 할 수 있다. 이와 같은 것이 선호 결혼(mariage préférentiel)의 의미이다. 그것은 허용되는 최초의 근친상간이다. 하지만 이것이 마치 아직은 실존하지 않는 불가능성에 가까운 양 드물게만 실효화되는 것은 우연이 아니다(가령 도곤족에서 삼촌의 딸과 하는 선호 결혼이 있는데, 이 경우 딸은 숙모와 등가이며, 숙모 자신은 어머니와 등가이다). 그리올의 논문은 분명 민족학 전체에서 정신분석의 영감을 가장 깊이 받은 텍스트이다. 그렇지만 그 논문은 오이디푸스 전체를 폭파하는 결론들을 이끌어 낸다. 왜냐하면 그 논문은 문제를 외연에서 제기하고 그럼으로써 문제가 해결되었다고 가정하는 데 그치지 않기 때문이다. 이는 아들러와 카트리가 이끌어 낼 줄 알았던 결론들이다. 〈사람들은 신화 속의 근친상간 관계들을 고려할 때, 그런 관계들이 가능하거나 그런 관계들에 무관심한 세계에 대한 욕망 내지 향수의 표현으로 여기거나, 또는 사회 규칙을 역전시키는 구조적 기능, 즉 금지와 그 위반을 정초하도록 예정된 기능의 표현으로 여긴다. (……) 둘 중 어떤 경우건, 사람들은 신화가 이야기하고 설명하는 질서의 출현, 바로 그것을 이미 구성된 것으로 받아들인다. 바꾸어 말하면, 사람들은 마치 신화가 아버지, 어머니, 아들, 누이로 정의된 인물들을 등장시키고 있는 양 추론한다. 그런데 이 친족 역할들은 금지에 의해

구성된 질서에 속한다. (……) 근친상간은 실존하지 않는다.〉[20] 근친상간190
은 하나의 순수한 극한이다. 단, 극한에 대한 두 가지 거짓 믿음을 피
한다는 조건에서 말이다. 하나는, 마치 금지가 어떤 것이 〈우선〉 그런
어떤 것으로 욕망되었다는 것을 증명하기라도 하는 양, 극한을 모태
내지 기원으로 만드는 것이며, 다른 하나는, 욕망과 법 사이의 〈근본
적〉이라고 상정된 관계가 위반에서 시행되기라도 하는 양, 극한을 구
조적 기능으로 만드는 것이다. 한 번 더 상기해야 할 것이 두 가지 있
다. 첫째, 법은 욕망의 기원적 현실에 대해 아무것도 증명하지 않는다
는 점. 왜냐하면 법은 욕망된 것을 본질적으로 왜곡하기 때문이다. 둘
째, 위반은 법의 기능적 현실에 대해 아무것도 증명하지 않는다는 점.
왜냐하면 위반은 법에 대한 비웃음이기는커녕, 그 자체가 법이 현실적
으로 금지하는 것에 대한 비웃음이기 때문이다(바로 이런 까닭에 혁명은
위반과는 아무 상관이 없다). 요컨대 극한은 이쪽도 너머도 아니다. 그것
은 이 둘의 극한이다. 근친상간, 그다지 깊지 않은 개울인데 중상을 받누
나. 언제나 이미 건넜거나, 아직 건너지 않은 개울. 왜냐하면 근친상간
은 운동과 같아서, 불가능한 것이기 때문이다. 그리고 근친상간이 불
가능하다는 것은 현실계가 불가능하다는 의미에서가 아니라, 반대로
상징계가 불가능하다는 의미에서이다.

극한

하지만 근친상간이 불가능하다는 것은 무슨 의미일까? 자기 누이나

---

20 Adler & Cartry, "La Transgression et sa dérision," *L'Homme*, 1971년 7월. 자크
데리다는 루소 주석에서 이렇게 썼다. 〈축제 전에는 근친상간이 없었다. 왜냐하면 근친상간
금지가 없었기 때문이다. 축제 후에는 더 이상 근친상간이 없다. 왜냐하면 그것은 금지되기
때문이다. (……) 만일 그런 어떤 것─**그 자체**─이 있을 여지가 있다면, 축제 **그 자체**가 근
친상간 **그 자체**일 것이다.〉(*De la grammatologie*, Paris: Minuit, 1967, pp.372∼377)

오이디푸스 문제

어머니와 동침하는 것은 가능하지 않나? 또 근친상간은 금지되어 있으니까 그것은 가능해야만 한다는 낡은 논증은 어떻게 포기할까? 하지만 문제는 다른 데 있다. 근친상간의 가능성은 아들, 누이, 어머니, 형제, 아버지 등 인물들과 이름들을 요구한다. 그런데 근친상간 행위에서 우리는 아무 인물하고나 교접할 수 있지만, 이때 이들의 이름이 이들을 파트너로서 금하는 금지와 뗄 수 없는 이상, 이들은 자기 이름을 잃는다. 그렇지 않으면 이름들은 존속하더라도, 이제는 전(前)-인물적 내공 상태들을 가리킬 뿐이며, 사람들이 자기의 적법한 아내를 엄마라고 부르거나 자기 아내를 누나라고 부를 때처럼, 이 전-인물적 내공 상태들은 다른 인물들로도 〈확장〉될 수 있다. 사람들이 언제나 이쪽이나 저쪽에 있다고 우리가 말한 것은 이런 의미에서이다. 우리의 어머니들과 누이들은 우리의 팔 사이에서 녹아 버린다. 이들의 이름은 너무 젖은 우표처럼 인물 위에서 미끄러진다. 결코 인물과 이름을 동시에 향유할 수는 없기 때문이다. 그렇지만 이것이야말로 근친상간의 조건이리라. 설사 근친상간이 있다 해도, 그것은 미끼요, 그것은 불가능하다. 하지만 문제는 뒷걸음쳤을 뿐이다. 불가능한 것을 욕망하는 것이 욕망의 고유함 아닐까? 적어도 이 경우, 이런 진부한 말은 가당치 않다. 금지에서 금지된 것의 본성을 결론으로 끌어내는 것이 얼마나 부당한가를 우리는 상기한다. 왜냐하면 금지는 죄가 있는 자를 불명예스럽게 하면서, 즉 현실적으로 금지 내지 욕망되는 것의 왜곡되거나 이전된 이미지를 도입하면서 진행되기 때문이다. 바로 이런 식으로 탄압은 억압을 통해 자신을 연장하는데, 이런 억압이 없었다면 탄압은 욕망에 침범하지 못했을 것이다. 욕망되는 것은 강렬한 배아 내지 생식질 흐름이며, 이 흐름 속에서 아버지, 어머니, 아들, 누이 등으로 분간될 수 있는 인물들 내지 나아가 기능들을 찾아보아도 소용없는데, 그 까닭은 이 이름들은 거기서 생식질이라고 규정된 토지의 충만한 몸 위에서의 내공적 변주들만

191

을 가리키기 때문이다. 포괄적 분리들을 따라 내공에서 변주하는 이 하나의 동일한 존재 내지 흐름의 체제는, 언제나 근친상간이라 부를 수도 있고 근친상간과 무관하다고 부를 수도 있다. 하지만 바로 다음과 같은 두 근친상간을 혼동할 수는 없다. 즉 근친상간을 제정하는 비인물적 내공 체제 속에 있는 그런 근친상간과, 근친상간을 금하고 근친상간을 인물들에 대한 위반으로 규정하는 상태에서 외연 속에서 재현되는 그런 근친상간을 혼동하면 안 된다. 따라서 오이디푸스 콤플렉스는 그것 자체와는 전혀 다른 것을 의미하며, 또한 어머니는 거기서 토지이기도 하고, 근친상간은 무한한 재생(再生)이라고 말할 때 융은 전적으로 옳다 (단지 융의 잘못은 이렇게 함으로써 성욕을 〈넘어섰다〉라고 믿은 점이다). 육체적 콤플렉스(complexe somatique)는 배아적 임플렉스(implexe germinal)*와 관련된다. 근친상간은 콤플렉스 속에서는 근친상간으로 재현될 수 없는 이쪽과 관련된다. 왜냐하면 이 콤플렉스는 이 이쪽의 억압에서 파생된 요소이기 때문이다. 금지된 그런 근친상간(분간 가능한 인물들의 형식)은 욕망된 그런 근친상간(강렬한 토지라는 토대)을 억압하는 데 이바지한다. 내공적·배아적 흐름은 욕망의 대표이며, 억압은 바로 이 흐름에 관여한다. 외연적인 오이디푸스 형상은 이 흐름의 이전된 재현내용이며, 억압에 의해 유발되며 욕망을 은폐하게 되는 미끼 또는 기만된 이미지이다. 이 이미지가 〈불가능하다〉라는 것은 별로 중요하지 않다. 이 이미지는 욕망이 불가능한 것 자체에 사로잡히기라도 한 것처럼 이 이미지에 사로잡히는 순간부터 그 임무를 수행한다. 너 알지, 네가 바랐던 것은 바로 그거야! (……) 그렇지만 억압에서 억압된 것으로, 금지

---

* implexe는 complexe에 대비시켜 만든 조어로, '주름' 또는 '접힘'이라는 뜻의 pli에서 왔으며 'com-'이 '함께'를 뜻하는 것에 대비해 'im-'이 '안'을 뜻한다는 점에 착안했다. 즉 임플렉스는 '안으로 주름진 상태' 정도로 이해할 수 있으며, 저자들이 중요하게 사용하는 implication(내포, 함축) 또는 intensité(내공, 강도, 강렬함)와 대응한다.

오이디푸스 문제

에서 금지된 것으로 나아가는 이 결론이야말로 이미 탄압에 관한 오류 추리 전체를 내포하고 있다.

코드화의 조건들

하지만 임플렉스, 즉 배아 내류(內流)는 욕망의 영토적 대표인데, 왜 이것이 억압될까? 그 까닭은…… 대표의 자격으로 그것이 가리키는 것은, 코드화할 수도 없고 코드화를 허락하지도 않는 흐름, 바로 원시 사회체의 공포이기 때문이다. 그 어떤 사슬도 이탈될 수 없을 테고, 그 무엇도 채취될 수 없으리라. 그 무엇도 혈연에서 자손으로 이행하지 않을 테고, 도리어 자손이 자신을 다시 낳는 행위 속에서 영속적으로 혈연으로 귀착하리라. 기표 사슬은 아무런 코드도 형성하지 않을 테고, 다만 중의적인 기호들만을 발신할 것이며, 또 자신의 에너지의 뒷받침에 의해 영속적으로 부식되리라. 토지의 충만한 몸 위를 흘러가는 것은, 기관 없는 몸의 사막 위를 미끄러져 가는 코드화되지 않은 흐름들만큼이나 사슬에서 풀려나리라. 왜냐하면 문제는 풍부함이나 희박함, 샘이나 고갈(고갈조차도 하나의 흐름이다)에 관한 것이라기보다는 코드화할 수 있는 것과 코드화할 수 없는 것에 관한 것이기 때문이다. 배아적 흐름이란, 모든 것이 이것과 함께 이행하거나 흘러가리라고 말하는 것이나, 반대로 모든 것이 봉쇄되리라고 말하는 것이 같은 데로 회귀하는 그러한 것이다. 흐름들이 코드화할 수 있는 것이 되기 위해서는, 그것들의 에너지가 양화되고 또 질화되어야 하며, ── 흐름들에서의 채취들이 사슬에서의 이탈들과 관련해서 행해져야 하며, ── 어떤 것은 이행해야 하지만, 또한 어떤 것은 봉쇄되어야 하며, 또 어떤 것은 저지하거나 이행시켜야 한다. 그런데 이런 일은, 인물들을 분간할 수 있게 하는, 또 기호들을 규정된 방식으로 사용하고, 분리 종합들을 배타적으로 사용하고, 연결 종합들을 혼인적으로 사용하는, 외연을 지닌 체계에서만 가능할 뿐이다. 이 같은 것이 외연을 지닌 물리 체계의 설립이라고 착상된 근친상간 금지의 의미이다. 결혼들이 친가 성격이냐 외가 성격이냐에 따라, 가문들이 부계 성격이냐 모계 성격이냐에 따라, 확장 혈연들과 방계 결연들의 일반 체제에 따라, 경우마다, 내공의 흐름에서 이행하는 것, 이행하지 않는 것, 이행하게 하거나 이행을 방해하는 것이 무엇인지 찾아야만 한다. 그리올이 분석한 도곤족의 선호 결혼으로 다시 돌아가 보자. 봉쇄되고 있는 것은 어머니의 대리로서 숙모와의 관계인데, 이 관계는 농담 관계의 형식을 띠고 있다. 한편 이행하는 것은 숙모의 대리로서 숙모의 딸과의 관계인데, 이 관계는 최초로 가능한 또는 허용된 근친상간과도 같다. 봉쇄하거나 이행하게 하는 자는 외삼촌이다. 이행하는 것은, 봉쇄된 것의 만회로서 진정한 코드의 잉여가치를 이끌어낸다. 이 잉여가치는 외삼촌이 이행하게 하는 한에서 외삼촌에게 돌아온다. 반면 외삼촌은 그가 봉쇄하는 한에서 일종의 〈감가(減價)〉를 당한다(이렇게 해서 외삼촌 집에서 의례적인 도둑질이 조카들에 의해 행해지지만, 또한 그리올의 말처럼, 가장 나이 많은 조카가 외삼촌 집에서 살게 될 때는 외삼촌의 재산이 〈늘어나고 결실을 맺게〉 된다). "이러저러한 체계에서 혼인의 급부는 누구에게 돌아올까?" 하는 근본 문제는 이행의 선들과 봉쇄의 선들의 복합성과 독립해서 해결될 수 없다. 마치 봉쇄되거나 금지된 것이 〈유령으로 결혼식에〉 다시 나타나서 자기 몫을 요구하기라도 하는 것처럼 말이다.[21] 뢰플러는 정확한 사례에서 이렇게 쓴다. 〈므루족에서 부계 모델이 모계 전통보다 우세하다. 아버지에서 아들로, 어머니에서 딸로 전달되는 형제-누이 관계는 아버지-아들 관계에 의해 무

193

---

21 C. Lévi-Stauss, *Les Structures élémentaires de la parenté*, p.356.((옮긴이) 영: p.309)(레비스트로스는 혼인의 급부의 수혜자들이 겉보기에 비정상적이거나 역설적인 경우들을 분석한다.)

오이디푸스 문제

한정하게 그럴 수 있는 것이지, 딸의 결혼으로 종결되는 어머니-딸 관계에 의해 그럴 수는 없다. 결혼한 딸은 자기 딸에게 새로운 관계를, 즉 자기 딸을 자기 형제에게 혼인시키는 관계를 전달한다. 이와 동시에, 결혼하는 딸은 자기 형제의 가문에서 이탈하는 것이 아니라, 오로지 자기 어머니 형제의 가문에서 이탈할 뿐이다. 자기 조카딸이 결혼할 때 그 어머니의 형제에게 변제하는 일의 의미는, 젊은 딸이 자기 어머니의 옛 가족 집단을 떠난다는 뜻으로밖에는 이해될 수 없다. 조카딸 자신은 어머니가 되고, 새로운 형제-누이 관계의 출발점이 되며, 이 관계 위에 새 결연이 정초(定礎)된다.)²² 연장되는 것, 정지하는 것, 이탈하는 것, 그리고 이 능동들과 수동들의 분배 기준인 상이한 관계들은, 흐름들의 모든 코드화에 불가결한 부품으로서 코드의 잉여가치의 형성 메커니즘을 이해하게 해 준다.

재현의 근본 요소들——억압된 대표, 억압하는 재현작용, 이전된 재현내용

우리는 이제부터 원시 사회체에서 영토적 재현의 잡다한 심급을 소묘할 수 있다. 첫째로 내공의 배아 내류는 모든 재현을 조건 짓는다. 즉 그것은 욕망의 대표이다. 하지만 그것이 대표라 일컬어진다면, 그 까닭은 그것이 코드화할 수 없는, 코드화되지 않은, 또는 탈코드화된 흐름들의 등가물이기 때문이다. 이런 의미에서, 그것은 제 나름의 방식으로 사회체의 극한, 모든 사회체의 극한과 음화(陰畫)를 내포한다. 또한 이 극한의 탄압은 이 대표 자체가 억압을 당하는 한에서만 가능하다. 이 억압은, 외연을 지닌 체계에서 내류에서 이행할 것과 이행하지 않을 것, 확장 혈연들에서 봉쇄되거나 비축된 채로 남게 될 것, 반대로 결연

194

---

22 L. G. Löffler, "L'Alliance asymétrique chez les Mru," *L'Homme*, p.80.

관계들을 따라 움직이고 흘러갈 것이 무엇인지를, 흐름들의 체계적 코드화가 실효화되는 그런 방식으로 규정한다. 우리는 이 둘째 심급, 즉 억압하는 재현작용 그 자체를 결연이라 부른다. 왜냐하면 혈연들은 그 가변적 절편을 측정하는 방계 결연들과 관련해서만 확장되기 때문이다. 이로부터 리치가 확인한 〈지역 가계(local lines)〉의 중요성이 나온다. 이 지역 가계들은 둘씩 결연들을 조직하고 결혼들을 기계 작동한다. 우리가 이 지역 가계들을 정상적 변태 활동으로 보았을 때, 우리는 이 지역 집단들이 억압의 담당자, 즉 위대한 코드 작성자라는 것을 말하고자 했던 것이다. 남자들이 서로 만나 집결하여 여자들을 취하고 흥정하고 할당하는 등의 일이 벌어지는 곳이라면 어디서나, 지역 집단들 간에, 처남-매부 간에, 공동 남편들 간에, 어릴 적 짝들 간에 최초의 동성애의 변태적 연줄을 보게 된다. 결혼이 한 남자와 한 여자의 결연이 아니라 〈두 가족 간의 결연〉이며 〈여자들과 관련한 남자들 간의 거래〉라는 보편적 사실을 강조하면서, 조르주 드브뢰는 이로부터 근본적이며 집단적인 동성애적 동기에 관한 옳은 결론을 끌어냈다.[23] 여자들을 통해 남자들은 자신들 고유의 연결들을 세운다. 남자-여자의 분리 관계는 매번 혈연의 소산인데, 이 관계를 통해 결연은 상이한 혈연의 남자들을 연결한다. "왜 여성 동성애가 남자들을 흥정할 수 있는 아마존 집단들을 일으키지 않았을까?"라는 물음은, 아마도 여자들과 배아 내류 간의 친화성 속에서, 따라서 확장 혈연들 한가운데 있는 여성들이 닫힌 위치 속에서 그 답을 발견하리라(결연의 편집증에 대립하는 혈연의 히스테리). 따라서 남성 동성애는, 자웅동체인 강렬한 혈연의 애매한 기호들을 억압하는 결연의 재현이다. 그렇지만 우리가 보기에 드브뢰는 두

---

23 Georges Devereux, "Considérations ethnopsychanalytiques sur la notion de parenté," *L'Homme*, 1965년 7월.

오이디푸스 문제

번 잘못을 저지르고 있다. ① 그가 동성애적 재현이라는 (드브뢰는 말한다) 아주 중요한 발견을 앞에 놓고 오랫동안 주춤했다고 털어놓을 때이다(여기엔 〈모든 남자는 호모이다〉라는 공식의 원시적 판본만이 있을 뿐인데, 물론 확실히 남자들이 결혼들을 기계 작동할 때보다 더 그런 때는 절대 없다). ② 한편, 또한 무엇보다, 그가 이 결연의 동성애를 억압된 것으로서 오이디푸스 콤플렉스의 산물로 만들려고 할 때이다. 결연이 오이디푸스를 매개로 혈연의 가문들에서 연역되는 일은 결코 없다. 반대로 결연은 지역 가계들의 작용 및 이 가계의 비-오이디푸스적인 최초의 동성애 작용 아래에서 이 가계들을 절합한다. 그리고 설사 오이디푸스적 동성애나 혈연의 동성애가 실존한다는 것이 사실일지라도, 그것은 1차적으로는 비-오이디푸스적인 이 집단 동성애에 대한 2차적 반작용에 불과하다는 점을 보아야 한다. 오이디푸스 일반에 관해 보자면, 오이디푸스는 억압된 것, 말하자면 욕망의 대표가 아니다. 욕망의 대표는 이쪽에 있으며, 아빠-엄마를 전혀 모른다. 또 오이디푸스는 억압하는 재현작용도 아니다. 억압하는 재현작용은 저쪽에 있으며, 인물들을 결연의 동성애적 규칙들에 복종시킴으로써만 인물들을 분간한다. 근친상간은 억압된 대표에 대한 억압하는 재현작용의 소급적 효과일 따름이다. 억압하는 재현작용은 자기가 관장하는 이 대표를 왜곡 내지 이전한다. 억압하는 재현작용은 그 자신이 설립한 분간 가능하게 된 범주들을 이 대표 위에 투사한다. 억압하는 재현작용은, 정확히 말해 결연이 외연을 지닌 체계 속에 플러스와 마이너스를 조직하기 전에는 실존하지 않았던 항들을 이 대표에 적용한다. 즉 억압하는 재현작용은 이 대표를 이 체계 속에서 봉쇄된 것 위로 복귀시킨다. 따라서 오이디푸스는 그야말로 극한이지만, 이제 사회체의 내부로 이행된 이전된 극한이다. 오이디푸스는 욕망이 사로잡히게 된 미끼 이미지이다(네가 바랐던 게 그거지! 탈코드화된 흐름들, 그건 근친상간이었어!). 이렇게 해서 하나의 긴 이야기, 오이디푸스화의 이야기가 시작된다. 하지만 정확히 말해 모든 것은 라이오스의 머릿속에서 시작된다. 집단의 늙은 동성애자, 욕망을 덫에 빠트리는 변태, 라이오스. 왜냐하면 욕망 역시도 그것, 즉 하나의 덫이기 때문이다. 영토적 재현은 이런 세 심급을 포함하는데, 억압된 대표, 억압하는 재현작용, 이전된 재현내용이 바로 그것이다.

오이디푸스 문제

4 정신분석과 민족학

오이디푸스 문제 속편

우리는 너무 빨리 가고 있다. 우리는 마치 오이디푸스가 미개 영토 기계 속에 이미 설립되어 있는 양 굴고 있다. 그렇지만 니체가 양심의 가책에 관해 말하듯이, 그러한 식물이 자라나는 것은 이런 토양에서가 아니다. 그 까닭은, 정신의학과 정신분석에 고유한 가족주의의 틀 안에서 파악된 〈가족 콤플렉스〉로서 오이디푸스의 조건들이 명백하게 주어져 있지 않기 때문이다. 미개인 가족들은 결연과 혈연의 실천, 정치, 전략을 형성한다. 이것들은 형식적으로는 사회적 재생산의 가동 요소들이다. 이것들은 표현적 소우주와 아무 상관없다. 아버지, 어머니, 누이는 거기서 늘 아버지, 어머니 또는 누이와는 다른 것으로도 기능한다. 거기에는 아버지, 어머니 외에도 인척이 있어서, 이 인척은 능동적·구체적 현실을 구성하며 또 가족들 간의 관계들을 사회장과 공통된 외연을 지니게 한다. 가족적 규정들은 사회장의 모든 구석에서 터져 나오며 고유한 사회적 규정들에 부착된 채로 머문다고 말하는 것도 정확하지 않으리라. 왜냐하면 가족적 규정들과 사회적 규정들은 영토 기계 속의 유일하고 동일한 부품이기 때문이다. 가족적 재생산은 이와는 본성이 다른 사회적 재생산에 이바지하는 단순한 수단 내지 재료가 아니므로, 후자를 전자에 포괄 가능성은 전혀 없으며, 그 어떤 가족 콤플렉스에건 표현적 가치와 외견상 자율적 형식을 부여해 줄 일대일대응 관계들을 이 양자 사이에 세울 가능성도 전혀 없다. 반대로 가족 속의 개인이, 아무리 작더라도, 어떤 정신 구조로도 어떤 정감적 성좌(聖座)로도 환원될 수 없는 사회장, 역사장, 경제장, 정치장에 직접 투자한다는 것은 명백하다. 바로 이런 이유로, 원시사회들에서의 병리적 증례들과 치료 과정들을 고찰할 때, 이것들을 정신분석에서 빌린 채로 머물러 있는 기준들에 관련시키면서 정신분석 과정과 비교하는 것은 우리가 보기에는 전혀 불충분하다. 가령 우리의 것과는 다르긴 하지만 여전히 가족 콤플렉스를 말하거나, 민족 무의식을 가리킨다고는 하지만 여전히 문화적 내용들을 말하거나 하는 식 말이다. 이와 같은 것은 정신분석 치료와 샤머니즘 치료 사이에서 병렬을 보려는 시도에서 발견된다.(드브뢰, 레비스트로스) 우리는 분열-분석을 두 양상에 의해 정의했다. 하나는 무의식의 표현적 사이비-형식들의 파괴요, 다른 하나는 욕망에 의한 사회장의 무의식적 투자들의 발견이다. 바로 이 관점에서 많은 원시적 치료들을 고찰해야 한다. 이것들이 현실태(現實態)로 존재하는 분열-분석들이다.

아프리카에서의 치료 과정 197

빅터 터너는 은뎀부족에서 그런 치료의 주목할 만한 예를 제공한다.[24] 이 예는, 우리의 변태적 눈으로 보면, 모든 것이 무엇보다 오이디푸스적으로 보일 만큼 놀랍다. 환자 K는 여성화되고 참을성이 없고 허세를 부리고 하는 일마다 실패하는데, 그를 호되게 꾸짖는 그의 외할아버지의 망령에 시달리고 있다. 은뎀부족은 모계제여서 외가에서 살아야 하지만, K는 아버지가 그를 총애하여 아버지의 모계에서 예외적으로 오랜 시간을 지냈고, 친가의 사촌 누이와 결혼했다. 하지만 아버지가 죽자 쫓겨난 그는 외가 마을로 되돌아온다. 여기서 그의 집은 두 구역, 즉 친가 집단 구성원들의 집들과 외가 구성원들의 집들 사이에 끼여 있는 그의 상황을 잘 표현해 준다. 그러면 병의 원인을 지적해야 할 점술과 병을 고쳐야 할 의료는 어떻게 시작되는가? 원인은 이〔齒〕이다. 그것은 사냥꾼이었던 조상의 위쪽 앞니 두 개인데, 신성한 자루에 들어 있지만, 거기서 빠져나와 환자의 몸속에 들어갈 수 있다. 그런데 그 앞니의 효과들을 진단하고 쫓아 버리기 위해, 점쟁이와 의사는 영토와 그 근방, 족장제와 부(副)족장제들, 가문들과 그 분파들, 결연들과 혈연들에 관한 사회 분석에 착수한다. 그들은 정치·경제 단위들과의 관계 속에서 욕망을 밝히기를 마지않는다. ── 그런데 한편 이 점에 대해 증인들은 점쟁이와 의사를 속이려 든다. 〈점(占)은 사회 분석의 형식을 띠는데 이 과정에서 개인들과 파벌들 간의 숨은 투쟁들이 드러나, 전통적 의식(儀式) 절차들에 의해 이 투쟁들을 다룰 수 있게 되며, (……) 신비적 믿음들의 애매한 성격은 이 투쟁들을 많은 수의 사회 상황들과 관련시켜 다룰 수 있게 해 준다.〉 병을 유발한 앞니는 실제로는 주로 외할아버지의 앞니인 것 같다. 그런데 그는 위대한 족장이었다. 그의 후계자인 〈실제 족장〉은 마법에 걸릴 것이 두려워 그 지위를 포기해야 했다. 그를 계승할 예정자는 지적이고 야심 차지만 권력이 없다. 현재 족장은 좋은 족장이 아니다. 환자 K를 보면, 그는 그를 족장 후보로 만들어 줄 수도 있었을 조정자 역할을 맡을 수 없었다. 모든 일은 식민지배

---

24 Victor W. Turner, "Magic, Faith and Healing," *An Ndembu Doctor in Practice*, New York: Collier-Macmillan, 1964.

자-식민지인 관계 때문에 복잡해진다. 영국인들은 족장제를 인정하지 않았고, 가난해진 마을은 쇠락해 버렸다(마을의 두 구역은 영국인들에게서 도망쳐 나온 두 집단이 융합하여 생겨났다. 노인들은 현재의 퇴폐를 한탄하고 있다). 의사는 사회 드라마를 조직하는 것이 아니라, 환자를 중심으로 진정한 집단 분석을 조직한다. 환자에게 물약을 주고, 앞니를 빨아내기 위해 몸에 몇 개의 뿔을 붙이고, 북을 치면서, 의사는 하나의 의식을 시작하는데, 이 의식은 간간이 중지되었다가 다시 시작되며, 거기에는 말의 흐름을 비롯한 온갖 흐름들이 있고 또 절단들이 있다. 마을 사람들이 와서 말하고, 환자도 말하고, 망령을 불러내고, 멈췄다가, 의사가 설명하고, 사람들은 다시 시작해서, 북 치고, 노래하고, 몽환에 빠진다. 중요한 것은 그저 이해관계들을 통한 사회장의 전의식적 투자들을 발견하는 것만이 아니라, 더 깊게는 욕망을 통한 사회장의 무의식적 투자들을 발견하는 일이며, 그리하여 환자의 결혼, 마을에서 그의 지위, 그리고 족장이 집단 속에서 내공적으로 체험하는 모든 지위를 지나가도록 하는 일이다.

오이디푸스의 조건과 식민화
오이디푸스와 민족말살

우리는 출발점이 오이디푸스적인 것 같다고 말했다. 그건 단지 아버지, 어머니, 할아버지를 말할 때마다 오이디푸스를 말하도록 길든 우리를 위한 출발점이었다. 실상, 은뎀부족 분석은 결코 오이디푸스적인 것이 아니었다. 그것은 사회의 조직과 해체에 직접 연결되어 있었다. 성욕마저도 여자들 및 결혼들을 가로지르는 그런 욕망의 투자였다. 부모들은 거기서 자극의 역할을 했지, 족장과 그 주변 인물들이 맡고 있는 집단의 조직자(또는 해체자)의 역할을 하지는 않았다. 모든 것이 아버지나 외할아버지의 이름으로 내몰리는 대신, 오히려 이 이름이 역사의 모든 이름으로 열려 있었다. 모든 것이 거세라는 기괴한 절단에 투사되는 대신, 족장제, 가문, 식민화의 관계 등 수천의 흐름-절단들 속으로 흩어져 있었다. 인종들, 씨족들, 결연들과 혈연들의 작용 전체, 역사적이고 집단적인 이 표류 전체 — 이는 바로 오이디푸스적 분석의 반대이다. 오이디푸스적 분석은 망상의 내용을 집요하게 분쇄하여, 기어코 이것을 〈아버지의 상징적 공백〉 속에 쑤셔 넣으니 말이다. 차라리 문제를 다음과 같이 제기하는 것이 낫겠다. 우리에 대해서 말고는 분석이 오이디푸스적으로 시작하지도 않는다는 것이 맞는다 하더라도, 그것은 얼마간 오이디푸스적으로 될까? 또 어느 정도까지 그럴까? 그렇다, 그것은 식민화의 결과로 부분적으로 오이디푸스적이 된다. 가령 식민지배자는 족장제를 폐지하거나 자기 목적들을 위해 이용한다(또한 다른 많은 것도 이용한다. 가령, 족장제는 아직 아무것도 아니다). 식민지배자는 말한다. 〈네 아버지, 그는 네 아버지이지 다른 무엇도 아니다. 네 외할아버지도 마찬가지이다. 이들을 족장으로 오해하지 마라, (……) 너는 사람들의 구석에서 너를 삼각형화할 수 있고, 친가의 집들과 외가의 집들 사이에 네 집을 둘 수 있다, (……) 네 가족은 네 가족이지 다른 무엇도 아니다, 사회적 재생산은 더 이상 네 가족을 지나가지 않는다, 설사 재생산의 새로운 체제에 종속할 인재를 공급하려면 네 가족이 꼭 필요하겠지만……〉 그렇다, 이렇게 되면 빼앗긴 미개인들을 위한 오이디푸스 틀이 소묘된 셈이다, 곧 판자촌의 오이디푸스 말이다. 하지만 우리는 식민지인들이 오이디푸스에 대한 저항의 전형적인 예로 남아 있음을 본 바 있다. 실상, 여기서는 오이디푸스 구조가 닫히는 데 이르지 않으며, 그 항들은 투쟁 중이건 타협 중이건 압제적인 사회적 재생산의 담당자들(백인, 선교사, 세리(稅吏), 수출업자, 행정관이 된 마을 명사(名士), 백인을 저주하는 노인들, 정치투쟁에 투신하는 젊은이들 등)에게 들러붙어 있다. 하지만 다음 두 가지는 진실이다. 곧 식민지인은 오이디푸스화에 저항한다는 것, 그리고 오이디푸스화는 식민지인 위에서 닫히려 한다는 것. 오이디푸스화가 있는 한, 그것은 식민화의 사실이며, 졸랭이 『백색 평화』에서 잘 묘사한 모든 절차를 거기에 덧붙여야만 한다. 〈식민지인의 상태는 우주의 인간화의 축소로 이어질 수 있어서, 거기서 추구되는 해결 전체는 개인 내지 가족 수준에 제한되며, 그 결과 집단 차원에서는 극단의 무정부상태 내지 무질서가 생긴다. 개인은 언제나 이 무정부상태에 희생되는데, 예외가 있다면 그러한 체계의 열쇠에 해당되는 사람들, 즉 이 경우 식민지배자들이다. 이들은 식민지인이 우주를 축소하는 것과 바로 동시에 자신의 우주를 확대하는 쪽으로 향한다.〉[25] 오이디푸스는 민족말살에서의 안락사 같은 것이다. 사회적 재생산이 그 본성과 외연에서 집단 구성원들을 빠져나가면 나갈수록, 사회적 재생산은 이 구성원들을 덮쳐, 이 구성원들 자신을 오이디푸스를 담당자로 하는 제한되고 신경증화된 가족적 재생산으로 내몬다.

오이디푸스화하는 자들, 저들은 자신이 하는 일이 무엇인지 알지 못한다

그렇다면 결국, 인디언이나 아프리카인의 오이디푸스를 발견했다고 말하는 사람들을 어떻게 이해해야 할까? 이들은 우리에 대한 우리

200

---

25 Robert Jaulin, *La Paix blanche, introduction a l'ethnocide*, Paris: Seuil, 1970, p.309. 프란체스코 수도회 수도사들(les capucins)이 공동주택을 포기하고 작은 개인 주택을 마련하도록 〈설득〉한 이 인디언들의 상황을 졸랭은 분석한다.(pp.391~400) 공동주택에서는, 가족의 거주와 개인적 친밀감이 **인척**으로 규정된 이웃과의 관계를 기반으로 하고 있었기에, 가족들 간의 관계는 사회장과 공통 외연을 갖고 있었다. 이에 반해 새로운 상황에서는, 〈부부 각자가 자신에 대해〉 또 아이들에 대해 〈지나치게 발효하는 일〉이 생긴다. 그래서 제한된 가족은 표현적 소우주에 갇혀, 각자 자신의 가문을 반영하며 동시에 사회적·생산적 생성은 점점 더 각자를 빠져나간다. 왜냐하면 오이디푸스는 이데올로기 과정일 뿐만 아니라 또한 환경과 거주 등을 파괴한 결과이기도 하기 때문이다.

정신분석과 민족학

의 오이디푸스(우리에게 가정된 우리의 오이디푸스)를 구성하는 메커니즘
들과 태도들을 전혀 발견하지 못했다는 것을 처음으로 인정한 사람들
이다. 상관없다, 그들은 말하기를, 구조가 〈임상에 접근할 수 있는〉 실
존을 전혀 갖고 있지 않다 해도, 그 구조는 거기에 있다고 한다. 또는
문제의 전개와 해결이 우리의 그것과는 전혀 다를지라도, 문제와 출발
점은 아주 오이디푸스적이라고 한다.(파린, 오르티그) 그들은 말하기를,
(식민화 바깥에서는) 오이디푸스가 실존하기 시작하기 위한 필요조건들
을 아직 갖고 있지 않지만, 하나의 오이디푸스가 〈실존하는 것은 끝나
지 않는다〉라고 한다. 그 생각이 오이디푸스화의 정도에 따라 평가된다
면, 그렇다, 백인들은 너무 많이 생각하고 있다. 이 저자들은 아프리카
를 전문으로 하는 정신분석가들인데, 이들의 자격, 정직함, 재능은 문제
가 아니다. 하지만 우리 가운데 몇몇 정신요법 의사에게 있어서나 이들
에게 있어서나 사태는 마찬가지이다. 저들은 자신이 하는 일이 무엇인
지 알지 못한다. 아이를 삼각형화하는 새로운 방식을 적용함으로써 진
보적인 일을 하고 있다고 진심으로 믿고 있는 정신요법 의사들이 더러
있다. ─ 조심해, 이건 구조적 오이디푸스이지 상상적 오이디푸스가 아
니야! 자신들의 진보적 의도에 사용할 목적으로 구조적 또는 〈문제적〉
오이디푸스의 굴레를 이용하는 이 아프리카의 정신분석가들도 마찬가
지이다. 저기서나 여기서나 사태는 똑같다. 곧 오이디푸스, 그것은 언
제나 다른 수단들을 통해 추구된 식민화이다, 그것은 내부의 식민지이
며, 우리 유럽인 자신에게도 그것은 우리의 내밀한 식민지 구성체임을
우리는 볼 것이다. M. C. 오르티그와 E. 오르티그가 그들의 저서를 끝맺
는 문장들을 어떻게 이해할까? 〈병은 신의 선택 및 초자연적 권력들에
서 오는 특별한 주목을 나타내는 기호로, 또는 주술적 성격을 지닌 공
격의 기호로 여겨진다. 이런 생각은 쉽게 세속화하지 않는다. 분석적
정신요법은 환자에 의해 어떤 요구가 정식화하는 순간에서 시작할 때

201

만 비로소 개입할 수 있다. 따라서 우리의 탐구 전체는 정신분석장(場)을 설립할 가능성에 의해 조건 지어졌다. 환자가 전통 규범들에 전적으로 매달려 자기 이름으로 말할 게 전혀 없을 때는, 그는 전통 요법들과 가족 집단 또는 *약물*요법에 자신을 맡기고 있었다. 이따금, 그가 우리에게 전통 치료에 관해 말하고 싶어 한다는 사실은 정신요법의 시초에 상응했으며, 그에게는 자기 사회에 인물로서 자리 잡는 수단이 되었다. (……) 다른 때에는, 정신분석 대화가 더 넓게 전개될 수 있었는데, 이 경우에는 오이디푸스의 문제가 통시적 차원을 띠고 세대들 간의 갈등을 드러내기 일쑤였다.)[26] 왜 초자연적 권력들과 마술적 공격들은 오이디푸스보다 좋지 않은 신화를 형성한다고 생각할까? 이와 반대로, 사회장의 조직이나 해체에 있어, 그것들은 욕망에게 사회장의 더 강렬하고 더 적합한 투자들을 규정하게 하는 것이 아닐까? 적어도 마이어 포티스는 오이디푸스 곁에 욥의 자리를 밝혔다. 또한 어떤 권리로 주체가 전통 규범들에 매달리는 한 자기 이름으로 말할 게 전혀 없다고 판단할까? 은뎀부족의 치료는 정반대를 보여 주는 것이 아닐까? 오이디푸스 역시 하나의 전통 규범, 우리의 규범이 아닐까? 한편 오이디푸스의 해결이 〈존재의 치유할 수 없는 불충분함〉과 보편적 거세를 우리에게 가르쳐 준다고 분명히 말하면서, 어떻게 오이디푸스가 우리에게 우리 자신의 이름으로 말하게 한다고 말할 수 있을까? 그리고 오이디푸스를 정당화하기 위해 끌어대는 저 〈요구(demande)〉란 무엇일까? 좋다, 주체는 아빠-엄마를 요구하고 또 거듭 요구한다. 하지만 어떤 주체가, 어떤 상태에서 그러는 것일까? 이것은 〈자기 사회에 인물로서 자리 잡는〉 수단일까? 그렇다면 그건 어느 사회일까? 그에게 만들어진 새로 식민화된 사회일까? 그래서 식민화가 단지 윤곽만 그릴 수 있었던 것을, 즉 기괴

---

26 M. C. & E. Ortigues, *Œdipe africain*, p.305.

정신분석과 민족학

한 삼각형 속에서 욕망의 힘들을 오이디푸스로, 아버지의 이름으로 실효적으로 내몬 것을 마침내 완성한?

  문화주의자들과 정통 정신분석가들 간의 저 고갈되지 않는 유명한 논쟁으로 돌아가 보자. 오이디푸스는 보편적일까? 오이디푸스는 가톨릭의 아버지의 위대한 상징, 모든 교회의 통합일까? 이 논쟁은 말리노프스키와 존스 사이에서 시작되었으며, 한편에 카디너와 프롬, 다른 한편에 로하임 사이에서 계속되었다. 이 논쟁은 아직도 몇몇 민족학자들과 라캉의 몇몇 제자들(이들은 라캉의 학설을 오이디푸스화해서 해석하고 있을 뿐만 아니라 이 해석을 민족학적으로 연장시킨다) 사이에서 속행되고 있다. 보편적인 것의 측면에는 두 극(極)이 있다. 한 극은, 시대에 뒤진 것 같지만, 오이디푸스를 기원에 있는 정감적 성좌로 만들며, 후에 그 결과들을 계통발생적 유전에 의해 전달할 극한에 있는 현실적 사건으로 만든다. 다른 극은 오이디푸스를 하나의 구조로 만드는데, 이 구조는 극한에서는 생물학적 조숙 내지 유형성숙(幼形成熟)과 관련해 환상에서 찾아야 한다. 이는 극한에 대한 아주 상이한 두 착상인데, 하나는 극한을 기원적 모태로 보며, 다른 하나는 극한을 구조적 기능으로 본다. 하지만 보편의 이런 두 의미 속에서 우리는 〈해석〉하라는 권유를 받는다. 왜냐하면 오이디푸스의 잠복적 현존은, 그의 빤한 부재를 가로질러서만, 억압의 결과라고 이해된 채로, 나타나기 때문이다. 또는 더 나은 이유를 대자면, 구조적 불변항은 상상적 변주들을 가로질러서만, 상징적 폐제(공백으로서의 아버지)를 필요로 한다는 것을 증언하면서, 발견되기 때문이다. 오이디푸스라는 보편은, 부정을 하나의 박탈, 하나의 결핍으로 해석하는 데서 성립하는 낡은 형이상학적 조작을 재개한다. 즉 죽은 아버지의 상징적 결핍 또는 큰 *기표* 말이다. 해석한다는 것은, 믿음과 독실함의 우리 현대적 방식이다. 이미 로하임은 유형성숙의 구조적 불변항으로 수렴하는 일련의 변수들 속에 미개인들을 조직하자고 제안했다.[27] 만일 사람들이 오이디푸스 콤플렉스를 찾지 않았다면 그것을 발견하지 못했을 것이라고 진담으로 말한 것은 바로 그이다. 또 그는 사람들이 자신을 분석시키지 않았다면 오이디푸스 콤플렉스를 찾지 않았을 것이라고 말했다. 그리고 바로 여기에 당신들의 딸이 침묵하는 까닭이 있다. 말하자면 민족학자의 딸들인 부족들이 오이디푸스를 말하지 않는데도 오이디푸스는 이들에게 말하게 하는 것이다. 로하임은, 프로이트의 검열 이론이 프란츠 요제프 제국의 탄압 체제에 의존하고 있었다고 믿는 것은 웃기는 일이라고 덧붙였다. 그가 프란츠 요제프가 하나의 적절한 역사적 절단이 아니었다고 본 것 같지는 않다. 하지만 그는 구술 문명, 기록 문명, 심지어 〈자본주의〉 문명이 아마 그런 절단들이며 이것들과 함께 탄압의 본성 및 억압의 의미와 범위가 달라진다고 보았던 것 같다.

억압은 무엇에 관여할까?

이 억압의 역사는 꽤나 복잡하다. 만일 리비도나 정감이 — 이른바 오이디푸스적 재현과 동시에 — 가장 넓은 의미에서 억압되어(제압 내지 억제 내지 변형되어) 있었다면, 사태는 좀 더 단순했을 것이다. 하지만 전혀 그렇지 않다. 대부분의 민족학자는, 원시사회의 공적 상징들 속 정감들의 성적(性的) 성격을 잘 지적했다. 이 사회의 구성원들은 정신분석을 받지 않았는데도, 또 재현의 이전에도 불구하고, 이러한 성격을 전면적으로 살아가고 있었다. 성과 머리털의 관계에 대해 리치가 말하는 바와 같이, 〈이전된 남근 상징체계는 아주 흔한 일이지만, 이 상징

---

27 Geza Roheim, *Psychanalyse et anthropologie*, 1950, Paris: Gallimard, pp.417~418.((옮긴이) 영: *Psychoanalysis and Anthropology*, New York: International University Press, 1950, pp.490~491. 영역본에서 옮겼다.)

정신분석과 민족학

의 남근적 근원은 결코 억압되지 않았다.)[28] 미개인들은 재현을 억압하고 정감을 고스란히 간직한다고 말해야 할까? 그리고 이것은 우리에게는, 재현이 분명한 채로 있지만 정감들은 제압되거나 억제되거나 변형된 채로 있는 가부장 조직에서는, 정반대일까? 그렇지만, 그렇지 않다. 우리 역시도 재현을 억압한다고 정신분석은 우리에게 말한다. 또 모든 것은 우리에게, 우리도 역시 종종 정감의 충만한 성적 성격을 간직한다고 말한다. 우리는 정신분석을 받지 않아도 문제 되는 것이 무엇인지 완전히 안다. 하지만 무슨 권리로 억압의 대상이 오이디푸스적 재현이라고 말하는 걸까? 근친상간이 금지되어 있기 때문일까? 우리는 늘, 근친상간은 금지되어 있기 때문에 욕망된다고 하는 이 창백한 이유로 다시 떨어진다. 이렇게 되면 근친상간 금지는 오이디푸스적 재현을 내포할 터이고, 이 재현의 억압과 회귀에서 근친상간 금지가 탄생할 터이다. 그런데 이와 반대되는 것이 명백하다. 그리고 오이디푸스적 재현은 근친상간 금지를 전제할뿐더러, 우리는 근친상간 금지가 오이디푸스적 재현에서 탄생한다거나 거기서 결과한다고 말할 수조차 없다. 라이히는 말리노프스키의 테제들에 동조하면서도 거기에 심오한 지적을 덧붙였다. 금지가 단순히 근친상간만이 아니라 〈전혀 다른 유형의 성적 관계들〉에 걸치게 되어 다른 길들을 막아 버릴수록, 그만큼 욕망은 오이디푸스적이다.[29] 요컨대 근친상간의 탄압이 억압된 오이디푸스적 재현에서 탄생하지 않는 것은 이 탄압 자체가 이 억압을 유발하지 않는 것과 같은 이치이다. 하지만 완전히 다른 점은, 억압-탄압의 일반 체계는 오이디푸스 이미지를 억압된 것의 왜곡으로 탄생시킨다는 점이다. 성

204

---

28 E. R. Leach, "Magical Hair," in *Myth and Cosmos*, Garden City, N.Y.: Doubleday, Natural History Press, 1967, p.92.

29 Wilhelm Reich, *Der Einbruch der Sexualmoral*, Verlag für Sexualpolitik, Kopenhagen, 2판, 1932, p.6.((옮긴이) 독일 역자는 프랑스어본과 달리 독일어본의 내용을 길게 인용하고 있다.)

적 탄압이 근친상간이 아닌 다른 것에 관여함에 따라, 이번에는 이 이미지가 억압을 당하면서 끝나고, 이 이미지가 억압된 것 또는 결과적으로 욕망된 것의 자리에 온다는 것, 이것이 우리 사회의 역사라는 하나의 긴 역사이다. 하지만 억압된 것은 1차적으로 오이디푸스적 재현이 아니다. 억압된 것은 바로 욕망적 생산이다. 억압된 것은 바로 이 생산에서 사회적 생산 내지 재생산으로 이행하지 않는 것이다. 억압된 것은 바로 사회적 생산과 재생산에 무질서와 혁명을 도입할 것, 즉 욕망의 코드화되지 않은 흐름들이다. 이와 반대로, 욕망적 생산에서 사회적 생산으로 이행하는 것은 이 사회적 생산의 직접적인 성적 투자를 형성한다. 여기서는 상징체계 및 이에 대응하는 정감들의 성적 성격에 대한 억압이 전혀 없고, 특히 기원에서 억압되었거나 구조적으로 폐제되었다고 흔히 상정하는 오이디푸스적 재현에 대한 지시도 전혀 없다. 동물은 이해관계의 전의식적 투자의 대상일 뿐 아니라 욕망의 리비도 투자의 대상이기도 한데, 이 리비도 투자는 2차적으로만 동물에서 아버지 이미지를 끌어낼 뿐이다. 음식들의 리비도 투자에서도 마찬가지이다. 이 투자는 굶주림에 대한 공포와 굶주리지 않음의 쾌감이 있는 곳이라면 어디서든 드러나며, 단지 2차적으로만 어머니 이미지와 관련된다.[30] 우리는 앞서 어떻게 근친상간 금지가 오이디푸스에 관계되는 것이 아니라, 욕망을 구성하는 코드화되지 않은 흐름들에, 또 이 흐름들의 대표인, 강렬한 전-인물적 흐름에 관계되는가를 보았다. 오이디푸스에 관해 보자면, 그것은 어디까지나 코드화할 수 없는 것을 코드화하고, 코드들을 벗어나는 것을 코드화하는 하나의 방식, 또는 욕망과 그 대상을 이전하고 이것들을 덫에 빠지게 하는 하나의 방식이다.

---

30 카디너는 마르케사 제도(諸島)에 관한 연구에서, 무의식의 관점에서 보더라도 어머니와의 가족 관계에 환원될 수 없는 공동의 음식이나 경제에 관한 불안의 역할을 잘 보여 주었다. *The Individual and Society*, New York: Columbia University Press, 1939, pp.223ff.

정신분석과 민족학

문화주의자들과 보편주의자들 ─ 그들의 공통 기본전제

문화주의자들과 민족학자들은 제도가 정감과 구조에 비해 1차적임을 잘 보여 주고 있다. 왜냐하면 구조들은 정신적인 것이 아니라, 사태들 속에, 사회적 생산과 재생산의 형식들 속에 있기 때문이다. 꽤나 정중한 마르쿠제 같은 저자마저도 문화주의가 걸음을 잘 내디디며 출발했음을 인정한다. 즉 문화주의는 생산에 욕망을 도입했고, ⟨본능적 구조와 경제적 구조⟩의 연줄을 이었으며, ⟨동시에 부권 중심적·착취적 문화를 넘어 진보할 수 있는 가능성들을 지적⟩했다는 것이다.[31] 따라서 문화주의를 잘못된 길로 돌아서게 한 것은 무엇일까? 그런데 여기서도 처음에 잘 출발했다는 것과 처음부터 잘못된 길로 들어섰다는 것 사이에는 모순이 없다. 아마도 오이디푸스 상대주의와 오이디푸스 절대주의에 공통되는 기본전제, 말하자면 모든 곳을 황폐하게 만드는 가족주의 관점에 대한 완고한 옹호가 그 답이리라. 왜냐하면 만일 제도가 우선 가족제도로 이해된다면, 가족 콤플렉스가 제도들과 함께 변주된다고 말하건, 반대로 오이디푸스는 가족들과 제도들이 주위를 도는 핵심 불변항이라고 말하건, 거의 중요하지 않기 때문이다. 문화주의자들은 다른 삼각형들, 가령 외삼촌-숙모-조카라는 삼각형을 원용한다. 하지만 오이디푸스주의자들은 이런 삼각형들이 하나의 동일한 구조적 불변항을 위한 상상적 변주들이며 하나의 동일한 상징적 삼각형화의 상이한 형상들이라는 것을, 또한 이 형상들은 이 삼각형화를 실효화하게 되는 등장인물들과 혼동되지 않고, 또 이 등장인물들을 서로 관계시키는 태도들과도 혼동되지 않는다는 점을 힘들이지 않고 보여 준다. 하지만 거꾸로, 이런 초월적 상징체계의 원용이 구조주의자들을 가장 편협한

---

31 Herbert Marcuse, *Eros et civilisation*, p.209.(⟨옮긴이⟩ 영: p.220. 독: p.237)

가족 관점에서 떠나게 하는 일은 결코 없다. "그건 아빠야? 그건 엄마야?"(당신은 어머니를 무시하고 있어요! 아니야, 바로 당신이 곁에 있는 아버지를 공백으로 보고 있지 않아요!)에 관한 끝없는 토론들에서도 사태는 마찬가지이다. 문화주의자들과 정통 정신분석가들 간의 갈등은 종종 어머니와 아버지, 전-오이디푸스와 오이디푸스 각각의 역할에 대한 이런 평가들로 환원되었다. 하지만 이 갈등을 통해 사람들은 가족 밖으로도 심지어 오이디푸스 밖으로도 나가지 못하고, 언제나 저 유명한 두 극, 즉 상상계라는 전-오이디푸스적 어머니의 극과 구조적인 것이라는 오이디푸스적 아버지의 극 사이를 오가는데, 이 두 극은 모두 같은 축 위에 있으며 가족화된 사회 영역의 같은 언어를 말하면서도, 한 극은 어머니의 관습적 방언들을 지시하는 반면 다른 극은 아버지의 언어라는 ²⁰⁶ 강력한 법을 지시한다. 카디너가 〈1차 제도(primary institution)〉라 부른 것의 애매함이 여기서 잘 드러난다. 왜냐하면 어떤 경우에는, 어린 시절부터 또 어른에서 온 가족적 자극 아래에서, 욕망이 사회장을 투자하는 방식이 문제 되기 때문이다. 이렇게 되면 리비도를 (가족 바깥에서) 적합하게 이해하기 위한 모든 조건이 주어지리라. 하지만 더 흔하게는, 가족 조직 자체만이 문제 된다. 이 가족 조직은 먼저 소우주로서 아이에 의해 체험되고, 그다음에 어른과 사회인이 되는 생성 속에 투사된다고 여겨진다.[32] 이 관점에서 보면, 가족이라는 이 동일한 조직에 대해 문화적 해석의 주장자들과 상징적 또는 구조적 해석의 주장자들 간의 토론은 빙빙 돌기만 할 뿐이다.

문화주의자들과 상징주의자들에게 공통된 둘째 기본전제를 덧붙이

---

32 미켈 뒤프렌은 카디너의 개념들을 분석하면서 이런 본질적인 물음들을 제기한다. 〈1차적인〉 것은 가족이고, 정치적·경제적·사회적인 것은 그저 2차적일 따름일까? 리비도의 관점에서, 가족적 투자가 1차적일까 아니면 사회적 투자가 1차적일까? 방법론적으로 아이에서 어른으로 가야 할까, 아니면 어른에서 아이로 가야 할까?(*La Personnalité de base*, Paris: P.U.F., 1953, pp.287ff.)

정신분석과 민족학

자. 적어도 우리에게는, 즉 우리 가부장적 자본주의사회에서는 오이디 푸스가 확실한 것이라고 이들 모두가 인정한다(프롬처럼 새로운 모권의 요소들을 강조하는 사람들이 있기는 해도 말이다). 이들 모두는 우리 사회를 오이디푸스의 본거지라고 인정한다. 이 본거지에서 출발하면 도처에서 오이디푸스 구조를 다시 찾게 되거나, 반대로 오이디푸스적이진 않지만 그렇다고 덜 〈가족적〉인 것은 아닌 콤플렉스들 속에서 항들과 관계들을 변주해야 하리라. 이런 까닭에 앞서 행한 우리의 모든 비판은, 그럴 만한 가치가 있으며 우리에게서 기능하고 있다고 여겨지는 그런 오이디푸스를 대상으로 했다. 가장 약한 지점(미개인들)에서가 아니라 가장 강한 지점에서, 가장 강한 고리의 층위에서 오이디푸스를 공격해야 하며, 그러면서 우리의 문화 및 사회 환경 속에서 오이디푸스가 욕망적 생산에 대해, 무의식의 종합들에 대해, 리비도 투자들에 대해 어떤 왜곡을 내포하며 조작하는가를 보여 줘야 한다. 오이디푸스가 우리에게 아무것도 아닌 게 아니다. 사람들은 오이디푸스를 요구하고 또 거듭 요구하리라고 우리는 끊임없이 말해 왔다. 또한 오이디푸스의 굴레를 떨쳐 버리려는 라캉의 심오한 시도조차도, 여전히 오이디푸스에 중책을 지우고 아기와 분열자를 오이디푸스로 옮겨쥐는 뜻밖의 수단으로 해석되었다. 물론, 민족학적 내지 역사적 설명이 우리의 현행 조직과 모순되어서는 안 된다는 것, 즉 이 조직이 그 나름대로 민족학적 가설의 기초 요소들을 내포해야 한다는 것은 정당한 일일 뿐 아니라 필수 불가결하다. 이는 맑스가 세계사의 필요성을 상기시키면서 말한 것이다. 하지만 그는 여기에 현행 조직이 자신을 비판할 수 있어야 한다는 조건을 덧붙였다. 그런데 오이디푸스의 자기 비판은 정신분석을 한 부분으로 포함하는 우리 조직에서는 전혀 볼 수가 없다. 어느 점에서는, 오이디푸스에서 출발하여 모든 사회구성체를 의문시하는 것은 정당하다. 하지만 이는 오이디푸스가 우리에게서 특별히 밝혀낼 수 있는 무의

식의 진실이기 때문이 아니다. 반대로, 이는 오이디푸스가 예전의 구성체들을 가로질러 부품들과 톱니바퀴들을 애써 조립함으로써만 우리에게서 성공할 수 있었던 무의식의 기만이기 때문이다. 이런 의미에서 오이디푸스는 보편적이다. 따라서 정말이지 가장 강한 층위인 자본주의 사회에서, 오이디푸스 비판은 언제나 그 출발점을 다시 취하고 그 도달점을 재발견해야만 한다.

오이디푸스는 어떤 의미에서 보편적일까――극한의 다섯 가지 의미 및 그 한 가지 의미로서의 오이디푸스

오이디푸스는 하나의 극한이다. 하지만 극한의 뜻은 많다. 왜냐하면 극한은 모태의 역할을 하는 개시 사건으로서 처음에 있을 수도 있고, 등장인물들을 매개하고 이들 관계의 정초를 확보하는 구조적 기능으로서 중간에 있을 수도 있고, 종말론적 규정으로서 끝에 있을 수도 있기 때문이다. 그런데 우리는, 오이디푸스가 하나의 극한인 것은 이 마지막 뜻에서일 뿐임을 보았다. 욕망적 생산도 마찬가지이다. 하지만 바로 이 셋째 뜻도 잡다하게 의미가 많다. 첫째로, 욕망적 생산은 사회적 생산의 극한에 있고, 탈코드화된 흐름들은 코드들과 영토성들의 극한에 있으며, 기관 없는 몸은 사회체의 극한에 있다. 분열-흐름들이 벽을 뚫고 지나가며, 모든 코드를 뒤죽박죽으로 만들고, 사회체를 탈영토화할 때마다 절대적 극한을 말할 수 있으리라. 기관 없는 몸이란 탈영토화된 사회체요, 욕망의 탈코드화된 흐름들이 흐르는 사막이요, 세계의 끝, 묵시록이다. 하지만 둘째로, 상대적 극한은 자본주의 사회구성체일 따름이다. 왜냐하면 자본주의 사회구성체는 실제로 탈코드화된 흐름들을 기계 작동하고 흐르게 하지만, 코드들을 훨씬 더 압제적인 계량적 공리계로 대체하면서 그렇게 하기 때문이다. 그래서 자본주의는 그 자신의 경 **208**

향성에 반대되는 운동에 순응하면서, 끊임없이 벽에 접근하는 동시에 벽을 뒤로 물러나게 한다. 분열증은 절대적 극한이지만, 자본주의는 상대적 극한이다. 셋째로, 극한이 사회구성체에 도달할 우려가 있을 때 사회구성체가 온 힘을 다해 쫓아내는, 저 현실적 형식을 예감 내지 예견하지 못하는 사회구성체는 없다. 그리하여 전-자본주의 구성체들은 집요하게 상인과 기술자를 배타적 계급에 처박아 놓고, 돈의 흐름들과 생산의 흐름들을 막아 자신의 코드들을 파괴할 자율성을 얻지 못하게 한다. 이와 같은 것이 현실적 극한이다. 이런 사회들이 이 현실적 극한에 부딪치면, 안에서는 억압되지만 밖에서 되돌아오므로, 이 사회들은 자신의 임박한 죽음의 기호를 우울하게 바라본다. 가령 바허넌은 세 종류의 흐름, 즉 소비재, 위신재(威信財), 여자들과 아이들의 흐름을 코드화하는 티브족의 경제를 기술한다. 돈이 불시에 등장할 때, 그것은 위신재로서만 코드화될 수 있었으나, 상인들은 돈을 이용하여 전통적으로 여자들이 차지했던 소비재의 부문들을 탈취한다. 모든 코드가 뒤흔들리는 것이다. 확실히 돈을 가지고 시작하고 돈을 가지고 끝내는 것, 이것은 코드의 견지에서는 표현될 수 없는 조작이다. 수출품을 싣고 떠나는 트럭들을 보면서, 〈티브족의 가장 연로한 사람들은 이 상황을 한탄하고 무엇이 일어나는지를 알지만, 무엇을 비난해야 할지 모른다.〉[33] 가혹한 현실이다. 하지만 넷째로, 내부에서 억제된 이 극한이 이미 배아적 시초, 즉 신화적 모태 속에서 상상적 극한으로 투사되어 있었다. 용암처럼 미끄러지는 코드화되지 않은 흐름들이 사회체를 침범한다는 이 악몽을 어떻게 상상하랴? 그것은 푸르브 신화에서처럼 억압할 수 없는 똥의 파동일까, 아니면 유루구 신화에서처럼 욕망의 대표로 작용하면서 세

---

33 Laura & Paul Bohannan, *The Tiv of Central Nigeria*, London: International African Institute, 1953.

계 속에 무질서를 도입하는 강렬한 배아 내류, 근친상간의 이쪽일까. 그리하여 마지막 다섯째로, 극한을 이전하는 임무가 중요해진다. 즉 극한을 사회체 내부로, 중간(milieu)으로, 결연의 저쪽과 혈연의 이쪽 사이로, 결연의 재현과 혈연의 대표 사이로 옮기는 임무가. 이는 마치 강에 인공하상(河床)을 파거나 그다지 깊지 않은 수많은 개울에 물줄기를 돌리거나 하여 그 강의 두려운 힘들을 쫓아내는 일과도 같다. 오이디푸스는 이 이전된 극한이다. 그렇다, 오이디푸스는 보편적이다. 하지만 다음과 같은 양자택일을 믿어 버리는 것은 잘못이다. 오이디푸스는 억압-탄압 체계의 산물이고, 그러면 오이디푸스는 보편적이지 않다. 그게 아니면, 오이디푸스는 보편적이며 욕망의 정립이다. 실상 오이디푸스가 보편적인 것은 그가 모든 사회에 출몰하는 극한의 이전이기 때문이며, 모든 사회가 자신의 가장 깊은 음화(陰畵)로서, 즉 욕망의 탈코드화된 흐름들로서 절대적으로 두려워하는 것을 왜곡하는 이전된 재현내용이기 때문이다.

하지만 이것은 이 오이디푸스의 보편적 극한이 모든 사회구성체에서 〈점유되어〉 있음을, 전략적으로 점유되어 있음을 뜻하지는 않는다. 카디너의 다음 지적에 그 모든 의미를 부여해야 한다. 힌두인이나 에스키모는 오이디푸스를 꿈꿀 수는 있으나, 그렇다고 해서 콤플렉스에 예속되거나 〈콤플렉스를 가지거나〉 하는 일은 없다.[34] 오이디푸스가 점유되기 위해서는 몇 가지 조건이 불가결하다. ① 사회적 생산과 재생산의 장이, 가족 재생산, 말하자면 결연들과 혈연들을 직조하는 영토 기계와 별도로 만들어져야 한다. ② 이 독립성을 이용하여, 사슬에서 이탈할 수 있는 파편들은 이 파편들의 다성성을 으깨는 어떤 이탈된 초월적 대상으로 수렴되어야 한다. ③ 이탈된 대상(남근)은 일종의 접기나 적용

---

34 Abram Kardiner, *The Individual and His Society*, New York: Columbia University Press, 1939, p.248.

또는 복귀 —— 출발 집합으로 정의된 사회장을 이제는 도달 집합으로 정의된 가족장(場)으로 복귀시키기 —— 를 조작하여, 양자 간에 일대일대응 관계들의 그물을 설립해야 한다. 오이디푸스가 점유되기 위해서는, 그가 재현 체계 속의 극한 또는 이전된 재현내용이어서는 충분치 않다. 그는 이 체계의 한가운데로 이주하고 그 자신이 욕망의 대표 자리를 점유하게 되어야 한다. 무의식의 오류추리들과 뗄 수 없는 이 조건들은 자본주의 구성체 속에서 실현된다. 이 조건들이 야만적인 제국 구성체들에서 받은 어떤 의고주의들, 특히 초월적 대상의 정립을 여전히 내포하고 있지만 말이다. 자본주의 스타일은 로런스에 의해 잘 묘사되었다. 〈우리 민주적·산업적 사태의 질서, 귀엽고-작은-내-새끼 양-보고-싶은-엄마(my-dear-little-lamb-I-want-to-see-mommy)라는 스타일.〉 그런데 한편으로 원시 구성체들이 이 조건들을 전혀 채우지 못한다는 점은 분명하다. 그 까닭은 바로 가족이 결연들에 열려 있어 역사·사회장과 외연이 같고 또한 거기에 적합하기 때문이며, 가족이 사회적 재생산 자체에 활력을 주기 때문이며, 가족이 이탈 가능한 파편들을 동원하거나 이행시키지만 이것들을 결코 이탈된 대상으로 수렴시키지는 않기 때문이다. 오이디푸스의 공식 3+1에 대응할 그 어떤 복귀, 그 어떤 적용도 가능하지 않다(3+1이란 식탁보처럼 장의 네 귀퉁이가 3으로 접힌 것 더하기 이 접기를 조작하는 초월적 항이다). 파린 자신은 원시적 흐름들과 고드들의 유동성을 표현하기 위해 다음과 같이 옳게 말한다. 〈인간 공동체 안에서 말하고, 춤추고, 교환하고, 흐르게 하고, 게다가 오줌 누고…….〉[35]

<hr>

35 Paul Parin et coll, *Les Blacs pensent trop*, p.432.((옮긴이) 독: p.432) 결혼이 원시사회장과 외연이 같다는 점에 대해서는 Jaulin, *La Paix blanche*, p.256의 지적을 참조할 것. 〈결혼은 친족 관계 법들에 지배되지 않는다. 그것은 무한히 더 복잡하고 덜 경직된 하나의 역학(dynamic)에 순종한다. 이 역학의 발명은 다른 중요성을 지닌 많은 좌표들을 매 순간 이용한다는 점이다. (……) 결혼은 과거보다는 장래에 대한 투기(speculation)이기 십상이다. 어쨌든 이 결혼들과 그 투기는 복합적인 것(complexe)에서 유래하지, 원소적인 것

원시사회 한가운데에서 사람들은, 조상들과 인척들의 체계 속에서, 늘 4+n에 머물러 있다. 오이디푸스가 여기서 실존하기를 끝낸 적이 없다고 주장할 수 있기는커녕, 오이디푸스는 시작도 못 하고 있다. 사람들은 늘 3+1 앞에서 멈췄고, 원시 오이디푸스가 있다고 해도, 그것은 부(負)-엔트로피(neg-entropie)라는 의미에서의 부-오이디푸스(neg-Œdipe)이다. 오이디푸스는 진정 극한 또는 이전된 재현내용이지만, 정확히 말하자면 집단의 각 구성원은 늘 이쪽이나 저쪽에 있고, 자리를 점유하지 않는 식으로 그렇다(이것은 카디너가 우리가 인용한 공식에서 잘 간파한 것이다). 오이디푸스를 실존하게 하는 것은 바로 식민화이다. 이 *원시인*들이 자신의 사회적 생산의 통제권을 박탈당하고, 자신들에게 남은 유일한 것에, 즉 강제로 알코올중독자가 되게 하거나 병들게 하는 것 못지 않게 오이디푸스화되게 하는 가족 재생산으로 복귀하기에 충분하다고 오이디푸스가 상정하는 한에서, 자기 본연의 모습인 순수한 압제에 감정을 품은(ressenti)* 하나의 오이디푸스를 실존하게 하는 것은.

한편 자본주의사회에서 그 조건들이 실효화되는 때라도, 오이디푸스가 무의식을 그 오류추리들의 덫에 빠뜨려, 욕망적 생산 전부를 짓부수고, 이것을 믿음 체계로 대체하면서, 욕망의 대표 자리를 강탈하는, 단순히 이전된 재현내용이라는 그 본연의 모습이기를 그칠 거라고 믿어서는 안 되리라. 오이디푸스는 결코 원인이 아니다. 오이디푸스는 특정 유형의 예비 사회적 투자, 즉 가족의 규정들로 복귀하기에 적합한 사회적 투자에 의존한다. 이런 원리는 아마 어른에게는 타당해도 분명 아이에게는 그렇지 않다는 반대가 있을 법하다. 하지만 오이디푸스는

211

(l'élémentaire), 나아가 경직된 것에서 결코 유래하지 않는다. 그 까닭은, 인간은 결코, 법들을 어길지도 모른다는 이유로 법들을 아는 것이 아니기 때문이다……) 이렇게 되면 위반이란 개념은 참 어리석다.

* ressenti는 프랑스어 ressentir(감정을 품는다)의 과거분사요, 명사형은 ressentiment (원한감정)이다. 니체는 이 말에 독특한 규정을 부여하며, 항상 프랑스어로 표현한다.

정신분석과 민족학

바로 아버지의 머리에서 시작된다. 그것은 절대적 시작이 아니다. 오이디푸스는 아버지가 실효화하는 역사·사회장의 투자들에서 출발해서만 형성될 뿐이다. 그리고 오이디푸스가 아들로 이행한다면, 이는 가족 유전 덕분이 아니라 무의식들의 소통에 의존하는 훨씬 더 복합적인 관계 덕분이다. 그래서 아이에게조차도, 가족의 자극들을 가로질러 투자되는 것은 여전히 사회장이며, 가족 밖에 있는 절단들과 흐름들의 전 체계이다. 아버지가 아이와 관련해서 1차적이라는 것은, 가족적 투자들과 관련해서 사회적 투자들과 대체-투자들이 지니는 저 또 다른 우위와 관련해서만 분석적으로 이해될 수 있다. 우리는 이것을 나중에 망상 분석의 층위에서 보게 될 것이다. 하지만 이미, 오이디푸스가 하나의 결과처럼 보인다면, 이는 오이디푸스가 자본주의 생산과 재생산이 복귀하는 도달 집합(소우주가 된 가족)을 형성하고 있기 때문이다. 이 생산과 재생산의 기관들 및 담당자들은 더 이상 결연과 혈연의 코드화를 결코 지나가지 않으며, 다만 탈코드화된 흐름들의 공리계를 지나간다. 이렇게 되면 자본주의의 통치 구성체는 자기에게 응답하며, 그것이 적용되는 내밀한 식민지 구성체를 필요로 하며, 이 후자가 없다면 전자는 무의식의 생산들을 장악하지 못했으리라.

사용 또는 민족학에서의 기능주의
욕망 기계들은 아무것도 의미하지 않는다

이런 조건들 속에서, 민족학과 정신분석의 관계에 대해 무슨 말을 할까? 양자 모두가 상징체계의 환원 불가능한 두 부문을 대립시키면서 난처하게 서로를 바라보는 불확실한 병렬에 만족해야 할까? 한쪽에 상징들의 사회적 부문이 있고, 다른 한쪽에 일종의 사적(私的) 보편, 개인적 보편을 구성하는 성적 부문이 있을까(양자 사이에는 몇몇 횡단선이 있다. 왜냐하면 사회의 상징체계는 성적 재료가 될 수 있고, 성욕은 사회적 통과 의례가 될 수 있기 때문이다)? 하지만 이런 식으로 제기된 문제는 너무 이론적이다. 실천적으로는, 정신분석가는 종종 민족학자에게 상징이 무엇을 의미하는지를 설명하려는 의도를 품고 있다. 곧 상징은 남근, 거세, 오이디푸스를 의미한다는 것이다. 하지만 민족학자는 다른 것을 물으며, 정신분석적 해석들이 자기에게 무슨 소용이 있을 수 있는지 진지하게 자문한다. 따라서 이원성은 이전된다. 이원성은 이제 두 부문 사이에 있지 않고 〈그것은 무엇을 의미할까?〉와 〈그것은 무슨 소용이 있나?〉라는 두 종류의 물음 사이에 있다. 민족학자에게 그것이 무슨 소용이 있는가 말고도, 상징을 사용하는 구성체에게 그것이 무슨 소용이 있고 어떻게 작동할까.[36] 어떤 것이 의미하는 바가 어디에 소용이 있는지는 확실하지 않다. 가령 오이디푸스가 정신분석가들에게도 무의식에게도 아무 소용없을 수 있다. 우리에게 남근의 사용을 박탈하는 거세와 뗄 수 없는 이 남근은 도대체 무엇에 소용이 있을까? 물론 기의와 기표를 혼동하면 안 된다는 말들이 있다. 하지만 기표는 〈그것은 무엇을 의미할까〉라는 물음에서 우리를 벗어나게 해 줄까? 기표는 이 동일한 가로막힌 물음과 다를까? 그것은 여전히 재현의 영역이다. 참된 오해들, 민족학자들(또는 희랍 연구가들)과 정신분석가들 간의 실천적 오해들은, 무의식에 대한, 성욕에 대한, 상징체계의 남근적 본성에 대한 오인 내지 인정에서 유래하지 않는다. 모든 것이 철두철미하게 성적이고 성과 관련된다는 점은 누구나 원리상 동의할 수 있다. 상징체계의 사용자들에서 시작해, 누구나 이것을 알고 있다. 실천적 오해들은 오히려 두 종

212

---

36 로제 바스티드는 *Sociologie et Psychanalyse*, Paris: P.U.F., 1950에서 두 가지 상징 부문에 관한 이론을 체계적으로 발전시켰다. 하지만 리치는 처음에는 유사한 관점에서 출발해, 그 이원성을 이전하고, 이것을 의미의 물음과 사용의 물음 사이로 지나가게 해서, 문제의 범위를 바꾸는 데까지 이르렀다. "Magical Hair" 참조.

정신분석과 민족학

류 물음 사이의 깊은 차이에서 유래한다. 언제나 분명하게 정식화하고 있지는 않지만, 민족학자들과 희랍 연구가들은, 상징은 그것이 의미하는 바에 의해 정의되지 않고 그것이 무엇을 하는지 그리고 사람들이 그 것으로 무엇을 하는지에 의해 정의된다고 생각한다. 그것은 언제나 남 근 내지 이와 비슷한 어떤 것을 의미한다. 단지 그것이 무엇을 의미하는가는 그것이 무엇에 소용되는가를 말하지 않을 뿐이다. 요컨대 민족지 자료가 없다는 단순한 이유만으로 민족학적 해석이 없는 것이다. 오직 사용들과 기능들만이 있다. 이 점에 관해 민족학자들이 정신분석가들에게서 많이 배운다는 일이 있을 수 있다. 즉 〈그것은 무엇을 의미할 까〉가 중요하지 않다는 것을 많이 배울 수 있는 것이다. 희랍 연구가들이 프로이트의 오이디푸스에 반대할 때, 그들이 정신분석적 해석에 다른 해석들을 대립시키고 있다고 믿는 일은 피해야 하리라. 민족학자들과 희랍 연구가들은 결국 자신들을 위해 정신분석가들이 억지로 자신들과 비슷한 발견을 하게 하는 일이 있을 수 있다. 그것은, 더 이상 무의식적 재료도 없고 정신분석적 해석도 없으며, 다만 사용들, 즉 무의식의 종합들의 분석적 사용들만 있는데, 이 사용들은 기표의 배정이나 기의들의 규정을 통해서 더 이상 정의되지 않는다는 발견이다. 그것이 어떻게 작동하는가가 유일한 물음이다. 분열-분석은 일체의 해석을 포기한다. 왜냐하면 분열-분석은 무의식적 재료를 발견하는 일을 일부러 포기하기 때문이다. 무의식은 아무것도 의미하지 않는다. 반대로, 무의식은 기계들을 만드는데, 이 기계들은 욕망의 기계들이요, 분열-분석은 사회 기계들의 내재성 속에서 이 기계들의 사용과 기능을 발견한다. 무의식은 아무것도 말하지 않고 다만 기계 작동한다. 그것은 표현적 내지 재현적이지 않고 다만 생산적이다. 상징은 오직 욕망 기계로서 기능하는 하나의 사회 기계요, 사회 기계 속에서 기능하는 욕망 기계이며, 욕망에 의한 사회 기계의 투자이다.

그램분자적인 것과 분자적인 것

제도는 기관과 마찬가지로 그것의 사용에 의해 설명될 수 없다고 종종 이야기되고 증명되었다. 생물 구성체, 사회구성체는 이것들이 기능하는 것과 같은 방식으로 형성되어 있지 않다. 또한 특유한 거대 집합들의 층위에도 생물학적, 사회학적, 언어학적 등의 기능주의는 없다. 하지만 분자적 요소들로서의 욕망 기계들에서는 사정이 같지 않다. 거기서는 사용, 기능, 생산, 형성이 하나일 따름이다. 바로 욕망의 이 종합이, 어떤 규정된 조건들 아래서, 그램분자 집합들 및 생물학장(場), 사회장 또는 언어학장(場)에서 이것들의 특유한 사용을 설명해 준다. 이는 거대 그램분자 기계들의 기능이 설명해 주지 못하는 미리 설립된 연계들을 이 기계들이 전제하고 있기 때문이다. 여기서 전자의 기능이 이 연계들을 설명하지 못하는 까닭은, 전자가 후자에서 비로소 나오기 때문이다. 오직 욕망 기계들만이 자신을 기능하게 해 주는 연계들을 생산하는데, 여기서 이런 기능은 이 연계들을 임시변통으로 만들어 내고, 발명하고, 형성하면서 이루어진다. 따라서 그램분자적 기능주의는, 욕망이 기계 작동하는 것의 거시적 본성에서 독립해, 즉 같은 냄비에서 모두 함께 요리되기 위해 들어간 유기적, 사회적, 언어학적 등 요소들과 독립해, 충분히 멀리 가지 못한 기능주의요, 욕망이 기계 작동하는 저 영역들까지는 도달하지 못한 기능주의이다. 기능주의가 알아야 하는 유일한 다양체-통일체들(unités-multiplicités)은 욕망 기계들 자체 및 욕망 기계들이 생산장의 모든 부문에서 형성하는 배열 형태들뿐이다(〈총체적 사실〉을 알 필요는 없다). 마법의 사슬은 식물들, 기관들 쪼가리들, 옷자락, 아빠의 이미지, 공식들과 낱말들을 집결한다. 물어봐야 할 것은, 그것이 무엇을 의미하는가가 아니라, 이렇게 해서 어떤 기계가 조립되는가, 어떤 흐름들과 어떤 절단들이 다른 흐름들 및 다른 절단들과 관계

정신분석과 민족학

를 맺는가이다. 빅터 터너는 은뎀부족에서 갈라진 나뭇가지의 상징체
계를 분석하면서, 이 나뭇가지에 부여된 이름들은 나뭇가지를 뜯어낸
나무의 종(種)들과 특성들, 그리고 이 종들의 이름들 및 그 나뭇가지를
다루는 기술적 절차들을 동원하는 사슬의 일부라는 점을 밝힌다. 물질
의 흐름들뿐 아니라 기표 사슬들에서도 채취가 일어난다. 주해상의 의
미(사람들이 사물에 관해서 말하는 것)는 다른 요소들 중의 한 요소일 뿐
이며, 조작적 사용(사람들이 그 사물로 하는 일) 내지 정립적 기능(같은 복
합체 속에서 다른 사물들과의 관계)보다 덜 중요하다. 조작적 사용 내지
정립적 기능에 따르면, 상징은 결코 그것이 의미하려는 것과 일대일대
응 관계에 있지 않고, 〈언제나 다성적이고 다의적인〉 다양한 지시체를
늘 갖는다.[37] 피에르 보나페는 콩고의 쿠쿠야족의 마술적 대상인 부티
(buti)를 분석하면서, 어떻게 부티가 이것을 생산하고 등록하고 소비하
는 실천적 종합들과 뗄 수 없는지를 밝힌다. 여기서의 종합들은, 한 동
물의 조각들로 주체의 몸의 조각들을 구성하는 부분적이고 비-특유한
연결, 주체의 몸에 대상을 등록하고 그를 동물-인간으로 변형하는 포
괄적 분리, 〈유산〉을 매장하거나 파묻기 전에 이 〈유산〉이 긴 여행을
215   겪게 하는 잔여적 결합이다.[38] 민족학자들이 오늘날 물신이라는 가설

---

[37] Victor W. Turner, "Themes in the Symbolism of Ndembu Hunting Ritual," in
Myth and Cosmos, Garden City, N.Y.: Doubleday, Natural History Press, 1967,
pp.249~269.
[38] Pierre Bonnafé, "Objet magique, sorcellerie et fétichisme?," Nouvelle revue
de psychanalysyse, 2호, 1970.((옮긴이) 독: p.239)(〈쿠쿠야족은 대상의 본성은 중요
하지 않다고 확언한다. 본질적인 것은 그것이 작용한다는 점이다.〉) 또한 Alfred Adler,
"L'ethnologue et les fétiches"도 참조. 〈물신의 대상들〉을 특집으로 다룬 《신 정신분석 잡
지》2호의 관심은, 민족학자들이 여기서 한 이론과 다른 이론을 대립시킨다는 데 있지 않고,
민족학자들 자신의 고유한 실천 및 그들이 연구하는 사회적 실천들과 관련하여 정신분석적
해석들의 범위들을 묻는 데 있다. 낭테르 대학의 에릭 로랑은, 「터너 해석」이란 제목의 논문
에서, 이 점에 관해 방법의 문제들을 아주 깊이 있게 제기할 줄 알았다. 즉 일련의 역전들을
조작할 필요성, 주해 내지 정당화보다 사용을, 표현성보다 생산성을, 우주론적 신화들보다

적 개념에 생생한 흥미를 보이고 있다면, 이는 확실히 정신분석의 영향 때문이다. 하지만 정신분석은 그들에게 이 개념에 주의를 끌 근거 못지 않게 이 개념을 의심할 근거를 주고 있다 하겠다. 왜냐하면 정신분석은 물신에 관해서 오직 "남근-오이디푸스-거세"만을 말했기 때문이다. 반면 민족학자는, 물신의 사용이 개인적이고 사적인 때에도, 물신과 뗄 수 없는 정치권력(pouvoir), 경제력, 종교 권력(puissance)의 문제가 있다고 느끼고 있다. 가령 머리털과 머리털을 자르고 머리를 땋는 의식(儀式)이 있다. 이 의식들을 〈분리된 물건〉을 의미하는 것으로서의 남근이란 존재물에 관련시키고, 이 분리의 상징적 대표로서 아버지를 어디서나 재발견한다는 점은 흥미로운 일일까? 이는 그것은 무엇을 의미하는가의 층위에 머물러 있는 것 아닐까? 민족학자는 머리털의 흐름, 그런 흐름의 절단들, 절단을 가로질러 한 상태에서 다른 상태로 이행하는 것에 직면해 있다. 리치가 말하듯이, 머리털은 몸의 부분대상 또는 몸의 분리 가능한 부분인 한에서, 공격적이면서도 분리된 남근을 재현하지 않는다. 머리털은 하나의 사물 자체이며, 공격하는 장치 속의, 분리하는 기계 속에 있는 하나의 물질적 부품이다.

한 번 더 말하거니와, 관건은 의식의 근거가 성적인지, 또는 성욕을 넘어서는 정치적·경제적·종교적 차원들을 고려해야 하는지를 아는 것이 아니다. 문제를 이렇게 제기하는 한, 리비도와 누멘 사이의 선택을 강요하는 한, 민족학자들과 정신분석가들 간의 오해는 강화될 뿐이다. 오이디푸스에 관해 희랍 연구가들과 정신분석가들 간에 오해가 끊임없이 커지는 것과 똑같이 말이다. 오이디푸스, 이 안짱다리 전제군주, 이것은 분명 전제군주 기계를 오래된 원시 영토 기계에 대결시키는 정치

사회장의 현재 상태를, 구조적 모델들보다 정확한 의식을, 친족 관계의 도표들보다 〈사회 드라마〉, 정치 전술과 전략을 더 중시해야 할 필요성을 제기했던 것이다.

정신분석과 민족학

이야기 전체이다(이로부터 원주민의 부정과 존속이 동시에 야기되는데, 레비스트로스가 이를 잘 지적했다). 하지만 이것은 드라마의 성적 성격을 제거하기에 충분하지 않고, 오히려 그 반대이다. 사실상 중요한 것은 성욕과 리비도 투자를 어떻게 착상해야 하는지를 아는 일이다. 성욕과 리비도 투자를 어떤 사건 또는 어떤 〈감정을 품은 것(un ressenti)〉에 관련시켜야만 할까? 이 감정을 품은 것은 구조적으로 해석될 때에도 순수한 기표의 이름으로 어디까지나 가족적이고 내밀한 것, 내밀한 오이디푸스적 느낌인데도. 그게 아니면, 성욕과 리비도 투자를 역사·사회장의 규정으로 열어 놓아야 할까? 이 장에서는 경제적·정치적·종교적인 것은 리비도에 의해 이것들 자체를 위해 투자되는 것들이지, 아빠-엄마의 파생물들이 아니다. 첫째 경우라면, 거대 그램분자 집합들, 큰 사회 기계들 — 경제적인 것, 정치적인 것 등 — 이 고찰되기는 하지만, 이것들을 리비도의 비밀을 간직하고 있다고 여겨지는 추상적인 가족 집합에 적용함으로써, 그것들은 무엇을 의미할까가 탐구된다. 이런 식으로 사람들은 재현의 틀 안에 머문다. 둘째 경우라면, 가족을 포함하는 이 거대 집합들을 넘어서서 욕망 기계들의 부품들과 톱니바퀴들을 형성하는 분자적 요소들로 나아간다. 여기서는 이 욕망 기계들이 어떻게 기능할까, 이 욕망 기계들이 큰 규모에서 구성하는 사회 기계들을 욕망 기계들이 어떻게 투자하며 하부 규정할까(subdéterminent)가 탐구된다. 이렇게 되면 생산적·분자적·미시적 또는 미시 심리적 무의식의 지역들에 도달하는데, 이 무의식은 더 이상 아무것도 의미하지 않으며 아무것도 재현하지 않는다. 성욕은 이제 더 이상 거대 집합들에서 파생된 인물들을 통합하는 특유한 에너지로 여겨지지 않으며, 오히려 부분대상-분자들을 연결하는 분자적 에너지(리비도), 기관 없는 몸이라는 거대 분자 위에서 포괄적 분리들을 조직하는 분자적 에너지(누멘), 현전의 영역들 내지 내공의 지대들에 따라 상태들을 분배하는 분자적 에너지(볼룹타스)로 여겨진다. 왜냐하면 욕망 기계들이란 바로 무의식의 미시 물리학, 미시-무의식의 요소들이기 때문이다. 하지만 이런 것들인 한, 욕망 기계들은 그것들이 통계적으로 구성하는 역사적 그램분자 집합들, 거시 사회구성체와 결코 독립해서 실존하지 않는다. 바로 이런 의미에서 욕망과 사회적인 것만이 있다. 경제, 정치, 종교 등 구성체들의 의식적 투자들 아래에는 무의식적인 성적 투자들, 미시-투자들이 있어서, 이것들은 욕망이 사회장 속에 현전하는 방식, 욕망에 연계된 통계적으로 규정된 영역으로서의 이 사회장에 욕망이 연합되는 방식을 증언한다. 욕망 기계들은 사회 기계들 속에서 기능한다. 마치 욕망 기계들이 한편으로 큰 수들의 층위에서 형성하는 그램분자 집합에서 자기 고유의 체제를 지키고 있는 양 말이다. 상징과 물신은 욕망 기계의 현현들이다. 성욕은 결코 가족 집합 속에서 재현할 수 있는 그램분자적 규정이 아니고, 욕망의 현전과 생산의 장을 그려 내는, 즉 비-오이디푸스적 무의식 전체를 그려 내는, 본래는 사회적이고 2차적으로 가족적인 집합들 속에서 기능하는 분자적 하부 규정이다. 이 비-오이디푸스적 무의식 전체는 자신의 2차적·통계적 구성체들(《콤플렉스들》)의 하나로서만 오이디푸스를 생산하며, 그것도 사회 기계들의 생성을 작동하는, 욕망 기계들의 체제에 비교되는 사회 기계들의 체제를 작동하는 역사가 끝난 후에야 오이디푸스를 생산한다.

217

5 영토적 재현

표면에 있는 영토적 재현의 요소들

만일 재현이 언제나 욕망적 생산의 억압-탄압이라 해도, 그것은 해당 사회구성체에 따라 아주 다양한 방식으로 그러하다. 재현 체계의 심층에는, 억압된 대표, 억압하는 재현작용, 이전된 재현내용이라는 세 요소가 있다. 하지만 이것들을 실효화하는 심급들 자체는 가변적이며, 체계 속에는 이주들이 있다. 우리는 하나의 유일한 사회-문화적 억압 장치의 보편성을 믿을 근거가 전혀 없다. 사회 기계들과 욕망 기계들 간의 친화성 계수에 관해서는 다음 여러 경우에 따라 그 크고 삭음을 말할 수 있다. ① 두 기계 각각의 체제들이 얼마나 근접해 있는가에 따라, ② 후자가 자신의 연결들과 상호작용들을 전자의 통계적 체제 속으로 이행할 기회를 얼마나 갖고 있는가에 따라, ③ 전자가 후자와 관련해서 박리 운동을 얼마나 시행하는가에 따라, ④ 치명적 요소들이 욕망의 메커니즘에 붙들려 사회 기계들 속에 처박힌 채로 있는가, 아니면 반대로 사회 기계 전체로 확장되어 욕망을 짓부수는 죽음 본능에 합류하는가에 따라. 이 모든 점에서 주요 요인은 사회적 기입의 유형 내지 종류,

그 알파벳, 그 성격들이다. 사회체 위의 기입은 사실 2차적인 또는 〈고유한 의미의〉 억압의 담당자인데, 이 억압은 기관 없는 몸의 욕망적 기입과, 또 이 기관 없는 몸이 이미 욕망의 영역에서 행사하는 1차적 억압과 필연적으로 관계되어 있다. 그런데 이 관계는 본질적으로 가변적이다. 사회적 억압은 늘 존재하지만, 억압 장치는 변동하며, 특히 무엇이 이 장치가 관장하는 대표의 역할을 맡느냐에 따라 변동한다. 이런 의미에서 원시 코드들은, 욕망의 흐름들을 잔혹 체계에 묶어 놓으면서 최대한 조심하고 확장하여 욕망의 흐름들에 행사되는 그 순간조차도, 탈코드화된 흐름들을 풀어놓는 자본주의 공리계보다는 욕망 기계들과 무한히 더 큰 친화력을 유지하는 일이 가능하다. 그 까닭은 욕망이 아직 덫에 빠지지 않았고 막다른 골목들의 집합 속에 끌려 들어가지 않았기 때문이며, 흐름들이 그 다의성을 조금도 잃지 않았기 때문이며, 또 재현 속의 단순한 재현내용이 아직 대표의 자리를 차지하지 않았기 때문이다. 따라서 각 경우에 억압 장치의 본성과 욕망적 생산에 대한 이 장치의 효과들을 평가하려면, 심층에서 조직되는 그런 식의 재현 요소들뿐 아니라 재현 자체가 표면에서, 즉 사회체의 기입 표면에서 조직되는 방식도 고려해야만 한다.

부채(負債)와 교환

사회는 교환주의적이지 않으며, 사회체는 기입자이다. 교환하지 말고, 토지라는 몸에 표시하라. 부채의 체제는 이 미개 기입의 요구들에서 직접 유래한다는 것을 우리는 앞에서 보았다. 왜냐하면 부채는 결연의 단위이고, 결연은 재현작용 자체이기 때문이다. 욕망의 흐름들을 코드화하고 부채를 통해 인간에게 말들을 기억하게 하는 것은 바로 결연이다. 강렬하고 말 없는 거대한 혈연 기억을 억압하고, 모든 것을 파묻

영토적 재현

는 코드화되지 않는 흐름들의 대표로서 배아 내류를 억압하는 것은, 바로 결연이다. 바로 부채는, 밤의 내공들의 억압 위에서 외연을 지닌 체계(재현)를 형성하고 벼려 내기 위해, 확장 혈연들로 결연들을 조성한다. 부채-결연은 니체가 선사시대 인류의 노고라고 묘사했던 것에 응답한다. 그 노고란, 저 오랜 생명적-우주적 기억의 억압에 기초해서 말들의 기억을 강요하기 위해, 맨살에 행해지는 가장 잔혹한 기억술을 이용하는 것을 말한다. 바로 이런 이유 때문에, 부채를 (그리고 기입들 자체를) 보편적 교환의 간접적 수단으로 만드는 대신에 부채에서 원시적 기입의 직접적 귀결을 보는 것은 매우 중요하다. 모스가 적어도 열린 채로 놓아두었던 물음이 있다. "부채는 교환과 관련해서 1차적일까, 아니면 교환의 한 양식, 교환에 기여하는 한 수단일까?" 레비스트로스는 단정적 답변으로 이 물음을 다시 닫아 버렸던 듯하다. 부채는, 교환의 무의식적 사회 현실이 화폐로 바뀌는 하나의 상부구조, 하나의 의식적 형식이라는 것이다.[39] 중요한 것은 토대들에 관한 이론적 논의가 아니다. 사회적 실천에 대한 착상 전체, 이 실천에 의해 전달되는 기본전제들이 여기 연루되어 있다. 또한 무의식의 문제 전체도. 왜냐하면 만일 교환이 사물들의 근거라면, 왜 부채는 유달리 교환처럼 보여서는 안 될까? 왜 부채는 선물 또는 맞-선물이고, 교환이 아니어야 할까? 왜 증여하는 자는, 설사 나중에 일어나는 교환일지라도, 어떤 교환도 기대하고 있지

---

39 C. Lévi-Strauss, "Introdction à l'œuvre de Marcel Mauss," in Marcel Mauss, *Sociologie et anthropologie*, Paris: P.U.F., pp.38~39. 또한 C. Lévi-Strauss, *Les Structures élémentaires de la parenté*, p.209.((옮긴이) 영: p.181) 〈왜 일반화된 교환 체계가 밑에 남아 있을까, 또 이 명백한 체계가 아주 다른 용어들로 정식화된다는 사실은 어떤 원인들에서 비롯할까를 설명하자.〉이 원리에서 출발해, 레비스트로스가 어떻게 욕망의 충동들과는 무관한 빈 형식으로서의 무의식이란 착상에 도달했는가에 관해, 그의 *Anthropologie structurale*, p.224((옮긴이) 영: p.203. 독: p.223) 참조. 실제로, 그의 『신화학』 연작은 원시 코드들 및 흐름과 기관들의 코드화들에 관한 이론을 정교화하고 있으며, 이 이론은 모든 면에서 저 교환주의적 착상을 넘어선다.

않음을 분명히 드러내기 위해, 도둑맞은 사람의 위치에도 있어야 할까? 바로 도둑질이 선물과 맞-선물이 교환 관계에 들어가는 것을 막는다. 욕망은 교환을 모른다. 욕망은 도둑질과 선물만 안다. 종종 이 양자는 서로 1차적 동성애의 결과 아래서 섞이기도 한다. 이렇게 해서 조이스가 『망명자들』에서, 클로솝스키가 『로베르트』에서 찾게 될 반-교환주의적 사랑 기계가 있게 된다. 〈구르마족의 이데올로기에서는, 여자는 주어질 수 있을 뿐(그리고 우리는 리튀와티엘리(lityuatieli)를 가진다)이거나, 아니면 빼앗기거나 납치되거나, 따라서 어느 모로는 도둑맞을 뿐(그리고 우리는 립워탈리(lipwotali)를 가진다)인 듯 모든 일이 벌어진다. 두 가문 내지 가문들의 분파들 간의 직접적 교환의 결과라고 너무 명백하게 보일 수도 있을 모든 결합은, 이 사회에서 금지되어 있지는 않다 하더라도, 적어도 널리 부인되고 있다.〉[40] 욕망이 교환을 모른다면, 이는 교환이 욕망의 무의식이기 때문이다, 이렇게 말할 수 있을까? 이는 일반화된 교환의 요구들 때문일까? 그렇지만 어떤 권리로, 부채의 절단들이 〈더 현실적인〉 총체와 관련해서 2차적이라고 언명하는 것일까? 하지만 교환은 알려져 있으며, 잘 알려져 있다. 하지만 쫓겨나고 처박히고 엄격히 구획되어야 하는 것이라고 알려져 있는데, 그 까닭은 그 어떤 거래 가치도 시장경제라는 악몽을 도입시킬 교환가치로 발전하지 못하도록 하기 위해서이다. 원시 시장은 등가물의 확정보다는 에누리에 의해 진행되는데, 전자는 흐름들의 탈코드화와 사회체 위의 기입 양식의 붕괴를 초래할 것이기 때문이다. 우리는 출발점으로 되돌려졌다. 교환이 금지되고 쫓겨난다는 점은 결코 교환의 1차적 현실을 증언하지 못하며, 오히려 반대로 본질적인 것은 교환하기가 아니라 기입하기, 표시하기

---

40 Michel Cartry, "Clans, lignages et groupements famliaux chez les Gourmantché," *L'Homme*, 1966년 4월, p.74.

영토적 재현

임을 보여 준다. 그리고 교환을 하나의 무의식적 현실로 만들 때, 구조의 권리들 및 이 구조와 관련된 태도들과 이데올로기들의 필연적 부적합성을 끌어들이는 일은 소용없는 짓이며, 이는 결국은 교환이 아니라고 인정될 제도들을 설명하는 교환주의 심리학의 원리들을 실체화하는 것일 따름이다. 특히 여기서 사람들은 무의식 자체를 무엇으로 만들려는 것일까, 만일 무의식을 하나의 빈 형식, 즉 욕망 자체가 거기에 부재하고 거기서 추방되는 빈 형식으로 명시적으로 환원하는 게 아니라면? 그런 형식은 전의식을 정의할 수는 있어도, 분명 무의식을 정의할 수는 없다. 왜냐하면 설사 무의식에 재료나 내용이 없다는 점이 진실이라 해도, 이는 확실히 무의식이 빈 형식이어서가 아니고, 오히려 무의식이 늘 이미 기능하는 기계, 욕망 기계이지 거식증인 구조가 아니기 때문이다.

교환주의적 착상의 다섯 가지 기본전제

기계와 구조의 차이는, 구조가 기능할 수 있기 위해 도입되어야만 하는 몇몇 보완들과 더불어, 사회체에 대한 교환주의적·구조적 착상을 암묵적으로 고무해 주는 기본전제들 속에 나타난다. 첫째로, 친족 구조들에서는 마치 결연들이 혈연의 가문들 및 이들의 관계들에서 생겨나기라도 하는 양 진행되는 것을 피하기 어렵지만, 실제로는 방계 결연들과 부채 블록들이 외연을 지닌 체계에서 확장 혈연을 조건 짓지, 그 반대로 되지는 않는다. 둘째로, 외연을 지닌 체계를 그 본연의 모습인 물리 체계로 여기기보다는 논리적 조합으로 보는 경향이 있다. 본래 이 물리 체계에서는 내공들이 할당되며, 이 체계의 어떤 것들은 흐름을 무화하고 봉쇄하며, 또 어떤 것들은 흘러가는 것을 지나가게 하는 등의 일을 한다. 이에 대한 반론에 따르면 체계에서 발전된 성질들은 물리적 대상뿐 아니라 〈존엄, 책임, 특권〉이기도 하다고 하는데, 이 반론은 이

221

체계의 조건들 속에 있는 통약 불가능한 것들과 불평등들이 행하는 역할에 대한 오인을 보여 주고 있는 것 같다. 정확히 말해 셋째로, 교환주의적·구조적 착상에는 일종의 가격 평형, 원리들에 있어서의 1차적 등가성 내지 평등을 전제하는 경향이 있다. 비록 불평등들이 귀결들 속에 필연적으로 도입된다는 점을 설명하기는 해야 하겠지만 말이다. 이점에 대해서는 레비스트로스와 리치 간에 벌어진, 카친족 결혼에 대한 논쟁만큼 의미심장한 것이 없다. 레비스트로스는 〈일반화된 교환의 평등주의적 조건들과 이것들의 귀족주의적 귀결들 간의 갈등〉을 원용하면서, 마치 리치가 체계가 평형을 이루고 있다고 믿은 것처럼 보고 있다. 그렇지만 문제는 전혀 다른 데 있다. 레비스트로스의 믿음처럼, 비평형이 병리적이며 결과에 속하는 것인지, 아니면 리치의 생각처럼, 비평형이 기능적이며 원리에 속하는 것인지를 아는 것이 중요하다.[41] 평형의 불안정성은 교환의 이상과 관련해서 파생된 것일까, 아니면 전제들 속에 이미 주어져 있고, 급부와 반대급부를 구성하는 항들의 이종성 속에 포함되어 있는 것일까? 결연들이 수행하는 경제적·정치적 거래에 더 주목할수록, 여자들의 급부의 비평형을 만회시켜 주는 반대급부의 본성에 더 주목할수록, 일반적으로 급부들 전반이 특정 사회에서 평가되는 독창적 방식에 더 주목할수록, 외연을 지닌 체계의 필연적으로 열린 성격이, 가령 잉여가치의 원시적 메커니즘이 코드의 잉여가치로 나타나는 것과 같이, 더 잘 나타난다. 하지만 여기에 넷째 요점이 있는데, 교환주의적 착상은 통계적으로 닫힌 폐쇄된 체계를 전제하는 것을 필요로 하며, 구조를 심리학적 확신(〈순환이 다시 닫히리라는 자신감〉)으

---

41 C. Lévi-Strauss, *Les Strutures elementaires de la parenté*, pp.306~308. 그리고 그가 리치의 테제를 소개하는 방식에 대해서는 pp.276ff.((옮긴이) 영: pp.221ff.) 참조. 하지만 이 테제 자체에 대해서는 Leach, *Critque de l'anthropologie*, pp.152~154, pp.172~174((옮긴이) **영**: pp.60~64, pp.81~95) 참조.

영토적 재현

로 뒷받침하는 것을 필요로 한다. 방계 결연들과 연속 세대들에 따르는 부채 블록들의 본질적 개방성뿐 아니라 특히 통계적 구성체들과 그 분자적 요소들 간의 관계는, 구조적 모델에 적합하지 않은 것으로서의 단순한 경험적 현실에 결부된다는 점이 밝혀진다.[42] 그런데 끝으로 이 모든 것은, 부르주아 정치경제학을 규정한 것 못지않게 교환주의 민족학을 짓누르는 하나의 기본전제에 의존하고 있다. 즉 사회적 재생산을 순환의 영역으로 환원한다는 기본전제에. 사람들은 사회체 위에서 묘사되는 그런 외견상의 객관적 운동에는 유의하지만, 이 운동을 기입하는 현실적 심급과 이 운동을 기입하는 데 사용하는 경제적·정치적 힘들은 고려하지 않는다. 또 사람들은 결연이란 사회체가 자신의 기입들의 분리 체제에서 노동의 연결들을 전유하는 형식임을 보지 않는다. 〈사실 생산관계라는 관점에서 여자들의 순환은 노동력의 재할당으로 나타나지만, 사회가 자신의 경제적 기초에 관해 부여받은 이데올로기적 재현에서 이 양상은 노동력의 재분배가 순환의 영역에서 취하는 형식에 불과한 것인 교환 관계 앞에서 지워진다. 재생산의 경과 속에서 순환의 계기를 고립시킴으로써, 민족학은 이 재현을 비준하고,〉 부르주아 경제학에 이 재현의 식민지적 외연 전체를 부여한다.[43] 바로 이런 의미에서, 우리가 보기에 본질적인 것은 기입의 요구들에 엄밀하게 의존하는 교환과 순환이 아니라, 기입 그 자체 및 그 낙인들, 몸들에 쓴 그 알파벳, 그 부채 블록들이었다. 유연한 구조가 기능할 때면 언제든지, 또 순환시킬 때면 인제든지, 기입들을 관장하는 견고한 기계적 요소가 있으리라.

---

42 C. Lévi-Strauss, *Les Strutures elementaires de la parenté*, pp.222~223.((옮긴이) 영: pp.193~195) (〈순환론자들〉과의 통계적 비교 참조)
43 Emmanuel Terray, *Le Marxisme devant les sociétés primitives*, Paris: Maspero, 1969, p.164.

목소리, 표기행위, 눈 ── 잔혹극

미개 구성체들은 구술적이고 음성적이지만, 이는 그것들이 표기 체계를 결핍해서가 아니다. 토지 위에서의 춤, 벽에 그린 그림, 몸 위의 표시는 하나의 표기 체계, 땅-표기행위(géo-graphisme), 지리이다. 미개 구성체들이 구술적인 까닭은 바로 그것들이 목소리와 독립한 표기 체계를 갖고 있기 때문이다. 이 표기 체계는 목소리에 동조하지도 않고 목소리에 종속하지도 않으며, 오히려 다차원적인 〈일종의 방사하는 조직 속에서〉 목소리에 연결되고 조정된다(그래서 선형(線形) 글의 반대를 말해야만 한다. 문명들이 구술적이기를 그치는 것은 오직 표기 체계의 독립성과 그 고유한 차원들을 상실할 때뿐이다. 표기행위가 목소리를 탈취하고 허구적 목소리를 끌어들이는 것은 목소리에 동조함으로써 그러는 것이다). 르루아구랑은 미개의 기입 또는 영토적 재현의 이종적인 저 두 극인 '목소리-듣기(voix-audition)'와 '손-표기(main-graphie)'라는 쌍을 경탄스럽게 묘사했다.[44] 그런 기계는 어떻게 기능할까? 왜냐하면 이 기계는 기능하기 때문이다. 목소리는 결연의 목소리와 같아서, 확장 혈연 편에서는, 어떤 유사성도 없이 하나의 표기가 결연의 목소리와 조정된다. 소녀의 몸에는 할례의 호리병박이 놓인다. 남편의 가문에서 제공한 이 호리병박은 결연의 목소리의 지휘자 노릇을 한다. 하지만 표기는 소녀의 씨족 구성원에 의해 그려져야만 한다. [목소리와 표기라는] 이 두 요소의 절합은 몸 위에서 행해지고 기호를 구성하는데, 이 기호는 유사나 모방이 아니고 기표의 효과도 아니며, 오히려 욕망의 정립과 생산이다. 〈소녀의 변모가 충만하게 실효적이기 위해서는, 한편으로 소녀의 배와 다른 한

223

---

44 André Leroi-Gourhan, *Le Geste et la parole, technique et language*, Paris: Albin-Michel, 1964, pp.270ff., pp.290ff.

영토적 재현

편으로 호리병박 및 거기 기입된 기호들 사이에 직접 접촉이 일어나야 한다. 소녀는 출산의 기호들을 육체적으로 수태하고 이것들과 합체해야 한다. 표의문자의 의미는 통과의례를 거치는 동안 소녀들에게 절대로 가르쳐지지 않는다. 기호는 몸에 기입됨으로써 작용한다. (……) 몸에 하는 표시의 기입은 여기서 메시지의 가치를 지닐 뿐 아니라 몸 자체에 작용하는 작용 도구이기도 하다. (……) 기호들은 그것들이 의미하는 것들을 명령하여, 기호들의 장인(匠人)은 단순 모방자이기는커녕 신의 작업을 떠올리게 하는 작품을 완수하고 있다.)[45] 하지만 말하는 사람의 얼굴을 관찰할 때나 손의 표기행위를 읽을 때 르루아구랑이 언급한 봄(vue)의 역할은 어떻게 설명할까? 또는 더 정확하게 말해서, 눈은 무엇 덕에 "해를 입히며 의무를 지우는 결연의 목소리"와 "손이 몸에 새기는 기호에 의해 괴롭힘을 받는 몸" 간의 끔찍한 등가성을 파악할 수 있을까? '목소리-듣기'와 '손-표기'라는 두 측면에 셋째 측면, 즉 '눈-고통'이라는 기호의 셋째 요소를 추가해야 하지 않을까? 괴롭힘의 의례들에서 겪는 자(patient)는 말하지 않고 말을 받아들인다. 그는 행동하지 않고, 표기 행동에서 수동적이며, 기호 찍기를 받아들인다. 그리고 그의 고통이 그것을 지켜보는 눈을 위한 쾌락이 아니라면 무엇일까? 이 눈은 집단 또는 신의 눈으로, 복수라는 생각으로 고무되는 것이 아니라, 다만 몸에 새겨진 기호와 얼굴에서 나온 목소리 사이의, 즉 표시와 가면 사이의 미묘한 관계를 파악할 소질이 있는 눈인 것이다. 코드의 이 두 요소 사이에서 고통은, 몸에 작용하는 말의 효과뿐 아니라 작용을 받는 한에서 몸의 반응도 파악하면서 눈이 뽑아내는 잉여가치와 같다. 바로 이것이 부채의 체계 내지 영토적 재현이라 불러야만 하는

---

45 Michel Cartry, "La Calebasse de l'excision en pays gourmantché," *Journal de la Societé des africanistes*, 1968, 2호, pp.223~225.

것이다. 즉 여기서 말하거나 읊조리는 목소리, 맨살에 표시된 기호, 고통에서 향유(享有)를 뽑아내는 눈 말이다. 이것들은 공진과 보유의 영토를 형성하는 미개 삼각형의 세 변이며, 이 삼각형은 분절된 목소리, 표기하는 손 그리고 평가하는 눈이라는 삼중의 독립을 내포하는 잔혹극이다. 바로 이런 식으로 영토적 재현이 표면에서 조직되는데, 이 재현은 아직도 '눈-손-목소리'라는 욕망 기계에 아주 가까이 있다. 마술 삼각형이다. 이 체계에서는 모든 것이 능동적이거나 작용받거나 반응한다(actif, agi ou réagi). 즉 결연의 목소리의 능동, 혈연의 몸의 수동, 이 둘의 변전을 평가하는 눈의 반응이 있다. 등을 길게 찢음으로써 충분히 악과 고통을 주어, 구아야키족 소년을 성인이 되게 하는 돌 고르기가 있다. 〈그 돌에는 꽤나 예리한 측면이 있어야 한다.〉(클라스트르는 훌륭한 텍스트에서 말한다.) 〈하지만 너무 쉽게 베이는 대나무 조각 같은 것이어서는 안 된다. 따라서 적합한 돌 고르기에는 눈썰미(coup d'œil)가 요구된다. 이 새로운 예식 장치 전체는 돌 한 조각으로 환원된다. (……) 상처 입은 피부, 써레질한 토지, 이것들은 하나의 동일한 표시이다.〉[46]

니체

현대 민족학의 위대한 책은 모스의 『증여론』이기보다 오히려 니체의 『도덕 계보학』이다. 최소한 그래야만 하리라. 왜냐하면 『도덕 계보학』의 둘째 논문은, 〈영국풍의〉 교환이나 이해관계에 대한 모든 고찰을 제거함으로써, 원시 경제를 부채의 견지에서, 채권자-채무자의 관계에서 해석하려는 시도요 유례없는 성공이기 때문이다. 그리고 교환이나 이해관계를 심리학에서 제거한다면, 이는 이것들을 구조 속에 집

---

46 Pierre Clastres, *Chroniques des Indiens Guayaki*, Paris: Plon, 1972.

영토적 재현

어넣기 위해서가 아니다. 니체는 고대 게르만족 법과 약간의 힌두 법 정도의 빈약한 자료밖에 갖고 있지 않다. 하지만 니체는 모스처럼 교환과 부채 사이에서 주저하지 않는다(바타유도 그를 끌어 준 니체의 영감을 받고 망설이지 않게 된다). 기입, 코드, 표시라는 원시사회의 근본 문제를 그토록 날카로운 방식으로 제기한 사람은 지금까지 아무도 없었다. 인간은 강렬한 배아 내류를, 즉 집단(collectivité)의 모든 시도를 휩쓸어 갈 거대한 생물적-우주적 기억을 억압함으로써 자신을 구성해야만 한다. 하지만 동시에, 어떻게 인간에게 하나의 새로운 기억을, 즉 집단 기억을 가지게 할까? 즉 말들과 결연들의 기억, 확장 혈연들로 결연들을 직조하는 기억, 인간에게 공진과 보유의 능력 및 채취와 이탈의 능력을 부여하는 기억, 그리하여 욕망의 흐름들의 코드화를 사회의 조건으로서 조작하는 기억 말이다. 그 답은 단순하다. 그것은 부채이다. 그것은 열려 있는 이동하며 유한한 부채 블록들이며, 말하는 목소리와 표시된 몸과 향유하는 눈으로 이루어진 저 특이한 복합체이다. 법들의 그 모든 어리석음과 자의적임, 통과의례들의 그 모든 고통, 탄압과 교육의 그 모든 변태적 장치, 벌겋게 달군 쇠와 끔찍한 절차들은, 인간을 훈육하기, 인간의 살에 표시하기, 인간에게 결연을 가능케 하기, 양측 모두에게 기억(장래를 향한 기억)의 문제임이 드러날 채권자-채무자 관계를 인간에게 형성하기라는 의미만을 갖고 있다. 부채는 교환이 띠는 겉모습이기는커녕 영토적·육체적 기입의 즉각적 결과 내지 직접적 수단이다. 부채는 기입에서 곧바로 생겨난다. 여기서 한 번 더, 복수나 원한 감정을 끌어대서는 안 될 것이다(이것들은 오이디푸스와 마찬가지로 이 땅위에서 싹트지 않는다). 결백한 자들이 자기 몸에 온갖 표시들을 받는 일은, 목소리와 표기행위 각각의 자율성에서 유래하며, 또한 거기서 쾌락을 뽑아내는 자율적인 눈에서 유래한다. 이것은 사람들 각각이 미래의 나쁜 채무자가 되리라 미리 의심받고 있기 때문이 아니다. 오히려 사정은 그 반대이리라. 표시들이 그에게 충분히 〈새겨지지〉 않은 양, 또 그에게서 표시가 탈각되거나 이미 탈각된 양 이해되어야만 하는 자는 바로 나쁜 채무자이다. 그가 행한 일이라고는, 허용된 극한들을 넘어, 고통의 가중을 통해 평형을 다시 세워야 할 지점까지 결연의 목소리와 혈연의 몸을 분리하는 편차를 넓힌 것뿐이다. 니체는 이것을 말하지 않았다. 하지만 그게 뭐 중요할까? 왜냐하면 바로 여기서 니체는 '야기한 손해＝겪어야 할 고통'이라는 저 섬뜩한 부채 방정식을 만나고 있기 때문이다. 니체는 묻는다. 죄인의 고통이 그가 야기한 손해의 〈등가물〉 구실을 할 수 있다는 것이 어떻게 설명될 수 있을까? 어떻게 괴로움으로 〈갚을〉 수 있을까? 괴로움에서 쾌락을 뽑아내는 눈을 끌어대야 한다(이것은 복수와는 아무 상관이 없다). 이 눈은 니체 자신이 평가하는 눈이라 부른 것, 즉 잔혹한 광경들을 즐기는 신들의 눈이다. 〈벌에도 또한 그토록 많은 축제다운 것이 있다!〉 그만큼 큰 고통도 능동적 삶과 향유하는 시선의 일부가 된다. '손해＝고통'이라는 방정식에는 교환주의적인 것이 전혀 없으며, 이 극단적 사례에서 부채 자체는 교환과 아무 관계가 없음을 보여 준다. 단순히 말해, 눈은 자기가 관찰하는 고통에서 코드의 잉여가치를 뽑아내며, 이 잉여가치는 죄인이 망친 결연의 목소리와 그의 몸을 충분히 관통하지 않은 표시 사이의 깨진 관계를 만회하는 것이다. 소리-표기의 연결의 파괴인 죄는 벌의 광경을 통해 재건된다. 원시적 정의(正義)로서, 영토성의 재현은 모든 것을 예견하고 있었다.

226

영토 체계의 죽음

영토적 재현은 고통과 죽음을 코드화하면서 모든 것을 예견했다. 자기 자신의 죽음이 밖에서 자기에게 오게 될 방식만 제외하고. 〈그들은 운명처럼 오며, 거기에는 아무런 이유도 이성도 숙고도 구실도 없다.

그들은 번개처럼 거기 와 있다. 너무도 무섭고 너무도 갑작스럽고 너무도 압도적이며 너무도 "다르기" 때문에, 미워할 수도 없을 정도이다. 그들의 작업은 본능적인 형식-창조, 형식-각인이다. 그들은 존재하는 자 중에서 가장 비자발적이고 가장 무의식적인 예술가들이다. 요컨대 그들이 나타나는 곳에는 어떤 새로운 것이, 하나의 살아 있는 어떤 지배 형성물이 있다. 거기에서 여러 부분들과 기능들은 한계가 정해지고 관계를 맺으며, 또한 전체의 관점에서 우선 하나의 "의미"가 있지 않은 것은 결코 자리를 찾지 못한다. 이 타고난 조직자들은 죄라든가 책임이라든가 숙고라는 것이 무엇인지 모른다. 그들 안에는 저 무서운 예술가-이기주의가 지배하고 있는데, 그것은 청동처럼 빛나며, 마치 어머니가 그 아이들 속에서 정당화되듯 스스로가 그 "작품" 속에서 이미 영원히 정당화되어 있다는 것을 알고 있다. 그들에게서 "양심의 가책"이 자라난 것은 아니었다는 것, 이것은 처음부터 자명하다. 하지만 그것, 이 추한 식물은 그들이 없었다면 자라나지 못했으리라. 이 식물은, 그들의 망치질과 그들의 예술가적 폭력의 압력 아래 엄청난 양의 자유가 세계로부터, 적어도 가시권에서 추방되지 않았다면, 곧 잠복적인 것이 되지 않았다면, 존재하지 않았으리라.)[47] 바로 여기서 니체는 절단, 단절, 도약에 대해 말하고 있다. 숙명처럼 도달하는 이 그들은 누구일까? (〈전투적으로 조직되어 있고, 조직력을 지니고 있으며, 수로 보면 아마 압도적으로 우세하겠지만 아직은 형태가 없으며 아직도 방황하고 있는 주민에게 생각 없이 자신의 무서운 발톱을 들이대는, 어느 금발의 맹수 무리, 하나의 정복자, 지배자 종족…….〉) 심지어 아프리카의 가장 오래된 신화들마저 이 금발 인간들에 대해 우리에게 말한다. 그들은 국가의 창설자들이다. 니체는 다

47 Nietzsche, *Généalogie de la morale*, II, 17. (옮긴이) 인용된 맥락을 고려하면서 독일어 원본의 체제에 충실하게 옮겼다. 맨 앞의 "그들"과 조금 뒤의 "다르기"는 들뢰즈의 강조이며, 나머지는 니체의 원문에 있는 강조이다.

른 절단들을 설립하는 데까지 도달하리라. 즉 희랍 도시, 그리스도교, 민주주의적인 부르주아 휴머니즘, 산업사회, 자본주의, 사회주의라는 절단들을. 하지만 이 모든 절단은, 저 최초의 거대한 절단을 격퇴하고 이것을 다시 채운다고 주장하지만, 갖가지 명목으로 저 위대한 절단을 전제하고 있다고 할 수 있다. 교회 국가건 세속 국가건, 폭정 국가건 민주국가건, 자본주의국가건 사회주의국가건, 지금까지 오직 하나의 국가만이 있어 왔다. 즉 〈입김을 뿜고 포효하며 말하는〉 위선적인 개-국가만이. 그리고 니체는 이 새로운 사회체가 어떻게 진행되는지 암시한다. 그것은 유례없는 공포인데, 이에 비하면 고대의 잔혹 체계, 훈육과 벌의 원시적 형식들은 아무것도 아니다. 그것은 모든 원시 코드화를 협의해서 파괴하며, 또는 더 고약하게는, 이것들을 조롱하며 보존하고, 이것들을 새 기계, 새 억압 장치의 2차적 부품들로 환원한다. 원시 기입 기계의 본질을 이루고 있었던 것, 즉 이동하는 열린 유한 부채 블록들, 〈운명의 작은 조각들〉, 이것들 모두는 부채를 무한한 것이 되게 하며 이제 단지 하나의 동일한 박살 내는 숙명만을 형성할 뿐인 하나의 거대한 톱니바퀴 속으로 들어갈 처지이다. 〈이제 완전 상환의 전망은 곧 단번에 염세적으로 닫혀야만 하고, 이제 눈길은 청동의 불가능성 앞에 절망적으로 부딪혀 튕겨 나와야만 한다…….〉* 대지는 하나의 정신병원이 된다.

---

* 니체, 『도덕 계보학』, II, 21. 니체의 강조를 DG는 굳이 밝히지 않았으나, 한국어 번역에서는 노출했다. 한편 니체의 "Ablösung"을 프랑스어에서는 "libération"으로 옮겼는데, 여기서는 "해방"이라는 뜻이 아니라 "부채의 상환"을 뜻한다.

영토적 재현

6 야만 전제군주 기계

전제군주의 충만한 몸
새 결연과 직접 혈연

전제군주 기계 또는 야만적 사회체의 창설은 '새 결연과 직접 혈연'

228 으로 요약될 수 있다. 전제군주는 옛 공동체의 방계 결연들과 확장 혈연들을 거부한다. 그는 새 결연을 강요하고 신과 직접 혈연을 맺는다. 백성은 따라야 한다. 새 결연으로 도약하는 것, 옛 혈연과 단절하는 것. 이것은 낯선 기계 속에서, 또는 차라리 이방(異邦) 기계 속에서 표현된다. 이방 기계는 사막에 자리 잡고서, 가장 가혹하고 가장 건조한 체험들을 강요하며, 또 옛 질서의 저항 못지않게 새 질서의 정당화도 동시에 증언한다. 이방 기계는 옛 체계와의 투쟁을 표현하기 때문에 거대 편집증 기계요, 동시에 새 결연의 승리를 떠올리는 한에서 이미 영광스러운 독신 기계이다. 전제군주는 편집증자이다(정신분석과 정신의학의 편집증에 대한 착상에 고유한 가족주의를 집어치우고, 편집증에서 사회구성체의 한 가지 투자 유형을 보는 이상, 이 같은 명제를 견지하는 것은 더 이상 문제가 없다). 새로운 변태 집단들은 전제군주의 발명을 선전하고(필경 이

집단들은 전제군주를 위해 그 발명을 꾸며 내기까지 했으리라) 이들이 세우거나 정복하는 도시들에서 그의 영광을 유포하고 그의 권력을 강요한다. 전제군주와 그 군대가 지나가는 곳 어디서나, 의사들, 승려들, 서기들, 공무원들이 행렬의 일부를 이룬다. 새로운 사회체를 형성하려고 옛 보완성이 빠져나갔다고 말할 수 있으리라. 수풀의 편집증자와 마을이나 야영지의 변태들은 가 버리고, 사막의 편집증자와 도시의 변태들이 온 것이다.

편집증자

원리상, 야만 전제군주 구성체는 원시 영토 기계와 대립해서 생각되어야 하며, 그 폐허 위에 설립되었다. 제국의 탄생. 하지만 현실적으로는, 한 제국이 예전 제국에서 이탈한 때, 또는 세속 제국들이 쇠락한 곳에서 종교 제국의 꿈이 등장할 때에도, 이 구성체의 운동을 파악할 수 있다. 군사적 규율이 내적 금욕과 응집력으로 전환되기에, 그 기획은 무엇보다 군사적이고 정복적일 수 있으며, 무엇보다 종교적일 수 있다. 편집증자 자신은 온순한 피조물이거나 사슬 풀린 야수일 수 있다. 하지만 언제나 우리가 발견하는 것은, 이 편집증자와 그의 변태들, 정복자와 그의 엘리트 군단, 전제군주와 그의 관료들, 성인과 그 사도들, 은자와 그의 수도자들, 그리스도와 그의 성 바울이다. 모세는 이집트 기계에서 도주해 사막으로 가서, 거기에 자기의 새 기계, 즉 성스러운 궤와 운반 가능한 성전을 설치하고, 자기 백성에게 종교·군사 조직을 준다. 세례 요한의 기획을 요약하면서 이렇게 말하기도 한다. 〈요한은 유대교의 중심 교의, 즉 아브라함으로 거슬러 올라가는 혈연을 통한 하느님과의 결연이라는 교의를 바닥에서 공격한다.〉[48] 여기에 본질적인 것이 있다. 즉 새 결연과 직접 혈연이라는 범주가 동원될 때마다, 우리는 야만적 제국 구성체 또는 전제군주 기계에 대해 말하는 것이다. 이 동원의 문맥이 어떤 것이건, 예전 제국들과 관계가 있건 없건, 사정은 마찬가지이다. 왜냐하면 이 변전들을 관통하면서 제국 구성체는, 영토적·원시적 코드화와 권리상 대립하는 유형의 코드와 기입에 의해 늘 정의되기 때문이다. 결연의 수는 중요치 않다. 새 결연과 직접 혈연은 새로운 사회체를 증언하는 특유한 범주들이며, 새로운 사회체는 원시 기계를 직조했던 방계 결연들과 확장 혈연들로 환원될 수 없다. 편집증을 정의하는 것은 바로 이 투사 권력, 0에서 다시 출발하여 완벽한 변형을 대상화하는 이 힘이다. 주체는 결연-혈연의 교차점 밖으로 도약해서, 극한에, 지평선에, 사막에 자리 잡는다. 그는 자신을 하느님에게 직접 다시 묶고 또 그 백성에게 연결하는 탈영토화된 지식의 주체이다. 최초로, 삶을 심판하고 대지를 조망하도록 허용할 어떤 것, 즉 편집증적 앎의 원리가 삶과 대지에서 몰수된 것이다. 결연들과 혈연들의 상대적 놀이 전체는 이 새로운 결연과 이 직접 혈연 속에서 절대 쪽으로 옮겨진다.

아시아적 생산

야만 구성체를 이해하기 위해서는, 본질적인 것을 흐리는 관계들에 따라 야만 구성체가 세속적으로나 종교적으로 경쟁하는 같은 종류의 다른 구성체들과 관련시키지 말고, 야만 구성체가 권리상 밀치고 들어앉아 계속해서 출몰하는 원시 미개 구성체와 관련시켜야 한다는 점이 남는다. 바로 이런 식으로 맑스는 아시아적 생산을 정의한다. 국가의 우월한 통일성은 원시 농촌공동체들의 기초 위에 설립되며, 이 공동체들은 흙의 소유권을 간직한다. 반면 잉여 생산물을 국가에 귀속하고,

---

48 Jean Steinmann, *Saint Jean-Baptiste et la spiritualité du désert*, Paris: Seuil, 1959, p.69.

토목공사에서 생산력들을 국가에 넘겨주고, 국가 자체를 전유의 집단 적 조건들의 원인으로 보이게 하는 외견상의 객관적 운동에 따르면 국 가는 흙의 참된 소유자이다.[49] 사회체로서 충만한 몸은 토지이기를 그 쳤으며, 전제군주의 몸, 전제군주 자신 또는 그의 신이 되었다. 종종 전 제군주를 거의 행동할 수 없게 하는 규정들과 금지들은 전제군주를 기 관 없는 몸으로 만든다. 이 전제군주야말로 외견상 운동의 유일한 준-원인, 원천, 하구이다. 기표 사슬의 움직이는 이탈들 대신에, 이탈된 대 상 하나가 사슬 밖으로 도약했다. 흐름의 채취들 대신에, 모든 흐름이 군주의 소비를 구성하는 큰 강으로 수렴한다. 물신 또는 상징에서 체 제의 근본적 변화가 벌어진 것이다. 중요한 것은 군주의 인물도 아니 며, 그의 기능도 아니다. 이 기능은 제한될 수도 있다. 깊이 변화했던 것은 바로 사회 기계이다. 영토 기계 대신에, 국가라는 〈거대기계〉, 즉 기능적 피라미드가 생겨난 것이다. 이 피라미드의 꼭짓점에는 부동의 모터인 전제군주가, 측면에 있는 전동(傳動) 기관으로서 관료 장치가, 바닥에는 노동 부품으로서 마을 사람들이 있다. 재고들은 축적 대상이 되며, 부채 블록들은 공물 형식으로 무한한 관계가 된다. 코드의 모든 잉여가치는 전유의 대상이다. 이 전환은 모든 종합을, 즉 수력 기계, 광 산 기계를 지닌 생산의 종합, 계산 기계, 기록 기계, 기념비 기계를 지 닌 기입의 종합, 끝으로 전제군주, 그 궁정, 관료 카스트 등의 유지를 지닌 소비의 종합을 가로지른다. 우리는 국가에서 거주에 따라 사람들 을 기입하는 영토화의 원리를 볼 것이 아니라, 오히려 거주의 원리에서 대상으로서의 토지를 나누고, 사람들을 새로운 제국적 기입에, 새로운 충만한 몸에, 새로운 사회체에 종속시키는 탈영토화 운동의 효과를 보

---

49 Karl Marx, *Principes d'une critique de l'économie politique*, 1857, Pléiade II, p.314.((옮긴이) 독: pp.376ff. 영: pp.69~70)

야만 전제군주 기계

아야 한다.

벽돌들

〈그들은 운명처럼 온다. (……) 그들은 번개처럼 거기 와 있다. 너
무도 무섭고 너무도 갑작스럽게…….〉 원시 체계의 죽음은 언제나 밖
에서 오며, 역사는 우발들과 만남들의 역사이다. 사막에서 오는 구름
처럼, 정복자들이 와 있다. 〈그들은 (……) 이해할 수 없는 방식으로 수
도까지 들이닥쳤다.〉 이해할 수 없이, 그들이 창조해 내기라도 한 것처
럼. 왜냐하면 〈황량한 고지대들과 저 멀고 무서운 땅들을 편력해 왔으
니까. (……) 어쨌건 그들은 거기에 와 있고, 아침마다 더 많아지는 것
같다. (……) 그들과 대화하는 건, 불가능하다! 그들은 우리말을 알지
못한다.〉[50] 하지만 밖에서 오는 이 죽음은 또한 안에서 올라온 것이기
도 하다. 결연을 혈연에 환원하는 일의 일반적 불가능성, 결연 집단들
의 독립성, 이 집단들이 경제적·정치적 관계들로 안내하는 요소 역할을
한 방식, 원시 신분들의 체계, 잉여가치의 메커니즘 등 이 모든 것이 이
미 전제군주 구성체들과 카스트 질서들을 소묘하고 있으리라. 그리고
원시공동체가 자기 고유의 족장제에 대해 경계하고 그 한가운데서 분
비한 전제군주의 가능한 이미지를 쫓아내거나 옭아매는 방식과, 원시
공동체가 오래전에 밖에서 강요된 옛 전제군주의 조롱거리가 된 상징
을 결박하는 방식올 어떻게 구별할까? 하나의 원시공동체가 내부에서
생겨나는 경향성을 억압하는지, 아니면 외부에서 생겨나는 끔찍한 모
험에 따라 그럭저럭 버티는지 알기란 언제나 쉽지 않다. 결연들의 놀이

231

---

50 Franz Kafka, *La Muraille de Chine*.((옮긴이) **독**: p.130, p.309, p.130. 표현이 다소
달라 독일어에서 옮겼다.)

는 중의적이다. 우리는 여전히 새 결연의 이쪽에 있을까, 아니면 이미 저쪽에 있을까, 또한 이쪽에 남아 변형된 채로 되돌아왔을까(연계된 문제 — 봉건제란 무엇일까)? 우리는 다만 외부에서 생겨난 새로운 결연의 계기인 제국 구성체의 정확한 계기를, 옛 결연들을 대신해서만이 아니라 옛 결연들과 관련해서도 지정할 수 있을 뿐이다. 이 새로운 결연은 조약이나 계약과는 완전히 다른 어떤 것이다. 왜냐하면 제압되고 있는 것은 방계 결연들과 확장 혈연들의 옛 체제가 아니라 단지 그것들의 규정적 성격뿐이기 때문이다. 이것들은 위대한 편집증자에 의해 다소간 수정되고 다소간 정비되어 존속한다. 왜냐하면 이것들은 잉여가치의 재료를 제공하기 때문이다. 이것이 바로 아시아적 생산의 특유한 성격을 이룬다. 토착의 농촌공동체들은 존속하며, 계속해서 생산하고 기입하고 소비한다. 국가는 이 공동체들에만 볼일이 있다. 영토적 가문 기계 **232** 의 톱니바퀴들은 존속하지만, 이제는 국가 기계의 노동 부품들일 뿐이다. 대상들, 기관들, 인물들, 집단들은 적어도 그 내적 코드화의 일부를 유지하지만, 옛 체제의 코드화된 이 흐름들은 잉여가치를 전유하는 초월적 통일체에 의해 초코드화된다. 옛 기입은 그대로 남아 있지만, 국가의 기입에 의해 그리고 국가의 기입 속에 벽돌처럼 쌓여 있다. 블록들은 존속하지만, 처박히고 끼워진 벽돌들이 되었고, 관리되는 이동성만을 지닌다. 영토적 결연들은 대체되지 않고, 다만 새 결연에 결연된다. 영토적 혈연들은 대체되지 않고, 다만 직접 혈연에 가입된다. 이는 마치 모든 혈연에 대한 장자의 막대한 권리, 모든 결연에 대한 첫날밤의 막대한 권리와도 같다. 혈연의 재고는 다른 혈연에서의 축적 대상이 되고, 결연의 부채는 다른 결연에서 무한한 관계가 된다. 원시 체계 전체는 우월한 권력에 의해 동원되고 징발되며, 외부의 새로운 힘들에 의해 굴복되어, 다른 목적들에 봉사하게 된다. 니체의 말은 참으로 옳다. 어떤 일의 발전이라 불리는 것은 〈다소간 깊어지고 다소간 서로 독립해서 거기에서 일어나는 제압 과정의 연속〉이며, 〈덧붙이자면, 이에 맞서 매번 소모되는 저항이며, 방어와 반작용을 목적으로 시도된 형식 변신이자, 또한 성공한 반대 작용의 결과이기도 하다.〉*

국가의 기만
전제군주적 탈영토화와 무한 부채

국가가 두 개의 근본 행위에 의해 시작된다고(또는 다시 시작된다고) 종종 지적된 바 있다. 하나는 거주의 고정에 의한 영토성 행위라 불리며, 다른 하나는 작은 부채들의 폐지에 의한 해방 행위라 불린다. 하지만 국가는 완곡하게 진행한다. 실효적 탈영토화는 토지의 기호들을 추상적 기호들로 대체하고 토지 자체를 국가의, 즉 가장 부유한 공복들과 공무원의 소유 대상으로 만드는데, 사이비-영토성은 이러한 탈영토화의 산물이다(이 관점에서 보면, 국가가 국가와 구별되는 지배계급의 사유재산을 보호하게 할 뿐인 경우에도, 큰 변화는 없다). 부채들이 폐지될 때, 이는 토지들을 재분배하는 수단이며, 결과적으로는 혁명적·포괄적으로 농지 문제를 제기하거나 다룰 수 있는 새 영토 기계의 등장을 막는 수단이다. 재분배가 행해지는 다른 경우들에서는, 채권의 순환은 국가가 설정한 새로운 형식인 돈 아래에서 유지된다. 왜냐하면, 틀림없이 돈은 상업에 기여하기 위해 시작되거나 아니면 적어도 자율적 시장 모델을 갖고 있는 것이 아니기 때문이다. 탈코드화된 흐름들, 생산의 흐름들, 그리고 국가의 독점, 국가의 틀, 국가의 마개를 빠져나갈 교환과 상업의 시장 흐름들에 대한 공포를 전제군주 기계는 원시 기계와 공통으로 가지며, 이 점에서 후자를 추인한다. 에티엔 발라스가 "모든 과학적·기술적

---

* 니체, 『도덕 계보학』, II, 12.

조건들이 주어졌던 것으로 보이는 13세기 중국에서 왜 자본주의가 탄생하지 않았을까?"를 물을 때, 그 답은 금속의 재고가 충분하다고 판단되자마자 광산들을 폐쇄했고 상업의 독점 내지 엄격한 통제를 유지한 국가 속에 있다(공무원으로서의 상인).[51] 상업에서 돈의 역할은 상업 자체보다는 국가에 의한 상업의 통제와 더 관계가 있다. 상업과 돈의 관계는 종합적이지 분석적이지 않다. 그리고 근본적으로 돈은 상업이 아니라 국가 장치 유지비로서의 조세와 뗄 수 없다. 지배계급들이 국가 장치와 구별되고 사유재산을 위해 국가 장치를 이용하는 바로 그곳에서는, 돈과 세금의 전제군주적 연줄이 여전히 가시적이다. 윌의 연구에 의지하여, 미셸 푸코는, 어떻게 몇몇 희랍 참주 정치에서 귀족들에 대한 과세와 빈자들에 대한 돈의 분배가 돈을 부자들에게 되돌아가게 하고, 기이하게도 부채 체제를 확대하고 더욱 강화하는 수단이 되어, 농지 문제의 경제적 여건들을 가로질러 일어날 수도 있었을 모든 재영토화를 예방하고 억눌렀는가를 밝히고 있다.[52] (마치 희랍인들이 뉴딜 후에 미국인들이 재발견한 것을 제 나름의 방식으로 발견했던 것 같다. 즉 국가의 중과세가 사업에 유리하다는 것을.) 요컨대 돈, 돈의 순환은 부채를 무한하게 하는 수단이다. 그리고 국가의 두 행위는 바로 다음 두 가지를 숨기고 있다. ① 국가의 거주 또는 영토성은 모든 원시 혈연을 전제군주 기계에 종속시키는 거대한 탈영토화 운동을 개시한다(농지 문제). ② 부채의 폐지 또는 부채의 회계(會計)적 변형은, 모든 원시 결연을 종속시키

234

---

51 Etienne Balazs, *La Bureaucratie céleste*, Paris: Gallimard, 1968, 13장, "La Naissiance du capitalisme en Chine"(특히 국가와 돈 및 상인들이 자율성을 획득하는 일의 불가능성, pp.229~300). 가령 검은아프리카에서, 공공 토목공사들보다도 오히려 상업의 통제에 기초를 둔 제국 구성체들에 관해서는, Maurice Godelier & J. Suret-Canale, *Sur le mode de production asiatique*, Paris: Editions Sociales, 1969, pp.87~88, pp.120~122 참조.

52 Michel Foucault, "La Volonté de savoir," 콜레주 드 프랑스에서의 강의, 1971.

야만 전제군주 기계

는 국가에 대한 한없는 복무 의무를 열어 놓는다(부채 문제). 무한한 채권자, 무한한 채권이 유한한 이동 부채 블록들을 대체했다. 전제주의의 지평에는 언제나 일신교가 있다. 부채는 실존의 부채, 신민들 자신의 실존의 부채가 된다. 채권자가 아직 빌려 주지 않았는데 채무자는 멈추지 않고 갚아 가는 때가 온다. 왜냐하면 갚는다는 것은 의무지만, 빌려 준다는 것은 능력이기 때문이다. 마치 루이스 캐럴의 노래 속의, 무한 부채에 관한 긴 노래처럼.

> *물론 빚을 갚으라고 요구할 수 있다.*
> *하지만 꾸어 줄 돈이 있을 땐,*
> *가장 편리한 그런 시간들을*
> *고르도록 내버려 둬야 한다.*[53]

흐름들을 초코드화하기

이른바 아시아적 생산의 가장 순수한 조건들 속에서 나타나는 그런 전제군주 국가는 두 가지 상관적 양상을 띤다. 한편으로 그것은 영토 기계를 대체하며, 탈영토화된 새 충만한 몸을 형성한다. 다른 한편 그것은 옛 영토성들을 유지하고, 이것들을 생산의 부품들 내지 기관들의 자격으로 새 기계에 통합한다. 전제군주 국가는 생산의 관점에서는 기존의 사율적 또는 반-자율적 기계들과도 같은 흩어진 전원 공동체들 위에서 기능하기 때문에, 그 결과 완성된다. 하지만 바로 그 똑같은 관점에서, 전제군주 국가는 개별 공동체들의 권력을 넘어서는 토목공사의 조건들을 생산함으로써 이 공동체들에 반작용한다. 전제군주의 몸

---

53 Lewis Carroll, *Sylvie et Bruno*, 11장.((옮긴이) 영: p.397)

위에서 생산되는 것은 옛 결연들과 새 결연의 연결 종합이요, 옛 혈연들을 직접 혈연으로 퍼뜨려 모든 신민을 새 기계에 규합하는 분리 종합이다. 따라서 국가의 핵심은, 부동의 기념비적이며 확고부동한 새로운 충만한 몸이 모든 생산력과 생산자를 전유할 수 있게 해 주는 2차 기입의 창조이다. 하지만 국가의 이 기입은 옛 영토 기입들을 새로운 표면 위의 〈벽돌들〉 자격으로 존속케 한다. 이로부터 결국 두 부분의 결합이 수행되는 방식이 생긴다. 이 두 부분 각각은, 소유자인 우월한 통일체, 재산을 가진 공동체들, 초코드화와 내적 코드들, 전유된 잉여가치, 사용된 용익권(用益權), 국가 기계와 영토 기계들로 귀착된다. 카프카의 「만리장성의 축조」에서처럼, 국가는 상대적으로 고립돼 있고 따로 기능하는 부분집합들을 통합하는 초월적인 우월한 통일체이며, 국가는 이 부분집합들에 벽돌들로의 발전과 파편들에 의한 건설 노동을 할당한다. 기관 없는 몸에 매달려 있는 흩어진 부분대상들. 법은 조화롭고 내재적인 자연적 전체성과는 아무 관계가 없지만, 탁월한 형식적 통일체로 작용하며, 이 자격으로 파편들과 조각들을 지배한다는 것을 카프카만큼 잘 밝혔던 사람은 없다(벽과 탑). 또한 국가는 원시적이지 않다. 국가는 기원 내지 추상이다. 국가는 시작과 혼동되지 않는 기원적인 추상적 본질이다. 〈우리의 생각은 황제에게만 향해 있다. 하지만 현재의 황제는 아니다. 또는 아마도 만일 우리가 그를 알고 있었다면, 만일 우리가 그에 대해 확실한 지식이 있었다면, 현재의 황제에게도 생각이 향했으리라. (……) 우리 백성들은 (……) 어느 황제가 통치하고 있는지 알지 못하며, 왕조의 이름조차 의심스럽다. (……) 우리 마을들에서는 오래전에 죽은 황제들이 옥좌에 오르는데, 그는 노래에서나 살아 있으며, 승려가 제단 앞에서 봉독할 칙령을 방금 전에 발표했다.〉 부분집합들 자체, 원시 영토 기계들에 관해 보자면, 이것들은 그야말로 구체적인 것, 구체적 기반이자 시작이다. 하지만 이것들의 절편들은 여기서 본질에 대응하는 관계들 속에 들어간다. 즉 그 절편들은 우월한 통일체에 통합되고 분배적으로 기능하도록 보장하며 이 동일한 통일체의 집단적 계획들 (토목공사들, 잉여가치의 수탈, 공물, 일반화된 노예 상태)에 부합하는 벽돌 형식을 띤다. 제국 구성체에는 두 기입이 공존하는데, 한 기입이 다른 기입에 벽돌처럼 끼워지고 반대로 다른 기입이 전체를 시멘트로 접합 하면서 생산자들 및 생산물들과 관계되는 한에서 이 두 기입은 서로 양립한다(이 둘은 같은 언어를 말할 필요는 없다). 제국 기입은 모든 결연과 혈연을 다시 절단하고, 이것들을 연장하며, 이것들을 신과 전제군주의 직접 혈연, 전제군주와 백성의 새로운 결연 위에서 수렴시킨다. 원시 기계의 모든 코드화된 흐름은 이제 하구까지 밀려나며, 거기서 전제군주 기계는 이 흐름들을 초코드화한다. **초코드화**, 이것이야말로 국가의 본질을 구성하는 조작이요, 국가와 옛 구성체들의 연속성과 단절을 동시에 측정하는 조작이다. 그 조작이란 코드화되지 않을지도 모르는 욕망의 흐름에 대한 공포이자, 또한 초코드화하는, 그리고 욕망을 — 설사 욕망이 죽음 본능이라 할지라도 — 군주의 것으로 만드는, 새로운 기입의 설립이다. 카스트들은 초코드화와 뗄 수 없으며, 아직은 계급으로 드러나지는 않고 국가 장치와 합류해 있는 지배〈계급들〉을 내포한다. 누가 군주의 충만한 몸을 만질 수 있을까? 이것이 카스트의 문제이다. 탈영토화된 충만한 몸을 위해 토지를 탈취하고 이 충만한 몸 위에서 부채의 운동을 무한한 것이 되게 하는 것이 바로 초코드화이다. 국가들의 창설자들과 더불어 시작되는 저 계기의 중요성을 표시한 것은 니체의 권력이다. 이들은 〈살인적이며 무자비한 구성물을 벼려 내는, 청동 같은 눈초리의 예술가들〉*이요, 해방의 모든 전망 앞에 철의 불가능성을 세운다. 정확히 말해, 이 무한화(無限化)는, 니체가 말하듯, 조상

---

* 니체, 『도덕 계보학』, II, 17.

들, 깊은 계보들, 확장 혈연들의 놀이의 귀결로 이해될 수 없다. 오히려 이 후자들이 새로운 결연과 직접 혈연에 의해 합선되고 유괴된 것일 때 이해될 수 있다. 바로 이때, 유한한 이동 블록들의 주인인 조상은, 벽돌들과 벽돌들의 무한 회로의 움직이지 않는 조직자인 신에 의해 찬탈되는 것이다.

야만 전제군주 기계

7 야만적 또는 제국적 재현

그 요소들
근친상간과 초코드화

누이와의 근친상간과 어머니와의 근친상간은 아주 다르다. 누이는 어머니의 대체물이 아니다. 누이는 결연의 연결 범주에 속하고, 어머니는 혈연의 분리 범주에 속한다. 하나가 금지되는 것은, 영토적 코드화의 조건들이 결연이 혈연과 뒤섞이지 않을 것을 요구하는 한에서이다. 그리고 다른 하나가 금지되는 것은, 영토적 코드화의 조건들이 혈연상 후손이 조상으로 복귀하지 않을 것을 요구하는 한에서이다. 바로 이런 까닭에, 전제군주의 근친상간은 새로운 결연과 직접 혈연에 근거하여 이중적이다. 그는 그 누이 자신과 결혼하면서 시작한다. 하지만 이 족내혼은 금지되어 있으므로, 그는 자신이 부족 밖에 있는 한에서, 영토의 바깥 또는 극한들에 있는 한에서, 부족 밖에서 결혼한다. 바로 이것을 피에르 고르동은 기묘한 책에서 밝힌 바 있다. 근친상간을 금하는 그 동일한 규칙이 어떤 사람들에게는 근친상간을 명해야 한다는 점을. 족외혼은, 그 나름으로는 족내혼을 할 권한이 있으며, 이 결혼의 가공할 위력 덕에 족외혼을 하는 남녀 주체에 대해 통과의례 선도자 역할을 할 권한이 있는, 부족 밖 남자들의 위치로 이어져야 한다(산 위나 물 저편에 있는 〈성스러운 능욕자〉, 〈제의 통과의례 선도자〉).[54] 사막, 혼인의 땅. 모든 흐름은 이런 남자에게 수렴하며, 모든 결연은 이것들을 초코드화하는 이 새로운 결연에 의해 다시 절단된다. 부족 밖에서의 족내혼은 영웅이 부족 안의 모든 족외혼을 초코드화할 수 있도록 해 준다. 그 어머니 자신과의 근친상간이 완전히 다른 의미를 지닌다는 점은 명백하다. 이번에 문제가 되는 것은, 부족의 어머니, 즉 부족 속에 실존하는 그런 어머니, 영웅이 첫 번째 결혼 후 부족에 들어가면서 발견하는 또는 부족으로 돌아가면서 다시 발견하는 그런 어머니이다. 영웅은 확장 혈연들을 직접 혈연으로 다시 절단한다. 영웅은 통과의례를 했거나 통과의례를 함으로써 왕이 된다. 두 번째 결혼은 첫 번째 결혼의 귀결들을 발전시키며, 첫 번째 결혼의 효과들을 뽑아낸다. 영웅은 누이와 결혼함으로써 시작하고, 그다음에 어머니와 결혼한다. 이 두 행위가 다양한 정도로 유착 내지 동화될 수 있다는 점은, 거기에 두 단계가 있었다는 점을, 즉 누이-공주와의 결합, 여왕-어머니와의 결합이 있었다는 것을 막지 않는다. 근친상간은 둘로 진행된다. 영웅은 언제나 두 집단 사이에서 말을 타고 있다. 영웅이 누이를 찾아 떠나가는 한 집단과, 영웅이 어머니를 되찾기 위해 돌아오는 다른 한 집단. 이 이중의 근친상간이 목적으로 삼고 있는 것은, 하나의 흐름, 마술적이기까지 한 흐름을 생산하는 것이 아니라, 모든 기존 흐름을 초코드화하고, 그 어떤 내적 코드도,

238

---

54 Pierre Gordon, *L'Initiation sexulle et l'évolution religieuse*, Paris: P.U.F., 1946, p.164. 〈신성한 인물은 (……) 작은 농촌이 아니라 칼데아 서사시의 엔키두처럼 숲 속에, 또는 산 위에, 성역(聖域)에 살고 있었다. 그는 목자나 사냥꾼의 일을 했지 경작자의 일을 하지 않았다. 여성의 지위를 높이는 유일한 결혼인 신성한 결혼을 하려면 그에게 호소해야만 했으며, 따라서 이런 의무는 사실상(ipso facto) **족외혼**을 생기게 했다. 이런 조건들 아래, 처녀성을 빼앗는 의례를 행하는 자와 같은 집단에 속하는 소녀들만이 **족내혼**을 할 수 있었다.〉

야만적 또는 제국적 재현

그 어떤 감춰진 흐름도 전제군주 기계의 초코드화를 빠져나가지 못하게 하는 것이다. 또한 그것은 바로 그 불모성을 통해 일반적 다산성을 보증한다.[55] 누이와의 결혼은 밖에 있다. 그것은 사막의 시련이며, 원시 기계와의 공간적 편차를 표현한다. 그것은 옛 결연들을 끝낸다. 그것은 결연의 모든 부채의 일반화된 전유를 실행함으로써 새 결연을 정초한다. 어머니와의 결혼은 부족으로의 회귀이다. 그것은 원시 기계와의 시간적 편차(세대 차이)를 표현한다. 그것은 혈연의 재고의 일반화된 축적을 실행함으로써 새로운 결연에서 생겨나는 직접 혈연을 구성한다. 이 두 결혼은 모두, 전제군주적 교점을 만들기 위한 연줄의 양 끝으로, 초코드화에 필수적이다.

심층의 요소들과 오이디푸스의 이주

여기서 잠깐 멈추도록 하자. 어떻게 이런 일이 가능할까? 어떻게 근친상간은 〈가능〉해졌으며, 전제군주의 명백한 소유권 내지 옥쇄는 어떻게 〈가능〉해졌을까? 이 누이, 이 어머니, 전제군주 자신의 누이와 어머니는 무엇일까? 아니면 물음이 달리 제기되어야 할까? 왜냐하면 근친상간이 영토적인 것이기를 그치고 제국적인 것이 될 때, 물음은 재현 체계 전반에 관련되기 때문이다. 일단, 우리는 재현의 심층 요소들이 이동하기 시작했음을 예감한다. 세포의 이주가 시작됐는데, 이 이주는 오이디푸스의 세포를 재현의 한 장소에서 다른 장소로 데려가게 된다. 제국 구성체에서, 근친상간은 억압하는 재현작용 자체가 되려고 욕망의 이전된 재현내용이기를 그쳤다. 왜냐하면 분명, 전제군주가 근친상간을 하

---

55 Luc de Heusch, *Essai sur le symbolisme de l'inceste royal en Afrique*, Bruxelles, 1958, pp.72~74.

고 이를 가능케 하는 방식은 결코 억압-탄압 장치를 제거하는 데 있지 않기 때문이다. 반대로, 그 방식은 이 장치의 일부이며, 단지 그 부품들을 바꾸었을 뿐이다. 또한 여전히, 근친상간이 지금 억압하는 재현작용의 자리를 차지하게 된 것은 언제나 이전된 재현내용의 자격에서이다. 결국 더 많은 이득, 탄압하며 억압하는 장치의 새로운 경제, 새로운 표시, 새로운 냉혹함. 쉽다, 너무 쉽다, 만일 억압의 행사와 탄압의 시행을 그치게 하기 위해 근친상간을 가능하게 하고 군주가 이를 실행하는 것으로 충분했다면. 왕의 야만적 근친상간은 욕망의 흐름들을 초코드화하는 수단일 뿐, 욕망의 흐름들을 해방하는 수단이 분명 아니다. 오, 칼리굴라여! 오, 헬리오가발루스여! 오, 사라진 황제들의 미친 기억이여! 근친상간은 결코 욕망이 아니었고, 다만 억압에서 결과한 그런 이전된 재현내용일 뿐이었다. 그래서 탄압은, 근친상간이 재현 자체의 자리에 오고 이 자격으로 억압하는 기능을 떠맡을 때만 성공할 수 있다(이것은 이미 정신병에서 보았던 바인데, 거기서는 의식에 콤플렉스가 침입해도 전통적 기준을 따르면 욕망의 억압은 정녕 경감되지 않았다). 따라서 제국 구성체에서 근친상간의 새로운 정립과 더불어, 우리는 재현의 심층 요소들에 있는 이주들만을 말한다. 이 이주는 이 재현을 욕망적 생산과 관련해서 더 낯설고, 더 냉혹하고, 더 결정적이고, 또는 더 〈무한한〉 것이 되게 할 것이다. 하지만 재현의 다른 요소들, 즉 기입을 행하는 사회체 표면에서 활동하는 요소들 속에 상당한 변화가 이와 동시에 생산되지 않았다면, 이 이주는 절대로 가능하지 않았으리라.

표면의 요소들, 목소리-표기행위의 새로운 관계

재현의 표면 조직에서 특이하게 바뀌는 것은 목소리와 표기행위의 관계이다. 가장 옛날 저자들은 이를 잘 알고 있었다. 기록하는 자는 바

야만적 또는 제국적 재현

로 전제군주이며, 표기행위를 엄밀한 의미의 글이 되게 하는 것은 바로 제국 구성체이다. 입법, 관료제, 회계, 징세, 국가 전매, 제국의 정의(正義), 공무원의 활동, 역사 서술 등 이것들은 모두 전제군주의 수행원들 속에서 기록된다. 르루아구랑의 분석에서 뽑아낸 역설로 돌아가자. 즉 원시사회들이 구술적인 까닭은, 그 사회들이 표기행위를 결핍하고 있기 때문이 아니라, 오히려 반대로 표기행위가 거기서는 목소리와 독립해 있고, 목소리에 대답하고 반응하면서도 자율적이어서 목소리에 동조하지 않는 기호들을 몸들 위에 표시하기 때문이다. 반면 야만적 문명들이 기록적인 까닭은, 이 문명들이 목소리를 상실했기 때문이 아니라, 그렇지 않고 표기 체계가 기록의 선형 코드 안에서 간직하고 공진하게 하는 탈영토화된 추상적 흐름을 목소리에서 추출할 각오를 한 채, 표기 체계가 독립성과 고유한 차원들을 상실하여 목소리에 동조하고 종속되었기 때문이다. 요컨대 표기행위가 목소리에 의존하게 되는 것과 표기행위가 그것에 의존하게 되는 천상(天上) 또는 너머의 말 없는 목소리를 유도하는 것은 하나의 같은 운동 속에서이다. 글이 목소리의 자리를 빼앗은 것은 목소리에 종속된 덕택이다. 자크 데리다는 모든 언어가 기원적 기록을 상정한다고 말하는데, 그가 그 어떤 표기행위(넓은 의미의 기록)의 실존 및 연결이라는 뜻으로 이 말을 이해하고 있다면, 이 말은 옳다. 또 그는 좁은 의미의 기록에서는 그림문자, 표의문자, 표음문자 등의 절차들 사이에 절단을 전혀 세울 수 없다고 말하는데, 이것도 옳은 말이다. 언제나 이미 목소리에 대한 동조와 동시에 목소리의 대체물(대리보충(supplémentarité))이 있으며, 또 〈음성주의는 결코 전능하지 않고, 언제나 이미 말 없는 기표를 작동하는 일을 시작했다.〉그가 신비하게 근친상간에 글을 연결하는 것도 옳은 일이다. 하지만 우리는 여기서, 음소들은 물론 상형문자들을 통해서도 실행된 표기 기계의 양태에 억압 장치가 집요하게 존재한다는 결론을 내릴 그 어떤 이유도 볼 수가 없다.[56] 왜냐하면 좁은 의미의 기록과 넓은 의미의 기록 사이에는, 말하자면 완전히 상이한 두 기입 체제, 즉 ① 지배적인 목소리에 연결되면서 이 목소리에서 전적으로 독립함으로써 이 목소리를 허용하는 표기행위와 ② 갖가지 절차들에 의해 목소리에 의존하고 목소리에 종속됨으로써 목소리를 지배 내지 찬탈하는 표기행위 사이에는, 재현 세계에서 모든 것을 바꾸는 하나의 절단이 있기 때문이다. 원시 영토 기호는 자기 자신에 대해서만 타당하다. 그것은 다양하게 연결되어 있는 욕망의 정립이다. 그것은 기호의 기호 또는 욕망의 욕망이 아니다. 그것은 선형 종속도 모르며, 이 종속의 상호성도 모른다. 그것은 그림문자도 표의문자도 아니다. 그것은 리듬이지 형식이 아니며, 지그재그이지 선이 아니며, 가공물이지 관념이 아니며, 생산이지 표현이 아니다. 영토적 재현과 제국적 재현이라는 이 재현의 두 형식 사이의 차이들을 요약해 보자.

영토적 재현은 먼저 두 이종적 요소, 즉 목소리와 표기행위로 이루어져 있다. 하나는 방계 결연 속에서 구성된 낱말의 재현과 같으며, 다른 하나는 확장 혈연 속에 설정된 사물(몸)의 재현과 같다. 하나는 다른 하나에 작용하고, 다른 하나는 이에 반작용하며, 이들은 각기 강렬한 배아적 억압이라는 큰 임무를 수행하기 위해 상대방의 권력을 함축하는 자기 고유의 권력을 갖고 있다. 여기서 실제로 억압되는 것은 강렬한 토지의 기초로서의 충만한 몸이며, 이 몸은 문제 되는 내공들이 지나가기도 하고 지나가지 않기도 하는 외연을 지닌 사회체에 자리를 내줘야만 한다. 토지의 충만한 몸은 사회체 속에 그리고 사회체로서 연장을 지녀야만 한다. 이처럼 원시 사회체는 하나의 그물로 덮이는데, 이

241

---

56 Jacques Derrida, *De la Grammatologie*, Paris: Minuit, 1967. 또한 *L'Ecriture et la différence*, "Freud et la scène de l'écriture," Paris: Seuil, 1967. (옮긴이) 이 대목은 데리다의 철학 전반에 대한 신랄한 비판을 보여 준다는 점에서 의미심장하다.

야만적 또는 제국적 재현

그물에서는 길이와 넓이 면에서 체계의 외연적 요구에 따라 사람들은 끊임없이 낱말들에서 사물들로, 몸들에서 명칭들로 도약한다. 우리가 함의(含意) 체제라 부르는 것은, 어떤 사물 자체가 목소리에 함의된 표기행위에 의해 파이기 때문에, 목소리 기호로서의 낱말이 어떤 사물을 지시하지만, 지시된 사물 또한 그에 못지않게 기호인 체제이다. 목소리와 표기행위라는 두 요소의 이종성, 불연속, 비평형은 제3의 요소인 시각적 요소 — 눈 — 에 의해 만회된다. 눈에 대해서는, 눈이 표기행위의 고통을 평가하는 한에서, 낱말을 본다(눈은 그것을 본다, 눈은 그것을 읽지 않는다)고 말할 수 있으리라. 료타르는 다른 문맥에서 이런 체계를 기술하려 했다. 이 체계에서 낱말은 지시 기능만을 갖고 있을 뿐, 자기 혼자만으로는 기호를 구성하지 않는다. 기호가 되는 것은 오히려, 그 몸 위에서 정의되었고 낱말에 대응하는 표기행위가 쓰인 미지의 얼굴을 그 몸이 드러내는 한에서, 사물 또는 사물로서 지시된 몸이다. 두 요소 간의 편차는 눈에 의해 채워지는데, 눈은 충만한 몸에 있는 표기행위에서 나온 고통을 평가하는 한은, 낱말을 읽지 않고 낱말을 〈본다〉. 눈은 도약한다.[57] 함의 체제는 잔혹 체계인데, 이런 체계는 우리가 보기에는 목소리-듣기, 표기행위-몸, 눈-고통이라는 세 변을 지닌 마술 삼각형이었다. 이 삼각형에서 낱말은 본질적으로 지시적이지만, 표기행위 자신

57 장프랑수아 료타르는 순수 지시(désignation) 이론의 너무나 등한시된 권리들을 되살린다. 그는 낱말과 사물을 함의하는 지시 관계에서 이 양자의 환원 불가능한 편차를 드러낸다. 이 편차 때문에, 숨겨진 내용으로서 미지의 얼굴을 드리네면서 기호가 되는 것은 바로 지시된 사물이다(낱말들은 그 자체로 기호인 사물들이 아니며, 그것들이 지시하는 사물들 내지 몸들을 기호로 변형한다). 동시에, 모든 기록-독해와 독립해서, 보이는 (읽히지 않는) 것의 기이한 권력을 드러냄으로써, **가시적**이 되는 것은 바로 지시하는 낱말이다. Jean-François Lyotard, *Discours, figure*, Paris: Klincksieck, 1971, pp.41~82 참조. 〈낱말은 기호가 아니다. 하지만 낱말이 있게 되면, 그 즉시로 지시된 대상은 기호가 된다. 어떤 대상이 기호가 된다는 것은, 바로 그 대상이 그것의 명백한 정체성 속에 숨겨진 내용을 은닉하고 있다는 것을, 그것을 본 다른 눈에게는 다른 얼굴을 지니고 있다는 것을 뜻하며, (……) 이 다른 얼굴은 필경 결코 파악될 수 없을지도 모르나〉, 그 대신 낱말 자체에서 파악되리라.

242

은 지시된 사물과 함께 기호를 이루며, 눈은 표기행위의 고통에서 낱말의 가시성을 뽑아내고 측정하면서 낱말에서 표기행위로 간다. 이 체계에서 모든 것은 능동적이고 작용받고 반응하며(actif, agi, réagissant) 모든 것은 사용 중이고 기능 중이다. 그래서 영토적 재현의 집합을 고찰할 때, 이 재현이 사회체를 덮고 있는 그물들의 복합성을 확인하고 놀란다. 영토적 기호들의 사슬은 끊임없이 한 요소에서 다른 요소로 도약한다. 즉 그 사슬은 채취할 흐름들이 있는 곳이라면 어디로도 이탈들을 방출하며, 분리들을 포함하며, 잔여물들을 소비하며, 잉여가치들을 뽑아내며, 낱말들, 몸들과 고통들, 공식들, 사물들과 정감들을 연결한다. 그 사슬은 언제나 다의적 사용 속에서 목소리, 표기행위, 눈을 함축한다. 이는 의미한다는 것(un vouloir-dire)* 속에도, 또한 기표 속에도 담기지 않는 하나의 도약 방식이다. 그리고 이 관점에서 근친상간이 우리에게 불가능하다고 보였다면, 이는 필연적으로 실패한 도약, 명칭에서 인물로, 이름에서 몸으로 가는 도약에 불과하기 때문이다. 한편으로 아직 인물들을 지시하지 않고 다만 배아 내공 상태들만을 지시하는 명칭들의 억압된 이쪽이 있으며, 다른 한편으로 누이, 어머니, 아버지 등의 이름에 대응하는 인물들을 금지하면서만 명칭들을 인물들에 적용하는 억압하는 너머가 있다. 이 둘 사이에는 그다지 깊지 않은 개울이 있는데, 아무것도 거길 건너지 않으며, 거기에서 명칭은 인물에 닿지 않고, 인물들은 표기를 벗어나고, 눈은 이제 볼 것도 평가할 것도 전혀 없다. 근친상간은 이전된 단순한 극한이며, 억압되지도 억압하지도 않으며, 단지 욕망의 이전된 재현내용일 뿐이다. 이 순간부터, 재현의 두 차원이, 즉 목소리-표기행위-눈이라는 세 요소를 지닌 그 표면 조직과 욕망의 대표-억압하는 재현작용-이전된 재현내용이라는 심급들을 지닌 그 심층

---

* 프랑스어에서 vouloir dire는 "말하고자 한다", 곧 "의미한다"라는 뜻이다.

야만적 또는 제국적 재현

조직이 공통된 숙명을, 주어진 사회 기계의 한가운데에서 복합적 대응 체계(système complexe de correspondances)라는 그런 숙명을 갖고 있다는 점은 분명한 것 같다.

천상의 초월적 대상

그런데 이 모든 것은, 전제군주 기계 및 제국적 재현과 함께 새로운 운명 속에서 뒤죽박죽된다. 첫째로, 표기행위가 목소리와 동조하고 목소리로 복귀하고 글이 된다. 이와 동시에 그것은 더 이상 결연의 목소리로서 목소리를 유도하지 않고, 새로운 결연의 목소리로서 목소리를 끌어낸다, 직접 혈연으로서 글의 흐름 속에서 표현되는, 너머의 허구적 목소리를. 전제군주의 이 두 근본 범주는 또한, 목소리를 종속시키기 위해 목소리에 종속되는 동시에 목소리의 자리를 빼앗는 표기행위의 운동이기도 하다. 이렇게 되자마자 마술 삼각형의 분쇄가 생산된다. 목소리는 더 이상 노래하지 않고, 구술하고 공포한다. 표기는 더 이상 춤추지 않고 몸들에 생기를 주기를 그치며, 판이나 돌이나 책에 고착되어 쓰인다. 눈은 읽기 시작한다(글은 일종의 실명, 시각과 평가의 상실을 야기하지는 않지만 이것을 내포하며, 눈은 이제 다른 기능들도 획득하기는 하지만 병들어 있다). 또는 오히려, 우리는 마술 삼각형이 완전히 분쇄되었다고 말할 수 없다. 그것은 영토적 체계가 새로운 기계의 틀 안에서 계속 기능하고 있다는 의미에서, 기반으로서, 벽돌로서 존속한다. 이 삼각형은 피라미드의 바닥이 되었는데, 이 피라미드의 세 면은 음성적인 것, 표기적인 것, 시각적인 것을 전제군주라는 탁월한 통일체로 수렴시킨다. 사회 기계 속의 재현 체제를 존립면(存立面)이라고 부른다면, 이 존립면이 바뀌었다는 점은 명백하며, 또 그것이 함의면(含意面)이 아닌 종속면(從屬面)이 되었다는 점도 명백하다. 바로 여기에 둘째로 본질적인 것이 있다. 즉 표기가 목소리로 복귀함으로써 하나의 초월적 대상, 즉 무언의 목소리가 사슬 밖으로 도약하는데, 사슬 전체는 이제 이 목소리에 의존하는 것 같고 이 목소리와 관련해서 선형화된다. 표기가 목소리에 종속됨으로써 천상의 허구적 목소리가 유도되었는데, 거꾸로 이 목소리는 자신이 내놓는 글의 기호들을 통해서만 표현된다(계시). 아마 이것이 오이디푸스에 이르는 형식적 조작들의 첫 번째 조립이리라(외삽의 오류추리). 즉 이 조립은 복귀 또는 일대일대응 관계들의 집합으로, 이탈된 대상의 고갈 및 이 대상에서 비롯한 사슬의 선형화에까지 이른다. 아마 여기가 〈그것은 무엇을 의미할까〉라는 물음이 시작되며, 또 주해의 문제들이 사용과 실효성의 문제들보다 우세해지는 곳이리라. 황제, 신, 그것은 무엇을 의미했을까? 언제나 이탈 가능한 사슬의 절편들 대신, 사슬 전체가 의존하는 이탈된 대상. 현실계에 그대로 있는 다의적 표기행위 대신, 선형성이 생겨 나오는 초월자를 형성하는 일대일대응 관계 만들기. 영토 사슬의 그물들을 구성하는 비기표적 기호들이 아니라, 모든 기호가 글의 탈영토화된 흐름 속에서 일정하게 흘러나오는 전제군주 기표. 인간들이 이 흐름들을 마시는 것이 목격되기까지 한다. 젬플레니는 세네갈의 몇몇 지역에서 어떻게 이슬람교가 물활론적 가치들을 지닌 옛 함의면에 종속면을 중첩시키는지 밝히고 있다. 〈기록되었건 암송되었건, 신이나 예언자의 말씀은 이 우주의 토대이다. 물활론적 기도의 투명성은 아랍어의 준엄한 구절〔唱句〕의 불투명성에 자리를 내준다. 그 권력이 상징적·주술적 실효성에 의해서가 아니라 계시의 진리에 의해서 보증되는 공식들 속에서 말(le verbe)은 굳어진다. (……) 이슬람교 도사의 지식은 실상 이름들, 구절들, 암호들 및 이것들에 대응하는 존재들의 위계와 관련된다.〉 그리고 만일 필요하다면, 사람들은 구절을 깨끗한 물이 채워져 있는 병 속에 넣고, 이 구절의 물을 마실 것이요, 그 물을 몸에 문질러 바

244

야만적 또는 제국적 재현

를 것이요, 그 물로 손을 씻을 것이다.[58] 탈영토화된 최초의 흐름인 글은, 그것이 전제군주 기표에서 흘러나온다는 이유로, 마실 수가 있다. 왜냐하면, 첫째 심급에 있는 기표란 무엇일까? 이 기표가 비기표적 영토 기호들의 사슬 밖으로 도약해서, 이것들의 내재적 함의면에 종속면을 강요하고 중첩시킬 때, 비기표적 영토 기호들과 관련해서 이 기표는 무엇일까? 기표란 기호의 기호가 된 기호요, 영토 기호를 대체하고 탈영토화의 문턱을 뛰어넘은 전제군주 기호이다. 기표란 단지 탈영토화된 기호 자체일 따름이다. 글자가 된 기호. 욕망은 더 이상 감히 욕망하지 않으며, 욕망은 욕망의 욕망, 전제군주의 욕망의 욕망이 되었다. 입은 더 이상 말하지 않고, 글자를 마신다. 눈은 더 이상 보지 않고, 읽는다. 몸은 더 이상 토지처럼 새겨지게 하지 않으며, 토지 밖에 있는 자요 새로운 충만한 몸인 전제군주의 복제 그림들 앞에서 조아린다.

탈영토화된 기호로서의 기표

그 어떤 물도 기표에서 그 제국적 기원을, 즉 기표-주인 또는 〈주인 기표〉를 씻어 내지 못하리라. 기표를 언어의 내재적 체계 속에 잠기게 해도, 기표를 이용하여 의미와 의미화라는 문제에서 벗어나려 해도, 기의가 음소 요소들 간 각각의 변별적 가치(valeur différentielle)의 요약에 불과한 상태인 음소 요소들의 공존 속에 기표를 용해하려 해도 소용없다. 언어활동과 교환 및 화폐의 비교를 가능한 한 멀리 밀어붙여, 언어활동을 작용하고 있는 자본주의의 계열체들(paradigmes)에 종속시키려 해도 소용없다. 그래 봤자, 기표가 그 초월성을 재도입하는 것을, 또

---

58 Andras Zempléni, *L'Inteprétation et la thérapie traditionnelles du désordre mental chez les Wolof et les Lebou,* vol.II, Paris: Université de Paris, 1968, p.380, p.506.

한 현대 제국주의에서 여전히 기능하고 있는 사라진 전제군주에게 유리한 증언을 하는 것을 막지 못하리라. 언어학이 스위스나 미국의 언어로 말할 때조차도, 그것은 동양 전제주의의 그림자를 휘두른다. 소쉬르는 다음과 같은 점, 즉 〈대중〉이 겪고 있는 예속 또는 일반화된 노예 상태처럼 언어의 자의성이 언어 주권의 기초가 되고 있다는 점만을 강조하지는 않는다. 또한 소쉬르에게 어떻게 두 차원이 존속하는지도 밝힐 수 있었다. 하나는 수평적 차원인데, 여기서 기의는 기표가 거기서 해체되는 공존하는 최소 항들의 가치로 환원된다. 다른 하나는 수직적 차원인데, 여기서 기의는 청각 이미지에 대응하는 개념까지, 말하자면 기표를 재구성하는 그 외연의 최대치에서 포착되는 목소리까지 상승한다(공존하는 항들의 상대역으로서의 〈가치〉와 청각 이미지의 상대역으로서의 〈개념〉). 요컨대, 기표는 두 번 나타난다. 한 번은 요소들의 사슬 속에 나타나는데, 이 요소들과 관련해서 기의는 언제나 다른 기표에 대한 기표이다. 또 한 번은 이탈된 대상 속에 나타나는데, 사슬 전반은 이 대상에 의존하며 또 이 대상은 사슬 위에 의미화의 효과들을 뿜어낸다. 이 두 번째 의미의 기표 자체에 의해 조작되는 초코드화가 없으면, 첫 번째 의미의 기표에 작용하는 음운론적 코드도 없고 심지어 표음적 코드도 없다. 표의적 가치와 표음적 가치 사이에, 또는 기호소(記號素)와 음소라는 상이한 층위의 절합들 사이에 탈영토화된 기호들의 독립성과 선형성을 보증하는 일대일대응 관계가 없으면, 언어학장(場)은 없다. 하지만 이 언어학장은 필수적인 접기, 복귀, 종속 등을 조작하는 하나의 초월성 — 이것을 부재 내지 빈자리로 여긴다 할지라도 — 에 의해 정의된 채 머문다. 또한 거기에서는 이 초월성이 재단하고 대립시키고 선별하고 조합하는 일을 수행하는, 분절되지 않은 질료의 흐름이 전체계로 흘러간다. 이 초월성은 바로 기표 자체(le signifiant)이다. 따라서 기표의 초월성을 가로질러 또 그 속에서 어떻게 지배가 행사되는지 밝

야만적 또는 제국적 재현

히지 않고서, 언어의 내재성 안에 있는 기호의 최소 요소들과 관련해서 대중의 예속을 아주 잘 밝힌다는 것은 기이한 일이다.[59] 그렇지만 여기서도 다른 곳에서와 마찬가지로 정복의 환원 불가능한 외부성이 확인된다. 왜냐하면 설사 언어활동 자체가 정복을 전제하지는 않지만, 기록된 언어활동을 구성하는 복귀 조작들은 같은 언어를 말하지 않는 두 기입, 하나는 주인들의 것이요 다른 하나는 노예들의 것인 두 언어활동을 전제하기 때문이다. 누게롤은 이런 상황을 이렇게 묘사한다. 〈수메르인에게 (그런 기호는) 물이다. 수메르인은 이 기호를 "아(a)"라고 읽는데, 이것은 수메르어로 물을 의미한다. 어떤 아카드인이 불시에 나타나, 수메르인 주인에게 묻는다. "이 기호는 무엇입니까?" 수메르인은 답한다. "그건 '아'야." 아카드인은 이 기호를 "아"로 받아들인다. 이 시점에서 이 기호와 아카드어로 "무(mû)"라고 이야기되는 물 사이에는 더 이상 아무 관계도 없다. (……) 나는, 아카드인의 현존이 글의 음성화를 규정했다고 믿는다. (……) 또 새로운 글의 불똥이 튀기 위해서는 두 민족의 접촉이 거의 필수적이라고 믿는다.〉[60] 어떻게 일대일대응 조작이 전제군주 기표 주위에서 조직되고, 어떤 식으로 거기서 알파벳 음소 사슬이 흘러나오는지를 이보다 더 잘 밝힐 수는 없다. 알파벳 글은 문맹자를 위한 것이 아니라 문맹자에 의한 것이다. 그것은 이 무의식적 노동자인 문맹자를 통해서 생겨난다. 기표는 하나의 다른 언어활동을 초코드화하는 언어활동을 내포하는 반면, 이 다른 언어활동은 전적으로 음

---

59 베르나르 포트라는 지배와 예속의 문제에서 출발하여 니체와 소쉬르를 근접시키려고 한다.(Bernard Pautrat, *Version du Soleil, Figures et système de Nietzsche*, Paris : Seuil, 1971, pp.207ff.) 그는 니체가, 헤겔과는 달리, 주인과 노예의 관계를 노동을 통해서가 아니라 언어활동을 통해 일어나게 한다고 썩 잘 지적한다. 하지만 니체를 소쉬르와 비교하는 데 이르러서는, 언어활동을 대중이 예속되는 체계라고 보면서 주인들의 언어활동을 이 예속을 조작하는 매개라고 여기는 니체의 생각을 허구로 거부한다.

60 Jean Nougayrol, *L'Ecriture et la psychologie des peuples*, Paris : Armand-Colin, 1963, p.90.

소 요소들 속에서 코드화된다. 설사 무의식이 이중 기입의 장소론 체제
(régime topique)를 포함하고 있어도, 무의식은 하나의 언어활동이 아니
라 두 개의 언어활동처럼 구조화되어 있다. 기표는 우리를 언어에 대한
현대적·기능적 이해에 접근시켜 주겠다는 약속을 지킬 것 같지 않다.
기표 제국주의는 우리에게 "그것은 무엇을 의미할까?"라는 물음 밖으 247
로 나가게 하지 않는다. 그것은 이 물음을 미리 차단하고 모든 답을 단
순한 기의의 신분으로 되돌려 모든 답을 불충분하게 만드는 데 그친다.
그것은 암송, 순수 텍스트성, 우월한 과학성의 이름으로 주해를 거부한
다. 너무 급하게 구절의 물을 마시고 이렇게 끊임없이 외치는 궁정의
하룻강아지들 같다. 기표여, 자넨 아직 기표에 이르지 못했어, 자넨 아
직 기의들에 머물러 있어! 기표, 단지 이것만이 개들을 기쁘게 한다. 하
지만 이 주인-기표는 오래전 시대의 본연의 모습 그대로 있다. 사슬의
모든 요소에 결핍을 분배하는 초월적 재고, 공통된 부재를 위한 공통된
어떤 것, 유일하고 동일한 절단의 유일하고 동일한 장소에서 모든 흐
름-절단을 창설하는 자인 채로. 즉 그것은 이탈된 대상, 남근-과-거세,
우울한 신민들을 위대한 편집증자 왕에게 복종시키는 막대기이다. 오!
기표여, 전제군주의 무서운 의고주의여! 여기서 사람들은 여전히 빈 무
덤, 죽은 아버지, 이름의 신비를 찾고 있다. 필경 이것이 라캉에 대해,
또한 그 신봉자들의 열광에 대해, 오늘날 몇몇 언어학자의 분노를 유발
하는 것이리라. 라캉은, 힘차고 차분하게 기표를 그 원천, 그 진정한 기
원인 전제군주 시대까지 데려가, 욕망을 법에 용접하는 폭탄을 설치하
고 있다. 왜냐하면 라캉이 생각하기에는, 모든 성찰을 해 보면, 바로 이
런 형식으로 기표는 무의식과 부합하며 거기에서 기의의 효과들을 생
산하기 때문이다.[61] 억압하는 재현작용으로서의 기표와 이것이 유도하
는 이전된 새 재현내용, 저 유명한 은유들과 환유들, 이 모든 것이 초코
드화하고 탈영토화된 전제군주 기계를 구성한다.

전제군주 기표와 근친상간의 기호들

전제군주 기표는 그 효과로서 영토적 사슬을 초코드화한다. 기의는 바로 기표의 효과이다(기의는 기표가 재현하는 것도, 기표가 지시하는 것도 아니다). 기의, 그것은 경계의 누이이고 내부의 어머니이다. 누이와 어머니는 위대한 청각 이미지에, 새로운 결연과 직접 혈연의 목소리에 대응하는 개념들이다. 근친상간은, 경계에서 중심부에 이르기까지, 전제군주가 통치하는 전체 영토 안의 사슬의 양 끝에 있는 초코드화의 조작 자체이다. 결연의 모든 부채는 새로운 결연의 무한 부채로 전환되고, 모든 확장 혈연은 직접 혈연에 의해 포섭된다. 따라서 근친상간 또는 왕실 삼위일체는 초코드화를 진행하는 한에서 억압하는 재현작용 전반이다. 종속 체계 또는 의미화 체계가 함의 체계를 대체했다. 표기행위가 목소리로 복귀하는 한에서(이 표기행위는 얼마 전에는 바로 몸들에 기입되었던 것인데) 몸의 재현은 낱말의 재현에 종속된다. 누이와 어머니는 목소리의 기의들이다. 하지만 이 복귀가 이제 선형 흐름 속에서만 표현되는 천상의 허구적 목소리를 유도하는 한에서, 전제군주 자신은 자신의 두 기의로 사슬 전체의 초코드화를 조작하는 목소리의 기표이다. 근친상간을 불가능하게 했던 것 — 다시 말해, 우리가 명칭들(어머니, 누이)을 갖고 있을 때면 인물들 내지 몸들을 갖지 못하고, 우리가 몸들을 갖고 있을 때면 명칭들로 인한 금지를 어기자마자 명칭들이 빠져나간다는 사태 — 은 이제 실존하기를 그쳤다. 근친상간은, 친족의 몸들과 친족의 명칭들의 혼례 속에서, 기표와 그 기의들의 통합 속에서 가능해졌

---

61 라캉에 관한 엘리자베스 루디네스코의 훌륭한 논문 「은유의 작용」 참조. 이 논문에서 그녀는 분석적 기표 사슬과 이 사슬이 의존하는 초월적 기표의 이중 양상을 분석한다. 그녀는 이런 의미에서 라캉의 이론이 무의식에 대한 언어학적 착상이라기보다 무의식의 이름으로 언어학을 비판한 것으로 해석되어야 한다는 점을 보여 준다.(Elisabeth Roudinesco, "L'Action d'une métaphore," *La Pensée*, 162호, 1972)

다. 따라서 문제는 전제군주가 〈진짜〉 누이 및 진짜 어머니와 결합하는지 여부를 아는 것이 아니다. 왜냐하면 그의 진짜 어머니가 어쨌거나 부족의 어머니이듯, 그의 진짜 누이는 어쨌거나 사막의 누이이기 때문이다. 일단 근친상간이 가능하게 되면, 그것이 모의(模擬)된 것인지 여부는 별로 중요하지 않은데, 왜냐하면 어쨌거나 다른 어떤 것이 여전히 이 근친상간을 통해 모의되기 때문이다. 앞에서 우리가 만났던 보완성, 즉 모의와 동일시의 보완성에 따르면, 만일 동일시가 천상의 대상과의 동일시라면, 모의는 바로 이 동일시에 대응하는 글, 이 대상에서 흘러나오는 흐름, 목소리에서 흘러나오는 표기 흐름이다. 모의는 현실을 대체하지 못하며 현실의 등가물도 아니지만, 전제군주 초코드화의 조작 속에서 현실을 전유한다. 모의는 토지를 대체하는 새로운 충만한 몸 위에서 현실을 생산한다. 모의는 하나의 준-원인을 통해 현실계의 전유와 생산을 표현한다. 근친상간에서, 자기 기의들과 사랑을 나누는 것은 바로 기표이다. 모의의 체계, 그 것은 의미화와 종속의 다른 이름이다. 그리고 모의된, 따라서 생산된 근친상간 자체를 가로질러 모의된, 따라서 생산된 것은, 모의된 그만큼 현실적이며 또 그 역도 마찬가지인데, 이는 마치 재구성되고 재창조된 극단적 내공 상태들과도 같다. 전제군주는 누이로써 〈거기서 남근적 권력이 솟아나는 0의 상태〉를 모의하는데, 이는 마치 〈바로 몸의 내부 자체에 숨어 있는 현존을 극단에 위치시키게 하는〉 약속과도 같다. 전제군주는 어머니로써 〈양성(兩性)의 고유한 성격들의 최대치에서〉 양성이 외부화되는 초능력을 모의한다. 즉 목소리로서 남근의 B-A 바(Ba)를 모의하는 것이다.[62] 따라서 왕실 근친상간에서는 언제나 다른 것이, 즉 양성구유, 동성애, 거세, 여장남자 같은 것이 문제인데, 이것들은 내공들의 순환 속에 있는 그토록 많은 기울기와 이행 같은 것들이다. 전제군주 기표는 원시 기

———

62 Guy Rosalato, *Essais sur le symbolique*, Paris: Gallimard, 1969, pp.25~28.

야만적 또는 제국적 재현

계가 억압했던 것, 즉 강렬한 토지의 충만한 몸을 재구성할 계획이지만, 이 재구성은 전제군주 자신의 탈영토화된 충만한 몸 안에 주어진 새로운 기반들과 새로운 조건들 위에서 행해진다. 바로 이런 까닭에 근친상간은 의미와 그 장소를 바꾸며, 억압하는 재현작용이 된다. 왜냐하면 근친상간을 가로지르는 초코드화에서는 다음과 같은 것이 문제 되기 때문이다. 즉 모든 신민의 모든 기관, 즉 모든 눈, 모든 입, 모든 음경, 모든 질, 모든 귀, 모든 항문이, 마치 공작 꼬리 같은 왕의 옷자락에 달라붙듯, 전제군주의 충만한 몸에 달라붙고, 거기서 그것들의 내공적 대표를 갖는다는 것이. 왕실 근친상간은 기관들의 강렬한 배가(倍加) 및 새로운 충만한 몸으로의 기관들의 기입과 뗄 수 없다(사드는 근친상간이 늘 수행하는 이 왕실의 역할을 잘 간파했다). 억압-탄압의 장치, 즉 억압하는 재현작용은 이제 자기가 맡은 대표를 표현하는 최고의 위험과 관련하여 규정된다. 유일한 기관이 전제군주의 몸 밖으로 흐르고 몸에서 떨어져 나가거나 빠져나가며, 전제군주는 자신에게 죽음을 가져올 적이 자기 앞에, 자기에게 맞서 서 있는 것을 본다는 위험. 너무 응시하는 시선을 지닌 눈, 너무 드물게 미소 짓는 입술 등 각 기관은 항의(抗議) 가능성이다. 반쯤 귀가 먹은 카이사르가 더 이상 듣지 못하는 귀를 한탄하는 것과 카시우스의 〈마르고 굶주린〉 시선과 〈자신을 조롱하는 듯한 그런 미소를 짓는〉 카시우스의 미소가 자기를 짓누르고 있는 것을 보는 것은 동시이다.* 암살되고 해체되고 분해되고 해진 전제군주의 몸을 도시 공동변소로 끌고 갈 긴 이야기. 천상의 대상을 이탈시키고 탁월한 목소리를 생산한 것은 이미 항문 아니었던가? 남근의 초월성은 항문에 의존하지 않았던가? 하지만 항문은 사라진 전

250

* William Shakespeare, *Julius Caesar*, Act I, Sc.2에 나오는 Caesar의 대사이다. "Yond Cassius has a lean and hungry look (……) Seldom he smiles, and smiles in such a sort/ As if he mock'd himself, and scorn'd his spirit/ That could be moved to smile at any thing."(200행, 211～213행)

제군주의 마지막 잔재로서, 그의 목소리의 이면으로서, 끝에서야 누설된다. 전제군주는 이제 〈하늘의 천장에 매달린 죽은 쥐의 엉덩이〉에 불과하다. 기관들이, 폭군에 맞서 일어난 시민의 기관들이 전제군주의 몸에서 이탈하기 시작했다. 그다음에 이 기관들은 사적 인간의 기관들이 되리라. 이 기관들은 사회장 밖으로 보내진 면직(免職)된 항문의 모델과 기억 위에서 사유화되리라. 악취에 대한 강박관념. 원시 코드화, 전제군주의 초코드화, 사적 인간의 탈코드화의 역사 전체는 저 흐름의 운동들 속에 있다. 즉 강렬한 배아 내류, 왕실 근친상간의 초류(超流), 죽은 전제군주를 공동변소로 끌고 가고 우리 모두를 오늘날의 〈사적 인간〉으로 끌고 간 배설물의 환류(環流). 아르토가 자신의 걸작 『헬리오가발루스』에서 소묘한 바로 그 역사. 표기 흐름의 역사 전체는 정액의 물결에서 폭군의 요람으로, 끝내는 그의 하수구-무덤의 똥의 물결까지 간다. 〈모든 글은 돼지 똥이다〉, 모든 글은 이 모의, 즉 정액과 배설물이다.

공포, 법

제국적 재현의 체계는 어쨌든 영토적 재현의 체계보다는 훨씬 부드럽다고 생각할 사람이 있을지도 모르겠다. 기호들은 더 이상 충만한 살에 기입되지 않고, 돌, 양피지, 화폐, 명단 위에 기입된다. 비트포겔의 〈행정 수익 감소〉 법칙에 따르면, 넓은 부문들이 국가 권력과 타협하지 않는 한에서, 이 부문들은 반(半)-자율성을 누린다. 눈은 더 이상 고통의 광경에서 잉여가치를 끌어내지 않는다. 눈은 평가하기를 그친다. 눈은 오히려 〈미리 경계하고〉 감시하기 시작하며, 잉여가치가 전제군주 기계의 초코드화를 빠져나가지 못하게 하기 시작한다. 왜냐하면 모든 기관과 그 기능은 이것들을 전제군주의 충만한 몸에 관계시키고 수렴시키는 고갈을 알고 있기 때문이다. 실상, 체제는 더 이상 부드 럽지 않다. 공포 체계가 잔혹 체계를 대체했다. 옛 잔혹은 존속하며, 특히 자율적 또는 준-자율적 부문들에 존속한다. 하지만 그것은 이제 국 가 장치 속에 벽돌로 들어간다. 이 국가 장치는 때로는 이 잔혹을 조직 하고 때로는 묵인 내지 제한하여, 자기 목적들에 봉사하게 하고 더 무 서운 법이라는 우월하며 중첩된 통일성 아래 포섭한다. 법이 전제주의 에 대립하거나 대립하는 것처럼 보이는 것은 실상 나중(국가 자신이 자 기와는 구별되는 계급들 간의 외견상 조정자로 나타나고, 그 결과 자기의 주권 형식을 수정해야만 하는 때) 일이다.[63] 법은 그것이 나중에 될 것 또는 되 리라고 주장하는 것 —— 즉 전제주의에 대항하는 하나의 보증이며, 부분 들을 전체에 집결하고 이 전체를 일반 인식과 일반 의지의 대상이 되게 하며 반항적 부분들에 대한 판단과 적용을 통해서만 그 처벌이 이루어 지는 하나의 내재적 원리 —— 을 통해 시작되지 않는다. 제국의 야만적 법은 오히려 이런 법에 반대되는 두 성격을 띠는데, 카프카는 이 두 성 격을 아주 힘차게 펼쳐 냈다. 그 하나는 이 법의 편집증적-분열증적 특 징인데(환유) 그에 따르면 법은 전체화할 수도 없고 전체화되지도 않은 부분들을 지배하며, 이 부분들을 세분하고, 이 부분들을 벽돌들로 조직 하며, 이 부분들의 거리를 재고, 이 부분들의 소통을 금하며, 이런 연후 부터는 무섭지만 형식적이며 텅 빈, 탁월하며 분배적이고, 비(非)집단 적인 하나의 통일體의 자격으로 작용한다. 다른 하나는 조울증적 특징 인데(은유) 그에 따르면 법은 아무것도 알리지 않고, 알 수 있는 대상 도 갖지 않으며, 처벌에 앞서 실존하지 않으며, 법의 언표가 판결에 앞

---

63 주술적-종교적 말에 기초한 왕의 *정의*(Justice royale)에서 대화-말에 기초한 도시의 *정의*로의 이행에 대해, 또 이 이행에 대응하는 〈주권〉의 변화에 대해, L. Gernet, "Droit et prédroit en Grèce ancienne," L'Année sociologique 1948~1949, M. Détienne, *Les Maîtres de vérités dans la Grèce archaïque*, Paris: Maspero, 1967, M. Foucault, "La Volonté de savoir" 참조.

서 실존하지 않는다. 신명 재판(神明裁判)*은 이 두 특징을 생생한 상태로 보여 준다. 「유형지에서」의 기계처럼, 판결과 규칙 모두를 기록하는 것은 바로 처벌이다. 함의 체계에서 자기에게 고유한 것이던 표기행위로부터 몸은 해방되었지만 이는 아무 소용없다. 몸은 이제 새로운 글이 자기 형상들, 자기 음성조직, 자기 알파벳을 표시할 수 있는 돌과 종이, 판과 화폐가 된다. 초코드화하기, 이것이 법의 본질이며, 몸의 새로운 고통들의 기원이다. 벌은 결연과 혈연들의 마술 삼각형에서 눈이 잉여 가치를 뽑아내는 축제이길 그쳤다. 벌은 복수가 된다. 이제는 전제군주에 통합된 목소리, 손, 눈의 복수가, 그 공적 성격이 비밀을 하나도 바꿔 놓지 않은 새 결연의 복수가. 〈나는 그대에게 결연의 복수의 복수하는 검을 내리치리라…….〉왜냐하면 다시 말하거니와, 법은 전제주의에 대항하는 보증의 시늉이기 전에 전제군주 자신의 발명이기 때문이다. 법은 무한 부채가 띠는 사법적 형식이다. 로마제국의 후기 황제들에 이르기까지, 전제군주의 수행원 속에서 법률가를 볼 수 있으며, 사법적 형식이 제국 구성체를 동반함을 볼 수 있다. 입법자는 괴물 옆에. 가이우스와 콤모두스, 파피니아누스와 카라칼라, 울피아누스와 헬리오가발루스. 〈열두 황제의 망상, 로마법의 황금시대.〉(무한 부채를 확정하기 위해서는, 필요하다면 채권자에 맞서 채무자 편을 들라.)

무한 부채의 형식 ── 잠복, 복수, 원한감정

복수, 미리 행사되는 하나의 복수로서, 제국의 야만적 법은 작용 (action), 작용받음(l'agi), 반응(réaction)으로서의 원시적 놀이 전체를 분쇄한다. 이제, 수동성은 전제군주의 몸에 매달린 신민들의 덕(德)이 되

---

* 물, 불 따위의 시련으로 판결을 내린다.

363   야만적 또는 제국적 재현

어야 한다. 제국 구성체에서 어떻게 벌이 복수가 되는가를 정확히 밝힐 때 니체가 말하듯이, 〈그들의 망치질과 그들의 예술가적 폭력의 압력 아래 엄청난 양의 자유가 세계로부터, 적어도 가시권에서 추방되었으며, 곧 잠복적인 것이 되어……〉*야만 했다. 죽음 본능의 고갈이 생산된다. 죽음 본능, 그것은 숙명론이 여전히 어떤 작용을 받는 것으로 존재하는 미개의 작용들과 반응들의 놀이 속에서 코드화되기를 그치면서, 초코 드화의 어두운 담당자가 되고 각자에게 드리운 이탈된 대상이 되는데, 이는 마치 사회 기계가 욕망 기계들에서 뜯겨 나오기라도 한 것 같다. 죽음 본능, 그것은 죽음이고, 욕망의 욕망이며, 전제군주의 욕망의 욕 망이고, 국가 장치의 가장 깊은 곳에 기입된 잠복성이다. 유일한 기관 이기보다는 유일한 생존자, 그는 이 장치에서 흘러 나가지 않으며, 또 는 전제군주의 몸 밖으로 빠져나가지 않는다. 자신의 기의들과 관련을 맺는 기표의 필연성(운명) 이외에 다른 필연성은 더 이상 없다. 이런 것 이 공포 체제이다. 법이 의미하는 것이라 여겨지는 것은 나중에야, 즉 법이 진화해서 전제주의에 맞서는 듯한 새로운 모습을 띠었을 때에라 야 인식되리라. 그런데 처음부터 법은, 앎을 피하고 모든 것이 자기들 의 탁월한 원인에서 유래하는 그만큼 더 실효적이고 필수적인 효과들 로서 자신의 기의들을 생산하는 기표의 제국주의를 표현한다. 법이 그 것이 의미하는 바를 설명하려 하고, 그 기의의 독립성을 내세우려 할 때(전제군주에 맞선다고 법은 말한다) 어린 개들이 주해도 해석도 없이 전 제군주 기표로의 회귀를 요구하는 일이 여전히 있다. 왜냐하면 실상 이 개들이 좋아하는 것은, 카프카의 관찰에 따르면, 위선적인 박사들이 이 모든 것이 의미하는 바를 설명하는 것을 듣는 것보다는 욕망이 죽음 본 능의 순수한 고갈 속에서 법과 긴밀하게 맺어지는 것이기 때문이다. 하

---

* 니체, 『도덕 계보학』, II, 17. "가시권에서"는 DG의 강조이다.

지만 민주주의적 기의의 펼침 내지 전제군주 기표의 감김은 모두 때로는 열리고 때로는 막히는 동일한 물음의 일부이며, 연속된 동일한 추상이요, 우리를 언제나 욕망 기계들에서 멀어지게 하는 억압의 기계장치이다. 왜냐하면 지금까지 오직 하나의 국가만이 있었기 때문이다. "그것은 무슨 소용이 있을까?"라는 물음은 차츰 희미해지고, 염세주의와 허무주의의 안개 속으로 사라진다. 허무하다, 허무하다! 실제로, 제국 구성체에 나타나는 그런 법 체제와 나중에 진화하게 될 그런 법 체제에는 공통되는 어떤 것이 있는데, 지시(指示)에 대한 무관심이 그것이다. 아무것도 지시하지 않으면서 의미화하는 것이 법의 고유함이다. 법은 그 어떤 것도 그 누구도 지시하지 않는다(법에 대한 민주주의적 착상은 법의 기준이 되리라). 우리는 원시적 함의 체계에서 목소리, 표기행위, 눈을 작동해 복잡한 지시 관계가 정교하게 만들어지는 것을 보았는데, 그러한 관계는 여기 새로운 야만적 종속 관계 속에서 사라진다. 기호가 욕망의 정립이기를 그치고 이 제국적 기호, 즉 욕망을 법에 용접하는 보편적 거세가 될 때, 지시가 어떻게 존속하랴? 지시들을 자의적인 것과 결부하는 것(또는 지시들을 옛 체계에 잔존하는 벽돌들 속에서 존속시키는 것)은 옛 코드의 분쇄, 의미화의 새로운 관계, 초코드화에 기초한 이 새로운 관계의 필연성이다. 왜 언어학자들은 전제군주 시대의 진실들을 끊임없이 재발견할까? 그리고 결국, 의미화의 필연성과 표리를 이루고 있는, 지시들의 이 자의성은 전제군주의 신민들 내지 나아가 그 종복들에게만 미치지 않고, 전제군주 자신, 그의 왕조, 그의 이름에도 미칠 수 있을까(〈백성들은 (……) 어느 황제가 통치하고 있는지 알지 못하며, 왕조의 이름조차 의심스럽다〉)? 이것이 의미하는 바는, 죽음 본능이 흔히 믿었던 것보다 훨씬 더 깊이 국가 속에 있고, 또 거기서 잠복이 신하들에게 작동할 뿐 아니라 최고의 톱니바퀴들 속에서도 작동한다는 것이겠다. 복수는 전제군주에 맞선 신민들의 복수가 된다. 공포의 잠복 체계 속에서,

더 이상 능동적이거나 작용받거나 반응적이지 않은 것, 〈폭력에 의해 잠복하게 된 것, (……) 억압되고 물러나고 내부로 감금된 것〉,* 바로 이것은 이제 감정을 품게(ressenti) 된다. 신민들의 영원한 원한감정은 전제군주들의 영원한 복수에 답한다. 기입이 더 이상 작용받지도 반응하지도 않을 때 그것은 〈감정을 품게〉 된다. 탈영토화된 기호가 기표가 될 때, 엄청난 양의 반응이 잠복 상태로 옮겨 가며, 공진 전체, 보유 전체가 부피와 시간을 바꾼다(〈사후성(事後性, das Nachträglich)〉). 복수와 원한감정, 그것은 물론 정의의 시작이 아니라, 니체가 분석하듯, 제국 구성체 안에서 정의의 생성과 그 운명이다. 그리고 니체의 예언에 따르면, 국가는 그 자체가 죽기를 원하는, 하지만 또 그 재에서 다시 태어나는 저 개일까? 왜냐하면 체계의 유지를 확보하고 한 이름이 다른 이름을, 한 왕조가 다른 왕조를 계승하게 하되, 기의들이 바뀌지 않도록 하고 기표의 벽이 균열되지도 않도록 하는 것은, 바로 새로운 결연 내지 무한 부채의 이 집합 전체 ── 지시들의 자의성을 지닌, 기표의 제국주의, 기의들의 은유적 또는 환유적 필연성 ── 이기 때문이다. 바로 이런 까닭에 아프리카, 중국, 이집트 등 제국에서 잠복의 체제는 끊임없는 반항과 이반의 체제였지만 혁명의 체제는 아니었다. 여기서도 여전히 죽음은 안에서부터 느껴지는 것이되 밖에서 오는 것이어야 했으리라.

제국의 창설자들은 모든 것을 잠복 상태로 이행하게 했다. 그들은 복수를 발명했고, 원한감정, 저 대응-복수를 부추겼다. 니체는 이미 원시 체계에 관해 말했던 것을 이들에 관해 여전히 말한다. 〈양심의 가책〉 ── 오이디푸스라 이해하자 ──, 저 끔찍한 식물이 뿌리를 내리고 자라나기 시작한 것은 이들에게서가 아니다. 단지, 이 방향으로 한 걸음 더 갔을 뿐이다. 오이디푸스, 양심의 가책, 내면성, 제국의 창설자들

---

* 니체, 『도덕 계보학』, II, 17.

은 이런 것을 가능케 했다……[64] 니체는 전제군주 기표로서의 황제와 이 황제의 두 기의인 누이와 어머니를 자기가 데리고 다니고, 광기에 근접하면서 이들이 점점 더 무겁다고 느꼈는데, 이때 니체는 무엇을 의미했을까? 오이디푸스가 제국적 재현 속에서 자신의 세포적·난자적 이주를 시작했던 것은 진실이다. 오이디푸스는 욕망의 이전된 재현내용에서 출발해 억압하는 재현작용 자체가 된 것이다. 불가능이 가능해졌다. 점유되지 않았던 극한이 이제 전제군주에 의해 점유된다. 오이디푸스는 자기 이름을 얻었다. 언어 재현에 종속하는 몸 재현들로서 초코드화에 의해 누이 및 어머니와 이중의 근친상간을 행하는 안짱다리 전제군주. 더욱이 그 오이디푸스는 자기를 가능하게 하는 다음과 같은 형식적 조작들을 하나하나 해 간다. 즉 이탈된 대상의 외삽, 초코드화 또는 왕실 근친상간의 이중 구속, 일대일대응 만들기, 주인과 노예 사이의 사슬의 적용 및 선형화, 욕망 속에 법의 도입, 욕망을 법 아래로 도입, 〈나중〉 내지 〈사후성〉을 지닌 끔찍한 잠복. 이렇게 다섯 가지 오류추리의 모든 부품이 준비된 것 같다. 하지만 우리는 아직 정신분석의 오이디푸스로부터 아주 멀리 있다. 희랍 연구가들이 정신분석이 기어이 그들의 귀에 읊조리는 이야기를 잘 파악하지 않는 것도 옳은 일이다. 그것은 바로 욕망의 이야기이며, 성적 욕망의 이야기이다(다른 이야기는 없다). 하지만 그 모든 부품은 여기서 국가의 톱니바퀴로 작동한다. 물론 욕망은 아들, 어머니, 아버지 사이에서 작동하지 않는다. 욕망은 국가 기계의 리비도 투자를 실행한다. 이 국가 기계는 영토 기계들을 초코드화하고, 보조 나사를 조여, 욕망 기계들을 억압한다. 근친상간은 이 투자에서 나온 것이지 그 반대가 아니며, 우선은 전제군주, 누이, 어머니만을 작동한다. 그것은 초코드화하며 억압하는 재현작용이다. 아버지는 낡

255

---

64 Nietzsche, *Généalogie de la morale*, II, 17.

야만적 또는 제국적 재현

은 영토 기계의 대표로만 개입하지만, 누이는 새로운 결연의 대표요 어머니는 직접 혈연의 대표이다. 아버지와 아들은 아직 태어나지 않았다. 모든 성욕은 기계들 사이에서 발생한다. 기계들 간의 투쟁, 중첩, 벽돌 쌓기인 것이다. 프로이트가 보고한 이야기를 한 번 더 들어 보자. 『모세와 일신교』에서 그는 잠복이 국가의 일임을 잘 느끼고 있다. 하지만 이때 잠복은 〈오이디푸스 콤플렉스〉에 뒤이어 나타나서는 안 되며, 이 콤플렉스의 억압 내지 심지어 제압을 표시해서도 안 된다. 잠복은 아직은 억압된 욕망으로서의 콤플렉스가 전혀 아닌 근친상간적 재현의 억압하는 작용에서 나와야 하는데, 왜냐하면 그와는 반대로 잠복은 욕망 자체에 억압의 작용을 실행하기 때문이다. 정신분석에서 부르는 그런 오이디푸스 콤플렉스는, 잠복에서, 잠복 후에 태어날 텐데, 그것은 욕망을 왜곡하고 이전하고 심지어 탈코드화하는 조건들 속에서 억압된 것의 회귀를 의미한다. 오이디푸스 콤플렉스는 잠복 후에야 나타난다. 그리고 프로이트가 잠복에 의해 분리된 두 시간을 인정할 때, 콤플렉스라는 이름에 어울리는 것은 오직 둘째 시간이며, 반면에 첫째 시간은 완전히 다른 조직 속에서 완전히 다른 관점에서 기능하는 잠복의 부품들과 톱니바퀴들만을 표현한다. 바로 여기에 정신분석의 모든 오류추리와 그 조증이 있다. 즉 콤플렉스의 결정적 설립 내지 내부 설치인 것을 콤플렉스의 해결 내지 해결의 시도로 제시하고, 여전히 이 콤플렉스의 반대인 것을 콤플렉스로 제시하고 있다. 왜냐하면 오이디푸스가 그 오이디푸스 자신, 오이디푸스 콤플렉스가 되기 위해서는 무엇이 있어야 할까? 사실 많은 것이 필요하다. 이것들을 니체는 무한 부채의 진보에서 부분적으로 예감하고 있었다.

아직은 오이디푸스가 아니다……

오이디푸스의 세포는 그 이주를 달성해야 할 것이요, 이전된 재현내용의 상태에서 억압하는 재현작용의 상태로 옮겨 가는 데 그쳐서는 안 될 것이며, 억압하는 재현작용에서 출발하여 마침내 욕망 자체의 대표가 되어야 하리라. 그리고 이전된 재현내용의 자격으로 그리 되어야 하리라. 부채는 무한 부채가 되어야 할 것이며, 또한 무한 부채로서 내면화되고 정신화해야 하리라(그리스도교 및 그 후행 사건). 아버지와 아들이 형성되어야 하리라, 말하자면 왕실 삼위일체가 〈남성화되어야〉 하리라. 이 일은, 이제는 내면화된 무한 부채의 직접적 귀결로 일어나야 하리라.[65] 전제군주-오이디푸스가 신민-오이디푸스들, 예속-오이디푸스들, 아버지-오이디푸스들, 아들-오이디푸스들에 의해 대체되어야 하리라. 모든 형식적 조작은 탈코드화된 사회장에서 다시 취해지고, 내면성, 즉 내부 재생산의 순수하며 사적인 요소 속에서 공진해야 하리라. 억압-탄압 장치는 완전한 재조직화를 겪어야 하리라. 따라서 욕망은 그 이주를 달성한 후에는 다음과 같은 극단적 비참함을 알아야 하리라. 곧, 자신에 맞서 등 돌리기, 자신에 맞선 방향 전환, 양심의 가책, 죄책감 등은 가장 병적인 내면성에 욕망을 부착하듯 가장 탈코드화된 사회장에 욕망을 부착한다. 욕망의 덫이요, 욕망의 해로운 식물. 욕망의 역

²⁵⁷

---

65 종교사가들과 정신분석가들은 제국의 삼위일체 속에 도입된 아버지-아들 관계와 관련해서 이 삼위일체의 남성화라는 문제를 잘 알고 있다. 니체가 거기에서 무한 부채의 발전에서의 본질적 계기를 본 것은 옳은 일이다. 〈(……) 일시적인 경감 (……) **그리스도교**의 천재성의 충만함. 인간의 죄를 위해 자신을 희생하는 하느님, 자기 스스로 변제하는 하느님, 인간 자신에게는 변제될 수 없게 된 것을 인간에게서 변제할 수 있는 유일한 자로서의 하느님—자신의 채무자를 위해 **사랑**으로부터(누가 이것을 믿으랴?) 자신의 채무자에 대한 사랑으로부터, 자신을 희생하는 채권자! (……)〉(Nietzsche, *Généalogie de la morale*, II, 21) (옮긴이) 프랑스어 번역이 독일어 원문과 어감의 차이가 있지만, 독일어 원문에 충실하게 옮겼다.

야만적 또는 제국적 재현

사가 이 끝을 알지 못하는 한, 오이디푸스는 모든 사회에 출몰하며, 하지만 거기에 아직 도래하지 않은 것의 악몽으로서 출몰한다. 오이디푸스의 시간은 아직 오지 않았다. (그리고 정신분석이 자신의 운명을 묶어 놓았던 열렬한 오이디푸스화에서 정신분석을 구출했던 것, 비록 퇴행이란 대가를 치르기는 했지만, 어떻든 이러한 구원을 행했던 것은 언제나 라캉의 힘 아니던가. 그 대가란 무의식을 전제군주 장치의 무게 아래 두고, 이 장치에서 출발하여 무의식을 재해석한 것을 말한다. 법과 기표, 남근과 거세, 이건 괜찮다! 오이디푸스는 아니다! 무의식의 전제군주 시대.)

8 원국가(原國家)

유일한 국가?
범주로서의 국가

도시국가 우르는 아브라함의 출발점 또는 새로운 결연의 출발점이다. 국가는 점진적으로 형성된 것이 아니라, 주인의 타격으로, 완전 무장한 채, 한 번에 돌출했다. 기원으로서의 원국가(Urstaat), 모든 국가가 되고자 하고 욕망하는 영원한 모델. 이른바 아시아적 생산은, 이 생산을 표현하는, 즉 이 생산의 객관적 운동을 구성하는 국가와 마찬가지로, 별도의 구성체가 아니다. 그것은 기초 구성체요, 모든 역사의 지평을 이룬다. 도처에서 우리는 역사적·전통적 형식들에 앞서며, 국가의 재산, 벽돌처럼 쌓인 공유물, 집단적 의존관계 등에 의해 특징지어지는 제국 기계들을 발견한다. 더 〈진화된〉 각각의 형식은 가필된 양피지와도 같다. 그 각각은 전제군주의 기입, 미케네 수사본(手寫本)을 다시 덮고 있다. 각각의 흑인과 각각의 유대인 밑에는 이집트인이, 희랍인들 밑에는 미케네인이, 로마인들 밑에는 에트루리아인이 있다. 그렇지만 이 기원은 망각에 빠지고, 잠복이 국가 자체를 붙잡아, 거기에서 종종 글이 사라진다. 국가가 자신의 쇠락을 아는 것은, 사유재산의 타격, 그 다음에는 상품생산의 타격 아래에서이다. 토지는 사유재산의 영역 그리고 상품의 영역으로 들어온다. 지배계급들이 더 이상 국가 장치와 합류하지 않는 한에서 계급들이 나타나지만, 계급들은 이 변형된 국가 장치를 이용하는 별도의 규정들이다. 사유재산은, 처음에는 공유재산에 인접해 있고, 다음에는 공유재산을 구성하거나 조건 짓고, 또 그다음에는 공유재산을 규정하면서, 채권자-채무자 관계를 적대계급들의 관계 속에서 내면화한다.[66] 하지만 전제주의 국가가 빠져드는 이 잠복과 전제주의 국가가 그 어느 때보다도 〈기만적〉이고 〈냉혹〉하고 〈위선적〉으로 돌변하도록 하기 위해 변형된 기초 위에서 다시 형성되도록 만드는 이 권력을 어떻게 동시에 설명할까? 이 망각과 이 회귀. 한편으로, 고대 도시국가, 게르만 공동체, 봉건제는 대제국을 전제하며, 이것들의 지평을 이루는 원국가와 관련해서만 이해될 수 있다. 다른 한편으로, 이 형식들의 문제는 자기들 별도의 새로운 규정들의 요구들을 고려하여, 가능한 한 원국가를 재구성한다. 도대체 사유재산, 부, 상품, 계급들은 무엇을 의미할까? 코드들의 파산이다. 그것은 사회체 위를 흐르고 사회체의 도처를 가로지르는 이제는 탈코드화된 흐름들의 출현이자 돌출이다. 더 이상 국가는 이미 코드화된 영토적 요소들을 초코드화하는 데 그칠 수 없다. 국가는 점점 더 탈영토화된 흐름들을 위한 특유한 코드들을 발명해야만 한다. 즉 전제주의를 새로운 계급 관계들에 이바지하게 하기, 부와 빈곤의 관계들, 상품과 노동의 관계들을 통합하기, 시장의 돈과 징

---

66 이미 전제군주 국가 자체 속에 있는 사유재산 체제에 관해서는 Karl Wittfogel, *Le Despotisme oriental*, 1957, Paris: Editions de Minuit, pp.140~149, pp.315~404.((옮긴이) 영: pp.78~85, pp.228~300. 독: pp.115ff., pp.292ff.) 중국 제국에서의 사유재산 체제에 관해서는, Etienne Balazs, *Bureaucratie céleste*, 7~9장. 상품생산이 사유재산과 결합되느냐 아니냐에 따라, 전제군주 국가가 봉건제로 이행하는 두 길에 관해서는, Maurice Godelier, *Sur le mode production asiatique*, pp.90~92.

세의 돈을 조정하기, 도처에서 새로운 사태 속에 원국가를 다시 불어넣기 등. 그리고 도처에, 필적할 수는 없겠으나 모방하는 것을 막을 수는 없는 잠복 모델이 있다. 희랍인들을 향한 이집트인의 우울한 경고가 울려 퍼진다. 〈너희 희랍인이여, 너희는 영원히 아이로만 있으리라!〉

시작과 기원

범주로서의 국가라는 이 특수한 상황, 즉 망각과 회귀는 설명되어야만 한다. 기원적인 전제군주 국가는 다른 절단들과 같은 하나의 절단이 아니다. 모든 제도 가운데, 필경 그것은 그것을 설립하는 자들의 뇌 속에서 완전 무장하여 출현한 유일한 것이다. 바로 이런 까닭에 맑스주의에서는 그것을 어찌해야 할지 너무나도 몰랐다. 그것은 저 유명한 다섯 단계, 원시 공산주의, 고대 도시국가, 봉건제, 자본주의, 사회주의에 들어 있지 않다.[67] 그것은 다른 구성체들 중 한 구성체가 아니며, 한 구성체에서 다른 구성체로의 이행도 아니다. 그것은 그것이 절단하는 것과 관련하여 그리고 재절단하는 것과 관련하여, 마치 하나의 다른 차원을 증언하기라도 하는 양, 퇴각해 있다고 말할 수 있으리라. 이 다른 차원이란 사회들의 물질적 진화에 다시 덧붙여지는 뇌의 이념성(idéalité), 부분들과 흐름들을 하나의 전체 속에 조직하는 규제 이념 내지 반성 원리(공포)이다. 전제군주 국가가 절단 내지 덧절단 내지 초코드화하는 것은 예전에 있던 것, 즉 영토 기계인데, 전제군주 국가는 그것을 그 이후로

259

---

67 이른바 아시아적 생산과 다섯 단계를 화해시킬 수 있는가 없는가에 관해, 엥엘스가 『가족의 기원』에서 이 범주를 거부하게 된 이유들에 관해, 러시아와 중국의 맑스주의자들의 이 범주에 대한 저항들에 관해, Wittfogel, *Sur le mode de production asiatique* 참조. 다음과 같은 단순한 물음을 제기했다는 이유로 비트포겔이 받은 중상들을 떠올릴 수 있으리라. 동양의 전제군주 국가라는 범주가 거부된 것은 그것이 현대 사회주의국가들의 지평으로서 특수한 범례적 지위를 갖고 있다는 이유들 때문이 아닐까?

는 뇌의 관념에 복속된 벽돌들, 작동 부품들의 상태로 환원한다. 이런 의미에서, 전제군주 국가는 바로 기원이지만, 그것과 구체적 시작과의 차이가 이해되어야만 하는 추상으로서의 기원이다. 신화는 늘 이행과 편차를 표현한다는 점을 우리는 알고 있다. 하지만 시작에 관한 원시 영토 신화는, 고유하게 강렬한 에너지(그리올이 〈신화의 형이상학적 부분〉이라 부른 것, 즉 진동성 소용돌이)와 이것이 조건 지은 외연을 지닌 사회 체계의 편차를, 그리고 하나에서 다른 하나로 이행하는 것을, 즉 결연과 혈연을 표현하곤 했다. 하지만 기원에 관한 제국 신화는 다른 것을 표현한다. 즉 이 시작과 기원 자체의 편차, 외연과 관념의 편차, 생성과 질서 및 권력(새로운 결연)의 편차, 그리고 혈연에서 결연으로 다시 이행하는 것, 혈연에 의해 회수되는 것을. 이렇게 베르낭은 제국 신화들은 우주에 내재하는 조직 법칙을 착상할 수 없다는 점을 밝힌다. 제국 신화들은 기원들과 시작들의 이 차이, 최고 주권과 세계 발생의 차이를 정립하고 내면화할 필요가 있다. 〈신화는 이 거리 속에서 구성된다. 신화는 이 거리를 자기 이야기의 대상 자체로 만들며, 신들의 연속 세대들을 가로질러 주권의 아바타들이 마침내 결정적 패권이 왕조(dynasteia)의 극적 가공을 끝내는 순간까지 이르는 과정을 추적한다.〉[68] 그래서 극한에서는, 어느 것이 1차적인지 진정 알지 못하며, 또 가문 영토 기계가 전제군주 기계를 전제하는지 여부를 진정 알지 못한다. 전자가 후자의 벽돌들을 뽑아내거나 자기 차례에 후자를 절편화하기도 하니 말이다. 그리고 어떤 점에서는, 기원적 국가 다음에 오는 것, 이 국가가 절단하는 것에 대해서도 말해야만 한다. 이 국가는 예전에 있던 것을 덧절단하지만, 후속 구성체들을 재절단한다. 여기서도 국가는, 늘 퇴각해

---

68 Jean-Pierre Vernant, *Les Origines de la pensée grecque*, Paris: P.U.F., 1962, pp.112~113.

있으며 잠복에 사로잡힌 하나의 다른 차원에 속하며, 국가에 구체적 실존을 주는 후속 형식들 속에서 그만큼 더 돌변하고 회귀하는 추상과 같다. 국가는 변화무쌍한 모습을 갖지만, 지금까지는 유일한 국가만이 있었다. 그렇기에 변주들, 새로운 결연의 모든 이본이 나오지만, 이것들은 같은 범주에 속한다. 가령 봉건제는 그 사유재산 체제와 그 상품생산의 비약에 따라 봉건제가 절편화하는 추상적 전제군주 국가를 전제할 뿐 아니라, 또한 사유재산 체제와 상품생산의 약진이 거꾸로 본래적 봉건 국가의 구체적 실존을 유도하기도 하는데, 이 국가에서 전제군주는 절대군주로서 돌아온다. 왜냐하면 상품생산의 발전이 봉건제를 폭파하는 데 충분하다고 믿는 것(많은 점에서 이와 반대로 상품생산은 봉건제를 보강하고, 봉건제에 실존하고 생존하는 새 조건들을 준다)과, 봉건국가로서의 국가는 역으로 해당 체계에 치명적일 유일한 흐름들의 탈코드화를 도입하는 것을 상품을 통해 막을 수 있기에 봉건제가 스스로 이러한 국가에 대립한다고 믿는 것은 이중의 잘못이기 때문이다.[69] 그리고 가장 최근 사례들 속에서, 비트포겔은 현대의 자본주의 및 사회주의 국가들이 **261** 어떤 점에서 기원적인 전제군주 국가에 가담하고 있는가를 밝혔는데, 우리는 비트포겔을 따라야만 할 것이다. 민주국가들을 보면, 거기서 전제군주는 회계를 초코드화하는 대신 스스로 계산하고 코드화해야 하니 그것이 더 위선적이고 더 냉혹하고 더 계산적이 되었음을 어떻게 인정하지 않을 수 있으랴? 양심적인 역사가들의 방식을 따라, 여기에 시골

---

69 모리스 돕은 상업, 시장, 화폐의 발전이 어떻게 봉건제에 아주 잡다한 효과들을 미쳤으며, 또 때로는 농노제와 봉건 구조들 전반을 강화했는지 밝혔다. Maurice Dobb, *Etudes sur le développement du capitalisme*, Paris: Maspero, pp.48~82.((옮긴이) 영: pp.177~186. 독: pp.44ff.) 프랑수아 힝커는, 특히 프랑스 절대군주제가 어떻게 18세기에야 끝날 봉건제의 틀 안에서 생산력들과 상품생산을 유지하는지 밝히기 위해 "국가 봉건제"라는 개념을 정성 들여 만들었다.(François Hincker, *Sur le féodalisme*, Paris: Editions Sociales, 1971. pp.61~66)

원국가(原國家)

공동체들, 저기에 산업사회들 등 차이들의 목록을 만들어 봤자 아무 소용없다. 전제군주 국가가 서로 비교해서 다룰 수 있는 다른 구체적 구성체들 가운데 한 구성체일 경우에만, 이 차이들은 결정적인 것이 되리라. 하지만 전제군주 국가는 추상이며, 이 추상은 물론 제국 구성체들에서 실현되지만, 거기서 추상으로서만 실현된다(초코드화하는 탁월한 통일체). 그것은 다른 형상들과 다른 조건들 속에서 그것을 회귀하게 하는 후속 형식들 속에서만 자신의 구체적·내재적 실존을 획득한다. 앞에 있던 것과 나중에 오는 것의 공통 지평으로서, 전제군주 국가가 세계사를 조건 짓는 것은, 단지 그것이 밖이 아니라 늘 곁에 있다는 조건에서, 역사가 〈머리〉 속에, 〈뇌〉 속에 존재하는 방식을 재현하는 냉혹한 괴물, 즉 원국가라는 조건에서이다.

국가의 진화——구체-화와 내재-화

맑스는 역사가 추상적인 것에서 구체적인 것으로 가는 방식이 정말 있다고 인정하고 있었다. 〈단순한 범주들은 그 속에서 덜 발전된 구체적인 것이 실현될 수 있었을지도 모를 관계들을 표현하지만, 가장 구체적인 범주 속에서 정신적으로 표현되는 가장 복잡한 관련 내지 관계를 아직 정립하지 못했다. 반면 더 발전된 구체적인 것은 바로 이 범주를 하나의 종속된 관계로서 유지한다.〉[70] 국가는 우선 서로 떨어져서 기능하는 부분집합들을 통합하는 이 추상적 통일체였다. 국가는 지금은 힘〔力〕들의 장에 종속되어, 이 힘들의 흐름을 조정하고 지배와 종속이라는 이 힘들의 자율적 관계들을 표현한다. 더 이상 국가는 유지되어 벽

---

[70] Karl Marx, *Introduction générale a la critique de l'économie politique*, Pléiade, I, p.256.((옮긴이) 독: p.23. 영: p.102)

돌처럼 된 영토성들을 초코드화하는 데 그치지 않는다. 국가는 돈, 상품, 사유재산의 탈코드화된 흐름들을 위해 코드들을 구성하고 발명해야만 한다. 국가는 더 이상 스스로 하나 또는 여러 지배계급들을 형성하지 않는다. 자기 권력을 위해, 피지배계급들과의 모순들, 투쟁들, 타협들을 위해 국가를 대리로 내세우는 독립을 이룬 이 지배계급들에 의해 국가 자체가 형성된다. 국가는 더 이상 파편들을 통치하는 초월적 법이 아니다. 국가는 그럭저럭 하나의 전체를 설계해서 여기에 자신을 내재화해야만 한다. 국가는 더 이상 자신의 기의들을 정돈하는 순수한 기표가 아니다. 국가는 이제 자신의 기의들의 배후에 나타나 자신이 의미화하는 것에 의존한다. 국가는 더 이상 하나의 초코드화하는 통일체를 생산하지 않는다. 국가 자신이 탈코드화된 흐름들의 장에서 생산된다. 기계인 한에서, 국가는 더 이상 사회 체계를 규정하지 않는다. 국가는 자신의 기능들의 놀이 속에서 구현되는 사회 체계에 의해 규정된다. 요컨대 국가는 인공적인 것이기를 그치지는 않지만, 구체적인 것이 되고, 〈구체화로 향하며〉, 이와 동시에 지배하는 힘들에 종속된다. 기술 기계가 추상적 통일체 또는 서로 떨어진 부분집합들을 지배하는 지적 체계이기를 그치고, 구체적 물리 체계로서 행사되는 힘들의 장에 종속되는 관계가 될 때, 기술 기계에 대해 이와 유사한 진보의 실존을 밝힐 수 있었다.[71] 하지만 정확히 말해, 기술 기계 또는 사회 기계에서의 이 구체화를 향한 경향성은, 여기서 욕망의 운동 자체가 아닐까? 우리는 늘 다음과 같은 괴물 같은 역설에 거듭 빠진다. 즉 국가란 전제군주의 머리에서 신민들의 마음으로, 또 지적 법칙으로부터 이 법칙을 벗어나거나 이 법칙에서 놓여난 물리 체계 전체로 이행하는 욕망이라는 역설

262

---

71 Gilbert Simondon, *Du mode d'existence des objects techiques*, Paris: Aubier, 1969, pp.25~49.

원국가(原國家)

에. 국가의 욕망, 즉 가장 환상적인 탄압 기계 역시도 욕망이며, 욕망하는 주체요 욕망의 대상이다. 욕망, 그것은 기원적 원국가를 새로운 사태 속에 다시 불어넣고 원국가를 가능한 한 새로운 체계에 내재하게 하고 새로운 체계 내부에 있게 하는 데서 언제나 성립하는 조작이다. 남는 것은 0에서 다시 출발하는 일이다. 즉 국가가 물리 체계 속에서 더 이상 국가로서 기능할 수 없는 그런 곳에, 또한 그런 형식으로, 하나의 종교 제국을 정초하는 일 말이다. 그리스도교도가 제국을 탈취했을 때, ① 로마의 객관적 세계의 내재성 속에서 발견한 요소들로 가능한 한 원국가를 재건하기를 바랐던 사람들과 ② 다시 사막으로 떠나, 새로운 결연을 다시 시작하고, 초월적 원국가의 이집트적·시리아적 영감을 되찾기를 바랐던 순수한 사람들 사이에, 이 보완적 이원성이 다시 발견되리라. 기둥들 위에서 나무둥치들 위에서 이 얼마나 이상한 기계들이 솟아오르는가! 그리스도교는 이런 의미에서 편집증 기계들과 독신 기계들의 놀이 전체를, 이들 또한 우리 역사 지평의 일부를 이루며 우리 달력을 가득 채우고 있는 편집증자들과 변태들의 대열 전체를 전개시킬 줄 알고 있었다.[72] 이것이 국가 생성의 두 양상이다. 그 하나는 하나의 물

---

72 자크 라카리에르는 이 점에 관해 3세기부터 이집트, 팔레스티인, 시리아에 있는 그리스도교 금욕주의의 여러 모습과 계기를 잘 밝혔다. Jacques Lacarrière, *Les Hommes ivres de Dieu*, Grenoble: Arthaud, 1961. 먼저 온순한 편집증자들이 있는데, 이들은 마을 근처에 정착했다가, 옛 결연들과 혈연들에 맞선 그들의 투쟁을 표현하는 놀라운 금욕 기계들을 발명하는 곳인 사막으로 멀리 나간다(성 안토니우스 단계). 다음에는, 사도들의 공동체들, 수도원들이 형성되는데, 그 주요 활동들 중 하나는 창설자인 성자의 삶을 **기록**하는 일이다. 수도원들은 군대의 규율을 지닌 독신 기계들인데, 거기서 수도사는 〈자기 주위에, 금욕적·집단적 강제란 형식으로, 공격적 옛 박해 세계를 재건한다〉(성 파코미우스 단계). 끝으로 도시 또는 마을로의 회귀가 있는데, 무장한 변태 집단들이 끝장나고 있는 이교(異敎)에 맞선 투쟁을 자기 임무로 삼는다(세누트 단계). 좀 더 일반적으로, 수도원과 도시의 관계에 대해서는 루이스 멈퍼드를 참조할 것. 그는 수도원들의 견지에서, 〈새로운 형식의 도시 구조화의 정교한 형성〉에 대해 말하고 있다.(*La Cité à travers l'histoire*, Paris: Seuil, pp.315ff., pp.330ff.((옮긴이) **영**: pp.246ff., pp.258~259))

리 체계를 형성하는, 점점 더 탈코드화된 사회적 힘들의 장에서 국가의 내부화이며, 다른 하나는 하나의 형이상학적 체계를 형성하는, 점점 더 초코드화하는 초지상적 장에서 국가의 정신화이다. 무한 부채가 내면화되는 것과 정신화되는 것은 동시에 있어야 한다. 양심의 가책의 시간이 가까워 온다. 그것은 또한 가장 큰 냉소의 시간이리라. 〈내면적으로 되고 두려움에 자기 안으로 뒷걸음친 동물 인간의, 길들임이라는 목적으로 '국가' 안에 감금된 자의, 저 되돌아온 잔혹…….〉*

---

* 니체, 『도덕 계보학』, II, 22.

원국가(原國家)

9 문명 자본주의 기계

돈-자본의 충만한 몸

탈영토화의 최초의 큰 운동은 전제군주 국가의 초코드화와 더불어 나타났다. 하지만 이 운동은 다른 큰 운동, 즉 흐름들의 탈코드화를 통해 일어나려 하고 있던 운동 쪽에서는 아직 아무것도 아니다. 그렇지만 새로운 절단이 사회체를 횡단하고 변형하기 위해서는, 말하자면 자본주의가 탄생하기 위해서는, 탈코드화된 흐름들만으로는 충분치 않다. 탈코드화된 흐름들은 잠복 상태의 전제군주 국가를 후려치고 폭군을 수장하지만, 또한 뜻밖의 형식으로 ─ 즉 상실되었다고 위안이 되지는 않는 잠복한 원국가를 지평선에 지닌 채, 폭군을 민주화하고 과두제화하고 질편화하고 군주제화하면서, 또 폭군을 내면화하고 정신화하면서 ─ 폭군을 회귀시킨다. 규칙적 조작이건 예외적 조작이건 조작들을 통해 탈코드화된 흐름들의 산물을 그럭저럭 재코드화하는 일은 이제 국가의 몫이다. 로마의 예를 보자. 재산의 사유화를 통한 부동산 흐름들의 탈코드화, 큰 재산의 형성을 통한 화폐 흐름들의 탈코드화, 상품생산의 발전을 통한 상업 흐름들의 탈코드화, 몰수와 프롤레타리아화를 통한 생산자들의 탈코드화, 이 모든 것이 거기에 있고, 이 모든 것이 주어져 있지만, 본래 의미에서의 자본주의는 생산되지 않았으며 오히려 노예 옹호 체제가 있다.[73] 또는 봉건제의 예를 보자. 여기서도 사유재산, 상품 생산, 화폐 유입, 시장 확장, 도시들의 발전, 돈 형태의 영지 지대(地代)의 출현 또는 계약 노임(勞賃)의 출현은 자본주의경제를 전혀 생산하지 않고, 오히려 봉건적 임무들과 관계들을 다시 강화하여, 때로는 봉건제의 더 원시적 단계로 회귀하거나, 때로는 일종의 노예제도를 재건하기까지 한다. 잘 알려져 있듯이, 길드들과 단체들에 유리한 독점 행위는 자본주의 생산을 날아오르게 하지는 못하고, 도리어 도시와 국가의 봉건제 속에 부르주아지를 끼어들게 했는데, 이 봉건제는 탈코드화된 흐름들 자체에 대해 코드들을 다시 만들고, 맑스의 공식을 따르자면 사회 기계의 옛 충만한 몸의 〈털구멍들 자체 속에〉 상인을 붙들어 두는 데서 성립한다. 따라서 봉건 체계의 붕괴를 야기하는 것은 자본주의가 아니며, 오히려 그 반대가 맞다. 바로 이런 이유로 그 둘 사이에는 시간이 필요했던 것이다. 이 점에서 전제군주 시대와 자본주의 시대 사이에는 큰 차이가 있다. 왜냐하면 저들, 국가의 창설자들은 번개처럼 도래하기 때문이다. 전제군주 기계는 공시적인 반면, 자본주의 기계의 시간은 통시적이다. 자본가들은 일종의 역사의 창조성을 정초하는 계열 속에 번갈아 등장하는데, 참 낯선 구경거리이다. 새로운 창조적 절단의 분열증적 시간이로다.

탈코드화 및 탈코드화된 흐름들의 결합

붕괴들은 흐름들의 단순한 탈코드화로 정의되며, 국가의 잔존들 내

---

[73] Karl Marx, "Réponse à Milkhailovski," 1887년 11월, Pléiade, II, p.1555.((옮긴이) 독: pp.368ff. 영: p.441)

지 변형들을 통해 언제나 만회된다. 죽음이 안에서 올라오고, 또 욕망 자체가 죽음 본능, 즉 잠복이라는 것이 느껴지지만, 또한 이 욕망 자체가 잠재적으로 새 삶을 지닌 이 흐름들 쪽으로 이행한다는 것도 느껴진다. 탈코드화된 흐름들, 누가 이 새 욕망의 이름을 말하랴? 판매되는 재산들의 흐름, 유통되는 돈의 흐름, 그림자 속에서 준비되는 생산과 생산수단의 흐름, 탈영토화되는 노동자들의 흐름 — 자본주의가 탄생하기 위해서는, 또 옛 체계가 이번엔 밖으로부터 죽기 위해서는, 이와 동시에 새 삶이 태어나고 욕망이 새 이름을 얻기 위해서는, 이 모든 탈코드화된 흐름의 만남, 이것들의 결합, 이것들 서로 간의 반작용이, 한 번에 생산되는 이 만남, 이 결합, 이 반작용의 우발이 있어야 하리라. 우발의 세계사가 있을 뿐이다. 현대 역사가들이 제기할 줄 알고 있는 "왜 유럽일까? 왜 중국이 아닐까?"라는 저 탁월한 우발성의 물음으로 돌아가 보자. 원양항해에 관해 브로델은 이렇게 묻는다. 왜 중국이나 일본, 나아가 이슬람 선박들이 아닐까? 왜 선원 신드바드가 아닐까? 결핍되어 있는 것은 기술이, 기술 기계가 아니다. 오히려 욕망이 전제군주 국가의 덫에 걸린 채로 있어서, 모든 것이 전제군주의 기계 속에 투자되지 않았을까? 〈그렇다면 서양의 장점은, 아시아의 좁은 갑(岬)에 봉쇄되어, 세계가 필요했고, 자기 안식처 밖으로 나갈 필요가 있었다는 것일까?〉[74] 분열증적 항해만이 존재할 뿐이다(훨씬 뒤에 등장한 미국적 의미의 프런티어들, 즉 넘어설 어떤 것, 건너야 할 극한들, 통과해야 할 흐름들, 관통해야 할 코드화되지 않은 공간들). 탈코드화된 욕망들, 탈코드화의 욕망들은 늘 있었고, 역사는 이것들로 충만하다. 하지만 탈코드화된 흐름들이 하나의 욕망을, 사회적인 동시에 기술적인 욕망 기계를 꿈꾸거나 결

---

74 Fernand Braudel, *Civilisation matérielle et capitalisme*, I, Paris: Armand-Colin, 1967, p.313.((옮긴이) 영: p.308)

핍하는 대신 그런 기계를 생산하는 욕망을 형성하는 것은, 한 장소에서의 이 흐름들의 만남을, 시간이 걸리는 한 공간에서의 이 흐름들의 결합을 통해서이다. 바로 이런 까닭에, 자본주의와 그 절단은 단순히 탈코드화된 흐름들에 의해 정의되는 것이 아니라 흐름들의 일반화된 탈코드화와 새로운 거대한 탈영토화 그리고 탈영토화된 흐름들의 결합에 266 의해 정의된다. 자본주의의 보편성을 만든 것은 바로 이 결합의 특이성(singularité)이다. 많이 단순화해서, 우리는 미개 영토 기계가 생산의 연결들에서 출발했고, 야만 전제군주 기계가 탁월한 통일성에서 출발한 기입의 분리들 위에서 정초되었다고 말할 수 있었다. 하지만 문명 자본주의 기계는 무엇보다 결합 위에 설립되리라. 이때 이 결합은 이제 코드화를 벗어날 잔여물들이나 원시 축제들에서와 같은 완수-소비들만을 가리키지 않으며, 심지어 전제군주와 그 부하들의 사치 속에 있는 〈최대의 소비〉를 가리키는 것만도 아니다. 이 결합이 사회 기계의 맨 앞줄로 이행할 때, 역으로 그것은 한 계급의 과잉 소비로서의 향유로 연결되기를 그치는 것 같으며, 노동의 원시적 연결들을 탈영토화된 새로운 충만한 몸으로서의 자본에 결부한다는 조건에서, 이 유일한 조건에서, 이 연결들을 되찾는 〈생산을 위한 생산〉 속에서 사치 자체를 하나의 투자 수단으로 만들고 모든 탈코드화된 흐름을 생산으로 복귀시키는 것 같다. 생산을 위한 생산은, 노동의 원시적 연결들이 방출되어 나오는 것처럼 보이는 참된 소비자이다(마치 맑스가 묘사한 〈산업 내시(內侍)〉의 악마의 계약에서처럼, '만일 ……라면, 따라서 그건 네 거다'*).[75]

---

* 프랑스어에서는 "c'est *donc* à toi *si*……"라고 되어 있는데, 맑스는 이 구절을 "lieber Freund, ich gebe dir, was dir nötig ist; aber……(친구여, 네게 필요한 것이라면 네게 준다. 하지만……)"라고 썼다.

75 Karl Marx, *Economie et philosophie*, 1844, Pléiade II, p.92.((옮긴이) 독: p.347. 영: p.148)

문명 자본주의 기계

냉소

『자본』의 핵심에서, 맑스는 두 〈주요〉 요소들의 만남을 밝힌다. 한 편에는 탈영토화된 노동자가 있어, 그는 자기 노동력을 팔아야만 하는 자유롭고 벌거벗은 노동자가 되었고, 다른 한편에는 탈코드화된 돈이 있어, 이것은 자본이 되어 노동력을 살 수 있다. 이 두 요소가 봉건제 전제군주 국가의 절편화 및 봉건 체계 자체와 그 국가의 해체에서 유래 한다는 점은 아직 우리에게 이 두 흐름, 즉 생산자들의 흐름과 돈의 흐 름의 외래적 결합을 제공하지 않는다. 자유노동자들과 돈-자본이 〈잠 재적으로〉 따로 실존하면서, 만남이 일어나지 않았을 수도 있었으리라. 이 요소들 중 하나는 옛 사회의 몸을 구성하는 농지 구조들의 변형에 의존하며, 다른 하나는 이 옛 사회의 몸의 털구멍들 속에 여분으로 실 존하는 그런 상인과 고리대금업자를 통과하는 전혀 다른 계열에 의존 한다.[76] 더욱이, 이 요소들 각각은 아주 상이한 기원을 지닌 탈코드화와 탈영토화의 여러 경과들을 작동한다. 자유노동자가 있기 위해서는, 사 유화를 통한 흙의 탈영토화, 전유를 통한 생산도구들의 탈코드화, 가족 과 조합의 해체를 통한 소비 수단들의 박탈, 끝으로 노동 자체나 기계 에 도움이 되는 노동자의 탈코드화 등이 있었다. 또 자본이 있기 위해 서는, 화폐 추상을 통한 부의 탈영토화, 시장 자본을 통한 생산의 흐름 들의 탈코드화, 금융자본과 공공 부채들을 통한 국가들의 탈코드화, 산

267

---

76 Althusser et coll., *Lire le Capital*, p.288((옮긴이) 영: p.281. 독: p.378)의 발리바 르의 주석 참고. 〈일단 구성된 자본주의 구조가 소유하고 있는 통일성은 그 전 시대에서는 발견되지 않는다. (……) 그 **결합**의 결과물에서 출발하여 식별되는 이 요소들 간의 **만남** 및 이 요소들 고유의 역사를 생각해야 하는 터전인 역사장은, 생산되어(야만 하며), 또한 엄밀 히 생각되었(어야만 한)다. 그런데 이 역사장은 그 개념에 있어 이 요소들의 결합의 결과물 과는 아무 관계도 없다. 왜냐하면 이 결과물은 다른 생산양식의 구조에 의해 정의되기 때문 이다. 선행하는 생산양식에 의해 구성된 이 역사장에서, 이 요소들은 계보는 찾을 수 있겠으 나, 정확히는 부수적 상황, 말하자면 비규정적 상황만을 갖고 있다.〉

업자본의 형성을 통한 생산수단의 탈코드화 등이 있었다. 이 요소들이 어떻게 그 모든 경과의 결합과 더불어 만나는가를 더 세부적으로 보자. 시대는 이제 잔혹의 시대도 공포의 시대도 아닌 냉소의 시대이며, 냉소의 시대는 이상한 독실함을 동반하고 있다(이 둘은 휴머니즘을 구성한다. 냉소는 사회장의 물리적 내재성이며, 독실함은 정신화된 원국가의 존속이다. 냉소는 초과노동을 수탈하는 수단으로서의 자본이지만, 독실함은 이 동일한 자본이되 모든 노동력이 그로부터 유출되어 나오는 것처럼 보이는 신(神)-자본과도 같다). 이 냉소의 시대는 자본축적의 시대로, 이 시대는 정확히 말해 탈코드화되고 탈영토화된 모든 흐름의 결합을 위한 시간을 내포한다. 모리스 돕은 이 점을 밝힌 바 있다. 첫째 시간에는 재화가 그다지 비싸지 않은 유리한 정세(봉건 체계의 해체)에 재산, 가령 토지의 권리 증서들의 축적이 있어야만 한다. 둘째 시간에는 특히 이익을 가져오는 조건(〈가격혁명〉, 풍부하게 남아도는 일손, 프롤레타리아의 형성, 원료 자원에 대한 쉬운 접근, 도구와 기계의 생산에 유리한 조건들)에서 이 재화가 높은 값에 판매된다.[77] 모든 종류의 우발적 요인들이 이 결합들에 우호적이다. 이름 붙일 수 없는 이 일의 형성을 위해 얼마나 많은 만남들이 있었던가! 하지만 결합의 결과는 실은 자본에 의한 점점 더 깊은 생산 통제이다. 자본주의 내지 자본주의 절단의 정의, 즉 탈코드화되고 탈영토화된 모든 흐름의 결합은, 다른 흐름들 중의 몇몇 흐름이요 다른 요소들 중의 몇몇 요소에 불과한 상업자본 내지 금융자본에 의해서가 아니라 산업자본에 의해 정의된다. 상업에 기초한 직종들에서 자신을 산업가가 되게 했건, 장인들을 자신의 중개인 또는 고용인이 되게 했건, 필경 상인은 아주 빨리 생산에 작용하고 있었다(길드들과 독점들에 맞선 투

---

77 M. Dobb, *Etudes sur le développement du capitalisme*, pp.189~199.((옮긴이) 영: pp.177~186. 독: pp.181~189)

쟁들). 하지만 자본주의가 시작되고 자본주의 기계가 조립되는 것은, 자본이 생산을 직접 전유할 때뿐이며, 금융자본과 시장 자본이 자본주의 생산양식 일반에서 분업에 상응하는 특유한 기능이 될 때뿐이다. 이제 생산들의 생산, 등록들의 생산, 소비들의 생산이 다시 발견된다. 하지만 정확히 말해 이는 자본을 사회의 새로운 충만한 몸이 되게 하는 탈코드화된 흐름들의 저 결합에서 발견되는 것이다. 한편 상업적·금융적 자본주의는 그 원시적 형식들 아래서 오직 옛 사회체의 털구멍들 속에만 설치되었을 뿐, 예전 생산양식을 바꾸지는 못하고 있었다.

혈연 자본과 결연 자본
코드의 잉여가치가 흐름의 잉여가치로 변환

자본주의 생산 기계가 조립되기 전에도, 상품과 화폐는 추상을 통해 흐름들의 탈코드화를 행한다. 하지만 자본주의와 같은 방식으로는 아니다. 먼저, 단순 교환은 시장 생산물들을 추상적 노동 단위의 특정한 얼마(*quanta*)*로서 기입한다. 교환 관계 속에서 정립된 추상적 노동이야말로 상품의 외견상 운동의 분리 종합을 형성하는데, 왜냐하면 그것은 특정하게 규정된 얼마가 대응되는 질적 노동들 속에서 나뉘기 때문이다. 하지만 〈일반적 등가물〉이 화폐로 나타날 때에만 얼마임(*quantitas*)의 세력권에 이르며, 이 얼마임은 모든 종류의 특수한 가치들을 지닐 수 있거나 모든 종류의 얼마들에 타당할 수 있다. 이 추상량은 온갖 특수한 가치를 지녀야만 하며, 그래서 그것은 여전히 얼마들 간 크기의 비

269

---

* quantum(복수형은 quanta)은 라틴어로 "얼마(how much)"를 뜻하며, 뒤에 나오는 quantitas는 그 명사형으로 "얼마임"을 뜻한다. DG는 quantitas를 추상량(quantité abstraite)이라고 말을 바꿔 표현하고 있다. 본 번역에서는 용어 구별을 위해 quantum/ quantitas/ quantité를 각각 "얼마"/ "얼마임"/ "양(量)"으로 옮긴다.

(比)로만 나타난다. 바로 이런 의미에서 교환 관계는 이 교환 관계와 독립해서 생산되고 나아가 기입되는 부분대상들을 형식적으로 합병한다. 상업적·화폐적 기입은, 추상적 노동을 알지도 인정하지도 않는 특유한 생산양식 아래서 고려된 사회체의 기입의 예비적 성격들과 예비적 기입 양식들에 의해 초코드화된 채로, 심지어는 탄압된 채로 있다. 맑스의 말처럼, 추상적 노동은 생산 활동의 가장 단순하고 가장 오래된 관계지만, 그것은 현대 자본주의 기계 속에서만 추상적 노동으로 나타나며 또 실천적으로 진실이 된다.[78] 바로 이런 까닭에, 전에는 상업적·화폐적 기입은 자기 고유의 몸을 이용하지 못하고, 단지 기존의 사회 몸의 틈바구니들 속에 삽입되어 있었다. 상인은 싼 데서 사서 비싼 데서 팔기 위해 자신이 보유한 영토성들을 끊임없이 이용한다. 자본주의 기계 전에는, 시장 자본 또는 금융자본은 비자본주의적 생산과 단지 결연 관계에 있으며, 전-자본주의국가들을 특징짓는 저 새로운 결연에 들어간다(이로부터 상인 부르주아지 및 은행가 부르주아지와 봉건제의 결연이 생겨난다). 요컨대 자본주의 기계는 자본이 혈연 자본이 되기 위해 결연 자본이기를 그칠 때 시작된다. 자본은 돈이 돈을 낳거나 가치가 잉여가치를 낳을 때 혈연 자본이 된다. 〈이 가치는 경과하는 가치, 경과하는 돈, 그런 것으로서의 자본이 된다. (……) 이 가치는 경과하는, 자기 스스로 움직이는 실체로서 여기에 갑자기 나타나며, 이 실체에 대해 상품과 화폐 양자는 한낱 순수한 형식에 불과하다. (……) 이 가치는 원래 가치로서의 자신과 잉여가치로서의 자신을 구별한다. 마치 아버지 신과 아들 신이 구별되되, 이 양자가 나이가 같고 사실상 하나의 위격(位格)을 형성하듯 말이다. 왜냐하면 10파운드의 잉여가치를 통해서만 미리 지급

---

78 K. Marx, *Introduction générale à la critique de l'économie politique*, p.259.((옮긴이) 독: p.25. 영: pp.104~106)

한 100파운드는 자본이 되기 때문이다.〉[79] 오직 이 조건들에서만 자본은 충만한 몸, 새로운 사회체 또는 모든 생산력을 전유하는 준-원인이 된다. 우리는 더 이상 얼마 또는 얼마임의 영역에 있지 않고, 결합으로서의 미분 비(微分比) 영역에 있는데, 이 미분 비는 자본주의에 고유한 내재적 사회장을 정의하며, 추상 그 자체에 그 실효적인 구체적 가치와 그 구체화 경향성을 준다. 추상은 그 본연의 것이기를 그치지는 않았지만, 더 이상 단순한 양 속에서 독립 항들 간의 가변적 비(比)로 나타나지 않으며, 자기 독립을, 즉 항들의 질(質) 및 비(比)들의 양을 획득했다. 추상적인 것 자신은 구체적인 어떤 것〈으로서〉 자기를 발전시킬 더 복합적인 관계를 정립한다. 그 관계란 미분 비 $\frac{Dy}{Dx}$인데, 여기서 Dy는 노동력에서 미분되어 유도되며 가변자본의 변동을 구성하고, Dx는 자본 자체에서 미분되어 유도되며 불변자본의 변동을 구성한다(〈불변자본이라는 개념은 그 구성 부분들의 가치 변화(Wertrevolution)를 어떤 식으로도 배제하지 않는다〉). 바로 탈코드화된 흐름들의 유동(流動)*에서, 이 흐름들의 결합에서, 자본의 혈연적 형식인 $x + dx$가 나온다. 미분 비가 표현하는 것은, 코드의 잉여가치가 흐름의 잉여가치로 변환이라는 자본주의적 근본 현상이다. 여기서 수학적 외양이 옛 코드들을 대신하고 있다는 점은, 잔존하던 코드들과 영토성들이 파산하여 완전히 다르게 기능하는, 종(種) 자체가 다른 기계에 이용되는 것을 우리가 목격하고 있다는 점을 뜻할 따름이다. 더 이상 삶의 잔혹도, 다른 삶에 맞서는 삶의 공포도 없으며, 사후(死後)의(post-mortem) 전제주의가, 항문과 흡혈귀가 된 전제군주가 있다. 〈자본은 흡혈귀처럼 살아 있는 노동을 빨아먹어야만 생기가 도는 죽은 노동이며, 이 죽은 노동은 살아 있는 노동에서 더 많이 빨

---

79 Karl Marx, *Le Capital*, I, 2부 4장, Pléiade, I, p.259.((옮긴이) 독: p.170, p.169. 영: p.154)

 * 여기서 유동으로 옮긴 fluxion은 수학에서는 '유율법(流率法)', 뉴턴의 미적분법을 뜻한다.

아먹을수록 더 오래 산다.〉이렇게 산업자본은 자본주의 기계를 구성하는 새로운-새 혈연을 제시하며, 이것과 관련하여 상업자본과 금융자본은 이제 특유한 기능들을 맡으면서 새로운-새 결연의 형식을 취한다.

돈의 두 형식, 두 기입

이윤율의 경향적 저하, 말하자면 총자본과 관련한 잉여가치의 경향적 저하라는 유명한 문제는, 자본주의 내재장(內在場)의 집합 안에서만, 또 코드의 잉여가치가 흐름의 잉여가치로 변환되는 조건들에서만 이해될 수 있다. 우선 (발리바르의 지적에 부합하게) 이 이윤율의 저하 경향에는 끝이 없으며, 오히려 이 경향에 상반되는 요인들을 재생산하면서 자신을 재생산한다는 점은 명백하다. 하지만 왜 이 경향에는 끝이 없을까? 필경 자본가들과 그 경제학자들이 잉여가치는 수학적으로 규정 불가능하다는 것을 입증할 때 이들을 미소 짓게 만드는 이유들과 똑같은 이유에서다. 그렇지만 그들이 그렇게 좋아할 건 없다. 오히려 그들은 이로부터 자신들이 숨기려 하는 것을, 즉 임금노동자의 주머니에 들어가는 돈과 기업 대차대조표에 기입되는 돈이 같은 돈이 아니라는 결론을 도출해야 하리라. 전자의 경우에 교환가치의 무력한 화폐 기호들, 소비재들 및 사용가치들에 상대적인 지불수단들의 흐름, 화폐와 생산물들의 선택 폭 간의 일대일대응 관계가 있다(〈내가 권리를 갖고 있는 것, 나에게 돌아오는 것, 따라서 그것은 내 것이다……〉). 후자의 경우에 자본 권력의 기호들, 융자의 흐름들, 생산의 미분계수들의 체계가 있는데, 이 체계는 여기서 지금 실현될 수 없으며, 추상량들의 공리계로서 기능하는, 장기 경제 전망 능력 내지 장기 평가를 증언한다. 전자의 경우에 돈은 소비 흐름에서의 가능한 채취-절단을 재현하며, 후자의 경우에는 생산 흐름들이 자본의 분리들에 전유되는 방향으로의 경제적 사슬들의 이탈-절단 및 재절합의 가능성을 재현한다. 지불수단 구성체와 융자 구조 사이에, 화폐 관리와 자본주의적 축적의 융자 사이에, 교환 화폐와 신용 화폐 사이에 존재하는 은행업의 이원성이 자본주의 체계에서 갖는 중요성은 이미 잘 밝혀진 바 있다.[80] 은행이 융자와 지불에 둘 다 참여하고, 이 둘의 돌쩌귀에 있다는 점은, 이 둘의 다양한 상호작용을 보여 줄 따름이다. 이렇듯, 모든 상업 채권이나 은행 채권을 포함하는 신용 화폐에서, 순수한 상업적 신용은 지불수단으로서의 돈이 전개되는 단순한 유통에 그 뿌리를 두고 있다(유한 부채의 화폐 형식을 구성하는, 지불기일이 정해진 환어음). 거꾸로, 은행 신용은 화폐의 비화폐화 또는 비물질화를 행하고, 돈의 유통 대신 어음들의 유통에 기반하며, 하나의 특수 회로를 가로지르는데, 이 회로에서 은행 신용은 교환이라는 도구적 가치를 얻고 나서 잃어버리며, 흐름의 조건들은 무한 부채에 자본주의적 형식을 줌으로써 환류의 조건들을 내포한다. 하지만 조절자로서의 국가는, 직접 금(金)과의 관련을 통해서건, 간접적으로 신용 보증인, 단일 금리, 자본시장의 통일성 등을 포함하는 중앙 집중화 양식을 통해서건, 이 신용 화폐의 원리상 태환(兌換) 가능성을 보증한다. 따라서 은행업 실천의 두 양상인 지불과 융자라는 돈의 두 형식의 이원성이 지닌 깊은 은폐에 대해 말하는 것은 옳다. 하지만 이 은폐는 오인에서 기인한다기보다 자본주의 내재장을 표현한다. 즉 그것은 외견상 색판직 운동을 표현하는데, 이 운동에서는 하위의 종속된 형식이 다른 형식 못지 않게 필수적이며(돈이 두 테이블에서 노니는 것이 필수적이다) 또한 이 운동에서는 적용되지 않은 태환 가능성이라는 이 원리의 그림자가 없다면 피지배계급의 통합은 전혀 실효성이 없을 테지만, 이 원리만 있으면

80 Suzanne de Brunhoff, *L'Offre de monnaie, critique d'un concept*, Paris : Maspero, 1971. 또 *La Monnaie chez Marx*, Paris : Editions Sociales, 1967(힐퍼딩의 테제들에 대한 비판은 pp.16ff. 참조).

가장 낙후된 피조물의 욕망이, 경제를 알건 모르건, 전력을 다해 자본주의 사회장의 집합을 투자하는 일이 일어나기에 충분하다. 흐름들을 보자면, 그 누가 흐름들, 흐름들 간의 관계들, 흐름의 절단들을 욕망하지 않으랴? 자본주의는 지금까지 알려져 있지 않던 돈의 이 조건들 속에서 흐름들을 흐르게 하고 절단할 줄 알고 있었다. 자본주의가 그 본질 내지 생산양식에 있어 산업적이라는 것이 진실이라 하더라도, 그것은 시장 자본주의로서만 기능한다. 자본주의가 그 본질에 있어 혈연적 산업자본이라는 것이 진실이라 하더라도, 그것은 상업적·금융적 자본과의 결연을 통해서만 기능한다. 어느 모로는, 체계 전체와 욕망의 투자를 쥐락펴락하는 것은 바로 은행이다.[81] 케인스의 공헌 중 하나는 화폐의 문제에 욕망을 다시 도입했다는 점이리라. 바로 이것을 맑스주의 분석의 요구들에 내맡겨야만 한다. 바로 이런 까닭에, 맑스주의 경제학자들이 너무도 빈번히 생산양식에 대한 고찰과 『자본』 1장에 나오는 일반적 등가물로서의 화폐 이론에 대한 고찰에 머물 뿐, 은행업 실천, 금융 활동, 신용 화폐의 특유한 유통을 충분히 중시하지 않는 것은 불행한 일이다(이런 중시야말로 맑스로의 회귀, 맑스주의 화폐 이론으로 회귀한다는 의미이리라).

경향적 저하

하나는 임금노동자의 계좌 속에 있고 다른 하나는 기업의 대차대조표 속에 있는 돈의 이원성, 두 테이블, 두 기입으로 돌아가 보자. 크기의

---

81 Suzanne de Brunhoff, *L'Offre de monnaie*, p.124. 〈통화량이라는 생각 자체는 서로 다른 화폐들이 조합되는 신용 체계의 작용과 상관적으로만 의미를 가질 수 있다. 이런 체계가 없다면 지불수단의 총합만이 있게 될 텐데, 이런 지불수단들은 일반적 등가물이라는 사회적 성격에 접근하지 못할 것이며, 지방의 사적 회로들에서만 사용될 수 있으리라. 화폐들이 동종(同種)적인 것이 되고 절합된 집합의 성분들로서 나타날 수 있는 것은, 오직 중앙 집중 체계에서이다〉(그리고 체계 속의 객관적 **은폐**에 관해서는 p.110, p.114 참조).

문명 자본주의 기계

두 차원을 같은 분석 단위로 측정하는 것은 순전한 허구이자 희극적 사기로, 이는 마치 은하계들 간 거리나 원자 내부의 거리를 미터나 센티미터로 측정하는 것과도 같다. 기업들의 가치와 임금노동자들의 노동력의 가치 사이에는 공통 척도가 전혀 없다. 바로 이런 까닭에 경향적 저하에는 종결이 없다. 총생산량 관점에서 생산의 흐름의 변주의 극한이 문제라면 미분계수는 물론 계산 가능하지만, 생산의 흐름과 잉여가치의 원천인 노동의 흐름이 문제라면 미분계수는 계산 불가능하다. 그리하여 차이를 본성의 차이로 구성하는 관계 속에서 차이는 무화하지 않으며, 〈경향〉은 종결이 없고, 도달할 수 있거나 나아가 접근할 수 있는 외부 극한이 없다. 경향은 단지 내적 극한을 갖고 있을 뿐이며, 끊임없이 이 극한을 넘어가지만, 이 극한을 이전(移轉)하면서, 말하자면 이 극한을 재구성하면서, 이전을 통해 새로 넘어가야 할 내적 극한으로 이 극한을 재발견하면서, 그리한다. 그리하여 자본주의적 경과의 연속성이 늘 이전된 절단의 이 절단 속에서, 말하자면 분열과 흐름의 이 통일성 속에서 탄생한다. 원국가의 퇴각과 변형 아래서 발견되는 그러한 내재적 사회장이 끊임없이 확대되고 완전히 특수한 존립성을 얻는 것은 바로 이미 이런 양상 아래에서이다. 이 존립성은, 사태는 고장 난다는 조건에서만 잘 작동한다는 일반 원리를 자본주의가 그 나름대로 알면서 해석한 방식을, 즉 위기를 〈자본주의 생산양식에 내재하는 수단〉으로 본 방식을 보여 준다. 자본주의가 모든 사회의 외부 극한이라면, 그 까닭은 자본주의가 스스로 외부 극한을 갖고 있지 않고, 나만 스스로 자본이면서 자본이 만나지는 않지만 자본이 늘 이전함으로써 재생산하는 내부 극한만을 갖고 있기 때문이다.[82] 장조

---

82 Karl Marx, *Le Capital*, III, 3부 결론, Pléiade II, p.1032.((옮긴이) 독: p.260. 영: p.250)〈자본주의 생산은 그것에 내재하는 극한들을 부단히 넘어가려 애쓰지만, 이 극한들을 새로이 엄청난 규모로 자기 앞에 놓는다고 하는 수단을 통해서만 넘어선다. 자본주의 생산의 **참된 극한**은 **자본** 그 자신이다.〉

제프 구는 접선 없는 곡선이라는 수학적 현상과 이 곡선이 언어학뿐 아니라 경제학에서도 지닐 수 있는 의미를 정확하게 분석한다. 〈만일 운동이 그 어떤 극한으로도 향하지 않는다면, 만일 미분계수가 계산 불가능하다면, 현재는 더 이상 의미가 없다. (……) 미분계수는 풀리지 않으며, 차이들은 더 이상 그 관계 속에서 무화하지 않는다. 그 어떤 극한도 틈, 이 틈의 틈과 대립하지 않는다. 경향은 종결을 찾지 못하며, 동체(動體)는 결코 장래가 즉각 그에게 마련해 준 것의 끝에 이르지 못한다. 동체는 사고들, 일탈들에 의해 끊임없이 지연된다. (……) 이런 것이 절대적 틈 속에 있는 연속성이라는 복잡한 개념이다.〉[83] 체계의 확장된 내재성 속에서, 극한은 그 원시 유적지에서는 저하시키려는 경향을 보였던 것을 그 이전에서는 재구성하는 경향이 있다.

자본주의와 탈영토화

그런데 이 이전 운동은 본질적으로 자본주의의 탈영토화에 속한다. 사미르 아민이 밝힌 바와 같이, 탈영토화의 경과는 여기서는 중심부에서 주변부로 간다. 말하자면, 선진국들에서 저개발국들로 가는 것이다. 저개발국들은 따로 떨어져서 하나의 세계를 구성하는 것이 아니라, 세계 자본주의 기계의 본질적인 한 부품을 구성한다. 하나 더, 중심부 그 자신은 저개발의 조직된 지역들, 보호 지구들, 빈민가들을 내부 주변부로 갖고 있음을 덧붙여야 한다(피에르 무사는 광대한 저개발 지대들을 성공적으로 지켜 낸 제3 세계의 한 부분이라고 미국을 정의한 바 있다). 이윤율 저하 내지 평균화로의 경향이 중심부에서 적어도 부분적으로 실행된다는 점이 진실이라면, 이 경향이 경제를 가장 진보적이고 가장 자동화된

²⁷⁵

---

83 Jean-Joseph Goux, "Dérivable et indérivable," *Critique*, 1970년 1월, pp.48~49.

부문들로 이끌어 갈진대, 주변부에서의 참된 〈저개발의 개발〉은 중심부의 프롤레타리아와 관련해 주변부 프롤레타리아를 크게 착취하는 식으로 높은 잉여가치율을 확보한다. 왜냐하면 주변부의 수출들이 무엇보다도 전통적 부문들이나 의고적 영토성들에서 유래한다고 생각하는 것은 큰 잘못이겠기 때문이다. 반대로, 그 수출들은 저개발국들에 자본을 제공하는 것이 선진국들이 아니라 오히려 그 반대인 지점에서, 높은 잉여가치를 낳는 근대 산업들과 대농장들에서 유래한다. 원시 축적이 자본주의 여명기에 한 번에 생산된 것이 아니라, 영속적이며 끊임없이 재생산된다는 점은 정말이지 진실이다. 자본주의는 혈연 자본을 수출한다. 자본주의적 탈영토화가 중심부에서 주변부로 행해짐과 동시에, 주변부에서의 흐름들의 탈코드화는 전통 부문들의 파멸, 외향적 경제 회로들의 발전, 3차산업의 특유한 비대, 생산성과 소득 분배에서 극단적 불평등을 확보하는 〈탈분절화〉를 통해 행해진다.[84] 바로 흐름의 매 이행이 하나의 탈영토화이며, 바로 이전된 매 극한이 하나의 탈코드화이다. 자본주의는 주변부에서 점점 더 분열증화한다. 사정이 그럴지라도, 중심부에서는 경향적 저하가 자신의 제한된 방향을 유지하고 있다는 점은, 말하자면 생산성, 자동화, 불변자본의 발전에 의해 확보된 채, 전체 자본에 대한 잉여가치의 상대적 감소를 유지하고 있다는 점은 여전하다고 말할 수 있으리라.

인간적 잉여가치와 기계적 잉여가치

이 문제는 최근에 모리스 클라벨이 일부러 문외한인 척 내놓은 일

---

84 Samir Amin, *L'Accumulation à l'échelle mondiale*, Paris: Anthropos, 1970, pp.373ff.

련의 결정적 물음들에서 다시 제기되었다. 말하자면, 다음 질문을 잘 이해하지 못하는 누군가가 맑스주의 경제학자들에게 던진 물음들에서 말이다. 즉 기계들도 〈노동〉하거나 가치를 생산하며, 언제나 노동했고, 인간에 비하면 점점 더 많이 노동하고 있으니, 인간은 생산의 경과 곁에 있기 위해 이 경과의 구성 부분이기를 그친다는 점을 전적으로 인정하면서도, 어떻게 인간적 잉여가치를 자본주의 생산의 기반이라고 주장할 수 있을까?[85] 따라서 불변자본에 의해 생산된 기계적 잉여가치가 있다. 이 잉여가치는 자동화 및 생산성과 더불어 발전하며, 경향적 저하에 대립하는 요인들(인간 노동 착취 강도의 증대, 불변자본 요소들의 가격 저하 등)에 의해서는 설명할 수 없다. 왜냐하면 이 요인들이 도리어 자동화 및 생산성에 의존하기 때문이다. 우리도 불가피하게 문외한으로서 말해야 하겠지만, 이 문제들은 코드의 잉여가치가 흐름의 잉여가치로 변환한다는 조건들 아래서만 가시화될 수 있을 성싶다. 왜냐하면 우리는 전-자본주의 체제들을 코드의 잉여가치에 의해 정의했고, 자본주의를, 코드의 잉여가치를 흐름의 잉여가치로 변환한 일반화된 탈코드화에 의해 정의했기에, 우리는 사태를 요약해서 제시한 셈이며, 또 우리는 여전히 마치 코드의 모든 가치를 상실한 자본주의 여명기에 사태가 단박에 조절되기라도 한 것처럼 굴었기 때문이다. 그런데 실은 그렇지가 않다. 한편으로 코드들은 의고주의라는 명목으로라도 존속하고 있지만, 이 코드들은 인물이 된 자본(자본가, 노동자, 도매상, 은행가……) 속에서 완전히 현행적이며 상황에 적응된 기능을 맡고 있다. 하지만 다른 한편으로 더 깊은 수준에서, 모든 기술 기계는 특수한 유형의 흐름

---

85 Marice Clavel, *Qui est aliéné?*, Paris: Flammarion, 1970, pp.110~124, pp.320~327. (자동화에 대해서는, K. Marx, *Principes d'un critique de l'économie politique*, 1857~1858의 위대한 장, Pléiade, II, pp.297ff.((옮긴이) 독: p.882ff. 영: pp.692ff.) 참조)

문명 자본주의 기계

들을, 즉 기술과 심지어 과학의 요소들을 형성하는, 기계의 내부와 외부에 동시에 있는 코드의 흐름들을 전제한다. 전-자본주의사회들에서는 결코 독립성을 획득하지 못할 그런 방식으로 자신이 처박히거나 코드화되거나 초코드화되는 것은 바로 이 코드의 흐름들이다(대장장이, 천문학자……). 하지만 자본주의에서의 흐름들의 일반화된 탈코드화는 다른 흐름들과 같은 명목으로 코드의 흐름들을 해방하고 탈영토화하고 탈코드화했다. 그래서 자동 기계는 힘들의 장으로서 자신의 몸 내지 자신의 구조 속에서 언제나 흐름들을 내부화하고, 동시에 과학과 기술에, 즉 노동자의 육체노동과 구별되는 이른바 두뇌 노동에 의존하기에 이르렀다(기술 대상의 진화). 이런 의미에서, 자본주의를 만들었던 건 기계들이 아니며, 반대로 바로 자본주의가 기계들을 만드는 것이며, 자본주의가 자신의 기술적 생산양식을 변혁하는 새로운 절단들을 끊임없이 도입하는 것이다.

아직은 이 점에 대해 여러 교정을 가해야 한다. 왜냐하면 이 절단들은 시간이 걸리며, 또 광범위하게 확장되기 때문이다. 통시적 자본주의 기계가 하나나 몇 개의 공시적 기술 기계에 의해 자신을 변혁시키도록 용인하는 일은 절대로 없으며, 또 예전 체제들에서 알려져 있지 않던 독립성을 과학자들과 기술자들에게 주는 일도 절대로 없다. 아마도 통시적 자본주의 기계는 과학자들, 가령 수학자들을 자기 분야에서 〈분열증화〉하게 용인할 수는 있으며, 이 과학자들이 이른바 기초연구의 공리계들로 조직하는 사회적으로 탈코드화된 코드의 흐름들을 통과시킬 수는 있다. 하지만 참된 공리계는 거기에 없다(어떤 지점까지는 학자들을 내버려 두며, 그들 나름의 공리계를 만들게 할 수는 있다. 하지만 중대한 사태가 벌어지는 순간이 온다. 가령 비결정론 물리학은, 자신의 입자 흐름들을 갖고, 〈결정론〉과 화해해야만 한다). 참된 공리계는 사회 기계 자체의 공리계이다. 이 공리계는 옛 코드화들을 대신하며, 과학과 기술 코드의 흐름들을 포함해서 탈코드화된 모든 흐름을 조직하여 자본주의 체계의 이익을 도모하고 그 목적들에 복무한다. 바로 이런 까닭에 산업혁명은 기계들과 과학들을 상당히 불신하면서도 높은 수준의 기술 진보와 다량의 〈퇴물〉 장비의 유지를 조합했다는 지적이 자주 있어 왔다. 혁신은 그 투자가 생산 비용 절감을 통해 제공하는 이윤율에서 출발해서만 채택된다. 만일 전망이 좋지 않다면, 자본가는 다른 영역의 기존 장비들에 투자하는 것과 병행해서 투자할 각오로 기존 장비들을 유지한다.[86] 따라서 인간적 잉여가치는 심지어 중심부에서도 또 고도로 산업화된 부문들에서도 결정적 중요성을 간직한다. 기계적 잉여가치를 통한 비용 절감과 이윤율 제고를 규정하는 것은 혁신 자체가 아니다. 혁신 자체의 가치는 인간적 잉여가치 못지않게 측정 불가능하다. 그것은 심지어 따로 떼어 가시화된 신기술의 수익성도 아니다. 오히려 그것은 시장과의 관계, 또 상업자본 및 금융자본과의 관계 속에서 기업의 전반적 수익성에 끼치는 효과이다. 이것이, 가령 19세기부터 볼 수 있듯이, 증기기계와 직물 기계들 또는 제철 생산기술들의 통시적 만남들과 재절단들이 함축하는 바이다. 일반적으로 혁신의 도입은 언제나, 시장 전망치가 대규모 개발을 정당화하는 순간에 이를 때까지, 과학적으로 필요한 시간을 넘겨 지연되는 경향이 있다. 여기서도, 결연 자본은 산업자본 내에서 기계적 혁신들에 강한 선별 압력을 행사한다. 요컨대 흐름들이 탈코드화된 곳에서는, 기술적·과학적 형식을 띠는 코드의 특수한 흐름들은 모든 과학적 공리계보다도, 사라진 모든 옛 코드 내지 초코드화보다도 훨씬 더 냉혹한 고유의 사회 공리계에 종속되는데, 이는 바로 세계 자본주의 시장의 공리계이다. 요컨대 자본주의 체제에 의해 과학과 기술 분야에서 〈해방〉된

278

---

86 Paul Baran & Paul Sweezy, *Le Capitalisme monopoliste*, 1966, Paris: Maspero, pp.96~98.((옮긴이) 영: pp.93~97. 독: pp.94ff.)

397   문명 자본주의 기계

코드의 흐름들은 기계적 잉여가치를 낳는데, 이 잉여가치는 과학과 기술 자체에 직접 의존하는 것이 아니라 자본에 의존하며, 또 인간적 잉여가치에 덧붙여져, 이 잉여가치의 상대적 저하를 교정한다. 그리하여 이 기계적 잉여가치와 인간적 잉여가치 양자가 이 체계의 특징을 이루는 흐름의 잉여가치의 집합을 구성한다. 지식, 정보, 전문교육은 노동자의 가장 기초적인 노동 못지않은 자본의 일부이다(〈지식 자본〉). 그리고 탈코드화된 흐름들에서 결과하는 한의 인간적 잉여가치 면에서, 우리는 육체노동과 자본 간에, 또는 돈의 두 형식 간에, 통약(通約) 불가능성 내지 근본적 비대칭을 발견한 바 있는데(지정할 수 있는 그 어떤 외부 극한도 없다) 마찬가지로 여기서도, 과학과 기술 코드의 흐름들에서 결과하는 기계적 잉여가치 면에서, 우리는 과학 노동 내지 기술 노동(아무리 보수가 279 높다 해도)과 다른 기록 속에서 기입되는 자본의 이윤 간에 그 어떤 통약 가능성도 그 어떤 외부 극한도 발견하지 못한다. 이런 점에서 지식의 흐름과 노동의 흐름은 자본주의적 탈코드화 내지 탈영토화에 의해 규정된 동일한 상황 속에 있다.

반생산

하지만 혁신이 생산 비용 절감에 의해 이윤을 증대하는 한에서만, 또 혁신을 정당화할 만큼 충분히 높은 생산 규모가 실존하는 한에서만 받아들여진다는 것이 참이라면, 여기서 나오는 당연한 귀결은, 혁신에서의 투자가 위의 두 경우 어디서든 생산된 흐름의 잉여가치를 실현하거나 흡수하기에 절대로 충분치 않다는 것이다.[87] 맑스는 이 문제의 중

---

87 이 명제가 내포하는 감가상각이란 착상에 대해서는 Paul Baran & Paul Sweezy, *Capitalisme monopoliste*, pp.100~104((옮긴이) **영**: pp.99~102. **독**: pp.100ff.) 참조.

요성을 잘 보여 주었다. 늘 확대되는 자본주의의 원(圓)은, 언제나 더 큰 규모로 그 내재적 극한들을 재생산하기에, 잉여가치가 생산되거나 수탈될 뿐 아니라 또한 흡수되고 실현되어야만 완결된다.[88] 자본가가 향유에 의해 정의될 수 없다면, 그 까닭은 자본가의 목표가 잉여가치를 낳는 〈생산을 위한 생산〉일 뿐 아니라 이 잉여가치의 실현이기도 하기 때문이다. 실현되지 않은 흐름의 잉여가치는 생산되지 않은 것과 다름없으며, 실업과 침체 속에 구현된다. 소비와 투자 바깥에서 흡수하는 주요 방식들을 나열하는 것은 쉬운 일이다. 광고, 문민정부, 군국주의, 제국주의가 그것이다. 이런 점에서 자본주의 공리계에서 국가의 역할은, 국가가 흡수하는 것은 기업들의 잉여가치에서 떼어 내는 것이 아니라 이 잉여가치에 덧붙이는 것이라는 점에서 잘 드러난다. 이 일은 자본주의경제를 주어진 극한들 내에서 최대 생산량에 접근시키고, 또 그 나름대로 특히 사기업과 전혀 경쟁하지 않으며 오히려 그 반대인 군비(軍費)의 차원에서 이 극한들을 확대함으로써 이루어진다(오직 전쟁만이 뉴딜에 결핍된 것을 성취해 냈다). 정치-군사-경제 복합체의 역할은, 주변부에서, 또 중심부의 전유된 지대들에서, 인간적 잉여가치의 추출을 보증한다는 점에서 중요하지만, 또한 그 자신이 지식 정보 자본의 자원을 동원하여 막대한 기계적 잉여가치를 낳고, 결국은 생산된 잉여가치의 가장 큰 부분을 흡수한다는 점에서도 더욱 중요하다. 국가, 경찰, 군대는 반생산의 매머드급 기업을 형성하지만, 생산 자체의 한복판에서, 생산을 조건 지으면서 그렇게 한다. 우리는 여기서 자본주의 고유의 내재장에 대한 새로운 규정을 발견한다. 즉 탈코드화된 흐름들의 미분 비들과 미분계수들의 놀이뿐 아니라, 자본주의가 내부 극한들인 한 언제

280

---

88 Karl Marx, *Le Capital*, III, 3부 결론, Pléiade, II, p.1026.((옮긴이) 독: p.257ff. 영: p.244)

나 더 큰 규모로 재생산하는 극한들의 본성뿐 아니라, 생산 자체 속에 있는 반생산의 현존 역시도 이 새로운 규정인 것이다. 이 반생산 장치는 더 이상 생산에 대립되고 생산을 한정하거나 저해하는 초월적 심급이 아니다. 반대로, 그것은 도처에서 생산 기계에 스며들어, 이 기계와 밀접하게 맺어져 그 생산성을 조절하고 그 잉여가치를 실현한다(이로부터 가령 전제군주 관료제와 자본주의 관료제 간의 차이가 생긴다). 반생산 장치의 유출은 자본주의 체계 전체의 특징이다. 자본주의적 유출은 그 경과의 모든 층위에서 생산 속으로의 반생산의 유출이다. 한편으로 이 반생산의 유출만이 자본주의의 최고 목표를 실현시켜 줄 수 있는데, 곧 반생산이 과잉 자원을 흡수함으로써 거대 집합체들 속에 결핍을 생산하고, 언제나 너무 많이 있는 곳에 결핍을 도입한다는 목표 말이다. 다른 한편 이 반생산의 유출만이 지식 자본 및 지식 흐름을, 어리석음 자본 및 어리석음에 상당하는 흐름을 이중화하는데, 이 후자는 또한 흡수와 실현을 시행하며, 집단들과 개인들을 체계에 확실하게 통합한다. 너무 많음의 한가운데에 결핍이 있을 뿐 아니라 지식과 과학 속에 어리석음이 있도다. 특히, 과학·기술 지식의 가장 진보적 부문들이 현행 기능들을 가장 잘 맡고 있는 형편없는 의고주의들과 혼인을 맺는 것이 어떻게 바로 국가와 군대의 층위에서인지를 보게 되리라.

자본주의 내재성의 잡다한 양상들

앙드레 고르가 〈과학·기술 노동자〉를 묘사하는 이중의 초상에는 그 모든 의미가 있다. 이 노동자는 지식, 정보, 교육의 흐름의 대가(大家)이지만, 자본에 너무도 잘 흡수되어 있어서, 조직되고 공리화된 어리석음의 환류와 자신을 일치시킨다. 그래서 그는 저녁에 집에 돌아가 텔레비전 채널을 이리저리 돌림으로써 자기의 작은 욕망 기계들을 되찾는다.

아, 절망스럽구나.[89] 물론, 과학자는 과학자인 한에서는 그 어떤 혁명적 권력도 갖고 있지 않다. 과학자는 통합에 첫째로 통합된 담당자요, 양심의 가책의 피난처요, 자기 고유의 창조성의 부득이한 파괴자이다. 우리가 상상할 수 있는 그런, 미국식의, 갑작스레 돌연변이를 한, 〈경력〉의 훨씬 더 놀라운 예를 들어 보자. 그레고리 베이트슨은 민족학자가 되어 원시 코드들과 미개 흐름들을 따라감으로써 문명 세계로부터 도주하는 일에서 시작한다. 그다음에 그는 점점 더 탈코드화된 흐름들, 즉 분열증의 흐름들로 방향을 돌려, 이로부터 하나의 흥미로운 정신의학 이론을 끌어낸다. 더 나아가 그는 너머에 대한, 돌파할 또 다른 벽에 대한 탐구를 하기 위해, 돌고래들, 돌고래들의 언어활동으로, 더 이상하고 더 탈영토화된 흐름들로 방향을 돌린다. 하지만 돌고래의 흐름의 끝에는 무엇이 있을까? 그것은 우리를 전쟁 준비와 잉여가치의 흡수로 몰아가는 미군의 기초 연구들이 아니었던가? 자본주의국가에 비하면, 사회주의국가들은 어린애들이다(그렇지만 국가의 공리화 역할에 관해 아버지에게 뭔가를 배운 어린애들이다). 하지만 사회주의국가들은, 직접 폭력을 쓰는 경우를 제외하고는, 흐름의 예기치 않은 누출[도주]들을 막는 데 많은 어려움을 겪는다. 이와 반대로 자본주의 체계의 회복 권력이라 일컬어지는 점은, 그 공리계가 본성상 더 유연하다는 점이 아니라 그 공리계가 더 광범하고 더 포괄적이라는 점이다. 누구라도 그런 체계에서는 생산 체계 전체에 생기를 불어넣는 반생산 활동에 엮이지 않을 수 없다. 〈반인간적 기업에 관여하고 있는 것은 군사 기계를 부리고 공급하는 사람들만이 아니다. 아무에게도 필요하지 않은 재화와 서비스를 생산하고 이것들에 대한 수요를 창조하는 다른 수백만 노동자들에 대해서

---

89 André Gorz, *Stratégie ouvrière et néo-capitalisme*, Paris: Seuil, 1964, p.57.((옮긴이) 영: p.106. 독: p.92)

문명 자본주의 기계

도 정도는 다르지만 같은 말을 할 수 있다. 경제의 다양한 부문들과 분야들은 서로 너무도 의존하고 있어서, 거의 누구나 이런저런 방식으로 반인간적 활동에 연루되어 있다. 베트남에서 싸우는 군대에 식료품을 공급하는 농부, 자동차 새 모델에 필요한 복잡한 기계장치를 만들어 내는 도구와 죽음의 제작자들(tool and die makers), 자신의 생산물들이 사람들의 정신을 통제하는 데 사용되는 종이와 잉크와 텔레비전의 제조업자들, 기타 등등이 그러하다.〉[90] 이렇듯 줄곧 확대된 자본주의적 재생산의 세 절편들은 한데 묶이는데, 이 절편들은 또한 그 내재성의 세 양상을 무척 잘 정의해 준다. ① 노동과 생산 각각의 탈코드화된 흐름들 사이의 미분 비에서 출발해 인간적 잉여가치를 추출하고, 중심부에서 주변부로 이전하면서도 중심부에 방대한 잔여 지대들을 간직해 두는 양상. ② 과학·기술 코드의 흐름들의 공리계에서 출발해, 중심부의 〈최첨단〉 영역들에서 기계적 잉여가치를 추출해 내는 양상. ③ 흐름의 잉여가치의 이 두 형식의 방출을 보증하고, 생산 장치 속에 계속해서 반생산을 주입함으로써, 이 두 형식을 흡수하거나 실현하는 양상. 사람들은 주변부에서 분열증화하거니와, 이에 못지않게 중심부 및 중간에서도 분열증화한다.

흐름들

잉여가치의 정의는 가변자본의 인간적 잉여가치와 구별되는 불변자본의 기계적 잉여가치와 관련해서, 그리고 흐름의 잉여가치의 집합의 측정 불가능한 성격과 관련해서, 교정되어야만 한다. 잉여가치는 노

---

90 Paul Baran & Paul Sweezy, *Capitalisme monopoliste*, p.303.((옮긴이) 영: p.344. 독: pp.327ff.)

동력의 가치와 노동력에 의해 창조된 가치 사이의 차이에 의해서는 정의될 수 없다. 오히려 서로 내재하는 이 두 흐름의 통약 불가능성에 의해, 이 두 흐름을 표현하는 화폐의 두 양상 간의 어긋남에 의해, 또 한편으로 참된 경제력을 측정하며 다른 한편으로 〈소득〉으로 규정된 구매력을 측정하는 두 흐름과 관련해서 외부 극한의 부재에 의해 정의될 수 있다. 1차적인 것은 자본의 충만한 몸을 구성하는 탈영토화된 거대 흐름이다. 베르나르 슈미트 같은 경제학자는 무한 부채의 이 흐름을 특징짓기 위해 *"순식간의 창조적 흐름"*이라는 서정적인 묘한 말을 찾아낸다. 이 흐름은 은행들이 자기들 자신에 대한 부채로서 자발적으로 창조하는 무에서의 창조이다. 이 창조는 지불수단으로 마련된 화폐를 전달하는 대신, 충만한 몸의 한 극단에서 마이너스 화폐(은행의 채무로 기입된 부채)를 파내고, 다른 극단에서 플러스 화폐(은행에 기초한 생산적 경제의 채권)를 투사한다. 이 창조는 소득에 들어가지도 않고 구매로도 향하지 않는 〈돌연변이 권능(pouvoir)을 지닌 흐름〉이고, 순수한 처분 가능성이며, 소유물도 부도 아니다.[91] 화폐의 다른 양상은 환류를 재현한다. **283** 말하자면 화폐가 노동자들 내지 생산 요인들에 분배됨으로써, 소득으로 할당됨으로써 구매력을 획득하자마자 재화와 맺게 되는 관계, 그리고 이 소득들이 현실적 재화로 변환되자마자 상실하게 되는 관계를 재현한다(이렇게 되면 모든 것은 무엇보다도 첫째 양상 아래서 탄생할 새로운 생산에 의해 재개된다……). 그런데 흐름과 환류라는 두 양상의 통약 불가능성은, 임금노동자들이 엄청난 양의 소득들이 빠져나가도록 내버려두게 되므로 명목임금들이 국민총소득을 포괄해도 소용없다는 점을 보여 준다. 기업들이 포획하는 이 소득들은, 그 나름으로 결합에 의해 하나의 유입, 즉 이번엔 순이익의 연속된 흐름을 형성하며, 이 유입은 잡

---

91 Bernard Schmitt, *Monnaie, salaires et profits*, Paris: P.U.F., 1966, pp.234~236.

문명 자본주의 기계

다하게 할당되긴 해도(이자, 배당금, 임원 임금, 생산재 구입 등) 〈단 한 번의 분출에〉 충만한 몸 위를 흐르는 하나의 미분할량(未分割量)을 구성한다.[92] 문외한인 관찰자는 이 경제적 도식 전체, 이 역사 전체가 깊이 분열증적이라는 인상을 받는다. 그렇지만 모든 도덕적 언급을 스스로 금하는 이 이론의 목적은 분명해 보인다. "누가 도둑맞을까?"라는 생략된 진지한 물음이며, 클라벨의 〈누가 소외되었나?〉라는 아이러니한 물음을 반향(反響)한다. 그런데 아무도 도둑맞지 않았고 또 도둑맞을 수도 없다. 누가 소외되었는지 또 누가 소외하는지 이제는 전혀 알 수 없다고 클라벨이 말한 것과 마찬가지로. 누가 도둑질하나? 순식간의 창조적 거대 흐름의 대표인 금융 자본가는 확실히 아닌데, 그 까닭은 이 거대 흐름은 소유도 아니고 구매력도 없기 때문이다. 누가 도둑맞았나? 구매된 것도 아닌 노동자는 확실히 아닌데, 왜냐하면 구매력을 전제하는 것이 아니라 구매력을 창조하는 것이 바로 환류 또는 임금의 분배이기 때문이다. 누가 도둑질할 수 있을까? 이윤의 유입의 대표인 산업자본가는 확실히 아닌데, 왜냐하면 〈이윤들은 환류 속을 흐르지 않고, 수입을 창조하는 흐름과 나란히, 이 흐름에서 벗어나고 이 흐름을 승인하지 않으면서 흐르기〉 때문이다. 예전에 스며든 체계에 새로운 공리를 덧붙이기 위해 늘 자신의 고유한 극한들을 확대할 준비가 되어 있으니, 자본주의 공리계는 이 얼마나 유연한가. 여러분은 임금노동자들, 노동자계급, 노동조합을 위한 공리를 원하지요. 자, 그럼 봅시다. 이제부터 이윤은 임금 쪽으로 흐르고, 환류와 유입 둘 다 나란히 흐를 거예요. 심지어 돌고래의 언어활동을 위한 공리조차 발견되리라. 맑스는 자본가가 자기 고유의 냉소를 숨기지 않는 자본가의 황금시대에 대해 종종 넌지시 말하곤 했다. 적어도 처음에는 자본가는 자기가 하고 있는 일, 즉

---

92 B. Schmitt, *Monnaie, salaires et profits*, p.292.

잉여가치를 수탈하는 일을 모를 수 없었다. 하지만 자본가가 "아니, 아무도 도둑맞지 않았어"라고 선언하기에 이르면, 이 냉소는 얼마나 커져 버리는가. 왜냐하면 이때에는 모든 것이 마치 이윤과 잉여가치가 태어나는 지독한 심연 속에 있는 듯 두 종류의 흐름들 간의 어긋남에 근거하고 있기 때문이다. 이 중 하나는 시장 자본의 경제력의 흐름이며, 다른 하나는 조롱하듯 〈구매력〉이라고 명명된 흐름으로, 산업자본가의 상대적 의존성뿐 아니라 임금노동자의 절대적 무력함을 재현하는 진정 무력화된 흐름이다. 자본주의의 진짜 경찰, 그것은 화폐와 시장이다.

마치 공급과 수요에 따라 언제나 밖에서부터 경제에 화폐를 불어넣어 줘야만 하기라도 하는 양, 자본주의 경제학자들은 경제를 계속해서 〈화폐화〉해야 할 것으로 제시하는데, 이는 어떤 면에서는 잘못이 아니다. 왜냐하면 바로 이렇게 체계 전체가 유지되고 작동하며, 계속해서 자기 고유의 내재성을 채우기 때문이다. 바로 이렇게 체계 전체는 욕망 투자의 전반적 대상이다. 임금노동자의 욕망, 자본가의 욕망, 이 모두가 하나의 똑같은 욕망으로 고동치는데, 이 욕망이 기초하는 곳은 할당할 수 있는 외부 극한이 없는 흐름들의 미분 비이며, 자본주의가 언제나 확대되고 언제나 더 포괄적인 규모로 자신의 내재적 극한들을 재생산하는 곳이다. 따라서 바로 흐름들에 대한 일반화된 이론의 층위에서 다음 물음에 답할 수 있다. 어떻게 사람들은 권력을 욕망하면서도 동시에 자기 자신의 무력함을 욕망하기에 이를까? 어떻게 그런 사회장이 욕망을 통해 투자될 수 있었을까? 흐름을 흐르게 하고 절단하는 것이 문제일 때, 욕망은 이른바 객관적 이해관계를 얼마나 넘어갈까? 아마 맑스주의자들은 자본주의 속 특유한 관계로서의 화폐의 형성이 경제를 화폐경제로 만드는 생산양식에 의존한다는 점을 떠올릴 것이다. 다음과 같은 점이 남는다. 즉 자본의 외견상 객관적 운동은 결코 의식의 오인도 가상도 아니며, 자본주의의 생산적 본질이 그 자체 필연적으로 그것을 지배하는 상품 내지 화폐의 형식으로만 기능한다는 것을, 그리고 이 형식의 흐름들 및 이 흐름들 간의 관계들은 욕망의 투자의 비밀을 포함하고 있다는 것을 보여 준다. 욕망의 통합(積分)이 일어나는 것은 흐름들의 차원, 화폐 흐름들의 층위에서이지, 이데올로기 층위에서가 아니다. 그렇다면 그 어떤 해법, 그 어떤 혁명의 길이 있을까? 정신분석은 돈과 가장 친밀한 관계에 있으면서도 별 도움이 되지 못한다. 정신분석은 스스로는 인정하기를 경계하면서 실은 경제적-화폐적 의존 체계 전체를 자신이 다루는 각 환자의 욕망의 핵심에 등록하고, 잉여가치를 흡수하는 매머드급 기업을 제 나름으로 구성한다. 하지만 어떤 혁명적 길이 있을까? 하나라도 있을까? 사미르 아민이 제3 세계 나라들에 충고하듯, 세계시장에서 파시스트적 〈경제 해법〉이라는 기묘한 갱신 속으로 퇴각하는 것? 아니면, 반대 방향으로 가는 것? 말하자면 시장의 운동, 탈코드화와 탈영토화 운동 속에서 더욱더 멀리 가는 것? 왜냐하면 아마도 고도로 분열적인 흐름들의 이론과 실천의 관점에서 보면, 흐름들은 아직 충분히 탈영토화되지도, 탈코드화되지도 않았기 때문이다. 경과에서 퇴각하지 않고, 더 멀리 가야 한다, 니체가 말했듯, 〈경과(Prozeß)를 가속하라.〉 사실 이 문제에 관해 우리는 아무것도 보지 못했다.

10 자본주의적 재현

자본주의적 재현의 요소들

기록은 결코 자본주의의 것이 아니었다. 자본주의는 지독한 문맹이다. 기록의 죽음은 신의 죽음이나 아버지의 죽음과도 같아서, 이 일이 일어난 것은 이미 오래전이다. 하기는 이 사건이 우리에게 이르는 데는 오랜 시간이 걸리고, 또 우리가 늘 기록에 사용했던 사라진 기호들의 회상이 우리 속에 살아남아 있기는 해도 말이다. 그 이유는 단순하다. 기록은 언어활동 일반의 용법을 내포하기 때문인데, 이 용법에 따라 표기행위는 목소리에 보조를 맞추며, 목소리를 초코드화하고, 기표로 기능하는 천상의 허구적 목소리를 야기한다. 지시된 것의 자의성, 기의의 종속, 전제군주 기표의 초월성, 끝으로 전제군주의 퇴각에 의해 발견되는 내재장에서의 전제군주 기표의 최소 요소들로의 잇따른 분해, 이 모든 것은 기록이 제국의 전제군주적 재현에 속함을 표시한다. 그렇다면 〈구텐베르크 은하계〉의 폭발 소식이 있을 때, 이 말은 정확히 무슨 뜻일까? 분명, 자본주의는 기록을 많이 이용해 왔고 지금도 이용하고 있다. 기록은 일반적 등가물인 화폐에 부합할 뿐 아니라, 또한 자본

주의에서 화폐의 특유한 기능들은 기록과 인쇄술을 경유해 왔고, 일부

는 지금도 계속해서 경유하고 있다. 기록은 여전히 자본주의 속에서 의고주의 역할을 전형적으로 수행하고 있으며, 여기서 구텐베르크 인쇄술은 의고주의에 현행 기능을 주는 요소이다. 하지만 흐름들의 일반화된 탈코드화에 대응하는 기술적 표현 수단들이 나타날 때에는, 언어활동의 자본주의적 사용은 권리상 다른 본성을 띠며, 직간접적 형식으로 전제군주적 초코드화를 여전히 가리키는 대신에 자본주의 자체에 고유한 내재장에서 실현되거나 구체적이 된다. 우리가 보기에는 이런 것이 매클루언의 분석들의 의미이다. 그는 흐름들을 포박하고 초코드화하는 기표에 반대해서 탈코드화된 흐름들의 언어활동이 어떤 것인지를 밝혔다. 무엇보다도 비기표적 언어활동에 있어서는 모든 것이 좋다. 즉 무정형의 연속체로서 그 실체나 받침대에는 어디까지나 무관심한 이 언어활동에서는 그 어떤 목소리, 표기, 몸짓 등의 흐름도 특권을 갖고 있지 않다. 전기의 흐름도 임의의 어떤 흐름 그 자체로서의 실현이라고 여길 수 있다. 하지만 어떤 흐름이 다른 흐름과 관계를 맺을 때 하나의 실체가 형성되었다고 이야기되는데, 이때 전자는 내용을 정의하고 후자는 표현을 정의한다.[93] 내용과 표현의 탈영토화된 흐름들은 결합 또는 상호 전제의 상태에 있으며, 이 상태는 내용과 표현의 궁극적 단위들인 형상들을 구성한다. 이 형상들은 결코 기표가 아니며, 또 기표의 최소 요소들인 기호들도 아니다. 그것들은 비-기호들이요, 또는 차라리 비기표적 기호들, 여러 차원을 갖는 기호-점들, 흐름의 절단들이며,

[93] Marshall McLuhan, *Pour comprendre les média*, 1964, Paris: Seuil, p.24.((옮긴이) 영: p.23. 독: p.17) 〈전광(電光)은 순수한 정보이다. 말하자면, 언어 광고나 이름을 또렷이 읽는 데 사용되지 않는 한, 전광은 메시지 없는 매체이다. 모든 매체의 특징인 이 사실은, 한 매체의 **내용**은 언제나 어떤 다른 매체라는 것을 의미한다. 기록의 내용은 발화이다. 이는 마치 기록된 단어가 인쇄의 내용이고, 인쇄가 전신(電信)의 내용인 것과 마찬가지이다.〉((옮긴이) 강조는 DG)

서로 집결됨으로써 이미지들을 하나의 집합으로 형성하지만 집합들 서로 간에 그 어떤 동일성도 유지하지 않는 분열들이다. 따라서 이 형상들, 즉 분열들 또는 흐름-절단들은 전혀 〈구상적(具象的)〉이지 않다. 이것들은 또 다른 성좌를 위해 해체되는 특수한 성좌 속에서만 구상적인 것이 된다. 텔레비전이 전송하는 초당 300만 개의 점 중에서 몇 개만이 287 보유된다. 전자 언어활동은 목소리나 글을 경유하지 않는다. 정보과학도 이런 것들 없이 해 나간다. 또는 기체의 분출에 의해 작동하는, 유체공학이라 잘 명명된 저 분과도 마찬가지이다. 또한 컴퓨터도 순간적이고 보편화된 탈코드화 기계이다. 미셸 세르는 이런 의미에서 언어활동의 새로운 기술 기계들의 기호들 속에서 절단과 흐름의 상관관계를 정의하는데, 거기서 생산은 정보에 의해 엄중하게 규정된다. 〈입체 교차로를 보자. (……) 그것은 그물 공간의 정상적 차원을 따라, 다양한 겹침을 통해, 자신이 받아들이는 흐름의 선들을 분석하는 하나의 점과 유사한 그 무엇이다. 그 위에서는 다른 어떤 방향들과도 만나지 않고도, 어떤 진입 방향에서건 어떤 진출 방향으로도 갈 수 있으며, 또 아무 방향으로든 갈 수 있다. (……) 내가 바란다면, 나는 절대로 같은 점으로 돌아오지 않으리라, 비록 그것은 똑같은 점이겠지만 말이다. (……) 위상학적 교점(交點). 여기서는 모든 것이 혼동 없이 연결되고 모든 것이 합류하고 분배된다. (……) 이는 교점이 하나의 점이라면 점이지만, 여러 차원을 갖고 있기 때문이다.〉 이 점은 흐름들을 무화하기는커녕 흐름들을 담고 통과시킨다.[94] 정보에 의한 생산의 이러한 배치 구획은, 자본주의의 생산적 본질이 시장 자본이나 시장의 공리계가 강요하는 기호들의 언어활동 속에서만 기능하거나 〈말한다〉라는 점을 다시 한 번

---

94 Michel Serres, "Le Messager," *Bulletin de la Société française de philosophie*, 1967년 11월.

자본주의적 재현

분명히 보여 준다.

형상들 또는 분열-흐름들

이런 흐름의 언어학과 기표의 언어학 사이에는 큰 차이들이 있다. 가령 소쉬르의 언어학은 〈가치〉에 의해, 즉 기표의 궁극적 요소들 간 관계들의 체계에 의해 구성된 내재장을 잘 발견하고 있다. 하지만 이 내재장은 기표의 퇴각을 통해서만 발견하는 것일지언정 기표의 초월성을 여전히 전제하고 있다는 점과는 별도로, 또한 이 장에 서식하는 요소들이 기준으로 삼고 있는 것은, 이 요소들이 그 대립 관계에 기대고 있고 또 자신들을 변용하는 온갖 종류의 변주들을 가로질러 지키고 있는 최소의 동일성이다. 변별 단위로서 기표의 요소들은 기표가 그 나름으로 초코드화하는 〈코드화된 편차들〉에 의해 조절된다. 이로부터 잡다하면서도 언제나 일치하는 귀결들이 나온다. 즉 언어활동과 놀이의 비교, 기의가 본성상 기표에 종속하게 되는 기표-기의 관계, 기표 자신의 효과들로 정의되는 형상들, 글 자체가 비밀스러운 특권을 부여한 소리 실체와 관련해서 규정되는 기표의 형식적 요소들 등이 그 귀결들이다. 이 모든 관점에서, 몇몇 외양에도 불구하고, 옐름슬레우의 언어학은 소쉬르 및 소쉬르 이후의 기획과 깊이 대립한다고 우리는 믿는다. 왜냐하면 그의 언어학은 모든 특권적 준거를 버리고 있기 때문이다. 왜냐하면 그의 언어학은, 그 어떤 초월적 심급 — 설사 퇴각했을지라도 — 에 의해서도 조망되는 것을 용인하지 않는 대수(代數)적인 순수 내재장을 기술하고 있기 때문이다. 왜냐하면 그의 언어학은 이 장에서 형식과 실체, 내용과 표현의 흐름들을 흐르게 하기 때문이다. 왜냐하면 그 언어학은 기표-기의의 종속 관계를 표현-내용의 상호 전제 관계로 대체하고 있기 때문이다. 왜냐하면 이중 분절은 더 이상 언어의 위계 지어진 두 층위 사이에서 행해지지 않고, 내용 형식과 표현 형식 간의 관계에 의해 구성된, 상호 전환 가능한 탈영토화된 두 면 사이에서 행해지고 있기 때문이다. 왜냐하면 이 관계 속에서는 더 이상 기표의 효과들이 아닌, 기표의 벽을 뚫고 가로질러서 너머로 가는 분열들, 기호-점들 또는 흐름의 절단들인 형상들에 이를 수 있기 때문이다. 왜냐하면 이 기호들은 탈영토화의 새로운 문턱을 넘어섰기 때문이다. 왜냐하면 이 형상들은 기표 자체의 요소들을 규정하고 있던 최소의 동일성 조건들을 결정적으로 상실했기 때문이다. 왜냐하면 이 요소들의 차원은 거기서 흐름들 및 형상들의 공리계에 비해 2차적이기 때문이다. 왜냐하면 동일성을 탈각했고 이제는 부유하는 동일성만을 갖는 기호-점 내지 절단-형상 속에서, 화폐 모델은 놀이 모델을 대체하는 경향이 있기 때문이다. 요컨대 언어학에서 옐름슬레우의 매우 특수한 상황 그리고 그가 야기하는 반작용들은 우리가 보기에 다음과 같은 점에 의해 설명된다. 즉 그는 목소리-표기행위가 지배하는 이중의 놀이를 깨부수고, 욕망의 흐름들에 따라 형식과 실체, 내용과 표현을 흐르게 하며, 기호-점들 내지 분열-형상들에 따라 이 흐름들을 절단하는 순수하게 내재적인 언어활동 이론을 만드는 경향이 있다.[95] 옐름슬레우의 언어학은 구조주의의 과잉규정(surdérmination) 및 구조주의의 기표에 대한 애착의 과잉규정이기는커녕, 오히려 이런 것들의 신중한 파괴를 가리키며, 탈코드화된 언어활동 이론을 구성한다. 이 이론에 대해서는 그것이 자본주의의 흐름과 분열증의 흐름의 본성에 동시에 적합한 유일한 이론이라고, 애매

289

---

95 가령 니콜라스 뤼예는 『재버워키』나 『피네건의 경야』 쪽에나 적용될 수 있을 법한 이론을 정성스레 만든다고 옐름슬레우를 비난한다.(Nicolas Ruwet, *Introduction à la grammaire générative*, Paris: Plon, p.54. 또 〈요소들의 차원(ordre)〉에 대한 무관심에 대해서는 p.345 참조) 앙드레 마르티네는 옐름슬레우의 이론에서 동일성 조건들의 상실을 강조한다.(André Martinet, *Au sujet des fondements de la théorie linguistique de Louis Hjelmslev*, 2판, Paris: Paulet, 1946)

한 찬사의 말을 할 수 있겠다. 그것은 지금까지는 유일한 현대적인(의고적이 아닌) 언어활동 이론이다.

료타르의 최근 저서의 극단적 중요성은, 그것이 기표에 대한 최초의 일반화된 비판이라는 점이다. 실제로, 그의 가장 일반적 명제에서 료타르는, 기표가 구상적 이미지들에 의해 외부로 넘어갈 뿐만 아니라, 이 이미지들을 구성하는 순수한 형상들에 의해, 더 정확히 말해 기표의 코드화된 편차들을 교란하고 이 편차들 속에 도입되어 그 요소들의 동일성이라는 조건들 아래에서 작동하는 〈형상적인 것〉에 의해, 내부로 넘어간다는 점을 밝히고 있다. 언어활동과 글 자체 속에서, 때로는 절단들, 즉 파열된 부분대상들로서의 글자들이, 때로는 나뉘지 않은 흐름들, 즉 분해할 수 없는 블록들 또는 강세의 가치를 지닌 충만한 몸으로서의 낱말들이, 욕망의 질서에 따르는 비기표적 기호들, 즉 숨결, 외침 등을 구성한다(특히 손 글씨나 활판 글씨에 대한 형식적 연구들은 문자의 성격들과 낱말의 성질들이 기표에 봉사하느냐, 아니면 반대로 그것들이 이 벽을 넘어서서 흐름들을 흐르게 하고 절단들을 설립하느냐에 따라 의미가 변한다. 전자의 경우, 문자의 성격들과 낱말의 성질들은 주석의 규칙들에 따라 기표의 효과들을 표현한다. 후자의 경우, 그 절단들은 기호의 동일성이라는 조건들의 틀을 넘어서거나 저지하고, 〈유일한 책(le livre)〉 속에서 책들을 흐르게 하고 폭발시켜, 말라르메의 활판 습작들, 즉 언제나 기표 아래를 시나가기, 벽을 닳아 빠지게 하기 등이 이미 증언한 바 있는 다양한 배열형태들로 들어간다. 이것은 또한 글의 죽음이 안에서 솟아나서 오는 한에서, 그 죽음이 무한하다는 것을 보여 준다). 이와 마찬가지로, 조형예술에 있어서는, 능동적 선과 다차원의 점에 의해 형성된 순수 형상적인 것이 있고, 다른 쪽으로는 수동적 선과 이 선이 낳는 표면에 의해 형성된 배열형태들이 있는데, 이는 파울 클레에서처럼, 〈아이들, 미친 사람들, 원시인들에게만 아마 보일 수 있는 저 사이 세계들〉을 열어 놓는 식이다. 아니면 꿈에서는, 료타

290

르는 아주 아름다운 몇 쪽에 걸쳐, 거기서 작업하고 있는 것이 기표가 아니라 아래에 놓여 있는 어떤 형상적인 것임을 밝히고 있다. 이 형상적인 것은, 언어학적인 것이 아니며 기표에도 기표의 조절된 요소들에도 의존하지 않는 흐름들과 점들에 따라, 낱말들을 사용하고 흐르게 하고 절단하는 이미지들의 배열형태들을 나타나게 한다. 따라서 료타르는 어디서나 기표와 형상의 순서를 뒤집는다. 기표와 그 효과들에 의존하는 것은 형상들이 아니다. 오히려 기표 사슬이 형상적 효과들에 의존하는데, 이 형상적 효과들은 그 자체 비기표적 기호들로 되어 있으며, 기표들은 물론 기의들도 파괴하고, 낱말들을 사물들처럼 다루며, 새로운 통일체들을 만들어 내며, 비구상적 형상들로써 만들어지고 해체되는 이미지들의 배열형태들을 만든다. 이 성좌들은 점들의 절단과 결부된 흐름들과 같으며, 점들이 흐르게 하거나 새어 나가게 하는 것의 유동과 결부된 흐름들과 같다. 동일성 없는 유일한 통일체, 이것은 분열-흐름 또는 흐름-절단의 그것이다. 료타르는 순수 형상적인 것의 요소, 즉 〈모태-형상〉을 욕망이라고 잘 명명하고 있으며, 욕망은 우리를 과정으로서의 분열증의 문들로 인도한다.[96] 하지만 그런데도 독자는 료타르가 끊임없이 과정을 중단하고 분열들을 막 떠나온 강변들로, 즉 코드화되거나 초코드화된 영토들, 공간들, 구조들로 몰아간다는 인상을 받는다. 거기서 분열들은 구조들에 대립하는 욕망 기계들, 공간들에 대립하는 내공들을 형성하고 더 멀리 데려가는 대신 기껏해야 2차적인 〈위반들〉, 장애들, 왜곡들을 데려오게 할 따름이다. 이런 인상은 어디서 오는 걸까? 이것은, 욕망을 근본적 긍정에 묶으려는 시도에도 불구하고, 료타르가 욕망 속에 결핍과 부재를 재도입하고, 거세의 법과 함께 기표 전체를 다시 데려올 위험을 무릅쓰고 욕망을 거세의 법 아래 간직하며,

---

96 J.-F. Lyotard, *Discours, figure*, p.326.

자본주의적 재현

형상의 모태를 환상 속에서, 즉 욕망적 생산, 곧 실효적 생산으로서의 욕망 전체를 은폐하는 단순한 환상 속에서 발견하기 때문이다. 하지만 적어도 한동안 기표의 저당권, 즉 이 거대한 전제군주적 의고주의는 제거된 셈이다. 이 의고주의는 우리 중 많은 사람을 신음하게 하고 굴종하게 하며, 다른 사람들은 이 의고주의로 새로운 테러리즘을 설립해서, 라캉의 제왕적 담론을 순수한 과학성을 지닌 대학 담론으로 방향을 바꾸게 하는데, 바로 이 〈과학성〉은 우리의 신경증에 다시 영양분을 주고 한 번 더 과정을 속박하고 거세에 의해 오이디푸스를 초코드화하기에 아주 딱 맞아떨어지며, 그러면서 우리를 사라진 의고적 전제군주의 현행 기능들에 얽어맨다. 왜냐하면 확실히 자본주의도 혁명도 분열증도, 심지어 특히 그 극단적 폭력들 속에서도, 기표의 길들을 지나가지는 않기 때문이다.

분열-흐름의 두 의미 —— 자본주의와 분열증

문명은 자본주의 생산에서의 탈코드화와 탈영토화로 정의된다. 다음과 같은 절차들은 이 보편적 탈코드화를 확보하는 데 도움이 된다. 즉 재화와 생산수단뿐 아니라 또한 〈사적 인간〉 자신의 기관들에도 영향을 주는 사유화, 화폐량들의 추상뿐 아니라 노동량의 추상, 자본과 노동력의 관계뿐 아니라 융자의 흐름과 소득 또는 지불수단의 관계의 비제한성, 코드의 흐름들 자체가 취하는 과학·기술적 형식, 식별 가능한 동일성이 없는 선들과 점들에서 출발해 부유하는 배열형태들의 형성 등. 최근 화폐의 역사, 달러의 역할, 단기 이동 자본들, 화폐들의 변동, 융자와 신용의 새로운 수단들, 국제통화기금의 특별 인출권, 위기와 투기의 새로운 형식, 이것들은 탈코드화된 흐름들의 길의 표지를 보여 준다. 우리 사회들은 모든 코드, 낯설거나 이국적인 코드들에 대한 강한 취향을 보여 준다. 하지만 이 취향은 파괴적이고 죽음을 부른다. 탈코드화(解讀)란 으레 어떤 코드를 이해하고 번역함을 뜻하기는 해도, 그것은 여전히 코드를 코드인 한에서 파괴하고, 코드에 의고적·민속적 또는 잔여적 기능을 할당하는 것이며, 이 기능은 우리 현대사회들에서 정신분석과 민족학을 두 개의 가장 고평가된 분과가 되게 하고 있다. 그렇지만 자본주의의 흐름들과 분열증의 흐름들을 욕망의 흐름들의 탈코드화라는 일반적 주제 아래 동일시하는 것은 큰 잘못이리라. 확실히 이 양자의 친근성은 크다. 도처에서 자본주의는 〈우리의〉 예술들과 〈우리의〉 과학들에 생기를 불어넣는 분열-흐름들을 지나가게 하지만, 이에 못지않게 이 분열-흐름들은 〈우리의〉 병자들, 즉 분열자들의 생산 속에서 응고한다. 앞서 본 바와 같이, 분열증과 자본주의의 관계는 삶의 양식, 환경, 이데올로기 등의 문제를 훨씬 넘어가는 것이요, 오직 하나의 동일한 경제의, 오직 하나의 동일한 생산과정의 가장 깊은 층위에서 제기되어야 한다. 우리 사회는 돕 샴푸나 르노 자동차를 생산하듯 분열자들을 생산하는데, 유일한 차이는 분열자들은 팔 수 없다는 점이다. 하지만 바로 다음 물음들은 어떨까? 마치 자본주의 생산이 분열증 과정에서 안으로부터 오는 자기 자신의 죽음의 이미지를 보기라도 하는 양, 자본주의 생산이 끊임없이 이 과정을 멈추고, 주체를 감금된 임상 존재로 변형하는 것을 어떻게 설명할까? 왜 자본주의 생산은 말로만 아니라 현실로도 분열자를 병자로 만들까? 왜 자본주의 생산은 미친 사람들을 자신의 영웅, 자신의 성취로 보는 대신 오히려 감금할까? 그리고 자본주의 생산이 단순한 병을 가진 형상을 더 이상 인정할 수 없는 곳에서, 마치 예술가들과 과학자들마저 시장 법칙들에 의해 회수되거나 흡수되지 않는 한, 이들이 혁명적 잠재력을 지닌 채 자신에 대해 위험한 흐름들을 흐르게 할 위험을 무릅쓰기라도 하는 양, 왜 세심한 주의를 기울여 이들을 감시할까? 왜 자본주의 생산은 자기 고

자본주의적 재현

유의 현실인 탈코드화된 흐름들을 구성하는 것과 관련해서 그 나름으로 억압-탄압의 무지막지한 기계를 형성할까? 앞서 본 바와 같이, 이것은 자본주의가 다른 사회구성체들이 코드화하고 초코드화했던 흐름들의 탈코드화를 시행하는 한에서, 그야말로 모든 사회의 극한이기 때문이다. 그렇기는 하지만 자본주의는 모든 사회의 상대적 극한들 내지 절단들이다. 왜냐하면 자본주의는 극단적으로 엄격한 공리계로 코드들을 대체하기 때문인데, 이 공리계는 탈영토화된 사회체이기는 하지만 또한 다른 모든 사회체만큼이나 또는 심지어 그 이상으로 무자비한 사회체이기도 한 자본의 몸에 묶인 상태 속에 흐름들의 에너지를 유지한다. 반대로 분열증은 그야말로 절대적 극한으로, 자유로운 상태에서 흐름들을 탈영토화된 기관 없는 몸 위로 지나가게 한다. 따라서 분열증은 자본주의 자신의 외부 극한 또는 자본주의의 가장 깊은 경향성의 종결점이지만, 자본주의는 이 경향성을 억제하거나 이 극한을 밀어내고 이전한다는 조건 아래서만 기능한다고 말할 수 있다. 그러면서, 자본주의는 자신이 확장된 규모로 끊임없이 재생산하는 자본주의 고유의 내재적인 상대적 극한들로 분열증의 절대적 극한을 대체한다. 자본주의는 자기가 한 손으로 탈코드화하는 것을 다른 손으로 공리화한다. 맑스주의의 상반된 경향의 법칙은 이런 방식으로 재해석되어야 한다. 그래서 분열증은 자본주의장 전체의 한쪽 끝에서 다른 쪽 끝까지 침투해 있다. 하지만 자본주의장 전체에 있어서 중요한 것은, 언제나 새로운 내부 극한들을 탈코드화된 흐름들의 혁명 권력과 대립시키는 하나의 세계적 공리계 속에 분열증의 충전(充電)들과 에너지들을 묶어 놓는 일이다. 이런 체제에서는, 설사 두 개의 시간으로 나누는 것일지라도, 탈코드화와 사라진 코드들을 대신하는 공리계를 구별하는 일은 불가능하다. 흐름들이 자본주의에 의해 탈코드화되는 일과 공리화되는 일은 동시에 일어난다. 따라서 분열증은 자본주의와의 동일성이 아니라, 반대로 자본주의와의 차이, 자본주의와의 편차, 자본주의의 죽음이다. 화폐의 흐름들은 완전히 분열증적 현실들이지만, 이 현실을 쫓아내고 밀쳐 내는 내재적 공리계 속에서만 실존하며 기능한다. 은행가, 장군, 산업가, 중간 간부나 고위 간부, 장관의 언어활동은 완전히 분열증적 언어활동이지만, 언어활동을 자본주의 질서에 봉사하게 하는 연계의 단조로운 공리계 속에서만 통계적으로 기능한다[97](과학으로서 언어학의 상위 층위에서, 옐름슬레우는 그 수가 유한하다고 여겨지는 해당 형상들에 기초한 하나의 공리계 기계를 처음부터 작동함으로써만 언어들의 방대한 탈코드화를 조작할 수 있다). 그렇다면 벽, 즉 절대적 극한을 통과하게 되는 〈참으로〉 분열증적인 언어와 〈참으로〉 탈코드화되고 풀려난 흐름들은 어떻게 될까? 자본주의 공리계는 아주 풍부하여, 공리가 하나 덧붙는데, 이렇게 하면 거장의 저서들의 어휘와 문체가 지닌 전자 기계로 계산 가능한 특성들을 언제나 연구할 수 있으며, 광인들의 담론을 병원, 행정, 정신의학의 공리계의 틀 안에서 언제나 들을 수 있다. 요컨대 분열-흐름 또는 흐름-절단의 개념은 분열증 못지않게 자본주의를 잘 정의하는 것으로 우리에게는 보였다. 하지만 이는 전혀 같은 방식으로가 아니며, 이 둘은 결코 같지가 않다. 자본주의와 분열증은 다음의 것들에 따라 서로 다르다. 즉 ① 탈코드화들이 하나의 공리계 속에서 회수되느냐 아니냐에 따라, ② 통계적으로 기능하는 거대 집합에 머무느냐 아니면 이 집합들을 풀려난 분자적 위치들과 격리하는 장벽을 넘어가느냐에 따라, ③ 욕망의 흐름들이 저 절대적 극한에 도달하느냐 아니면 내재적인 상대적 극한을 이전해서 더 먼 데서 재구성하는 데 그치느냐에 따라, ④ 탈영토

---

97 〈총체적 통치(total administration)〉의 기능적 언어활동(특히 약어들, 즉 형상-문자들에 의해 형성되는 떠다니는 조합들(가령 S.E.A.T.O.))에 대한 허버트 마르쿠제의 분석 참조. Herbert Marcuse, *L'Homme unidimensionnel*, 1964, Paris: Minuit, 4장.((옮긴이) 영: 4장. 독: pp.104ff.)

자본주의적 재현

화의 과정들이 이 과정들을 통제하는 재영토화를 수반하느냐 아니냐에
따라, ⑤ 돈이 그저 불타느냐 작열하느냐에 따라.

코드와 공리계의 차이

자본주의는 하나의 코드를 다른 코드로 대체한다, 자본주의는 새로
운 유형의 코드화를 실효화한다고만 말해서는 왜 안 될까? 두 가지 이
유에서인데, 하나는 일종의 도덕적 불가능성을, 다른 하나는 논리적 불
가능성을 재현한다. 전-자본주의 구성체들에는, 모든 잔혹과 공포가 서
로 만나며, 기표 사슬의 파편들은 비밀로, 즉 비밀결사들이나 통과의례
집단들로 그득한데, 하지만 엄밀히 말해 망측한 것은 전혀 없다. 바로
저놈, 자본주의와 더불어 망측한 일이 시작된다. 코드의 견지에서 번역
되었다고 가정되기는 하나, 그 망측한 성격, 말하자면 자신의 생래적
변태성 내지 본질적 냉소를 폭발시키지 않을 경제나 금융의 조작은 하
나도 없다(양심의 가책의 시대도 순수한 냉소의 시대이다). 하지만 그런 조
작들을 코드화하기란 그야말로 불가능하다. 1차적으로 코드는 사회체
를 통과하는 흐름들의 성질 각각을 규정한다(가령 소비재, 위신재, 여자와
아이의 세 회로). 따라서 코드의 고유한 목적은 질이 규정되면서도 통약
은 불가능한 이 흐름들 간의 필연적으로 간접적인 관계들을 설립하는
일이다. 그런 관계들은 분명 상이한 종류의 흐름들에서의 양적 채취들
을 내포하지만, 이 양들은 비제한적인 〈어떤 것〉을 전제하는 등가 관계
에 돌입하지는 않는다. 이 양들은 그 자체로 질적이고 본질적으로 이동
가능하며 한정된 합성물들을 형성할 따름이며, 그 요소들의 차이는 비
평형을 만회한다(유한한 부채 블록에서의 위신과 소비의 관계가 그렇다). 간
접적, 질적, 제한적이라는 코드의 관계의 이 모든 성격은, 코드는 결코
경제적이 아니며 또 경제적일 수도 없다는 것을 충분히 보여 준다. 반

대로 코드는 외견상 객관적 운동을 표현하는데, 경제력들 또는 생산적 연결들은 이 운동에 따라, 이 운동에서 발산되어 나오기라도 하는 양, 기입의 받침대와 담당자 노릇을 하는 경제 외적 심급에 귀속한다. 이 점을 알튀세르와 발리바르는 아주 잘 밝힌다. 이들은 가령 봉건제의 경우 어떻게 법적·정치적 관계들이 지배적인 것으로 규정되는가를 밝힌다. 거기서 잉여가치 형식으로서의 초과노동은 질적으로 또 시간적으로 노동의 흐름과는 별도 흐름을 구성하며, 따라서 진작 그 자체 비경제적 요인들을 내포하는 질적 합성물 속에 들어가야만 한다는 것이다.[98] 또는, 이들은 이른바 원시사회들에서 어떻게 결연과 혈연의 토착적 관계들이 지배적인 것으로 규정되는가를 밝힌다. 원시사회들에서는 경제력들과 경제적 흐름들이 토지의 충만한 몸 위에 기입되고, 또 이 몸에 귀속한다. 요컨대 반생산의 심급으로서 충만한 몸이 반생산이 전유되는 경제로 복귀하는 곳에만 코드가 있다. 바로 이런 까닭에, 흐름들을 흐르게 하고 절단하는 데서 성립하는 경제적 기호인 한에서 욕망의 기호는, 경제 속에 자신의 원인들과 결과들을 갖고 있기는 해도, 필연적으로 경제 외적 권력의 기호를 수반한다(가령 결연의 기호는 채권자의 권력과 관련된다). 또는 결국 같은 게 되겠지만, 잉여가치는 여기서 코드의 잉여가치로 규정된다. 따라서 코드의 관계는 간접적, 질적, 제한적이기만 한 것이 아니라, 바로 이런 특성들을 통해 또한 경제 외적인 것이기도 하며, 바로 이런 자격으로 인해 서로 다른 질을 부여받은 흐름들 간에 짝짓기들을 작동시키기도 한다. 따라서 그것은 해당 사회가 실존하고 생존하는 조건으로서 집단적 감식 내지 평가의 체계를, 지각기관들의 집합 또는 더 잘 말하자면 믿음의 집합을 함축한다. 가령 인간들이

295

---

98 K. Marx, *Le Capital*, III, 6부 24장, Pléiade II, p.1400.((옮긴이) 독: p.799. 영: p.791) 〈이 조건에서는 어떤 형식을 띠었건 간에 경제 외적 강압을 통해서만 명목적인 토지 소유자를 위한 초과노동을 짜낼 수 있다.〉

자본주의적 재현

직접 코드화되도록 만드는 기관들의 집단 투자가 그러하며, 원시 체계에서 우리가 분석한 바와 같은 평가하는 눈이 그러하다. 코드의 특성을 이루는 이 일반적 특징들을 바로 오늘날 유전 코드라 불리는 것에서 찾아볼 수 있음에 주의하자. 이는 유전 코드가 기표의 효과에 의존하고 있었기 때문이 아니라, 반대로 유전 코드가 구성하는 사슬 자체가 단지 2차적으로만 기표적이기 때문인데, 이렇게 2차적으로만 기표적이 되는 것은 유전 코드가 서로 다른 질을 부여받은 흐름들 간의 짝짓기들, 오직 간접적인 상호작용들, 본질적으로 제한된 질적 합성물들, 세포의 연결을 선별하고 전유하는 지각기관들과 화학 외적 요인들을 작동시키는 한에서이다.

모든 점에서 코드들에 대립되는 하나의 사회 공리계에 의해 자본주의를 정의하는 많은 수의 근거들이 있다. 우선, 일반적 등가물로서의 화폐는 흐름들의 질적 본성과는 무관한 추상량을 재현한다. 하지만 등가 관계 자체는 제한되지 않은 것의 위치로 보내진다. '화폐-상품-화폐'의 공식*에서, 〈자본으로서 화폐의 순환은 (……) 자기 목적이다. 왜냐하면 가치의 가치 증대는 항상 갱신되는 이 운동 내부에서만 실존하기 때문이다. 따라서 자본의 운동은 한계가 없다.〉[99] 나이저 강의 티브족에 관한 바허넌의 연구들이나 뉴기니의 시안족에 관한 솔즈베리의 연구들은, 돈과 함께 시작해서 돈과 함께 끝나고 따라서 끝나는 법이 없도록 해 주는 등가물로서 화폐의 도입이, 어떻게 해서 질을 부여받은 흐름들의 회로들을 교란하고, 유한 부채 블록들을 해체하며, 코드들의 기초마저 파괴하기에 충분한지 밝힌 바 있다. 둘째로, 제한되지 않은 추상량으로서의 돈은 구체-화와 뗄 수 없고, 그렇지 않으면 돈은 자

---

* 흔히 독일어로 G-W-G(Geld-Ware-Geld), 프랑스어로 A-M-A(argent-marchandise-argent), 영어로 M-C-M(Money-Commodity-Money)으로 표현한다.
99 K. Marx, *Le Capital*, I, 2부 4장, Pléiade I, p.698.((옮긴이) 독: p.167. 영: p.150)

본이 되지 않고 생산을 전유하지 못하리라는 점이 남는다. 이 구체-화는 미분 비 속에 나타나 있다는 점을 우리는 앞에서 보았다. 하지만 바로 이 미분 비는 질을 부여받거나 코드화된 흐름들 간의 간접적 관계가 아니다. 그것은 탈코드화된 흐름들 간의 직접적 관계이며, 이 흐름들 각각의 질은 이 직접적 관계보다 앞서 실존하지 않는다. 흐름들의 질은 탈코드화된 흐름들로서 흐름들의 결합에서만 결과한다. 흐름들은 이 결합 밖에서는 순수하게 잠재적인 채로 있으리라. 이 결합은 또한 이 결합을 구체적인 어떤 것이 되게 하는 추상량의 분리이다. Dx와 Dy는, 한쪽을 노동의 흐름의 순수한 질로, 다른 한쪽을 자본의 흐름의 순수한 질로 규정하는, Dx와 Dy의 비(比)와 독립해서는 아무것도 아니다. 따라서 이는 코드 진행의 역전된 진행이며, 이런 진행은 자본주의에서 코드의 잉여가치가 흐름의 잉여가치로 변환함을 표현한다. 이로부터 차수(次數)의 체제에 근본적 변화가 생겨난다. 왜냐하면 흐름들 중 하나가 다른 흐름에 종속되고 예속된다면, 이는 바로 이 양자가 같은 차수에 속해 있지 않다는 말이며(가령 x와 y^2) 또 비가 어떤 차수와 어떤 주어진 양 사이에서 설립된다는 말이기 때문이다. 이 점은 융자의 흐름과 지불수단 또는 소득의 흐름 간 미분 비의 층위에서 자본과 노동에 대한 분석을 이어 갔을 때 우리에게 나타났던 바이다. 이러한 확장이 의미했던 것은, 시장 자본, 금융자본, 상업자본으로서 기능하지 않는 자본의 산업적 본질이란 없으며, 여기서 돈은 등가물 형식이라는 기능만을 띤다는 점이다. 하지만 이렇게 코드의 관점에서 권력의 기호들은 과거의 모습이기를 완전히 그친다. 그 기호들은 직접적으로 경제적인 계수가 되고, 욕망의 경제적 기호들을 중복하지도 않고 그 나름대로 지배적인 것이라고 규정된 비경제적 요인들을 표현하지도 않는다. 융자의 흐름이 지불수단의 흐름과 완전히 다른 차수에 속한다는 것은, 차수가 직접적으로 경제적인 것이 되었음을 의미한다. 그리고 대가를 지불한 노동이라는 다른

297

자본주의적 재현

측면에서는, 초과노동은 하나의 같은 크기로 노동 자체와 질적·시간적으로 섞여 있기에(흐름의 잉여가치의 조건) 잉여가치를 확보하기 위한 코드가 더 이상 필요 없다는 점은 분명하다.

따라서 자본이 그 자체로서 직접적으로 경제적인 심급으로서 가치를 지니는 한에서, 또한 하나의 코드 속에 기입될 경제 외적 요인들을 개입시키지 않으면서 생산으로 복귀하는 한에서, 사회체 또는 충만한 몸으로서의 자본은 다른 모든 사회체 내지 충만한 몸과 구별된다. 자본주의와 더불어, 충만한 몸에 매달린 노동자 자신이 벌거벗듯, 충만한 몸도 참으로 벌거벗는다. 바로 이런 의미에서 반생산 장치는 초월적인 것이기를 그치고, 생산 전체를 관통하여 생산 전체와 외연이 같아진다. 셋째로, 구체-화 와중에 코드 전체의 파괴로부터 발전된 이 조건들은, 극한의 부재가 하나의 새로운 의미를 띠도록 해 준다. 이제 극한의 부재는 단지 제한된 추상량만을 가리키는 것이 아니라, 추상적인 것이 구체적인 어떤 것이 되는 미분 비를 위한 극한 내지 종결의 실효적 부재를 가리키기도 한다. 자본주의에 관해 우리는 그것이 외부 극한을 갖고 있지 않다고 말하는 동시에 외부 극한을 하나 갖고 있다고도 말한다. 즉 그것은 분열증이라는 하나의 외부 극한을, 말하자면 흐름들의 절대적 탈코드화를 갖고 있지만, 또한 이 극한을 밀어내고 몰아내면서만 기능한다. 또 자본주의는 내부 극한들을 갖고 있으며 갖고 있지 않기도 하다. 즉 그것은 자본주의 생산과 유통의 특유한 조건들 속에, 말하자면 자본 자체 속에 내부 극한들을 갖고 있지만, 늘 더 방대한 규모로 이 극한들을 재생산하고 확대하면서만 기능한다. 그리고 자본주의 공리계가 포화 상태에 이르는 법이 없고, 예전 공리들에 언제나 새로운 공리를 추가할 수 있다는 점이 바로 자본주의의 권력이다. 자본주의는 내재 장을 정의하며, 끊임없이 이 장을 채운다. 하지만 이 탈영토화된 장은 하나의 공리계에 의해 규정되며, 원시 코드들에 의해 규정되는 영토장

298

에 반대된다. 잉여가치에 의해 채워지는 그런 식의 미분 비들, 내적 극한들의 확대에 의해 〈채워지는〉 그런 식의 외부 극한들의 부재, 잉여가치의 흡수에 의해 채워지는 그런 식의 생산 속으로의 반생산의 유출 등은 자본주의의 내재적 공리계의 세 양상을 구성한다. 그리고 도처에서 화폐화가 자본주의적 내재성의 심연을 채우며, 슈미트가 말하는 것처럼, 이 심연에 〈기형, 격변, 폭발, 요컨대 극단적 폭력의 운동〉을 도입한다. 끝으로, 이로부터 공리계를 코드들에 대립시키는 넷째 성격이 나온다. 이는 공리계가 충만한 살에 기록하고 몸들과 기관들에 표시할 필요가 전혀 없고, 또 사람들에게 기억을 만들어 줄 필요도 전혀 없기 때문이다. 코드들과는 반대로 공리계는 자신의 상이한 양상들 속에서 집행하고 지각하고 기억하는 자신의 고유한 기관들을 발견한다. 기억은 나쁜 것이 되었다. 특히, 이제 더 이상 믿음은 필요 없다. 자본가는 오늘날 사람들이 아무것도 믿지 않는다고 단지 혀끝으로만 통탄한다. 〈왜냐하면 당신들은 "우리는 온전하고 현실적이야, 믿음도 없고 미신도 없어"라고 말하고 있지만, 이는 목구멍도 없으면서 목을 내밀고 거드름 피우는 것과 같기 때문이다!〉 언어활동은 더 이상 믿어야 하는 어떤 것을 의미하지 않는다. 오히려 언어활동은 행해질 것을, 즉 악한들 또는 수완가들이 반 마디 말로도 탈코드화(解讀)하고 이해할 줄 아는 것을 가리킨다. 더욱이, 신분증들, 자료 카드들, 통제 수단들이 지천으로 널렸지만, 자본주의는 몸에서 사라진 표시들을 보충하기 위해 책에 기록할 필요조차 없다. 남아 있는 것은 잔존물들, 현행 기능을 하는 의고주의들이다. 인물은 추상량들에서 파생되어 이 양들의 구체-화 속에서 구체적이 되는 그만큼 현실적으로 〈사적〉이 되었다. 표시되는 것은 이 추상량들이지, 더 이상 인물들 자신이 아니다. 네 자본 또는 네 노동력 말고 나머지는 중요하지 않다. 단지 너만을 위한 공리를 만들어야만 하더라도, 사람들은 체계의 확대된 극한들 속에서 언제나 너를 되찾으리라. 이제 더 이상 기관들을 집단적으로 투자할 필요도 없다. 기관들은 자본주의에 의해 끊임없이 생산되는 떠다니는 이미지들에 의해 충분히 채워진다. 앙리 르페브르의 지적에 따르면, 이 이미지들은 사적인 것을 공공화하기보다 오히려 공적인 것을 사사화(私事化)한다. 세계 전체가 가족 속에서 펼쳐진다. 사람들은 자기 텔레비전에서 떠날 필요도 없다. 나중에 보겠지만, 이것은 사적 인물들에게 체계 속에서 아주 특수한 역할을 준다. 그것은 적용의 역할이요, 더 이상 코드 속에서의 함축의 역할이 아니다. 오이디푸스의 시간이 가까워지고 있다.

자본주의국가, 이것과 원국가의 관계

비록 자본주의가 이렇게 코드가 아니라 공리계에 의해 진행되기는 해도, 자본주의가 기술 기계들의 집합으로 사회체, 즉 사회 기계를 대체한다고 믿어서는 안 된다. 이 두 유형의 기계들은, 은유 없이 고유한 의미에서, 전적으로 기계이기는 하나, 양자 간에 본성의 차이는 존속하고 있다. 자본주의의 독창성은 오히려, 사회 기계가 거기에서는 사회체의 충만한 몸에 달라붙어 있는 불변자본으로서의 기술 기계들을 부품으로 삼지, 기술 기계들에 인접한 인간들을 부품으로 삼지 않는다는 점이다(여기서 기입은 더 이상 인간에게 직접 행해지지 않으며, 또는 적어도 원리상으로는 직접 행해질 필요가 없다는 결과가 나온다). 하지만 공리계는 그 자체만으로 결코, 자동 기계가 됐건 사이버네틱 기계가 됐건, 단순한 기술 기계가 아니다. 부르바키는 과학의 공리계들에 관해 이 점을 잘 말하고 있다. 과학의 공리계들은 테일러 체계도, 고립된 공식들의 기계론적 놀이도 형성하지 않고, 오히려 구조들의 공진들과 결합들에 묶여 있으며 기술의 〈강력한 지렛대들〉의 도움을 받을 따름인 〈직관들〉을 내포한다. 이 점은 사회의 공리계에 대해서는 훨씬 더 맞는 말이다. 사회의 공리계가 자기 고유의 내재성을 채우는 방식, 자기 극한들을 밀어내거나 확대하는 방식, 공리들을 더 추가해서 체계가 포화되는 것을 막는 방식, 삐걱거리며 고장 나며 복원되면서만 잘 기능하는 방식 등, 이 모든 것은 결정하고 관리하고 반응하고 기입하는 사회 기관들을, 즉 기술 기계들의 기능으로 환원되지 않는 기술 관료와 관료제를 내포한다. 요컨대 탈코드화된 흐름들의 결합, 이 흐름들의 미분 비들, 이 흐름들의 분열들 내지 균열들은 국가를 주요 기관으로 삼는 하나의 전면적 조절을 요구한다. 자본주의국가는, 탈코드화된 흐름들이 자본의 공리계 속에 붙잡히는 한에서, 이런 흐름들의 조절자이다. 이런 의미에서 자본주의국가는 우리가 보기에 추상적인 전제군주 원국가의 진화를 관장하는 것 같 **300** 은 구체-화를 잘 성취하고 있다. 초월적 통일체에서 출발한 자본주의국가는 이제 사회적 힘들의 장에 내재하고, 이 힘들에 봉사하며, 탈코드화되고 공리화된 흐름들에 대해 조절자 역할을 한다. 자본주의국가는 구체-화를 아주 잘 성취하기에, 다른 의미에서는 자본주의국가만이 원국가의 폐허 위에 설립되었던 다른 국가 형식들과 대조되게도, 원국가와의 참된 단절을, 하나의 절단을 재현한다. 왜냐하면 원국가는 초코드화에 의해 규정되었더랬기 때문이다. 고대 도시에서 군주제 국가에 이르는 원국가의 파생물들은 이미 탈코드화되었거나 한창 탈코드화되고 있는 흐름들에 이미 직면해 있었으며, 이 흐름들은 필경 국가를 힘들의 실효적 장에 내재시키고 종속시키고 있었다. 하지만 이 흐름들이 결합에 돌입하기 위한 상황이 주어지지 않았다는 바로 그 이유 때문에, 국가는 초코드화의 파편들과 코드들을 지키면서 다른 그것들을 발명하는 데 그칠 수 있었고, 온 힘을 다해 결합이 생산되는 것을 방해하기까지 했다(그 이외에는 가능한 한 원국가를 소생시키는 일을 했다). 자본주의국가는 이와는 다른 상황이다. 그것은 탈코드화되거나 탈영토화된 흐름들의 결합에 의해 생산되었다. 자본주의국가가 내재-화를 최고도로 이룬다면, 이

자본주의적 재현

는 그것이 코드들과 초코드화들의 보편화된 파탄을 인가하는 한에서요, 그것이 지금까지는 알려져 있지 않던 본성을 지닌 결합의 이 새로운 공리계 속에서 전적으로 진화하는 한에서이다. 한 번 더 말하건대, 이 공리계는 자본주의국가가 발명하지 않았다. 왜냐하면 이 공리계는 자본 자체와 합류하기 때문이다. 반대로 자본주의국가가 이 공리계에서 탄생하며, 이 공리계에서 결과하고, 이 공리계의 조절을 보증할 따름이며, 이 공리계가 기능하기 위한 조건인 실패들을 조절하거나 심지어 조직하고, 이 공리계의 포화의 진전과 이에 상응하는 극한의 확대를 감시 내지 지도한다. 그 어떤 국가도 권력을 잃어 가면서 이토록 공들여서 경제력의 기호에 봉사한 적은 없었다. 사람들이 어떻게 말하든, 자본주의국가는 아주 일찍부터, 처음부터, 여전히 반쯤은 봉건적이거나 군주제적인 형식으로 관리하던 때부터 이 역할을 갖고 있었다. 〈자유〉노동자들의 관점에서는 일손과 임금의 통제가 그것이요, 상공업 생산의 흐름의 관점에서는 독점 특권의 부여, 축적에 유리한 조건, 잉여 생산에 맞선 투쟁등이 그것이다. 자유 자본주의가 있었던 적은 없다. 반독점 행동은 무 엇보다 상업자본 및 금융자본이 여전히 옛 생산 체계와 동맹을 맺고 있는 계기와, 또 갓 태어난 산업자본주의가 이 특권들을 성공적으로 폐지해야만 생산과 시장을 확보할 수 있는 계기와 관련된다. 국가가 적절하게 행동한다는 조건 아래서는, 반독점 행동에서 국가의 통제라는 원리 자체에 맞선 투쟁이 전혀 없다는 점은, 중상주의가 생산에서 직접 이익을 확보하는 자본의 새로운 상업적 기능들을 표현하는 한에서, 중상주의에서 분명히 볼 수 있다. 일반 규칙으로서, 국가의 통제들과 조절들이 사라지거나 약화하는 경향을 보이는 것은 일손이 풍부하고 시장이 평소와는 달리 확장되는 경우뿐이다.[100] 말하자면, 자본주의가 충분히 큰 상대적 극한들 속에서 극소수의 공리들로써 기능하는 때 말이다. 이 상황은 오래전에 그쳤다. 이런 진화의 결정적 요인으로 고려해야만 하는 것이

301

강력한 노동계급의 조직화인데, 이 계급은 안정된 고도의 고용을 요구하고 강제로 자본주의의 공리들을 늘리도록 강요하며, 이와 동시에 자본주의는 늘 확대되는 규모로 자신의 극한들을 재생산해야만 한다(중심부에서 주변부로의 이전이라는 공리). 자본주의는 옛 공리들에 새 공리들, 즉 노동계급을 위한 공리, 조합들을 위한 공리 등을 끊임없이 추가함으로써만 러시아혁명을 소화할 수 있었다. 하지만 자본주의는 늘 새 공리들을 추가할 준비가 되어 있으며, 다른 사정 때문에도, 아주 사소하고 가소로운 일들 때문에라도, 새 공리들을 추가한다. 이것은 본질적인 것은 아무것도 바꾸지 않는 자본주의 고유의 수동(passion)이다. 이리하여 국가는 생산과 그 계획 수립에 관련해서나 경제와 그 〈화폐화〉에 관련해서, 그리고 잉여가치와 (국가 장치 자체에 의한) 잉여가치의 흡수에 관련해서, 공리화된 흐름들의 조절에서 점점 더 중요한 역할을 하도록 규정된다.

계급

국가의 조절 기능들은 계급들 간의 어떤 종류의 중재도 내포하지 않는다. 국가가 전적으로 이른바 지배계급에 봉사하고 있다는 점은 실천적으로 명백하지만, 그 이론적 근거들은 아직 제시되고 있지 않다. 이 근거들은 단순하다. 즉 자본주의 공리계의 관점에서는 오직 하나의 계급만이, 보편주의적 소명을 지닌 부르주아계급만이 있다는 점 말이다. 플레하노프는 계급투쟁과 역사에서 계급투쟁의 역할의 발견은 생시몽의 영향 아래 있던 19세기 프랑스 학파로 돌아간다는 점을 지적하 302

---

100 이 모든 점에 대해서는 M. Dobb, *Etudes sur le développement du capitalisme*, pp.34~36, pp.173~177, pp.212~214.((옮긴이) 영: pp.23~25, pp.161~167, pp.193~210. 독: pp.34ff., pp.181ff., pp.213ff.)

자본주의적 재현

고 있다. 그런데 귀족과 봉건제에 맞선 부르주아계급의 투쟁을 찬양하는 바로 그 사람들조차도 프롤레타리아계급 앞에서는 멈추고 산업가나 은행가와 노동자 간에 계급 차이가 있을 수 있다는 것을 부인하고, 다만 이윤과 임금 사이에서처럼 동일한 흐름의 융합일 따름이라고 보고 있다.[101] 여기에는 이데올로기적 맹목이나 부인(否認)과는 다른 어떤 것이 있다. 계급은 카스트와 신분의 바로 저 음화(le négatif)이다. 계급은 탈코드화된 서열, 카스트, 신분이다. 계급투쟁을 가로질러 역사 전체를 다시 읽는다는 것은, 탈코드화하며 동시에 탈코드화된 계급으로서 부르주아지와 관련해서 역사를 읽는다는 것이다. 코드들에 맞선 투쟁을 이끌고 흐름들의 보편화된 탈코드화와 합류하는 한에서, 부르주아지는 유일한 계급 자체이다. 이런 자격으로 하여 부르주아지는 자본주의 내재장을 채우기에 충분하다. 실제로 부르주아지와 더불어 새로운 어떤 것이 생산된다. 즉 목적으로서 향유의 사라짐, 추상적 부를 유일한 목적으로 삼는 결합에 대한 새로운 착상, 소비와는 다른 형식들을 띤 결합의 실현 등이 그것이다. 전제군주 국가의 보편화된 노예 상태는 적어도 주인들을, 또 생산의 영역과는 구별되는 반생산 장치를 내포하고 있었다. 하지만 탈코드화된 흐름들의 결합, 모든 초월성 내지 외부 극한의 부정, 생산 자체 속으로의 반생산의 유출 등으로 정의되는 그러한 부르주아 내재장은 비길 데 없는 노예 상태, 전례 없는 종속을 설립한다. 더 이상 주인조차 없으며, 지금은 다만 다른 노예들에게 명령하는 노예들만 있을 뿐이다. 더 이상 밖에서 동물에게 짐을 지울 필요가 없으며, 동물 스스로 짐을 진다. 인간은 결코 기술 기계의 노예가 아니다. 인간은 사회 기계의 노예이다. 부르주아가 그 사례이다. 부르주아

101 G. Plekhanov, "Augustin Thierry et la conception matérialiste de l'histoire," 1895, in *Les Questions fondamentales du marxisme*, Paris: Editions Sociales.

전체를 놓고 보면, 부르주아는 자기의 향유와 아무 관련도 없는 목적들을 위해 잉여가치를 흡수한다. 부르주아는 가장 천한 노예보다 더 천한 노예요, 굶주린 기계의 우두머리 종이요, 자본을 재생산하는 짐승이요, 무한 부채의 내면화이다. 〈나도 좋다〉라는 것이 주인의 새로운 말이다. 〈자본의 인물화(人物化)로서만 자본가는 존중할 만하다. 인물화된 303 자본으로서만, 자본가는 절대적 치부(致富)의 충동을 축재가(蓄財家)와 공유한다. 하지만 축재가에게서 개인적 광증으로 나타나는 것은 자본가에게는 사회적 메커니즘의 효과이며, 그 속에서 자본가는 단지 작은 톱니바퀴에 불과하다.〉[102] 잉여가치에 의해 정의되는, 즉 자본의 흐름과 노동의 흐름의 구별, 융자의 흐름과 임금 소득의 흐름의 구별에 의해 정의되는 지배계급과 피지배계급이 어디까지나 존재한다고 말할 사람도 있으리라. 하지만 이는 부분적으로만 참이다. 왜냐하면 자본주의는 미분 비들 속에서 이 둘의 결합에서 태어나며, 끊임없이 자기 고유의 극한들을 확대하는 재생산 속에서 이 둘을 통합하기 때문이다. 그래서 부르주아지는 이데올로기의 견지에서가 아니라 자신의 공리계의 조직 자체 속에서 말할 권리가 있다. 오직 하나의 기계만이, 재화에서 절단되어 탈코드화된 변이하는 큰 흐름의 기계만이 있을 따름이며, 하나의 유일한 종[奴婢]들 계급만이, 탈코드화하는 부르주아지만이 있을 따름이다. 이 계급은 카스트와 신분을 탈코드화하고, 또 생산재나 소비재로 변환 가능한, 소득이라는 나뉘지 않는 흐름을 이 기계에서 뽑아내며, 임금과 이윤은 거기에 기초한다. 요컨대 이론적 대립은 두 계급 사이에 있지 않다. 왜냐하면 계급 개념 자체가 코드들의 〈음화〉를 가리키는 한, 이는 오직 하나의 계급밖에 없음을 내포하기 때문이다. 이론적

---

102 Karl Marx, *Le Capital*, I, 7부 24장, Pléiade, I, p.1096.((옮긴이) 독: p.618. 영: p.592)

자본주의적 재현

대립은 다른 데 있다. 즉 ① 자본의 충만한 몸 위에서 계급의 공리계에 들어가는 그런 탈코드화된 흐름들과, ② 전제군주 기표에서 못지않게 이 공리계에서도 해방되며, 이 벽과 이 벽의 벽을 가로지르고, 기관 없는 충만한 몸 위를 흘러가는 탈코드화된 흐름들 사이에 이론적 대립이 있다. 이론적 대립은 계급과 계급-바깥에 있는 자들 사이에 있다. 또한 기계의 종들과 기계를 고장 내거나 톱니바퀴를 고장 내게 하는 자들 사이에. 또한 사회 기계의 체제와 욕망 기계들의 체제 사이에. 또한 상대적 내부 극한들과 절대적 외부 극한 사이에. 이렇게 말해도 좋으리라. 자본가들과 분열자들 사이에 이론적 대립이 있다고. 이 둘은 탈코드화의 층위에서는 근본적으로 친밀하지만, 공리계의 층위에서는 근본적으로 적대적이다(이런 이유로 19세기 사회주의자들이 프롤레타리아를 묘사한 초상에서, 프롤레타리아와 완벽한 분열자의 유사성이 생겨난다).

계급의 양극성

바로 이런 까닭에 프롤레타리아계급의 문제는 무엇보다도 실천에 속한다. 사회장의 양극화, 계급들의 양극성을 조직하는 일은 혁명적 사회주의 운동의 임무였다. 물론 프롤레타리아계급의 이론적 규정을 생산의 차원에서(잉여가치를 수탈당하는 자들) 또는 돈의 차원에서(임금 수입) 착상할 수는 있다. 하지만 이 규정들은 때로는 너무 좁고 때로는 너무 넓다. 그뿐만 아니라, 이 규정들이 계급의 이해관계라 정의하는 객관적 존재는, 이 존재가 의식 속에서 구현되지 않는 한, 어디까지나 순수하게 잠재적이다. 물론 의식은 이 객관적 존재를 창조하지 않으며, 으레 국가 장치의 정복을 제안하는 조직된 정당 속에서 이 객관적 존재를 현행화한다. 자본주의 운동이, 그 미분 비들의 작동에 있어, 지정 가능한 고정된 극한 전체를 교묘히 피하고, 그 내부 극한들을 넘어서며 이전하고, 절단의 절단을 언제나 조작하는 것이라면, 사회주의 운동은 필연적으로 프롤레타리아와 부르주아지를 구별하는 극한을, 즉 경제적·재정적일 뿐 아니라 정치적이기도 한 투쟁을 이끌어 가는 큰 절단을 고정 내지 지정하기에 이르는 것 같다. 그런데 바로 그런 식으로 국가 장치를 정복하는 것이 의미하는 바는 언제나 문제였고 여전히 문제이다. 사회주의를 표방하는 국가는 생산, 생산 단위들, 경제 예측 따위의 변형을 내포한다. 하지만 이 변형은, 잉여 내지 잉여가치의 추출, 축적, 흡수, 시장과 화폐 예측 등 동일한 공리계 문제들에 직면한 이미 정복된 국가에서 출발해야만 행해질 수 있다. 그러므로 다음 둘 중 하나이다. 프롤레타리아가 그 객관적 이해관계에 맞게 국가기구를 탈취하든가, 아니면 부르주아지가 국가의 통제를 지키든가. 그런데 전자의 경우, 이 조작들은 그 의식의 전위(前衛)나 정당의 지배 아래, 말하자면 〈부재하는 위대한〉 계급으로서 부르주아지의 등가물인 관료제와 기술 관료제에 이익이 되게 행해진다. 후자의 경우, 부르주아지는 이류 계급으로서의 프롤레타리아를 인정하고 통합하기 위해 그 자신의 기술-관료제를 비밀로 하고 특히 몇몇 공리를 더 추가할 것을 무릅쓴다. 시장과 계획 수립 간에 양자택일이 있지 않다고 말하는 것은 정확하다. 계획 수립은 자본주의국가에도 필연적으로 도입되며, 비록 국가 독점 시장이긴 해도 사회주의국가에서도 시장은 존속하고 있으니 말이다. 하지만 바로 모든 문제의 해결을 전제하지 않고서 어떻게 참된 양자택일을 정의하랴? 레닌과 러시아혁명의 엄청난 성과는 객관적 존재 내지 객관적 이해관계에 부합하는 계급의식을 만들어 내고, 그 결과로 자본주의국가들에 계급의 양극성을 인정하라고 강요한 것이었다. 하지만 레닌주의의 이 위대한 절단은 사회주의 자체 속에서 국가자본주의가 부활하는 것을 막지도 못했고, 또 고전적 자본주의가 자신의 두더지 같은 참된 작업을 계속함으로써 그 절단을 돌리는 것을 막지도 못했다. 고전적 305

자본주의적 재현

자본주의는, 언제나 절단들의 절단들을 통해, 통제되지 않는(자본주의는 물론 공식 사회주의에 의해서도 통제되지 않는) 혁명적 요소들을 더 민 곳으로, 주변부나 외딴 곳들로 몰아냄으로써, 인정된 계급의 부문들을 자신의 공리계에 통합할 수 있었다. 이렇게 되니, 사회주의국가의 무섭고 완고하며 재빨리 포화되는 새로운 공리계와 자본주의국가의 유연하고 결코 포화되지 않으면서도 그만큼 위험하고 냉소적인 옛 공리계 간의 선택만이 남았다. 하지만 사실상 가장 직접적인 물음은, 산업사회가 잉여, 잉여의 흡수, 계획자이자 시장인 국가, 심지어 부르주아지 등의 등가물 없이도 지닐 수 있는지 여부를 아는 일이 아니다. 그 답변이 "그렇지 않다"라는 점은 분명하지만, 또한 이런 용어들로 제기된 물음이 잘 제기된 게 아니라는 점도 분명하다. 또한 가장 직접적인 물음이 당이나 국가 속에 구현된 계급의식이 계급의 객관적 이해관계를 배반하는지 아닌지를 아는 일도 아니다. 이러한 계급의 객관적 이해관계에는 흔히 일종의 가능한 자발성이 있다고 여겨지지만, 그것은 이 이해관계를 대표한다고 주장하는 심급들에 의해 질식되어 있다. 『변증법적 이성 비판』에서 사르트르의 분석에 따르면 계급의 자발성이란 없고 오직 〈집단〉의 자발성만이 있는데, 우리에게는 이 분석이 아주 옳은 것으로 보인다. 이로부터 〈융합된 집단들〉과 당이나 국가에 의해 대표되며 〈계열적〉인 채로 머무는 계급을 구별할 필요가 생긴다. 이 양자는 동일한 규모로 있지 않다. 계급의 이해관계는 그램분자적 거대 집합들의 차원에 미무르기 때문이다. 계급의 이해관계는 하나의 집단적 전의식을 정의할 따름이며, 이 전의식은 반드시 이와 구별되는 의식 속에서 재현되므로 이 층위에서는 의식이 배반하는지 아닌지, 소외하는지 아닌지, 왜곡하는지 아닌지를 물을 필요조차 없다. 이와 반대로 참된 무의식은 집단의 욕망 속에 있으며, 이 욕망은 욕망 기계들의 분자적 차원을 작동한다. 바로 여기에, 즉 집단의 무의식적 욕망들과 계급의 전의식적 이해관계들 사이에 문제가 있다. 나중에 보겠지만, 바로 여기에서 출발해야만, 이로부터 간접적으로 도출되는 물음들, 즉 계급의 전의식과 계급 의식의 재현적 형식들에 대해, 이해관계들의 본성과 이것들의 실현 과정에 대해 물음들을 제기할 수 있다. 라이히는 욕망과 이해관계를 사전에 구별할 권리들을 요청하는 결백한 절박함을 지닌 채 항상 돌아온다. 〈지도부는 객관적 역사 과정을 정확히 인식하는 것 외에는 다음을 이해하는 것보다도 더 절박한 과제를 갖고 있지 않다. ⓐ 상이한 계층, 직업, 연령층, 성별은 자기 안에 어떤 진보적 욕망, 관념, 생각을 지니고 있을까. ⓑ 이들은 진보적인 것에 굴레를 채우는 그 어떤 욕망, 불안, 생각, 관념을 자기 안에 지니고 있을까 ── 전통적 고착들.〉[103] (지도부는 오히려 〈욕망이란 말을 들으면 난 권총을 뽑지〉라고 대답하는 경향이 있다.)

욕망과 이해관계

욕망은 절대로 속는 법이 없다. 이해관계는 속거나 오인하거나 배반 당할 수 있지만, 욕망은 그렇지 않다. 그래서 라이히는 외친다. 아니다, 대중들은 속지 않았다. 대중들은 파시즘을 원했다. 설명해야 하는 것은 바로 이것이다……. 사람들은 자기 이해관계에 거슬러서 욕망하는 수가 있다. 자본주의는 이것을 이용하는데, 사회주의, 당, 당 지도부도 이것을 이용한다. 오인들이 아닌 완전히 반동적인 무의식적 투자들인 작업들에 욕망이 몸을 맡긴다는 점을 어떻게 설명해야 할까? 라이히가 〈전통적 고착들〉을 말할 때 의미하는 바는 무엇일까? 이 전통적 고착들 또

---

103 Wilhelm Reich, *Qu'est-ce que la concience de classe?*, 1934, Paris: Sinelnikoff, p.18.((옮긴이) **독**: p.13. 영: p.22. 번역은 독일어에 더 충실하게 옮겼다. 독일어 원본에서 "traditionnelle Bindungen"을 DG는 "fixations traditionnelles"라고 옮기고 있으며, 영어 판에서는 "traditional bonds"라고 옮기고 있다.)

자본주의적 재현

한 역사적 과정의 일부를 이루며, 우리를 국가의 현대적 기능들로 다시 데려간다. 문명화된 현대사회들은 탈코드화와 탈영토화의 경과에 의해 정의된다. 하지만 이 사회들은 한편에서 탈영토화하는 것을 다른 편에서 재영토화한다. 이 새-영토성은 종종 인공적·잔여적·의고적이다. 다만, 이것들은 완전히 현행적인 기능을 하는 의고주의인데, 이는 곧 코드의 파편들을 〈벽돌처럼 쌓고〉 구획하고 재도입하며, 옛 코드들을 부활시키고, 사이비 코드들 내지 전문어들을 발명하는 우리의 현대적 방식이다. 에드거 모랭의 공식을 따르면, *신(新)-의고주의*. 이 현대 영토성들은 극히 복잡하고 변화가 심하다. 어떤 것들은 차라리 민속적인데, 하지만 이것들도 사회적이면서 결국은 정치적인 힘들(룰렛 놀이꾼에서 퇴역 군인을 거쳐 스스로 소비할 브랜디를 증류하는 사람에 이르는)을 재현한다. 다른 어떤 것들은 외딴 곳들인데, 이것들의 의고주의는 현대 파시즘을 길러 낼 수도 있고 혁명적 충전을 뽑아낼 수도 있다(소수민족, 바스크 지방 문제, 아일랜드 가톨릭, 인디언 거주지). 어떤 것들은 탈영토화 운동의 흐름 자체 속에서 자발적인 듯 형성된다(시가지의 영토성들, 거대 집합체들의 영토성들, 〈패거리들〉). 다른 것들은 국가에 의해 조직되고 우대되는데, 국가에 등을 돌려 심각한 문제들을 제기하기도 한다(지역주의, 민족주의). 필경 파시즘 국가는 자본주의에서 경제적·정치적 재영토화의 가장 환상적인 시도였다. 하지만 사회주의국가 역시도 자신의 고유한 소수파들, 고유한 영토성들을 갖고 있는데, 이것들은 자기 개혁을 하여 국가에 반대하기도 하지만 국가가 이것들을 조장하고 조직하기도 한다(러시아 민족주의, 당이라는 영토성. 프롤레타리아는 인공적인 새-영토성들에 기초해서만 자신을 계급으로 구성할 수 있었다. 이와 병행하여, 부르주아지는 종종 가장 의고적인 형식으로 자신을 재영토화한다). 저 유명한 권력의 인물화(人物化)는 기계의 탈영토화를 이중화한 영토성과 같다. 현대 국가의 기능이 탈코드화되고 탈영토화된 흐름들의 조절이라는 것이 참이라면, 이 기능의 주요 양상들 중 하나는 재영토화를 행하고, 그리하여 탈코드화된 흐름들이 사회 공리계의 어떤 끄트머리에서라도 도주하지 못하게 막는 일이다. 자본주의국가가 자본들의 흐름들을 대지로 끌어오기 위해 거기에 있지 않다면, 자본들의 흐름들은 쉽사리 달까지 미치리라는 인상을 가끔 받는다. 가령 융자의 흐름들의 탈영토화가 있지만, 구매력과 지불수단들에 의한 재영토화도 있다(중앙은행들의 역할). 또는 중심부에서 주변부로 가는 탈영토화 운동은 주변부의 재영토화를, 주변부의 일종의 경제적·정치적 자기-중심화를 수반한다. 이는 때로는 사회주의 내지 자본주의라는 현대적 국가 형식으로, 때로는 지방 전제군주들의 의고적 형식으로 일어난다. 극한에서는 탈영토화와 재영토화를 구별하는 것이 불가능하다. 이 둘은 서로를 취하거나 아니면 동일한 과정의 표리와 같으니까.

탈영토화와 자본주의적 재영토화들 ── 그 관계, 경향적 저하 법칙

국가에 의한 조절의 이 본질적 양상이 자본주의 자체의 경제·사회 공 리계에 직접 기초하고 있다는 점을 알면, 이 양상은 더 잘 설명된다. 의고적 내지 인공적인 새-영토성들의 윤곽을 드러내는 것은 바로 탈영토화된 흐름들의 결합 자체이다. 맑스는 본래적 의미의 정치경제학의 기초가 무엇인지 밝혔다. 그것은 노동이나 생산에 있어 ── 욕망에 있어서라해도 괜찮겠다 ── 부(富)의 주체적이고 추상적인 본질의 발견이다(《부를 낳는 활동에 대한 모든 규정을 내던진 것은 애덤 스미스의 엄청난 진보였다. 단적인 노동. 제조업 노동도 상업 노동도 농업 노동도 아닌, 다른 어떤 노동과도 마찬가지인 노동. (……) 부를 창조하는 활동의 추상적 보편성)).[104] 탈코드화 내지 탈영토화의 큰 운동이 있다. 그러니까 부의 본성은 더 이상 객체의 측면에서, 즉 영토 기계나 전제군주 기계 같은 외부 조건들에서 찾아지지 않는다. 하지만 맑스는 금세 덧붙이기를, 본질적으로 〈냉소적인〉 이 발견은 새로운 물신 내지 새로운 〈위선〉으로서의 새로운 영토화에 의해 수정된다. 주체적·추상적 본질로서의 생산은, 생산을 새로이 대상화하고, 생산을 재영토화함으로써 생산을 소외하는 재산의 형식으로만 발견된다. 부의 주체적 본성을 완전히 예감하면서도 이 본성을 〈돈을 만드는〉 전제군주 기계에 아직도 묶여 있는 특수한 활동이라 규정했던 것은 중상주의자들만이 아니다. 이 예감을 더 멀리 밀어붙여서, 주체적 활동을 농업과 부동산 형식으로 영토 기계나 재영토화된 기계에 묶어 놓은 것은 중농주의자들만이 아니다. 애덤 스미스마저도, 추상적이고 주체적이며, 산업적이고 탈영토화된 부의 위대한 본질을 발견할 때, 이 본질을 금세 생산수단의 사적 소유 속에 재영토화함으로써만 발견한 것이다(그리고 이 점에서 이른바 공유재산이 이 운동의 방향을 바꾼다고 말할 수 없다). 더욱이, 정치경제학의 역사를 쓰는 일이 아니라 그에 상응하는 사회의 현실 역사를 쓰는 일이 문제일 때에는, 왜 자본주의가 자기가 처음에 탈영토화한 것을 끊임없이 재영토화하는지 더 잘 이해하게 된다. 맑스가 이중 운동의 참된 근거를 분석하는 것은 바로『자본』에서이다. 한편으로 자본주의는 추상적 부의 주체적 본질, 〈생산을 위한 생산〉, 말하자면 〈자기 목적으로서의 생산, 노동의 사회적 생산력의 무제약적 발전〉을 끊임없이 발전시키면서만 진행될 수 있다. 하지만 한편으로 이와 동시에, 자본주의는 〈자본을 위한 생산〉, 〈이용 가능한 자본 가치의 가치 증대〉라는 특정 생산양식인 한에서, 자기 고유의 제한된 목적의 틀 안에서만 진행할 수 있다.[105] 첫째 양상에서는, 자본주의는 더

104 K. Marx, *Introduction générale à la l'économie politique*, Pléiade, I, pp.258ff.((옮긴이) **독**: p.24. 영: p.104) 또 *Economie et philosophie*, Pléiade, II, pp.71~75.((옮긴이) **독**: pp.530ff. 영: pp.128~131)

105 K. Marx, *Le Capital*, III, 3부 결론, Pléiade, II, pp.1031~1032.((옮긴이) 독: p.260. 영: pp.249~250)

멀리 탈영토화하면서, 〈모든 장벽과 모든 속박을 뒤집는 보편적·세계주의적 에너지 속에서 팽창하면서〉, 자기 고유의 극한들을 끊임없이 넘어선다. 하지만 엄밀하게 이와 보완적인 둘째 양상에서는, 자본주의에는 자신에 내재적인 내부 극한들과 장벽들이 끊임없이 있는데, 내재적이라는 바로 그 이유 때문에, 이것들은 확대된 규모로 자기를 재생산함으로써만 넘어설 수 있다(지역, 세계, 행성 차원의 줄곧 더한 재영토화). 바로 이런 까닭에 경향적 저하의 법칙, 말하자면 늘 극복되고 늘 재생산되기 때문에 결코 도달할 수 없는 극한들이라는 법칙은, 우리가 보기에는 그 귀결로서, 아니 그 직접적 발현으로서, 탈영토화와 재영토화라는 두 운동의 동시성을 갖는 것 같다.

공리계의 두 극 —— 전제군주 기표와 분열증 형상, 편집증과 분열증

이로부터 중요한 귀결이 도출된다. 그것은 현대사회들의 사회 공리계가 두 극 사이에 붙잡혀 있고, 끊임없이 한 극과 다른 극 사이를 왕복한다는 것이다. 현대사회들은 탈코드화와 탈영토화에서, 전제군주 기계의 폐허에서 태어났기 때문에, 현대사회들이 초코드화하고 재영토화하는 통일체로서 부활시키고자 하는 원국가와 현대사회들을 하나의 절대적 문턱으로 끌고 가는 풀려난 흐름들 사이에 붙잡혀 있다. 현대사회들은 자기의 자본들과 인구들의 유동량을 탈코드화하거나 탈코드화하게 하는 한편, 세계적 규모의 독재, 지방의 독재자들, 전능한 경찰을 동원하여 온 힘을 다해 재코드화한다. 현대사회들은 두 방향 사이에 붙잡혀 있다. 의고주의와 미래주의, 신-의고주의와 탈-미래주의, 편집증과 분열증 사이에. 현대사회들은 두 극 사이에서 흔들거린다. 한 극은 편집증적 전제군주 기호, 즉 현대사회들이 코드의 통일체로서 다시 활성화하려 시도하는 전제군주의 기표-기호이고, 다른 극은 탈코드화된 흐 **310**

자본주의적 재현

름의 통일체로서 분열자의 형상-기호, 즉 분열, 기호-점 또는 흐름-절단이다. 현대사회들은 한 극에 울타리를 치지만, 다른 극을 통해서는 흐르거나 흘러나온다. 현대사회들은 끊임없이 자기보다 지체되는 동시에 자기보다 앞선다.[106] 원국가의 향수(鄕愁) 및 필연성과 흐름들의 유동의 요구 및 불가피성을 어떻게 화해시킬까? 체계를 구성하는 탈코드화와 탈영토화가 공리계에서 빠져나가 기계를 공전시키는 한쪽 끝 내지 다른 쪽 끝으로 도주하지 못하게 하려면 어떻게 해야 할까(지평선의 한 중국인, 쿠바의 미사일 발사대, 아랍인 비행기 납치범, 영사(領事) 유괴범, 흑표범 당원, 1968년 5월 또는 심지어 마약 중독 히피들, 화가 난 호모들 등). 사람들은 반동적이고 편집증적인 과잉 충전들과 혁명적이고 분열증적인 지하의 충전들 사이를 오간다. 게다가 사람들은 그것이 어떻게 이쪽이나 저쪽으로 향하는지 너무 모른다. 망상의 두 극(極)은 애매하고 변형되기도 하며, 의고주의나 민속의 방식은 이런저런 상황에서 갑자기 위험한 진보적 가치를 짊어질 수도 있다. 어떻게 그것이 파시즘이 되거나 혁명적이 되는가 하는 점은 보편적 망상의 문제인데, 이 문제에 대해서는 누구나, 우선 특히 정신의학자들이 입을 다문다(이들은 이 문제에 대해 아무것도 모른다. 이들이 왜 알아야 할까?). 자본주의는 물론 사회주의도, 이들이 숭배하는 전제군주 기표와 이들을 끌고 가는 분열증적 형상 사이에서 찢겨 있는 것과도 같다. 그렇다면 우리는 서로 대립되는 듯 보였던 앞에서의 두 결론을 유지할 권리를 갖는다. 한편으로 현대국가는 내재-화를 완성하고, 일반화된 흐름을 탈코드화하고, 코드들과 초코드화들을 공리계로 대체함으로써, 전제군주 국가에 비해 앞선

---

106 Suzanne de Brunhoff, *La Monnaie chez Marx*, Paris: Editions Sociales, 1967, p.147. 〈바로 이런 까닭에, 자본주의에서는 체계 속에서 구성된 신용마저도 **자본주의 전**(화폐, 돈 거래)과 **자본주의 후**(신용의 회로는 우월한 순환이다……)의 복합 요소들을 결합한다. 자본주의의 필요에 적응하기는 했지만, 신용은 실제로는 자본과 동시적인 것이 아니다. 자본주의 생산양식에서 태어난 융자 체계는 사생아로 남아 있다.〉

참된 절단을 형성한다. 하지만 다른 한편으로 이제까지 오직 하나의 국가, 원국가, 아시아적 전제군주 구성체만이 있었고 지금도 그러한데, 현대사회 공리계마저도 자기 고유의 절단이 행사되는 극(極)들 중 한 극으로 자신을 부활시키면서만 기능할 수 있기 때문에, 이 유일한 국가는 퇴각해서 전체 역사를 위한 유일한 절단을 구성한다. 민주주의건 파시즘이건 사회주의건, 어느 것인들 대적할 자 없는 모델로서의 원국가가 출몰하지 않았으랴? 지방의 독재자 뒤발리에의 경찰 총수는 데지르라 불렸다.

세 개의 거대 사회 기계들 요약 ── 영토 기계, 전제군주 기계, 자본주의 기계(코드화, 초코드화, 탈코드화)

단순하게 말해, 어떤 일이 다시 일어나는 것과 처음에 일어났던 것은 같은 절차를 통해서가 아니다. 우리는 미개, 야만, 문명에 대응하는 세 개의 거대 사회 기계를 구별했다. 첫째 기계는 하층에 있는 영토 기계인데, 이것은 토지의 충만한 몸 위에서 흐름들을 코드화하는 데서 성립한다. 둘째 기계는 초월적 제국 기계인데, 이것은 전제군주와 그 장치인 원국가의 충만한 몸 위에서 흐름들을 초코드화하는 데서 성립한다. 이것은 탈영토화의 최초의 거대 운동을 조작하지만, 이렇게 하는 까닭은 이것이 영토 공동체들을 수집하고 초코드화하고 초과노동을 전유함으로써 보존하는 영토 공동체들에 탁월한 통일을 덧붙이기 위해서이다. 셋째 기계는 내재적 현대 기계인데, 이것은 돈-자본의 충만한 몸 위에서 흐름들을 탈코드화하는 데서 성립한다. 이것은 탈코드화된 흐름들의 공리계 및 이 흐름들의 조절로 영토의 코드들과 전제군주의 초코드화를 대체함으로써, 내재성을 실현했고, 추상적인 그런 것을 구체적이 되게 했고, 인공적인 것을 자연적이 되게 했다. 이 기계는 탈영토화의 두 번째 거대 운동을 조작하지만, 이렇게 하는 까닭은 이번에는 코드들과 초코드들을 하나도 존속하지 못하게 하기 위해서이다. 그렇지만 이 기계는 자기가 존속시키지 않는 것을 자신의 독자적 수단들을 통해 되찾는다. 이 기계는 자기가 영토성들을 잃은 곳에서 재영토화하고, 옛 영토성들을 파괴한 곳에서 새로운 의고주의들을 창조한다. 그리고 이 둘은 결혼한다. 역사가 말한다. 아니다, 현대 국가, 그 관료제, 그 기술 관료제는 옛 전제군주 국가와 유사하지 않다고. 이는 분명 맞는 말이지만, 그 까닭은 한 경우에는 탈코드화된 흐름들을 재영토화하는 것이 문제인 반면, 다른 경우에는 영토적 흐름들을 초코드화하는 것이 문제이기 때문이다. 역설은, 자본주의가 자신의 재영토화들을 위해 원국가를 이용한다는 점이다. 하지만 현대의 공리계는 태연하게 자신의 내재성의 바닥에서 초월적 원국가를 자신의 내부화된 극한으로서, 또는 자신이 왕복하도록 규정된 두 극(極)의 하나로서 재생산한다. 이 공리계의 태연하고 냉소적인 성격 밑에서는, 이 공리계의 다른 극 ─ 그것의 사고(事故)들, 고장들 및 그것의 초월적 부활들로서 그것의 내재적 조절들이라는 벽 너머로 그것이 탈코드화하는 것을 뛰어넘고 이행시킬 기회들 ─ 을 형성하는 거대한 힘들이 공리계를 움직인다. 각 유형의 사회 기계는 어떤 종류의 재현을 생산하는데, 이 재현의 요소들은 사회체의 표면에서 조직된다. ① 미개 영토 기계에서의 연결-합의 체계, 이는 흐름들의 코드화에 대응한다. ② 야만 전제군주 기계에서의 분리-종속 체계, 이는 초코드화에 대응한다. ③ 문명 자본주의 기계에서의 결합-조정 체계, 이는 흐름들의 탈코드화에 대응한다. 탈영토화, 공리계, 재영토화, 이런 것들이 현대 사회체에서 욕망의 재현의 표면에 있는 세 요소이다. 그렇다면 우리는 다음 물음으로 다시 돌아온다. 사회적 생산과 욕망적 생산 사이에는 항상 본성의 동일성이 있지만 또한 체제의 차이가 있다고 일단 말할 때, 각 경우에 이 양자의 관계는

312

어떤 것일까? 이 본성의 동일성은 내재성 속에서, 또 탈코드화된 흐름들의 유동 속에서 〈보편적으로〉 실현되어 있으니까, 그것은 현대자본주의 재현의 체제에서 최고점에 달하고 있다고 말할 수 있을까? 하지만 또 반생산이 욕망에 침투하여 이제는 욕망을 짓부수는 환상적인 죽음 본능을 풀어놓으면서, 그 내재성과 탈코드화 덕분에 체계 속에 국지화된 채 머물러 있지 않고 생산 전체를 가로질러 퍼져 있으니까, 체제의 차이는 현대자본주의 재현의 체제에서 가장 큰 것이고, 또 이 재현은 욕망에 대해 다른 어떤 것보다도 더 강한 억압-탄압의 조작을 행하고 있다고 말할 수 있을까? 또 언제나 안에서 생기지만 밖에서 도래해야만 하는 이 죽음은 ── 그리고 자본주의의 경우에는 죽음을 도래하게 하는 이 바깥이 무엇인지 아직도 잘 모를 만큼 강한 권력을 지니고 생겨나는 이 죽음은 ── 무엇일까? 요컨대 사회에 대한 일반 이론은 흐름들에 대한 일반화된 이론이다. 바로 이 이론과 관련해서 사회적 생산과 욕망적 생산의 관계, 각 경우에 있어서 이 관계의 변주들, 자본주의 체계에서 이 관계의 극한들을 평가해야만 한다.

11 마침내 오이디푸스

적용

사회적 재생산과 인간적 재생산

영토 기계나 심지어 전제군주 기계에 있어, 사회적·경제적 재생산은 결코 인간적 재생산 및 이 인간적 재생산의 사회적 형식과 독립해 있지 않다. 따라서 가족은 하나의 열린 실천, 사회장과 외연이 같은 하나의 전략이다. 혈연과 결연의 관계들은 규정적이며, 아니 차라리 〈지배적인 것이게끔 규정되어〉 있다. 사회체에 표시되고 기입되는 것은, 사실 가족의 신분과 가족에서의 신분에 따라, 즉각 생산자들(또는 비-생산자들)이다. 재생산의 경과는 직접적으로 경제적인 것이 아니라, 친족의 비경제적 요인들을 통과한다. 이는 영토 기계에 대해, 그리고 사회적·경제적 재생산에서 각자의 자리를 혈연들 및 결연들의 관점에서 그 신분에 따라 규정하는 지역 집단들에 대해 참일 뿐 아니라, 또한 새로운 결연과 직접 혈연의 관계들을 통해 저 결연들과 혈연들을 대신하는 전제군주 기계에 대해서도 참이다(이로부터, 늘 새로운 결연이라는 동일한 범주 속에 기입되는, 전제군주 초코드화에서의 왕족 및 〈왕조〉— 아무리 변화무쌍하고 불확실하더라도 — 의 역할이 생긴다). 자본주의 체계에서 사태는 더 이상 전혀 똑같지 않다.[107] 재현은 더 이상 별도의 대상과 관련되지 않고 생산 활동 자체와 관련된다. 충만한 몸으로서의 사회체는, 돈-자본인 한에서 직접적으로 경제적인 것이 되었다. 이 사회체는 다른 어떤 전제(前提)도 용납하지 않는다. 기입되거나 표시되는 것은 더 이상 생산자들이나 비-생산자들이 아니라, 관계 맺음 내지 결합 속에서 실효적으로 구체적인 것이 되는 추상량으로서의 생산력과 생산수단이다. 즉 노동력 내지 자본, 불변자본 내지 가변자본, 혈연 자본 내지 결연 자본 등. 결연과 혈연의 관계들을 자기에게 탈취해 온 것이 바로 자본이다. 이로부터 가족의 사유화가 뒤따르는데, 이 사유화에 따라 가족은 자신의 사회적 형식을 경제적 재생산에 주기를 멈춘다. 가족은 투자철회된 것과도 같아서, 장 바깥에 놓인다. 아리스토텔레스처럼 말하면, 가족은 경제적 재생산의 자율적 사회 형식에 종속되고 이 사회 형식이 할당하는 장소에 오는 인간 질료 내지 인간 재료의 형식에 불과하다. 말하자면 생산과 반생산의 요소들은 인간들 자신으로서 재생산되지 않고, 인간들에게서 단순한 재료를 발견하는데, 이 재료는 경제적 재생산의 형식이 인간적 재생산으로서 갖는 형식과는 완전히 다른 양식으로 미리 조직한 것이다. 인간 재료의 형식 내지 인간적 재생산의 형식이 사유화되고 장 밖에 놓였다는 바로 그 이유로, 이 형식은 모두가 서로 평등하다고 쉽사리 상정하는 사람들을 낳는다. 하지만 이미 사회적·경제적 재생산의 형식은 장 자체 속에, 자본에서 파생된 기능으로서의 자본가 자체, 노동력에서 파생된 기능으로서의 노동자 자체 등이 있어야 하는 곳에, 가족이 계급 질서에 의해 미리 재절단되는 그런

314

---

107 에마뉘엘 테레의 생산양식들에 대한 미분적 분석 참조. Emmanuel Terray, Le Marxisme devant les sociétés primitives, pp.140~155(전-자본주의사회들에서는 왜 〈경제·사회적 구조의 재생산이 집단의 물리적 재생산이 행해지는 조건들에 크게 의존할까〉).

방식으로 이 재료의 형식이 생겨나도록 이 형식을 미리 형성해 놓고 있었다(실은 바로 이런 의미에서 분리차별이 평등의 유일한 기원이다……).[108]

이미지의 두 차원

이렇게 가족이 사회장 밖에 놓이는 일은 또한 가족의 가장 큰 사회적 행운이다. 왜냐하면 그것은 사회장 전체가 가족에 적용될 수 있을 조건이기 때문이다. 개별 인물들은 무엇보다 사회적 인물들, 말하자면 추상량들에서 파생된 기능들이다. 개별 인물들은 이들 자신이 이 추상량들의 관계 또는 이 추상량들의 공리계 속에 놓임으로써, 이 추상량들의 결합 속에 놓임으로써 구체적이 된다. 이것들은 바로 기호-점들, 흐름-절단들, 자본주의의 순수 〈형상들〉에 의해 생산된 배열형태들 내지 이미지들이다. 인물화된 자본으로서의 자본가, 말하자면 자본의 흐름에서 파생된 기능으로서의 자본가, 인물화된 노동력으로서의 노동자, 즉 노동의 흐름에서 파생된 기능으로서의 노동자 말이다. 이처럼 자본주의는 자신의 내재장을 이미지들로 채운다. 비참함, 절망, 반란마저도, 또한 다른 측면에서는 자본의 폭력과 압제도, 비참함, 절망, 반란, 폭력 또는 압제의 이미지가 된다. 하지만 비구상적 형상들 또는 이 형상들을 생산하는 흐름-절단들에서 출발해, 이 이미지늘은 인간 재료를 전달(informer)함으로써만 형상화하며 재생산적이 될 터인데, 인간 재료의 재생산의 특유한 형식은, 그렇지만 그것을 규정하는 사회장 밖으로 다시 떨어진다. 따라서 사적 인물들은 2차 수준의 이미지들, 이미지

315

---

108 자본가〈의〉 생산 등에 대해서는 K. Marx, *Principes d'une critique de l'économie politique*, Pléiade, II, pp.357~358.((옮긴이) 독: p.412. 영: pp.118~119) 및 *Le Capital*, I, 7부 24장, Pléiade, I, pp.1095~1096.((옮긴이) 독: pp.618ff. 영: pp.591~592)

들의 이미지들, 말하자면 사회적 인물들의 1차 수준의 이미지를 재현하는 소질을 얻는 허상들이다. 이 사적 인물들은 제한된 가족의 장소에서 아버지, 어머니, 아이로서 형식적으로 규정된다. 하지만 이 가족은 결연들과 혈연들의 도움으로 사회장 전체에 자신을 열고 이와 외연을 같이하면서 그 좌표들을 재절단하는 하나의 전략이 아니라, 사회장이 닫히고 그 재생산의 자율적 요구들이 적용되며 모든 차원에서 사회장이 재절단하는 하나의 단순한 전술에 불과하다고 말할 수 있으리라. 결연들과 혈연들은 더 이상 인간을 지나가지 않고 돈을 지나간다. 이렇게 되면 가족은 소우주가 되는데, 이 소우주는 가족이 더 이상 지배하지 못하는 것을 표현하기 일쑤다. 어떤 점에서는, 상황이 바뀌지 않았다. 왜냐하면 가족을 가로질러 투자되는 것은 언제나 경제·정치·문화·사회장이며, 이 장의 절단들과 흐름들이기 때문이다. 사적 인물들은 하나의 가상, 이미지들의 이미지들 또는 파생물의 파생물들이다. 하지만 다른 식으로는, 모든 것이 바뀌었다. 왜냐하면 가족은 사회적 재생산의 지배적 요인들을 구성하고 펼치는 대신 이 요인들을 자기 고유의 재생산 양식 속에 적용하고 감싸는 데 그치기 때문이다. 그리하여 아버지, 어머니, 아이는 자본의 이미지들의 허상이 되며(《자본 씨, 대지 여사》 그리고 그들의 아이인 노동자……) 그래서 이 이미지들은 단지 그 허상을 투자하도록 규정된 욕망 속에서 더 이상 인정되지 않는다. 가족적 규정들은 사회 공리계의 적용이 된다. 가족은 사회장의 집합이 적용되는 부분집합이 된다. 각자는 사적인 자격으로 한 명의 아버지와 한 명의 어머니를 갖고 있으므로, 그것은 각자에 대해 사회적 인물들의 전체 집합을 모의하고 그 영역을 가두어 그 이미지들을 흐리게 하는 분배적 부분집합이다. 모든 것은 아버지-어머니-아이의 삼각형으로 복귀하며, 이 삼각형은 사람들이 자본의 이미지들을 가지고 그것을 자극할 때마다 《아빠-엄마》라고 대답하면서 공진한다. 요컨대 오이디푸스가 도래했다. 오이디푸스는 1차

마침내 오이디푸스

수준의 사회적 이미지들을 2차 수준의 사적 가족 이미지들에 적용하는 자본주의 체계에서 탄생한다. 오이디푸스는 사회적으로 규정된 출발 집합에 응답하는 도달 집합이다. 오이디푸스는 사회적 주권의 형식에 응답하는 우리의 내밀한 식민지 구성체이다. 우리는 모두 작은 식민지이며, 바로 오이디푸스가 우리를 식민화한다. 가족이 생산과 재생산의 단위이기를 그칠 때, 결합이 가족에서 단순한 소비 단위라는 의미만을 되찾을 때, 우리가 소비하는 것은 바로 아버지-어머니이다. 출발 집합에는 사장, 족장, 사제, 짭새, 세리, 군인, 노동자 등 모든 기계와 영토성, 우리 사회의 모든 사회적 이미지가 있다. 하지만 도달 집합에는, 극한에는, 단지 아빠, 엄마, 나만 있으며, 아빠가 받은 전제군주 기호, 엄마가 떠맡은 잔여 영토성, 나뉘고 절단되고 거세된 나만 있다. 이 복귀, 접기, 적용 따위의 조작은, 적용된 공리계로서의 정신분석의 비밀을 의도적으로 폭로하면서, 라캉에게 이렇게 말하게 한 게 아닐까? 〈정신분석 대화라 불리는 것 속에서 더 자유롭게 작동하는〉 것처럼 보이는 것은 〈사실상 본질적이고 형식화할 수 있는 몇몇 절합들로 완전히 환원될 수 있는 하나의 기반에 의존한다.〉[109] 모든 것은 미리 형성되어 있고 사전에 마련되어 있다. 사회장은 오이디푸스로 복귀한다. 사회장에서는 각자가 언표행위의 집단적 담당자로서, 생산과 반생산의 담당자로서, 작용하고 겪는(agit et pâtit) 반면, 오이디푸스에서는 각자가 이제 구석에 붙잡혀, 그를 개인적 언표 주체와 개인적 언표행위 주체로 나누는 선을 따라 절단된다. 언표 주체는 사회적 인물이며, 언표행위 주체는 사적 인물이다. 〈따라서〉 이건 네 아버지이고, 따라서 이건 네 어머니이고, 따라서 이건 너다. 자본주의 결합들이 사유화된 인물들에 적용되는 한에서, 가족의 결합은 자본주의 결합들에서 결과한다. 확실히 아

---

109 Jacques Lacan, *Lettres de l'école freudienne*, 7 mars 1970, p.42.

빠-엄마-나는 도처에서 재발견된다. 사람들이 모든 것에 그것을 적용했기 때문에. 이미지들의 군림은 자본주의가 분열들을 이용하고 흐름들의 방향을 바꾸는 새로운 방식이다. 복합 이미지들, 이미지들로 복귀한 이미지들, 이 조작의 결과로 자기 아버지-어머니와 관련을 맺게 된 각자의 작은 자아가 실로 세계의 중심이 되게 하는 방식. 토지의 물신 들의 지하의 군림 내지 전제군주의 우상들의 천상의 군림보다 훨씬 더 음험하게, 나르키소스-오이디푸스 기계가 여기 강림한다. 〈더는 그림문자도 상형문자도 필요 없다, 우리는 진짜 객관적 현실을 (……) 우리의 코닥-영상을 가질 것이다. (……) 각각의 남자, 각각의 여자에게, 우주는 단지 자기 자신의 절대적인 작은 사진의 배경일 뿐이다. (……) 사진 한 장! 우주에 널린 스냅사진 속의, 코닥 스냅사진 한 장.〉[110] 삼각형화된 작은 소우주로서의 각자, 나르키소스적 자아는 오이디푸스적 주체와 합류한다.

오이디푸스와 극한들

마침내 오이디푸스……, 이것은 결국 아주 단순한 조작, 사실 쉽게 형식화할 수 있는 조작이다. 이 조작은 여전히 세계사에 참여한다. 우리는 분열증이 어떤 의미에서, 즉 그것이 사회적 생산 전체의 〈극한에서〉 욕망적 생산이 되게 하는 탈코드화되고 탈영토화된 흐름들을 통과시키는 한에서, 모든 사회의 절대적 극한인지를 보았다. 또 자본주의가, 탈코드화된 흐름들을 공리화하고 탈영토화된 흐름들을 재영토화하는 한에서, 모든 사회의 상대적 극한임을 보았다. 또한 자본주의는 분열증

---

110 D. H. Lawrence, "Art et moralité," 1925, in *Eros et les chiens*, Paris: Bourgois, pp.48~50.((옮긴이) 영: pp.522~526) (혼합되고 얼룩덜룩한 이미지로서 현대인의 〈현실〉에 대해서는 Nietzsche, *Zarathoustra*, II, *Du pays de la civilisation* 참조)

마침내 오이디푸스

에서 자기 고유의 외부 극한을 발견하고, 이것을 끊임없이 밀쳐 내고 쫓아내지만, 한편으로 자신이 끊임없이 이전하고 확대하는 자신의 내재적 극한들을 스스로 생산한다. 하지만 자본주의는 하나의 이전된 내부 극한을 또 다른 방식으로 여전히 필요로 한다. 바로 절대적 외부 극한, 즉 분열증적 극한을 중화 내지 격퇴하기 위해, 자본주의는 이번에는 그것을 구속하면서, 즉 더 이상 그것이 사회적 생산과 거기서 이탈되는 욕망적 생산 사이를 통과하지 못하게 하면서, 그러면서 사회적 생산 내부에서, 사회적 재생산의 형식과 이것이 복귀하는 가족적 재생산의 형식 사이를, 사회적 집합과 이것이 적용되는 사적 부분집합 사이를 통과하게 함으로써, 그것을 내부화할 필요가 있다. 오이디푸스는 이 이전된 또는 내면화된 극한이며, 욕망은 여기에 붙잡힌다. 오이디푸스 삼각형은 자본주의의 사회적 재영토화의 모든 노력에 대응하는 내밀한 사적 영토성이다. 오이디푸스는 모든 구성체에 대해 이전된 극한인데, 그 까닭은 그것이 욕망의 이전된 재현내용이기 때문이다. 하지만 원시 구성체들에서 이 극한은, 흐름들이 코드화되는 한에서, 또 결연들과 혈연들의 놀이가 대가족들을 사회장의 규정들의 척도로 유지하여 이 규정들이 대가족들에 2차적으로 복귀하는 것을 막는 한에서, 점유되지 않은 채로 머문다. 전제군주 구성체들에서, 오이디푸스적 극한은, 황제의 근친상간이 사회장 전체를 조망하는 초코드화를 시행하는 한에서, 섬유되어 있되, 상징적으로 점유되어 있지만, 체험되거나 거주되지는 않는다(억압하는 재현작용). 복귀나 외삽 등 형식적 조작들은 훨씬 나중에 오이디푸스에게 속하겠지만, 이미 설계되어 있으나 천상의 대상이 구성되는 상징적 공간 속에 설계되어 있다. 오직 자본주의 구성체에서만 오이디푸스의 극한은, 탈코드화된 흐름들에 의해 생산된 사회적 이미지들이 욕망에 의해 투자된 제한된 가족 이미지들로 실제로 복귀한다는 의미에서, 점유될 뿐 아니라 거주되고 체험된다. 오이디푸스가 구성

318

되는 것은 바로 상상계의 이 지점에서이며, 이와 동시에 오이디푸스는 재현의 심층 요소들 속에서 자신의 이주를 완성한다. 즉 이전된 재현내용이 그대로 욕망의 대표가 되었다. 따라서 이 생성 또는 이 구성이 옛 사회 구성체들 속에서 상상된 형태로 행해지지 않는다는 점은 자명하다. 왜냐하면 상상적 오이디푸스는 이런 생성의 결과이지, 그 반대가 아니기 때문이다. 오이디푸스가 도래하는 것은 똥의 흐름이나 근친상간의 물결을 통해서가 아니라 돈-자본의 탈코드화된 흐름들을 통해서이다. 근친상간과 똥의 물결은, 자본의 흐름들이 복귀하거나 적용되는 이 사적 인물들을 운반하는 한에서, 돈-자본의 탈코드화된 흐름들에서 2차적으로만 파생된다(이로부터 똥=돈이라는 정신분석 방정식의 완전히 일그러진 복합적 발생이 유래한다. 사실, 중요한 것은 탈코드화된 흐름들의 만남들 또는 결합들의 체계, 파생물들과 결과물들의 체계이다).

오이디푸스와 세 상태의 요약

오이디푸스에는 세 상태 또는 세 기계의 요약이 있다. 그 까닭은 이렇다. 영토 기계에서 오이디푸스는 점유되지 않은 빈 극한으로서 준비된다. 전제군주 기계에서 오이디푸스는 상징적으로 점유된 극한으로서 형성된다. 하지만 오이디푸스는 자본주의 기계의 상상적 오이디푸스가 됨으로써만 채워지고 실효화된다. 전제군주 기계는 원시 영토성들을 보존하고 있었는데, 자본주의 기계는 원국가를 자신의 공리계의 두 극 중 하나로 부활시키며, 전제군주를 자신의 이미지들 중 하나로 만든다. 바로 이런 까닭에 오이디푸스는 모든 것을 수합하며, 모든 것은 실로 세계사의 결과인 오이디푸스 속에서 다시 발견되지만, 이는 자본주의가 이미 세계사의 결과라는 특이한(singulier) 의미에서이다. 물신들, 우상들, 이미지들, 허상들 등 전체 계열이 있도다. 영토적 물신들, 전제

319

군주적 우상들 내지 상징들, 이 모든 것은 이것들을 밀어붙이고 오이디푸스적 허상으로 환원하는 자본주의의 이미지들에 의해 다시 붙잡힌다. 라이오스는 지역 집단의 대표, 이오카스테는 영토성, 오이디푸스 자신은 전제군주, 이러면 〈지금까지 믿어 온 모든 것의 얼룩덜룩한 그림〉이다. 프로이트가 소포클레스에서 전제군주-오이디푸스라는 중심 이미지를, 즉 비극이 된 신화를 찾아내서, 이것을 상반되는 두 방향으로, 즉『토템과 터부』의 원시 의식(儀式)의 방향과 꿈꾸는 현대인의 사적 방향으로 퍼지게 하려 했던 것은 놀라운 일이 아니다(오이디푸스는 하나의 신화, 비극, 꿈일 수 있다. 그는 언제나 극한의 이전을 표현한다). 만일 전제군주 기계에서, 천상의 대상의 상징적 정립이, 현대장에서 오이디푸스를 구성하는 접기와 복귀라는 조작들, 즉 삼각형화의 원인을 가능하게 하지 않았다면, 오이디푸스는 아무것도 아닌 것이었으리라. 이로부터 정신분석에서 가장 심오한 개혁가의 테제, 즉 이전된 극한을 상징계와 상상계 사이로, 상징적 거세와 상상적 오이디푸스 사이로 통과시키려는 테제의 극단적 중요성 및 규정 불가능성과 결정 불가능성이 생겨난다. 왜냐하면 전제군주 기표 차원에서의 거세는, 전제군주의 법 또는 천상의 대상의 효과로서, 실은 기표의 퇴각이 드러낸 내재장 속에서 펼쳐질 오이디푸스적 이미지들의 형식적 조건이기 때문이다. 거세에 다다를 때 나는 욕망에 도달한다……! 욕망-거세 방정식은, 욕망을 전제군주의 법 아래에 다시 놓고, 그 가장 심층에 결핍을 도입하고, 환상적 퇴행을 통해 우리를 오이디푸스에서 구출한다는 굉장한 조작이 아니라면, 도대체 무엇을 의미할까. 환상적이며 천재적인 퇴행. 라캉의 말처럼, 오이디푸스의 굴레를 털어 내고 이 굴레를 그 자기 비판 지점까지 끌고 가기 위해서는, 그런 퇴행을 해야만 했다, 〈아무도 나를 도와주지 않았다.〉 하지만 이것은 관제탑을 파괴하려고 플라스틱 폭약을 아주 잘 조합했는데 탑이 폭발해서 자기 구멍에 다시 떨어지게 된 레지스탕스들의 이야기와도 같다. 역으

320

로 상징계에서 상상계로, 거세에서 오이디푸스로, 전제군주 시대에서 자본주의로 가는 길에는 오히려, 조망하며 초코드화하는 천상의 대상이 퇴각하게 하고, 탈코드화된 흐름들이 이미지들을 생산하고 이것들을 복귀시키는 내재성의 사회장에 자리를 내주게 하는 진보가 있다. 이로부터 기표의 두 양상이 생겨난다. 결핍을 분배하는, 최대치에서 취해 온 차단된 초월적 대상이 그 하나요, 드러난 장을 채울 최소 요소들 간의 관계들의 내재적 체계가 다른 하나이다(전통에 따른다면, 이는 파르메니데스의 존재에서 데모크리토스의 원자들로 이행하는 것과 약간 비슷하다).

양심의 가책

점점 더 내재적이고 점점 더 내면화된 힘들의 장에 대해, 초월적 대상은 점점 더 정신화된다. 이런 것이 가톨릭과 그다음엔 종교개혁을 가로지르는 무한 부채의 진화이다. 전제군주 국가의 극단적 정신화, 자본주의장의 극단적 내면화는 양심의 가책을 정의한다. 양심의 가책은 냉소의 반대가 아니다. 그것은 사적 인물들 속에 있는, 사회적 인물들의 냉소의 상관물이다. 니체, 뒤이어 로런스와 밀러 같은 사람들은 양심의 가책의 모든 냉소적 절차들을 분석하여 유럽의 문명인을 정의했다. ── 이미지들의 군림과 최면 상태, 이것들이 퍼뜨리는 무감각 상태. ── 삶에 대한 증오, 자유로운 모든 것과 지나가며 흘러가는 모든 것에 대한 증오. 죽음 본능의 보편적 유출. ── 우울증, 전염의 수단으로 이용되는 죄책감, 흡혈귀의 입맞춤. 넌 행복한 게 부끄럽지 않니? 나를 본받아. 너도 〈내 잘못이야〉라고 말하기 전엔 널 놔주지 않을 거야. 오, 우울증 환자들의 역겨운 전염. 유일한 병으로서의 신경증, 이것은 다른 사람들을 병들게 하누나. ── 관대한 구조. 난, 속이고 훔치고 목을 베고 죽였으면 좋겠어! 하지만 그건 사회질서의 이름으로야! 그리고 아빠-엄

마침내 오이디푸스

마가 날 자랑스러워했으면! ── 원한감정에 주어진 이중의 방향. 하나는 자신에게 맞서 선회하고, 다른 하나는 남에게 맞서 투사함. 아버지가 죽었어, 그건 내 잘못이야. 누가 아버지를 죽였지? 그건 네 잘못이야. 그건 유대인이야, 아랍인이야, 중국인이야. 인종주의와 분리차별의 모든 원천. ── 사랑받고자 하는 비천한 욕망. 충분히 사랑받고 있지 못해, 〈이해받고〉 있지 못해 하는 넋두리. 동시에 성욕은 〈더러운 작은 비밀〉로 환원된다. 이 모두는 사제의 심리학이다. ── 이 절차들 중 어느 하나도 오이디푸스에서 옥토와 양분을 찾지 않은 것이 없다. 또 이 절차들 중 어느 하나도 정신분석에서 소용되고 발전되지 않은 것은 없다. 정신분석은 〈금욕적 이상〉의 새로운 화신이다. 한 번 더 말하거니와, 오이디푸스를 발명한 것은 정신분석이 아니다. 정신분석은 오이디푸스에게 최후의 영토성을, 즉 마지막 법으로서 소파를, 전제군주 분석가이자 돈의 수령인을 줄 따름이다. 하지만 자본주의가 다른 사회구성체들에서 필적할 만한 것이 없는 조작을 행하는 한, 영토성의 허상으로서의 어머니, 전제군주 법의 허상으로서의 아버지, 절단되고 쪼개지고 거세된 나는 자본주의의 산물들이다. 다른 곳 어디에서건 가족의 정립은 욕망에 의한 사회장의 투자의 자극이다. 가족적 이미지들은, 이 이미지들이 투쟁과 타협을 통해 짝짓거나 대결하는 사회적 이미지들에 개방됨으로써만 기능한다. 그래서 가족들의 절단들과 절편들을 가로질러 투자되는 것은, 가족들이 잠겨 있는 사회장의 경제적·정치적·문화적 절단들이다(은뎀부족의 분열분석을 참조할 것). 이는 자본주의의 주변 지대들에서도 마찬가지이다. 거기서는, 원주민을 오이디푸스화하려는 식민지배자의 노력 ── 즉 아프리카 오이디푸스 ── 은 사회적 착취와 압제의 선들을 따라 가족의 파열에 의해 모순에 직면한다. 하지만 자본주의의 부드러운 중심부에서는, 즉 온화한 부르주아 지역들에서는, 식민지는 내밀하고 사적인 것이 되며, 각자의 내부에 있게 된다. 이렇게 되면 욕망

321

의 투자의 흐름은, 본래 가족적 자극에서 사회적 조직(또는 파괴) 쪽으로 가는데, 여기서는 어떻게 보면 사회적 투자를 사이비-조직자로서의 가족적 투자로 복귀시키는 환류에 의해 다시 덮이게 된다. 가족은 모든 사회적 규정의 보유와 공진의 장소가 되었다. 어디를 둘러봐도 단지 아버지-어머니만 보이도록 하는 방식으로, 모든 사회적 이미지를 제한된 가족의 허상들에 적용하는 일은, 자본주의장의 반동적 투자에 속한다. 우리 피부에 엉겨 붙은 저 오이디푸스적 부패여. 그렇다, 나는 내 어머니를 욕망했고 내 아버지를 죽이기를 바랐다. 모든 자본주의적 언표에 대해, 유일한 언표행위 주체, 오이디푸스가 있다. 그리고 이 둘 사이에, 복귀의 절단, 즉 거세가 있다.

애덤 스미스와 프로이트

맑스는 말했다. 루터의 공적은 종교의 본질을 객체의 측면에서가 **322** 아니라, 내면적 종교성으로 규정했다는 점이다. 애덤 스미스와 리카도의 공적은 부의 본질 내지 본성을 더 이상 객체적 본성으로서가 아니라, 탈영토화된 추상적·주체적 본질, 즉 생산 활동 일반으로 규정했다는 점이다. 하지만 이 규정은 자본주의의 조건들에서 행해졌기에, 스미스와 리카도는 이번엔 생산수단의 사적 소유라는 형식으로, 이 본질을 다시 객체화하고 소외하고 재영토화하고 있다. 그래서 자본주의는 필경 모든 사회의 보편이지만, 이는 단지 자본주의가 어느 지점에 이르기까지 자기 자신의 비판을, 말하자면 자본주의에서 해방되거나 자유로이 나타나려 하던 것을 자본주의가 다시 얽어매는 절차들에 대한 비판을 추진할 수 있는 한에서이다.[111] 프로이트에 대해서도 같은 말을 해야 한다. 프로이트의 위대함은 욕망의 본질 내지 본성을 더 이상 객체들, 목표들 및 심지어 원천들(영토들)과 관련해서가 아니라 추상적·주체적 본질, 즉 리비도 내지 성욕으로 규정했다는 점이다. 다만, 그는 이 본질을 여전히 사적 인간의 마지막 영토성인 가족과 관련시키고 있다(여기서 오이디푸스의 처지가 유래하는데, 그것은 처음에는 『성욕에 관한 세 논문』에서 주변에 있었지만, 그다음에는 점점 더 욕망에 갇힌다). 모든 일은 마치 프로이트가 우리에게 "적어도 그것은 가족 밖으로는 나가지 않으리라!"라고 말하면서 성욕에 대한 자신의 심오한 발견을 변명하는 듯 일어난다. 언뜻 보인 크고 넓은 것 대신, 더러운 작은 비밀뿐. 욕망의 파생물 대신, 가족주의적 복귀뿐. 탈코드화된 큰 흐름들 대신, 엄마의 침대에서 재코드화된 작은 개울들뿐. 바깥과의 새로운 관계 대신, 내면성뿐. 정신분석을 가로질러, 향상되고 자기 양식을 찾는 것은 바로 언제나 양심의 가책과 죄책감에 대한 담론이다(치료라고 불리는 것). 그리고 적어도 두 가지 점에서, 프로이트는 외부의 현실적 가족의 모든 잘못을 용서해서, 가장 작은 구성원인 아이 속에 잘못과 가족을 더 잘 내면화한다. 그 하나는 그가 탄압으로부터 독립해서 자율적 억압을 정립하는 방식이고, 다른 하나는 성인에 의한 아이의 유혹이라는 테마를 포기하는 대신 현실의 부모는 결백하거나 심지어 희생자라고 하는 개인 환상을 내세우는 방식이다.[112] 왜냐하면 가족은 다음 두 형식으로 나타나야만 하기 때문이다. 그 한 형식에 따르면, 가족은 틀림없이 유죄이지만, 이는 단지 아이가 가족을 강렬하게 내면적으로 살고 또 가족이 아이 자신의 죄와 합류하는 방식으로만 그렇다. 다른 한 형식에 따르면, 가족이 책임의 심급으로 머물며, 이 앞에서 사람들은 유죄인 아이이며 이와

323

---

111 K. Marx, *Introduction générale à la critique de l'économie politique*, Pléiade, I, pp.258~261.((옮긴이) 독: pp.24ff. 영: pp.104~108)

112 에리히 프롬은, 특히 꼬마 한스의 분석에 대해, 프로이트가 아이의 죄책감을 정립하고 부모의 권위를 면책해 주는 쪽으로 더욱더 분명히 진화한다는 점을 잘 밝혔다. Erich Fromm, *La Crise de la psychanalyse*, tr. Jean-René Ladmiral, Paris: Anthropos, 1970, pp.79~82, pp.126~132.((옮긴이) 영: pp.55~59, pp.90~100. 독: pp.180ff.)

관련해 사람들은 책임 있는 어른이다(병으로서의 오이디푸스와 건강으로서의 오이디푸스, 소외 요인으로서의 가족과 소외 극복의 담당자로서의 가족, 이는 가족이 전이에 의해 재구성되는 방식을 통해서만 있으리라). 바로 이것을 푸코는 아주 아름다운 몇몇 대목에서 밝혀냈다. 정신분석의 핵심인 가족주의는 고전적 정신의학을 파괴하기보다는 이것에 왕관을 씌워 준다. 토지의 광인과 전제군주의 광인 다음에, 가족의 광인이로다. 19세기 정신의학이 수용소 속에서 조직하고자 했던 것 —〈가족이라는 강제적(impérative) 허구〉, 아버지-이성(理性)과 미성년자-광인, 어린 시절에 의해서만 병든 부모 — 이 모든 것은 수용소 밖에서, 정신분석과 분석가의 진찰실에서 완성된다. 프로이트는 정신의학의 루터요 애덤 스미스이다. 그는 신화, 비극, 꿈 등 모든 자원을 동원하여, 욕망을 이번엔 내면에서 다시 얽어맨다. 즉 내밀한 극장. 그렇다, 그렇지만 오이디푸스는 욕망의 보편이며 세계사의 산물이다. 하지만 여기에는 프로이트가 채우지 못한 조건이 하나 있다. 오이디푸스가 적어도 어느 지점까지는 자기비판을 추진할 수 있다는 조건 말이다. 세계사가 그 우연성, 그 독자성, 그 아이러니와 그 자신의 비판의 조건들을 쟁취하지 못한다면, 세계사는 하나의 신학일 따름이다. 그럼 이 조건들은, 이 자기비판 지점은 무엇일까? 가족적 복귀 아래서 무의식의 사회적 투자들의 본성을 발견하라. 개인 환상 아래서 집단 환상들의 본성을 발견하라. 아니면, 결국 같은 것이지만, 허상이 이미지의 이미지이기를 그쳐서, 허상이 숨기면서 은닉하는 추상적 형상들, 분열-흐름들을 발견하는 지점까지 허상을 밀어붙이라. 단지 인물 이미지들의 두 차원과 결부되어 있는 언표 행위 주체와 언표 주체로 갈라진 거세의 사적 주체를, 그 나름으로 기계적 배치체들(agencements machiniques)과 결부된 집단 담당자들로 대체하라. 재현의 극장을 욕망적 생산의 질서 속으로 도로 옮기라. 이런 것 모두가 분열-분석의 임무이다.

324

마침내 오이디푸스

4장
분열-분석 입문

1 사회장

아버지와 아이

닭이 먼저일까 알이 먼저일까? 아버지와 어머니가 먼저일까 아이가 먼저일까? 정신분석은 마치 아이가 먼저인 것처럼 군다(아버지는 단지 자기 어린 시절 때문에 아프다). 하지만 동시에 정신분석은 부모가 먼저 존재한다는 것을 전제하지 않을 수 없다(아이가 아이인 것은 오직 한 아버지와 한 어머니와의 관계를 통해서이다). 이것은 원시 유목군의 아버지의 근원적 위치에서 잘 볼 수 있다. 부모들을 아이들과 동일시하지 않는다면 오이디푸스 자신은 아무것도 아니리라. 또 모든 것이 아버지의 머릿속에서 시작된다는 것을 숨길 수도 없다. "네가 원하는 것은, 나를 죽이고 네 어머니와 동침하는 것, 바로 그거지? (……)" 이것은 무엇보다 아버지의 생각이다. 그래서 라이오스가 등장한다. 지옥 같은 소란을 피우고 법을 앞세워 위협하는 자는 바로 아버지이다(어머니는 오히려 상냥하다. 어머니 이야기를 지어내면 안 된다. 그건 꿈, 하나의 영토성이다……). 레비스트로스는 다음과 같이 아주 잘 말한다. 〈준거가 되는 신화의 최초 동기는 어머니와의 근친상간에 있다. 이로 말미암아 영웅은 죄를 짓는다. 하지만 이 죄책감은 무엇보다 아버지의 정신 속에 있는 것 같다. 아버지는 자기 아들의 죽음을 욕망하고 그렇게 만들려고 애쓴다. (……) 결국, 아버지가 죄 있는 유일한 인물이다. 복수하려 했기 때문에 죄를 짓게 된 것이다. 또한 살해당하는 것은 아버지이다. 근친상간에 대한 이 기묘한 무관심은 다른 신화들에도 나타난다.)[1] 오이디푸스는 신경증자의 어린 시절의 느낌이기에 앞서 편집증자인 어른의 관념이다. 그래서 정신분석은 다음과 같은 무한퇴행에서 좀처럼 떠나지 못한다. 아버지는 아이여야 했지만, 아버지와 관련해서만 아이일 수 있었고, 또 이 아버지 자신은 자기 아버지와 관련해서 아이였다.

아버지의 관념인 오이디푸스

326 망상은 어떻게 시작될까? 영화에는 광기의 운동을 파악하는 능력이 있을 수 있다. 왜냐하면 영화는 분석적이고 퇴행적인 것이 아니라, 공존하는 전반적 장을 탐색하기 때문이다. 니컬러스 레이의 한 영화는, 부신피질 호르몬으로 인한 망상의 형성을 재현하고 있다고 볼 수 있다. 과로한 아버지는 중학교 교사인데, 남는 시간을 콜택시 정류장에서 일하며 보내고, 심장병 치료를 받고 있다. 그는 교육 체계 일반, 순수 인종 재건의 필요성, 도덕적·사회적 질서의 구원에 관해 망상하기 시작해, 그다음에는 종교로 넘어가 성서와 아브라함 등으로 회귀할 기회에 관해 망상한다. 그런데 아브라함은 무엇을 했지? 아뿔싸, 바로 그는 자기 아들을 죽였거나 죽이려 했다. 신의 유일한 잘못은 그의 팔을 멈추게 한 것이다. 그런데 영화의 주인공 자신도 아들이 있지 않던가? 아뿔

---

1 Claude Lévi-Strauss, *Le Cru et le cuit*, Paris: Plon, 1964, p.56.((옮긴이) 영: p.48. 독: p.71)

싸, 아뿔싸……. 이 영화가 잘 보여 주고 있는 것은, 정신의학자들이 부끄럽게도, 모든 망상은 무엇보다, 먼저 사회장, 경제장, 정치장, 문화장, 인종장, 인종주의장, 교육장, 종교장의 투자라는 점이다. 이 망상자는 모든 면에서 자기 가족과 아들의 범위를 넘는 망상을 자기 가족과 아들에게 적용하고 있다. 조제프 가벨은, 강하게 정치적이고-에로틱한 내용을 지니며 고도로 사회 개혁적인 편집증적 망상을 제시하면서, 이런 증례는 드물고 특히 그 기원들을 재구성할 수 없다고 말할 수 있다고 본다.[2] 하지만 정신의학과 정신분석의 믹서 속에서 으깨지기 전에는, 이런 성격을 현저하게 지니고 있지 않은, 그리고 근원적으로 경제적·정치적이지 않은 망상은 하나도 없다는 점은 분명하다. 슈레버는 이를 부인하지 않으리라(판김나스티콘(Pangymnasticon, 전체 학교 시스템)과 일반 교육 시스템의 창안자인 그의 아버지도 마찬가지이리라). 그렇다면, 모든 것은 바뀐다. 무한퇴행은 우리에게 아버지의 우위를 억지로 전제하게 했지만, 이 우위는 절대적으로 최초인 아버지의 자리까지 뛰어오르지 않는 한 우리를 무한히 나아가게 하는 언제나 상대적이고 가설적인 것이다. 하지만 퇴행의 관점이 추상의 결실임은 분명하다. 우리가 "아버지는 아이보다 먼저다"라고 말할 때, 그 자체로는 의미 없는 이 명제는 구체적으로는 다음을 뜻한다. 즉 사회적 투자들은 가족적 투자들보다 먼저요, 후자는 전자의 적용 내지 복귀에서만 생겨난다. 아버지가 아이보다 먼저라고 말하는 것은 실은 욕망의 투자란 무엇보다 아버지와 아이가 푹 빠져 있는, 이들이 동시에 잠겨 있는 사회장의 투자라고 말하는 것이다. 카디너가 분석한 마르케사스인들의 예를 다시 살펴보자. 그는 풍토성 기근 때문에 생긴 어른의 식량 불안과 엄마의 돌봄이 부족해서 생긴

327

---

2 Joseph Gabel, "Délire politique chez un paranoïde," *L'Evolution psychiatrique*, 2호, 1952.

사회장

아이의 식량 불안을 구별한다.[3] 전자를 후자로부터 파생시킬 수 없을뿐더러, 카디너가 생각한 것처럼, 전자에 대응하는 사회적 투자가 후자의 아이의 가족적 투자 다음에 온다고 볼 수도 없다. 왜냐하면 후자에 투자되는 것은 이미 사회장의 규정, 즉 어른들도 아이들 못지않게 〈여자들을 경계한다〉라는 현상을 설명해 주는 여성들의 희소성이기 때문이다. 요컨대 아이가 어린 시절의 경험, 즉 엄마의 가슴과 가족 구조를 관통하여 투자하는 것은 이미 전체 사회장의 절단들과 흐름들의 상태, 즉 여성들과 식량의 흐름, 등록들과 분배들이다. 결코 어른이 아이 다음에 있는 것이 아니다. 가족 안에서 어른과 아이 모두는, 가족과 어른과 아이가 동시에 잠겨 있는 장의 규정들과 관련되어 있다.

순환으로서의 무의식

여기서 세 가지 결론을 주장할 필요가 생긴다. ① 가설적인 의미밖에 없는 퇴행의 관점에서는, 아버지가 아이보다 먼저이다. 아들을 오이디푸스화하는 것은 편집증자인 아버지이다. 죄책감은 아들이 체험하는 내적인 느낌이기 전에 아버지에 의해 투사된 관념이다. 정신분석의 첫째 잘못은 마치 사태가 아이와 더불어 시작된 것처럼 행동하는 것이다. 이것이 정신분석으로 하여금 환상에 대한 부조리한 이론을 진개히게 한다. 이 이론에 따르면, 아버지, 어머니, 그리고 이들의 실제 능동들과 수동들은 무엇보다 아이의 〈환상들〉로 이해되어야 한다(유혹이라는 주제를 프로이트는 단념했다). ― ② 퇴행을 절대적인 의미로 받아들이면

---

3 Abram Kardiner, *The Individual and his Society*, New York: Columbia University Press, 1939, pp.223ff.(아이에서 어른으로 내지 어른에서 아이로 가는 두 길의 가능성에 대해서는, Mikel Dufrenne, *La Personnalité de base*, Paris: P.U.F., 1953, pp.287~320 의 주석들 참고).

그것은 부적합한데, 이는 퇴행이 우리를 단순한 재생산 내지 생식에 가두기 때문이다. 또한 유기적 몸들과 유기적으로 조직된 인물들에게도, 이러한 절대적 퇴행은 재생산의 대상에 도달할 뿐이다. 오직 순환의 관점만이 정언적이고 절대적이다. 왜냐하면 이 관점은 재생산 주체인 생산에, 즉 무의식의 자기-생산 과정에 도달하기 때문이다(역사와 *자연*의 통일, 호모 나투라와 호모 히스토리아의 통일). 물론 성욕이 생식에 봉사하는 것은 아니고, 전진적 또는 퇴행적 생식이 순환 운동으로서의 성욕에 봉사한다. 이 순환 운동을 통해 무의식은 언제나 〈주체〉로 머물면서 자신을 재생산한다. 그렇다면 아버지가 먼저일까 아이가 먼저일까를 물을 필요가 없다. 왜냐하면 그런 물음은 가족주의의 틀 안에서만 제기되기 때문이다. 아이보다 아버지가 먼저지만, 이것은 다만 가족적 투자보다 사회적 투자가 먼저이기 때문에, 부분집합인 아버지, 아들, 가족이 동시에 잠겨 있는 사회장의 투자가 먼저이기 때문에 그런 것일 뿐이다. 욕망의 투자의 지점인 사회장의 우위가 순환 및 한 주체가 겪는 상태들을 정의한다. 정신분석의 둘째 잘못은, 그것이 성욕과 재생산의 분리를 달성했을 때조차도, 여전히 상습적인 가족주의에 사로잡혀 있다는 점이다. 이 가족주의가 정신분석이 퇴행 내지 전진이라는 운동 속에서만 진화하도록 만들었다(반복이라는 정신분석의 생각도 여전히 이런 운동에 사로잡혀 있다). ― ③ 끝으로, 공동체라는 관점은 분리적이며, 순환 속의 분리들을 고려한다. 비단 생식만이 순환에 대해 2차적인 것이 아니다. 전달도 정보나 소통에 대해 2차적이다. 고유한 의미의 흐름의 전달이란 없으며 다만 코드나 공리계의 소통, 즉 흐름들에 정보를 전달하는 조합 장치(combinatoire)의 소통이 있음이 발견되었을 때 유전 혁명이 일어났다. 사회장에서도 사태는 마찬가지이다. 사회장의 코드화나 공리계는 무엇보다 사회장 내 무의식들의 소통을 정의한다. 프로이트가 오컬티즘에 관해 언급하면서 부수적으로 만난 이 소통 현상은 사실은 규범을 이루며, 프로이트와 융의 논쟁을 일으킨 유전적 전달 문제들을 뒷전으로 밀어낸다.[4] 공통의 사회장에서 아들이 억압하는 또는 억압해야 했거나 억압하려 하는 첫째 것은 아버지와 어머니의 무의식인 것 같다. 이 억압의 실패가 신경증들의 기반이다. 하지만 무의식들의 이런 소통은 결코 가족을 원리로 삼지 않으며, 욕망의 투자의 대상인 한에서 사회장의 공동체를 원리로 삼는다. 모든 점에서 보아, 가족은 결코 규정하는 자가 아니라 단지 규정되기만 한다. 우선 출발 자극으로, 그다음에는 도달 집합으로, 끝으로는 소통의 매개 내지 간섭으로 규정될 따름이다.

사회적 투자의 우위 — 그것의 두 극인 편집증과 분열증

만일 가족적 투자가 사회장의 무의식적 투자들의 의존물 내지 적용일 따름이라면 — 그리고 이것이 어른 못지않게 아이에 대해서도 참이라면, 또한 아이가, 엄마-영토성과 아빠-법을 가로질러 이미 사회장의 코드화 내지 공리화된 분열들 및 흐름들과 관련되어 있다는 것이 참이라면 — 우리는 이 영역의 한복판에서 본질적 차이가 지나가게 해야 한다. 망상은 모든 무의식적·사회적 투자의 모태 일반이다. 모든 무의식적 투자는 투자 철회, 대체-투자, 덧투자의 망상적 놀이를 동원한다. 그런데 우리는 이런 의미에서 사회적 투자의 두 가지 큰 유형, 즉 망상의 두 극인 분리차별 유형과 유목 유형이 있음을 보았다. 전자는 파시즘화하는 편집증 유형 내지 극이다. 이것은 중앙 통치 구성체를 투자하고, 이 구성체를 역사상 다른 모든 사회형태의 영원한 궁극적 원인으로 만들면서 이 구성체를 덧투자하며, 욕망의 모든 자유로운 형상을 투

---

4 오컬티즘의 여분적 현상들이라는 관점에서, 무의식들의 소통에 대한, 그렇지만 근본적인 문제는, 우선 스피노자에 의해 발링에게 보낸 편지 17에서, 그다음에는 마이어스, 제임스, 베르그손 등에 의해 제기되었다.

자 철회한다. 그래, 나는 당신들과 한패요, 상류계급이고 우월한 인종이다. 후자는 혁명적-분열증적 유형 내지 극이다. 이것은 욕망의 도주선들을 따라가고, 벽을 뚫고 흐름들을 통과시키며, 서로 융합된 자신의 기계들과 집단들을 외딴곳이나 변두리에 설치하는데, 이런 일은 전자와 반대로 진행하는 것이다. 나는 당신들과 한패가 아니요, 나는 영원히 열등 인종이요, 나는 짐승이고 검둥이이다. 성실한 사람들은 말한다, 도망가지 말아요, 그건 좋지 않아요, 소용도 없고요. 개혁하기 위해 열심히 일해야 합니다. 하지만 혁명가는 알고 있다, 도주가 식탁보를 휩쓸어 버리거나 시스템의 한끝을 도망가게 하는 일이기만 하다면, 도주는 혁명적인 일이요, 철수요 변덕이라는 것을. 존 브라운식으로 스스로 검둥이가 되어야만 한다 해도, 벽을 뚫고 가야만 한다. 조지 잭슨은 말한다. 〈나는 도망갈 수도 있다. 하지만 도주하는 동안 줄곧 나는 무기를 찾을 것이다!〉 필경 무의식의 놀라운 진동들이, 망상의 한 극에서 다른 극으로 오가는 진동들이 존재한다. 가끔 최악의 의고주의들 한가운데에서도 뜻밖의 혁명적 권력이 풀려나오기도 하고, 거꾸로 그것이 파시즘으로 향하거나 파시즘에 갇혀 버려 다시 의고주의에 빠지기도 한다. 문학의 예들을 몇 개만 보자. 셀린의 경우, 이 위대한 망상자는 아버지의 편집증과 점점 더 많이 소통하면서 진화한다. 케루악의 경우, 가장 절도 있는 수단을 구사하는 이 예술가는 혁명적 〈도주〉를 했지만, 위대한 미국이라는 큰 꿈을 다시 품고, 마침내 우월한 인종인 브르타뉴의 자기 조상을 찾아간다. 미국 문학의 운명은 극한들과 경계들을 뛰어넘고 욕망의 탈영토화된 흐름들을 통과시키지만, 또한 언제나 이 흐름들이 파시즘화하고 도덕화하며 청교도적 가족주의인 영토성들을 휩쓸어 가게 하는 게 아닐까? 무의식의 이 진동들, 리비도적 투자의 한 유형에서 다른 유형으로의 이 은밀한 이행들, 그리고 종종 이 두 유형의 공존은 분열-분석의 주요 대상들 중 하나이다. 아르토는 이 두 극을 무정부주의자-헬리오가발루스라는 마술적 공식으로 통합한다. 이 공식은 〈모든 인간적 모순의 이미지이며 원리상 모순의 이미지〉이다. 하지만 그 어떤 이행도 유목과 분리차별이라는 두 유형 사이의 본성상 차이를 막거나 없애지 못한다. 우리가 이 차이를 편집증과 분열증을 가르는 차이로 규정할 수 있는 것은, 한편으로는 우리가 분열적 과정(〈돌파〉)과 이 과정을 방해하거나 중단시키는 우발적 사건들 및 퇴조들(〈붕괴〉)을 구별했기 때문이요, 다른 한편으로는 우리가 편집증을 분열증 못지않게 모든 가족적 사이비-병인(病因)과 무관한 것으로 보고, 이 양자를 사회장에 직접 결부했기 때문이다. 즉 이 양자를 역사의 이름들에 결부했지, 아버지의 이름에 결부하지는 않은 것이다. 이와 반대로 가족적 투자들의 본성은 사회장의 절단들과 흐름들에 의존하며, 이 절단들과 흐름들은 투자 유형이 달라짐에 따라 각기 다른 극에서 투자된다. 따라서 아이는 아버지-어머니 아래에서 가족을 가로질러 지나가는 경제, 금융, 사회, 문화의 문제들을 파악하기 위해 어른이 되기를 기다리지 않는다. 아이는 우등 〈인종〉 아니면 열등 〈인종〉에 속해 있거나 속하려는 욕망을 품고 있다. 가족 집단은 반동적 성향 아니면 혁명적 성향을 지니고 있으며, 아이는 가족 집단과 함께 이미 자신의 단절과 순응을 예비하고 있다. 밖에서부터 가족을 관통하는, 완전히 본성이 다른 방향들을 따라, 오이디푸스 박테리아가 따르거나 따르지 않는 방식으로, 자신의 거푸집을 강요하기도 하고 강요하는 데 실패하기도 하면서, 소용돌이처럼 휘저어지고 이 방향 저 방향으로 끌려가다니, 가족은 이 무슨 수프, 이 무슨 코아세르베이트인가. 우리가 말하려는 바는, 오이디푸스는 인물화된 이미지들에 적용 내지 복귀함으로써 탄생한다는 것이며, 이는 편집증 유형의 사회적 투자를 전제한다는 것이다(그래서 프로이트는 무엇보다도 편집증과 관련해서 가족 소설과 오이디푸스를 발견한다). 오이디푸스는 편집증의 의존물이다. 반면 분열증적 투자는 가족에

331

466

대한 전혀 다른 규정을 요구한다. 다시 갇히지도 않고 복귀되지도 않는 사회장의 차원들을 따라 헐떡거리며 갈기갈기 찢긴 가족이라는 규정을. 이는 탈인물화된 부분대상들을 위한 모태-가족인데, 부분대상들은 역사적 우주와 역사적 혼돈의 때로는 격류하고 때로는 가무는 흐름들 속에 뛰어들고 또 뛰어든다. 분열증의 모태의 갈라진 틈은 편집증적 거세에 대항하며, 도주선은 〈푸른 선〉에 대항한다.

오 어머니

안녕히

긴 검정 구두를 신고

안녕히

공산당과 찢긴 스타킹

축 늘어진 당신의 배

당신은 히틀러를 두려워하죠

입으로는 서툰 농담을 하는데

당신의 배는 파업한 공장 같아요

턱으로는 트로츠키와 스페인내전을 말하고

소진해 썩어 버린 노동자들을 위해 노래하는 당신의 목소리

당신의 눈

당신의 눈은 러시아의 눈

돈 없는 당신의 눈……

당신의 눈은 굶주린 인도의 눈……

당신의 눈은 로봇들이 공격한 체코슬로바키아의 눈……

경찰들이 구급차로 데려다 준 당신의 눈

수술대에 묶인 당신의 눈

췌장이 절제된 당신의 눈

유산한 당신의 눈

충격을 받은 당신의 눈

뇌 전두엽 절제 수술을 받은 당신의 눈

이혼당한 당신의 눈……[5]

분자적인 것과 그램분자적인 것

왜 편집증과 분열증이라는 낱말들은 말하는 새들과 소녀들의 이름들 같을까? 왜 사회적 투자들은 이 낱말들에 고유한 망상적 내용을 주는 이 분할선을 따라갈까(역사를 망상하기)? 또한 이 선은 무엇으로 이루어져 있으며, 어떻게 이 선 위에서 분열증과 편집증을 정의할까? 우리는 모든 일이 기관 없는 몸 위에서 일어난다고 생각한다. 그런데 이 기관 없는 몸에는 두 얼굴이 있다. 엘리아스 카네티는 어떻게 편집증자가 군중과 〈무리〉를 조직하는가를 잘 보여 주었다. 편집증자는 이 양자를 조합하고 대립시키고 조작한다.[6] 편집증자는 군중을 조종한다. 그는 거대한 그램분자적 집합들, 통계적 구성체들 내지 군집들, 조직된 군중 현상들을 다루는 예술가이다. 그는 모든 것을 큰 수(數)라는 양상으로 투자한다. 전투가 있었던 날 저녁에 로런스 대령은 사막의 중만한

---

5 Allen Ginsberg, *Kaddish*, 1967, Paris: Bourgois, pp. 61~63.((옮긴이) 영: pp.34~35. 독: pp.135~137)

6 Elias Canetti, *Masse et puissance*, 1960, Paris: Gallimard, p.460.((옮긴이) 독: pp.178ff. 영: p.434) 〈네 종류의 재산(Massen)이 그의 정신 속에서 작용하고 있다. 그의 주인, 그의 돈, 그의 시체들, 그의 수도(首都)를 포함하고 있는 궁정이 그것이다. 그는 줄곧 이것들을 능숙하게 다룬다. 이 중의 하나가 다른 것들을 대가로 커진다. (……) 그는 무슨 일을 꾀하든, 언제나 이 재산들 중의 **하나**를 지키는 법을 알고 있다. 어떤 경우건, 그는 죽이는 일을 그만두지 않는다. 그의 궁전 앞 시체 더미는 하나의 존속하는 설비이다.)((옮긴이) 원문의 강조를 DG는 생략했다.)

몸 위에 젊은이들의 벌거벗은 시체들을 줄지어 늘어놓는다. 법원장 슈레버는 자기 몸에 작은 사람들을 수천이나 붙여 놓는다. 물리학의 두 방향 중에서, 즉 큰 수들과 군중 현상들로 향하는 그램분자적 방향과, 이와 반대로 특이성들과, 이것들이 거리를 두고 차원을 달리하면서 상호작용하고 연결되는 데 몰두하는 분자적 방향 중에서, 편집증자는 전자를 선택했다고 말할 수 있겠다. 그는 거시-물리학을 행한다. 이에 반해 분열자는 다른 방향, 즉 미시-물리학의 방향으로, 더 이상 통계적 법칙들을 따르지 않는 한에서 분자들의 방향으로 간다. 더 이상 큰 수들과는 관계없는 파동들과 미립자들, 흐름들과 부분대상들. 거대 집합들의 관점 대신 무한소의 도주선들. 이 두 차원을 집단적인 것과 개체적인 것으로 대립시키는 것은 아마 잘못이리라. 한편으로 미시-무의식은 그 배열들이 독창적인 유형이긴 하지만, 배열들, 연결들, 상호작용들을 적지 않게 보여 준다. 다른 한편으로 개체화된 인물들의 형태는 미시-무의식에 속하지 않는다. 미시-무의식은 부분대상들과 흐름들만을 알기 때문이다. 반대로 개체화된 인물들의 형태는 그램분자적 무의식 또는 거시-무의식의 통계적 분배의 법칙들에 속한다. 프로이트가 무의식 속에서는 모든 것이 개체군의 문제라고 말했을 때, (또 다양체들을 고찰하며 정신병의 기호를 보았을 때,) 그는 다윈주의자요 신-다윈주의자였다.[7] 따라서 차라리 두 종류의 집단 또는 개체군, 즉 거대 집합들과 미시-다양체들의 차이가 문제가 된다. 이 두 경우에, 투자는 집단적이요 집단적 장의 투자이다. 단 하나의 입자에도 그것의 현전들이 공존하는 공간을 정의하는 흐름인 연합된 파동이 있다. 모든 투자는 집단적이며,

333

---

7 〈무의식〉에 관한 1913년의 논문(*Das Unbewußte*)에서 프로이트는, 정신병은 작은 다양한 것들을 개입시키는 데 반해 신경증에는 전체적인 대상이 있어야 한다고 밝히고 있다. 가령 구멍의 다양체가 그런 것이다(하지만 이 정신병적 현상을 프로이트는 언어적 재현 능력만을 끌어들여 설명하고 있다).

모든 환상은 집단을 이루고 이런 의미에서 현실의 정립이다. 하지만 투자의 두 유형은 근본적으로 구별된다. 이 구별에 따르면 한 유형은 분자들을 자신에게 종속시키는 그램분자적 구조들과 관련되어 있는 반면 다른 유형은 군집의 구조화된 현상들을 자신에게 종속시키는 분자적 다양체들과 관련되어 있다. 한 유형은 주권의 형태를 취하고 있을 때나 군집의 집합식으로 식민지적 형성체들을 하고 있을 때나, 인물들의 욕망을 억압하고 탄압하는 예속 집단의 투자요, 다른 유형은 분자적 현상으로서 욕망을 품고 있는 횡단적 다양체들 속에 있는, 말하자면 집합들과 인물들에 대립하는 부분대상들과 흐름들 속에 있는 주체 집단의 투자이다.

사실, 사회적 투자들은 충만한 몸인 한에서의 사회체 자체 위에서 이루어지며, 이 투자들 각각의 극은 필연적으로 이 사회체, 즉 토지, 전제군주 또는 돈-자본의 성격 내지 〈지도〉에 관련된다(각 사회 기계에 대해, 편집증과 분열증이라는 두 극은 다양한 방식으로 할당되어 있다). 반면 본래 의미의 편집증자, 본래 의미의 분열자는 사회체 위에서가 아니라 순수 상태의 기관 없는 몸 위에서 작동한다. 그렇다면 임상적 의미의 편집증자는 우리를 군중 현상의 상상적 탄생에 입회시키며, 또한 현미경적 수준에서 그렇게 한다고 말할 수 있겠다. 기관 없는 몸은 우주적 알, 거대 분자와 같다. 여기에는 벌레들, 박테리아들, 소인국 사람들, 극미(極微)동물들, 난쟁이들이, 자신들의 조직과 기계들, 미세한 끈들, 밧줄들, 치아들, 손·발톱들, 지레들과 도르래들, 캐터필트들을 가진 채 우글거리고 있다. 그래서 슈레버에게는 하늘의 광선들 속에 수백만 정자가, 또는 짧게 사는 작은 인간들을 자기 몸 위에서 마음대로 조종하는 영혼들이 나타난다. 이 세균들의 세계는 응고된 무(無)에 불과하다고 아르토는 말한다. 따라서 기관 없는 몸의 두 측면은 군중 현상과 이에 대응하는 편집증적 투자가 현미경적 규모로 조직되는 측면과, 분자적 현상들과 이것들의 분열증적 투자가 현미경 미만의 규모로 조직되는 또 다른 측면이다. 편집증과 분열증이 갈리는 것은 그램분자적인 것과 분자적인 것 사이의 돌쩌귀이자 경계인 한에서의 기관 없는 몸 위에서이다. 그렇다면 마치 원시 유목민의 아버지인, 두 얼굴의 위대한 분열편집증자(schizonoïaque)가 사회체 일반의 토대이기라도 한 양, 사회적 투자들이 2차적 투사라고 봐야 할까? 전혀 그렇지 않다는 것을 우리는 보았다. 사회체는 기관 없는 몸의 한 투사가 아니다. 오히려 기관 없는 몸이 사회체의 극한, 사회체의 탈영토화의 접선, 탈영토화된 사회체의 궁극적 잔여물이다. 사회체, 즉 토지, 전제군주의 몸, 돈-자본은 옷을 입은 충만한 몸들이요, 기관 없는 몸은 벌거벗은 충만한 몸이다. 하지만 기관 없는 몸은 극한에, 끝에 있지, 기원에 있지 않다. 필경 기관 없는 몸은 모든 형태의 사회체에 출몰한다. 하지만 바로 이런 의미에서, 사회적 투자들이 편집증적 또는 분열증적이라 이야기할 수 있는 것은, 이 투자들이 자본주의의 특정한 조건들 아래서 편집증과 분열증을 그 궁극적 생산물로서 갖게 되는 한에서이다. 보편적 임상의 관점에서는, 편집증과 분열증은 충만한 몸으로서 사회체의 정립 둘레를, 그리고 극한에서는 기관 없는 몸의 정립 둘레를 진동하는 진자의 진폭의 두 가장자리로 제시할 수 있다. 그 한 면을 그램분자적 집합들이 점유하고 있고, 다른 한 면을 분자적 요소들이 차지하고 있다. 하지만 서로 다른 사회체들, 이것들의 면 및 이것들의 거대 집합들을 꿰뚫고 지나가는 단 하나의 선을 제시할 수도 있다. 이 면들 각각에는, 편집증 차원, 변태, 가족 정립의 유형이 있고, 또한 점선으로 된 도주선 내지 분열증적 돌파선이 있다. 커다란 선은 기관 없는 몸에 도달한다. 거기서 그것은 벽을 통과하든가 벽에 부딪혀 튕겨 나오든가 한다. 전자의 경우, 그것은 분자적 요소들에 이르는데 여기서 그것은 실로 그 처음부터 있던 것, 즉 분열증적 과정, 탈영토화의 순수한 분열증적 경과가 된다. 후자의 경우,

335

그것은 현대 세계의 가장 비참하게 정비된 영토성, 즉 예전 면들의 허상인 영토성으로 되돌아오며, 그리하여 임상 존재로서의 편집증과 분열증의 정신병원적 집합 속에, 변태에 의해 세워진 인공적 집합들 내지 단체들 속에, 오이디푸스적 신경증의 가족적 집합 속에 붙들린다.

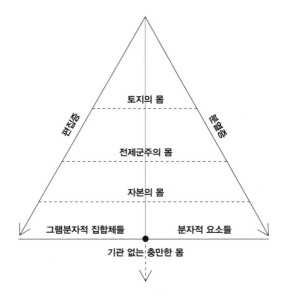

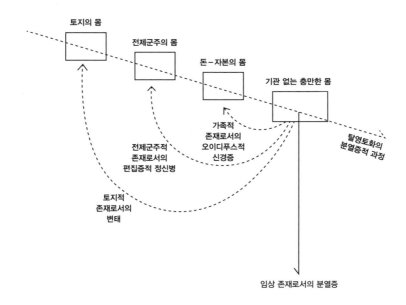

2 분자적 무의식

욕망과 기계

한쪽에 분자적 영역, 다른 쪽에 그램분자적 영역, 한쪽에 미시-심리 내지 미시론 영역, 다른 쪽에 통계 및 군집 영역, 이런 두 영역의 구별은 무엇을 의미할까? 원자 내부 현상들과, 집합 법칙을 따르는 통계적 집적에 의한 군집 현상들을 대립시킬 때, 거기에는 물리학에 기초한 구별을 무의식에 관련시키는 은유와 다른 어떤 것이 있을까? 하지만 사실 무의식은 물리학에 속한다. 기관 없는 몸과 그 내공들이 물질 자체라는 것은 전혀 은유가 아니다. 우리는 개인심리학과 집단심리학의 문제, 또 그 우선성의 문제를 여기서 되살릴 생각은 없다. 『집단심리학과 자아 분석』에 나오는 것과 같은 이런 구별은 전적으로 오이디푸스에 사로잡혀 있다. 무의식 속에는 개체군들, 집단들, 기계들만이 있다. 우리가 한편에 사회 기계들과 기술 기계들의 무의지(無意志)를, 다른 한편에 욕망 기계들의 무의식을 놓을 때, 문제는 복잡하게 엮인 힘들 간의 필연적 관계이다. 이 힘들 중 한쪽은 무의식을 생산하는 요소적 힘들이며, 다른 쪽은 이 1차적 힘들에 반작용하는 합력(合力)들이자, 무의식을 재

337

474

현하며 무의식의 생산적·요소적 힘들을 억압당하고 탄압받게 하는 통계적 집합들이다.

생명론과 기계론을 넘어서

하지만 이 미시 물리학 내지 미시 심리학 영역은, 바로 욕망이 있는 곳이요, 말하자면 기능들뿐 아니라 형성들과 자기생산도 있는 곳인데, 거기에서 어떻게 기계들에 대해 말할 수 있을까? 기계는 그 구조의 사전 (事前) 연결들과 그 부품들이 위치하는 질서에 따라 기능하지만, 스스로 정돈하지도 않고 자기를 형성하거나 생산하지도 않는다. 바로 이 점이 생명론(生氣論)과 기계론 간의 흔한 논쟁을 부추기기도 한다. 기계는 유기체의 기능들을 설명하는 데는 소질이 있지만, 유기체의 형성을 설명하는 데는 천부적으로 소질이 없다는 것. 기계론은 기계들에서 하나의 구조적 통일성을 추상하여, 이 통일성에 따라 유기체의 기능을 설명한다. 생명론은 생물의 개체적이고 특유한 통일성을 내세워, 기계는 유기적 집요함에 종속되며 이 집요함을 자율적 구성체 외부로 연장하는 한에서 모든 기계가 이 통일성을 전제한다고 주장한다. 하지만 여기서 주목해야 할 것은, 이런 식으로건 저런 식으로건, 기계와 욕망이 이처럼 외래적 관계에 머물러 있다는 점이다. 욕망이 기계론적 원인들의 체계에 의해 규정되는 결과로 나타나건, 기계 자체가 욕망의 목적들과 관련한 수단의 체계이건 간에 말이다. 욕망이 전유하는 새로운 수단들에서나 기계들이 야기하는 파생된 욕망들에서나, 욕망과 기계 사이의 연줄은 2차적이고 간접적인 상태로 머물러 있다. 그렇지만 〈기계들의 책〉이라는 새뮤얼 버틀러의 심오한 텍스트는 이 관점들을 넘어서게 해 준다.[8] 사실, 이 텍스

---

8 Samuel Butler, *Erewhon*, 24~25장.((옮긴이) 영: pp.146~160. 독: 1부)

분자적 무의식

트는 처음에는 보통의 두 논제를 그저 대립시키는 것처럼 보인다. 그 한 논제에 따르면, 유기체들은 한동안 가장 완전한 기계들일 따름이다 (《우리가 가장 순수하게 정신적이라고 생각하는 것들도, 지레들의 무한한 계열들 속 평형의 교란에 불과한데, 그 지레들은 너무 작아 현미경으로도 볼 수 없는 것들에서 시작한다》). 다른 한 논제에 따르면, 기계들은 유기체의 연장일 따름이다 (《하등동물들은 모든 지체(肢體)를 자기 몸 안에 편히 간직하고 있지만, 인간의 지체들은 대부분 헐렁해서 이탈한 채, 때로는 여기에 때로는 저기에, 세계의 다양한 곳들에 있다》). 하지만 두 논제 각각을 서로 대립할 수 없는 극단적 지점, 즉 중립 지점 내지 이산(離散) 지점까지 밀고 가는 버틀러 나름의 방식이 존재한다. 한편으로 버틀러는, 기계들은 유기체를 연장하지만, 현실적으로는 한 사회의 기관 없는 몸 위에 누워 있는 지체들과 기관들이요, 인간들은 자기 권력과 부에 따라 전유되며, 가난하면 마치 사지가 절단된 유기체라도 되는 양 지체들과 기관들을 박탈당한다고 말하는 데 그치지 않는다. 다른 한편으로 버틀러는, 유기체들은 기계들이지만, 부분들을 너무도 풍부하게 포함하고 있어서, 서로 연관되며 서로 기계 작동되는 별도 기계들의 아주 다른 부품들과 비교되어야 한다고 말하는 데 그치지 않는다. 여기서 본질적인 것은, 버틀러에 의해 수행되는 극한을 향한 이중의 이행이다. 그것은 유기체의 특유한 또는 인물적인 통일성을 의문시함으로써 생명론의 논제를 폭발시키고, 또 기계의 구조적 통일성을 의문시함으로써 기계론의 논제를 폭발시킨다. 기계들은 스스로를 재생산하지 않는다, 또는 인간을 매개로 해서만 재생산된다고들 말한다. 하지만 〈뒝벌이 (그리고 오직 뒝벌만이) 붉은 클로버가 재생산(生殖)할 수 있기 전에 그것을 돕고 지원하기 때문에, 붉은 클로버에는 재생산 체계가 없다고 누가 말하랴? 아무도 그럴 수 없다. 뒝벌은 클로버의 재생산 체계의 일부이다. 우리들 각자는, 우리 자신의 것과는 완전히 별개인 존재성을 지닌 미세한 극미동물들에서 유래했다.

(……) 이 피조물들은 우리 재생산 체계의 일부이다. 그렇다면 왜 우리가 기계들의 재생산 체계의 일부가 아니란 걸까? (……) 복합된 기계 전체를 단일한 대상으로 여김으로써 우리는 오도되었다. 사실, 복합된 기계는 하나의 도시 내지 하나의 사회로, 그 각 성원은 진실로 자신의 유(類)에 따라 길러졌다. 우리는 하나의 기계를 하나의 전체로 보며, 그것에 하나의 이름을 붙이고, 그것을 개체화한다. 우리는 우리 자신의 지체들을 바라보며, 그 조합이 재생산 작용의 단일한 중심에서 생겨난 하나의 개체를 형성한다는 것을 안다. 따라서 우리는 단일한 중심에서 생겨나지 않는 재생산 작용은 있을 수 없다고 가정한다. 하지만 이 가정은 비과학적이다. 또한 증기기관이 같은 유의 하나 내지 둘의 다른 증기기관에 의해 전적으로 만들어진 적이 없다 해도, 우리가 증기기관들은 재생산 체계가 없다고 말할 수 있도록 보장해 주기에는, 그 단순한 사실이 충분치 않다. 사실상, 그 어떤 증기기관이건 그 각 부분은 그 자체의 특수한 양육자(breeder)들에 의해 길러지는데, 이들의 기능은 저 부분, 그리고 저 부분만을 길러 내는 것이다. 반면 부분들을 하나의 전체로 조합하는 일은 기계적 재생산 체계라는 또 다른 부분을 형성한다.〉 지나는 길에, 버틀러는 코드의 잉여가치 현상을 만나는데, 기계의 한 부분이 자기 고유의 코드 속에 다른 기계의 코드의 파편을 포획하고 그럼으로써 이 다른 기계의 한 부분 덕에 자신을 재생산할 때가 그때이다. 붉은 클로버와 뒝벌이 그렇다. 또는 서양란과 이것이 유인하는 수컷 말벌이 그러한데, 서양란은 자신의 꽃에 암컷 말벌의 모습과 향을 지님으로써 놈을 가로챈다.

기계의 두 상태

이 두 논제의 이런 이산 지점에서는, "기계들이 기관들이다"라고 말

분자적 무의식

하건 "기관들이 기계들이다"라고 말하건 상관없어진다. 〈기계화된 척추동물〉로서의 인간이라는 정의와 〈기계들에 진딧물처럼 기생하는 존재〉로서의 인간이라는 정의는 등가이다. 본질적인 것은 무한 자체로의 이행 속에, 기계 부품들로 합성된 무한성 또는 극미동물들의 시간적 무한성 속에 있지 않고, 오히려 이 이행 덕에 생겨난 것 속에 있다. 일단 기계의 구조적 통일성이 해체되면, 일단 생물의 인물적이고 특유한 통일성에서 탈각하면, 기계와 욕망 사이에 직접적 연줄이 나타나고, 기계는 욕망의 심장부로 이행하며, 기계는 욕망적이 되고, 욕망은 기계화된다. 욕망은 주체 안에 있지 않고, 욕망 안에 기계가 있다 — 잔여 주체는 다른 쪽에, 기계 쪽에, 온 둘레에, 기계들의 기생물, 기계화된 척추동물의 욕망의 장식품으로 있다. 요컨대 참된 차이는 기계와 생물, 생명론과 기계론 사이에 있지 않고, 생물의 두 상태이기도 한 기계의 두 상태 사이에 있다. 구조적 통일성 속에 사로잡힌 기계 및 특유한 데다 심지어 인물적인 통일성 속에 사로잡힌 생물은, 군중 현상들 또는 그램분자 집합들의 현상들이다. 바로 이런 자격으로 기계와 생물이 바깥에서 서로 관계한다. 설사 이 양자가 서로 구별되고 서로 대립한다 해도, 이는 단지 동일한 통계적인 방향에서 두 의미로서 그럴 뿐이다. 하지만 다양체들의 더 깊은 또는 생래적인 다른 방향에서는, 분자적 현상들과 생물의 독자성들 간에는, 말하자면 기계 전체 속에 이산되어 있는 작은 기계들과 유기체 전체 속에 분산되어 있는 작은 구성체들 간에는 상호 침투, 직접 소통이 있다. 이 영역에서는 미시 물리학과 생물학이 구별되지 않으며, 기계 속에 생물들이 있는 만큼 생물 속에 기계들이 있게 된다. 이 영역에는 본래 의미의 기계가(구조적 통일성도, 미리 형성된 기계론적 연계들도) 없는 것처럼 보이는데, 왜 이 영역에서 기계들에 관해 말할까? 〈하지만 무한히 중첩된 채 교대하고 서로 기능이 맞물린 채 순환하는 이러한 기계들이 형성될 가능성이 있다. 이 기계들은 일단 조립되면 열역학법칙들을 따르지만, 조립되는 중에는 이 법칙들에 의존하지 않는다. 왜냐하면 조립의 사슬은 정의상 아직 통계 법칙들이 없는 영역에서 시작되기 때문이다. (……) 이 층위에서는, 작동과 형성이 분자 속에서처럼 아직 혼동되어 있다. 그리고 이 층위에서 출발해 분기하는 두 길이 열리는데, 그중 한 길은 개체들의 다소간 조절된 더미에 이르며, 다른 한 길은 관(管)의 형성을 가장 단순한 도식으로 갖는 개체적 조직의 완성들에 이른다……〉[9] 따라서 한편에 그램분자 기계들 ── 사회 기계건 기술 기계건 유기체 기계건 ── 과 다른 편에 분자 차원에 속하는 욕망 기계들 사이에 참된 차이가 있다. 욕망 기계들이란 이런 것들이다. ① 그것은 형성적 기계들인데, 그 고장조차도 기능적이며, 그 기능은 형성과 구별되지 않는다. ② 그것은 자신의 조립과 일체인 시간 발생 기계들인데, 국지화할 수 없는 연결들과 분산된 국지화들을 통해 작동하며, 코드의 잉여가치로써 시간화의 과정들, 즉 이탈된 단편들과 부품들로 이루어진 형성들을 개입시킨다. 여기서 전체 그 자체는 따로 떨어져 있는 한 부분처럼, 또는 버틀러의 말에 따르면, 전체를 다른 부분들로 복귀시키는 〈하나의 다른 부문 속에서〉, 부분들 곁에서 생산된다. ③ 그것은 본래적 의미의 기계들이다. 이 기계들은 절단들과 흐름들, 연합된 파동들과 입자들, 연합적 흐름들과 부분대상들을 통해 진행되

341

---

9 Raymond Ruyer, *Genèse des formes vivantes*, Paris: Flammarion, 1958, pp.80~81. 보어, 슈뢰딩거, 조르당, 릴리의 몇몇 논제를 다시 다루면서 뤼예가 밝히기로는, 생물은 외적·기술적 활동들뿐만 아니라 유기체의 내적 기계 회로들에서도 나타나는 군집 효과들을 넘어, 원자 개개의 현상들에 직접 영향을 미친다. 〈고전 물리학은 군집 현상들에만 몰두한다. 반대로 미시 물리학은 자연스럽게 생물학으로 나아간다. 원자 개개의 현상들에서 출발하여, 실제로 두 방향으로 갈 수 있다. 이 현상들의 통계적 축적은 보통의 물리학 법칙들에 이른다. 하지만 이 개개의 현상이, 분자의 한가운데서, 그다음에는 거대분자의 한가운데서, 그다음에는 바이러스의 한가운데서, 그다음에는 단세포의 한가운데서 군집 현상들을 자기에게 종속시키면서, 자기 개체성을 온전히 지키고, 체계적 상호작용들을 통해 복잡해지면, 마침내 아무리 덩치가 커도 현미경적인 채로 머무는 유기체에 이른다.〉(p.54) 뤼예는 이 주제를 『신-목적론(*Néo-finalisme*)』(Paris: P.U.F., 1952)에서 폭넓게 전개하고 있다.

분자적 무의식

며, 항상 거리를 둔 채로 횡단적 연결들, 포함적 분리들, 다의적 결합들을 유도하고, 그리하여 개체성의 전이와 더불어, 분열-흐름들을 요소로 갖는 보편화된 분열 발생 속에서, 채취들, 이탈들, 잔여들을 생산한다.

분자적 기능주의

그다음에, 또는 차라리 다른 한편으로, 기계들이 이것들에다 강철의 뼈대처럼 가시적 실존을 부여하는 기술들과 제도들의 구조적 면 위에서 통일되어 있을 때, 또한 생물들이 그 인물들, 종들, 변종들과 환경들의 통계적 단위들에 의해 구조화되어 있을 때, ── 또한 하나의 기계가 유일한 대상으로 나타나고 하나의 생물이 유일한 주체로 나타날 때, ── 또한 연결들이 온전하면서 특유한 것이 되고, 분리들이 배타적인 것이 되고, 결합들이 일대일대응적인 것이 될 때, ── 이럴 때 욕망은 불투명해진 이 형식들에 자신을 투사할 필요가 전혀 없어진다. 이 형식들은 즉각적으로 욕망과 욕망 고유의 기계들의 그램분자적 발현들이요, 통계적 규정들이다. 이것들은 동일한 기계들이다(본성의 차이는 없다). 이 기계들은, 여기서는 유기체 기계들, 기술 기계들 또는 사회 기계들이 종속되는 그것들의 군중 현상 속에서 포착되고 있으며, 저기서는 욕망 기계들이 군중 현상들을 종속시키는 그것들의 현미경 미만 층위의 독자성들 속에서 포착되고 있다. 바로 이런 까닭에 처음부터 우리는, 욕망 기계들이 꿈이나 상상계의 영역에 속하며, 다른 기계들을 배가한다는 관념을 거부했던 것이다. 욕망, 환경들, 장들, 군집 형식들만이 있다. 말하자면, 분자적 욕망 기계들은 그 자체로 그램분자적 거대 기계들 또는 이것들이 큰 수의 법칙들* 아래서 형성하는 배열형태들의 투자인데, 이는 종속의 이런 의미 또는 저런 의미에서, 종속의 이런 의미와 저런 의미에서 그렇다. 한쪽엔 욕망 기계들이, 다른 쪽엔 유기체 기계들, 기술 기계들 또는 사회 기계들이 있다. 이 기계들은 특정 조건들 아래에서는 동일한 기계들이다. 우리가 말하는 특정 조건들이란, 이 기계들이 둔중한 큰 집합들에 의해 통일하고 구조화하고 진행하면서 그 수만큼의 안정된 형식들로 들어가게 되는 이 통계적 형식들을 가리킨다. 그것은 어떤 부품들은 간직하고 어떤 부품들은 배제하면서 군중들을 조직하는 선별 압력들이다. 따라서 그것들은 같은 기계들이지만, 체제는 같지 않다. 즉 크기의 관계들, 종합의 사용들은 전혀 다르다. 기능주의는 욕망 기계들의 현미경 미만 층위에만, 즉 욕망의 기계적 배치체들, 욕망의 기계장치(공학(engineering))의 층위에만 있다. 왜냐하면 오직 거기서만 작동과 형성, 사용과 조립, 생산물과 생산이 합류하기 때문이다. 모든 그램분자적 기능주의는 거짓이다. 왜냐하면 유기체 기계들 내지 사회 기계들은 기능하는 것과 똑같은 방식으로 자기 자신을 형성하지 않기 때문이며, 또한 기술 기계들은 사용되는 것과 같이 조립되지 않으며 오히려 이것들 자신의 생산과 이것들 별도의 생산물을 갈라놓는 특정 조건들을 정확히 함축하기 때문이다. 자신이 기능하는 것처럼 자신을 생산하지 않는 그런 것만이 하나의 의미, 하나의 목표, 하나의 의도를 갖는다. 반면 욕망 기계들은 아무것도 재현하지 않고, 아무것도 의미화하지 않으며, 아무것도 의미하지 않는다. 욕망 기계들이란 사람들이 그것들을 재료로 만드는 바로 그것이요, 사람들이 그것들로써 만드는 바로 그것이며, 그것들이 그 스스로 만드는 바로 그것이다.

---

* '큰 수의 법칙'은 다음과 같이 정의된다. "표본이 커질수록 표본 비(比)의 가변성은 작아질 것이다. (……) '큰 수의 법칙'의 기초는, 있음 직하지 않은 사건이 n회 일어나는 일이 n차(次)에서도 있음 직하지 않다는 점이다."(Allen Wallis & Harry Roberts, *Statistics, a New Approach*, New York: Free Press of Glencoe, 1956, p.123) "평균 집단이 클수록, 변이는 작아진다."(p.159) 또한 연속 수열들은 큰 수의 후행 관찰들에 의해 "제거될 (swamped)" 것이다.(L. H. C. Tippett, *Statistics*, New York: Oxford University Press, 1943, p.87 참조)

종합들

　욕망 기계들은 큰 집합들에서는 등가물이 없는 종합들의 체제들에 따라 기능한다. 자크 모노는, 기계론과 생명론 간의 전통적 대립과는 무관한, 분자생물학 또는 〈현미경적 사이버네틱스〉의 관점에서 이 종합들의 독자성을 정의했다. 여기서 이 종합의 근본적 특징들은 화학적 신호들의 하찮은 본성, 기질(基質)에 대한 무관심, 상호작용들의 간접적 성격이다. 이 공식들은 외견상 그리고 집합의 법칙들과 관련해서는 소극적이지만, 권력의 견지에서는 정립적인 것으로 이해되어야 한다. 〈알로스테릭(allostérique) 효소의 기질과 이 효소의 활동을 촉진 또는 저해하는 리간드들 간에는, 구조나 반응에 있어 화학적인 필연적 관계가 전혀 존재하지 않는다. (……) 알로스테릭 단백질은 분자적 공학의 독특한 생산물로 간주되어야 한다. 그것은 화학 친화력이 없는 물체들 간에 하나의 상호작용이 설정되게 하여, 어떠한 반응이건 그 반응에 화학적으로 기묘하고도 무관한 화합물들을 개입시켜 자유롭게 제어한다. 따라서 (간접적인) 알로스테릭 상호작용들의 작동 원리는 제어들의 선택에서 완전한 자유를 허용한다. 이 제어들은 모든 화학적 구속을 벗어나 있기 때문에, 그런 만큼 생리학적 구속들에만 매이게 된다. 이 생리학적 구속들 덕에 알로스테릭 상호작용들은 이것들이 세포나 유기체에 부여하는 응집성과 실효성의 가중에 따라 선별되는 것일 터이다. 이 체계들의 근거 없음이야말로 결정적으로, 분자적 진화에 대해 실천적으로 무한한 탐구와 실험의 장을 열어 줌으로써 이 분자적 진화가 사이버네틱 상호 연결들의 엄청난 그물을 건립할 수 있게 해 주었다…….〉[10]

10 Jacques Monod, *Le Hasard et la nécessité*, Paris : Seuil, 1970, p.91((옮긴이) 영 : p.77~78. 독 : p.98)(또한 pp.104~112((옮긴이) 영 : p.90~98. 독 : p.122) ─〈구형 단백질은 분자 차원에서 하나의 참된 기계이다. 그것은 그 기능적 특성들 때문에 기계인 것이

이 우연 또는 현실적 비조직의 영역에서 출발하여, 어떻게 DNA와 그 절편들인 유전자들의 작용 아래 참된 제비뽑기 조작을 하고 선별선 또는 진화선(進化線) 같은 방향 설정을 형성함으로써 필연적으로 하나의 구조를 재생산하는 큰 배열형태들이 조직되는가는, 바로 분자적인 것에서 그램분자적인 것으로의 모든 이행 단계가 잘 보여 주는데, 이런 사태는 유기체 기계들에서 나타나지만, 다른 법칙들과 다른 형상들을 지니는 사회 기계들에서도 못지않게 나타난다. 이런 의미에서 인간 문화들과 생물 종들의 공통된 성격, 즉 〈마르코프 사슬〉(부분적으로 의존하는 우연한 현상들) 같은 성격에 대해 강조할 수 있었다. 왜냐하면 사회적 코드들과 마찬가지로 유전학 코드에서도, 기표 사슬이라 불리는 것은 하나의 언어행위라기보다 하나의 횡설수설로, 이는 비-기표적 요소들로 이루어져 있으며 이 요소들이 연쇄된 뽑기, 부분적 의존, 중계의 중첩에 의해 형성되는 큰 집합들 속에서만 의미나 의미화 효과를 얻는다.[11] 인 간 역사를 생물학화하는 것도, 자연사를 인간학화하는 것도 관건이 아니며, 사회 기계들과 유기체 기계들이 공히 욕망 기계들에 참여하고 있다는 것을 밝히는 것이 관건이다. 인간의 심층에 *이드*가, 즉 분열적 세

344

지, 맹목적 조합들의 놀이만이 식별되는 그 기본 구조 때문이 아니다. 우연은 불변성을 지닌 기계장치에 의해 포착되고 보존되고 재생산되며, 이렇게 해서 질서, 규칙, 필연으로 전환된다.〉〉 (옮긴이) "화학적인 필연적"은 모노의 강조인데 DG는 강조를 생략했다. 〈공학〉과 〈선택〉은 원문은 인용표인데 DG는 강조로 대체했다. "근거 없음(gratuite)"은 모노와 DG가 모두 강조했다. 한편 "알로스테릭 효소"란 조절 단백질의 일종으로 〈통상적인 효소와 마찬가지로 어느 특정한 기질을 식별하고, 선택적으로 이와 결합하고, 이것을 일정한 생성물로 전환하는 반응을 활성화한다. 그러나 이 효소에는 그 밖에 하나 내지는 대여섯 개의 '다른' 화합물을 선택적으로 식별하는 성질이 있다. 이러한 화합물은 단백질과 '특수한 입체적' 결합을 이루어서 그 단백질의 성질을 조절하는 역할을 한다. 즉 경우에 따라서는 '기질에 관한 활동을 증대하거나 저지한다.'〉(p.88)

11 마르코프 사슬들 및 이것들을 문화 구성체들에 적용하듯 생물 종들에 적용하는 것에 대해서는, Raymond Ruyer, *La Genèse des formes vivantes*, 8장 참조. 코드의 잉여가치의 현상들은 이 〈반(半)-우연적 사슬들〉의 관점에서 잘 설명된다. 뤼예는 이것을 분열증적 언어 활동과 거듭 비교하고 있다.

분자적 무의식

포, 분열 분자들, 이들의 사슬들과 이들의 횡설수설들이 있다. 분열증의 생물학 전체가 있으며, 분자생물학은 (미시 물리학과 마찬가지로) 그 자체로 분열증적이다. 하지만 역으로 분열증, 분열증 이론은 생물학적이고 생물 문화적(bioculturelle)이다. 그것이 분자 차원의 기계적 연결들, 기관 없는 몸이라는 거대분자 위의 내공 지도들로의 이 연결들의 할당, 큰 집합들을 형성하고 선별하는 통계적 집적들을 고찰하는 한에서 말이다.

손디는 융의 집단 무의식은 물론 프로이트의 개인 무의식에 대립시킨 유전적 무의식을 발견함으로써, 이 분자적 길에 접어들었다.[12] 이 유전적 내지 계보학적 무의식을 손디는 가끔 가족적이라고 부르는 데까지 간다. 손디 자신은, 측정 단위로서, 가족 집합들로 분열증 연구를 진척시켰다. 하지만 가족적이라고는 해도 유전적 무의식은 별로 가족적이지 않으며, 프로이트의 무의식보다 훨씬 덜 가족적이다. 왜냐하면 흔히 하듯이 욕망을 아빠-엄마의 이미지들로 복귀시키지 않고, 욕망을 양성구유나 살인자들의 사진들과 관련시키면서 진단을 행하기 때문이다. 결국 얼마간 바깥과 관계가 있는 것이다……. 알파벳 전체, 공리계 전체는 광인들의 사진들과 함께 있다. 〈아버지의 감정을 향한 필요〉를 살인자들의 초상들의 차원에서 테스트해야 한다. 그것이 여전히 오이디푸스 속에 머문다고 말해도 소용없다. 실상 그것은 오이디푸스를 특이하게 열어 놓고 있는 것이다……. 따라서 충동들의 상속 유전자들은, 역사·사회장 전체를 누비는 벡터들에 따라 다양한 조합들에 진입하는 단순한 자극의 역할을 한다. 이것이 운명 분석이다. 사실, 참된 분자

345

---

12 Lipoítra Szondi, *Diagnostic expérimental des pulsions*, 1947, Paris: P.U.F.. 손디의 작업은 정신분석과 유전학의 근본적 관계를 최초로 확립한 것이었다. 또한 분자생물학의 진보에 대해서는 앙드레 그린의 최근 시도를 참조할 것. André Green, "Répétition et instinct de mort," *Revue française de psychanalyse*, 1970년 5월.

적 무의식은 재생산 단위로서의 유전자들에 만족할 수 없다. 유전자들은 여전히 표현적이요, 그램분자적 구성체들에 이른다. 분자생물학은 우리에게 재생산되는 것은 DNA일 뿐 단백질이 아니라고 가르친다. 단백질은 생산되는 것이자 생산 단위이다. 단백질이야말로 순환으로서의 무의식 또는 무의식의 자기생산을 구성한다. 즉 단백질은 욕망 기계들 및 욕망의 종합들의 배치체 속에 있는 궁극적인 분자적 요소이다. 재생산과 (가족적으로 또는 유전적으로 규정된) 그 대상들을 가로질러 고아적인 순환 운동 속에서, 즉 무의식이 항상 주체로 머무는 운명의 순환 속에서, 자기 자신을 생산하는 것은 항상 무의식이라는 것을 우리는 보았다. 생식과 관련한 성욕의 권리상 독립성은 바로 이 점에 근거한다. 그런데 손디는, 그램분자적인 것을 넘어 분자적인 것으로 향해야 한다는 이 방향을 잘 느꼈기에, 이른바 그의 〈테스트〉라고 잘못 불리는 것에 대한 통계적 해석을 물리친다. 더욱이 그는 내용들이 기능들로 넘어서야 한다고 요구한다. 하지만 손디는 집합들 또는 계급들에서 〈범주들〉로 감으로써 이 넘어섬을 행하고 이 방향을 따를 뿐이다. 그는 체계적으로 닫힌 〈범주들〉 목록을 설립하지만, 〈범주들〉은 여전히 환자가 선택하고 자유로이 조합해야 하는 실존의 표현 형식들에 불과하다. 이 때문에, 손디는 욕망의 내적 또는 분자적 요소들, 이 요소들의 기계적 선택들, 배치체들, 조합들의 본성을 놓치고 있다. 또 다음과 같은 분열-분석의 참된 물음도 놓치고 있다. 네게 있는, 네 충동적 욕망 기계들은 무엇일까? 그것들은 어떤 기능을 갖고 있으며, 어떤 종합들 속으로 들어가며, 어떻게 작동할까? 분자적인 것에서 그램분자적인 것으로, 또한 그 반대로 가는 모든 변전(變轉) 속에서, 또 무의식이 주체로 머물러 있으면서 자기 자신을 생산하는 순환을 구성하는 모든 변전 속에서, 너는 욕망 기계들을 어떻게 사용할까?

분자적 무의식

리비도, 큰 집합들, 미시-다양체들

우리는 욕망 기계들에 고유한 에너지를 리비도라 부른다. 이 에너지의 변형들(누멘과 볼룹타스)은 결코 탈성욕화도 아니요 승화도 아니다. 하지만 바로 이 용어법은 극히 자의적인 것 같다. 욕망 기계들을 고찰하는 방식에는 두 가지가 있는데, 하나는 욕망 기계들을 이것들 자신의 질서인 분자적 질서에 관련시키는 것이요, 다른 하나는 욕망 기계들을 이것들이 그 속에서 유기체 기계들 또는 사회 기계들을 형성하고 유기체 환경들 또는 사회 환경들을 투자하는 그램분자적 질서에 관련시키는 것인데, 어떻게 고찰하더라도 욕망 기계들이 고유하게 성적 에너지와 맺는 관계는 잘 보이지 않는다. 실제로, 성 에너지를 직접적으로 우주적이며 원자-내적인 것으로 제시하고, 또 직접적으로 사회적·역사적인 것으로 제시하기는 어렵다. 사랑은 단백질들 및 사회와 관계한다고 말해야 소용없는 일이리라……. 그것은 리비도를 온갖 변신을 할 수 있는 모호한 우주 에너지나 온갖 투자를 할 수 있는 일종의 사회화된 에너지로 대체함으로써 프로이트주의를 처분하는 낡은 시도를 다시 한 번 하는 것이 아닐까? 아니면 그것은, 분열증적-편집증적이라고 불리는 데는 다 그럴 만한 이유가 있는 〈생명 발생〉에 관한 라이히의 마지막 시도가 아닐까? 전기의 흐름을 발생시키며 또 현미경 미만의 입자들인 비온(Bion)들을 지니고 있는 원자-내적 우주 에너지, 즉 오르곤의 실존을 라이히가 결론 내리곤 했다는 것이 생각난다. 이 에너지는 분자적 관점에서 고찰되면 몸 위에서 전위차들 또는 할당된 내공들을 생산했지만, 그램분자적 관점에서 고찰되면 같은 몸 위에서라도 유체역학에 결부되었다. 따라서 리비도를 성욕으로 정의했던 것은, 그램분자적 극과 분자적 극이라는 두 극을 지닌 하나의 시퀀스 속에서, 기계론적 기능들과 전기적 기능들이라는 두 기능들의 연합을 통해서였다(기계론적 긴장, 전기 충전, 전기 방전, 기계론적 이완). 이를 통해 라이히는 기계론과 생명론의 양자택일을 넘어섰다고 생각했다. 왜냐하면 이 기계론적·전기적 기능들은 물질 일반 속에 실존했지만, 생물 내부에서는 하나의 특수한 시퀀스 속에 조합되어 있었기 때문이다. 특히 라이히는 정신분석이 기본적으로 진실이라고 주장했고, 프로이트가 이 진실을 극도로 부인했다고 규탄할 수 있었다. 그가 주장한 정신분석의 진실이란, 재생산과 관련해 성욕이 독립해 있으며, 전진적이건 퇴행적이건 재생산은 순환으로서의 성욕에 종속한다는 점이다.[13] 라이히의 마지막 이론의 세부를 고찰한다면, 우리는 분열증적인 동시에 편집증적인 그 이론의 성격이 우리에게 전혀 지장을 주지 않으며, 오히려 그 반대라고 털어놓겠다. 우리는 성욕을 〈전기 폭풍〉, 〈하늘의 파란색과 안개의 회청색〉, 오르곤의 푸름, 〈성 엘모의 불과 태양흑점들〉, 유체들과 흐름들, 물질들과 입자들 같은 유형의 우주적 현상들을 성욕에 철저히 인접시키는 것이, 성욕을 가족주의의 형편없는 작은 비밀로 환원하는 것보다 우리에겐 궁극적으로 더 적합해 보인다고 털어놓겠다. 우리는 로런스와 밀러

³⁴⁷

---

13 생명 우주론적 내지 생명 발생적인 라이히의 마지막 연구들 전체는 『오르가슴의 기능』 9장 끝에 요약되어 있다. 생식과 재생산에 대한 성욕의 우위는 거기서 세포분열을 야기하는 성욕의 순환(기계론적 긴장, 전기 충전 등)에 기초하고 있다.(Reich, pp.224~227((옮긴이) 독: pp.212ff. 영: pp.282~286)) 하지만 성적인 입장을 저버렸다고 라이히가 프로이트를 비난한 것은 아주 초기 작품에서이다. **프로이트의 반대파만 그것을 단념했던 것은 아니며, 어떤 점에서는 프로이트 자신이 그랬다.** 첫째로, 프로이트가 죽음 본능을 도입해서 성욕 대신 에로스에 대해 말하기 시작할 때 그렇고(pp.103~104((옮긴이) 독: pp.96ff. 영: pp.124~127)) 다음엔 프로이트가 불안을 성적 억압의 결과가 아니라 원인으로 만들 때 그렇다.(p.225((옮긴이) 독: p.213. 영: p.283)) ─〈**번식은 성욕의 한 기능**이지, 흔히 주장되는 것처럼 그 역이 아니다. 프로이트가 *성적인 것*과 *생식적인 것*의 개념을 나눴을 때, 그는 심리-성욕을 위해 이것을 주장했다. 하지만 내가 도저히 이해할 수 없는 근거하에, 그는 결국 '**사춘기의 생식성**'을 '**번식에 봉사하도록**' 설정했다.〉((옮긴이) 앞의 강조는 라이히, 뒤의 강조는 DG이다.) 라이히는 분명 프로이트의 쇼펜하우어 내지 바이스만적 텍스트들을 생각하고 있는데, 거기서 성욕은 종(種)과 생식질(生殖質)에 의존하고 있다. 가령 Sigmund Freud, "Pour introduire le narcissime," in *La Vie sexuelle*, Paris: P.U.F., pp.85~86. ((옮긴이) 독: pp.143ff. 영: pp.36~38)

³⁴⁸

분자적 무의식

가, 저 유명한 과학성의 관점에서조차도, 프로이트보다 성욕을 더 정당하게 평가하고 있다고 믿는다. 우리에게 사랑과 사랑의 권력과 사랑의 절망들에 대해 말해 주는 것은, 소파에 누운 신경증자가 아니라, 분열자의 침묵의 산책이요, 별들 아래서의 렌츠의 등반이요, 기관 없는 몸 위의 내공들 속에서의 부동의 여행이다. 라이히의 이론 전반에 관해 보자면, 그 비길 데 없는 장점은 리비도의 이중의 극을, 즉 현미경 미만 규모의 분자적 구성체로서의 극과 유기체적·사회적 집합들 규모의 그램분자적 구성체들의 투자로서의 극을 밝힌 점이다. 부족한 것은 단지 양식(良識)의 확증들뿐이다. 그것이 왜, 어떤 점에서, 성욕일까?

욕망의 거인다움과 난쟁이다움
비-인간적 성 ─ 하나의 성도 두 개의 성도 아닌 n개의 성

사랑에 대해 냉소는 모든 것을 말했다, 또는 모든 것을 말했다고 우겼다. 말하자면 큰 규모에서의 유기체 기계들과 사회 기계들의 교접이 문제라는 것이다(사랑의 바탕에는 기관들이 있다, 사랑의 바탕에는 경제적 규정들, 즉 돈이 있다). 하지만 냉소의 고유함은, 스캔들이 없는 곳에서 스캔들이 있다고 우기고, 대담하지 않으면서도 대담하다고 알려진다는 점이다. 이는 양식의 평범함이기보다는, 양식의 망상이다. 욕망은 인물들 내지 사물들을 대상으로 삼지 않고, 욕망이 편력하는 환경들 전체, 욕망이 받아들이는 갖가지 본성의 진동들과 흐름들을 대상으로 삼는다는 점은 1차적으로 명백하니 말이다. 욕망은 거기에 절단들과 포획을 도입한다. 항상 유목하며 이주하는 욕망의 성격은 무엇보다 〈거인다움〉이다. 이를 샤를 푸리에보다 더 잘 밝힌 사람은 없다. 요컨대 생물학적 환경뿐 아니라 사회적 환경은, 무의식의 필연적으로 욕망적 내지 리비도적인 투자 대상을 이루며, 이 투자는 필요와 이해관계의 전의식적 투자와 대립된다. 성 에너지로서 리비도는 직접적으로 대중들, 큰 집합들, 유기체장들, 사회장들 따위의 투자이다. 정신분석은 리비도가 사회적 투자로 향해 진행하려면 탈성욕화되든가 심지어 승화되어야 하며, 또 거꾸로 리비도가 병리적 퇴행 과정을 거치면서만 사회적 투자들을 재-성욕화한다고 전제하는데, 우리는 욕망에 대한 이런 착상을 정신분석이 어떤 원리들로 뒷받침하는지 잘 이해하지 못하겠다.[14] 이런 착상의 기본전제가 여전히 가족주의가 아니라면 말이다. 가족주의는 성욕이 가족 안에서만 작동하며, 더 큰 집합들을 투자하기 위해서는 변형되어야 한다고 주장한다. 진실로 성욕은 어디에나 있다. 관료가 서류를 애무하는 방식 속에, 재판관이 판결하는 방식 속에, 사업가가 돈을 흐르게 하는 방식 속에, 부르주아지가 프롤레타리아를 비역질 하는 방식 등 속에 말이다. 그리고 은유를 거쳐 갈 필요도 없다. 리비도가 변신을 거쳐 갈 필요가 없듯 말이다. 히틀러는 파시스트들을 흥분시켰다. 깃발들, 국가들, 군대들, 은행들은 많은 사람들을 흥분시킨다. 혁명 기계가 적어도 이 강제 기계들과 같은 수준의 절단들과 흐름들의 권력을 획득하지 못하면, 혁명 기계란 아무것도 아니다. 리비도가 큰 집합들을 투자하는 것은 탈성욕화하는 확장을 통해서가 아니다. 반대로, 리비도가 자신의 흐름들을 억압해 이 흐름들을 〈부부〉, 〈가족〉, 〈인물들〉, 〈대상들〉 같은 유형의 좁은 세포들 속에 가두게끔 규정되는 것은 탄압, 봉쇄, 복귀를 통해서이다. 분명 이런 봉쇄는 필연적으로 정초되어 있다.

349

---

14 Sigmund Freud, "Le président Schreber," *Cinq psychanalyses*, Paris: P.U.F., p.307.((옮긴이) 독: p.298. 영: p.164) 〈나르시시즘 단계에서 완전히 벗어나지 못한 사람들, 즉 거기에서 병에 걸릴 기질로 작용할 수 있는 고착을 투자한 사람들은, 리비도의 밀물이 다른 출구를 찾지 못하고, 사회적 본능이 성욕화에 떠넘겨져, 발달 과정에서 얻은 승화가 무효화할 위험에 빠진다. 리비도의 역류(《퇴행》)를 일으키는 모든 것은 이런 결과를 초래할 수 있다. (……) 편집증 환자들은 **자신의 사회적 본능의 투자들의 그런 성욕화를 막으려고 애쓴다.**〉((옮긴이) 강조는 프로이트)

분자적 무의식

즉 리비도는 자기가 대상으로 삼는 그러한 몸, 그러한 인물과 관계함으로써만 의식 속에 들어온다는 것이다. 하지만 우리의 〈대상 선택〉 자체는, 생물장, 사회장, 역사장 속에서 언제나 이 몸, 이 인물이 가로채고 수용하고 방출하는 삶과 사회의 흐름들의 결합과 연관되어 있으며, 우리도 이 장에 동등하게 담겨 있거나 통해 있다. 부모를 포함해 우리가 사랑을 바치는 인물들은 흐름들의 연결, 분리, 결합의 점들로만 개입하며, 그들은 이 흐름들의 고유하게 무의식적인 투자의 리비도적 내용을 번역하고 있다. 그러하기에 사랑의 봉쇄가 아무리 정초되어 있다 해도, 그것이 탄압적 기계들을 위해 부부와 가족이라는 오이디푸스적 궁지로 욕망을 몰아넣느냐, 아니면 반대로 그것이 혁명 기계를 부양할 수 있는 자유에너지를 응집하느냐에 따라, 그것은 그 기능을 독특하게 바꾼다(여기서도 역시 푸리에가 정념들의 〈끌어대기〉 내지 〈기계화〉의 두 반대 방향을 밝힐 때, 그에 의해 모든 것이 말해졌다). 하지만 우리는 언제나 세계들과 사랑을 한다. 그리고 우리의 사랑은 사랑받는 존재의 이 리비도적 특성에 말을 건네, 유폐되든가 아니면 더 넓은 세계들, 대중들과 큰 집합들에 열리든가 한다. 우리의 사랑들 안에는 언제나 통계적인 어떤 것, 큰 수의 법칙들이 있다. 그리고 남자와 여자의 관계는 〈인간과 인간의 직접적·자연적·필연적 관계〉라는 맑스의 저 유명한 공식은, 그렇게 이해되어야 하지 않을까? 말하자면, 두 성(남자와 여자)의 관계는 이 관계가 큰 집합들(인간과 인간)을 투자하는 한에서 성욕 일반의 관계의 척도일 따름이지 않을까? 이로 인해 성욕은 두 성으로 특유화될 수 있었다. 그리고 남근은 하나의 성이 아니라 성욕 전체, 말하자면 리비도에 의해 투자된 큰 집합의 기호라고 말해야 하지 않을까? 또한 이로부터 두 성의 분리(남자와 남자의 동성애, 여자와 여자의 동성애라는 두 계열) 속에서, 동시에 이 집합 내의 두 성의 통계적 관계들 속에서, 필연적으로 두 성이 생겨나는 것이라고?

350

하지만 맑스는 훨씬 더 신비한 것도 말한다. 즉 참된 차이는 인간의 두 성의 차이가 아니라 인간의 성과 〈비-인간적 성〉[15] 간의 차이라는 것이다. 문제는 분명 짐승들, 동물 성욕이 아니다. 전혀 다른 것이 문제이다. 성욕이 그램분자적 큰 집합들의 무의식적 투자라면, 이는 성욕이 다른 면에서는 규정된 조건들에서 이 집합들을 구성하는 분자적 요소들의 작동과 동일하기 때문이다. 욕망의 거인다움의 상관물로서 욕망의 난쟁이다움이 있는 것이다. 욕망 기계들이 사회 기계들 속에서, 즉 사회 기계들의 장, 사회 기계들의 구성체, 사회구성체의 기능 속에서 현존하고 작용하는 한에서, 성욕은 욕망 기계들과 엄밀하게 하나를 이룬다. 비-인간적 성이란 바로 욕망 기계들, 분자적·기계적 요소들, 이것들의 배치체들, 이것들의 종합들로, 이것들이 없으면 큰 집합들 속에서 특유화된 인간의 성도 없을 것이요, 이 집합들을 투자할 수 있는 인간 성욕도 없으리라. 성욕이 문제일 때 맑스는 아주 말수가 적고 주저하긴 해도 몇 구절을 언급하는데, 이 구절들은 역으로 프로이트와 정신분석 전체가 영원히 사로잡혀 있는 것, 즉 성의 의인적 재현을 뛰어넘게 해 주었다! 우리가 의인적 재현이라 부르는 것은, 두 성이 있다는 관념뿐 아니라 하나의 성만 있다는 관념이기도 하다. 프로이트주의가 어떻게 이 이상한 관념, 즉 결국 하나의 성, 즉 남성밖에 없고, 남성과 관련해 여자는 결핍으로 정의되고 여자의 성은 부재로 정의된다는 관념에 의해 관통되는지는 잘 알려져 있다. 이와 나란한 테제가 남성 동성애의 편재를 정초한다고 당장 믿을 수 있으리라. 그렇지만 전혀 그렇지가 않다. 여기서 정초되는 것은 오히려 남녀 간의 사랑들의 통계적 집

---

15 Karl Marx, "Critique de la philosophie de l'Etat de Hegel," in *Œuvres philosophiques* IV, Paris: Costes, pp.182~184.((옮긴이) 독: pp.292ff. 영: pp.88~90) 그리고 맑스의 텍스트에 대해서는 J.-F. Lyotard, *Discours, figures*, pp.138~141의 좋은 주석이 있다.

분자적 무의식

합이다. 왜냐하면 여자가 남자에 대해 결핍으로 정의된다면, 단순히 다른 식으로, 남자는 남자대로 여자가 결핍한 것의 결핍으로 규정되기 때문이다. 단 하나의 성이라는 관념은 필연적으로 천상의 대상으로서 남근의 발기로 나아가며, 그 발기는 중첩될 수 없는 두 측면으로 결핍을 분배하고 두 성을 공통의 부재, 즉 거세 속에서 소통하게 한다. 정신분석을 하건 정신분석을 받건, 아무튼 여자들은 이때 남자에게 길을 보여주고, 차이 속에서 평등을 회수하며 즐거워할 수 있다. 이로부터, 거세를 통해 욕망에 접근한다는 공식들의 못 견디게 웃긴 희극이 생겨난다. 하지만 결국 성이 실제로 둘 있다는 관념이 더 좋지도 않다. 이번에는 멜라니 클라인처럼, 설사 끔찍하다 하더라도 아무튼 정립적 성격들에 의해 여자의 성을 정의하려는 시도가 있게 된다. 이러면 인간 형태 중심주의에서는 아닐지라도 적어도 남근 중심주의에서는 벗어난다. 하지만 이번에는, 두 성의 소통을 정초하기는커녕 오히려 여전히 통계적인 두 동성애 계열을 정초하게 된다. 그리고 전혀 거세에서 벗어나지도 못한다. 단지, 거세는 남자의 성으로 여겨진 성의 원리(잘려서 상공을 나는 큰 남근) 대신에 여자의 성으로 여겨진 성의 결과(흡수되어 파묻힌 작은 음경)가 된다. 따라서 우리는, 거세는 성욕의 의인적·그램분자적 재현의 토대라고 말한다. 거세는 남자들과 여자들을 의식의 동일한 가상의 굴레 아래 이합집산 시키며 또 이들이 이 굴레를 숭배하게 하는 보편적 믿음이다. 거세의 신화를 보존하면서 성의 비-인간적 본성, 가령 〈큰 타자〉를 규정하려는 모든 노력은 처음부터 빗나갔다. 맑스의 텍스트에 대한 매우 깊이 있는 주석에서 료타르는 비-인간적 열림을 〈거세를 통한 욕망 속으로의 주체의 진입〉이어야 하는 것처럼 지정하는데, 이때 그가 말하려는 것은 무엇일까? 욕망이 강해지기 위해, 거세여 만세? 사람들은 환상들만을 욕망한다? 이 무슨 변태적이고 인간적인, 너무나 인간적인 관념일까. 무의식이 아니라 양심의 가책*에서 비롯한 이 무슨 관념인가. 의인적·그램분자적 재현은 이 재현을 정초하는 것, 즉 결핍의 이데올로기에서 정점에 이른다. 반대로, 분자적 무의식은 거세를 모른다. 왜냐하면 부분대상들은 아무것도 결핍하고 있지 않으며 그 자체로서 자유로운 다양체들을 형성하기 때문이다. 왜냐하면 다양한 절단들은 흐름들을 고갈시킬 수 있는 같은 유일한 절단 속에서 흐름들을 억압하는 대신 끊임없이 생산하기 때문이다. 왜냐하면 종합들은 국지적이고 비-특유한 연결들, 포괄적 분리들, 유목적 결합들을 구성하기 때문이 **352** 다. 어디에나 현미경적 횡단-성욕이 있어서, 여자 속에 남자만큼 남자들이 들어 있게 하고 또 남자 속에 여자만큼 여자들이 들어 있게 하되, 남자들이 다른 사람들과, 또 여자들이 다른 사람들과, 두 성의 통계적 질서를 뒤집는 욕망적·생산적 관계들 속에 들어갈 수 있게 한다. 사랑을 한다는 것은 하나만을 하는 것도 아니고 나아가 둘을 하는 것도 아니며, 수천수만을 하는 것이다. 이것이 바로 욕망 기계들 또는 비-인간적 성이다. 즉 하나의 성이 아니요, 두 개의 성도 아니라, n개의 성이다. 사회가 주체에게 강요하고 주체 자신도 자기 자신의 성욕에 대해 받아들이는 의인적 재현을 넘어, 분열 분석은 한 주체 안에 있는 n개의 성의 다양한 분석이다. 욕망적 혁명의 분열-분석적 공식은 무엇보다 이럴 것이다. 곧, 각자에게 자신의 성들을.

---

* la mauvaise conscience. conscience에는 "의식"뿐 아니라 "양심"이라는 의미도 있다. 따라서 이 표현은 "나쁜 의식"이라는 의미도 있으나, 여기서 DG는 니체를 염두에 두고 있기에 "양심의 가책"으로 옮기는 것이 바람직하다.

분자적 무의식

3 정신분석과 자본주의

재현

분열-분석의 테제는 단순하다. 즉 욕망은 기계이며, 기계들의 종합이며, 기계적 배치체, 즉 욕망 기계들이라는 것이다. 욕망은 생산의 질서에 속하며, 모든 생산은 욕망적인 동시에 사회적이다. 따라서 우리는 정신분석이 이러한 생산의 질서를 으깼고, 또 그것을 재현 속으로 전복(顚覆)시켜 버렸다고 비난한다. 무의식적 재현이라는 관념은, 정신분석의 대담성이기는커녕, 그 출발에서부터 자신의 파탄 내지 포기를 표시해 준다. 즉 더 이상 생산하지 않으며 믿는 데 그치는 무의식 말이다. 무의식은 오이디푸스를 믿는다, 무의식은 거세, 법⋯⋯을 믿는다. 정신분석가야말로 필경 믿음이 가장 엄밀하게는 무의식의 행위가 아니라는 것을 처음으로 말한 자이리. 믿는 것은 언제나 전의식의 일이다. 믿는 자는 정신분석가, 우리 안의 정신분석가라는 것까지 말해야 하지 않을까? 믿음은 무의식적 재현이 원격작용으로 의식적 질료에 행사한 결과일까? 하지만 역으로, 먼저 생산들의 자리를 차지한 믿음들의 체계가 아니라면, 무엇이 무의식을 재현이라는 이런 상태로 환원했을까? 실로 사회적 생산이 자율적이라고 가정된 믿음들 속에서 소외되는 것과 욕망적 생산이 무의식적이라고 가정된 재현들 속에서 우회되는 것은 동시에 일어난다. 그리고 욕망적·사회적 생산을 변질시키고 일그러뜨리며 막다른 골목으로 몰아넣는 이 이중 작용을 수행하는 것은 바로 동일한 심급, 즉 가족이다. 믿음-재현이 가족과 맺는 연줄 또한 우발적이지 않으며, 재현이 가족적 재현이라는 점은 재현의 본질에 속한다. 하지만 이 때문에 생산이 제압되지는 않으며, 생산은 생산을 질식시키지만 역으로 파열의 극한까지 울려 퍼지게 할 수 있는 재현적 심급 밑에서 계속 으르렁거리고 윙윙거린다. 그러면 생산의 지대들에 실효적으로 침범하기 위해, 재현은 비극과 신화의 모든 권력으로 가득 차야 할 것이며, 가족을 신화적이고 비극적으로 제시(또 신화와 비극을 가족적으로 제시)해야 할 것이다. 그렇지만 신화와 비극도 생산들이요, 생산 형식들 아닐까? 확실히 그렇지 않다. 신화와 비극은 현실적인 사회적 생산과, 현실적인 욕망적 생산과 연관해서만 생산이다. 그렇지 않을 때는, 신화와 비극은 생산 단위들을 차지한 이데올로기적 형식들이다. 오이디푸스, 거세 등을 누가 믿는 것일까? 희랍인들일까? 하지만 희랍인들은 자신들이 믿었던 것처럼 생산하지는 않았다. 그렇다면 희랍인들이 그처럼 생산했다고 믿는 희랍 연구가들일까? 적어도 19세기의 희랍 연구가들은 그랬다. 엥엘스는 이들에 대해 이런 말을 했다. "그들은 신화를, 비극을 (……) 믿었다고 말할 수 있으리라." 오이디푸스와 거세를 자신에게 재현하는 것은 무의식일까? 아니면 그렇게 무의식을 재현하는 것은 정신분석가, 우리 안의 정신분석가일까? 왜냐하면 바로 정신분석가들이 "신화를, 그리고 비극을 (……) 믿고 있다"라고 말할 수 있으리라는 엥엘스의 말이 이토록 많은 의미를 되찾은 적은 한 번도 없었으니까(희랍 연구가들은 오래전부터 신화와 비극을 믿기를 그쳤는데, 정신분석가들은 계속해서 믿고 있다).

재현과 생산

언제나 슈레버의 사례로다. 슈레버의 아버지는 아이들이 바른 자세를 가지도록 강제하는 데 사용하려고, 금속 막대 머리띠와 허리띠 같은 사드적-편집증적인 놀라운 작은 기계들을 발명하고 제작했다.[16] 이 기계들은 프로이트의 분석에서 아무 역할도 하지 않는다. 슈레버 아버지의 이 욕망 기계들과 이 기계들이 사회적 교육 기계 일반에 명백히 관여한 점을 고려했다면, 아마 슈레버의 망상의 사회-정치적 내용 전체를 박살 내는 것은 더 어려운 일이었으리라. 왜냐하면 문제 전체는 이런 것이기 때문이다. 즉 물론 아버지는 아이의 무의식에 작용하지만, 그는 가족적·표현적 전달에서 가부장으로서 작용하는 걸까, 아니면 기계적인 정보나 소통에서 기계의 담당자로서 작용하는 걸까? 법원장의 욕망 기계들은 자기 아버지의 욕망 기계들과 소통한다. 하지만 바로 이 때문에 이 욕망 기계들은 어린 시절부터 사회장의 리비도 투자이다. 거기서 아버지는 생산과 반생산의 담당자 역할만 맡고 있다. 반대로 프로이트는 첫째 길을 택한다. 즉 아버지가 기계들을 가리키는 것이 아니라, 반대로 기계들이 아버지를 가리키고 있다. 그리하여 욕망 기계로건 사회 기계로건, 도대체 기계들을 고려할 여지가 이제는 없다. 반면에 아버지는 온갖 〈신화와 종교의 권력〉 및 사랑 발생의 권력을 지닌 존재로 팽창해서, 작은 가족적 재현은 외연이 망상의 장과 같다는 분위기를 띠게 되리라. 욕망 기계들과 사회장이라는 생산의 쌍은 신화와 가족이라는 전혀 다른 본성을 지닌 재현의 쌍에 자리를 내준다. 재차 묻건대, 당

---

16 슈레버 아버지의 기계들을 발견하고 재생한 것은 니덜란드이다. 특히 "Schreber, Father and Son," *Psychoanalytic Quarterly*, 1959, 28권, pp.151~169 참조. 거기에는 세귀르 백작 부인이 사용한 것과 완전히 비슷한 교육적 고문 도구들이 있다. 가령 〈등을 위해 만든 철판과 턱을 바르게 하는 철 막대가 달린〉, 〈행동 교정 띠〉 같은 것.(『희극과 격언, 이렇게 해서는 파리를 잡을 수 없다……』)

신은 아이가 노는 것을 보았는가. 아이는 자신의 욕망 기계들을 얼마나 갖고서 사회·기술 기계들을 이미 가득 채우고 있는가, 오, 성욕이여? 아버지나 어머니는 배경에 있는데, 아이는 부모에게 필요에 따라 부품들과 톱니바퀴들을 빌리며, 부모는 발신하고 수신하고 차단하는 담당자로서, 생산의 호의적인 담당자 또는 반생산의 의심 많은 담당자로서 거기에 있다.

신화와 비극에 반대하여

왜 이런 기이한 특권을 비극적·신화적 재현에 부여했을까? 왜 생산의 장들, 작업장들, 공장들, 단위들이 있던 바로 그곳에 표현적 형식들, 하나의 극장 전체를 설치했을까? 정신분석가는 어안이 벙벙한 무의식 속에 자신의 서커스를 심으며, 장들과 공장에 진짜 흥행사를 심는다. 밀러가, 또 이미 로런스가, 정신분석에 반대해 말해야만 했던 것이 바로 이 점이다(산 자들은 믿는 자들이 아니며, 견자(見者)들은 신화나 비극을 믿지 않는다). 〈초창기의 영웅적 삶으로 가는 길을 거슬러 올라감으로써 (……) 당신은 영웅적인 것의 요소와 질, 바로 그것을 파괴하고 있다. 왜냐하면 영웅은 절대로 뒤돌아보지 않으며 자신의 힘을 결코 의심하지 않기 때문이다. 햄릿은 의심할 여지없이 자기 자신에게 영웅이었으며, 또한 햄릿으로 태어난 모든 자가 추구해야 할 유일하게 참된 길은 셰익스피어가 묘사한 바로 그 길이다. 하지만 내가 보기에 문제는 이런 것들이다. 우리는 햄릿으로 태어났을까? 당신은 햄릿으로 태어났을까? 아니면 당신은 그런 유형을 당신 속에 창조한 게 아닐까? 이런 물음에 대한 답이 어떻건 간에, 가장 중요해 보이는 문제는 이것이다 ─ 왜 신화로 회귀할까? (……) 비판적 반어법을 써서 말하자면, 우리 세계가 그 문화체계를 세우기 위해 이용해 온 이 관념적 쓰레기(ideational rubbish)는,

정신분석과 자본주의

새로운 상부구조들을 위해 바닥을 청소하는 일종의 글쓰기를 통해 (왜냐
하면 이 글쓰기는 병에 대한 것이고, 따라서 병을 넘어서기 때문에) 이제 그
시적 제물을, 그 뮈토스를 부여받고 있다('새로운 상부구조들'이란 생각
은 나에게는 역겹다. 이 생각은 과정에 대한 자각에 불과하지 과정 자체는 아
니다). 실제로, 과정 속에서, 내가 쓰고 있는 글의 줄마다, 나는 자궁을
박박 닦아 내어, 말하자면 자궁에 소파(搔爬)를 들이댄다고 믿고 있다.
이 과정 뒤에는 문화요, 따라서 거짓에 불과한 '체계'와 '상부구조'라
는 관념이 아니라 끊임없는 탄생, 갱신, 삶 등의 관념이 있다. (……) 신
화에는 우리를 위한 삶이 없다. 신화만이 신화 속에 산다. (……) 신화
를 생산하는 이 능력은 자각으로부터, 점증하는 의식으로부터 태어난다. 이
런 까닭에 우리 시대의 분열증적 본성에 관해 말하면서, 나는 이렇게 말
한 바 있다. "과정이 종결될 때까지, 세계의 배(腹)가 제3의 눈이 되게
하리라." 자, 암브로시아 형제여, 이런 말로 나는 무슨 말을 하려 한 것
일까? 우리가 헤엄치고 있는 이 지성적 세계로부터 하나의 새로운 세
계가 몸을 입어야 한다는 것 말고 다른 무슨 뜻이 있을 수 있으랴? 하
지만 이 새로운 세계는 착상되어야만 몸을 입을 수 있다. 그리고 착상
하려면, 먼저 욕망이 있어야 한다. (……) 욕망은 본능적이고 신성하다.
우리는 오직 욕망을 통해서만 순결한 착상을 야기할 수 있다.)[17] 밀러의
이 구절들에 모든 것이 있다. 오이디푸스(또는 햄릿)를 자기 비판의 지
점까지 몰아가기, 표현적 형식들인 신화와 비극을 의식의 믿음들 내지
가상들, 즉 단지 관념들에 불과한 것이라고 고발하기, 무의식을 청소할
필요성, 무의식의 소파로서의 분열-분석, 자궁의 틈새를 거세의 선과
대립시키기, 고아이자 생산자인 무의식에 대한 기막힌 긍정, 새로운 토
지를 생산해야 할 탈영토화의 분열증적 과정으로서의 과정에 대한 찬

---

17 H. Miller, *Hamlet*, pp.156~159.((옮긴이) 영: 1권, pp.124~129)

양, 그리고 극한에서 비극에 맞서고, 〈인물의 불길한 드라마〉에 맞서고, 〈가면과 배우의 불가피한 혼동〉에 맞서는 욕망 기계들의 기능 등이 그 것이다. 명백히, 밀러와 편지를 주고받은 마이클 프랑켈은 이를 이해하지 못하고 있다. 그는 정신분석가처럼 또는 19세기의 희랍 연구가처럼 말한다. 그래, 신화, 비극, 오이디푸스, 햄릿은 좋은 표현들이고 함축성 있는 형식들이지요. 이것들은 욕망과 인식의 참된 영속적 드라마를 표현하고 있습니다······. 프랑켈은 모든 상투적인 말에, 쇼펜하우어 및 『비극의 탄생』의 니체에 호소하고 있다. 그는 밀러가 이 모든 것을 모르고 있다고 믿으며, 왜 니체 자신이 『비극의 탄생』과 결별했는지, 왜 니체가 비극적 재현을 믿기를 그만두었는지 등을 단 한순간도 자문하지 않는다.

신화 및 비극과 관련한 정신분석의 애매한 태도

미셸 푸코는 어떤 절단이 재현의 세계에 생산을 난입시켰는지 깊이 있게 보여 주었다. 생산은 노동의 생산 내지 욕망의 생산일 수 있고, 사회적 생산 내지 욕망적 생산일 수 있다. 생산은 더 이상 자신을 재현 속에 포함되게 내버려 두지 않는 힘들에 호소하며, 또 모든 측면에서 재현을 꿰뚫고 가로지르는 흐름들과 절단들에 호소한다. 즉 재현 밑에 펼쳐져 있는 〈어둠의 광대한 층〉에 호소하는 것이다.[18] 재현의 고전적 세계의 이런 파탄 내지 탕진에 푸코는 18세기 말과 19세기라는 날짜를 부여한다. 따라서 상황은 우리가 말하고 있는 것보다 훨씬 더 복잡해 보인다. 왜냐하면 정신분석은 모든 가능한 재현에 종속되는 대신 이것

---

18 Michel Foucault, *Les Mots et les choses*, Paris: Gallimard, 1966, pp.221~224 ((옮긴이) 영: pp.208~211. 독: pp.260ff.)(욕망 내지 욕망적 생산과 재현의 대립에 대해). pp.265~268((옮긴이) 영: pp.253~256. 독: pp.310ff.)(애덤 스미스와 특히 리카도에 있어서, 사회적 생산과 재현의 대립에 대해).

정신분석과 자본주의

들을 자신에게 복종시키는 생산 단위들을 이렇게 발견하는 최고 지점에 참여하고 있기 때문이다. 리카도가 재현 가능한 모든 가치의 원리로 양적 노동을 발견함으로써 정치경제학 또는 사회 경제학을 정초한 것과 마찬가지로, 프로이트는 욕망의 대상들과 목표들의 모든 재현의 원리로 양적 리비도를 발견함으로써 욕망 경제학을 정초한다. 리카도가 노동의 주체적 본성 내지 추상적 본질을 발견한 것과 마찬가지로, 프로이트는 욕망의 주체적 본성 내지 추상적 본질을 발견하는데, 이들은 욕망과 노동을 객체들, 목표들 또는 특히 심지어 원천들에 결부해 왔던 모든 재현을 넘어갔다. 따라서 리카도가 〈단적인 노동 자체〉를 뽑아낸 최초의 사람이듯, 프로이트는 단적인 욕망 자체를 최초로 찾아낸 사람으로, 이를 통해 이들은 재현을 실효적으로 넘어서는 생산 영역을 최초로 찾아냈다. 주체적·추상적 노동과 꼭 마찬가지로 주체적·추상적 욕망은 탈영토화 운동과 뗄 수 없는데, 이 운동은 재현의 틀 속에서 욕망 내지 노동을 특정 인물 내지 특정 대상에 여전히 연계하고 있던 모든 특수한 규정 아래에서 기계들과 담당자들의 놀이를 발견한다. 욕망 기계들과 욕망적 생산, 욕망의 심리 장치들과 욕망의 기계들, 욕망 기계들과 이 기계들을 해독하기에 적절한 분석 기계의 설치, 다시 말해 부분적 연결들, 포괄적 분리들, 유목적 결합들, 다의적 흐름들과 사슬들, 변환* 절단들 등 모든 것이 가능한 자유로운 종합들의 영역, ── 그리고 무의식의 구성체로서 욕망 기계들과 이 기계들이 조직된 군중들 속에서 통계적으로 구성하는 그램분자적 구성체들의 관계, 이로부터 생겨

---

* 변환(transduction) 개념은 시몽동에서 유래했다. 생산 및 재현과 관련해서 "Interview/ Félix Guattari," in *Diacritics: a review of contemporary criticism*, Fall 1974, p.39를 볼 것. "기호들은 물질 못지않게 작동한다. 물질은 기호들 못지않게 표현한다. (⋯⋯) 본질적으로 변환은 기호론적 표현의 사슬들과 물질적 사슬들 사이에서 뭔가가 유도되고 뭔가가 발생한다는 관념이다."

나는 억압-탄압의 장치······, 이런 것들이 분석장(分析場)을 구성하며, 이 재현 아래 차원의 분석장은 오이디푸스마저 가로질러, 아직도 정신분석과 재현의 화해를 표시해 주는 신화와 비극마저도 가로질러 계속 살아남아 기능하리라. 이제 정신분석 전체를 가로지르고 있는, 비극적·신화적인 가족적 재현과 욕망적·사회적 생산 사이의 갈등이 남는다. 왜냐하면 신화와 비극은, 욕망을 특수한 객관적 코드들 ── 토지의 몸, 전제군주의 몸 ── 로 여전히 다시 데려오듯 특정한 외부 조건들로 여전히 다시 데려와, 이런 식으로 추상적 내지 주체적 본질을 방해하는 상징적 재현의 체계들이기 때문이다. 이런 의미에서 사람들이 주목할 수 있었던 것은, 프로이트가 심리적 장치들, 욕망적·사회적 기계들, 충동의 메커니즘과 제도의 메커니즘 등에 대한 고찰을 으뜸가는 것으로 복원시킬 때마다 신화와 비극에 대한 그의 관심이 줄어드는 경향이 있으며, 이와 동시에 프로이트는 융에게서, 그다음엔 랑크에게서, 객체적인 것으로서 욕망의 본질이 신화나 비극 속에서 소외된 채 외부적 재현으로 재건된다는 점을 고발하고 있다는 점이다.[19]

정신분석은 어떤 의미에서 재현을 부수고, 어떤 의미에서 재현을 재건할까

정신분석의 매우 복잡한 이 양가성을 어떻게 설명할까? 우리는 여러 가지를 구별해야 한다. 첫째로, 상징적 재현은 욕망의 본질을 잘 파악하고는 있으나, 다만 이것을 대상들, 목표들, 원천들을 고정하는 특수한 요소로서의 큰 객체성들(objectités)*과 연관시키면서만 파악한다. 바

---

19 디디에 앙지외는 특히 두 시기를 구별한다. 1906~1920년 시기는 〈정신분석의 역사에서 신화론적 작업들의 위대한 시대〉를 이루며, 그다음은 프로이트가 두 번째 장소론 및 욕망과 제도들의 관계들이라는 문제들로 방향을 바꾸어, 신화들에 대한 체계적 탐험에는 갈수록 관심을 잃어 가게 되어, 상대적으로 평가가 하락한 시기이다.("Freud et la mythologie," in *Incidences de la psychanalyse*, 1권, 1970, pp.126~129)

정신분석과 자본주의

로 이런 식으로 신화는 욕망을 충만한 몸으로서의 토지의 요소에, 또 금지들과 명령들을 분배하는 영토 코드에 관련시키며, 비극은 욕망을 전제군주의 충만한 몸과 이에 상응하는 제국 코드에 관련시킨다. 그리하여 상징적 재현들에 대한 이해는 이 요소들과 객체성들에 대한 체계적 현상학에서 성립할 수 있거나(옛 희랍 연구가들 내지 심지어 융의 방식으로) 아니면 상징적 재현들을 그 객관적이고 현실적인 사회적 조건들과 관계시키는 역사적 연구에서 성립할 수 있다(최근 희랍 연구가들의 방식으로). 후자의 관점에서 보면, 재현은 어떤 괴리를 내포하며, 안정된 요소보다는 한 요소에서 다른 요소로의 조건 지어진 이행을 표현한다. 즉 신화적 재현은 토지의 요소를 표현하는 것이 아니라 오히려 이 토지의 요소가 전제군주의 요소 앞에서 사라지는 조건들을 표현하며, 비극적 재현은 고유한 의미의 전제군주의 요소를 표현하는 것이 아니라 가령 기원전 5세기 희랍에서 이 전제군주의 요소가 도시의 새로운 질서를 위해 사라지는 조건들을 표현한다.[20] 그런데 신화와 비극에 대한 이런 취급 중 그 어떤 것도 정신분석에 어울리지 않는다는 것은 명백하다. 정신분석의 방법은 전혀 다르다. 즉 정신분석의 방법은 상징적 재현을 특정한 객체성들과 객관적·사회적 조건들에 관련시키는 대신, 이것들을 리비도로서 욕망의 주체적·보편적 본질에 관련시킨다. 이렇듯 정신분석에서 해독(탈코드화)의 조작은 더 이상 인간과학들에서 이것이 의미하는 것, 즉 특정 코드의 비밀을 발견하는 것을 의미할 수 없고, 코

359

---

* objectité는 독일어 Objektität에 대응한다. Vocobulaire technique et critique de la philosophie, Paris: P.U.F., 1968에는 이렇게 정의되어 있다. "사물-자체, 현실계가 하나의 객체로 나타나는 형식."

20 대지를 억압하는 전제군주 권력의 조직화를 표현하는 것으로서의 신화에 대해서는, J.-P. Vernant, Les Origines de la pensée grécque, pp.109~116 참조. 한편 폐위된 전제군주를 억압하는 도시의 조직화를 표현하는 것으로서의 비극에 대해서는, Vernant, "Œdipe sans complexe," in Raison présente, 1967년 8월 참조.

드들을 해체하여 신화, 비극, 사회구성체들뿐 아니라 꿈, 환상, 병리 구성체들을 가로지르는 리비도의 양적·질적 흐름들에 도달하는 것을 의미한다. 정신분석적 해석은 코드와 경쟁하거나 이미 알려진 코드들에다 하나의 코드를 추가하는 데 있는 것이 아니라, 절대적 방식으로 탈코드화하고 다형성과 다의성으로 인해 코드화할 수 없는 어떤 것을 뽑아내는 데 있다.[21] 그렇다면 신화(나 비극)에 대한 정신분석의 관심이 본질적으로 비판적 관심이라는 것이 명백하다. 왜냐하면 신화의 특유성은, 객관적으로 이해하자면, 리비도의 주체적 태양에 녹아 버려야만 하기 때문이다. 즉 몰락하는 것 또는 몰락하려고 하는 것은 바로 재현의 세계이다.

둘째로, 이는 정신분석과 자본주의의 연줄이 정치경제학과 자본주의의 연줄 못지않게 긴밀하다는 말이다. 탈코드화되고 탈영토화된 흐름들의 이런 발견은, 정치경제학에서는, 그리고 사회적 생산에서는 추상적·주체적 노동의 형식 아래서 이루어졌고 이와 똑같은 발견이 정신분석에서는, 그리고 욕망적 생산에서는 추상적·주체적 리비도의 형식 아래서 이루어졌다. 맑스가 말하듯, 본질이 주체적인 것, 즉 생산 활동 일반이 되며, 추상적 노동이 현실적인 어떤 것, 즉 이것에서 출발해 일반화된 탈코드화 내지 탈영토화 경과의 관점에서 예전의 모든 사회 구성체를 재해석할 수 있는 어떤 것이 되는 것은 바로 자본주의 속에서이다. ⟨이렇게 근대 경제학이 선두에 놓고, 또한 대단히 오래되어 모든 사회 형식에 타당한 관계를 표현하는 가장 단순한 추상은, 그런데도 이

360

---

21 따라서 정신분석은 역사가들과 신화학자들이 신화들을 설명하는 데 사용하는 사회적 코드들에 하나의 코드, 곧 심리학적 코드를 추가한다고 말할 수 없다. 프로이트는 이미 꿈과 관련해 이 점을 환기한 바 있었다. 하나의 코드에 따른 해독은 문제가 아니라는 것이다. 이 점에 관해서는 J. Derrida, *L'Ecriture et la différence*, pp.310ff.((옮긴이) 독: p.320)의 주석을 참조할 것. ⟨필경 꿈의 글쓰기는 개인 내지 집단 역사의 추이 속에서 코드화된 요소들의 덩어리로서 작업한다. 하지만 그 조작들, 그 어휘와 그 통사법에서, 해석의 모든 무게를 감당해야 하는 순수 사투리의 잔재는 무의식들 간의 소통 속에서 환원 불가능하다. 꿈꾸는 사람은 자기 고유의 문법을 발명한다.⟩

정신분석과 자본주의

추상 속에서만 가장 근대적인 사회의 범주로서 실천적 참으로 나타난다.〉 리비도로서의, 주체적 본질로서의 욕망에서도 사정은 똑같다. 자본주의의 사회적 생산과 욕망적 생산 사이에, 또는 돈-자본의 흐름들과 욕망의 똥의 흐름들 사이에 단순한 병렬을 세워야 한다는 것이 아니다. 그 관계는 훨씬 더 긴밀하다. 욕망 기계들은 사회 기계들 안에 있지, 다른 데 있지 않다. 그래서 자본주의 기계 속에서 탈코드화된 흐름들의 결합은 보편적인 주체적 리비도의 자유로운 형상들을 해방하는 경향이 있다. 요컨대 자본주의에서 나타나는 바와 같은 구별 없는 생산 활동 일반의 발견은 불가분하게 정치경제학 및 정신분석 둘 모두의 발견이며, 재현이라는 규정된 체계들을 넘어선다.

자본주의의 요구들

분명 이는 자본주의적 인간, 즉 자본주의 속의 인간이 노동하기를 욕망한다는 것도, 자기 욕망에 따라 노동한다는 것도 뜻하지 않는다. 오히려 욕망과 노동의 동일성은 하나의 신화가 아니라, 자본주의가 욕망적 생산 속에서 뛰어넘어야 할 극한을 가리키는 탁월하게 능동적인 유토피아이다. 하지만 정확히 말해 왜 욕망적 생산은 극한에 있어 언제나 자본주의와 상반될까? 왜 자본주의는 욕망과 노동의 주체적 본질 — 생산 활동 일반인 한에서의 공통 본질 — 을 발견함과 동시에, 이 공통 본질을 둘로 분리해서 한쪽에 추상적 노동, 다른 쪽에 추상적 욕망, 즉 정치경제학과 정신분석, 정치경제학과 리비도 경제학으로 분리한 채 유지하는 탄압 기계 속에서 이 본질을 새로이, 그것도 즉각 소외하기를 그치지 않을까? 바로 이 점에서 우리는 자본주의에 속한 정신분석의 전 영역을 평가할 수 있다. 왜냐하면 앞에서 보았듯이, 자본주의는 욕망적 생산의 탈코드화된 흐름들을 극한으로서 분명히 가지고 있지만, 코드들의 자리를 대신한 공리계 속에 묶음으로써 이것들을 몰아내기 때문이다. 자본주의는 탈영토화 운동과 뗄 수 없지만, 자본주의는 인조적·인공적 재영토화들을 통해 이 운동을 쫓아낸다. 자본주의는 영토적·전제군주적 재현들, 신화적·비극적 재현들의 폐허 위에서 건설되지만, 이 재현들을 자본의 이미지들이란 자격으로, 자신을 위해 또다른 형식으로 재건한다. 맑스는 이렇게 말함으로써 이 모든 것을 요약한다. 주체적·추상적 본질이 자본주의에 의해 발견되는 것은 재차 사슬에 묶이고 소외되기 위해서요, 또 이 일은 객체성으로서의 외부적이고 독립된 요소 속에서가 아니라, 사유재산이라는 주체적 요소 그 자체 안에서라는 점이 진실이라고. 〈예전에 자기 외부 존재였던 것, 즉 인간의 현실적 소외는 지금은 소외 행위, 즉 양도가 되어 버렸다.〉* 실제로, 탈코드화된 흐름들의 결합, 말하자면 자본가들의 재산인 생산수단의 흐름이 노동자들의 〈재산〉인 이른바 자유노동의 흐름과 관련을 맺는 체계 속에서 탈코드화된 흐름들의 공리화를 조건 짓는 것은 사유재산이라는 형식이다(그래서 사유재산의 질료 내지 내용에 대한 국가의 한정들은 이 형식에 전혀 영향을 주지 않는다). 자본주의의 인조적 재영토화들의 중심을 구성하는 것 역시 사유재산이라는 형식이다. 끝으로 자본주의의 내재성의 장을 채우는 이미지들, 즉 자본가 〈자체〉, 노동자 〈자체〉** 등을 생산하는 것도 사유재산이라는 형식이다. 다른 말로 하면, 자본주의는 특정하고 거대한 객관적 재현들의 붕괴를 내포하며, 이는 보편적 내부 본질로

361

---

* 강조는 맑스의 독일어 원문에만 있다. "Was früher *Sichäußerlichsein*, reale Entäußerung des Menschen, ist nun zur Tat der Entäußerung, zur Veräußerung geworden."
** 원문 표현은 "le" capitaliste, "le" travailleur 라고 되어 있는데, 여기서 정관사는 총칭으로서의 어떤 부류를 가리키며, 원래는 존재하지 않던 새로운 부류가 만들어짐을 강조하기 위해 사용되었다.

정신분석과 자본주의

서의 생산에 도움이 되지만, 그렇다고 해서 이를 위해 재현의 세계를 떠나는 것은 아니고, 단지 이 세계의 광대한 전환을 조작하여, 이 세계에 무한한 주관적 재현이라는 새로운 형식을 부여한다.[22]

신화적·비극적·정신분석적 재현

우리는 정신분석의 관심사들에서 멀어진 듯하지만, 그동안 결코 이 것들에 아주 가까이 있지는 않았다. 왜냐하면 여기서도, 우리가 앞서 보았듯이, 자본주의가 하나의 사회적 공리계뿐 아니라 사유화된 가족에 대한 이 공리계의 적용을 요구하고 확립하는 것은 바로 정신분석 운동의 내부에서이기 때문이다. 재현을 뚫고 쪼개어 재현 자체로 복귀시키는 이러한 적용이 없다면, 재현은 결코 자기 자신의 전환을 보장하지 못했으리라. 이렇게 되면 사유재산에서 재현되는 그런 주체적·추상적 노동은 사유화된 가족에서 재현되는 그런 주체적·추상적 욕망을 상관항으로 갖는다. 정치경제학은 그 첫째 항을 떠맡고, 정신분석은 그 둘째 항을 떠맡는다. 정신분석은 정치경제학을 공리계로 삼는 적용 기술이다. 요컨대 정신분석은 자본주의의 고유한 운동 속에서 둘째 극을 되찾는데, 이 운동은 규정된 커다란 객관적 재현들을 무한한 주관적 재현으로 대체한다. 실제로 욕망적 생산의 탈코드화된 흐름들의 극한은 두 번 축출되고 두 번 이전되어야 하는데, 한 번은 자본주의가 끊임없이 점점 더 큰 규모로 재생산하는 내재적 극한들의 설정을 통해서이고, 또 한 번은 이 사회적 재생산을 제한된 가족적 재생산으로 복귀시키는 내부 극한의 노선을 통해서이다. 그래서 신화나 비극에 관련한 정신분석

---

22 푸코는, 〈인간과학들〉이 생산에서 자신의 원리를 찾았으며, 재현의 파탄 위에서 구성되었지만, 즉각 무의식적 재현 따위의 새로운 유형의 재현을 재건한다는 점을 보여 준다.(*Les Mots et les choses*, pp.363~378.((옮긴이) 영: pp.352~367. 독: pp.426ff.))

의 양가성은 다음과 같이 설명된다. 즉 정신분석은 신화나 비극을 객관적 재현들로서는 파괴하고 그것들 속에서 보편적·주체적 리비도의 형상들을 발견한다. 하지만 정신분석은 신화나 비극을 주관적 재현들로서 되찾고, 신화적·비극적 내용들을 무한히 높이는 주관적 재현들로 승격한다. 정신분석은 신화와 비극을 다루되, 이것들을 사적 인간, 즉 *호모 파밀리아*(Homo familia)의 꿈들과 환상들로 다룬다. 실제로 꿈과 환상이 신화와 비극과 맺는 관계는 사유재산이 공유재산과 맺는 관계와 같다. 따라서 신화와 비극에서 객관적 요소의 상태로 작동하는 것이 정신분석에 의해 재개되고 고양되되, 주관적 재현의 무의식적 차원으로서 그러하다(인류의 꿈으로서의 신화). 가령 *대지*와 *전제군주*처럼 객관적· 공적 요소의 자격으로 작동하는 것이 지금 재개되되, 주관적·사적 재영토화의 표현으로서 그렇다. 오이디푸스는 폐위되고 추방되고 탈영토화된 전제군주이지만, 오늘날 모든 인간 각자의 아빠-엄마-나라고 여겨진 오이디푸스 콤플렉스 위에서 재영토화된다. 정신분석 및 오이디푸스 콤플렉스는 모든 믿음, 인류에 의해 어느 시대에나 믿겼던 것 전체를 수거하되, 이는 믿지 않으면서 믿음을 보존하는 부인(否認)의 상태로 이것을 데려가기 위해서이다(그건 꿈에 불과해……. 오늘날, 가장 엄격한 독실함은 이것 이상을 요구하지 않는다……). 정신분석은 신화학자들에 못지않게 신화학에도 반대하지만 그와 동시에 신화와 비극을 주관적 보편의 차원들로 옮겨 놓는다는 이중의 인상이 그래서 생겨난다. 오이디푸스 자신이 〈콤플렉스가 없다〉면, 오이디푸스 콤플렉스는 나르키소스 없는 나르시시즘처럼 오이디푸스가 없다.[23] 이런 것이 정신분석을 가로

363

---

23 Didier Anzieu, "Freud et la mythologie," in *Incidences de la psychanalyse*, 1호, 1970, p.124 및 p.128. 〈프로이트는 신화에 아무런 특유성도 부여하지 않는다. 이 점은 정신분석가들과 인류학자들 간의 나중의 관계들을 가장 무겁게 짓누르는 것들 중 하나이다. (……) 프로이트는 해결에 착수한다. (……) 충동 이론의 수정으로 향하는 중요한 단계를 표시하는 「나르시시즘 입문」이란 논문은 나르키소스 신화에 대한 어떤 인유(引喩)도 담고 있지 않다.〉

정신분석과 자본주의

지르는, 그리고 신화와 비극의 특수한 문제를 넘쳐흐르는 양가성이다. 즉 정신분석은 한 손으로는 욕망적 생산으로 여겨진 주체적 본질을 위해 객관적 재현들의 체계(신화, 비극)를 파괴하고, 다른 손으로는 이 욕망적 생산을 주관적 재현들의 체계(신화와 비극으로 발전 내지 투사되었다고 정립된 꿈, 환상)로 옮겨 붓는다. 이미지들, 단지 이미지들뿐. 결국 남는 것은 내밀한 가족 극장, 사적 인간의 극장이며, 이는 욕망적 생산도 객관적 재현도 아니다. 장면으로서의 무의식. 생산의 자리를 차지한 하나의 극장 전체, 이것은 고대 자원만 남은 비극과 신화가 할 수 있는 것보다 훨씬 더 생산을 일그러뜨린다.

극장

신화, 비극, 꿈, 환상, — 그리고 꿈과 환상과 관련해서 재해석된 신화와 비극, — 이런 것들이 정신분석이 생산의 선, 즉 사회적·욕망적 생산의 선을 대체하는 재현적 계열이다. 생산의 계열을 대신하는 극장의 계열. 하지만 왜 주관적이 된 재현이 바로 이렇게 극장 형식을 취하는 것일까(《정신분석과 극장 사이에는 신비한 연줄이 있다……》)? 사람들은 최근 몇몇 저자들이 내놓은 탁월하게 현대적인 답을 알고 있다. 즉 극장은 무한한 주관적 재현에서 유한한 구조를 끌어낸다. 끌어낸다는 말의 의미는 아주 복잡하다. 왜냐하면 구조란 그 자체의 부재만을 제시할 수 있거나, 또는 재현 속에서 재현되지 않은 어떤 것을 재현할 수 있기 때문이다. 하지만 흔히들 말하듯, 극장의 특권이란 그 결과들 속에서 구조의 현전과 부재를 동시에 표시하는 이 은유적·환유적 인과성을 상연하는 일이다. 앙드레 그린은, 구조의 충분함을 유보할 때조차도, 개시자의 역할을 하며, 구조가 가시적이 되는 장소인, 구조의 현실화에 필요한 극장의 이름으로만 유보한다.[24] 옥타브 마노니는, 믿음이라는 현상에 대한 훌륭한 분석에서, 극장이 구현하거나 상연하는 어떤 구조의 효과 아래서, 믿음의 부인이 사실상 어떻게 믿음의 변형을 내포하는지 밝히기 위해, 마찬가지로 극장 모델을 취한다.[25] 재현이 객관적인 것이기를 그칠 때, 재현이 무한히 주관적인 것, 말하자면 상상적인 것이 될 때, 재현은 재현 주체의 자리 및 기능들, 이미지로 재현된 대상들, 그리고 이 모든 것의 형식적 관계들을 규정하는 하나의 구조와 결부되지 않는 한, 실효적으로 그 모든 결속을 잃는다는 점을 우리는 이해해야만 한다. 그런데 상징적인 것은 요소로서의 객체성과 재현의 관계를 가리키는 것이 아니라 주체들, 대상들 및 이들의 관계가 동시에 생겨 나오는 주관적 재현의 궁극적 요소들, 순수한 기표들, 재현되지 않는 순수한 대표들을 가리킨다. 이처럼 구조는 주관적 재현의 무의식을 가리킨다. 이 재현의 계열은 이제 '(상상적인) 무한한 주관적 재현 — 극장의 재현 — 구조적 재현'으로 제시된다. 그리고 바로 극장은 잠복된 구조의 요소들과 관계들을 구현하는 것으로 이 구조 자체를 상연한다고 여겨지기 때문에, 극장은 이 구조의 보편성을 드러내기에 알맞으며, 이 보편성은 숨은 대표들 및 그것들의 이주들과 다양한 관계들에 따라 구조가 되찾고 재해석하는 객관적 재현들 속에도 포함되어 있다. 사람들은 무의식의 구조라는 이름으로 모든 믿음을 회수하고 재개한다. 우리는 아직도 독실하다. 상상계의 기의들 안에서 구현되는 상징적 기표의 위대한 작동이, 보편적 은유로서의 오이디푸스가 도처에 있다.

365

---

24 앙드레 그린은 재현-극장-구조-무의식의 관계들에 대한 분석에서 아주 멀리까지 간다. *Un œil en trop*, Paris: Minuit, 1969, 서문(특히 〈재현 안에서 재현되지 않은 것의 재현〉에 대해서는 p.43). 그렇지만 그린이 구조에 대해 행하는 비판은 생산의 이름이 아니라 재현의 이름으로 수행되며, 구조를 드러내되 그것을 오이디푸스적인 것으로서 드러내는 데 지나지 않는 구조 외적 요인들의 필요성을 내세운다.
25 Octave Mannoni, *Clefs pour l'imaginaire ou l'Autre Scène*, Paris: Seuil, 1969, 1장 및 7장.

정신분석과 자본주의

주관적 재현과 구조적 재현

왜 극장일까? 이 극장의 거짓된 무의식은 얼마나 이상한가. 생산의 모델로 파악된 극장이라니. 심지어 알튀세르에게서도 다음과 같은 조작을 볼 수 있다. 객관적 재현(*Vorstellung*〔표상〕)의 세계로 환원될 수 없는, 〈기계〉 또는 〈기계장치〉로서의 사회적 생산이 발견되지만, 이내 기계가 구조로 환원되고 생산은 구조적·극장적 재현(*Darstellung*〔상연〕)과 동일시된다.[26] 그런데 욕망적 생산의 경우도 사정은 사회적 생산의 경우와 마찬가지이다. 즉 생산이 그 근원에서, 그 현실에서 파악되는 대신 이렇게 재현의 공간으로 복귀할 때마다, 생산은 단지 자신의 고유한 부재를 통해서만 가치를 지닐 수 있으며, 또 이 재현의 공간에서 결핍으로 나타난다. 무스타파 사푸앙은 정신분석 속의 구조를 탐구하면서, 구조를 〈결핍의 이론에 대한 기여〉로 제시할 수 있었다. 욕망과 불가능의 용접이 이루어지는 것은 바로 구조 속에서이며, 거기서 결핍은 거세로 정의된다. 거세에 경의를 표하기 위한 가장 엄숙한 노래는 바로 구조에서 생겨난다. 그래, 그래, 거세를 통해 우린 욕망의 질서로 들어가, — 욕망적 생산이 자기 자신에 대한 부재와 결핍으로서만 존속될 수 있게 하는 재현의 공간에 펼쳐지자마자. 이는 욕망 기계들을 하나의 그램분자적 집합 속으로 집결하는 하나의 구조적 통일이 욕망 기계들에 강요되기 때문이다. 또한 부분대상들이 결핍하고 있는 것으로서만, 또 부분대상들을 결핍함으로써 그 자신을 결핍하는 것(〈기표들의 집합에 하나, 즉 1이 내속됨으로써 상징화될 수 있는〉 큰 *기표*)으로서만 나타날 수 있는 하나의 총체성에 부분대상들이 관련되기 때문이다. 구조를 가

---

26 Louis Althusser, *Lire* le Capital, II, pp.170~177.((옮긴이) 독: pp.254ff.)(현존-부재로서의 구조에 대해)

로지르는 결핍의 결핍을 어디까지 전개할 참인가? 결국은 구조적 조작에 이른다. 이 조작은 그램분자적 집합 속에서 결핍을 설치한다. 이때 욕망적 생산의 극한, 즉 그램분자적 집합들과 그 분자적 요소들을 나누는, 객관적 재현들과 욕망 기계들을 나누는 극한은 이제 완전히 이전된다. 그램분자적 집합이 거세의 홈에 의해 파이는 한, 극한은 이 집합 자체만을 지나간다. 구조의 형식적 조작들은 사회라는 출발 집합을 가족이라는 도달 집합으로 복귀시키는 외삽, 적용, 일대일대응 등의 조작이며, 여기서 가족 관계는 〈다른 모든 관계의 은유〉가 되고 가족 관계는 분자적·생산적 요소들이 자기 고유의 도주선을 따라가는 것을 방해한다. 그린은 극장적 재현 및 이 재현을 가시적이게 하는 구조와 정신분석의 친화성을 정초하는 근거들을 찾으면서 특히 눈길을 끄는 두 가지 근거를 지정한다. 하나는 극장이 가족 관계를 보편적인 은유적 구조 관계의 상태로 끌어올리는데, 이로부터 인물들의 상상적 놀이와 장소가 생겨난다는 것이며, 다른 하나는 거꾸로 극장이 기계들의 놀이와 기능을 무대 뒤로, 즉 넘을 수 없는 것이 된 극한 뒤로 밀어 넣는다는 것이다(환상에서와 꼭 마찬가지로, 기계들이 거기에 있지만, 그것은 벽 뒤에 있다). 요컨대 이전된 극한은 더 이상 객관적 재현과 욕망적 생산 사이를 지나가지 않고 무한한 상상적 재현과 유한한 구조적 재현이라는 주관적 재현의 두 극 사이를 지나간다. 그래서 미규정 내지 미분화의 밤으로 향하는 상상적 변주들과 분별들의 길을 가는 상징적 불변항이라는 두 양상을 대립시킬 수 있다. 반비례 관계의 규칙, 즉 이중 구속의 규칙에 따라, 이쪽에서나 저쪽에서나 같은 것이 발견된다. 생산 전체가 주관적 재현의 이중의 막다른 골목에 끌려들어 갔다. 오이디푸스를 상상계로 돌려보내는 일은 언제나 가능하다. 하지만 오이디푸스가 결핍되어 있다는 사실로부터 오이디푸스는 더 강하게 더 전면적으로 더 결핍된 채 더 승리하면서 되돌아온다. 오이디푸스는 상징적 거세 속에서 전면적

정신분석과 자본주의

으로 되찾아진다. 그리고 확실히 구조는 가족주의를 빠져나갈 그 어떤 수단도 우리에게 주지 않는다. 반대로 가족이 문자 그대로의 객관적 가치들을 잃었을 때조차도, 구조는 가족을 옥죄고 가족에 보편적인 은유적 가치를 준다. 정신분석은 자신의 야망을 자백한다. 그 야망이란, 쇠락한 가족을 승계하는 일, 부서진 가족 침대를 정신분석의 소파로 대체하는 일, 〈분석의 상황〉이 그 본질에 있어 근친상간적인 것이게 하고 그것이 그 자체의 시험 내지 보증이 되어 현실의 등가물이게 하는 일이다.[27] 옥타브 마노니가 밝히고 있듯이, 결국 고려할 문제는 바로 이것이다. 어떻게 거부 후에도 믿음이 계속될 수 있으며, 어떻게 우리는 계속해서 독실할 수 있을까? 우리는 객관적 재현들을 통과한 우리의 모든 믿음을 거부했고 또 잃어버렸다. 대지는 죽었고, 사막은 넓어진다. 늙은 아버지, 토지의 아버지는 죽었고, 아들인 전제군주 오이디푸스도 죽었다. 우리는 우리의 양심의 가책, 우리의 권태, 아무 일도 일어나지 않는 우리 삶과 더불어 홀로 있다. 무한한 주관적 재현 속에서 회전하는 이미지들만 있을 뿐. 하지만 우리는, 이 이미지들과 우리의 관계들을 규제하고 하나의 상징적 기표의 효과로서 우리의 동일시를 규제하는 하나의 구조의 바닥에서, 이 이미지들을 믿는 힘을 되찾는다. 〈좋은 동일시〉라……. 우리는 모두 극장의 귀염둥이 아기로, 오이디푸스 앞에서 울부짖는다. 나랑 비슷한 사람들만 있어요, 나랑 비슷한 사람들만 있어요! 모든 것이, 토지의 신화, 전제군주의 비극이, 극장에 투사된 그림자의 자격으로 회수된다. 큰 영토성들은 붕괴되었지만, 구조가 주관적이고 사적인 모든 재영토화를 실행한다. 정신분석이여, 이 무슨 변태적 조작이란 말인가, 거기서는 저 신(新)관념론이, 저 부활한 거세 숭배가, 저 결핍의 이데올로기가, 즉 성의 의인적 재현이 정점에 이르누나! 진실로

27 Serge Leclaire, *Démasquer le réel*, Paris: Seuil, 1971, pp.28~31.

이들은 자신들이 하는 일을 모른다, 어떤 탄압 메커니즘에 봉사하고 있는지를. 왜냐하면 이들의 의도는 종종 진보주의적이므로. 하지만 오늘날 그 누구도, 적어도 모든 것이, 즉 오이디푸스와 거세, 상상계와 상징계, 존재의 불충분함 내지 어긋남에 대한 위대한 가르침 등이 미리 작동되고 있다는 것을 모른 채 분석가의 진료실에 들어설 수는 없다. 기발한 물품으로서의 정신분석, 재영토화로서의 오이디푸스, 현대인을 거세의 〈바위〉에 다시 심는 자로서의 오이디푸스.

구조주의, 가족주의 그리고 결핍 숭배

라캉은 전혀 다른 길을 밟았다. 분석 다람쥐인 라캉은, 가족이 자기 주위에 둘러친 그램분자적 재현의 막다른 골목들 도처에 부딪치면서, 상상계와 상징계, 오이디푸스적 상상계와 오이디푸스화하는 구조, 인물들의 상상적 동일성과 기계들의 구조적 통일이라는 쳇바퀴 속을 도는 데 그치지 않는다. 만일 상징적 제3항(또는 제4항)이 일대일 대응하고 상상적 두 항이 일대일 대응된다면, 후자에서 전자로 가는 게 무슨 소용이 있을까? 욕망 기계들은 부분대상인 한 두 가지 총체화를 겪는다. 하나는 사회체가 출발 집합에서 부재나 결핍으로 작용하는 상징적 기표 아래서 욕망 기계들에 구조적 통일을 부여할 때이고, 다른 하나는 가족이 도달 집합에서 결핍을 분배하고 〈액포화하는〉 상상계의 기의들로써 욕망 기계들에 인물적 통일을 강요할 때이다. 구조가 욕망 기계들을 자기 방식으로 절합하는 한, 부모가 욕망 기계들에 손대는 한, 총체화는 기계들에 대한 두 가지 유괴이다. 만일 구조가 욕망의 현실적 생산과도 같은 이면을 갖고 있지 않다면, 이미지들에서 구조로 거슬러 올라가는 것은 아무 효력도 없을 것이며, 또 우리를 재현에서 빠져나오게 하지 못하리라. 이 이면은 분자적 요소들의 〈현실적 비조직화〉이다. 우

368

정신분석과 자본주의

선 이 요소들은 간접적 종합들 내지 상호작용들 속에 들어가는 부분대
상들인데, 왜냐하면 그것들은 외연적 부분들이라는 의미에서 부분적인
것이 아니라 오히려 물질이 다양한 정도로 공간을 항상 채우고 있는 내
공들(물질의 정도들로서의 눈, 입, 항문)로서 〈편파적〉이기 때문이다. 또
한 이 요소들은 배타도 부정도 없고 모든 것이 가능한 정립(定立)적인
순수 다양체들이며, 그 받침대와 무관하게 연결들이 횡단적이고 분리
들이 포괄적이고 결합들이 다의적인 성격을 띠는 계획(plan) 없이 작용
하는 종합들인데, 왜냐하면 그것들에 정확히 받침대로 쓰이는 이 물질
은 그 어떤 구조적 통일이나 인물적 통일 아래서도 한정되지 않으며 하
나의 내공이 그것을 채울 때마다 공간을 채우는 기관 없는 몸으로 나타
나기 때문이다. 끝으로 이 요소들은 기표 사슬을 구성하지만 그 자체가
기표는 아닌 욕망의 기호들로, 이 욕망의 기호들은 언어학적 체스 놀
이 규칙들을 따르는 것이 아니라 때로는 한 낱말, 때로는 한 그림, 때로
는 한 사물이나 사물의 조각을 나오게 하는 복권 놀이의 제비뽑기를 따
르며, 제비뽑기의 우연한 질서에 의해서만 서로 의존하고, 연줄의 부재
(장소를 지정할 수 없는 연계들)를 통해서만 집합을 유지하며, 그 자체로
369 분산된 욕망 기계들의 분산된 요소들이라는 지위만을 갖고 있다.[28] 기

---

28 J. Lacan, *Ecrits*, pp.657~659. 세르주 르클레르는 이 관점에서 구조의 이면을 〈욕망의
순수한 존재〉라고 깊이 있게 정의하려 했다.("La Réalité du désir," in *Sexualité humaine*,
pp.242~249) 거기서 그는 연줄의 부재에 의해 정확히 정의되는 전-인물적 독자성들의 다
양체 내지 임의의 요소들의 나양체들을 본다. 하지만 이 연줄의 부재 또는 의미의 부재는 정
립적(positive)이며, 〈그것은 이 집합의 특유한 결집력을 구성한다.〉 물론, 의미와 연줄을 재
건하는 일은 언제나 가능한데, 잊어버렸다고 여겨지는 단편들을 끼워 넣음으로써만 그럴지
라도 말이다. 그것이 바로 오이디푸스의 기능이다. 하지만 〈**만일 분석이 두 요소 간의 연줄을
되찾는다면, 이는 이 두 요소가 무의식의 환원 불가능한 궁극적 항들이 아니라는 기호이다.**〉 르클
레르가 여기서 스피노자와 라이프니츠의 현실적 구별(distinction réelle)의 정확한 기준을
이용하고 있다는 점을 주목할 수 있다. 즉 궁극적 요소들(무한한 속성들)은 서로 의존하지
않으며 그것들 간에 아무런 대립 내지 모순 관계도 용인하지 않기 때문에 오직 신에게만 귀
속될 수 있다. 바로 이런 모든 직접적 연줄의 부재는 그 요소들이 신이라는 실체에 속한다는

계로서의 〈a〉와 비-인간적 성으로서의 〈A〉를 통해 라캉이 발견한 것은 바로 구조의 이런 이면 전체이다. 즉 정신병장(場)을 오이디푸스화하는 대신 정신분석장(場)을 분열증화하고 있는 것이다.

통계적인 큰 집합들 내지 그램분자적 구성체들에 대응하고, 연계들을 규정하고, 생산을 재현으로 복귀시키는 존립면들 내지 구조화면들, 선별선들을 따라, 어떻게 구조는 그 이면에서 벗어나는 걸까? 바로 여기서 분리들이 배타적이 되며(연결들은 온전해지고, 결합들은 일대일대응적이 되며) 동시에 받침대는 구조적 통일 아래서 특유화되고, 기호들 자신은 자기 자신의 부재 내지 자기 자신의 퇴각이란 이름으로 기호들을 총체화하는 전제군주의 상징 작용 아래서 기표가 되는데 말이다. 사실 인즉, 욕망의 생산은 하나의 집합에 그 모든 요소를 통합하지만 그 자신은 이 집합의 부분을 이루지 않는 하나의 외삽된 기호와 관련해서만 재현될 수 있다. 바로 여기서 연줄의 부재는 필연적으로 하나의 부재로 나타나며 더 이상 정립적 힘으로 나타나지 않는다. 바로 여기서 욕망은 필연적으로 하나의 결핍을 만드는 항에 관계되는데, 이 항의 본질 자체는 결핍되어 있다는 데 있다. 욕망의 기호들은 기표들이 아니므로 부재 내지 결핍의 기표와 관련해서만 재현 속에서 기표가 된다. 구조는 결핍으로 정의되는 상징적 항과 관련해서만 형성되고 나타난다. 재현 속에서, 비-인간적 성으로서의 큰 *타자*는, 언제나 결핍을 만드는 항, 너무나 인간적인 성, 그램분자적 거세의 남근 따위로서의 큰 *타자*라는 기표로 대체된다.[29] 하지만 라캉의 행보가 그 모든 복잡성을 띠는 것도 바로

공통성을 보증한다. 부분대상들과 기관 없는 몸도 마찬가지이다. 즉 기관 없는 몸은 실체 자체이며, 부분대상들은 실체의 속성들 또는 궁극적 요소들이다.

29 Lacan, *Ecrits*, p.819(《이 기표가 없으면, 다른 모든 기표는 아무것도 재현하지 않으리라……》). 세르주 르클레르는 어떻게 구조가 결핍을 만드는 항 주위에서, 또는 차라리 결핍의 기표 주위에서 조직되는지 밝힌다. 〈우리가 결핍의 본질, 즉 탁월한 차이요, 환원 불가능한 차이인 성차의 징표와 유일하게 특권적인 관계 속에서 되찾는 것은 바로 연줄의 부재의

정신분석과 자본주의

이곳이다. 왜냐하면 확실히 그는 오이디푸스 구조를 무의식 위에 가두지 않기 때문이다. 반대로 오히려 라캉은 오이디푸스가 상상적인 것이며, 하나의 이미지, 하나의 신화에 불과함을 밝히고, 또 이 이미지 내지이 이미지들은 오이디푸스화하는 구조에 의해서 생산된다는 것을 밝히며, 또 이 구조는 상상적이 아니라 상징적인 것인 거세라는 요소를 재생산하는 한에서만 작용한다는 것을 밝히고 있다. 바로 이것들이 구조화의 커다란 세 면으로, 그램분자적 집합들에 상응한다. 즉 오이디푸스는 사적 인간의 상상적 재영토화와도 같은데, 이 재영토화는 자본주의의 구조적 조건들 속에서 생산되며, 자본주의가 제국적 상징 내지 사라진 전제군주의 의고주의를 재생산하고 되살리는 한에서 생산된다. 이셋은 동시에 필수적이다. 정확히 오이디푸스를 그의 자기 비판 지점으로 데려가기 위해서 말이다. 이런 지점에 오이디푸스를 데려가는 것이라캉이 시도한 과업이다(마찬가지로 엘리자베스 루디네스코는, 라캉에게 어떻게 기표들의 구조적 조직화가 의고주의로 작용하는 위대한 전제군주 기표에여전히 의존하는지 밝힘으로써, 언어활동-무의식의 가설은 무의식을 언어학적구조 속에 가두는 것이 아니라 언어학을 그 자기 비판 지점으로 데려간다는 점을 잘 보았다).[30] 자기 비판 지점이란 무엇일까? 그것은 구조가, 구조를채우고 있는 이미지들과 재현 속에서 구조를 조건 짓는 상징계를 넘어,

371 구조를 해소하는 비-결속성(non-consistance)의 정립적 원리로서 구조의이면을 발견하는 지점이다. 거기서 욕망은 생산의 질서로 되돌려지고, 그 분자적 요소들과 관계되며, 또한 거기서 욕망은 자연적·감각적 대

선택된 기표, 즉 남근이다. (……) 인간이 말을 할 수 있다면, 이는 언어활동 체계의 한 점에 결핍의 환원 불가능성의 보증, 즉 남근 기표가 있기 때문이다……)(La Réalité du désir, p.252) 이 모든 것은 얼마나 기이한가…….

30 Elisabeth Roudinesco, "L'Action d'une métaphore," La Pensée, 162호, 1972년 2월 (라캉이 〈이 상징의 결핍의 기표〉라는 관념을 언어학적 의미에서 파악된 〈0이라는 상징〉 위쪽으로 승격하는 방식에 대해서는 Ecrits, p.821을 참고할 것).

상이라고 정의되는 동시에 현실계는 욕망의 대상적 존재로 정의되기 때문에 아무것도 결핍하고 있지 않다. 사실, 분열-분석의 무의식은 인물들, 집합들, 법들을 모르며, 이미지들, 구조들, 상징들을 모른다. 무의식은 고아이다. 무의식이 무정부주의자요, 무신론자이듯 말이다. 아버지의 이름이 부재를 가리킨다는 의미에서가 아니라, 역사의 이름들(〈고유명사들의 바다〉)이 현전하는 내공들을 가리키는 어디서건 무의식은 자기 자신을 생산한다는 의미에서, 무의식은 고아이다. 무의식은 구상적(figuratif)이지 않다. 왜냐하면 무의식의 형상성(figural)은 추상적이며, 분열-형상이기 때문이다. 무의식은 구조적이지도 상징적이지도 않다. 왜냐하면 무의식의 현실은 그 생산에서, 그 비조직성 자체에서 *현실계*의 현실이기 때문이다. 무의식은 재현적이지 않고 단지 기계적이며 생산적이다.

분열-분석의 파괴적 임무, 무의식의 청소──악의적 활동

파괴하라, 파괴하라. 분열-분석의 임무는 파괴를 통해, 무의식의 전적인 청소와 소파(搔爬)를 통해 일어난다. 파괴하라, 오이디푸스를, 자아라는 가상을, 초자아라는 꼭두각시를, 죄책감을, 법을, 거세를……. 정신분석이 분석가의 호의적 중립 아래 조작하는 것 같은, 독실한 파괴들은 문제가 아니다. 왜냐하면 그런 것들은 헤겔식 파괴요, 보존하는 방식들이기 때문이다. 그 유명한 중립이 어찌 웃기는 일이 아닐 수 있으랴? 또 정신분석이 오이디푸스의 사라짐 내지 해소라 부르는 것, 감히 그렇게 부르는 것이 어찌 웃긴 일이 아닐 수 있으랴? 흔히 말하기를, 오이디푸스는 불가결한 것이요, 가능한 모든 분별의 원천이요, 우리를 섬뜩한 미분화의 어머니로부터 구해 준다고 한다. 하지만 이 섬뜩한 어머니, 스핑크스 자신이 오이디푸스의 일부를 이루고 있다. 그 미분화

정신분석과 자본주의

는 오이디푸스가 창조한 배타적 분별들의 이면에 불과하며, 그녀 자신이 오이디푸스에 의해 창조되었다. 오이디푸스는 필연적으로 이 이중의 막다른 골목의 형식으로 기능한다. 또 흔히 말하기를, 이번엔 오이디푸스는 극복되어야 하며, 그렇게 되는 것은 거세, 잠복, 탈성욕화, 승화에 의해서라고 한다. 하지만 거세란 n제곱해서 그만큼 더 치명적인 상징이 된 오이디푸스가 아니라면 무엇이랴? 잠복, 이 순전한 우화는, 오이디푸스가 우리 안에서 발전하고 강화되고 그 유독한 정액을 축적하기 위해 욕망 기계들에 강요된 침묵이 아니고 무엇이랴? 그것은 오이디푸스가 미래의 우리 아이들에게까지 전파되고 이행될 수 있게 되는 시간이 아니고 무엇이랴? 그리고 그 나름의 거세 불안의 제거, 탈성욕화, 승화는, 양심의 가책에 대한 신성한 승인, 무한한 체념이 아니라면 무엇이랴? 이때, 양심의 가책은 여자에게는 〈음경에 대한 충족되지 않는 욕망에서 음경을 지닌 아이와 남자에 대한 욕망이 되어야 한다〉라는 데 있으며, 남자에게는 자신의 수동적 태도를 받아들이고 〈아버지의 대체물에 굴복하는〉데 있다.[31] 우리 아이들을 오이디푸스 안으로 들어가게 하기 위해, 우리가 살아 있는 예, 출연진, 활동하는 정리(定理)가 되면 될수록, 우리는 오이디푸스로부터 〈빠져나간다.〉우리는 오이디푸스 안에서 진화했고, 오이디푸스 안에서 구조화되었으며, 대체물의 중립적이고 호의적인 눈 아래서, 우리는 거세의 노래를, 삶-이라는-존재-의-결핍을 배웠다, 〈그래, 바로 거세를 통해서야/ 우리가 요오오옥망에/ 이르는 건…….〉오이디푸스의 사라짐이라 불리는 것은 하나의 관념이 된 오이디푸스이다. 단지 독을 주입하기 위한 관념이 있을 뿐이다. 팔과 다리, 입술과 수염을 다시 돋아나게 하려면 오이디푸스는

---

31 S. Freud, *Analyse terminée et interminable*, pp.36~37.((옮긴이) 독: pp.97ff. 영: pp.251~252)

매번 나의 관념이 되어야 한다. 〈'기억 죽음들(memory deaths)'을 역추적하면서, 당신의 자아는 삶의 불모를 항시적으로 증명하는 일종의 광물 정리(鑛物定理)가 된다.〉[32] 우리는 오이디푸스 안에서 삼각형화되었고, 앞으로는 오이디푸스 안에서 자신을 삼각형화할 것이다. 가족에서 부부로, 부부에서 가족으로. 실상 분석가의 호의적인 중립성은 극히 제한되어 있다. 사람들이 그에게 아빠-엄마라고 답하기를 그치자마자 중립성은 멈춘다. 사람들이 조그마한 욕망 기계, 즉 녹음기를 분석가의 진료실에 들고 가자마자 중립성은 멈춘다. 삼각형의 표시인 오이디푸스로는 막을 수 없는 흐름을 지나가게 하자마자 중립성은 멈춘다(당신의 리비도는 너무 끈끈하거나 너무 묽어서 분석을 위해서는 금기 징후입니다 하는 말을 듣게 된다). 프롬이 정신분석에 관료제가 실존함을 고발할 때, 그는 아직 충분히 멀리 간 것이 아닌데, 왜냐하면 그는 이 관료제의 마개가 무엇인지 못 보고 있으며 또 그것에서 빠져나오기 위해서는 전-오이디푸스에 대한 호소로는 충분치 않기 때문이다. 전-오이디푸스는 후-오이디푸스와 마찬가지로 여전히 욕망적 생산 전체, 즉 무-오이디푸스를 오이디푸스로 귀착하는 하나의 방식이다. 라이히가 정신분석이 사회적 탄압에 복무하는 방식을 고발할 때, 그는 아직 충분히 멀리 간 것이 아닌데, 왜냐하면 그는 정신분석과 자본주의의 연줄이 그저 이데올로기적인 것이 아니라 그보다 무한히 더 긴밀하고 촘촘하다는 것을 못 보기 때문이며, 또 자본주의 공리계에 붙잡혀 있는 그런 욕망의 탈코드화된 흐름들은 이 공리계의 적용이 실행되는 가족장으로 필연적으로 복귀해야 한다는 경제적 메커니즘에 정신분석이 직접 의존한다(이로부터 정신분석과 돈의 관계들이 나온다)는 것을 못 보기 때문이다. 오이디푸스는 자본주의 소비의 마지막 말로, 아빠-엄마를 천천히 조금씩

---

32 H. Miller, *Hamlet*, p.156.((옮긴이) 영: pp.124~125)

빨며 소파 위에서 막히고 삼각형화된다, 〈따라서 그것은 ……이다.〉 관료 장치나 군사 장치 못지않게 정신분석도 잉여가치를 흡수하는 메커니즘이며, 정신분석은 바깥에서 외래적으로 그런 것이 아니라, 이 사회적 기능이 정신분석의 형식과 합목적성 자체를 표시한다. 변태도 자폐증 환자도 정신분석에서 빠져나오지 못한다. 정신분석 전체가 하나의 어마어마한 변태이고, 하나의 약물이고, 욕망의 현실을 비롯한 현실과의 근본적 절단이고, 나르시시즘이고, 괴물 같은 자폐증이다. 그것은 자본 기계의 고유한 자폐증이며 생래적 변태이다. 그 극한에서 정신분석은 더 이상 그 어떤 현실로도 측정되지 않으며 그 어떤 바깥으로도 열리지 않고, 다만 스스로 현실의 시험이자 자신의 시험의 보증이 되며, 바깥과 안, 출발과 도달이 귀착하는 결핍으로서 현실이 된다. 정신분석은 자기 지표(index sui)이며 자기 자신이나 〈분석적 상황〉 외의 그 어떤 준거도 없다.

무의식적 재현은 이것이 겪는 왜곡들, 위장들 또는 이전들과 독립해서 결코 파악될 수 없다는 것을 정신분석은 잘 말하고 있다. 따라서 무의식적 재현은 본질적으로 자신의 법에 따라, 끝없이 이전하고 있는 하나의 심급과 관련하여 하나의 이전된 재현내용을 포함하고 있다. 하지만 사람들은 이로부터 두 가지 부당한 결론을 끌어낸다. 하나는 이전된 재현내용에서 출발하여 이 심급을 발견할 수 있다는 것이요, 다른 하나는 이는, 이 심급 자체가, 재현되지 않는 대표의 자격으로, 즉 〈재현의 넘쳐 남 속에서 분출하는〉 결핍의 자격으로 재현에 속하기 때문이라는 것이다. 이는 이전이 아주 상이한 운동들에 관계하기 때문이다. 즉 때로는 욕망적 생산이 끊임없이 극한을 넘어서게 하고 자신을 탈영토화하게 하고 자신의 흐름들을 도주하게 하고 재현의 문턱을 지나가게 하는 운동이 문제이고, 때로는 이와 반대로 극한 자체가 이전되게 하여 이제 욕망의 인공적 재영토화들을 수행하게 하는 운동이 문제이다. 그런데 이전된 것에서 이전하는 것을 결론지을 수 있다면, 이는 오직 둘째 방향에서인데, 여기서는 그램분자적 재현이 재현내용을 이전하는 대표 둘레에서 조직된다. 하지만 이는 첫째 방향에서는 결코 그렇지 않은데, 여기서는 분자적 요소들이 그물코들을 가로질러 끊임없이 지나간다. 이런 관점에서 우리는, 어떻게 재현의 법칙이 무의식의 생산력들을 변질시키고, 무의식의 구조 자체 속에서 욕망을 덫에 빠뜨린 거짓 이미지를 유도했는지 보았다(금지에서 현실적으로 금지되는 것을 결론으로 끌어내는 일의 불가능성). 그렇다, 오이디푸스는 그야말로 이전된 재현내용이다. 그렇다, 거세는 그야말로 대표요, 이전자요, 기표이다. 하지만 이 모든 것 중 어느 하나도 무의식의 재료를 구성하지 않으며, 무의식의 생산들에 관여하지 않는다. 이 모든 것은 차라리 포획의 두 조작의 교차점에 있는데, 하나는 탄압적인 사회적 생산이 믿음들로 대체되는 조작이요, 다른 하나는 억압된 욕망적 생산이 재현들로 대체되는 조작이다. 물론 우리를 믿게 만드는 것은 정신분석이 아니다. 사람들은 오이디푸스와 거세를 요구하고 또 요구하는데, 이 요구들은 다른 더 깊은 데서 온다. 하지만 정신분석은 다음과 같은 수단을 발견했고, 다음과 같은 기능을 완수한다. 즉 부인한 후에도 믿음들이 살아남게 하기! 더 이상 아무것도 믿지 않는 사람들에게 믿게 하고, (……) 이들에게 사적 영토성, 사적 원국가, 사적 자본을 다시 만들어 주기(프로이트는 말했다, 자본으로서의 꿈……이라고). 바로 이런 까닭에 분열-분석은 거꾸로 전력을 다해 필요한 파괴들에 전념해야 한다. 믿음들과 재현들, 극장 무대들을 파괴하라. 이 과업을 위해서는 그 어떤 악의적 활동도 결코 지나치지 않으리라. 오이디푸스와 거세를 폭파하라. 환자가 신화의 노래들이나 비극의 시구들을 흥얼거릴 때마다 난폭하게 끼어들어라. 그를 항상 **공장**으로 데려가라. 샤를뤼스의 말처럼, 〈하지만 사람들은 자기 늙은 할머니에게 관심이 없어, 그렇지, 이 작은 깡패야!〉

정신분석과 자본주의

오이디푸스와 거세는 단지 반동적 구성체들, 저항들, 블록화들, 방어물들에 불과하며, 이런 것들의 파괴는 아무리 빨리 일어난다 해도 부족하다. 라이히는 이러한 저항들의 파괴는 재료의 발견을 기다릴 필요가 없다고 말하는데, 이때 그는 분열-분석의 근본 원리를 예감하고 있다.[33] 하지만 이는 그가 생각한 것보다 훨씬 더 근본적인 이유에서 그러하다. 그 이유는 무의식의 재료는 전혀 없으며 그래서 분열-분석은 해석할 것이 전혀 없다는 것이다. 저항들만이, 그다음에는 기계들, 욕망기계들만이 있다. 오이디푸스는 하나의 저항이다. 만일 우리가 정신분석의 본성상 변태적 성격에 대해 말할 수 있었다면, 이는 변태 일반이 욕망의 흐름들의 인공적 재영토화이며, 그 반대로 욕망 기계들은 탈영토화된 생산의 지표들이기 때문이다. 정신분석은 소파 위에서, 오이디푸스와 거세의 재현 속에서 재영토화한다. 이에 반해 분열-분석은 욕망적 생산의 분자적 요소들 속에서 욕망의 탈영토화된 흐름들을 뽑아내야 한다. 라캉에 이어 르클레르가 표방한 실천 규칙, 즉 연줄의 부재에 대한 권리처럼 무의미에 대한 권리라는 규칙을 상기하라. 두 요소 간에 어떤 연줄을 찾으려 하거나 복원하려 하는 한, 당신은 무의식의 궁극적이고 환원 불가능한 항들에 도달하지 못하리라……(하지만 왜, 그다음에, 이 극단적인 분산 속에서, 즉 기계 전체 속에 분산된 기계들 속에서, 재빨리 돌아온 오이디푸스나 거세라는, 결핍으로 정의된 현실에 자리를 내주어야 하는 하나의 순수한 〈허구〉만을 보며, 이와 동시에 사람들은, 연줄의 부재를 재현하고 이 부재 자체를 묶어 놓고 이전의 한 극에서 다른 극으로 우리를 다시 지나가게 한다는 임무를 떠맡고 있는 부재의 〈기표〉로 연줄의 부재를 복귀시킬까? 사람들은 현실계의 가면을 벗긴다고 주장하면서 그램분자적 구

---

33 W. Reich, *La Fonction de l'orgasme*, pp.137~139.((옮긴이) 독: pp.129ff. 영: pp.167~168) 또한 *L'Analyse caractérielle*, tr. fr., Paris: Payot.

멍에 다시 빠진다).

탈영토화와 재영토화 —— 그 둘의 관계 그리고 꿈

모든 것을 복잡하게 만드는 것은, 욕망적 생산이 재현에서 출발해 유도되고 자신의 도주선들을 따라 발견되어야 할 필요가 있다는 점이다. 하지만 이는 정신분석이 믿는 것과는 완전히 다른 방식으로 그러하다. 욕망의 탈코드화된 흐름들은 욕망 기계들의 자유로운 에너지(리비도)를 형성한다. 욕망 기계들은, 재현적 환경들을 가로지르며 기관 없는 몸의 가장자리를 따라가는 탈영토화의 접선 위에서 모습을 드러내고 등장한다. 떠나라, 도주하라, 하지만 도주하게 하면서⋯⋯. 욕망 기 ₃₇₆ 계들 자체는 기관 없는 몸 위에서 절단하는 동시에 흐르는 분열-흐름들 또는 흐름-절단들이다. 이는 거세 안에서 재현되는 큰 상처가 아니라, 각 기계가 하나의 흐름을, 그것을 절단하는 다른 흐름과 관련해서 생산하고 또한 다른 흐름이 생산하는 하나의 흐름을 절단하는 일이 벌어지는 수천의 작은 연결들, 분리들, 결합들이다. 하지만 욕망적 생산의 이 탈코드화되고 탈영토화된 흐름들은 어떻게 해야 어떤 재현적 영토성으로 복귀하지 않을까? 어떻게 해야 이 흐름들이, 설사 마지막 재현과 무관한 받침대로서의 기관 없는 몸 위에서라도, 여전히 재현적 영토성을 형성하지 않을까? 심지어 가장 잘 〈떠날〉 줄 아는 자들, 떠나는 것을 나고 죽는 것만큼이나 자연스러운 어떤 것이 되게 하는 자들마저도, 비-인간적 성의 탐구에 푹 빠진 자들, 즉 로런스, 밀러도, 어딘가 먼 곳에 의인적·남근적 재현을 아직도 형성하는 영토성을, 즉 동방이나 멕시코나 페루를 세우고 있다. 분열자의 산책이나 여행조차도 영토 회로들을 빌려 오지 않고는 큰 탈영토화들을 조작하지 못하고 있다. 가령 몰로이와 그의 자전거의 비틀거리는 행보는 목표의 여분으로서

정신분석과 자본주의

어머니의 방을 보존한다. 또 *무명씨*의 비틀거리는 나선형 운동들도 끊임없이 제자리걸음을 하며 맴맴 도는 가족 탑을 불확실한 중심으로 간직하고 있다. 또 와트의 병치되었고 장소가 지정되지 않은 공원들의 무한한 계열은 여전히 노트 씨의 집을 가리키고 있는데, 이 집만이 〈영혼을 밖으로 밀어낼〉 수 있으며 동시에 영혼을 자기 자리로 다시 불러들일 수 있다. 우리는 모두 작은 개들이라서, 회로들이 필요하고 산책시켜 줄 누군가가 필요하다. 가지 뻗기와 연결을 가장 잘 끊을 줄 아는 자들도 작은 토지들을 재형성하는 욕망 기계들의 연결들 속에 들어간다. 지슬라 판코브의 위대한 탈영토화된 자들도 자신들의 기관 없는 몸을 가로지르는 토지 바깥에 있는 나무뿌리들 아래에서 가족의 성(城) 이미지를 발견하기에 이른다.[34] 앞서 우리는 망상의 두 극을, 분열증적·분자적 도주선과 편집증적·그램분자적 투자로 구별한 바 있다. 하지만

377 바로 변태의 극 역시도 분열증의 극에 대립되며, 이는 영토성들의 재구성이 탈영토화 운동에 대립되는 것과 마찬가지이다. 가장 좁은 의미에서의 변태가 재영토화의 아주 특수한 유형을 인공물 속에서 조작하는 것이라면, 가장 넓은 의미의 변태는 모든 유형의 재영토화를, 즉 인공적 재영토화들뿐 아니라 이국적·의고적·잔여적·사적 재영토화들 등을 포함한다. 그러니까 변태로서의 오이디푸스와 정신분석인 것이다. 레몽 루셀의 분열증적 기계들마저도 아프리카를 재현하는 극장의 변태적 기계들로 변환된다. 요컨대 언제나 재현의 해변들을 재형성하는, 온전하거나 국지적인 재영토화들을 동반하지 않는 분열증적 욕망의 흐름들의 탈영토화는 없다. 더욱이 우리는 탈영토화를 재현하는 재영토화의 유형들을 가로질러서만 이 탈영토화의 힘과 완고함을 평가할 수 있

---

34 Gisela Pankow, *L'Homme et sa psychose*, Paris: Aubier, 1969, pp.68~72. 또 집의 역할에 대해서는, "La Dynamique de l'espace et le temps vécu," in *Critique*, 1972년 2월.

다. 탈영토화와 재영토화는 서로의 이면이다. 우리의 사랑은 탈영토화와 재영토화의 복합체이다. 우리가 사랑하는 것, 그것은 언제나 어떤 흑백 혼혈 남녀이다. 탈영토화는 그 자체로는 결코 파악할 수 없으며, 오직 영토적 재현들과 관련한 탈영토화의 지표들만 파악할 수 있을 뿐이다. 꿈의 예를 보자. 그렇다, 꿈은 오이디푸스적이며, 이는 새삼 놀라운 일도 아닌데, 왜냐하면 꿈은 잠과 악몽의 탈영토화에 비하면 변태적 재영토화이기 때문이다. 하지만 꿈은 초자아의, 초강력·초-의고적 자아의 발현(원국가의 원장면(l'Urszene de l'Urstaat))인데, 왜 꿈으로 되돌아갈까? 왜 꿈을 욕망과 무의식의 왕도로 삼을까? 그렇지만 환상과 망상에서처럼 꿈 자체의 한가운데에서는, 기계들이 탈영토화의 지표들로 기능한다. 꿈에는 손에서 손으로 옮겨 가고, 도주하고 흐르게 하고, 운반하고 운반되는 따위의 이상한 특성을 갖춘 기계들이 언제나 있다. 부모 교접의 비행기, 아버지의 자동차, 할머니의 재봉틀, 남동생의 자전거, 볼레(voler)*의 이중 의미에서 볼(vol)의 모든 대상……, 기계는 가족의 꿈에서는 언제나 폭탄이다. 기계는, 꿈이 자신의 무대에 갇히고 자신의 재현 속에서 체계화하지 못하도록 방해하는 절단들과 흐름들을 도입한다. 기계는 다른 데서나 밖에서 발전될 무의미의 환원 불가능한 요인을 현실계 자체의 연결들 속에서 가치 있게 만든다. 정신분석은 오이디푸스를 고집하고 있어서 이 요인을 아주 잘못 이해하고 있다. 이는 인물들과 환경들 위에서는 재영토화가 일어나지만, 기계들 위에서는 탈영토화가 일어나기 때문이다. 슈레버의 아버지는 기계들의 매개를 통해 작용할까, 아니면 반대로 기계들이 이 아버지의 매개를 통해 기능할까? 정신분석은 재영토화의 상상적·구조적 재현들 위에 고착되어 있는 반면, 분열-분석은 탈영토화의 기계적 지표들을 따른다. 궁극적인 불모의 토지, 소

378

---

* 프랑스어 voler는 "날다"와 "훔치다"라는 서로 다른 두 뜻이 있으며, 그 명사형이 vol이다.

정신분석과 자본주의

진된 마지막 식민지로서의 소파 위에 있는 신경증자와, 탈영토화된 회로에서 산책 중인 분열자 간에는 언제나 대립이 있다.

기계적 지표들

채플린에 관한 미셸 쿠르노의 기고문을 발췌해 보자. 이 기고문은 분열증적 웃음, 분열증적 도주선 내지 돌파선, 탈영토화로서의 과정이 무엇인지를 그 웃음의 기계적 지표들로 잘 이해시켜 준다. 〈찰스 채플린이 머리 위로 널빤지를 두 번째로 떨어뜨린 ― 이는 정신병적 몸짓인데 ― 순간, 그는 관객의 웃음을 자아낸다. 그렇다, 하지만 어떤 웃음이 문제일까? 또 어떤 관객이 문제일까? 가령 관객이 불의의 사건이 생기는 것을 알고 있어야 하는지, 아니면 불의의 사건에 놀라야 하는지를 아는 것은 영화의 이 순간에는 전혀 문제가 아니다. 마치 관객이 바로 이 순간에 더 이상 자신의 좌석에 있지 않았고, 더 이상 사태를 관찰할 상황에 있지 않았던 양 모든 일이 일어난다. 일종의 지각 훈련이 관객으로 하여금 점차 「모던 타임스」의 인물들에 동일시되도록 이끈 것이 아니라, 관객이 사건들에 대한 저항을 매우 즉각 체험해서 그 인물에 동행하고 그 인물이 가졌던 것과 똑같은 놀라움들, 똑같은 예감들, 똑같은 습관들을 갖도록 이끈 것이다. 그래서 그 기상천외함으로 인해 어떤 의미에서는 영화에 있어 낯선 저 유명한 식사 기계(채플린은 영화가 나오기 이십이 년 전에 이를 발명했다)는 기계에 처박힌 노동자의 정신병적이기까지 한 행동을 준비시키는 절대적인 형식적 실행일 따름이다. 이 노동자는 뒤로 젖힌 머리만 튀어나와, 시간이 되었기에 채플린이 그의 점심 식사를 관리하게 된다. 만약 웃음이 어떤 회로들을 이용하는 반작용이라면, 영화 장면이 진행됨에 따라 찰스 채플린이 점차적으로 이 반작용들을 이전하고 한 단계씩 후퇴시켜, 관객이 더 이상 자기 회로들의 주인이 아니게 되어, 가로막혀 통행할 수 없는 더 짧은 길로 자연스레 접어들거나 아니면 아무 데도 갈 수 없다고 아주 명백하게 안내된 길로 접어들게 되는 순간까지 이르게 된다고 말할 수 있겠다. 관객이란 것을 제거하고 나서 채플린은 웃음을 변질시키는데, 그 웃음은 연결 해체된 기계장치의 합선들과도 같은 것들이 된다. 사람들은 때로 「모던 타임스」의 염세주의와 마지막 이미지의 낙천주의에 대해 말했다. 이 두 용어는 이 영화에 어울리지 않는다. 오히려 찰스 채플린은 「모던 타임스」에서 여러 압제적 현상들의 설계도를 아주 작은 규모로 건조한 터치로 그려 낸다. 이것이 근본적이다. 채플린이 연기한 주인공 인물은 수동적일 필요도 능동적일 필요도 없고, 동조적일 필요도 반항적일 필요도 없는데, 왜냐하면 그는 설계도를 그리는 연필 끝이자 선 자체이기 때문이다. (……) 바로 이 때문에 마지막 이미지에는 낙관주의가 없다. 이 조서(調書)의 결론에서 낙천주의가 뭔가를 하게 되리라고 볼 수는 없다. 등을 보이는 완전히 검은 이 남자와 이 여자, 이들의 그림자는 전혀 태양에 의해 투사되어 있지 않고, 어느 쪽도 향하고 있지 않다. 도로 왼쪽에 늘어선 전선 없는 전신주들과 오른쪽에 늘어선 잎이 없는 나무들은 지평에서 만나지 않는다. 지평은 없다. 정면에 있는 헐벗은 언덕들이 그 위로 불쑥 솟은 허공과 합류해서 하나의 경계를 형성할 뿐이다. 이 남자와 이 여자는 더 이상 삶 속에 있지 않다. 누가 봐도 명백하다. 이는 더 이상 염세주의도 아니다. 와야 할 것이 왔을 뿐이다. 그들은 자살하지 않았다. 경찰에 의해 무너지지도 않았다. 그리고 사건의 알리바이를 찾으러 갈 필요도 없으리라. 찰스 채플린은 강요하지 않았다. 그는 평소처럼 빨리 가 버렸다. 그는 설계도를 그린 것이다.)[35]

---

35 Michel Cournot, in *Le Nouvel Observateur*, 1971년 11월 1일.

정신분석과 자본주의

분열-분석은 자신의 파괴적 임무에 있어 가능한 한 가장 빨리 진행해야 하지만, 또한 환자가 개인사(個人史)에서 겪는 재현적 영토성들과 재영토화들을 차례로 해체하면서 아주 참을성 있고 아주 신중하게만 진행할 수 있다. 왜냐하면 안에서 생기거나 밖에서 강요되는 여러 저항 층들, 여러 저항 면들(plans)이 있기 때문이다. 과정으로서의 분열증, 과정으로서의 탈영토화는, 그것을 중단하거나 악화하거나 공전시켜, 그것을 신경증, 변태, 정신병 속에서 재영토화하는 정체(停滯)들과 뗄 수 없다. 그래서 이 시점에서 분열증의 과정은 창조하는 일을 할 수 있는 한에서만 자기를 해방하고, 자기 자신을 추구할 수 있고, 자기를 성취시킬 수 있다. 그러면 무엇을 창조할까? 하나의 새로운 대지이다. 어느 경우건 옛 땅들을 다시 지나가, 그 본성, 그 밀도를 연구해야 하고, 어떻게 그 땅 하나하나 위에서 그 땅을 넘어설 수 있게 해 주는 기계적 지표들이 결속될 수 있는지 탐구해야 한다. 신경증이라는 가족적·오이디푸스적 땅들, 변태라는 인공적 땅들, 정신병이라는 정신병원 땅들, 바로 이 땅들 위에서 어떻게 각 경우 과정을 되찾고 부단히 여행을 재개할 수 있을까? 『잃어버린 시간을 찾아서』는 분열-분석의 위대한 기도로, 거기서 모든 면은 분자적 도주선, 분열증적 돌파에 이르기까지 횡단된다. 이는 알베르틴의 얼굴이 한 존립면에서 다른 존립면으로 도약해 마침내 분자들의 성운 속에서 해체되는 입맞춤에서노 그러하다. 독자는 그런 한 장면에서 멈추고는 "그래, 프루스트가 자기 자신을 설명하는 곳이 바로 여기야"라고 말할 위험에 언제나 직면한다. 하지만 거미-화자는 끊임없이 거미줄들과 장면들을 해체하고 여행을 재개하며, 기계로 기능하면서 그를 더 멀리까지 가게 하는 기호들 내지 지표들을 탐색한다. 이 운동 자체가 유머, 블랙 유머이다. 오이디푸스의 가족적·신경증적 땅들, 거기에서는 온전하며 인물적인 연결들이 설립되는데, 오, 화자는 거기에 정착하지 않고 머무르지도 않으며, 그것들을 가로지

380

르고 모독하고 돌파하며, 심지어 구두끈 매는 기계로 자기 할머니를 처리한다. 동성애의 변태적 땅들, 거기서는 여자들과 여자들, 남자들과 남자들의 배타적 분리들이 설립되는데, 마찬가지로 이 땅들도 그 밑을 침식하는 기계적 지표들에 따라 파열한다. 정신병의 땅들은 제자리에서 결합들이 일어나며(따라서 샤를뤼스는 확실히 미쳤고, 따라서 필경 알베르틴도 그랬으리라!) 그 나름으로는 문제가 더 이상 제기되지 않는, 더 이상 그렇게 제기되지 않는 지점까지 횡단된다. 화자는 자기 자신의 일을 계속하여, 마침내 미지의 조국, 미지의 땅에까지 이르는데, 진행 중인 자기 자신의 작품, 〈진행 중인〉 잃어버린 시간 찾기는 오직 그것만을 창조하며, 이 작품은 모든 지표를 모으고 다룰 수 있는 욕망 기계로 기능한다. 연결들은 언제나 부분적·비-인물적이며, 결합들은 유목적·다의적이며, 분리들은 포괄적인 이 새로운 영역들로 화자는 향해 가는데, 거기서는 동성애와 이성애가 더 이상 구별될 수 없다. 그곳은 횡단적 소통들의 세계로, 여기서는 마침내 쟁취된 비-인간적 성이 꽃들과 합류하며, 그곳은 새로운 땅으로, 여기서는 욕망이 그 분자적 요소들과 흐름들에 따라 기능한다. 이러한 여행이 반드시 외연을 지닌 큰 운동들을 내포하는 건 아니다. 그것은 방 안에서, 그리고 기관 없는 몸 위에서 움직임 없이 행해지며, 그것은 자신이 창조하는 대지를 위해 모든 대지를 해체하는 내공 여행이다.

과정의 집요한 재개 또는 이에 반대되는 과정의 중단은 아주 긴밀하게 뒤섞여 있어서, 서로 다른 것 안에서만 평가될 수 있다. 분열자의 여행은, 어떤 회로들과 독립해서 어떻게 가능할까? 어떻게 그것은 땅 없이 가능할까? 하지만 거꾸로, 이 회로들이 정신병원, 인공성 또는 가족이라는 너무나 잘 알려진 땅들을 다시 형성하지 않는다는 것이 어떻게 확실할 수 있을까? 우리는 언제나 같은 문제로 되돌아온다. 말로 다할 수 없는 고통을 겪고 있는 분열자는 무슨 고통을 겪을까? 분열자가

정신분석과 자본주의

오이디푸스의 땅 위의 가족 속에서 신경증자로 만들어질 때, 오이디푸스화되지 않는 자가 정신병원의 땅에서 정신병자로 만들어질 때, 정신병원과 가족에서 빠져나온 자가 인공적 환경에서 변태로 만들어질 때, 그는 과정 자체로 인해 고통을 겪는 것일까, 아니면 과정의 중단들로 인해 고통을 겪는 것일까? 아마 단 하나의 병, 신경증, 오이디푸스적 부패만이 있을 뿐인데, 과정의 모든 병적 중단은 이것에 비추어 측정된다. 외래환자 병원, 입원 병원, 환자 클럽, 자택 요양, 제도, 심지어 반-정신의학 등 현대적 시도의 대부분은 여전히 위험에 처해 있는데, 장 우리는 이를 깊이 있게 분석할 줄 알았다. 제도가 정신병원 구조를 다시 형성하거나, 변태적·개량주의적 인공 사회들, 즉 잔여적인 모권적·부권적 사이비-가족을 구성하는 것을 어떻게 피할 수 있을까? 우리는 이른바 공동체적 정신의학의 시도들을 생각하고 있지 않다. 이 시도들의 공공연한 목표는 온 세상, 즉 사람들, 짐승들, 사물들을 삼각형화하고 오이디푸스화하는 것으로, 우리는 마침내 새로운 병자 종족이 한구석에서 긴장병 상태에 머물 수 있게 정신병원을 다시 달라고, 또는 베케트의 작은 땅을 다시 달라고, 쓰레기통을 다시 달라고 반동적으로 애원하는 꼴을 보게 되리라. 하지만 덜 공공연하게 탄압적인 투로, 탈영토화된 분열자에게는 가족이 좋은 장소다, 좋은 회로다라고 말하는 자는 누구일까? 〈가족 환경의 치료적 잠재력〉…… 운운하는 것도 놀라운 일이리

라. 그렇다면 마을 전체는? 특정 구역은? 어떤 그램분자적 단위가 충분히 유목적인 회로를 형성할까? 선택된 단위가 설사 특유한 제도라 하더라도, 이 단위는 관용적인 변태 사회, 즉 참된 문제들을 숨기는 공제조합을 구성하는데, 어떻게 이를 막을 수 있을까? 이 단위를 구해 줄것은 제도의 구조일까? 하지만 이 구조는 신경증, 변태, 정신병을 낳게 하는 거세와의 관계를 어떻게 끊을까? 이 구조는 예속 집단과는 다른 어떤 것을 어떻게 생산할까? 이 구조의 그램분자적 조직 전체가 분

자적 과정을 묶는 기능을 하는데, 어떻게 이 구조가 과정에 자유로운 운행을 제공할까? 그리고 분열증적 돌파와 내공 여행에 특별히 민감한 반-정신의학마저도, 오래된 분열자들이 가장 최근의 분열자들을 인도하는 임무를 떠맡는 금세 재변태화되는 주체 집단의 이미지를 제안하고, 그 뒤를 이어 작은 예배당들 또는 기껏해야 실론의 수도원을 제안하느라 소진되어 버렸다.

정치화(政治化)
사회적 소외와 정신적 소외

오직 정신의학의 실효적 정치화만이 이 막다른 골목들에서 우리를 구할 수 있다. 반-정신의학이 랭 및 쿠퍼와 더불어 이 방향으로 아주 멀리까지 갔다는 것은 분명하다. 하지만 우리가 보기에, 이들은 이 정치화를 과정 자체의 견지보다는 구조와 사건의 견지에서 여전히 생각하고 있다. 한편 이들은 사회적 소외와 정신적 소외를 같은 선상에 위치시키고, 어떻게 가족 심급이 한 소외를 다른 소외로 연장하는가를 밝힘으로써 이 두 소외를 동일시하려 한다.[36] 그렇지만 이 둘은 오히려 포괄적 분리의 관계에 있다. 이는 흐름들의 탈코드화와 탈영토화가 자본주의의 과정 자체, 말하자면 그 본질, 그 경향성, 그 외적 극한을 정의하기 때문이다. 하지만 주체로서 자본의 층위(공리계)에서는 물론 이 주체를 실효화하는 인물들의 층위(공리계의 적용)에서도 작동하는 주관적

383

---

36 David Cooper, "Aliénation mentale et aliénation sociale," in *Recherches*, 1968년 12월, pp.48~49. 〈사회적 소외는 대부분 정신적 소외의 다양한 형식들에 걸치게 된다. (……) 정신병원에 입원이 허용되는 사람들은 병자라서가 아니라 사회질서에 다소간 부합하는 방식으로 항의하기 때문에 허용되는 것이다. 그리하여 그들을 붙잡아 놓는 사회 체계는 그들이 자란 가족 체계에 의해 생산된 비행들을 강화한다. 그들이 미시-사회에 대해 긍정하려는 자율성은 사회 전체에 의해 행사된 대량 소외를 드러내는 역할을 한다.〉

재영토화들과 재현들에 의해, 끊임없이 이 과정이 중단되거나 이 경향성이 상반되거나 이 극한이 이전된다는 것을 우리는 알고 있다. 그런데 우리가 사회적 소외와 정신적 소외 간에 배타적인 관계를 세우는 한, 이 두 소외를 이쪽 또는 저쪽에 배정하려 하는 것은 헛된 일이다. 하지만 흐름들의 탈영토화 일반은 그것이 재영토화들을 포함하고 있는 한, 정신적 소외와 실효적으로 합류한다. 이 재영토화들은 탈영토화 자체를 특수한 흐름의 상태로만, 즉 광기의 흐름의 상태로만 존속시키는데, 이 광기의 흐름은 이 흐름이 다른 흐름들 속에서 공리계들과 재영토화의 적용들을 빠져나가는 모든 것을 재현하는 일을 떠맡기 때문에 광기의 흐름으로 정의되는 것이다. 역으로, 자본주의의 모든 재영토화가 흐름들이 체계에서 도주하는 것을 방해하고, 노동을 재산의 공리계 틀 안에, 욕망을 가족의 적용 틀 안에 가두는 한, 우리는 자본주의의 모든 재영토화 안에서 사회적 소외의 생생한 형식을 발견할 수 있으리라. 하지만 이 사회적 소외는 신경증, 변태, 정신병(정신 질환들)에서 재현되거나 재영토화되는 정신적 소외를 그 나름으로 포함한다.

인공물과 과정, 낡은 땅과 새로운 땅

따라서 정신의학 또는 반-정신의학의 참된 정치는, ① 광기를 정신 질환으로 변형하는 모든 재영토화를 해체하고, ② 모든 흐름에서 그 분열증적 탈영토화 운동을 해방하는 데 있으며, 그 결과 이 성격은 어떤 특수한 잔여물을 광기의 흐름으로 규정할 수 없으며, 노동, 욕망, 생산, 인식, 창조의 흐름들 역시도 그 가장 깊은 경향성 속에서 변용한다. 광기는 더 이상 광기로서 실존하지 않으리라. 이는 광기가 〈정신 질환〉으로 변형되겠기 때문이 아니라, 이와 반대로 광기가, 과학과 예술을 포함한 모든 다른 흐름의 협조를 받겠기 때문이다. 광기가 광기라 불리고 또 광기로 나타나는 것은, 광기가 이 협조를 얻지 못하고 완전히 혼자서 보편적 과정으로서의 탈영토화를 증언하는 처지에 놓였기 때문이다. 광기를 광기로 만드는 것은 단지 제 힘을 넘어서 있는 광기의 터무니없는 특권이다. 이런 의미에서 푸코는 광기가 사라질 시대를 예고했는데, 그렇게 되는 까닭은 단지 광기가 정신 질환을 통제하는 공간(《미지근한 큰 수족관》)에 넣어지겠기 때문이 아니라 이와 반대로 광기가 그리는 외부 극한이 모든 부분에서 통제를 벗어나고 우리를 이끄는 다른 흐름들에 의해 돌파되겠기 때문이다.[37] 따라서 탈영토화 쪽으로 아무리 멀리 가더라도 지나치지 않다고 말해야 한다. 당신들은 저 돌이킬 수 없는 과정을 아직 전혀 보지 못했다. 우리가 변태적 재영토화들뿐 아니라 병원의 정신병이나 가족의 신경증의 재영토화들 속에도 깊이 인공적인 것이 있음을 고려하면, 우리는 대지가 아주 인공적인 것이 되어 탈영토화 운동이 그 자체로 하나의 새로운 대지를 필연적으로 창조할 때까지 "더 많은 변태를! 더 많은 인공물을!"이라고 외치게 되리라. 정신분석은 이 점에서 특히 만족스럽다. 정신분석의 변태적 치료 전체는 가족 신경증을 (전이라는) 인공 신경증으로 변형하는 데 있으며, 정신분석가라는 사령관이 있는 작은 섬인 소파를 자율적이고도 궁극으로 인공적인 영토성으로 건립하는 데 있다. 그리하여 모든 것이 동요하고 마침내 우리를 아주 먼 다른 곳으로 인도하는 데는 아주 적은 노력으로 충분하다. 분열-분석의 작은 충격, 그것은 운동을 재개하고, 경향성을 부활시키며, 허상들을 새로운 토지의 지표가 되기 위해 인공적 이미지이기를 그치는 지점까지 밀어붙인다. 바로 이것이야말로 과정의 완성이다. 이는 미리 존재하는 약속된 땅이 아니라, 자신의 경향성, 자신의

384

---

37 Michel Foucault, "La Folie, l'absence d'oeuvre," *La Table ronde*, 1964년 5월(《우리가 오늘날 극한 또는 낯섦 또는 견딜 수 없음의 양태로 체험하는 모든 것은 훗날 긍정적 평온함으로 돌아오리라……》).

정신분석과 자본주의

박리(剝離), 자신의 탈영토화 자체를 따라 스스로를 창조하는 대지이다. 그것은 잔혹극의 운동이다. 왜냐하면 잔혹극만이 생산의 유일한 극장이기 때문이며, 거기서는 흐름들이 탈영토화의 문턱을 뛰어넘어 새로운 대지를 생산한다(이는 하나의 희망이 아니라 간단한 〈확증〉이자 하나의 〈설계도〉로, 여기서는 도주하는 자가 도주하게 하며, 자신을 탈영토화하면서 대지를 그린다). 혁명 기계, 예술 기계, 과학 기계, (분열)-분석 기계가 서로 다른 것의 부품들과 부분들이 되는 능동적 도주점(逃走點).

4 분열-분석의 첫째 정립적 임무

욕망적 생산과 그것의 기계들

하지만 분열-분석의 부정적 내지 파괴적 임무는 어떤 식으로든 그 정립적 임무들과 뗄 수 없다(이 모든 임무는 반드시 동시에 추진되어야 한 다). 첫째 정립적 임무는, 모든 해석으로부터 독립해 주체에게서 그의 욕망 기계들의 본성, 형성 내지 작동을 발견하는 데 있다. 너의 욕망 기계들은 무엇일까? 네가 네 기계들 속에 들어가게 하는 것은 무엇이며, 나오게 하는 것은 무엇일까? 그것은 어떻게 작동할까? 너의 비-인간적 성들은 어떤 것일까? 분열-분석가는 기계공이요, 분열-분석은 오로지 기능적이다. 이런 점에서 분열-분석은, 주체가 톱니바퀴 내지 사용자로서 붙잡혀 있는 사회 기계들에 대한, 또 주체가 애호하는 또는 임시변통 재주를 통해 완성하거나 심지어 제작하는 기술 기계들에 대한, 또 주체가 자기 꿈들과 환상들 속에서 기계들로 행하는 채용에 대한, (무의식의 관점에서) 여전히 해석적인 검토에 머무를 수 없다. 이것들은 여전히 너무 재현적이며, 너무 큰 단위들을, 사디스트나 마조히스트의 변태기계들, 편집증자의 영향력 있는 기계들……마저도 재현한다. 〈대상〉의 사이비 분석들이 분석 활동의 진정 가장 낮은 등급이라는 것을, 심지어 무엇보다 이 분석들이 현실적 대상에 상상적 대상을 덧댄다고 주장할 때도 그렇다는 것을 우리는 일반적으로 보았다. 해몽서가 시장의 정신분석보다 더 가치 있다. 그렇지만 현실적 기계건, 상징적 기계건, 또는 상상적 기계건, 아무튼 이 모든 기계에 대한 고찰은 완전히 규정된 어떤 방식으로 이루어져야 한다. 하지만 이 고찰은 욕망 기계들의 길로 우리를 인도하는 기능적 지표들로서 고찰되어야 하는데, 이 기계들은 얼마간 이 지표들과 가깝고 친근하다. 욕망 기계들은 실제로 그 기계들의 상상적 동일성도, 구조적 통일성도 존속시키지 않는 분산의 어떤 문턱에서 출발해야만 도달된다(이 두 심급은 여전히 해석의 질서에, 말하자면 기의 내지 기표의 질서에 속해 있다). 욕망 기계들은 부분대상들을 부품들로 갖고 있다. 부분대상들은 작동하는 기계 또는 일하는 부품들인데, 이는 한 부품이 끊임없이 완전히 다른 기계의 부품과 관련되는 그런 분산 상태에서, 가령 빨간 클로버와 뒝벌, 말벌과 서양란의 꽃, 자전거 경적과 죽은 쥐의 엉덩이 같은 경우에서 그러하다. 집합을 구조화하고 부품들을 인물화하며, 모든 것을 통일하고 전체화하는 남근과도 같은 항을 성급하게 도입하지 말자. 어디에나 기계 에너지로서의 리비도가 있으며, 경적도 뒝벌도 남근으로 있을 특권을 갖고 있지 않다. 구조적 조직화와 여기서 유래하는 인물관계들 속에서만 남근이 개입하는데, 거기에서 각자는 전쟁에 소환된 노동자처럼, 모든 사람에 대한 똑같은 처벌, 똑같은 가벼운 상처, 즉 거세를 지닌 채, 자신의 기계들을 버리고 커다란 부재자로서의 전리품을 위해 싸우게 된다. 남근을 향한 이 모든 투쟁, 잘못 이해된 권력의지, 성의 의인적 재현, 로런스에게 공포를 야기한 성욕에 대한 이 모든 착상──그 모든 까닭은 바로 그것이 하나의 착상일 뿐이기 때문이며, 〈이성〉이 무의식에 강요한, 〈이성〉이 충동 영역에 도입한 하나의 관념이요, 결코 충동 영역의 구성체가 아니기 때문이다. 바로 거기에서 욕망은 통일되고 동일시된 그램분자적 집합 속에서 덫에 빠져 인간의 성으로 특유화된다. 하지만 욕망 기계들은 이와 반대로 분자적 요소들의 분산의 체제 아래서 산다. 거기서 심지어는 조각났을지라도 어떤 전체의 부분들 대신 그런 요소들을 보지 못한다면, 부분대상들이라는 것을 이해할 수 없다. 로런스가 말했듯, 분석은 개념이나 인물을 닮은 그 어떤 것에도 관심을 두어서는 안 되며, 〈이른바 인간적 관계들은 관여하지 않는다.〉[38] 분석은 (그 부정적 임무에서는 제외하고) 분자적 분산의 요소 속에서 파악된 기계적 배치체들에만 몰두해야 한다.

부분대상들의 지위

따라서 세르주 르클레르는 아주 잘 표명한 다음 규칙에서 욕망-현실계 대신 하나의 허구를 보고 있기는 하지만, 어떻든 그의 규칙으로 되돌아가 보자. 즉 욕망 기계들의 부품들 내지 요소들은 그것들의 상호 독립성을, 다시 말해 한쪽에 있는 그 어떤 것도 다른 쪽에 있는 어떤 것에 의존해서는 안 되며 의존하고 있지도 않다는 것을 인정하고 있다. 그것들은, 인간의 성에서 남성과 여성처럼, 동일한 존재물의 반대 규정들이어서도 단일한 존재의 분별들이어서도 안 되며, 비-인간적 성의 분산에서 볼 수 있는 것처럼(클로버와 뒝벌처럼), 서로 다른 것 또는 현실적으로-구별되는 것, 상이한 〈존재들〉이어야 한다. 분열-분석이 이 이격(dispars)에 도달하지 않는 한, 그것은 무의식의 궁극적 요소들로서의 부분대상들을 아직 발견하지 못한 것이다. 바로 이런 의미에서 르클레르는, 조각난 유기체가 아니라, 전-개체적·전-인물적 독자성들의 방출   387

---

38 D. H. Lawrence, "Psychanalyse et inconscient," 1920, in *Homme d'abord*, bibl. 10~18, 1920, pp.255~256.((옮긴이) 영: p.30)

분열-분석의 첫째 정립적 임무

을, 분산되고 무정부적인 순수 다양체를, 〈성감체(corps érogène)〉라 불렀는데, 그것은 통일성도 전체성도 갖고 있지 않으며, 그 요소들은 현실적 구별 또는 연줄의 부재 자체에 의해 용접되고 접착되어 있다. 이런 것이 베케트적인 분열증적 시퀀스들이다. 조약돌들, 호주머니들, 입 또는 구두, 파이프, 담배통, 용도 불명의 작고 젖은 꾸러미, 자전거 벨의 뚜껑, 핸들 반쪽……(〈순수한 독자성들의 동일한 집합에 무한정 부딪치면, 주체의 욕망의 독자성에 근접했다고 생각할 수 있다〉).[39] 물론 이 요소들 간에 언제나 어떤 연줄을 설정하거나 복구할 수는 있다. 가령 결과적으로 다양체의 부분을 이루는 기관들 내지 기관들의 단편들 사이의 유기적 연줄들, 또는 이 요소들을 빌려 온 인물들 및 장면들과 관련되는 심리학적·가치론적 연줄들인 선과 악 또는 이 요소들에 대응할 수 있는 관념들 내지 개념들 사이의 구조적 연줄들이 그것이다. 하지만 부분대상들이 무의식의 요소들인 것은 이런 양상 아래서가 아니며, 우리는 부분대상들의 발명자인 멜라니 클라인이 제안하는 이미지를 따를 수도 없다. 이는 기관들 내지 기관들의 단편들이, 상실된 통일성이나 도래할 전체성으로서 환상적으로 기능할 어떤 유기체와는 전혀 관련이 없기 때문이다. 기관들 내지 기관들의 단편들의 분산은 결핍과 아무 상관없으며, 그 분산은 그것들이 통일이나 전체화 없이 형성하는 다양체 속에서의 현전 양태를 구성한다. 철거된 구조 전체, 지워진 기억 전체, 소멸된 유기체 전체, 해체된 연줄 전체, 이것들은 날것인 부분대상들, 분산된 기계 자체의 분산된 채 일하는 부품들로서 가치가 있다. 요컨대 부분대상들은 무의식의 분자적 기능들이다. 바로 이런 까닭에, 우리가 방금 전에 욕망기계들과 그램분자적 기계들의 모든 형상 간의 차이를 주장했을 때, 우

---

39 Serge Leclaire, *La Réalité du désir*, p.245. 또한 *Séminaire Vincennes*, 1969, pp.31~34(〈성감체(性感體)〉와 유기체의 대립).

리는 그 한쪽이 다른 한쪽 안에 있고 다른 한쪽 없이 실존할 수 없다고 생각했으면서도, 이 두 종류 기계 사이의 체제 및 규모의 차이를 표시해야 했던 것이다.

수동적 종합들

참으로, 오히려 이 분산, 현실적 구별, 연줄의 부재라는 조건들이 어떻게 어떤 기계적 체제를 허용하는지, ── 이렇게 규정된 부분대상들이 **388** 어떻게 기계들과 기계들의 배치체들을 형성할 수 있는지를 물어야 하리라. 그 답은 종합들의 수동적 성격 속에, 또는 같은 얘기지만, 해당 상호작용들의 간접적 성격 속에 있다. 모든 부분대상이 하나의 흐름을 방출한다는 것이 참이라면, 이 흐름도 마찬가지로 다른 부분대상에 연합되어 있으며, 이 부분대상에 대해서는 그 자체로 다양한 퍼텐셜을 지닌 현전의 장을 정의한다(똥의 흐름에 대한 항문의 다양체). 부분대상들의 연결의 종합들은 간접적이다. 왜냐하면 하나의 부분대상은, 장(場) 안에서 현전하는 각 점에서, 다른 부분대상이 상대적으로 방출하거나 생산하는 하나의 흐름을 언제나 절단하며, 또한 이 다른 부분대상 자체도 또 다른 부분대상들이 절단하는 하나의 흐름을 방출할 태세가 되어 있는 것이다. 이는 머리가 둘인 흐름들과도 같아서, 이 흐름들을 통해 우리가 분열-흐름 내지 흐름-절단이라는 개념으로 고찰하려 했던 그런 생산적 연결 전체가 행해진다. 그래서 흐르게 하고 절단한다는 무의식의 참된 활동들은, 수동적 종합이 상이한 두 기능의 상대적 공존과 이전을 보증하는 한에서, 이 수동적 종합 자체에 있다. 이제 두 부분대상에 연합된 각 흐름이 적어도 부분적으로 서로 겹쳐 있다고 해 보자. 이 흐름들의 생산은 이 흐름들을 방출하는 대상들 x 및 y와 관련해서는 구별된 채로 있지만, 이 흐름들이 현전하는 장은 이 흐름들을 서식시키고

절단하는 대상들 a 및 b와 관련해서는 구별되지 않으며, 그래서 부분 a
와 부분 b는 이 점에서 분별될 수 없다(가령 입과 항문, 거식증인 항문-
입). 부분 a와 부분 b는 혼합 영역에서만 분별될 수 없는 것이 아닌데, 왜
냐하면 이 영역에서는 기능이 바뀌어 버렸기에 부분 a와 부분 b는 두 흐
름이 더 이상 겹치지 않는 데서 한층 더 서로 배타적으로 구별될 수 없
다고 언제든지 상정해 볼 수 있기 때문이다. 이렇게 되면 a와 b가 포괄
적 분리의 역설적 관계 속에 있는 하나의 새로운 수동적 종합 앞에 있
게 되는 것이다. 끝으로, 흐름들의 겹침의 가능성이 아니라, 흐름들을
방출하는 대상들의 교체의 가능성이 남는다. 현전하는 각 장의 가장자
리에서는 간섭무늬들이 발견되는데, 이 무늬들은 다른 흐름 속에 있는
한 흐름의 여분을 증언하며, 한 흐름에서 다른 흐름으로의 이행 내지
느껴지는 생성을 이끌어 주는 잔여적 결합 종합들을 형성한다. 두 개,
세 개, n개 기관들로의 교체. 형상적인 오이디푸스 삼각형을 갖고 놀
며 끊임없이 해체하는 변형 가능한 다각형들. 이원성, 겹침 내지 교체
를 통한, 이 모든 간접적인 수동적 종합은 욕망의 유일하고 동일한 기
계장치이다. 하지만 누가 각자의 욕망 기계들을 말할까? 충분히 치밀한
분석이란 어떤 것일까? 모차르트의 욕망 기계? 〈궁둥이를 입까지 늘려
봐, (……) 아, 내 궁둥이가 불처럼 날 태워! 그건 틀림없이 뭔가 의미하는
게 아닐까? 아마 똥이 나오려나? 맞아, 맞아, 똥이야. 난 널 잘 알아, 널
느껴. 그런데, 그게 뭐지? 그게 가능해? (……)〉[40]

---

40 마르셀 모레가 *Le Dieu Mozart et le monde des oiseaux*, Paris: Gallimard, p.124에
서 인용한 ((옮긴이) 아우크스부르크 바젤에서 1777년 11월 5일에 보낸) 모차르트의 편지
(*Mozarts Briefe*, Zürich, 1948), p.48.((옮긴이) 모차르트의 편지는 독일어에 따라 인용하
되, 편지 중 강조는 DG) 〈성년의 나이에 이르자, 그는 배설물 농담에 열중함으로써 자신의
성스러운 본질을 가장하는 수단을 찾아냈다……〉 모레는 배설물 기계가 어떻게 오이디푸스
의 〈새장〉 아래서, 또 이 새장에 맞서서 기능하는지 잘 밝히고 있다.

기관 없는 몸의 지위

이 종합들은 필연적으로 기관 없는 몸의 정립을 내포한다. 이는 기관 없는 몸이 부분대상들-기관들의 반대가 전혀 아니기 때문이다. 기관 없는 몸 그 자체는 욕망의 두 활동, 욕망의 두 머리를 중화하거나 작동시키는 것으로서, 연결의 최초의 수동적 종합에서 생산된다. 왜냐하면 우리가 본 바와 같이, 기관 없는 몸은 반생산의 무형의 유체로서만이 아니라 흐름의 생산을 전유하는 받침대로서도 생산될 수 있기 때문이다. 기관 없는 몸은 대상들-기관들을 밀쳐 낼 수도 있고, 이것들을 끌어당기고 전유할 수도 있다. 하지만 끌어당김 못지않게 밀쳐 냄에서도, 기관 없는 몸은 대상들-기관들에 대립하지 않는다. 그것은 단지 유기체와 자신의 대립 및 유기체와 대상들-기관들의 대립을 확실히 할 뿐이다. 기관 없는 몸과 부분대상들-기관들은 유기체에 공히 대립된다. 기관 없는 몸은 실제로 하나의 전체로서 생산되지만, 부분들 곁에 있는 하나의 전체로서 생산되며, 이 전체는 부분들을 통일하지도 전체화하지도 않으며, 현실적으로 구별되는 하나의 새로운 부분으로서 부분들에 덧붙는다. 편집증 기계의 조립에서처럼, 기관 없는 몸이 기관들을 밀쳐 낼 때, 그것은 기관들 자체가 유기적이지도 조직되지도 않은 다양체로서 형성하는 순수 다양체의 외적 극한을 표시한다. 그리고 기적을 낳는 물신 기계의 과정에서처럼, 기관 없는 몸이 기관들을 끌어당기고 기관들로 복귀할 때, 그것은 더더욱 기관들을 유기체의 방식으로 전체화하지도 통일하지도 않는다. 부분대상들-기관들은 기관 없는 몸 위에 매달리며, 그 위에서 포괄적 분리와 유목적 결합, 즉 유기체와 유기체의 조직화에 끊임없이 반발하는 겹침과 교체라는 새로운 종합들 속에 들어간다. 욕망은 바로 몸을 지나가고, 기관들을 지나가지, 결코 유기체를 지나가지 않는다. 바로 이런 까닭에 부분대상들은 조각나고 파

390

분열-분석의 첫째 정립적 임무

열된 유기체의 표현이 아닌데, 이 유기체는 하나의 해체된 전체성 내지 하나의 전체에서 해방된 부분들을 전제할 것이기 때문이다. 기관 없는 몸은, 필경 자신의 부분들을 넘어설 다시 접착된 또는 〈탈-분별된〉 하나의 유기체의 표현은 더더욱 아니다. 그 바탕에서, 부분-기관들과 기관 없는 몸은, 분열-분석에 의해 그렇다고 생각되어야 하는 하나의 같은 것, 하나의 같은 다양체이다. 부분대상들은 기관 없는 몸의 직접적 권력들이며, 기관 없는 몸은 부분대상들의 원료이다.[41] 기관 없는 몸은 내공의 이런저런 등급으로 공간을 언제나 채우고 있는 질료이며, 부분대상들은 내공=0으로서의 질료에서 출발해 공간 속에서 현실계를 생산하는 이 등급들, 이 내공 부분들이다. 기관 없는 몸은 가장 스피노자적인 의미에서 내재적 실체이다. 그리고 부분대상들은 이 실체의 궁극적 속성들과 같은 것으로, 이 속성들은 현실적으로 구별되고 이 때문에 서로 배제되거나 대립될 수 없는 한에서 이 실체에 귀속한다. 부분대상들과 기관 없는 몸은 분열증적 욕망 기계들의 두 질료적 요소이다. 전자는 일하는 부품들과 같고 후자는 부동의 모터와 같으며, 전자는 미시-분자들과 같고 후자는 거대 분자와 같으며, 이 둘은 한데 어우러져 욕망의 분자적 사슬의 두 끝에서 연속성의 관계를 이룬다.

---

41 피에르 보나페는 자신의 연구 "Objet magique, sorcellerie et fétichisme?"에서 이런 점에서 조각난 몸 같은 개념의 불충분함을 잘 밝히고 있다. 〈분명 몸의 조각남이 있기는 하지만, 상실 내지 파손이라는 느낌은 전혀 없다. 정반대로, 몸을 가진 자에게나 다른 사람에게나, 몸이 단편화되는 것은 배가를 통해서이다. 다른 사람들은 더 이상 단순한 인물과 관련되지 않으며 x+y+z의 **권력을 지닌 인간**과(un *homme-puissance* x+y+z) 관련되는데, 이 인간의 삶은 다른 자연력들과 통합되면서, 엄청나게 증대되며 분산된다. (……) 왜냐하면 그의 실존은 더 이상 그 인물의 중심에 머물러 있지 않고, 멀고 손댈 수 없는 다양한 곳에서 가장되었기 때문이다.〉(pp.166~167) 보나페는 마술적 대상 속에서 세 가지 욕망적 종합들의 실존을 인정한다. 첫째는 연결 종합으로, 이것은 인물의 단편들과 동식물의 단편들을 합성한다. 둘째는 포괄적 분리 종합으로, 이것은 동물-인간의 합성물을 등록한다. 셋째는 결합 종합으로, 이것은 찌꺼기 내지 잔여의 참된 이주를 내포한다.

기표 사슬과 코드들

사슬은 욕망 기계에서의 전달 장치 또는 재생산 장치와 같다. 사슬이 기관 없는 몸과 부분대상들을 (통합함이 없이, 통일함이 없이) 집결하는 한에서, 사슬은 기관 없는 몸 위로 부분대상들의 분배와, 전유의 유래인 기관 없는 몸을 부분대상들로 복귀시키기와 합류한다. 또한 이 사슬은 흐름들과는 다른 유형의 종합을 내포한다. 기계의 생산적 부품들을 가로지르는 것은 더 이상 연결선들이 아니라, 기관 없는 몸의 등록 표면 위의 분리 그물 전체이다. 아마 우리는 사태를 하나의 논리적 질서 속에서 제시할 수 있었다. 즉 이 질서에서는 등록의 분리 종합이 생산의 연결 종합의 뒤를 잇고, 생산의 에너지(리비도)의 일부가 등록의 에너지(누멘)로 변환되는 듯 보였다. 하지만 사실상 기계 자체의 관점에서는 기관 없는 몸과 부분대상들의 공존 같은 사슬들과 흐름들의 엄밀한 공존을 보증하는 승계란 전혀 없다. 일부 에너지의 변환은 어떤 특정 순간에 이루어지는 것이 아니라, 체계의 항상적 사전 조건이다. 사슬은 포괄적 분리들이 생산적 연결들을 다시 절단하는 한에서, 기관 없는 몸 위에 있는 포괄적 분리들의 그물이다. 사슬은 생산적 연결들을 기관 없는 몸 자체로 이행시키고, 이렇게 함으로써 흐름들을 수로화하거나 〈코드화〉한다. 그렇지만 모든 문제는 욕망의 이 분자적 사슬의 층위에서 하나의 코드에 관해 말할 수 있는지 아는 것이다. 앞에서 우리는 하나의 코드가 다음 두 가지 것을, 둘 중 하나 또는 둘 전부를 내포한다는 것을 보았다. 즉 한편으로 충만한 몸이 받침대인 영토성으로 특유화되며, 다른 한편으로 사슬 전체가 의존하는 전제군주 기표가 건립된다. 이 점에서 공리계가 코드들에 깊이 대립된다 해도 소용이 없다. 왜냐하면 공리계는 탈코드화된 흐름들 위에서 작동하며, 그 자체 재영토화들을 조작하고 기표의 통일성을 되살림으로써만 진행하기 때문이

391

분열-분석의 첫째 정립적 임무

다. 따라서 코드와 공리계라는 개념들 자체는 그램분자적 집합들에 대해서만 타당해 보이며, 거기서는 기표 사슬이, 특유화된 받침대 자체 위에서, 이탈된 기표에 관련하여, 특정하게 규정된 배열형태를 형성하고 있다. 이 조건들은 (연결선들이 온전하며 특유한 의미를 띠는 것과 동시에) 배제들이 분리 그물 속에서 형성되어 나타나지 않는다면 충족되지 않는다. 하지만 고유하게 분자적인 사슬에서는 사태가 전혀 다르다. 기관 없는 몸이 그램분자적 집합들의 분자적 극한을 표시하는 특유하지도 않고 특유화되지도 않은 받침대인 한에서, 사슬은 흐름들을 탈영토화하고 흐름들이 기표의 벽을 통과하게 하는 것 말고 다른 기능을 더 이상 갖고 있지 않다. 따라서 코드들을 해체하는 것 이외의 기능을 갖고 있지 않다. 사슬의 기능은 더 이상 토지의, 전제군주의, 또는 자본의 충만한 몸 위에서 흐름들을 코드화하는 것이 아니라, 이와 반대로 기관 없는 몸 위에서 흐름들을 탈코드화하는 것이다. 그것은 도주의 사슬이지, 더 이상 코드의 사슬이 아니다. 기표 사슬은 탈코드화와 탈영토화의 사슬이 되었으며, 이 사슬은 코드들과 영토성들의 이면으로서만 파악되어야 하고 또 이렇게만 파악될 수 있다. 이 분자적 사슬은 욕망의 기호들로 되어 있기 때문에 여전히 기표이다. 하지만 이 기호들은, 거기서 모든 것이 가능한 포괄적 분리들의 체제 아래 있는 한, 더 이상 전혀 기표들이 아니다. 이 기호들은 그저 어떤 본성을 지닌 점들이요, 기관 없는 몸 위에서 자유로이 노닐며 아직 그 어떤 구조화된 배열형태를 형성하지 않는 (또는 더 이상 형성하지 않는) 추상적인 기계적 형상들이다. 모노가 말하듯, 우리는 〈맹목적인 조합들의 놀이 말고는 아무것도 분별되지 않는〉 그 구조에 의해서가 아니라, 그 기능적 특성들에 의해서 그런 기계로 있는 하나의 기계를 착상해야만 한다.[42] 정확히 말해, 생물학자들이 유전 코드

---

42 Jacques Monod, *Le Hasard et la nécessité*, p.112.((옮긴이) 영: p.98. 독: p.122)

라고 부르는 것의 애매함은 우리에게 그러한 상황을 잘 이해시켜 주기에 좋다. 왜냐하면 그에 대응하는 사슬이 배타적인 그램분자적 배열형태들 속에 감겨 있는 한에서 실효적으로 코드들을 형성한다면, 이 사슬은 가능한 모든 형상을 포함하는 분자적 섬유에 따라 풀려나면서 코드들을 파괴하기 때문이다. 이와 마찬가지로 라캉에서도, 구조의 상징적 조직은, 기표의 기능에서 생기는 자신의 배제와 더불어, 그 이면으로서 욕망의 현실적 조직 부재를 갖고 있다. 유전 코드는 결국 유전자 탈코드화와 관련된다고 말할 수 있으리라. 탈코드화 및 탈영토화 기능들이 모든 공리계 및 모든 코드와 구별되는, 특수하고 준안정적인 사슬 상태를 내포하는 한, 이 기능들을 그 고유한 정립성 속에서 파악하는 것으로 충분하다. 분자적 사슬은 유전자 무의식이 항상 주체로 머물면서 자기 자신을 재생산하는 형식이다. 우리가 앞에서 보았듯이, 이는 정신분석의 첫째 영감이다. 즉 정신분석은 이미 알려진 모든 코드에다 코드 하나를 첨가하지 않는다. 무의식의 기표 사슬인 *누멘*은 욕망의 코드들을 발견하거나 해독하는 데 소용이 없으며, 이와 반대로 절대적으로 탈코드화된 욕망의 흐름들인 *리비도*를 통과시키고, 모든 코드를 뒤섞고 모든 토지를 해체하는 것을 욕망 속에서 발견하는 데 소용이 있다. 오이디푸스가 가족 영토성과 거세의 기표로써 정신분석을 단순한 코드의 신분으로 다시 데려가리라는 점은 진실이다. 더 나쁜 일은, 정신분석 자체가 하나의 공리계와 등가물이 되려는 데까지 가리라는 점이다. 정신분석이 더 이상 가족 장면과 관련되지 않고, 오직 자기 고유의 진리를 보증한다고 여겨지는 정신분석 장면 및 자기 고유의 성공을 보증한다고 여겨지는 정신분석 조작과만 관련을 맺는 저 유명한 전환점이 그것이다. 공리화된 토지로서의 소파, 성공한 거세로서의 〈치료〉의 공리계! 하지만 욕망의 흐름들을 이렇게 재코드화 내지 공리화함으로써, 정신분석은 무의식의 모든 종합에 대한 오인을 야기하는 기표 사슬을 그램

분열-분석의 첫째 정립적 임무

분자적 사용으로 만든다.

기관 없는 몸, 죽음, 욕망

기관 없는 몸은 죽음의 모델이다. 공포물 저자들이 잘 이해했듯이, 긴장병의 모델 노릇을 하는 것이 죽음이 아니라, 죽음에 자신의 모델을 주는 것이 바로 긴장병적 분열증이다. 내공 0. 죽음의 모델이 나타나는 것은, 기관 없는 몸이 기관들을 밀쳐 내고 떼어 낼 때, ── 입도 없고 혀도 없고 이도 없고……, 그래서 자기 훼손에까지, 자살에까지 이를 때이다. 그렇다고는 해도, 기관 없는 몸과 부분대상들인 한에서의 기관들 간에는 현실적 대립이 없다. 유일한 현실적 대립은 둘의 공통된 적인 그램분자적 유기체와의 대립이다. 욕망 기계 안에서 볼 수 있는 긴장병 환자는, 그를 강요하여 기관들을 떼어 내고 마비시키고 침묵시키는 부동의 모터에 의해 영감을 얻으며, 또 그러면서 자율적이거나 판에 박힌 방식으로 기능하여 기관들을 재활성화하고 기관들에 국지적 운동들을 다시 불어넣는 일하는 부품들에 의해 부추겨지는, 똑같은 긴장병 환자이다. 문제는 기계의 상이한 부품들, 상이하며 또한 공존하는, 그것들의 공존 자체 속에서 상이한 부품들이다. 그래서 삶의 욕망들에 질적으로 대립하게 될 죽음의 욕망에 대해 말한다는 것은 부조리하다. 죽음은 욕망되지 않는다. 기관 없는 몸이나 부동의 모터의 자격을 지닌 욕망하는 죽음이 있을 뿐이며, 일하는 기관들의 자격을 지닌 욕망하는 삶 또한 있다. 거기에는 두 욕망이 있지 않으며, 기계 자체의 분산 속에, 욕망 기계의 두 부품들, 두 종류의 부품들이 있다. 그렇지만 이런 문제가 남아 있다. 어떻게 그것은 한데 어울려 기능할 수 있을까? 왜냐하면 그것은 아직 기능이 아니고, 단지 분자적 기능의 (구조적이지 않은) 조건이기 때문이다. 기능이 나타나는 것은, 부동의 모터가, 예전 조건들 아래서, 말하자면 부동이기를 그치지 않으며 또 하나의 유기체를 형성함이 없이, 기관들을 기관 없는 몸 위로 끌어당기고, 외견상 객관적 운동 속에서 기관들을 기관 없는 몸에 전유하는 때이다. 밀쳐 냄은 기계가 기능하는 조건이지만, 끌어당김은 기능 자체이다. 기능이 이 조건에 의존한다는 점을, 우리는 그것이 고장 나면서만 작동한다는 한에서 잘 보았다. 이때 이 작동 내지 이 기능이 어떤 데 있는지는 말할 수 있다. 문제는 욕망 기계의 순환 속에서 죽음의 모델을 죽음의 경험이라는 전혀 다른 것으로 부단히 번역하고 부단히 변환하는 일이다. 즉 안에서 (기관 없는 몸 안에서) 올라오는 죽음을 밖에서 (기관 없는 몸 위로) 도래하는 죽음으로 변환하는 일이 문제이다.

죽음을 분열증화하라

하지만 모호함은 쌓여 가는 것 같다. 왜냐하면 죽음의 모델과 구별되는 죽음의 경험이란 무엇일까? 거기에도 여전히 죽음의 욕망이 있을까? 죽음을 향한 존재가 있을까? 또는 사변적인 것일지라도, 죽음의 투자가 있을까? 그런 건 전혀 없다. 죽음의 경험은 무의식의 가장 일상적인 일이다. 정확히 그 까닭은, 죽음의 경험이 삶 속에서, 삶을 위해, 모든 이행 내지 모든 생성 속에서, 이행과 생성으로서의 모든 내공 속에서 일어나기 때문이다. 각 내공은 내공 0에서 출발하여 무한한 등급들 아래서 증대하거나 감소하는 것으로서 한순간 생산되는데, 각 내공의 고유함은 자기 안에 바로 이 내공 0을 투자하는 것이다(클로솝스키가 말했듯이, 〈단지 내공의 부재를 의미하기 위해서라도 유입이 필요하다〉). 이런 의미에서 새로운 에너지 변환을 내포하며 셋째 종류의 종합인 결합 종합들을 형성하는 그런 상태들, 감각들, 감정들을 어떻게 끌어당김과 밀쳐 냄의 비율들(rapports)이 생산하는지 우리는 밝히려 했다. 현실적 주체로서의 무의식은 자신의 순환의 전체 둘레에 잔여적이고 유목적인 외견상 주체를 파견했으며, 이 외견상 주체가 포괄적 분리들에 대응하는 모든 생성을 지나간다고 말할 수 있으리라. 이 외견상 주체는 욕망 기계의 마지막 부품, 인접 부품이다. 망상들과 환각들을 부양하는 것은 바로 이 강렬한 생성들과 느낌들, 이 내공 감정들이다. 하지만 그 자체로서 이것들은 물질 가장 가까이에 있으며 물질의 0도를 자기 안에 투자한다. 이것들이 죽음의 무의식적 경험을 이끌어 가는 것은, 죽음이 모든 느낌 속에서 다시 느껴지는(ressenti) 것인 한에서, 즉 다른 성-생성, 신-생성, 인종-생성 등 모든 생성 속에서, 기관 없는 몸 위에서 내공의 지대들을 형성하면서, 도래하기를 그치지 않고 도래하기를 끝내지 않는 것인 한에서이다. 모든 내공은 자기 고유의 삶 속에 죽음의 경험을 데리고 다니며 감싸고 있다. 그리고 필경 모든 내공은 결국 종식되며, 모든 생성 자체는 죽음-생성이다! 이렇게 해서 죽음은 실제로 도래한다. 블랑쇼는 죽음의 이 이중적 성격, 환원할 수 없는 이 두 양상을 잘 구별한다. 그 한 양상 아래서 외견상 주체는 *누군가*(On)로서 살고 여행하기를 그치지 않으며, 〈누군가 죽기를 그치지도 않고 끝내지도 않는다.〉 다른 양상 아래서 나(*Je*)로서 고정된 이 동일한 주체는 실제로 죽으며, 말하자면 결국 죽기를 끝내는데, 왜냐하면 그 주체는 그를 이렇게 나로서 고정하는 마지막 순간의 현실 속에서 온통 내공을 해체하고 그 내공이 감싸는 0으로 데려감으로써 죽는 것을 통해 끝나기 때문이다.[43] 한 양상에서 다른 양상으로 가는 데는, 인물론적 심화는 전혀 없으며, 전혀 다른 어떤 것이 있다. 즉 욕망 기계들의 순환에서, 죽음의 경험이 죽음의 모델로 되돌아가는 일이 있다. 이 순환은 닫혀 있다. 이

---

[43] 〈이중의 죽음〉에 대해서는, Maurice Blanchot, *L'Espace littéraire*, Paris: Gallimard, 1955, p.104, p.160 참조.

는 하나의 새 출발을 위한 것일까? 나는 타자(*Je est un autre*)이니까. 죽음의 경험은 그야말로 확장된 경험을 우리에게 충분히 주어, 욕망 기계들은 죽지 않는다는 것을 체험하고 알게 해 주어야 한다. 또 인접 부품으로서의 주체는 언제나, 죽음의 경험을 해 가는 어떤 〈누군가〉이지 모델을 받아들이는 *어떤 나*(un Je)가 아니어야만 한다. 왜냐하면 모델 자체는 *나 자체*(le Je)가 아니라 기관 없는 몸이기 때문이다. 그리고 나는, 모델이 새로이 경험을 향해 재출발하지 않고서는, 모델에 합류하지 않는다. 언제나 모델에서 경험으로 가는 것, 모델에서 경험으로 재출발하고 되돌아가는 것, 바로 이것이 죽음을 분열증화하는 것이며, 욕망 기계들이 수행하는 일이다(공포물 저자들이 잘 이해한, 욕망 기계들의 비밀). 기계들은 우리에게 바로 이것을 말하고 있으며, 망상보다 더 깊고 환각보다 더 넓게 우리에게 이것을 체험하고 느끼게 한다. 그렇다, 밀쳐 넘으로의 회귀가 다른 끌어당김들, 다른 기능들을 조건 지을 것이며, 기관 없는 몸 위에서 일하는 부품들의 작동을 조건 지을 것이며, 둘레에서 다른 인접 부품들의 작업을 조건 지으리라. 이것들은 우리 자신 못지않게 누군가라고 말할 권리를 갖고 있다. 〈전대미문의 이름 붙일 수 없는 것들에 의해 그가 튀어 올라 돼졌으면. 다른 섬뜩한 노동자들이 오리라. 이들은 다른 사람이 주저앉은 지평들에서 시작하리라.〉 경험으로서의 영원회귀, 그리고 욕망의 모든 순환의 탈영토화된 회로.

정신분석에서 죽음에 대한 낯선 숭배 —— 사이비-본능

정신분석의 모험은 이 얼마나 기이한가. 정신분석은 삶의 노래여야 하리라, 그렇지 않다면 아무 가치도 없다. 실천적으로, 정신분석은 우리에게 삶을 노래하는 법을 가르쳐 주어야 하리라. 그런데 정신분석에서 나오는 것은, 가장 슬픈, 가장 패배한 죽음의 노래, 자장자장이다. 처음

분열-분석의 첫째 정립적 임무

부터 프로이트는 충동들에 대한 그의 완고한 이원론에 의해, 리비도로서 욕망의 주체적 내지 생명적 본질의 발견을 끊임없이 제한하려 했다. 하지만 이 이원론이 에로스에 맞서는 죽음 본능으로 이행했을 때, 그것은 단순한 제한이 아니라 리비도의 청산이 되고 말았다. 라이히는 여기서 속지 않았다. 아마도 그는, 분석의 산물은 자유롭고 기쁜 사람, 삶의 흐름들을 지니고, 이 흐름들을 사막으로 데려가 탈코드화하는 사람이어야 한다고 주장한 유일한 사람이리라. 비록 이런 생각은, 정신분석이 밟은 길을 고려할 때, 불가피하게 미친 관념이라는 외양을 떨지라도 말이다. 라이히는 프로이트가 융과 아들러 못지않게 성적 입장을 거부했음을 밝혔다. 실제로, 죽음 본능의 할당은, 적어도 불안의 발생이라는 본질적인 점에서, 성욕에서 그 동력의 역할을 박탈하는데, 왜냐하면 불안의 발생은 성적 억압의 결과물이 아니라 성적 억압의 자율적 원인이 되기 때문이다. 그 귀결로, 욕망으로서의 성욕은 더 이상 문명에 대한 사회적 비판을 이끌지 못하고, 이와 반대로 문명이 죽음의 욕망에 대립될 수 있는 유일한 심급으로 신성화되는 일이 생겨난다. 그렇다면 어떻게? 원리상 죽음을 죽음에 맞서게 반전함으로써, 반전된 죽음을 욕망의 힘으로 만듦으로써, 죄책감의 느낌의 문화 전체에 의해 욕망의 힘을 사이비-삶에 기여하게 함으로써…… 정신분석은 금욕적 이상이라는 낡은 임무를 다시 부여잡는 문화 이론에서 정점에 이르는데, 여기서 이 이야기를 다시 시작할 필요는 없다. 금욕적 이상은 열반이요 문화의 거품이며, 삶을 심판하고, 삶을 폄하하고, 죽음을 척도로 삶을 측정하고, 죽음의 죽음이 우리에게 허락하고자 하는 것인 숭고한 체념만을 삶에서 보존한다. 라이히가 말하듯, 정신분석이 에로스에 대해 말하기 시작했을 때, 온 세상 사람이 안도의 숨을 쉬었는데, 사람들은 그것이 무엇을 뜻하는지를, 또한 모든 것이 고행의 삶 속에서 지나가리라는 것을 알고 있었다. 왜냐하면 타나토스는 이제, 최악을 위해서

397

만 아니라 최선을 위해서도 *에로스*의 파트너이기 때문이다.[44] 정신분석은 새로운 유형의 성직자들, 즉 양심의 가책을 고무하는 자들의 구성체가 된다. 양심의 가책에 의해 병들었지만, 또 양심의 가책에 의해 치유되리라! 프로이트는 죽음 본능에서 정말로 문제 되는 것을 숨기지 않았다. 사실은 결코 문제가 아니며, 오직 원리가 문제라는 것을, 원리의 문제일 뿐이라는 것을. 죽음 본능은 순수한 침묵, 순수한 초월이며, 경험에 주어질 수도 없고 주어지지도 않는다. 이 점 자체는 아주 주목할 만하다. 프로이트가 죽음을 초월적 원리로 만드는 까닭은, 프로이트에 의하면, 죽음이 모델도, 경험도 갖고 있지 않기 때문이다.[45] 그래서 죽음 본능을 거부한 정신분석가들은 그것을 받아들인 정신분석가들과 같은 이유에서 그렇게 한 것이다. 전자는 무의식에는 모델도 경험도 없기 때문에 죽음 본능이 없다고 말했고, 후자는 모델과 경험이 없기 때문에 죽음 본능이 있다고 말했다. 우리는 이와 반대로 무의식에는 죽음의 모델과 경험이 있기 때문에 죽음 본능은 없다고 말한다. 여기서 죽음은 욕망 기계의 한 부품으로, 이 부품 자체는 기계의 기능과 그 에너지 변환 체계 속에서 판단되고 평가되어야지, 추상적 원리로 그래서는 안 된다.

만일 프로이트가 죽음을 원리로서 필요로 한다면, 이는 충동들 간의 질적 대립을 주장하는 이원론의 요구들에 부응하기 위해서이다(너는 갈등에서 빠져나오지 못하리라). 성 충동들과 자아 충동들의 이원론이 단지 장소론적 효력만을 가질 때, 질적 내지 역학적 일원론은 *에로스*와

---

44 W. Reich, *La Fonction de l'orgasme*, p.103.((옮긴이) 독: pp.96ff.)(프로이트의 문화 이론과 죄책감의 느낌에 관한 이 이론의 파국적 진화에 대해서는, 폴 리쾨르에게서 관념론의 흔적이 역력한 하나의 정당한 해석을 발견할 수 있다. 죽음 및 〈죽음의 죽음〉에 대해서는, *De l'interprétation*, Paris: Seuil, 1965, pp.299~303((옮긴이) 독: pp.310ff.) 참조)
45 Sigmund Freud, *Inhibition, Symptome et angoisse*, 1926, Paris: P.U.F., p.53.((옮긴이) 독: p.160)

분열-분석의 첫째 정립적 임무

타나토스 사이를 지나간다. 하지만 욕망의 기계적 요소들, 욕망 기계들을 제거한다는 동일한 사업은 계속되고 있으며 강화되고 있다. 리비도가 기계 속에서 에너지의 변환 가능성(리비도-누멘-볼룹타스)을 내포하는 한, 리비도를 제거하는 것이 관건이다. 기계적 변형들을 불가능하게 하는 에너지 이원성의 관념을 강요하는 것이 관건이다. 이제 모든 것은 오이디푸스에서 방출되며 환원 불가능한 두 형식 중 어느 하나에 첨가될 수 있는 무차별적인 중성적 에너지를 지나가야 한다. 삶을 중화하고 괴롭히라.[46] 장소론적·역학적인 이 이원성들은 기능적 다양체의 관점을 폭파하는 것을 목적으로 삼는데, 오직 이 관점만이 경제적 관점이다(손디라면 문제를 잘 제기하리라. 왜 기계적으로 기능하는 충동들의 n개 유전자, 가령 여덟 개의 분자적 유전자 대신에, 오히려 신비적으로 말하자면 오이디푸스적으로 기능하는 그램분자적으로 특화된 두 개의 충동일까?). 프로이트가 초월적 죽음 본능을 원리로 세운 궁극적 이유를 이 방향에서 찾는다면, 실천 자체에서 그것을 발견하리라. 왜냐하면 원리는 사실들과 아무 관계가 없을지라도, 사람들이 실천에 대해 품는 착상, 그리고 사람들이 강요하려 하는 착상과는 깊은 관계가 있기 때문이다. 프로이트는 욕망의 추상적·주체적 본질인 *리비도*에 대해 가장 깊이 있는 발견을 해냈다. 하지만 프로이트는 이 본질을 자아의 재현이라는 주관적 재현 속에서 다시 소외했고 다시 투자했기 때문에, 이 본질을 오이디푸스라는 잔여적 영토성 위에서, 거세라는 전제군주 기표 아래서 재코드화했

---

46 직접적인 질적 변환의 불가능성 및 중성 에너지를 통과할 필연성에 대해서는, Sigmund Freud, "Le Moi et le ça," 1923, in *Essai de psychanlyse*, Paris: Payot, pp.210~215 ((옮긴이) 독: pp.271ff.) 참조. 장 라플랑슈와 함께, 〈죽음 충동은 고유한 에너지를 갖고 있지 않다〉(*Vie et mort en psychanalyse*, Paris: Flammarion, 1970, p.211)라는 것을 인정한다면, 이 불가능성과 필연성은 우리가 보기에 더 이상 이해할 수 없다. 이렇게 되면 죽음 충동은 참된 이원론 속에 들어갈 수 없을 것이며, 아니면 중성 에너지 자체에 합류해야 할 것인데, 프로이트는 이 중성 에너지를 부정한다.

기 때문에, 삶의 본질을 자아에 맞서는 반전된 형식으로, 죽음 자체의 형식으로밖에는 착상할 수 없었다. 삶의 이 중화, 이 반전은 여전히 우울하고 소진된 리비도가 계속해서 살아남을 수 있고 살아남기를 꿈꿀 수 있는 마지막 방식이다. 〈금욕적 이상은 삶을 보존하는 데 있어 하나의 책략이다. (……) 그렇다, 이 파괴의 교사, 자기 파괴의 교사가 자신에게 상처를 입힐 때에도, 그 안에서 그를 살아가도록 강요하는 것은 바로 그 상처 자체이다…….)[47] 부패와 죽음의 깊은 냄새는 바로 오 399 이디푸스, 즉 늪지의 땅에서 나온다. 이 죽음을 오이디푸스적 삶을 위한 보존실로 만드는 것은 거세, 독실한 금욕적 상처요, 기표이다. 욕망은 그 자체로는 사랑하려는 욕망이 아니라 사랑하는 힘, 즉 증여하고 생산하고 기계 작동하는 덕(德)이다(왜냐하면 삶 속에 있는 것이 어떻게 또한 삶을 욕망할 수 있으랴? 누가 이것을 욕망이라 부르려 할까?). 하지만 바로 섬뜩한 아낭케, 약자들과 쇠약한 자들의 아낭케, 전염성 강한 신경증의 아낭케의 이름으로, 욕망은 자신에 맞서 등을 돌리고, 자신의 그림자나 자신의 원숭이를 생산하며, 공허 속에서, 즉 자기 자신의 결핍 속에서 발육하는 낯선 인공적 힘을 발견한다. 더 좋은 날들을 위한 걸까? 욕망은 사랑받으려는 욕망이 되어야 하며, 더 나쁜 경우, 사랑받았어야 했다고 훌쩍거리는 욕망, 아빠-엄마는 날 충분히 사랑하지 않았다는 자신의 욕구불만에서 다시 태어나는 욕망……이 되어야 한다. 하지만 누가 이렇게 말할까? 어찌 이리도 비열할까? 병든 욕망은 소파 위에, 인공의 늪, 작은 땅, 작은 어머니 위에 눕는다. 〈당신을 봐, 다리를 쓸 수 없어서 발부리가 걸려 비틀거리고 있군. (……) 그렇게 하는 것은 오로지 사랑받고 싶은 당신의 바람 때문이지. 사랑받으려는 흐느

---

47 Nietzsche, *Généalogie de la morale*, III, 3절.

분열-분석의 첫째 정립적 임무

끼는 외침, 그것이 당신의 무릎을 온통 위태롭게 만드는 거야.)[48] 왜냐하면 반추동물에게 위가 두 개 있는 것과 마찬가지로, 병든 욕망에게는 두 번의 낙태, 두 번의 거세가 있어야 하니까. 한 번은 가정에서, 뜨개질하는 여자가 있는 가족 장면에서, 또 한 번은 사치스럽게 살균된 진료소에서, 죽음 본능을 다룰 줄 알고, 거세를 〈잘 처리해 내고〉, 욕구불만을 〈잘 처리해 낼〉 줄 아는 전문 기술자들이 있는, 정신분석 장면에서. 실로, 이것은 더 좋은 날들을 위한 좋은 수단일까? 분열-분석이 행하는 모든 파괴는 정신분석의 이 보존실보다 더 나은 가치가 있지 않을까? 이 파괴들은 긍정적 임무의 일부를 이루지 않을까? 〈이제 분석가가 당신에게 제공하는 부드러운 소파 위에 누워, 다른 뭔가를 생각해 내세요. (……) 분석가는 신이 아니라 당신과 같은 인간 존재이며, 근심들, 결함들, 야심들, 약점들을 갖고 있다는 것을, 그는 모든 것을 아우르는 지혜(=코드)의 보고(寶庫)가 아니라, (탈영토화된) 길을 따라가는 방랑자라는 것을 당신이 깨닫는다면, 아마 당신은 당신 귀에 아무리 아름다운 음악처럼 들린다 해도 하수도처럼 그걸 쏟아 내길 그칠 것이며, 당신의 두 발로 일어서서 신이 준 당신 목소리(누멘)로 노래하게 될 것이오. 고백하고 흐느끼고 불평하고 애처로워하는 일은 언제나 돈이 들지요. 노래하는 것은 한 푼도 들지 않을뿐더러, 실제로 (남들을 전염시키는 대신) 남들을 풍요롭게 해 주지요. (……) 허깨비 세계는 결코 충분히 정복된 적 없는 세계지요. 그것은 과거의 세계이지, 미래의 세계가 아니에요. 과거에 집착하면서 전진한다는 것은 쇠사슬에 금속 구(球)를 부착한 족쇄를 질질 끌고 가는 것과 같아요. (……) 우리는 모두 죄가 있어요, 삶을 충만하게 살지 않는다는 큰 죄 말이에요.)[49] 당신은 오이디

48 D. H. Lawrence, *La Verge d'Aaron*, p.99.((옮긴이) 영: p.101)

49 Henry Miller, *Sexus*, pp.450~452((옮긴이) 영: pp.429~430)(괄호 속에 있는 것은 DG의 첨가). 『섹서스』 속에서 희극적 정신분석의 실행들을 참조할 수 있다.

푸스로 태어나지 않았다, 당신은 오이디푸스를 당신 속에 밀어 넣었다. 또 당신은 환상에 의해, 거세에 의해 오이디푸스에서 빠져나오려고 생각하지만, 오히려 거세는 당신이 오이디푸스 속에, 즉 당신 자신 속에 밀어 넣은 그것이다. 섬뜩한 순환이로다. 그 극장이 상상적이건 상징적이건, 당신의 모든 죽음 극장은 똥이나 먹어라. 분열-분석은 무엇을 요구할까? 바깥과의 약간의 참된 관계, 약간의 진짜 현실 말고는 아무것도 요구하지 않는다. 그리고 우리는 가벼움의 권리와 근본적 무자격의 권리를, 즉 분석가의 진료실에 들어가, 당신한테 악취가 난다고 말할 권리를 요구한다. 거기서는 큰 죽음과 작은 자아의 냄새가 난다.

그램분자적인 것과 분자적인 것의 친화성 문제

프로이트는 죽음 본능의 〈발견〉과 1차 세계대전의 연줄을 스스로 잘 말한 바 있는데, 이 전쟁은 자본주의 전쟁의 모델로 남아 있다. 더 일반적으로, 죽음 본능은 정신분석과 자본주의의 혼인을 거행한다. 그 전까지만 해도, 아직 주저하는 약혼이었던 것이다. 자본주의에 관해 우리가 밝히려 했던 것은, 어떻게 자본주의가 죽음의 초월적 심급, 즉 전제군주 기표를 상속했으면서도, 이 심급을 그 자신의 체계의 내재성 전체 속으로 전파했는가 하는 점이다. 돈-자본의 몸이 된 충만한 몸은 생산과 반생산의 구별을 제압한다. 자본주의는 항상 확대되는 그 자신의 극한들의 내재적 재생산(공리계) 속에서, 도처에서 반생산을 생산력들 속에 섞는다. 죽음의 사업은 자본주의에서의 잉여가치 흡수의 주요하며 특유한 형식들 중 하나이다. 정신분석이 죽음 본능으로 다시 발견하고 다시 행하는 일이 바로 이 전진 자체이다. 죽음 본능은 삶과의 초월적 구별 속에서 이제 순수한 침묵일 뿐이지만, 그것이 이 동일한 삶으로 형성하는 모든 내재적 조합을 가로질러 순수한 침묵을 더 한층 전파할 뿐이다. 내재적이고 전파되고 흡수된 죽음, 이런 것이 자본주의 속에서 기표가 취하는 상태이며, 분열증적으로 빠져나간 자들을 틀어막고 도주들을 옥죄기 위해 사람들이 도처에서 이전하는 빈 오두막이다. 현대의 유일한 신화는 좀비 신화이다. 좀비는 일을 잘하고 이성을 되찾은 고행의 분열자들이다. 이런 의미에서, 죽음을 코드화하는 제 나름의 방식을 갖고 있던 미개인과 야만인은 현대인과 현대인의 공리계에 비하면 어린애들이다(많은 실업자가 있어야 한다, 많은 사망자가 있어야 한다, 알제리 전쟁은 주말 교통사고, 인도 벵골에서 발생한 계획된 죽음보다 더 많은 사람을 죽이지 않았다 등). 현대인은 〈훨씬 더 많이 망상한다. 현대인의 섬망(delirium)은 전화가 열세 대 있는 전화 교환대이다. 현대인은 세계에 자신의 질서들을 부여한다. 현대인은 부인을 사랑하지 않는다. 현대인은 용감하기도 하다. 사람들은 현대인을 능숙하게 장식한다. 인간의 놀이에서, 죽음 본능, 침묵하는 본능은, 아마 이기주의와 나란히, 결정적으로 좋은 자리를 잡고 있다. 그것은 룰렛에서 0의 자리에 있다. 카지노는 언제나 이긴다. 죽음도 역시 그렇다. 큰 수의 법칙은 죽음을 위해 일한다……〉[50] 우리에게는 바로 지금이 우리가 유보 상태로 남겨두었던 문제를 다시 다룰 때이다. 그러지 않으면 다시는 기회가 없으리라. 자본주의가 탈코드화된 흐름들 같은 것들 위에서 작용한다고 일단 말했는데, 그렇다면 그 나름으로도 흐름들을 코드화하고 초코드화하는 원시 체계들 또는 심지어 야만 체계들보다도 자본주의가 욕망적 생산에서 무한히 더 멀리 떨어져 있는 일이 어떻게 일어날까? 욕망적 생산이 탈코드화되고 탈영토화된 생산 자체라고 일단 말했는데, 그렇다면 자본주의가 그 공리계, 그 통계학으로, 그 나름으로도 탄압 수단들을 결핍하고 있지 않았던 예전 체제들보다도 이 생산을 무한히 더 광범

---

50 L.-F. Celine, in *L'Herne*, 3호, p.171.

하게 탄압한다는 것을 어떻게 설명할까? 사회적 생산의 통계적·그램분자적 집합들이 욕망적 생산의 분자적 구성체들과 다양한 친밀성의 관계를 맺고 있다는 것을 우리는 보았다. 설명해야 할 것은, 자본주의적 집합체가 능숙하게 탈코드화하고 탈영토화하는 바로 그 순간에도, 자본주의 집합체는 [욕망적 생산의 분자적 구성체들과] 가장 덜 친밀하다는 바로 그 점이다.

답은 죽음 본능이다. 여기서 일반적으로 본능이라 불리는 것이 한 체계 속에서 생산과 반생산의 관계들에 의해 역사적·사회적으로 규정된 삶의 조건들을 가리킨다면 말이다. 그램분자적·사회적 생산과 분자적·욕망적 생산은 그 본성의 동일성이라는 관점과 동시에 그 체제의 차이라는 관점에서 판단되어야 한다는 것을 우리는 알고 있다. 하지만 본성과 체제라는 이 두 양상은 어떻게 보면 퍼텐셜이며 반비례 관계로만 현행화된다고 할 수 있다. 말하자면, 체제들이 가장 근접하면 반대로 본성의 동일성이 최소이고, 본성의 동일성이 최대로 나타나면 체제들이 극도로 상이하다. 우리가 원시 내지 야만의 집합체들을 고찰해 보면, 생산으로서의 욕망의 주체적 본질은 큰 객체성들, 즉 토지나 전제군주의 몸으로 되돌려진다는 것을 보게 되는데, 이것들은 자연적인 또는 성스러운 전제로 작용하며, 따라서 욕망의 흐름들을 객관적 재현 체계들 자체 속에 도입함으로써 이 흐름들의 코드화 내지 초코드화를 보증한다. 따라서 두 생산 사이의 본성의 동일성은 여기서 완전히 숨어 있다고 말할 수 있다. 때로는 객관적 사회체와 욕망적 생산의 주관적 충만한 몸 간의 차이에 의해, 때로는 사회적 생산의 특징적인 코드화들 및 초코드화들과 욕망적 생산의 탈코드화 내지 탈영토화의 사슬들 간의 차이에 의해, 또 때로는 원시의 금기들, 야만의 법, 반생산의 권리들 속에서 재현된 탄압 장치 전체에 의해 말이다. 그렇지만 체제의 차이는 눈에 띄고 심화되기는커녕, 이와 반대로 최소로 축소된다. 왜냐하면 절대적 극한으로서의 욕망적 생산은 외부 극한으로 머물거나, 내재화되고 이전된 극한으로서 자리를 잡지 못한 채로 머물며, 그래서 욕망의 기계들은 사회체와 그 코드들의 틀 안에서 자신들의 극한의 이쪽에서 기능하기 때문이다. 바로 이런 까닭에 원시적 코드들과 심지어 전제군주적 초코드화들마저도 이것들을 욕망의 탈코드화 사슬에 기능적으로 접근시키는 다성성을 표시해 준다. 즉 욕망 기계들의 부품들은 사회 기계의 톱니바퀴들 자체 속에서 기능하며, 욕망의 흐름들은 사회적-욕망적 장치의 통일체 속에서 제작된 죽음의 모델과 경험을 그 기회에 끊임없이 전해 주는 코드들을 들락날락한다. 그리고 끊임없이 욕망 기계들을 사회 기계에 접목하고 사회 기계를 욕망 기계들 속에 심는 회로 속에서 모델과 경험이 더 잘 코드화될수록, 죽음 본능은 더 줄어든다. 죽음은 안에서 코드화되는 그만큼 더 밖에서 온다. 이는 특히 잔혹의 체계에서 참인데, 거기서 죽음은 부채의 유한 블록들의 운동 속에 기입되는 것과 마찬가지로 잉여가치의 원시 메커니즘 속에도 기입된다. 하지만 부채가 무한해지는, 또 죽음이 죽음을 잠복된 본능으로 만드는 경향이 있는 소모를 아는 전제군주 공포 체계에서마저도, 모델은 초코드화하는 법(法) 속에 존속하며, 경험은 초코드화된 신민들을 위해 존속하며, 이와 동시에 반생산은 영주의 몫으로 분리된 채로 남는다.

자본주의에서는 사정이 아주 다르다. 자본의 흐름들은 탈코드화되고 탈영토화된 흐름들이기 때문에, 생산의 주체적 본질이 자본주의 속에서 발견되기 때문에, 극한은 끊임없이 그것을 재생산하며 또한 내부화되고 이전된 극한으로서 그것을 끊임없이 점유하는 자본주의의 내부에 있게 되기 때문에, 바로 이런 이유들 때문에, 사회적 생산과 욕망적 생산 사이에 본성의 동일성이 그 자체로 나타나기 마련이다. 하지만 이번에는, 이 본성의 동일성이 두 생산 사이의 체제의 친화성에 유리하게 작용하기는커녕, 파국적인 방식으로 체제의 차이를 증대하며, 원시 체제도 야만 체제도 우리에게 그 생각조차 하게 하지 못했던 탄압 장치를 조립한다. 이는, 큰 객체성들의 붕괴에 기초해서, 자본주의의 탈코드화되고 탈영토화된 흐름들이 되찾아지거나 회수되지 않고, 오히려 이 흐름들을 주관적 재현의 우주와 관련시키는 코드 없는 공리계 속에 즉각 붙잡혔기 때문이다. 그런데 주관적 재현의 우주는 주체적 본질(본성의 동일성)을 두 기능으로 나누는 것을, 즉 한편에 항상 확대되는 내부 극한들을 재생산하는 사적 소유 속에서 소외된 추상적 노동의 기능과 다른 한편에 항상 더 좁아지는 내부화된 극한들을 이전하는 사유화된 가족 속에서 소외된 추상적 욕망의 기능으로 나누는 것을 자신의 기능으로 삼고 있다. 본성의 동일성의 한가운데서 끊임없이 체제의 차이를 증대하고 심화하는 것은 바로 노동-욕망의 이중 소외이다. 죽음이 탈코드화되는 것과 동시에, 죽음은 모델 및 경험과의 관계를 상실하고, 죽음은 본능이 된다, 말하자면 죽음은 생산의 각 행위가 자본으로서의 반생산의 심급과 얼키설키 뒤섞이게 된 내재적 체계 속으로 퍼져 간다. 코드들이 해체된 곳에서, 죽음 본능은 탄압 장치를 탈취하고 리비도의 순환을 관리하기 시작한다. 죽음의 공리계. 여기서 해방된 욕망들이 있다고 믿을 수도 있겠지만, 이 욕망들은 시체들처럼 이미지들을 섭취한다. 사람들은 죽음을 욕망하지 않으며, 오히려 사람들이 욕망하는 것은 죽은 것, 이미 죽은 것, 즉 이미지들이다. 모든 것은 죽음 안에서 일하고, 모든 것은 죽음을 위해 욕망한다. 사실이지, 자본주의는 회수할 것이 전혀 없다. 또는 차라리, 자본주의의 회복 권력들은 앞으로 회수해야 할 것과 가장 흔히 공존하고 있으며, 심지어 그것보다 먼저 와 있기도 하다. (얼마나 많은 혁명 집단들이 혁명 집단의 자격으로 장래에야 이루어질 회수를 위해 이미 자리 잡고 있으며, 아직 생산되지도 않은 잉여가치를 흡수하기 위한 장치를 형성하고 있는가. 이것이 바로 그들에게 외견상 혁명적 입장을

404

분열-분석의 첫째 정립적 임무

제공하고 있는 것이다.) 이런 세계에는, 체계를 폭파하기에 충분할, 또는 모든 것이 뒤따라가 휩쓸려 끝나게 될 하나의 끄트머리를 통해 체계를 도주시킬, 살아 있는 욕망은 단 하나도 없다 — 체제의 문제.

분열-분석의 기계론적 임무

여기 욕망 기계들이 있다. 그 세 부품은 일하는 부품들, 부동의 모터, 인접 부품이며, 그 세 에너지는 리비도, 누멘, 볼룹타스이고, 그 세 종합은 부분대상들과 흐름들의 연결 종합들, 독자성들과 사슬들의 분리 종합들, 내공들과 생성들의 결합 종합들이다. 분열-분석가는 해석자가 아니며, 더욱이 연출자도 아니다. 그는 기계공, 미시-기계공이다. 무의식에는 발굴 내지 고고학이 없으며, 조각상들도 없다. 베케트식의 빨기 위한 돌들만 있을 뿐이며, 탈영토화된 집합들의 다른 기계적 요소들만 있을 뿐이다. 문제는 이런 것들을 발견하는 것이다. 어떤 사람의 욕망 기계들이 어떤 것일까? 그것들이 어떻게 작동할까? 어떤 종합들을 행할까? 얼마나 폭주할까? 어떤 고장들로 구성될까? 어떤 흐름들을 갖고 있을까? 어떤 사슬들일까? 각 경우에 어떤 생성들이 있을까? 더욱이 이 정립적 임무는 불가결한 파괴들, 기계의 기능을 방해하는 그램분자적 집합들, 구조들, 재현들의 파괴와 뗄 수 없다. 전의식을 가득 채우고 있고, 그 대표들을 무의식 자체 속에 파견하여, 기계들을 고정하고 침묵시키고 끈끈이로 붙잡고 파손하고 쐐기 박고 못질하는 큰 무더기를 가로질러, 비록 거대 분자일지라도, 분자들을 다시 발견하는 것은, 또 그 길들, 그 현전 지대들, 그 고유의 종합들을 다시 발견하는 것은 쉽지 않다. 중요한 것은 무의식의 압력선들이 아니라 반대로 그 도주선들이다. 무의식이 의식에 압력을 가하는 것이 아니라, 의식이 무의식에 압력을 가하여 제지하고, 무의식이 도주하는 것을 방해한다. 무의식에 관해 보자면, 그것은 자신의 반대자에게 접근하는 플라톤의 반대자와 같다. 그것은 도주하거나 아니면 소멸한다. 우리가 처음부터 밝히려 했던 것은, 어떻게 무의식의 생산들 및 구성체들이 이것들과 타협을 맺게 될 억압의 심급에 의해 밀려났는가뿐 아니라, 또한 무의식을 그 자체로 변질시키고 무의식에 그 현실적 기능과는 더 이상 아무 상관없는 인과성들, 이해들, 표현들을 강요하는 반(反)-구성체들에 의해 어떻게 진정으로 은폐되었는가였다. 이렇게 해서 모든 조각상이, 오이디푸스적 이미지들, 환상적 연출들, 거세의 상징계, 죽음 본능의 전파, 변태적 재영토화들이 있게 되었던 것이다. 그래서 해석에서와 마찬가지로, 억압을 가로질러서나 억압 속에서 억압된 것을 결코 읽을 수 없다. 왜냐하면 억압은 자신이 억압하는 것의 거짓 이미지를 끊임없이 도입하기 때문이다. 이것이 종합들의 부당한 초월적 사용들인데, 이에 따르면 무의식은 더 이상 자신의 구성적 기계들에 맞춰 기능할 수 없고, 단지 탄압 장치가 무의식에 재현하라고 제공하는 것을 〈재현〉할 수 있을 따름이다. 해석의 형식 자체가 무의식에 도달할 수 없음을 스스로 드러낸다. 왜냐하면 해석의 형식은 그 자체로 의식이 무의식을 자신의 소원들에 맞는 이미지로 만드는 데 사용되는 불가피한 가상들(구조 및 기표를 포함해서)을 유발하기 때문이다. 우리는 아직 독실하며, 정신분석은 전(前)-비판 시대에 머물러 있다.

이 가상들이 무의식 자체 속에서 〈안착〉을 보증하는 합치와 후원의 수혜를 입지 않았다면, 아마 이 가상들은 결코 성공하지 못했으리라. 우리는 이 후원이 어떤 것인지를 앞에서 보았다. 문제는 본원적 억압으로, 이 억압은 분자적인 욕망적 생산의 한가운데서, 밀쳐 냄의 순간에 기관 없는 몸에 의해 행해진다. 이 본원적 억압이 없다면, 본래적 의미의 억압은 그램분자적 힘들에 의해 무의식에 위탁되어 욕망적 생산을 결코 파괴할 수 없었으리라. 본래적 의미의 억압은 욕망의 기계장

분열-분석의 첫째 정립적 임무

치에 끼어들 수 있게 해 준 그런 기회를 이용한다.[51] 무의식을 덫에 빠지게 함으로써 그 자신이 덫에 빠지는 정신분석과는 반대로, 분열-분석은 욕망 기계들에 이를 때까지 도주선들과 기계적 지표들을 따라간다. 분열-분석의 파괴적 임무의 본질이 매번 〈사례〉에 꼭 들어맞는 방식으로 본래적 의미의 억압의 오이디푸스적 덫과 그 모든 부속물을 해체하는 것이라면, 그 첫째 정립적 임무의 본질은 여기서도 역시 유연하게 꼭 들어맞는 방식으로 본원적 억압의 기계적 변환을 확보하는 것이다. 말하자면, 본래적 의미의 억압이 기반을 두고 있는 봉쇄 또는 합치를 파괴하는 것, 밀쳐 냄의 외견상 대립(기관 없는 몸과 부분대상들 기계들의 대립)을 현실적 기능의 조건으로 변형하는 것, 이 기능을 끌어당김 및 내공들의 생산의 형식들 속에서 확보하는 것, 그다음에는 생산된 내공들 속에 0도를 감싸는 동시에 끌어당기는 기능 속에 고장들을 통합하는 것, 이렇게 함으로써 욕망 기계들을 재가동하는 것이다. 이와 같은 것이 분열-분석에서 전이의 등가물인, 핵심적이고 미묘한 지점이다 (정신분석의 변태 전이를 분산하고 분열증화하기).

---

51 L.-F. Celine, in *L'Herne*, 3호, 2장, p.7 참조.

5 분열-분석의 둘째 정립적 임무

사회적 생산과 그 기계들
두 극의 이론

그렇지만 체제의 차이가 있다고 해서 우리가 본성의 동일성을 잊어서는 안 된다. 근본적으로는 두 극이 있다. 하지만 만일 우리가 이 두 극을 그램분자적 구성체들과 분자적 구성체들의 이원성으로 제시해야만 한다면, 우리는 이런 방식으로 제시하는 데서 그칠 수 없는데, 왜냐하면 그 자체로 그램분자적 구성체의 투자가 아닌 분자적 구성체는 없기 때문이다. 욕망 기계들이 대규모로 형성하는 사회 기계들 바깥에 실존하는 욕망 기계란 없다. 그리고 소규모로 사회 기계들을 서식시키는 욕망 기계들이 없는 사회 기계도 없다. 또한 코드 내지 공리계의 그램분자적 블록들 전반을 가로채고 재생산하지 않는 분자적 사슬도 없으며, 분자적 사슬의 단편들을 포함하거나 밀봉하지 않는 그런 블록들도 없다. 욕망의 시퀀스는 사회 기계를 통해 연장되든지, 아니면 사회 기계는 그 톱니바퀴들 속에 욕망 기계들의 부품들을 갖고 있다. 욕망적 미시-다양체들은 큰 사회 집합들 못지않게 집단적이며, 이것들은 본래

407

뗄 수 없고, 또 하나의 동일한 생산을 구성한다. 이런 관점에서, 두 극의 이원성은 그램분자적인 것과 분자적인 것 사이를 지나간다기보다 그램분자적·사회적 투자들의 내부에서 지나가는데, 왜냐하면 어떤 식으로든 분자적 구성체들은 그런 투자들이기 때문이다. 바로 이런 까닭에 두 극에 관해 우리의 용어법은 불가피하게 변주되었다. 어떤 때는 우리는 그램분자적인 것과 분자적인 것을, 기표적이며 구조화된 편집증적 통합선들과 기계적이고 분산된 분열증적 도주선들로서, 또는 더 나아가 변태적 재영토화들의 흔적과 분열증적 탈영토화들의 운동으로서 대립시켰다. 또 어떤 때는 이와 반대로 우리는 그 둘을, 하나는 반동적 내지 파시즘적 경향성을 띤 정주적·일대일대응적 투자로, 다른 하나는 혁명적 경향성을 띤 유목적·다의적 투자로, 동등하게 사회적인 커다란 두 유형의 투자로서 대립시켰다. 사실 〈나는 영원히 열등 인종이다〉, 〈나는 짐승이다, 검둥이이다〉, 〈우리는 모두 독일 유대인이다〉 등의 분열증적 언명들에는, 〈나는 당신들과 같은 족속이요, 우리에 속하며, 나는 순수한 아리아인이요, 언제나 우등 인종이다〉 등의 편집증적 공식에서 못지않게 역사-사회장이 투자되어 있다. 그리고 무의식적 리비도 투자의 관점에서 보면, 한쪽에서 다른 쪽으로 모든 왕복 운동이 가능하다. 어떻게 이것이 가능할까? 분자적 분산을 지닌 분열증적 도주는 어떻게 편집증적 투자만큼 강하고 규정된 투자를 형성할 수 있을까? 왜 두 극에 대응하는 두 유형의 사회적 투자가 있을까? 도처에 그램분자적인 것과 분자적인 것이 있기 때문이다. 이것들의 분리는 포괄적 분리의 관계로, 이 관계는 다만 종속의 두 방향에 따라, 즉 분자적 현상들이 큰 집합들에 종속하는가, 아니면 반대로 이 집합들을 자신에게 종속시키는가에 따라 변주한다. 한 극에서, 큰 집합들, 큰 군집 형식들은 이것들을 운반하는 도주를 방해하고, 이 도주를 편집증적 투자와 대립시키되 단지 〈도주 앞에서의 도주〉로서만 대립시킨다. 하지만 다른 극에서, 분열증적 도주 자체는 사회적인 것에서 멀어져 방외(方外)에 사는 데만 있지는 않다. 그것은 사회적인 것을 부식시키고 꿰뚫는 구멍들의 다양체를 통해 사회적인 것을 도주시킨다. 그것은 사회적인 것에 언제나 직결되어 있으며, 파열해야 할 것을 파열시키고 몰락해야 할 것을 몰락시키고 도주해야 할 것을 도주시키는 분자적 충전들을 도처에 배치하고, 각 지점에서 과정으로서의 분열증이 실효적으로 혁명적인 힘으로 변환하는 것을 확보한다. 왜냐하면 분열자란 무엇보다도, 니진스키의 말처럼, 돈, 지갑, 죽음의 힘들 등 〈이 모든 것〉을 — 즉 가치들, 도덕들, 조국들, 종교들, 사적 확실성들을 더 이상 감당할 수 없는 자가 아니라면 도대체 무엇이랴? 분열자와 혁명가 사이에는, 도주하는 자와 그가 피하는 것을 도주하게 할 줄 아는 자 사이의 모든 차이*가 있을 뿐이다. 혁명가는 더러운 관을 부수고, 홍수를 통과시키고, 흐름을 풀어놓고, 분열을 다시 절단한다. 분열자는 혁명적이지 않지만, 분열증적 과정(분열자는 이 과정의 중단 내지 공전일 뿐이다)은 혁명의 퍼텐셜이다. 도주는 용감한 것이 아니라고 말하는 자들에게는 이렇게 답하겠다. 도주 아닌 것이, 그리고 동시에 사회적 투자 아닌 것이 무엇일까? 선택은 두 극 사이에만, 즉 순응주의적·반동적·파시즘적 모든 투자를 부추기는 편집증적 역-도주와 혁명적 투자로 변환할 수 있는 분열증적 도주 사이에만 있다. 블랑쇼는 이 혁명적 도주에 관해, 가장 정립적인 것으로 생각되고 진행되어야 하는 이 전략에 관해 훌륭하게 말하고 있다. 〈이 도주는 무엇일까? 이 낱말은 즐겁기 위해서라면 잘못 선택되었다. 그렇지만 용기는 가짜 피난처에서 조용히 위선적으로 사느니보다는 차라리 도주를 받아들이는 것이다. 가치들, 도덕들, 조국들, 종교들 및 우리 자신의 허영과 자기

---

* 이 구절의 원문은 다음과 같이 되어 있다. toute la différence de celui qui fuit, et de celui qui sait faire fuir ce qu'il fuit. 도주(fuir)는 타동사로 "피하다"라는 뜻도 있다.

분열-분석의 둘째 정립적 임무

만족이 우리에게 관대하게 부여하는 이 사적 확실성들은, 안정된 것들 가운데서 이처럼 끄떡없고 정지한 채 있다고 생각하는 사람들을 위해 세상이 마련해 준 만큼의 기만적인 체류지들을 갖고 있다. 이들은 거대한 부동의 운동을 통해, 각자와 무관하게 이들을 운반하는, 항상 더 빨라지는 자신들의 걸음의 단조로운 웅성거림 속에서, 자기도 모르는 채가 버리고 마는 저 거대한 패주(敗走)에 대해서는 아무것도 모른다. 도주 앞에서의 도주. 신비한 표류의 계시를 받아, 더 이상 체류 비슷한 가짜 속에서 살기를 더 이상 견딜 수 없는 [그런 사람들 중 한 사람이 있다고 해 보자.] 우선 그는 자기 방식으로 이 운동을 진행해 보려고 시도한다. 그는 개인적으로 멀어지기를 바라리라. 그는 방외에서 산다. (……) [하지만] 아마도 전락은, 더 이상 개인적 운명일 수 없고 모든 사람 속에 있는 각자의 숙명이다.)[52] 이 점에서 분열-분석의 첫째 테제는 다음과 같다. 모든 투자는 사회적이며, 온갖 방식으로 역사·사회장에 결부되어 있다.

군집성, 선별, 군집성의 형식

그램분자적 구성체 내지 군집 형식의 큰 특징들을 상기해 보자. 그것들은 큰 수의 법칙들에 복종하는 통계적 축적에 의해, 분자적 힘들의 통일과 전체화를 수행한다. 이 통일체는 어떤 종(species)의 생물학적 통일체일 수도 있고 한 사회체의 구조적 통일체일 수도 있다. 사회적인 것이건 생명적인 것이건, 하나의 유기체는 하나의 전체로서, 하나의 온전하거나 완전한 대상으로서 합성되어 있다. 이 새로운 차원과 관

---

52 Maurice Blanchot, *L'Amitié*, Paris: Gallimard, 1971, pp.232~233.((옮긴이) 인용 중의 대괄호는 DG의 것이다.)

련해서, 분자 차원의 부분대상들은 하나의 결핍으로 나타나며, 동시에 전체 자체는 부분대상들을 결핍하고 있다고 이야기된다. 바로 이렇게 욕망은 결핍에 용접되리라. 분자적 다양체에서 정립적 분산을 정의하는 수천의 흐름-절단들은 그램분자 차원의 통계적 집합 속에서 이 용접을 수행하는 결핍의 액포들로 복귀한다. 절단들 내지 분열들에 기초한, 분산의 정신병적 다양체들에서, 어떻게 신경증 및 거세 유형의, 온전하게 규정된 큰 액포들로 이행하는지를, 프로이트는 이런 의미에서 잘 밝혔다. 즉 신경증자는 부분대상들이 결핍으로 규정될 수 있게 해주고 또 그 역도 성립하게 해 주는 하나의 온전한 대상이 필요하다.[53] 하지만 더 일반적으로 말해, 분자적 다양체를 그램분자적 집합으로 통계적으로 변형하는 일은 결핍을 큰 규모로 조직화한다. 이런 조직화는 본질적으로 생물학적 또는 사회적 유기체, 종 또는 사회체에 속한다. 자기의 고유한 다양한 수단을 통해, 자기 한가운데서 결핍을 설비하지 않는 사회란 없다(이 수단들은, 가령 전제군주 유형의 사회와, 시장경제가 이 수단들을 지금까지 알려지지 않은 완벽함의 등급으로 데려가는 자본주의사회에서 같지 않다). 이렇게 욕망이 결핍과 용접되면, 바로 이것이 욕망에 집단적·개인적 목적들, 목표들 내지 의도들을 주며, 그 대신에, 목표와 의도를 잃고 분자적 현상으로 처신하는, 욕망적 생산의 현실적 질서 속에서 파악된 욕망은 사라진다. 또한 통계적 집적을 우연의 결과물, 우연한 결과물이라고 믿어서는 안 된다. 반대로 그것은 우연의 요소들에 대해 행해지는 선별의 결실이다. 니체가 선별은 큰 수에 유리하게 행해진다고 매우 빈번히 말할 때, 그는 현대 사상에 영감을 줄 근

---

53 Sigmund Freud, "L'Inconscient," 1915, in *Métapsychologie*, Paris: Gallimard, pp.152~154((옮긴이) 독: p.299) 참조. 양말의 두 가지 사용이 있는데, 하나는 정신병적 사용으로 양말을 그물코들의 분자적 다양체로 다루며, 다른 하나는 신경증적 사용으로 양말을 온전한 대상과 그램분자적 결핍으로 다룬다.((옮긴이) 이 주제에 대해 『천 개의 고원』 둘째 고원을 참고할 수 있다.)

분열-분석의 둘째 정립적 임무

본적 직관을 던지고 있다. 왜냐하면 그의 말이 뜻하는 바는, 큰 수들 내지 큰 집합들이 독자적 선들을 뽑아내는 선별 압력보다 먼저 실존하지 않고, 이와 완전히 반대로 큰 수들 내지 큰 집합들은 독자성들을 분쇄하거나 제거하거나 조정하는 이 선별 압력에서 탄생한다는 것이기 때문이다. 최초의 군집성을 전제하는 것이 선별이 아니라, 오히려 군집성이 선별을 전제하고 선별에서 탄생한다. 표시 내지 기입의 선별적 과정으로서 〈문화〉는 그것이 행사되기에 유리한 큰 수들을 발명한다. 바로 이런 까닭에 통계학은 기능적이지 않고 구조적이며, 또 선별이 이미 부분적 종속의 상태로 둔 현상들의 사슬들(마르코프 사슬들)과 결부된다. 이는 유전 코드에서도 볼 수 있다. 다시 말해, 군집성들은 결코 임의적인 것이 아니라, 창조적 선별에 의해 그것들을 생산하는 특정하게 규정된 형식들과 관련되어 있다. 순서는 군집→선별이 아니고, 반대로 분자적 다양체→선별을 행하는 군집성의 형식들→선별에서 나오는 그램분자적 내지 군집적 집합들이다.

첫째 테제 ── 모든 투자는 그램분자적이고 사회적이다

니체가 〈통치 구성체들〉*이라고 말한, 조직들과 결핍들과 목표들을 고정하면서 전체화하고 통일하고 의미화하는 객체성들의 역할을 하는, 이 특정한 형식들은 무엇일까? 이는 사회체의 상이한 양태들, 즉 토지, 전제군주, 자본이라는 참으로 묵직한 집합들을 규정하는 충만한 몸들이다. 충만한 몸 또는 옷을 입은 물질, 이는 기관 없는 충만한 몸 또

---

* 니체가 Herrschaftsgebilden라고 표현한 것을 저자들은 클로솝스키를 따라 formations de souveraineté라고 옮기고 있다. 프랑스어를 직역하면 "주권 구성체" 정도가 맞겠으나, 니체의 의미에 충실하자면 "통치 구성체"라고 하는 것이 더 낫다.

는 분자적·욕망적 생산의 벌거벗은 물질과 구별된다. 이 권력 형식들이 어디서 오느냐고 묻는다면, 그것들은 그 어떤 목표, 그 어떤 목적에 의 해서도 설명되지 않는다는 것이 분명한데, 왜냐하면 목표들과 목적들을 고정하는 것이 바로 이 권력 형식들이기 때문이다. 특정 사회체, 즉 토지의 몸, 전제군주의 몸, 돈-자본의 몸의 형식 내지 성질은, 생산력들이 모든 사회구성체와 독립해 있는, 또는 차라리 모든 사회구성체에 공통된, 호모 나투라를 정의하는 한에서, 생산력들의 내공적 발전 상태 내지 발전 단계에 의존한다(호모 나투라란 맑스주의자들이 〈유용한 노동의 소여들〉이라고 부르는 것이다). 따라서 사회체의 형식 내지 성질 그 자체는 생산되지만, 출산되지 않은 것으로서, 말하자면 특정 단계에 대응하는 생산의 자연적인 또는 성스러운 전제로서 생산된다. 또한 사회체의 형식 내지 성질은 이 생산에 구조적 통일과 외견상 목표들을 주고, 이 생산으로 복귀하고, 생산력들이 사회적 성격을 띠게끔 해 주는 선별들, 축적들, 끌어당김들을 규정하면서 이 생산력들을 전유한다. 바로 이런 의미에서 사회적 생산은 특정한 조건들 아래에서 욕망적 생산 자체이다. 따라서 이 특정한 조건들은 사회체 내지 충만한 몸으로서 군집의 형식들이며, 이 형식들 아래에서 분자적 구성체들은 그램분자적 집합들을 구성한다.

둘째 테제——사회적 투자들 속에서 계급 내지 이해관계의 전의식적 투자와 욕망 내지 집단의 무의식적 리비도 투자를 구별하라

이제 우리는 분열-분석의 둘째 테제를 명확히 할 수 있다. 사회적 투자들은 집단 내지 욕망의 무의식적 리비도 투자와 계급 내지 이해관계의 전의식적 투자로 구별되리라. 후자는 큰 사회적 목표들을 지나가며, 유기체와 집단적 기관들에 관련되는데, 여기에는 설비된 결핍의 액포들이 포함된다. 하나의 계급은 해당 집합을 특징짓는 종합들의 체제에 의해, 즉 온전한 연결들, 배타적 분리들, 잔여적 결합들의 상태에 의해 정의된다. 어떤 계급으로의 귀속은 생산 내지 반생산에서의 역할, 기입에서의 자리, 주체들에게 되돌아오는 몫과 관련된다. 따라서 계급의 전의식적 이해관계 자체는 흐름의 채취들, 코드들의 이탈들, 주체의 잔여들 내지 수입들과 관련된다. 이 관점에서 보면, 한 집합은 실천적으로 오직 한 계급만을, 즉 특정 체제에서 이해관계를 갖는 계급만을 포함한다는 것이 참으로 맞다. 다른 계급은 새로운 사회적 목표들, 새로운 기관들과 수단들, 사회적 종합들의 새로운 가능 상태들과 관련하여 그 자신의 이해관계를 창조하는 대체-투자에 의해서만 구성될 수 있

412 다. 이 다른 계급이, 이 목적들과 이 수단들을 확정하고 전의식의 영역에서 혁명적 절단(가령 레닌적 절단)을 행하는 당(黨) 장치에 의해 재현되어야 할 필연성이 이로부터 나온다. 따라서 계급 내지 이해관계의 전의식적 투자들의 이 영역에서는, 반동적 또는 개량적인 것 또는 혁명적인 것을 구별하기는 쉽다. 하지만 이런 의미에서 이해관계를 갖고 있는 사람들은, 그 이해관계가 어떻게 보면 남에 의해 〈지녀지는〉 또는 재현[대표]되는 사람들보다 언제나 그 수가 더 제한되어 있다. 실천의 관점에서 계급은 이론적 규정에서 파악된 계급보다 그 수나 크기가 무한히 더 적거나 작다. 지배계급, 말하자면 단적인 계급의 한가운데서 존속하는 모순들이 이로부터 나온다. 이 점은 자본주의 체제에서 분명한데, 가령 거기서는 원시적 축적이 지배계급의 집합 중 제한된 분파의 이익을 위해서만 행해진다.[54] 하지만 이 점은 당 장치라는 자신의 구성체를 갖고 있던 러시아혁명에서도 못지않게 분명하다.

---

54 Maurice Dobb, *Etudes sur le développement du capitalism*, p.191.(《옮긴이》 영: p.178. 독: p.182)〈산업자본주의의 만개가 부의 소유권을 부르주아계급에 이전하는 것뿐 아니라 더 소수의 손에 부의 소유권이 집중되는 것을 요구한 데는 여러 이유들이 있다.〉

그렇지만 이 상황은 다음 문제를 푸는 데 전혀 충분치 않다. 객관적으로 혁명적 이해관계를 갖고 있거나 갖고 있었음이 틀림없는 많은 사람들이 왜 반동적 유형의 전의식적 투자를 유지할까? 또한 더 드문 일이지만, 객관적으로 반동적 이해관계를 가진 몇몇 사람들이 어떻게 전의식적인 혁명적 투자를 하는 데 이를까? 후자의 경우에는 정의의 갈망, 정의로운 이데올로기적 입장이 좋고 옳은 견해를 견지하는 반면, 전자의 경우에는 이데올로기적 기만 내지 신비화의 산물로 눈이 멀었다고 해야 할까? 혁명가들은 종종, 사람들이 혁명을 원하고 행하는 것이 의무가 아니라 욕망에 의해서라는 것을 가끔 잊거나 인정하길 좋아하지 않는다. 다른 데서와 마찬가지로 여기서도, 이데올로기란 개념은, 항상 조직적 본성과 관련되어 있는 참된 문제들을 감추는 고약한 개념이다. 라이히가 〈왜 대중들은 파시즘을 욕망했을까?〉라는 더없이 깊은 물음을 제기한 바로 그 순간에도, 이데올로기적인 것, 주관적인 것, 비합리적인 것, 부정적인 것, 억제된 것 따위를 내세우면서 답하는 데 그쳤다면, 그 까닭은 라이히가 여전히 그가 꿈꾼 유물론적 정신의학을 결핍시키고, 욕망이 어떻게 하부구조의 일부를 이루는지를 못 보게 방해하고, 또 그를 객관적인 것과 주관적인 것의 이원성 속에 가두어 놓은 파생 개념들에 사로잡힌 채 머물렀기 때문이다(그 결과, 정신분석은 이데올로기에 의해 정의된 주관적인 것의 분석으로 이송되었다). 하지만 모든 것은 사람들이 바라는 대로 객관적이거나 주관적이다. 구별은 여기에 있지 않다. 해야 할 구별은 경제적 하부구조 자체와 그 투자들 안을 지나간다. 리비도 경제학은 정치경제학 못지않게 객관적이며, 정치경제학은 리비도 경제학 못지않게 주체적이다. 하기는 이 둘 모두가 다 사회적 현실로서의 동일한 현실의 상이한 두 투자 양태에 대응하기는 하지만 말이다. 이해관계의 전의식적 투자들과 필연적으로 일치하는 것은 아닌, 또 이 전의식적 투자들이 어떻게 〈가장 어두운 조직화〉 속에서,

413

모든 이데올로기 아래서 장애를 겪어 변태가 될 수 있는지를 설명해 주는, 욕망의 무의식적 리비도 투자가 있다.

사회장의 이런 리비도 투자의 본성

리비도 투자는 사회적 종합들의 체제에 관여하는 것이 아니라 이 종합들이 의존하는 힘들 내지 에너지들의 발전 정도에 관여한다. 그것은 이 종합들에 의해 수행되는 채취들, 이탈들, 잔여들에 관여하지 않고 이 종합들을 조건 짓는 흐름들과 코드들의 본성에 관여한다. 그것은 사회적 목표들과 수단들에 관여하지 않고 사회체로서의 충만한 몸에, 통치 구성체 내지 자기 자신을 위한 권력 형식에 관여하는데, 이 형식은 의미와 목표를 벗어 버리고 있으며, 그 까닭은 의미들과 목표들이 이 형식에서 나오지 그 역이 아니기 때문이다. 필경 이해관계들은 우리에게 특정한 리비도 투자를 미리 마련하지만, 이 투자와 합류하지는 않는다. 더욱이, 바로 무의식적 리비도 투자는 우리가 다른 쪽보다 오히려 이쪽에서 우리의 이해관계를 찾도록 규정하며, 우리의 모든 기회가 바로 거기에 있다고 설득함으로써 그 길 위에 우리의 목표들을 세우도록 규정한다. 왜냐하면 사랑이 우리를 그리로 몰아가니까. 명시적 종합들은 발전 정도의 전의식적 등급 측정기들(gradimètres)일 뿐이며, 외양성 이해관계들과 목표들은 다만 사회적 충만한 몸의 전의식적 지수(指數)들일 뿐이다. 클로솝스키가 니체에 대한 깊은 주석에서 말하듯, 권력 형식은 그것이 그 부조리 자체에 의해 행사하는 폭력과 합류하지만, 가장 예속된 요소들마저도 참여하는 목표들과 의미들을 자신에게 할당함으로써만 이 폭력을 행사할 수 있다. 〈통치 구성체들은 자신들이 창조하는 조직적 목표에 의해 자신들의 통치권의 목표와 의미의 부재를 가리는 것 말고는 다른 의도가 없으며〉, 이렇게 그 부조리를 정신성으로

414

변환하는 것 말고는 다른 의도가 없다.[55] 바로 이런 까닭에 한 사회 안에서 합리적인 것과 비합리적인 것을 구별하려 하는 것은 아주 헛된 일이다. 물론 사람들이 한 사회 안에서 갖는, 그리고 사회적 재생산의 법칙들과 관련하여 물려받는 역할, 자리, 몫은 리비도를 몰아붙여 충만한 몸으로서의 그러한 사회체, 우리가 목표들과 이해관계들을 구실로 참여하거나 참여할 기회들을 갖는 그런 부조리한 권력을 투자하게 한다. 사회 기계, 권력 형식, 발전 정도 자체를 위한 사심 없는(désintéressé) 사랑이 있다는 점이 남는다. 거기에 이해관계가 있는, 또 자신의 이해관계에 대한 사랑과는 다른 사랑으로 이것들을 더욱 사랑하는 사람에게도 사정은 마찬가지이다. 거기에 이해관계가 없고 또 이 역(逆)이해관계를 이상한 사랑의 힘으로 대체하는 사람에게도 사정은 마찬가지이다. 사회체의 구멍 숭숭 난 충만한 몸 위를 흐르는 흐름들, 이것들이야말로 욕망의 대상이며, 모든 목표보다 더 높은 목표이다. 그것은 결코 충분히 흐를 수 없으리라, 그것은 결코 충분히 절단할 수 없으리라, 그것은 결코 충분히 코드화할 수 없으리라, — 바로 이런 방식이다! 그 기계는 얼마나 아름다운가! 카프카의 「유형지에서」에 나오는 장교는, 기술 기계일 뿐 아니라 사회 기계이기도 한, 그것을 가로질러 욕망이 자기 자신의 탄압을 욕망하는, 한 기계의 강렬한 리비도 투자일 수 있는 바를 보여 준다. 소유하지도 소유되지도 않는, 자본의 충만한 몸 위를 흐르며 부조리한 권력을 형성하는, 큰 돌연변이 흐름에 둘러싸인 내재성의 체계를 자본주의 기계가 어떻게 구성하는지를 우리는 보았다. 이 큰 흐름이 급료 수입이나 기업 수입으로 변환되되, 이것들이 목표들 또는 이해관계 영역들, 채취들, 이탈들, 몫들을 정의하는 한에서, 각자는

---

55 Pierre Klossowski, *Nietzsche et le cercle vicieux*, pp.174~175. 니체의 통치 구성체들, 이것들의 부조리한 또는 목표 없는 권력, 그리고 이것들이 에너지의 발전 정도와 관련해 스스로 발명하는 목표들과 의미들에 대한 클로솝스키의 주석은 모든 점에서 본질적이다.

분열-분석의 둘째 정립적 임무

자기 계급 안에서 또 자기 인물 안에서 이 권력에서 어떤 것을 받거나, 이 권력에서 배제된다. 하지만 정치경제학에 대한 그 어떤 정확한 인식도 물론 요구하지 않는 이 흐름 자체와 그 공리계의 투자는, 목표들에 의해 전제된 한에서의 무의식적 리비도가 하는 일이다. 가장 낙후된 자들, 가장 배제된 자들이 자기들을 압제하는 체계를 열정적으로 투자하는 일이 흔히 있는데, 이들은 바로 그 체계에서 이해관계를 찾고 또 측정하기 때문에 거기에서 어떤 이해관계를 항상 발견하는 것이다. 이해관계는 언제나 뒤따라 다닌다. 반생산은 체계 속으로 확산된다. 사람들은 반생산을 자신을 위해 사랑하는 것이리라. 이는 거대 자본주의 집합 속에서 욕망이 스스로 억압되는 방식이다. 타인들에 대해서는 물론 자기 스스로도 욕망을 억압하는 것, 타인들과 자기 자신의 짭새로 있는 것, 바로 이것이 사람들을 흥분시키는 것이다. 이는 이데올로기의 문제가 아니라 경제의 문제이다. 자본주의는 목표와 이해관계의 권력 [puissance](권능(le pouvoir))을 모으고 소유하지만, 기계의 부조리하고도 소유되지 않는 권력에 대해서는 사심 없는 사랑을 체험한다. 오, 분명코, 자본가가 일하는 것은 자신을 위해서도 자녀들을 위해서도 아니며, 체계의 불멸성을 위해서이다. 목표 없는 폭력이여, 기쁨이여, 흐름들에 의해 횡단되고 분열들에 의해 절단되는 기계의 한 톱니바퀴라고 자신을 느끼는 순수한 기쁨이여. 이렇게 사회체에 의해 자신이 횡단되고 절단되고 비역질 당하는 위치에 자신을 두라, 우리에게 할당된 목표들과 이해관계들에 따라 아무 이해관계도 목표도 갖지 않는 어떤 것이 지나가는 것이 느껴지는 좋은 장소를 찾으라. 리비도 속에서의 일종의 예술을 위한 예술이여. 은행가, 짭새, 군인, 기술 관료, 관료 등 각자가 자기 자리에서 잘 노동하려는 취향이여. 또한 노동자, 조합 등도 왜 이렇지 않으랴. 어안이 벙벙한 욕망이로다.

두 가지 집단

그런데, 사회장의 리비도 투자는 이해관계의 투자를 교란할 수 있고, 가장 낙후된 자들, 가장 착취당한 자들이 압제 기계 속에서 자신들의 목표들을 찾도록 강제할 수 있다. 나아가, 이해관계의 전의식적 투자 속에 있는 반동적 또는 혁명적인 것은 무의식적 리비도 투자 속에 있는 반동적 또는 혁명적인 것과 필연적으로 일치하는 것도 아니다. 혁명적·전의식적 투자는 새로운 목표들, 새로운 사회적 종합들, 하나의 새로운 권능과 결부된다. 하지만 무의식적 리비도의 적어도 일부가 낡은 몸, 낡은 권력 형식, 그 코드들과 흐름들을 계속해서 투자하는 일이 있을 수 있다. 힘들의 한 상태가 낡은 상태를 이기면 으레 잔여적이고 종속된 영토성으로서의 낡은 충만한 몸을 보존하거나 되살리는 법인데, 그러면 그럴수록 무의식적 리비도의 일부가 그런 투자를 하기가 더 쉬워지고 모순은 가면을 더 잘 쓰게 된다(가령 자본주의 기계가 전제군주 원국가를 되살리는 방식, 또는 사회주의 기계가 국가와 시장의 독점자본주의를 보존하는 방식을 보라). 하지만 더 중대한 것이 있다. 리비도가 새로운 몸을, 즉 전의식의 관점에서 실효적으로 혁명적인 목표들과 종합들에 대응하는 새로운 권력을 받아들일 때마저도, 무의식적 리비도 투자 그 자체가 혁명적인지는 확실하지 않다. 왜냐하면 무의식적 욕망들과 전의식적 이해관계들의 층위에서 행해지는 절단들은 똑같지가 않기 때문이다. 혁명적·전의식적 절단은, 사회체가 새로운 목표들을 담는 충만한 몸으로, 즉 새로운 조건들 아래에서 욕망적 생산을 자신에게 종속시키는 권력 형식 내지 통치 구성체로 승격됨으로써 충분히 정의된다. 하지만 무의식적 리비도가 이 사회체를 투자할 임무를 띠기는 해도, 그 투자가 전의식적 투자와 같은 의미에서 필연적으로 혁명적인 것은 아니다. 실제로, 무의식의 혁명적 절단은 그 나름으로는, 욕망적 생산이 전

416

분열-분석의 둘째 정립적 임무

복된 권력, 전복된 종속이라는 조건에서 이번에는 자신에게 종속시키는 사회체의 극한으로서 기관 없는 몸을 내포한다. 전의식적 혁명은 새로운 목표들과 이해관계들을 창조하고 분배하고 만족시키는 사회적 생산의 새로운 체제와 관련된다. 하지만 무의식적 혁명은 권력 형식으로서의 이 변화를 조건 짓는 사회체와 관련될 뿐 아니라, 이 사회체 안에서 기관 없는 몸 위에서 전복된 권력으로서 욕망적 생산의 체제와도 관련된다. 이 두 혁명에서 흐름들과 분열들의 상태는 같지 않다. 전자의 경우에 절단은 두 사회체 사이에 있는데, 이 중에서 둘째 사회체는 이해관계의 새로운 코드 내지 새로운 공리계 속에 욕망의 흐름들을 도입하는 자신의 능력에 따라 측정된다. 후자의 경우에, 절단은 사회체 자체 안에 있는데, 이는 사회체가 적극적인 도주선들에 따라 욕망의 흐름들을 지나가게 하고, 또 생산적 절단들의 절단들에 따라 욕망의 흐름들을 다시 절단하는 능력을 갖고 있는 한에서 그렇다. 분열-분석의 가장 일반적인 원리는, 언제나 욕망이 사회장을 구성한다는 것이다. 어쨌든, 욕망은 하부구조에 속하지 이데올로기에 속하지 않는다. 즉 생산이 욕망적 생산으로서의 욕망 속에 있는 것과 마찬가지로, 욕망은 사회적 생산으로서의 생산 속에 있다. 하지만 이 공식들은 두 가지 방식으로 이해될 수 있다. 하나는 욕망이 권력 형식 내지 군집 형식 아래서 구성하는 구조화된 그램분자적 집합에 종속되는 데 따라 이해하는 방식이며, 다른 하나는 욕망이 그 자체로 분자적 규모로 형성하는 기능적 다양체들에 큰 집합을 종속시키는 데 따라 이해하는 방식이다(이 두 경우 모두에서 인물들 내지 개인들은 더 이상 문제가 아니다). 그런데, 만약 전의식적인 혁명적 절단이 첫째 층위에서 나타나며 새로운 집합의 특성들에 의해 정의된다면, 무의식적 또는 리비도적인 혁명적 절단은 둘째 층위에 속하며 욕망적 생산의 추진적 역할과 이 생산의 다양체들의 정립에 의해 정의된다. 따라서 한 집단이 계급의 이해관계와 그 전의식적 투자들

417

의 관점에서는 혁명적일 수 있지만, 그 리비도 투자들의 관점에서는 그렇지 못하며, 심지어 파시즘적이고 경찰적인 채로 머물 수 있다는 것을 알 수 있다. 현실적으로 혁명적인 전의식적 이해관계들이 같은 본성을 지닌 무의식적 투자들을 필연적으로 내포하는 것은 아니다. 이해관계 장치는 욕망의 기계와 결코 등가물이 아니다.

전의식 수준에서의 혁명적 집단은, 설사 권능(pouvoir)을 장악한다 해도, 이 권능 자체가 자신을 예속시키고 욕망적 생산을 으깨기를 계속하는 권력 형식과 관련되는 한, 예속 집단인 채로 머문다. 전의식적인 혁명적 순간에, 그런 집단은 예속 집단의 모든 무의식적 성격을 이미 나타낸다. 즉 생산력들을 자신에게 귀속하고 이것들에서 잉여가치를 뽑아내고 흡수하는 고정된 받침대로서의 사회체에 종속되기, 더 불멸이라고 느끼고 바라는 체계 속에 반생산 및 죽음 요소들을 전파하기, 〈초자아화〉, 나르시시즘 및 집단 위계 따위의 현상들, 욕망의 탄압의 메커니즘들 등의 성격들을. 이와 반대로 주체 집단은 그 리비도 투자들 자체가 혁명적인 집단이다. 이 집단은 욕망을 사회장 속에 침투시키며, 사회체 내지 권력 형식을 욕망적 생산에 종속시킨다. 욕망의 생산자이자 생산하는 욕망이기에, 이 집단은 이 집단에 죽음 본능이 전파되는 것을 몰아내는 죽음 구성체들을 늘 발명한다. 이 집단은, 예속 **418** 의 상징적 규정들에 맞서, 위계도 집단 초자아도 없는 횡단성의 현실적 계수들을 대립시킨다. 사실이지, 모든 것을 복잡하게 하는 것은, 동일한 사람들이 잡다한 관계들 아래서 두 종류 집단에 참여할 수 있다는 점이다.(생쥐스트, 레닌) 아니면 잡다하지만 공존하는 상황들 속에서 동일한 한 집단이 두 가지 성격을 동시에 보여 줄 수 있다는 점이다. 어떤 혁명적 집단이 이미 예속 집단의 형식을 되찾을 수 있었다 해도, 어떤 조건들 아래서는 여전히 주체 집단의 역할을 하게 규정될 수도 있다. 사람들은 한 유형의 집단에서 다른 유형의 집단으로 끊임없이 이행

분열-분석의 둘째 정립적 임무

한다. 주체 집단들은 단절을 통해 예속 집단들에서 끊임없이 파생된다. 주체 집단들은 경계를 넘어가고, 사회 기계들과 이것들을 형성하는 욕망의 요소적인 힘들을 관계시키면서, 욕망을 지나가게 하고, 욕망을 항상 더 멀리에서 다시 절단한다.[56] 하지만 역으로 주체 집단들은 끊임없이 자신을 폐쇄하고, 예속 집단들의 이미지에 맞게 재편되기도 한다. 내부 극한을 다시 설립하고, 흐름들이 통과하지 못하고 넘어서지 못할 큰 절단을 다시 형성하고, 욕망 기계들이 큰 규모로 구성하는 탄압 집합에 욕망 기계들을 종속시키면서 말이다. 횡단성 계수들에 대립되는 예속화 속도가 있다. 그리고 어느 혁명이 무정부적이거나 무책임한 성질을 지닌 자신의 주체 집단들에 등을 돌리고, 이 집단들을 숙청하려는 유혹이 없으랴? 어떤 집단을 그것의 혁명적 리비도 투자들에서 단지 전의식적일 뿐인 혁명적 투자들 내지 이해관계로, 나아가 이제 단지 개량주의적일 뿐인 전의식적 투자들로 이행시키는 불길한 성향을 어떻게 몰아낼까? 심지어, 특정 집단을 어디에 위치시킬까? 그 집단은 지금껏 혁명적인 무의식적 투자들을 가진 적이 없었나? 환상적인 예속, 나르시시즘, 초자아를 지닌 초현실주의 집단은? (단 한 사람이 자기를 배제하거나 배제되는 예속 집단과 단절함으로써, 분열-흐름으로, 주체 집단으로 기능하는 일도 있다. 분열자 아르토.) 그리고 사회적 투자들의 이런 복잡함 속에서, 정신분석 집단을 어디에 위치시킬까? 사태가 언제부터 악화되기 시작하는지를 자문할 때마다, 언제나 더 멀리 거슬러 올라가야 한다. 집단 초자아이자 오이디푸스화의 할아버지인 프로이트는, 내부 극한으로서의 오이디푸스를 설립하고, 둘레에 갖가지 종류의 작은

---

56 집단과 단절 내지 분열에 대해서는 Change 7호에 수록된, 파예의 논문 "Eclats," p.217을 참조할 것. 〈중요한 것, 우리가 보기에 유효한 것은, 특정 집단이 아니라, 그것들의 파열들(éclats)을 생산하는 분산 내지 이산(Diaspora)이다.〉 (또 주체 집단들 및 이 집단들의 글의 필연적으로 다의적인 성격은 pp.212~213)

나르키소스들을 지니고 있으며, 방외인인 라이히는 탈영토화의 접선을 그리고, 욕망의 흐름들을 통과시키고, 극한을 부수고, 벽을 넘어선다. 하지만 여기서 문제는 단지 문학이나 심지어 정신분석도 아니다. 비록, 우리가 나중에 보겠지만, 프로그램의 문제는 아닐지라도, 문제는 정치이다.

성욕의 역할, "성 혁명"

따라서 분열-분석의 임무는 사회장의 무의식적 욕망의 투자들에 도달하는 것이다. 단, 이 투자들이 이해관계의 전의식적 투자들과 구별되고, 또 이해관계의 전의식적 투자들에 대립할 수 있을 뿐 아니라 대립적 양태들 위에서도 공존할 수 있는 한에서 말이다. 세대 갈등에서, 노인들은 젊은이들이 이해관계(일, 저축, 좋은 결혼)보다 욕망들(자동차, 신용, 대출, 자유로운 남녀 관계)을 앞세운다고 가장 악의적인 방식으로 비난하는 것을 우리는 듣는다. 하지만 남들에게 날것인 욕망으로 보이는 것 속에도, 여전히 욕망과 이해관계의 복합체들이 있으며, 이 양자의 정확히 반동적인 형식과 막연히 혁명적인 형식의 혼합이 있다. 상황은 완전히 얽히고설켜 있다. 분열-분석은, 집단들 내지 개인들의 수준에서 사회장의 리비도 투자들을 해명하기 위해 오직 지표들만을, 기계적 지표들만을 이용할 수 있는 것 같다. 그런데, 이 점에서, 지표들을 구성하는 것이 바로 성욕이다. 혁명의 능력은 개인이나 집단을 부추기는 성적 충동들의 대상들, 목표들, 원천들에 비춰 판단되는 것이 결코 아니다. 확실히, 성욕이 〈더러운 작은 비밀〉의 틀에 갇힌 채로 머무는 한, 변태들 그리고 성 해방마저도 아무런 특권을 주지 않는다. 비밀을 공개하고, 비밀을 공개할 권리를 요구해도 소용없다. 비밀을 소독할 수도 있고, 과학적·정신분석적 방식으로 비밀을 다룰 수도 있다. 하지만 성욕을 비밀 —— 공개되고 소독된 것일지라도—— 의 범주에서, 말하자면 냉소적이거나 부끄럽거나 굴욕적인 것으로 만들어지는 거짓말로서 비밀에 강요되는 나르키소스적-오이디푸스적 기원에서 비밀이 분리되지 않는 한, 오히려 욕망을 죽이거나, 가장 탄압적인 감옥보다 더 음울한 해방의 형식을 욕망을 위한답시고 발명할 위험이 있다. 오이디푸스 코드의 극한 내에, 성욕에 대응하는 흐름들(오이디푸스의 갈등, 퇴행, 해결, 승화……)을 고스란히 유지하면서, 또 사전에 해방의 모든 전망을 헛되게 만드는 가족주의 및 자위행위라는 형식 내지 동기를 계속 성욕에 강요하면서, 성욕을 해방한다고 주장하고, 성욕을 위해 대상, 목표, 원천의 권리를 요구하는 것은 거짓말이다. 가령 동성애와 이성애가 배타적 분리의 관계에서 파악되는 한, 어떠한 〈동성애 전선〉도 가능하지 않다. 이 배타적 관계는 동성애와 이성애를 다 같이 오이디푸스와 공통된 거세의 그루터기에 관련시키는데, 이 그루터기는 욕망의 탈코드화된 흐름들 속에서 이 두 사랑의 상호 포괄과 횡단적 소통(포괄적 분리들, 국지적 연결들, 유목적 결합들)을 나타나게 하는 대신에 이 두 사랑을 서로 소통하지 않는 두 계열로 확실히 분별하는 임무를 띠고 있다. 요컨대 가장 엄격한 검열자들, 즉 로런스가 말하곤 한 평범한 중년 남성들의 승리를 확보하기에 충분한 나르키소스, 오이디푸스, 거세의 좌표들 속에 성욕이 의식적으로건 아니건 유지되는 한, 그 어느 때보다 집요한 성적 탄압은 대상들, 원천들, 목표들의 해방에 관한 그 어떤 공표들, 표명들, 해방들, 항의들보다도 오래 살아남으리라.

로런스는, 정절을 포함해서 성욕이 흐름의 문제이며, 〈상이하고 심지어 대립하기까지 하는 무한한 흐름들〉임을 깊이 있게 밝힌다. 모든 것은 그 대상, 원천, 목표가 어떻건 이 흐름들이 불변의 형상들에 따라 코드화되고 절단되느냐, 아니면 이와 반대로 움직이는 비-구상적 점들에 따라 이 흐름들을 다시 절단하는 탈코드화의 사슬들(분열-흐름들)

속에서 파악되느냐에 달려 있다. 변함없는 동일한 이미지들, 성욕의 흐름들을 옥죈다 할 수 있는 구상적 역할들이 갖고 있는 빈곤함을 로런스는 비난한다. 즉 〈약혼녀, 주부, 아내, 어머니〉가 비난받는 것들이고, 〈동성애자들, 이성애자들〉 등도 언급될 수 있겠다. 이 역할들은 모두 아버지-어머니-나라는 오이디푸스 삼각형에 의해 분배되며, 이때 재현적인 나는 아버지-어머니라는 재현들과 관련하여 고착, 퇴행, 가정, 승화에 의해 정의된다고 상정된다. 그런데 이 모든 것은 어떤 규칙 아래 행해지는 것일까? 아무도 소유하고 있지 않은 큰 *남근*의 규칙 아래서이다. 그것은 가장 비참한 싸움을 부추기는 전제군주 기표이며, 모든 상호 배제를 위한 공통의 부재로, 거기서는 양심의 가책과 원한감정에 의해 흐름들이 마르고 건조해진다. 〈한 여인을 대(臺) 위에 놓거나, 아니면 반대로 눈에 띄지 않는 곳에 놓거나 하는 것. '모델' 주부나 '모델' 어머니나 '모델' 배우자로 만드는 것. 이 모든 것은 여인과의 접촉을 회피하기 위한 고안들일 뿐이다. 여자란 어떤 '모델' 따위가 아니다. 심지어 여자는 뚜렷하고 명확한 인물도 아니다. (……) 여자란 공기 중의 묘하고 부드러운 진동으로, 이 진동은 알려지지 않은 채 발산되며, 응답하는 진동을 찾아간다. 또는 여자란 조화롭지 않으며 귀에 거슬리는 고통스러운 진동으로, 이런 진동은 발산되면서 범위 안에 있는 모든 이에게 상처를 준다. 그리고 남자도 사정은 마찬가지이다.〉[57] 이 비슷한 텍스트들 속에 있는 흐름의 범신론을 너무 빨리 조롱하지 말자. 로런스가 할 줄 알았던 정도로, 자연마저도, 풍경들마저도 탈오이디푸스화하는 것은 쉽지 않다. 정신분석과 분열-분석 간의 근본적 차이는 다음과 같다. 즉

421

---

57 D. H. Lawrence, "Nous avons besoin les uns des autres," 1930, in *Eros et les chiens*, Pairs: Bourgois, p.285. 그리고 *Pornographie et obscénité*, 1929.((옮긴이) 영: p.191. 마지막 강조는 로런스의 것이며 이를 포함한 나머지 강조는 DG의 것이다. 독: p.95. 또한 "Pornographie und Obszönität" 참조)

분열-분석의 둘째 정립적 임무

분열-분석은 비-구상적·비-상징적 무의식에 도달하며, 즉 추상회화에 대해 말할 때와 같은 의미에서 순수한 추상적 형상성에, 동일성의 최소 조건들 밑에서 파악된 분열-흐름들 내지 욕망-현실계에 도달한다.

프로이트에서 〈하녀들〉의 이론, 오이디푸스, 보편적 가족주의

성욕을 작은 비밀이라는 치명적 굴레 아래 두고, 기껏해야 그 비밀을 공개하고 그 비밀을 공공연한 비밀로, 분석적 오이디푸스로 만드는 의학적 수단을 찾아낸 것 말고, 정신분석은 무엇을 했나? 무엇보다 프로이트는 무엇을 했나? 사람들은 우리에게 말한다. 보세요, 이건 아주 정상이지요, 모든 사람이 이렇습니다. 하지만 사람들은 성욕에 관해 수치스럽고 품위를 떨어뜨린다는 착상, 검열자들의 착상과 똑같은 구상적 착상을 계속해서 한다. 확실히, 정신분석은 그림 같은 혁명을 일으키지 못했다. 프로이트가 몹시 집착하는 테제가 하나 있다. 리비도는 탈성욕화되고 승화된다는 조건에서만 사회장을 투자한다는 테제가 그것이다. 프로이트가 이렇게 이 테제에 집착한다면, 그 까닭은 그가 무엇보다도 성욕을 나르키소스와 오이디푸스, 자아와 가족의 좁은 틀 안에 두기를 바라기 때문이다. 그리하여 사회적 차원의 성적 리비도 투자 전체는 프로이트에게 하나의 병인(病因)적 상태를, 즉 나르시시즘으로의 〈고착〉, 또는 오이디푸스와 전-오이디푸스 단계들로의 퇴행을 증언하는 것으로 보인다. 이런 것들을 통해 방어 수단으로서의 편집증뿐 아니라 강화된 충동으로서의 동성애가 설명될 테니까.[58] 이와 반대로 우리는 리비도가 사랑들과 성욕을 가로질러 투자하는 것은 경제, 정치, 역사, 인종, 문화 등으로 규정되는 사회장 자체라는 것을 보았다. 리비도는 끊임없

422

---

58 Freud, *Cinq psychanalyses*, p.307.((옮긴이) 독: p.298. 영: p.162)

이 *역사*, 대륙들, 왕국들, 인종들, 문화들을 망상한다. 역사적 재현들을 프로이트적 무의식의 가족적 재현들이나, 심지어 집단 무의식의 원형들의 자리에 놓는 것은 전혀 적합하지 않다. 우리 사랑의 선택들이 〈진동〉의 교차점에 있다는 것만이 문제이다. 말하자면, 우리 사랑의 선택들은 한 사회가 고대건 현대건, 멀건 사라졌건, 죽었건 태어나려 하건, 아프리카건 동방이건 아무튼 그런 어떤 다른 사회와 리비도의 토지 밑의 실을 통해 항상 다시 묶으면서, 사회를 가로지르며 한 사회를 들락날락하는 흐름들의 연결들, 분리들, 결합들을 표현한다는 것을 확인하는 것만이 문제이다. 지리-역사적 형상들이나 조각상들이 문제인 것은 아니다. 비록 우리의 학습이 보통 우리 엄마보다는 그것들과 더불어, 즉 책들, 이야기들, 재생산들과 더불어 이루어지기는 해도 말이다. 오히려 문제는 사회체의 흐름들과 코드들이다. 이것들은 아무것도 형상화하지 않으며, 단지 기관 없는 몸 위에 있는 리비도적 내공 지대들만을 지시하며, 우리가 그때 사랑하도록 규정된 존재에 의해, 즉 역사에 응답하며, 역사와 함께 진동하는 내공적 몸의 그물 전체 속에 있는 그런 하나의 기호-점, 하나의 특이점에 의해 방출되고 포착되고 차단된다. 프로이트는 「W. 옌센의 『그라디바』에 나오는 망상과 꿈들」보다 더 멀리 간 적은 없다……. 요컨대 사회장에서의 우리의 리비도 투자들은, 반동적이건 혁명적이건, 아주 잘 숨겨져 있고, 아주 무의식적이며, 전의식적 투자들에 의해 아주 잘 가려 있어서, 우리의 성적 사랑의 선택들에서만 나타난다. 사랑은 반동적이거나 혁명적이지 않다. 사랑은 리비도의 사회적 투자들에 대한 반동적 또는 혁명적 성격의 지표이다. 남자와 여자의 (또는 남자와 남자, 여자와 여자의) 성적·욕망적 관계들은 인간들 간 사회관계들의 지표이다. 사랑들과 성욕은 사회장의 리비도 투자들의, 이번엔 무의식적인, 지수(指數)들 내지 등급 측정기들이다. 사랑받거나 욕망되는 모든 존재는 집단 언표행위의 담당자와 등가물이다. 프로이

423

분열-분석의 둘째 정립적 임무

트가 믿었던 것처럼 사회와 그 흐름들을 투자하기 위해서는 리비도가 탈성욕화되고 승화되어야만 한다는 건 분명 옳지 않으며, 이와 반대로 사랑, 욕망 및 이것들의 흐름이야말로 승화되지 않은 리비도와 그 성적 투자들의 직접적으로 사회적인 성격을 표명해 준다.

정신분석 테제의 주제(sujet)를 찾는 사람들에게는, 분석적 인식론에 대한 방대한 고찰들을 권해서는 안 되며, 프로이트 사상 속의 하녀나 하인의 이론 같은 소소하고 엄밀한 주제들을 권해야 하리라. 거기에야말로 참된 지표들이 있다. 왜냐하면 프로이트가 연구한 증례들 어디에나 현존하는 하녀들의 주제에는, 프로이트 사상에서 나타나는 전형적인 망설임이, 장차 정신분석의 교의가 되기 위해 너무 빨리 해결되는 망설임이, 생산되고 있기 때문이다. 우리에게는 큰 효력이 있는 것으로 보이는 미간행 고찰들에서, 필리프 지라르는 여러 차원에서 문제를 제기한다. 첫째로, 프로이트는 부유한 가문 출신 이복형과 가난해서 도둑질하는 하녀를 등장시키는 복잡한 사회 맥락 속에서 〈자기 자신의〉 오이디푸스를 발견한다. 둘째로, 가족 소설과 환상적 활동은 일반적으로 프로이트에 의해 사회장의 참된 표류로 제시되는데, 거기서는 부모 대신에 신분이 높은 또는 신분이 낮은 인물들(집시에게 유괴된 왕녀의 아들 또는 부르주아에게 입양된 가난한 집 아들)이 등장한다. 오이디푸스가 가난한 탄생과 하인인 부모를 내세울 때, 그는 이미 이런 일을 하고 있었나. 셋째로, 쥐 인간은 철두철미하게 군사적인 것으로 규정된 사회장에 자신의 신경증을 설치할 뿐 아니라, 자신의 신경증이 동방에서 유래하는 체형(體刑) 둘레를 돌게 할 뿐 아니라, 또한 바로 이 장 안에서, 아버지의 무의식과의 이상한 무의식적 소통 아래에서, 자신의 신경증을 부유한 여자와 가난한 여자로 구성된 두 극의 한쪽에서 다른 한쪽으로 가게 한다. 오이디푸스 전체를 의문시하기에 충분한 이 주제들을 처음으로 강조한 사람은 라캉이었다. 또한 그는 〈사회적 콤플렉스〉의 실존을 밝히는데, 이 콤플렉스에서 주체는 때로 자기 고유의 역할을 떠맡으려 하지⁴²⁴만, 성적 대상을 부유한 여자와 가난한 여자로 이중화하는 대가를 치르면서 그렇게 하며, 또 때로는 대상의 통일성을 확보하지만, 이번엔 사슬의 다른 끝에서 〈자기 고유의 사회적 기능〉을 이중화하는 대가를 치르면서 그렇게 한다. 넷째로, 늑대 인간은 가난한 여자나 엎드려서 세탁물을 빨고 있는 농부나 마루를 닦고 있는 하녀를 향한 결정적 취향을 드러낸다.[59] 그런데 이 텍스트들의 근본적 문제는 다음과 같다. 리비도의 이 모든 사회적-성적 투자와 이 대상 선택에서 가족적 오이디푸스에 대한 단순한 의존을 보아야 할까? 이것들을 근친상간에 맞선 방어로 해석함으로써 어떤 대가를 치르든 오이디푸스를 구출해야 할까? (가령 가족 소설, 또는 자신을 무죄로 만들어 줄 가난한 부모에게서 태어났다는 오이디푸스 자신의 염원.) 이것들은 근친상간의 타협들이며 대체들이라고 이해해야 할까? (가령 「늑대 인간」에서 누이와 같은 이름을 가진 누이의 대체로서의 농부, 또는 교접하면서 놀란 어머니의 대체로서 엎드려 일하고 있는 여성 인물. 또한 「쥐 인간」에서, 리비도가 사회장을 투자할 때의 방식인 이중화들을 설명하는 일을 떠맡은 넷째 〈상징적〉 항인 오이디푸스를 부유하게 하거나 임신시킬 것을 무릅쓰고 행하는, 아버지 상황의 위장된 반복.) 프로이트는 단호하게 이 방향을 선택한다. 그 자신의 고백에 의하면, 그가 융과 아들러에게 자신을 설명하고 싶을수록, 더 단호하게. 늑대 인간의 증례에서 사랑의 대상으로서의 여자를 〈낮추려는 경향〉이 실존함을 확인한 후

---

59 첫째 점에 대해서는 Ernest Jones, *La Vie et l'œuvre de Sigmund Freud*, Paris : P.U.F., 1권, 1장. 둘째 점에 대해서는, Sigmund Freud, *Le Roman familial des névrosés*, 1909. 셋째 점에 대해서는, *L'Homme aux rats*, passim 및 Lacan의 텍스트 *Le Mythe individuel du névrosé*, C.D.U., pp.7~18(또 〈오이디푸스 도식 전체에 대한 비판〉의 필요성에 대해서는 p.25). 넷째 점에 대해서는 "L'Homme aux loups," in *Cinq psychanalyses*, p.336, p.396, p.398.((옮긴이) **독**: p.46, p.126, p.128. **영**: p.205, p.285, p.286)

분열-분석의 둘째 정립적 임무

에, 그는 단지 문제는 〈합리화〉이며, 또 〈현실적이고 깊이 있는 규정〉은 늘 그렇듯 우리를 〈순전히 에로틱한 동기들〉로 여겨질 뿐인 누이와 어머니에게 다시 돌아가게 한다고 결론짓는다! 그리고 오이디푸스의 영원한 노래, 영원한 자장가를 되풀이하면서, 그는 기록한다. 〈아이는 사회적 차이들을 문제 삼지 않는데, 아이에게는 그것이 거의 의미가 없다. 아이는 하층 사람들이 부모와 유사하게 사랑을 보이면 그들을 부모 곁에 놓는다.〉[60]

셋째 테제—사회장의 리비도 투자는 가족적 투자들과 관련해 1차적이다

언제나 우리는 가짜 양자택일 상황에 다시 빠지는데, 이 양자택일 속에서 프로이트는 오이디푸스에 의해 움직였고 그다음에는 아들러 및 융과의 논쟁을 통해 확신을 얻었다. 프로이트는 말하기를, 당신은 개인적·사회적 권력의지를 위하여, 또는 선사시대의 집단 무의식을 위하여, 리비도의 성적 입장을 버리든가, 아니면 오이디푸스를 인정하고, 오이디푸스를 리비도의 성적 거주지로 삼고, 아빠-엄마를 〈순전히 에로틱한 동기〉로 삼으리라. 오이디푸스, 성공한 거세라는 신성한 칼을 갈기 위한 순수한 정신분석가의 시금석. 그렇지만 오이디푸스의 덫이 닫히기 전에 프로이트가 가족 소설에 대해 알아차린 순간, 다른 방향은 어떤 것이었을까? 그것은 필리프 지라르가 적어도 가설적으로 재발견한 방향이다. 즉 액포들이 설비되어 있지 않은, 그리고 가족-외적 절단들이 지나가지 않는 가족이란 없으며, 리비도는 비-가족적인 것을, — 말하자면 〈가장 부유한 자 내지 가장 가난한 자〉의, 때로는 동시에 이 둘

---

60 Sigmund Freud, *Cinq psychanalyses*, p.400(또한 pp.336~337, p.397).((옮긴이) 독: p.46, p.127, p.132. 영: p.291, p.205, p.286)

의 경험적 형태들 아래서 규정된 다른 계급을, —— 성적으로 투자하기 위해 이 절단들에 의해 휩쓸려 들어간다. 욕망의 정립에 불가결한 큰 *타자*란, 사회적 *타자*, 즉 가족 자체의 한가운데서 비-가족으로 파악되고 투자된 사회적 차이가 아닐까? 다른 계급은 리비도에 의해 어머니의 고양되거나 비참해진 이미지로 파악되는 것이 결코 아니며, 이방인, 비-어머니, 비-아버지, 비-가족으로, 즉 성 속에 있는 비-인간적인 것의 지표로 파악되며, 이것이 없다면 리비도는 자신의 욕망 기계들을 조립하지 못하리라. 계급투쟁은 욕망의 시험의 심장부로 이행한다. 가족 소설은 오이디푸스의 파생물이 아니며, 오이디푸스가 가족 소설의, 따라서 사회장의 파생물이다. 부모의 교접의 중요성, 그리고 어머니의 위치의 중요성을 부정하는 것은 문제가 아니다. 그렇지 않고, 이 위치가 어머니를 마루 닦는 여자나 동물을 닮게 할 때, 어머니는 어머니 아닌 것으로도 기능한다고, 또한 어머니는 아이의 리비도 속에서 비-인간적 성과의 관계와 동시에 분별된 사회적 투자 전체를 불러일으킨다고 결론짓지 않고, 동물이나 하녀는 사회적 또는 유적(類的) 차이들과는 무관하게 어머니의 등가물이라고 말할 권리를 누가 프로이트에게 주는 가? 왜냐하면 어머니는 일을 하는가 아닌가, 어머니는 아버지보다 더 부유한 집안 출신인가 더 가난한 집안 출신인가 등은 가족을 가로지르는 절단들과 흐름들이지만, 이것들은 모든 면에서 가족을 넘어서며 가족적이지 않기 때문이다. 처음부터 우리는 리비도가 아버지-어머니를 알고 있는지, 아니면 리비도는 부모를 전혀 다른 어떤 것으로, 즉 욕망적-사회적 생산 속의 다른 담당자들과 관련을 맺고 있는 생산의 담당자들로 기능시키는지를 자문했다. 리비도 투자의 관점에서 보면, 부모는 단지 타자에게 열려 있기만 한 것이 아니라, 그들 자신이 사회적 생산과 욕망적 생산의 법칙들에 따라 그들을 탈-가족화하는 타자에 의해 다시 절단되고 둘로 나뉜다. 즉 어머니 자신은 부유한 여자나 가난한

426

여자로, 하녀나 왕녀로, 젊은 여자나 늙은 여자로, 동물이나 성(聖)처녀로, 또한 동시에 이 둘 모두로 기능한다. 모든 것은 고유하게 가족적인 규정들을 폭파하는 기계로 이행한다. 고아인 리비도가 투자하는 것은 사회적 욕망의 장이요, 자신의 절단들과 자신의 흐름들을 지닌 생산과 반생산의 장이다. 거기서 부모는 다른 역할들과 다른 기능들에 직면하여 부모가 아닌 기능들과 역할들 속에서 파악된다. 이는 부모가 부모로서의 무의식적 역할을 갖고 있지 않다는 말일까? 물론, 부모는 그런 역할을 갖고 있다. 하지만 부모로부터 그들의 추정된 자율성을 더더욱 박탈하는 잘 규정된 두 가지 방식으로 그러하다. 발생학자들이 알에 관해 자극과 조직자를 구별하는 데 따르자면, 부모는 기관 없는 몸 위의 기울기들 내지 내공 지대들의 할당을 촉발하는 어떤 가치를 지닌 자극들이다. 각 경우에 부와 빈곤, 가장 부유한 친척과 가장 가난한 친척이 사회적 차이의 경험적 형식들로 자리 잡는 것은 부모와 관련해서이다. 그래서 부모 자신은 새로이, 이 차이의 내부에서, 이런저런 지대 속에 할당된 채 등장하지만, 부모와는 다른 형태로 등장한다. 그리고 조직자는 욕망의 사회장으로, 오직 이 사회장만이 내공 지대들을 서식시키는 존재들과 더불어 내공 지대들을 가리키며, 내공 지대들의 리비도 투자를 규정한다. 둘째로, 부모로서의 부모는 리비도에 의해 투자된 사회장을 유한한 도달 집합으로 복귀시키는 것을 표현하는 적용의 항들인데, 거기에서 유한한 도달 집합은 이 장에서 행사되는 억압-탄압의 메커니즘들에 맞춰 막다른 골목들과 봉쇄들만을 발견한다. 즉 오이디푸스, 바로 그런 것이 오이디푸스이다. 이 각각의 의미에서, 분열-분석의 셋째 테제는, 권리상의 관점 못지않게 사실상의 관점에서도, 가족적 투자보다 사회장의 리비도 투자들의 우위를 내세운다. 가족적 투자란 출발에서는 어떤 자극이요, 도달에서는 외래적 결과이다. 사회적 생산에서는 장의 성욕의 형식으로, 욕망적 생산에서는 비-인간적 성의 형식으로, 비-가

427

족적인 것과의 관계는 언제나 1차적이다(거인다움과 난쟁이다움).

정신분석의 비참함—4, 3, 2, 1, 0

시대의 분위기 속에서, 심지어 오래전부터 또는 천부적인 방식으로, 가족들은 오이디푸스 놀이를 한다는 정신분석의 가르침을 가족들이 아주 잘 이해했다는 인상을 우리는 자주 받는데, 숭고한 알리바이로다. 하지만 그 배후에는 경제적 상황이 있다. 어머니는 가사 노동이나, 바깥에서 하는 어렵고 재미없는 일에 내몰리고, 아이들은 미래 상태가 여전히 불확실하며, 아버지는 온 가족을 부양하느라 지긋지긋하다. 요컨대 바깥과의 근본적 관계가 있는데, 정신분석가는 이 관계와 손을 씻고, 자기 고객들이 잘 노는지에 대해 아주 주의를 기울인다. 그런데 경제적 상황, 바깥과의 관계야말로 리비도가 성적 리비도로서 투자하고 대체-투자하는 것이다. 사람들은 흐름들과 그 절단들에 따라 흥분한다. 어떤 사람이 정신분석을 받는 동기들을 한번 잘 생각해 보기 바란다. 문제는 욕망에게는 견딜 수 없는 것이 된, 또는 욕망의 투자에 대해 갈등으로 가득 찬 경제적 의존의 상황이다. 치료에 돈이 필요하다고 역설하는 정신분석가는 "누가 비용을 낼까?"라는 물음에는 아주 무관심한 채로 있다. 가령 분석은 어떤 부인과 남편과의 무의식적 갈등을 드러내지만, 부인의 분석에 드는 비용을 지불하는 것은 바로 남편이다. 외적 금융의 구조와 내적 지불수단이라는 돈의 이원성을 우리가 만나는 것은 한두 번이 아닌데, 이 이원성은 객관적으로 〈은폐〉되어 있지만, 자본주의 체계에서는 본질적이다. 하지만 이 본질적 은폐가 분석가의 진료실에서 소형화되어 군림하고 있다는 것을 발견하는 일은 흥미롭다. 분석가는 오이디푸스에 대해, 거세와 남근에 대해, 또 성을, 프로이트의 말처럼, 인간적 성을 떠맡아야 할 필요성에 대해, 즉 여자는 음경에 대한

분열-분석의 둘째 정립적 임무

욕망을 포기해야 하고 남자 역시 수컷의 항의를 포기해야 한다고 말한다. 우리가 말하는 것은, 자본주의사회에서 자신의 상황을 그렇게 〈떠맡을〉 수 있는 여자나 특히 아이는 하나도 없다는 점이다. 그 정확한 까닭은, 이 상황은 남근과 거세와는 아무 관련이 없고, 견딜 수 없는 경제적 의존과 밀접하게 관련되어 있기 때문이다. 〈떠맡는〉 데 성공한 여자들과 아이들은 우회로를 통해서만, 그리고 그들의 여자-임 내지 아이-임과는 완전히 다른 규정들을 통해서만 그렇게 하고 있다. 남근과는 아무 관련 없고, 오히려 욕망과, 욕망으로서의 성욕과 많이 관련되어 있다. 왜냐하면 남근은 욕망의 대상이나 원인이었던 적이 전혀 없으며, 남근 그 자체가 거세 장치이기 때문이다. 거세 장치는 욕망에 결핍을 넣고, 모든 흐름을 말리고, 바깥의, 현실계의 모든 절단을 바깥과의, 현실계와의 하나의 동일한 절단으로 만드는 기계이다. 분석가가 생각하기에는, 바깥에서 분석가의 진료실로 항상 너무 스며든다. 닫힌 가족 장면조차도 그에게는 여전히 과도한 바깥으로 보인다. 그는 순수한 분석 장면, 즉 진료실의 오이디푸스와 거세를 추진하는데, 이 장면은 그 자체로 자기 고유의 현실, 자기 고유의 시험이어야만 하며, 또 운동과는 반대로 작동하지 않음으로써만, 그리고 끝나지 않음으로써만 자신을 증명한다. 정신분석가는 사람을 아주 지치게 하는 약물이 되고 말았다. 거기서는 가장 이상한 개인적 의존이 환자들에게 소파 위에서의 만남의 시간 동안 자기들을 거기로 몰아넣은 경제적 의존들을 잊도록 허용한다(얼마간은 흐름들의 탈코드화가 노예 상태의 강화를 야기하는 것과 같다). 여자들, 아이들, 검둥이들, 동물들을 오이디푸스화하는 이 정신분석가들은 자기들이 하는 일을 알고 있을까? 우리가 꿈꿔 보는 것은 그들의 집에 들어가, 창문들을 열고, 곰팡내가 나니 바깥과 얼마간 관계해야 하겠어요……라고 말하는 것이다. 왜냐하면 욕망은 바깥과 절단된 채, 경제적이고 사회적인 그 투자들과 대체-투자들과 절단된 채, 살아남지 못하기 때문이다. 그리고 프로이트처럼 말하기 위해, 〈순수하게 에로틱한 동기〉가 있다 해도, 분명코 이 동기를 모으는 것은 오이디푸스가 아니며, 이 동기를 움직이는 것은 남근이 아니며, 이 동기를 전달하는 것은 거세가 아니다. 에로틱한 동기, 순수하게 에로틱한 동기는 사회장의 온 구석을 돌아다니며, 욕망 기계들이 사회 기계들 속에서 굳거나 분산되는 곳 어디나, 또 도주선들 또는 통합선들을 따라 교차점에서 사랑의 대상 선택들이 생산되는 곳 어디나 돌아다닌다. 아론은 자기 플루트를 들고 떠날까, 남근이 아니라 욕망 기계요 탈영토화의 경과인 플루트를 들고?

우리가 말하는 것이 모두 받아들여진다고 해 보자. 하지만 오직 나중에만 받아들여진다. 오직 나중에만 리비도는 사회장을 투자할 것이고, 사회적인 것과 형이상학적인 것을 〈만들게〉 되리라. 이는 프로이트의 기본 입장을 구출해 주는 것으로, 이 입장에 따르면 리비도는 그러한 투자들을 행하려면 탈성욕화되어야 하며, 리비도는 오이디푸스, 나, 아버지, 어머니를 통해 시작한다(전-오이디푸스적 단계들은 구조적 내지는 종말론적으로 오이디푸스적 조직화와 관련된다). 나중이라는 이 착상은 현행 요인들의 본성에 대한 근본적 오해를 내포한다는 것을 우리는 앞에서 보았다. 그 까닭은 이렇다. 리비도는 분자적·욕망적 생산 속에서 파악되고, 자아 못지않게, 심지어 나르시시즘의 거의 미분화된 자아 못지않게 인물들도 모르는데, 왜냐하면 리비도 투자들은 이미 분별되어 있기는 하지만, 어머니도, 아버지도, 나도 인정되기 어려운 부분대상들, 독자성들, 내공들, 욕망의 기계들의 톱니바퀴들과 부품들 등의 전(前)-인물적 체제에 따라 분별되어 있기 때문이다(부분대상들을 원용해서, 이것들을 부모라는 인물의 대표들 내지 가족 관계들의 받침대들로 삼는 것이 얼마나 모순되는지에 대해서는 우리가 앞에서 본 바 있다). 그게 아니라면, 리비도는 인물들과 자아를 투자하기는 하지만, 인물들과 자아를 가족 존

재들로 분별할 뿐 아니라 이 다른 체제에서 이것들이 속하는 그램분자
적 집합의 파생들로 분별하는 사회적 생산과 사회 기계들 속에서 이미
파악되기 때문이다. 사회적인 것과 형이상학적인 것은, 과정의 두 가지
동시적 의미에 맞게, 즉 사회적 생산의 역사적 과정으로서, 욕망적 생
산의 형이상학적 과정으로서, 동시에 도래한다. 하지만 그것들은 나중
에 도래하지는 않는다. 언제나 린드너의 그림이다. 거기서 뚱뚱한 작은
소년은 어떤 경우에건 생산과 반생산의 담당자로만 개입할 수 있을 뿐
인 부모를 합선시키면서 욕망 기계를 사회 기계에 이미 연결해 놓았다.
사회적인 것과 형이상학적인 것만이 있을 뿐이다. 만일 어떤 것이 나중
에 나타난다 해도, 분명 그것은 리비도의 사회적·형이상학적 투자들,
무의식의 종합들이 아니다. 이와 반대로 그것은 오히려 바로 오이디푸
스이고, 나르시시즘이며, 또 정신-분석적 개념들의 전 계열이다. 생산
의 요인들은 언제나 〈현행적〉이며, 이는 가장 여린 어린 시절부터도 그
렇다. 현행적이란 어린 시절에 대립되는 최근을 의미하지 않으며, 잠재
적인 것 및 어떤 조건들 아래서 도래할 것에 대립되는 작용 중인 것을
의미한다. 오이디푸스, 그것은 잠재적이며 반동적이다. 오이디푸스가
도래하는 조건들을 실제로 고찰해 보자. 욕망적-사회적 생산의 모든
대상, 담당자, 관계로 구성된 초한적(transfini) 출발 집합은 도달 집합으
로서의 유한한 가족 집합(최소한 세 항이며, 늘릴 수 있고 심지어는 늘려야
하지만, 무한히 늘릴 수는 없다)으로 복귀해 있다. 이러한 적용은 외삽된
움직이는 넷째 항을 상정하는데, 그것은 바로 접기 내지 대응을 실행하
는 임무를 떠맡는 상징적인 추상적 남근이다. 하지만 이 적용은 최소
가족 집합을 구성하는 세 인물들 내지 그 대체물들인 아버지, 어머니,
아이 위에서 실제로 작용한다. 여기서 멈추지 않는다. 왜냐하면 아버지
가 아들을 죽이는 거세 장면에서건, 아들이 아버지를 죽이는 근친상간
장면에서건, 어머니가 아들이나 아버지를 죽이는 끔찍한 어머니 장면

430

에서건, 이 세 항은 두 항으로 환원되는 경향이 있기 때문이다. 그다음에는, 두 항에서 나르시시즘 속의 한 항으로 이행하는데, 이 항은 결코 오이디푸스보다 먼저 있는 것이 아니라, 오이디푸스의 산물이다. 바로 이런 까닭에 우리는 나르키소스-오이디푸스 기계에 대해 말하는데, 이 기계가 끝나면 자아는 자기 고유의 죽음을 만난다. 이는 오이디푸스화된 욕망에 처음부터 출몰하곤 했고, 이제 마침내 *타나토스*라는 것과 동일시되는, 순수한 소멸의 항 0과 같다. 4, 3, 2, 1, 0, 오이디푸스는 죽음으로 가는 행로이다.

반-정신의학마저도……

19세기 이래로, 정신 질환들과 광기에 대한 연구는 가족주의적 기본전제와 그 상관물들, 즉 인물론적 기본전제와 자아의 기본전제에 사로잡혀 있어 왔다. 우리는 푸코를 따라가면서, 어떻게 19세기 정신의학이 가족을 병의 원인인 동시에 판단자로 여기고, 또 닫힌 정신병원을 내부화하고 책임감을 생기게 하는 일을 떠맡은 인공적 가족으로 죄책감을 착상해서, 광기뿐 아니라 그 치료를 도처에 현존하는 아버지-아들 관계 속에 감쌌는지를 보았다. 이 점에서, 정신분석은 정신의학과 단절하기는커녕, 정신의학의 요구들을 정신병원 밖으로 옮겨 놓고, 특히 가족에 대해 내부적·내공적·환상적인 〈자유로운〉 사용을 강요했는데, 이런 사용은 신경증이라고 떼어 놓았던 것에 특별히 잘 어울리는 것 같았다. 하지만 한편으로 정신병의 저항, 다른 한편으로 사회적 원인론을 고려할 필요성 때문에, 정신의학자들과 정신분석가들은 언제나 병과 치료의 비밀을 쥐고 있다고 여겨진 확장된 가족의 질서를 열린 조건들 속에서 다시 전개해야 했다. 가족을 오이디푸스 안에 내부화한 후에, 사람들은 오이디푸스를 상징적 질서, 제도적 질서, 공동체 질서, 부

431

분열-분석의 둘째 정립적 임무

문별 질서 등 안에서 외부화한다. 여기에 모든 현대적 시도의 상수가 있다. 만일 이 경향이 적응이라는 공동체적 정신의학에서 가장 소박하게 나타난다면 —〈가족으로 돌아가 치료하라〉, 인물들의 동일성으로, 자아의 통합으로 돌아가 치료하라, 이 모든 것은 성스러운 삼각형 형식에서 성공한 거세에 의해 축복되고 있거니와 —, 똑같은 경향이 다른 조류들 속에서 좀 더 숨겨진 형태로 작용한다. 정신병에 적용할 수 있는 구조의 오이디푸스를 확립하기 위해, 가족주의 좌표들을 이것들의 현실적 영역 밖으로, 심지어 상상적 영역 밖으로 확장하기 위해, 라캉의 상징적 질서가 왜곡되어 이용되었다 해도, 이는 우연이 아니다. 제도 속에 구체화된 상징적 질서가 예속 집단들의 모든 치명적 성격을 지닌 채 집단의 오이디푸스들을 다시 형성하는 곳인 인공적 가족들의 재구성에 맞서 제도 분석이 유지되는 것이 무척 어렵다 해도, 이는 우연이 아니다. 하지만 더 어이없게도 반-정신의학은 사회적·분열발생적 인과성을 재전개된 가족들 속에서 찾았다. 아마도 바로 여기에서 기만이 가장 잘 나타나는데, 왜냐하면 반-정신의학은 그 몇몇 양상에 의해 전통적인 가족적 참조를 파괴하기에 가장 적합했기 때문이다. 미국의 가족주의적 연구들이 반-정신의학자들에 의해 다시 채택되어 추구되고 있는데, 그런 연구들에서 실제로 무엇이 나타날까? 거기서는 아주 보통 가족들, 아주 보통인 가족 메커니즘들, 보통의, 즉 가까스로 신경증화하는 가족 논리가 분열증을 생기게 한다고 세례를 받고 있다. 이른바 분열증의 가족적 논문들에서, 각자는 자기 아빠, 자기 엄마를 쉽게 인정한다. 가령 베이트슨의 〈이중의 막다른 골목〉 또는 〈이중 조임〉을 보자. 〈내 아들아, 친구가 되자, 나는 네 가장 좋은 친구다〉와 〈주의해라, 내 아들아, 나를 네 동무로 다루지 마라〉라는 두 모순되는 명령을 동시에 내리는 아버지란 무엇일까? 여기에 분열자를 만드는 것은 아무것도 없다. 이런 의미에서 우리는, 이중의 막다른 골목이 분열증을 생기게 하는 특유한 메커니즘을 결코 정의하지 못하며 단지 오이디푸스를 그 외연의 집합 속에서 특징짓고 있을 뿐이라는 것을 보았다. 만약 참된 막다른 골목, 참된 모순이 있다면, 그것은 연구자 자신이 빠지는 막다른 골목이요 모순이다. 그럴 때 연구자는 분열증을 생기게 하는 사회적 메커니즘들을 지정한다고 주장하는 동시에 이 메커니즘들을 사회적 생산은 물론 분열증적 과정도 빠져나가는 가족의 질서 속에서 발견한다고 주장하는 것이다. 아마 이 모순은 랭에게 특히 감지되는데, 왜냐하면 그는 가장 혁명적인 반-정신의학자이기 때문이다. 하지만 그가 정신의학 실천과 단절하고, 정신병의 참된 사회적 발생을 정하는 일에 착수하고, 과정인 한에서 〈여행〉의 계속 및 〈정상적 자아〉의 해소의 필요성을 치료 조건으로 요구하는 바로 그 순간에도, 랭이 내세우는 치유책이라곤 단지 〈부모 간의 진심 어린 확인〉, 〈현실 인물들의 인정〉, 마르틴 부버식의 참된 자아 내지 자기의 발견인 그런 식의 최악의 가족주의적·인물론적·자아적 기본전제들에 다시 빠지고 있다.[61] 전통적 권위들의 반감 이외에도, 아마도 이 같은 점이 반-정신의학의 시도들 및 가족적 정신요법, 공동체 정신의학, 랭 자신의 동방으로의 은거 등 적응적 형식들을 위한 그 시도들의 회복이 현행적으로 실패한 원천이다. 이는, 사람들이 라캉의 가르침을 떠밀어 그것을 가족적·인물론적 축 위에 다시 놓으려 할 때, 다르지만 유사한 층에서의 모순이 아닐까? 그런데 라캉은 욕망의 원인을 비-인간적 〈대상〉 속에, 즉 인물과는 이종적이며, 최소한의 동일성 조건들에도 미치지 못하며, 의미화의 세계는 물론 간주관적 좌표들에서도 벗어난 〈대상〉 속에 지정하고 있는 것이다.

은뎀부족 만세. 왜냐하면, 인류학자 터너의 자세한 이야기에 따르

---

61 Ronald Laing, *Soi et les autres*, 1961 & 1969, Paris: Gallimard, pp.123~124, p.134.((옮긴이) 영: pp.113~114, p.125. 독: pp.105ff.)

분열-분석의 둘째 정립적 임무

면, 오직 은뎀부족 의사만이 오이디푸스를 하나의 외양, 하나의 장식으로 다룰 줄 알았고, 또 사회장의 무의식적 리비도 투자들까지 거슬러 올라갈 줄 알았기 때문이다. 오이디푸스적 가족주의는 가장 현대적 형식들에서도, 또한 특히 그런 형식들에서, 사람들이 오늘날도 찾고 있다고 주장하고 있는 것의 발견을, 즉 분열증의 사회적 생산을 불가능하게 한다. 첫째로, 가족이 더 깊은 사회적 모순들을 표현한다고 긍정해도 소용없으며, 사람들은 가족에 소우주의 가치를 부여하며, 사회적 소외를 정신적 소외로 변형하는 데 필요한 중계점 역할을 부여한다. 게다가, 사람들은 마치 리비도가 사회적 모순들과 같은 것을 직접 투자하지 않으며 또한 리비도가 깨어나기 위해서는 사회적 모순들이 가족의 코드를 따라 번역되는 것이 필요하기라도 한 것처럼 군다. 바로 그러하기에, 사람들은 이미 사회적 생산을 가족적 인과성 내지 표현으로 대체했으며, 또한 관념론적 정신의학의 범주들 속에 있게 된다. 어쨌건, 이렇게 해서 사회는 결백해진다. 사회를 고발하기 위해서 남는 것은 이제, 가족의 병적 성격에 대한, 또는 더 일반적으로 현대적 삶의 양태에 대한 막연한 고찰들뿐이다. 따라서 본질을 벗어나고 있는 것이다. 본질적인 것은 다음과 같다. 사회는 그 하부구조, 그 생산양식, 그 가장 정확한 자본주의경제 회로의 층위에서 분열증화하고 있다는 것, 그리고 리비도는 이 사회장을 투자할 때 이 사회장이 소우주-가족에 의해 표현되고 번역되는 형식으로가 아니라 이 사회장이 가족 속에서 가족적이지 않으며 가족적이지 않게 투자된 그 절단들과 흐름들을 지나가게 하는 형식으로 투자한다는 것, 따라서 가족적 투자들은 언제나 유일하게 1차적인 사회적-욕망적 리비도 투자들의 결과라는 것, 끝으로 정신적 소외는 이 투자들과 직접 관련되며 사회적 소외 못지않게 사회적이고, 사회적 소외는 그 나름으로 이해관계의 전의식적 투자들과 관련된다는 것 등.

분열자는 무엇으로 인해 병들었을까?

병을 일으키는 성격 속에서 사회적 생산에 대한 모든 옳은 평가가 이런 식으로 결핍될 뿐만 아니라, 둘째로는 분열증적 과정 및 이 과정과 병자로서의 분열자의 관계도 그에 못지않게 결핍된다. 왜냐하면 모든 것을 신경증화하려는 시도가 있기 때문이다. 필경 이런 식으로 가족의 사명에 순응하게 되는데, 그 사명이란 그 오이디푸스화에 의해, 그 막다른 골목들의 체계에 의해, 그 위탁된 억압 ── 이것이 없으면 사회적 탄압은 결코 온순하고 체념한 주체들을 찾지 못할 것이며 흐름들의 도주선들을 막는 데 이르지 못하리라 ── 에 의해 신경증자들을 생산하는 것이다. 우리는 정신분석이 신경증을 치료한다는 주장을 전혀 고려할 필요가 없는데, 왜냐하면 정신분석에게 치료란 무한한 대화, 무한한 체념, 거세에 의한 욕망으로의 도달 등에 있기 때문이다! 또 주체가 독신, 성 불능, 자위행위로 죽느니 차라리 병을 자기 자손에게 퍼뜨리고 옮길 수 있는 조건들의 설립에 있기 때문이다. 더욱이, 다시금 **434** 말하지만, 아마도 고칠 수 없는 유일한 것, 그것은 신경증이라는 것이 언젠가 발견되리라(이로부터 끝나지 않는 정신분석이 나온다). 분열자를 편집증자나 신경증자로 변형하면 사람들은 자축한다. 필경 거기에는 많은 오해가 있다. 왜냐하면 분열자란 오이디푸스적, 가족적, 인물론적인 모든 좌표에서 빠져나온 자이기 때문이다 ── 난 더 이상 나라고 말하지 않을 거야, 난 더 이상 아빠─엄마라고 말하지 않을 거야, ── 그리고 그는 약속을 지킨다. 그런데 문제는 무엇보다도 이런 것 때문에 그가 병들었는지, 아니면 반대로 바로 그것이, 설사 아무리 걱정스럽고 모험적인 것이라 해도, 하나의 병이나 〈붕괴〉가 아니라 하나의 〈돌파〉인 분열증적 과정인지를 아는 것이다. 분열증적 과정이란, 우리를 욕망적 생산으로부터 떼어 놓는 벽이나 극한을 뛰어넘고, 욕망의 흐름들을 지나가게 하는 것이다. 랭의 위대함은 야스퍼스에서 애매한 채로 있던 몇몇 직관에서 출발해, 이 여행의 믿기 힘든 효력을 지적할 줄 알았다는 데 있다. 그래서 이른바 정상적 자아를 녹여 버리는 끊임없는 파괴의 임무를 자신의 정립적 임무와 겸비하지 않는 분열-분석은 없다. 로런스, 밀러, 뒤이어 랭은 이것을 깊이 있게 밝힐 줄 알고 있었다. 확실히, 남자건 여자건 잘 정의된 인물들이 아니며, 차라리 진동들, 흐름들, 분열들, 그리고 〈교점들〉이다. 자아란 그로부터 자아가 결과로서 생겨나는 인물론적 좌표들과 관련되어 있고, 인물들은 이번에는 가족적 좌표들과 관련되어 있다. 우리는 가족적 집합이 이번에는 인물들을 생산하기 위해 무엇과 관련되어 있는지를 나중에 볼 것이다. 분열-분석의 임무란, 자아들과 그 전제들을 끈기 있게 해체하는 것, 자아들이 가두고 억압하는 전-인물적 독자성들을 해방하는 것, 자아들이 방출하고 수용하고 또는 차단할 수 있을 흐름들을 흐르게 하는 것, 동일성의 조건들에 미치지 못하는 분열들과 절단들을 언제나 더 멀리 더 섬세하게 확립하는 것, 각자를 다시 절단해서 타인들과 묶어 집단을 만드는 욕망 기계들을 조립하는 것이다. 왜냐하면 각자는 하나의 소집단이요, 또 소집단으로 살아야 하기 때문이다. 아니면 차라리, 각자는 갈라진 많은 틈 하나하나를 금으로 접합해서 수리한 선(禪)의 다기(茶器)와도 같으며, 아니면 그 균열 하나하나를 안료나 석회에 의해 선으로 채운 교회 타일과도 같다(이는 통일되고 그램분자화되고 숨겨지고 흉터가 있고 비생산적인 거세의 반대이다). 분열-분석이 그렇게 불리는 까닭은, 분열-분석이 그 치료 절차 전체에 걸쳐, 정신분석처럼 신경증화하지 않고 분열증화하기 때문이다.

435   분열자는 과정으로서의 분열증 때문에 병든 것이 아니니 무엇으로 인해 병들었을까? 무엇이 돌파를 붕괴로 변형할까? 반대로 그가 병든 것은, 과정의 강제된 정지 또는 과정의 공전의 연속 또는 과정이 억지

로 목적으로 여겨지게 되는 방식 때문이다. 이런 의미에서 우리는 어떻게 사회적 생산이 병든 분열자를 생산하는지 보았다. 자본주의는 그 깊은 경향성 내지 그 절대적 극한을 구성하는 탈코드화된 흐름들 위에 구성되어 있는데, 자본주의는 끊임없이 이 경향성에 반대하고 이 극한을 축출해서, 이것들을 자신이 언제나 더 큰 규모로 재생산할 수 있는 내적인 상대적 극한들로 대체하거나, 그 경향성을 전제주의와 가장 억센 탄압에 종속시키는 공리계로 대체한다. 이런 의미에서 모순은 사회장을 가로지르는 흐름들의 층위에 자리 잡을 뿐 아니라, 또한 사회장의 구성 부분들인 흐름들의 리비도 투자들의 층위에도 자리 잡는다. 즉 모순은 전제군주적 원국가의 편집증적 재구성과 정립적인 분열증적 도주선들 사이에 자리 잡는다. 이로부터 다음의 세 가지 실제 가능성이 그려진다. 첫째, 과정이 정지되고, 욕망적 생산의 극한이 이전되고, 변장되고, 이제 오이디푸스적 부분집합으로 옮겨 간다. 이때 분열자는 실효적으로 신경증화되며, 그의 병을 구성하는 것은 바로 이 신경증화이다. 왜냐하면, 어쨌든 신경증화는 신경증에 선행하며, 후자는 전자의 결과이기 때문이다. 둘째, 분열자가 신경증화에, 오이디푸스화에 저항한다. 현대적 자원의 사용, 순수한 정신분석 장면, 상징적 남근, 구조적 폐제, 아버지의 이름 등마저도 분열자에게 효력을 미치지 못하기에 이른다(여기서도, 이 현대적 자원에서도, 라캉의 발견들은 어찌 그리 이상하게 이용될까, 라캉은 이와 반대로 분석장을 분열증화한 최초의 사람이었는데……). 이 둘째 경우에, 저항하지만 모든 면에서 과정을 봉쇄하기에 충분한 신경증화와 대결해서, 과정은 자기 자신을 목적으로 여기기에 이르렀다. 즉 정신병자가 생산된다. 정신병자는 고유한 의미의 위탁된 억압에서 빠져나가지만, 이는 오직 본원적 억압으로 망명하고, 자기 위에 기관 없는 몸을 가두고, 욕망 기계들을 침묵시키기 위해서이다. 신경증이기보다 긴장병이며, 오이디푸스와 거세이기보다 긴장병이다. 하지만 이는 여전히 신경증화의 한 효과, 하나의 동일한 병의 역효과이다. 셋째 경우에는, 과정이 공전하기 시작한다. 탈영토화 과정은 더 이상 자신의 새로운 땅을 찾지 못하고 창조하지 못한다. 탈영토화 과정은 오이디푸스적 재영토화, 즉 의고적·잔여적이고 우스꽝스럽게 제한적인 땅과 대결해서, 그럭저럭 사고 없이 기성 질서와 더불어 마련된 훨씬 더 인공적인 땅들을 형성하리라. 이는 변태이다. 무엇보다 오이디푸스는 이미 인공적인 땅이었다, 오, 가족이여! 또한 오이디푸스에 대한 저항, 기관 없는 몸으로의 회귀 역시 인공적인 땅이었다, 오, 정신병원이여. 그래서 모든 것은 변태이다. 하지만 또한 모든 것은 정신병이고 편집증이기도 하다. 왜냐하면 모든 것은 정신병자를 생산하는 사회장의 대체-투자에 의해 시동되기 때문이다. 또한 모든 것은 신경증이기도 하다. 왜냐하면 모든 것은 과정에 대립하는 신경증화의 결실이기 때문이다. 끝으로, 모든 것은 과정이며, 과정으로서의 분열증이다. 왜냐하면 그 고유한 여정들, 그 신경증적 정지들, 그 변태적 공전의 연속들, 그 정신병적 목적화들 등 모든 것은 바로 분열증에 비추어 측정되기 때문이다.

넷째 테제――사회적 리비도 투자의 두 극

오이디푸스가 사회장 전체를 유한한 가족적 형상에 적용함으로써 태어나는 한, 그는 리비도에 의한 이 사회장의 그 어떤 투자도 내포하지 않으며, 이 적용을 가능하게 하고 필연적이게 하는 아주 특수한 투자를 내포한다. 바로 이런 까닭에 오이디푸스는 우리에게 신경증자의 느낌이기에 앞서 편집증자의 관념으로 보였다. 실제로, 편집증적 투자는 분자적인 욕망적 생산을 이 생산이 기관 없는 충만한 몸의 표면에서 형성하는 그램분자적 집합에 종속시키는 데 있으며, 또 바로 이렇게 함으로써 이 생산을 특정한 조건들에서 충만한 몸의 기능을 수행하는 사회체 형식에 예속시키는 데 있다. 편집증자는 군중들을 기계 작동하며, 끊임없이 큰 집합들을 형성하고, 욕망 기계들을 지도하고 탄압하기 위해 무거운 장치들을 발명한다. 확실히, 집단적 목표들과 이해관계들, 해야 할 개혁들, 때로는 심지어 작동해야 할 혁명들을 내세움으로써 자신을 합리적이라고 인정받는 것은 편집증자에게 어려운 일이 아니다. 전의식의 희미한 빛 아래서만 합리적인 외양을 띠며, 낯선 사회조직 담론에 생기를 주는, 개량주의적 투자들 또는 반동적 및 파시즘적 투자들 아래로 광기는 돌파한다. 여기서는 언어행위마저도 제정신이 아니다. 장관, 장군, 사장, 기술자……의 말을 들어 보라. 말 없는 사람들의 이름으로, 남들을 위해 말하는 이성의 담론 아래 있는 편집증자의 커다란 소문을 들어 보라. 왜냐하면, 내세워진 전의식적 목표들과 이해관계들 **437** 밑에는, 모든 목표와 무관하게 그 자체를 위한 하나의 충만한 몸과 결부되어 있으며, 모든 근거와 무관하게 그 자체를 위한 발전 등급과 결부되어 있는, 다른 무의식적 투자가 세워져 있기 때문이다. 바로 이 발전 등급이지 다른 발전 등급이 아니요, 거기서 한 걸음도 더 가지 않으며, 바로 이 사회체이지 다른 사회체가 아니요, 다른 사회에는 손도 대지 않는다. 이는 그램분자적 기계의 사심 없는 사랑이며 참된 향유로, 여기에 복종하지 않는 자들에 대한 증오를 품고 있다. 리비도 전체가 작동하고 있는 것이다. 리비도 투자의 관점에서 보면, 개혁가와 파시스트, 때로 심지어 몇몇 혁명가들 사이에는 거의 차이가 없음을 볼 수 있다. 이들은 전의식적 방식으로만 구별될 뿐, 이들의 무의식적 투자들은 이들이 같은 몸을 이루고 있지 않을 때조차도 같은 유형에 속해 있다. 모 마노니는 1902년의 판결에서 법원장 슈레버에게 망상적 관념들이 유지되고 있음을 인정하면서도 그에게 자유와 책임을 부여하는 반-정신의학의 최초의 역사적 행위를 보고 있는데, 이때 우리는 그녀를 따를

분열-분석의 둘째 정립적 임무

수 없다.[62] 왜냐하면 그 법원장이 편집증자이기보다는 분열자였고, 자기를 순수한 아리아인보다는 흑인이나 유대인으로 여겼고, 자기의 재산 관리에 그다지 능력을 보여 주지 않았고, 또 그의 망상 속에서 사회체에 대해 이미 파시즘적 리비도 투자를 보여 주지 않았어도 같은 판결을 내렸을지는 의심의 여지가 있기 때문이다. 예속의 기계로서 사회 기계들은 이해관계로는 설명될 수 없는 비길 데 없는 사랑을 불러일으키는데, 왜냐하면 이해관계들은 이와 반대로 이 사랑에서 나오기 때문이다. 사회의 바닥에는 망상이 있는데, 왜냐하면 망상은 목표들을 넘어선 사회체 같은 것의 투자이기 때문이다. 편집증자가 사랑으로 열망하는 것은 전제군주의 몸만이 아니라, 또한 그것이 권력과 군집의 형식인 순간의 돈-자본의 몸 또는 새로운 혁명적 몸이다. 즉 그 열망은, 그 몸을 소유하는 만큼 그 몸에 소유되며, 자신이 부품과 톱니바퀴를 이루는 예속 집단들을 기계 작동하고, 마침내 욕망을 으깨는 메커니즘들의 향유를 인식하기 위해 자신을 그 기계 속에 도입한다.

그런데 오이디푸스는 상대적으로 결백하다는, 분석가의 진료실에서 다루어지는 사적 규정이라는 분위기를 띠고 있다. 하지만 우리는 오이디푸스가 바로 어떤 유형의 무의식적·사회적 투자를 상정하고 있는지를 묻는데, 왜냐하면 오이디푸스를 발명하는 것은 정신분석이 아니기 때문이다. 정신분석은 오이디푸스를 살고, 오이디푸스를 발전시키고, 오이디푸스를 확증하고, 오이디푸스에게 의료 상품의 형식을 주는 데 그친다. 편집증적 투자가 욕망적 생산을 예속시키는 한, 이 투자에 아주 중요한 것은, 이 생산의 극한이 이전되는 것이요, 또 이 극한이 사회적 출발 집합과 그에 대응하는 것으로 여겨지는 가족적 도달 부분집합이라는 두 그램분자적 집합 사이의 극한으로서, 욕망이 사회

438

---

62 Maud Mannoni, *Le Psychiatre, son fou et la psychanalyse*, Paris: Seuil, 1970, 7장.

적 탄압을 중복하기에 이르는 가족적 억압의 덫에 걸리는 식으로, 사회체 내부로 옮겨 가는 것이다. 편집증자는 자기 망상을 가족에, 자기 가족에 적용하지만, 그것은 무엇보다 인종들, 신분들, 계급들, 세계사에 대한 망상이다. 요컨대 오이디푸스는 무의식 자체 속에 사회장의 모든 반동적·편집증적 투자를 내포하며, 이 투자는 오이디푸스화하는 요인으로 작용하고 또 전의식적 투자들을 저지할 뿐 아니라 부양할 수도 있다. 따라서 분열-분석의 관점에서 오이디푸스의 분석은, 아들의 혼란한 느낌들을 거슬러 올라가 망상적 관념들까지, 즉 부모나 부모의 내면화된 대표들이나 부모의 대체물들의 투자선(投資線)들까지 이르는 데 있다. 그러니까 적용과 재생산의 장소에 불과한 가족의 집합에 도달하기 위해서가 아니라, 리비도 투자의 사회적·정치적 단위들에 도달하기 위해서. 그래서 1차로 정신분석가를 포함해 가족주의적 정신분석 전체는 분열-분석의 판결에 따라야 한다. 소파 위에서 시간을 보내는 유일한 방식은 정신분석가를 분열-분석하는 것이다. 우리는 욕망의 무의식적 투자들이 이해관계의 전의식적 투자들과 본성상 차이가 있기에 그 사회적 효력 자체에 있어 성욕을 지표로 삼고 있다고 말한 바 있다. 물론 혁명적 사랑들을 갖기 위해 가난한 여자, 즉 하녀나 창녀를 투자하는 것으로는 충분치 않으리라. 혁명적이거나 반동적인 사랑들이란 없다. 말하자면, 사랑들은 그 대상에 의해 정의되지 않으며, 나아가 욕망들 내지 충동들의 원천들과 목표들에 의해 정의되지도 않는다. 다만 리비도에 의한 역사적 또는 지리적인 사회장의 투자의 반동적 또는 혁명적 성격의 지표들인 사랑의 형식들만이 있을 뿐이며, 사랑받고 욕망되는 존재들은 이 성격에 의해 자신들의 규정들을 부여받는다. 오이디푸스는 이 형식들 중 하나요, 반동적 투자의 지표이다. 그리고 잘 정의된 형상들, 잘 동일시된 역할들, 잘 구별되는 인물들, 요컨대 로런스가 말했던 모델-이미지들, 즉 어머니, 약혼녀, 여

439

분열-분석의 둘째 정립적 임무

주인, 아내, 성녀와 창녀, 왕녀와 하녀, 부유한 여자와 가난한 여자는, 그들의 전복들과 그들의 대체들에서까지도, 오이디푸스의 부속물들이다. 이 이미지들의 형식 자체, 이것들의 각 장면, 이것들의 가능한 관계들의 집합은, 리비도가 이것들을 가로질러 말을 건네는 하나의 코드의 산물, 하나의 사회적 공리계의 산물이다. 인물들은 무의식적으로 자신을 위해 자신의 코드를 투자하는 사회적 집합의 파생된 허상들이다. 바로 이런 까닭에 사랑은, 욕망은 반동적 지표들 아니면 혁명적 지표들을 제시한다. 이 혁명적 지표들은 그와 반대로 비-구상적 지표들로 등장하는데, 거기서 인물들은 욕망의 탈코드화된 흐름들에, 진동의 선들에 자리를 내주며, 또 거기서 이미지들의 절단들은 흐름들을 소멸하기는커녕 많은 차원에서 흐름들을 통과시키면서 특이점들, 기호-점들을 구성하는 분열들에 자리를 내준다. 비-구상적 사랑들, 사회장의 혁명적 투자의 지표들, 이것들은 오이디푸스적이지도 않고 전-오이디푸스적이지도 않고 ── 왜냐하면 이 둘은 같은 것이니까 ── 무의식적으로 무오이디푸스적이며, 혁명가에게 〈오이디푸스, 난 그런 거 몰라〉라고 말할 권리를 준다. 인물들과 자아의 형식을 해체하는 것은 전-오이디푸스적 미분화를 위해서가 아니라, 무오이디푸스적 독자성들의 선들, 욕망 기계들을 위해서이다. 왜냐하면 대상들도 목표들도 원천들도 아닌 오로지 형식 내지 기계적 지표들에만 관심을 두는 하나의 성 혁명이 있기 때문이다.

따라서 분열-분석의 넷째이자 마지막 테제는 사회적 리비도 투자의 두 극의 구별인데, 그 하나는 반동적·파시즘적·편집증적 극이며, 다른 하나는 혁명적·분열증적 극이다. 한 번 더 말하지만, 우리는 무의식의 사회적 투자들의 성격을 정신의학에서 이어받은 용어들로 규정하는 데 아무 불편함이 없지만, 이는 이 용어들이 사회적 투자들을 단순한 투사들로 만드는 가족적 함의를 지니기를 그치는 한에서이며, 또 망상이 직접적으로 적합한 1차적인 사회적 내용을 갖고 있다고 인정받는 때부터이다. 두 극은 이렇게 정의된다. 하나는 욕망적 생산과 욕망 기계들이 어떤 권력 형식 내지 선별적 통치 형식 아래서 큰 규모로 구성하는 군집적 집합들로, 욕망적 생산과 욕망 기계들을 예속함으로써 정의되며, 다른 하나는 종속이 역전되고 권력이 전복됨으로써 정의된다. 하나는 독자성들을 부수고 선별하며 코드들 내지 공리계들 속에 간직되는 독자성들만을 조절하는, 그램분자적이며 구조화된 집합들을 통해 정의되며, 다른 하나는 이와 반대로 큰 집합들을 가공하기에 알맞은 그만큼의 재료들로 다루는, 독자성들의 분자적 다양체들을 통해 정의된다. 하나는 이 체계 내지 이 집합에 고유한 내재성의 장을 채우는 이미지들을 생산하는 그런 방식으로, 이 체계의 내부 극한들에 따라 흐름들을 정지하고 옥죄며 흐름들을 되돌리거나 다시 절단하는 통합선과 영토화선을 통해 정의되며, 다른 하나는 새로운 흐름들을 생산하는 비-구상적인 자기 고유의 절단들 내지 분열들을 발명하며, 그것들을 욕망적 생산과 떼어 놓는 코드화된 벽 내지 영토적 극한을 항상 뛰어넘는, 탈코드화되고 탈영토화된 흐름들이 따라가는 도주선들에 의해 정의된다. 이상의 모든 규정을 요약하자면, 하나는 예속 집단들에 의해 정의되며, 다른 하나는 주체 집단들에 의해 정의된다. 사실 우리는 이 구별들에 관한 온갖 종류의 문제에 여전히 부딪히고 있다. 어떤 의미에서 분열증적 투자는, 다른 투자 못지않게, 단순한 유토피아가 아닌 역사·사회장의 현실적 투자일까? 어떤 의미에서 도주선들은 집단적이고 정립적이고 창조적일까? 무의식의 두 극은 서로 어떤 관계이며, 또 이해관계의 전의식적 투자들과는 어떤 관계일까?

분열-분석의 둘째 정립적 임무

무의식적인 편집증적 투자는, 사회체가 할당하고 분배하는 전의식적 목표들과 이해관계들을 넘어, 기관 없는 충만한 몸으로서 사회체 자체와 결부된다는 것을 보았다. 이러한 투자는 백일하에 드러나는 것을 견디지 못하리라는 점이 남는다. 그것은, 일반적인 것으로서 제시되는 지정 가능한 목표들 내지 이해관계들 밑에 언제나 숨어 있어야 하며, 이는 그것들이 지배계급 내지 그 분파의 목표들 내지 이해관계들을 재현하고 있을 때조차 그래야 한다. 어떤 통치 구성체가, 확고하고 규정된 어떤 군집 집합이 그 날것의 권력, 그 폭력, 그 부조리를 위해 투자되었다는 것을 어떻게 감당할 수 있으랴? 그것들은 거기서 살아남지 못하리라. 가장 공공연한 파시즘마저도 목표들, 권리, 질서, 이성 등의 언어활동을 말한다. 가장 정신 나간 자본주의마저도 경제적 합리성의 이름으로 말한다. 그리고 그것은 강요된다. 왜냐하면 이성들의 질서가 이 질서를 결정하는 하나의 코드나 공리계 아래에서 뒤얽혀 고정되는 곳이 바로 충만한 몸의 비합리성 속이기 때문이다. 더욱이, 무의식적인 반동적 투자를 목표가 없다고 백일하에 드러내는 일은 그것을 완전히 변형해, 리비도의 다른 극, 말하자면 분열적-혁명적 극으로 이행시키기에 충분하리라. 왜냐하면 그 일이 행해지면 반드시 권력을 전복하고, 종속을 역전하고, 생산 자체를 욕망에게 돌려주겠기 때문이다. 실상 욕망만이 목표가 없는 채로 살아가니 말이다. 분자적인 욕망적 생산은 전복된 권력 형식 내지 주권 형식 아래서 이번에는 그램분자적 집합을 예속시킬 자유를 되찾으리라. 바로 이런 까닭에 클로솝스키는 투자의 두 극에 대한 이론을 가장 멀리 밀고 갔으면서도 언제나 능동적 유토피아의 범주 안에서 그리했기에 이렇게 쓸 수 있었다. 〈이처럼 모든 통치 구성체는 자신이 바란 자기 와해의 순간을 예견해야 하리라. (……)

그 어떤 통치 구성체도 그 자신이 확정되기 위해서라면 결코 이런 의식화를 견디지 못하리라. 왜냐하면 통치 구성체를 구성하는 개인들 속에서 이것이 의식화되자마자, 개인들은 이 구성체를 해체하기 때문이다. (……) 과학과 예술이라는 우회를 통해, 인간 존재는 여러 차례 이 고정성에 맞서 반항했다. 그런데 이 능력에도 불구하고, 군집 충동은 과학에서, 또 과학을 통해 이 단절을 좌절시키곤 했다. 인간 존재가 의도를 벗어 버린 현상들식으로 행동할 줄 알게 될 날 ― 인간 존재의 층위에서 모든 의도는 언제나 자신의 보존과 지속에 복종하니까 ― 바로 이날, 하나의 새로운 피조물이 실존의 무결함을 선언하리라. (……) 과학이 자신의 고유한 걸음을 통해 증명하는 것은, 과학이 끊임없이 공들여 만들어 내는 수단들은 그 자체로 아무 목표도 목적도 없이, 조합들을 통해 이런저런 결과를 얻게 될 힘들의 작용을 외부에서 재생산하게 할 뿐이라는 점이다. (……) 그렇지만, 그 어떤 과학도 기존 사회집단 밖에서 발전될 수는 없다. 과학이 사회집단들을 다시 문제 삼지 못하게끔 사회집단들은 과학을 손에 다시 거머쥐고 있으며, (……) 갖가지 산업 계획 속에 (통합하고 있기에), 과학의 자율성은 엄밀하게는 착상할 수 없어 보인다. 예술과 과학을 혼인시키려는 공모는 우리의 모든 제도의 파괴와 생산수단의 전면적 전복을 전제한다. (……) 니체의 소원에 따라 어떤 공모가 적잖이 수상쩍은 목적들을 위해 과학과 예술을 이용하려 한다면, 산업사회는 이 공모가 이 사회를 위해 마련한 것을 실제로 겪는 고통 아래서, 그것이 이 사회에 제공하는 일종의 연출을 통해 미리 이 공모를 좌절시키는 것처럼 보이리라. 그 고통이란, 결국은 현대성의 진정한 얼굴을 드러내는 많은 실험적 영역들 속에서, 산업사회를 덮고 있는 제도적 구조들의 파열을 가리킨다. 이는 니체가 사회들의 진화가 도달하리라고 본 궁극적 국면이다. 이 관점에서 보면, 예술과 과학은 바로 니체가 자신의 대항-사회학의 대상으로 만들겠다고 말한 이 통치 구성

442

분열-분석의 둘째 정립적 임무

체로서 등장하리라 ── 과학과 예술이 제도들의 폐허 위에서 지배적 권력들로 설립되면서.)[63]

　과학자들과 기술자들, 심지어 예술가들, 과학과 예술 자체가 아주 강력하게 기성 통치들에 봉사(설사 금융 구조들에 의해 그렇다 할지라도)하고 있는 세계에서, 왜 이렇게 예술과 과학을 내세울까? 이는 예술이 자기 고유의 위대성, 자기 고유의 천재에 도달하자마자, 욕망 기계들을 설치하고 기능시키는 탈코드화와 탈영토화의 사슬들을 창조하기 때문이다. 회화에서 베네치아파의 예를 보자. 베네치아에 큰 자율성을 허용한 원국가의 테두리에서 베네치아가 가장 강력한 시장 자본주의를 발전시키고 있을 때, 그 회화는 분명 비잔틴의 코드 속을 흘러가고 있었는데, 이 코드에서는 색들과 선들마저도 하나의 수직적 질서로서 그것들의 위계를 규정하는 하나의 기표에 종속되어 있었다. 하지만 15세기 중엽에, 베네치아 자본주의가 쇠락하는 최초의 기호들에 직면하자, 이 회화에서 무엇인가가 파열한다. 즉 하나의 새로운 세계, 하나의 다른 예술이 열리고 있었다고 말할 수 있겠는데, 거기서는 선들이 탈영토화되고, 색들이 탈코드화되며, 이제 선들과 색들 안에서, 그리고 선들과 색들이 서로 유지하는 관계들과만 결부된다. 도주선들 내지 돌파선들을 지닌 그림의 수평적, 즉 횡단적 조직이 태어난다. 그리스도의 몸은 모든 방향으로 잡아 늘려진 채, 모든 부분에서 온갖 종류로 기계 작동되어, 기관 없는 충만한 몸의 역할을 하는데, 이 몸은 욕망의 모든 기계가 달라붙는 장소요, 예술가의 기쁨이 터져 나오는 사도-마조히즘의 실행 장소이다. 심지어 동성애자 그리스도들도 있다. 기관들은 기관 없는 몸의 직접적 권력들이며, 성 세바스티아누스의 무수한 화살에 맞은 수

443

63　Pierre Klossowski, *Nietzche et le cercle vicieux*, p.175, pp.202~203, pp.213~214(군집의 집합들과 독자들의 다양체들 간의 대립은 이 책 도처에서, 나아가 『살아 있는 화폐(*La Monnaie vivante*)』(Paris: Losfeld, 1970)에서 발전되었다).

천 개의 상처들이 다른 흐름들을 생산하는 방식으로 절단하고 다시 절단하는 흐름들을 이 몸 위에서 방출한다. 인물들과 기관들은 위계화된 집단 투자들에 따라 코드화되기를 멈춘다. 각 인물, 각 기관은 자신을 위해 가치가 있고, 자신의 일을 한다. 아기 예수는 한쪽을 주시하는 한편, 동정녀는 다른 쪽에 귀 기울인다. 예수는 모든 욕망하는 아이의 등가물이며, 동정녀는 모든 욕망하는 여자의 등가물이다. 신성모독의 기쁜 활동이 이 일반화된 사유화 아래에서 펼쳐진다. 틴토레토 같은 사람은 세계의 창조를 긴 경주로 그리는데, 신 자신은 맨 뒷줄에서 오른쪽에서 왼쪽으로 출발신호를 한다. 갑자기 로토의 그림이 등장하는데, 이것은 충분히 19세기에서 왔다고도 할 수 있으리라. 물론 회화의 흐름들의 이 탈코드화, 지평선에서 욕망 기계들을 형성하는 이 분열증적 도주선들은 옛 코드의 쪼가리들 속에서 다시 취해지거나 아니면 새로운 코드들 속에, 또한 무엇보다도 고유하게 회화적인 공리계 속에 도입된다. 도주들을 옥죄고, 선들과 색들 사이의 횡단적 관계들 위에서 회화 전부를 닫아 버리고, 그것을 의고적이거나 새로운 영토성들로 복귀시키는 공리계 속에(가령 원근법). 그처럼 탈영토화 운동은 영토성들의 이면으로만 파악될 수 있다. 그게 잔여적인 또는 인공적인 또는 모조의 영토성들이라 할지라도 말이다. 하지만 적어도 무엇인가가 등장해서, 코드들을 부수고 기표들을 파괴하고 구조들 밑을 지나고 흐름들을 통과시키고 욕망의 극한에서 절단들을 행했다. 즉 하나의 돌파이다. 19세기가 이미 15세기 한복판에 있다고 말하는 것은 충분치 않다. 왜냐하면 이번엔 19세기에 대해서도 비슷한 말을 해야 하겠기 때문이요, 해방된 이상한 흐름들이 이미 지나가고 있던 비잔틴 코드에 대해서도 비슷한 말을 했어야 되겠기 때문이다. 우리는 화가 터너에게서, 종종 〈미완성〉 그림들이라 불리는 가장 완성된 그림들에서 이를 본 적이 있다. 천재가 나타나자마자, 더 이상 어느 유파에도, 어느 시대에도 속하지 않고, 하나

분열-분석의 둘째 정립적 임무

의 돌파를 행하는 어떤 것이 생긴다. 그것은 목표 없는, 하지만 그 자체로 완성되어 있는, 과정으로서의 예술이다.

코드들과 그 기표들, 공리계들과 그 구조들, 그것들을 측정하는 순수하게 상징적인 관계들뿐 아니라 그것들을 채우는 상상적 형상들, 이런 것들은 목표들, 유파들, 시대들에 의해 특징지어지는 고유하게 미학적인 그램분자적 집합들을 구성하며, 또 거기에서 어떤 적용을 찾아내는 더 방대한 사회 집합들에 이것들을 관련시키고, 또 도처에서 거세하는 큰 통치 기계에 예술을 예속시킨다. 왜냐하면 예술에도 반동적인 투자의 극이, 음울한 편집증적-오이디푸스적-나르키소스적 조직화가 있기 때문이다. 더러운 작은 비밀 둘레에 회화의 더러운 사용이 있는데, 이는 공리계가 형상들을 필요로 하지 않는 추상회화에서도 그렇다. 배설물적인 비밀스러운 본질을 지닌 회화, 오이디푸스적 이미지로서의 성 삼위일체와 단절했을 때조차도 오이디푸스화하는 회화, 과정을 목표나 정지나 중지나 공전의 연속으로 만드는 신경증적이며 신경증화하는 회화가 그런 것들이다. 오늘날 현대적이라 참칭하면서 꽃피는 이 회화, 독을 지닌 꽃, 이것은 로렌스의 주인공에게 이렇게 말하게 하리라. 〈그것은 순수한 살해와 같다. (……) 그러면 누가 살해되나? (……) 사람들이 자기 안에서 느끼는 자비심의 내장들 모두가 살해되었다. (……) 아마도 살해된 것은 어리석음, 감상적 어리석음이라고 예술가는 비웃었다. ─ 당신은 믿는가? 내가 보기에는 이 모든 관(管) 그리고 이 모든 골함석 진동이 모든 것보다 더 어리석고 충분히 감상적인 것 같다. 내게 이것들은 자기 자신에 대한 많은 연민, 많은 신경질적 허영심을 보여 주는 것 같다.〉 거세의 큰 비생산적 절단에 투사된 생산적 절단들, 골함석의 흐름이 된 흐름들, 사방에서 막힌 돌파들. 우리가 앞에서 보았듯이, 아마 편집증적 표현 형식과 오이디푸스적 내용 형식, 이런 것이 예술과 문학의 상품 가치이다. 편집증적 표현 형식, 그것은 이

제 자신의 반동적 리비도 투자들을 〈의미화〉할 필요조차 없는데, 왜냐하면 이 투자들은 역으로 그것에 기표로서 봉사하기 때문이다. 또한 오이디푸스적 내용 형식, 그것은 이제 오이디푸스를 형상화할 필요조차 없는데, 왜냐하면 〈구조〉로도 충분하기 때문이다. 하지만 분열적-혁명적인 다른 극에서 이제 예술의 가치는, 침묵하게 된 기표 밑에서, 매개 변수들의 동일성 조건들에 미치지 못하는 곳에서, 무력해진 구조를 가로질러 예술이 통과시키는 탈코드화되고 탈영토화된 흐름들에 따라서만 측정된다. 공기나 전자나 가스처럼 별것 아닌 매체로 쓴 글, 그것은 흐르는 것과 다시 절단하는 것 모두를, 의미도 목표도 모르는 자비심의 내장을 받아들임으로써, 바보들, 문맹자들, 분열자들에게 접근 가능한 것이 될수록 지식인들에게는 더 어렵고 지적인 것으로 보인다(아르토 실험, 버로스 실험). 바로 여기서 예술은 그 진정한 현대성에 도달하는데, 이 현대성은 모든 시대의 예술 속에 현존했으나 목표들과 대상들 — 설사 미적이었을지언정 — 아래에, 재코드화들 내지 공리계들 아래에 숨어 있었던 것을 해방하는 데 있을 뿐이다. 그것은 자기를 완성하는, 또 전진하는 한 끊임없이 완성되는, 순수한 과정이며, 〈실험〉으로서의 예술이다.[64] ⁴⁴⁵

과학에 대해서도 같은 말을 할 수 있으리라. 인식의 탈코드화된 흐름들은 우선 고유하게 과학적인 공리계들 속에 묶여 있지만, 이 공리계들은 두 극 사이에서 주저를 표현한다. 이 두 극의 하나는, 시장의 필

---

64 존 케이지의 전체 저작과 그의 책 *Silence*, Middletown, Conn.: Wesleyan University Press, 1961 참조. 〈**실험적**이란 낱말은, 성공과 실패의 견지에서 나중에 판단될 행위를 가리키는 것으로 이해되지 않고 단순히 그 결과가 미지인 행위를 가리키는 것으로 이해된다면, 적절하다.〉(p.13) 그리고 **탈코드화, 탈구조화, 과정**으로서의 작품이라는 능동적·실천적 개념에 관해서는, 케이지에 대한 다니엘 샤를의 탁월한 주석들을 참조할 것, "Musique et anarchie," *Bulletin de la Société française de philosophie*, 1971년 7월(더 이상 코드는 없다는 생각에 반발하여, 몇몇 토론 참가자들이 격렬하게 분노했다⋯⋯).

분열-분석의 둘째 정립적 임무

요들과 기술 혁신의 지대들과 관련하여 보유되어야만 하는 것을 과학에 대해서도 보유하는 큰 사회적 공리계이다. 또한 그것은 과학적 부분 집합들을 자기에게 고유한, 그리고 자기에게 대응하는 그 수만큼의 적용들로 만드는 큰 사회적 집합이다. 요컨대 그것은 과학자들을 〈이성〉으로 되돌아오게 하는 데 그치지 않고, 과학자들 쪽에서의 일탈 전체를 예견하고 그들에게 목표들을 강요하며, 또 과학과 과학자들을 통치 구성체에 완전히 예속시키는 심급으로 만드는 절차들의 집합이다(가령 비결정론이 어느 지점까지만 관용되고, 그다음에는 결정론과 화해하게끔 정해지는 방식). 하지만 다른 극은 분열증적 극으로, 그 근방에서 인식의 흐름들은 분열증화하며, 사회적 공리계를 가로질러 도주할 뿐 아니라 자신의 고유한 공리계들을 가로질러 지나가며, 더욱더 탈영토화된 기호들을, 즉 더 이상 구상적이지도 구조화되지도 않았으며 또한 목표도 목적도 없는 현상들의 놀이를 재생산 내지 생산하는 분열-형상들을 낳는다. 앞에서 정의된 의미에서의, 실험으로서의 과학. 다른 영역들에서

446 와 마찬가지로 이 영역에서도, 과학의 편집증적-오이디푸스화하는 요소와 분열적-혁명적 요소 사이에 고유하게 리비도적 갈등이 있지 않을까? 이 갈등 자체는 라캉에게 과학자의 드라마가 실존한다고 말하게 하는 갈등이다(〈J. R. 마이어, 칸토어, 나는 가끔 광기로 가는 이 드라마들의 수상자 명부를 작성하지는 않겠다, (……) 그리고 그가 오이디푸스를 문제 삼지 않으려 했다면 여기서 오이디푸스 속에 자신이 포함되지 않는 법을 알고 있었으리라.〉 왜냐하면, 실제로 거기서 오이디푸스는 가족 형상이나 심지어 정신 구조로 개입하는 것이 아니라, 오이디푸스화하는 요인으로서 공리계 형태로 개입하며, 그로부터 특유하게 과학적인 오이디푸스가 결과하기 때문이다).[65] 그리고 편집증적-오이디푸스적-나르키소스적 극 둘레에서 높아

---

65 J. Lacan, *Ecrits*, p.870.

지는 오, 엄밀한 수학들이여…… 산술! 대수! 기하학! 웅대한 삼위일체! 빛
나는 삼각형이여!라는 로트레아몽의 노래에, 오, 분열증적 수학이여, 통
제 불가능한 미친 기계들이여!……라는 다른 노래가 대립된다.

혁명적 운동들과 관련한 분열-분석의 임무

자본주의적 통치 구성체(사회체로서의 돈-자본의 충만한 몸)에서는,
큰 사회적 공리계가 예전 구성체들의 특성을 이루던 영토적 코드들과
전제군주적 초코드화들을 대신했다. 또한 그램분자적 군집 집합도 형
성되었는데, 이 집합의 예속은 유례가 없다. 우리는 이 집합이 어떤 기
초들 위에서 기능하는지 본 바 있다. ① 언제나 더 큰 규모로 재생산되
며, 필요한 만큼 자신의 공리들을 끊임없이 배가하며, 욕망이 자기 자
신의 탄압을 욕망하도록 규정되는 수단인 이미지들 및 이미지들의 이
미지들로 자신을 채우는 내재성의 장 전체(제국주의). ② 전에 없던 탈
코드화와 탈영토화. 이는 사회적 기입과 탄압이 더 이상 몸들과 인물들
에 직접 관여할 필요조차 없고 역으로 몸들과 인물들에 선행하는 그런
방식으로, 탈코드화되고 탈영토화된 흐름들 사이에 미분 비들의 체계
로서 하나의 결합을 설립한다(공리계, 조정과 적용). ③ 흐름의 잉여가치
로 규정된 잉여가치. 이 잉여가치의 착취는 같은 코드에 속한 동종적인
두 양 사이의 단순한 산술적 차이에 의해 이루어지는 것이 아니라, 바
로 같은 차수(次數)에 속하지 않는 이종적 크기들 간의 미분 비들에 의
해 이루어진다. 여기서 이종적 크기들이란, 자본주의의 산업적 본질 속
에서 자본의 흐름과 인간적 잉여가치로서의 노동의 흐름이요, 자본주 447
의의 화폐 기입에서 금융의 흐름과 지불 내지 수입의 흐름이요, 자본주
의의 상업 및 은행 기능에서 시장의 흐름과 기계적 잉여가치로서의 혁
신의 흐름이다(내재성의 첫째 양상으로서의 잉여가치). ④ 기계를 자기에게

봉사하게 하지 않고 자본주의 기계의 머슴이 되는 만큼 더 비정해지는 지배계급. 그것은 이런 의미에서 유일한 계급으로, 이 계급은 아무리 막 대하더라도 노동자들의 임금-수입과 산술적 차이밖에 없는 수입을 자기에게 끌어들이는 데 그치지만, 한편 이 계급은 전유되지도 않고 소유되지도 않으며 임금 및 이윤과 통약될 수도 없는 큰 흐름의 창조자, 조정자, 수호자로서 더 깊이 기능하며, 이 큰 흐름은 매 순간 자본주의의 내부 극한들, 이 극한들의 영속적 이전, 그리고 이 극한들의 확대된 규모로의 재생산을 표시한다(자본주의의 내재장의 둘째 양상으로서의 내부 극한들의 작동, 이것은 〈금융의 큰 흐름 ─ 임금 수입의 환류 ─ 순이익의 유입〉이라는 순환 관계에 의해 정의된다). ⑤ 군사 기구, 관료 기구, 경찰 기구가 경제 자체에 기초를 두게 되고, 경제 자체는 욕망의 탄압의 리비도 투자들을 직접 생산하는 그런 방식으로, 잉여가치의 실현 내지 흡수로, 생산 속에 반생산의 전파(내재성의 셋째 양상으로서의 반생산, 이것은 생산을 위해 생산하지만, 자본의 조건들 속에서 생산한다는 자본주의의 이중적 본성을 표현한다). 이 양상들 중 어느 하나도, 그 가장 작은 조작도, 그 가장 작은 산업 내지 금융 메커니즘도 자본주의 기계의 정신 나감과 그 합리성의 병리적 성격을 드러내지 않는 것이 없다(결코 거짓 합리성이 아니라, 이 병리의, 이 정신 나감의 참된 합리성, 〈왜냐하면 확실히 기계는 기능하고 있으니까〉). 이 기계는 미치게 될 위험을 무릅쓰는 것이 아니라, 한 끝에서 다른 끝까지 처음부터 미쳐 있고, 바로 거기에서부터 그 합리성이 나온다. 『자본』의 원천인, 맑스의 블랙 유머는 이와 같은 기계에 대한 그의 매혹이다. 어떻게 그것이 조립될 수 있었을까? 어떤 탈코드화와 탈영토화에 기초해서? 어떻게 그것은 항상 더 탈코드화되고 항상 더 탈영토화되며 기능할까? 어떻게 그것은 공리계를 통해, 흐름들의 결합을 통해 더 가혹하게 기능할까? 어떻게 그것은 기계를 유지하는 평범한 중년 남성이라는 저 무서운 유일한 계급을 생산할까? 어떻게 그

448

것은 감히 혼자서 죽는 대신 오히려 우리를 죽게 할까? 기만적이고 주
관적인 이데올로기를 통과하지도 않으며, 우리에게 자본의 현실 속에서,
자본의 객관적 은폐 속에서, 자본 만세! 하고 끝까지 외치게 하는 욕망의
투자들을 끝까지 부추기면서 말이다. 인간적 자본주의, 자유 자본주의,
온정적 자본주의 등은 있었던 적이 없으며, 단지 이데올로기 속에만 있
다. 자본주의는 잔혹의 원시 체계와 공통 척도가 없는 잔혹으로 정의되
며, 공포의 전제군주 체제와 공통 척도가 없는 공포로 정의된다. 임금
향상, 생활수준 개선은 현실이지만, 이 현실은 자본주의가 그 극한들의
확장에 따라 언제나 자신의 공리계에 추가할 수 있는 이런저런 보조 공
리에서 파생하는 것이다(뉴딜을 수행하자, 강한 조합들을 바라고 인정하자,
참여를 촉진하자, 단일 계급이여, 러시아가 우리에게 다가온 만큼 우리도 러시
아를 향해 한 걸음 내딛자 등). 하지만 이 작은 섬들을 조건 짓는 확대된
현실 속에서, 착취는 끊임없이 가혹해지고, 결핍은 가장 과학적인 방
식으로 정비되며, 〈유대인 문제〉 유형의 최종적 해결들은 아주 세심하
게 준비되고, 제3 세계는 자본주의의 통합적 부분으로 조직된다. 항상
더 커지는 규모에서 자본주의의 내부 극한들의 재생산은 많은 귀결들
을 갖는다. 즉 중심부에서 수준의 증진들과 개선들을 허용하고, 중심부
의 가장 가혹한 착취의 형식들을 주변부로 이전하되, 또한 중심부 자체
에서 과잉 착취의 고립 영역들을 배가하고, 이른바 사회주의 구성체들
을 쉽사리 견디기(키부츠식 사회주의가 시오니즘 국가를 구속하지 않듯, 러
시아 사회주의는 세계 자본주의를 구속하지 않는다). 공장은 감옥이다. 공장
은 감옥을 닮은 것이 아니다. 공장은 실제 감옥이다. 이는 결코 은유로
써 확증되는 것이 아니다.

   이 체계 안에서 모든 것은 제정신이 아니다. 이는 자본주의 기계가
탈코드화되고 탈영토화된 흐름들을 섭취하기 때문이다. 자본주의 기계
는 이 흐름들을 여전히 한층 더 탈코드화하고 탈영토화하지만, 이 흐름

분열-분석의 둘째 정립적 임무

들을 결합하고 이 결합 지점에서 사이비-코드들과 인공적 재영토화를 생산하는 공리계 장치를 이 흐름들이 지나가게 함으로써 그렇게 한다. 바로 이런 의미에서, 자본주의적 공리계는 언제나 새로운 영토성들을 생기게 하고 새로운 전제군주 원국가를 다시 생기게 하는 일 없이는 지낼 수 없다. 자본의 돌연변이적 큰 흐름은 순수한 탈영토화이지만, 그것이 지불수단들의 환류로 변환될 때에는 그만큼의 재영토화를 실행한다. 제3 세계는 자본주의의 중심부와 관련해서 탈영토화되지만, 여전히 자본주의에 속하며, 여전히 자본주의의 순수한 주변부 영토성이다. 계급과 이해관계의 전의식적 투자들이 득실거리고 있다. 무엇보다 자본가들이 자본주의에 이해관계를 갖고 있다. 이렇게 싱거운 확인을 하는 건 다른 점 때문이다. 즉 이해관계가 있는 것은 오로지 자본가들이 이해관계에서 뽑아내는 이윤의 공제를 통해서뿐인데, 이 공제가 아무리 엄청나더라도 그것은 자본주의를 정의하지 못한다. 그리고 자본주의를 정의하는 것을 위해, 이윤을 조건 짓는 것을 위해, 자본가들은 무의식적-리비도적 본성이라는 전혀 다른 본성을 지닌 욕망의 투자를 가지며, 이 투자는 조건화된 이윤들에 의해 단순히 설명되지 않으며, 오히려 이와 반대로 소자본가가 큰 이윤도 희망도 없이 자신의 투자들 전반을 통합적으로 유지한다는 것을 설명해 준다. 즉 그 자신으로서 변환될 수 없으며, 그 자신으로서 전유되지 않는 큰 흐름을 위한, 베르나르 슈미트의 말처럼 〈비-소유와 비(非)-부〉를 위한 리비도인 것이다. 현대 경제학자들 중에서 슈미트는 우리에게는 정확히 망상적인 경제 체계에 대한 망상적 해석을 제공하는 데 비길 수 없는 이점을 갖고 있다 (적어도 그는 끝까지 간다). 요컨대 진정 무의식적인 리비도, 사심 없는 사랑이로다. 이 기계는 정말 엄청나다. 그러므로 언제나 방금 전에 말한 토톨로지적 확인에서 출발하면, 자신의 이해관계의 전의식적 투자들이 자본주의의 방향으로 가지 않는 또는 가지 말아야 할 사람들이 자본주의에 어울리는, 즉 자본주의를 전혀 위협하지 않는, 무의식적 리비도 투자를 유지하고 있다는 것을 알게 된다. 여기에는 아무래도 상관없는 두 경우가 있다. 첫째 경우에, 이 사람들은 자신의 전의식적 이해관계를 임금 향상과 생활수준 개선으로 제한하고 국한한다. 강력한 조직들이 그들을 대표하지만, 이 조직들은 그 목표들의 본성이 문제 되자마자 얄궂어진다(〈당신들은 노동자가 아닙니다, 당신들은 현실 투쟁들에 대해 아무 생각도 없어요, 더 나은 체계 관리를 위해 이윤들을 공격합시다, 깨끗한 파리가 되도록 투표하세요, 어서 오세요, 브레즈네프 씨〉). 그리고 실제로 자본주의 체계 한가운데 스스로 판 구멍 속에서 어찌 자신의 이해관계를 찾지 않으랴? 둘째 경우에, 돈-자본의 몸과는 다른 몸을 상정하는 새로운 이해관계, 새로운 목표들의 투자가 정말로 있으며, 착취당하는 사람들은 자신들의 전의식적 이해관계를 의식화하는데, 이 이해관계는 참으로 혁명적인 것이요, 전의식의 관점에서 큰 절단이다. 하지만 리비도가 무의식의 층위에서 전의식의 절단과 같은 양태를 갖는 혁명적 절단을 수행하려면, 리비도가 이 새로운 목표들에 대응하는 하나의 새로운 사회적 몸을 투자하는 것으로는 충분치 않다. 정말이지, 무의식과 전의식 두 차원은 같은 양태를 갖고 있지 않다. 리비도에 의해 충만한 몸으로서 투자된 새로운 사회체는 자율적 영토성으로 아주 잘 기능할 수 있지만, 이 영토성은 자본주의 기계 속에 붙잡혀 고정되어 있으며, 또 그 시장의 장 안에 위치가 정해질 수 있다. 왜냐하면 돌연변이적 자본의 큰 흐름은 자신의 극한들을 밀어내고, 새로운 공리들을 첨가하고, 욕망을 자신의 넓혀진 극한들의 움직이는 틀 안에 유지하기 때문이다. 현실적이고 리비도적·무의식적인 혁명적 절단 없이도, 전의식적인 혁명적 절단이 있을 수 있다. 아니면 오히려 사태의 순서는 다음과 같다. 즉 우선 현실적이고 리비도적인 혁명적 절단이 있고, 그다음에 이 절단은 목표들과 이해관계의 단순한 혁명적 절단으로 미끄러지고, 끝으로 이 절

450

분열-분석의 둘째 정립적 임무

단이 유일하게 특유한 하나의 재영토성을, 자본의 충만한 몸 위에 있는 하나의 특유한 몸을 다시 형성한다. 예속 집단들은 혁명적 주체 집단들에서 끊임없이 파생한다. 공리 하나 더 추가요. 이것은 추상회화보다 복잡하지 않다. 모든 것은 맑스와 함께 시작하고, 레닌과 함께 속행되고, 〈어서 오세요, 브레즈네프 씨〉에서 종결된다. 아직도 어떤 혁명가에게 말하는 혁명가들, 또는 새로운 기관장이 오기를 요구하는 마을인가? 언제부터 일이 악화되기 시작했느냐고 묻는다면, 어디까지 거슬러 올라가야 할까? 레닌까지? 맑스까지? 잡다하고도 대립되는 많은 투자들이 오이디푸스 콤플렉스가 아닌 콤플렉스들 속에 공존할 수 있다. 이 콤플렉스들은 역사·사회장 및 이 장의 전의식적·무의식적 갈등들 및 모순들에 관련되며, 그것들에 대해서는 오이디푸스로, 아버지-맑스로, 아버지-레닌으로, 아버지-브레즈네프로 복귀한다고 말할 수 있을 뿐이다. 이것을 믿는 사람은 점점 적어지지만, 이는 중요하지 않은데, 왜냐하면 자본주의는 기독교와 같아서 바로 믿음의 결핍으로 살며 믿음이 필요 없기 때문이니, — 믿어 온 모든 것의 얼룩덜룩한 그림이로다.

하지만 여기서 그 역도 역시 참이다. 자본주의는 모든 끄트머리를 통해 끊임없이 도주한다. 자본주의의 생산들, 그 예술, 그 과학은, 그에 상응하는 공리계에 복종할 뿐 아니라 재코드화들과 재영토화들 밑에서 공리계의 그물코들을 가로질러 자신의 몇몇 유통들을 지나가게 하기도 하는 탈코드화되고 탈영토화된 흐름들을 형성한다. 한편 주체 집단들이 단절을 통해 예속 집단들에서 파생된다. 자본주의는 끊임없이 흐름들을 옥죄고 흐름들을 절단하고 절단을 미루지만, 이 흐름들은 끊임없이 흘러넘치며, 자본주의에 맞서 대항하고 자본주의를 베어 버리는 분열들을 따라 끊임없이 스스로를 절단한다. 자본주의는 언제건 자신의 내부 극한들을 확장할 준비가 되어 있지만, 내부 극한들이 확장될수록 그만큼 안에서부터 자본주의로 와서 자본주의를 쪼개 버릴 위험을 내

451

포한 외부 극한에 의해 위협을 받는 채로 머문다. 바로 이런 까닭에 도주선들은 독자적으로 창조적이고 정립적이다. 도주선들은 사회장의 투자를 구성하는데, 이 투자는 그에 반대되는 투자 못지않게 완전하고 전체적이다. 편집증적 투자와 분열증적 투자는 무의식적 리비도 투자의 대립되는 두 극과도 같다. 그 한 극은 욕망적 생산을 통치 구성체 및 거기서 유래하는 군집 집합에 종속시키며, 다른 극은 이 종속을 역전시키고, 권력을 전복하며, 군집 집합을 욕망의 생산들의 분자적 다양체들에 복종시킨다. 그리고 망상이 사회장과 외연을 같이한다는 것이 진실이라면, 모든 망상에는 두 극이 공존하며, 혁명적·분열증적 투자의 단편들이 반동적·편집증적 투자의 블록들과 동시에 발생한다는 점을 볼 수 있다. 두 극 간의 주기적 진동은 심지어 망상을 구성하기조차 한다. 그렇지만 이 진동은 동등하지 않으며, 분열증적 극은 현행의 편집증적 극과 관련해 오히려 퍼텐셜이 있는 것 같다(예술과 과학의 현행성이 통치 구성체들에 의해 쉽게 통제될진대, 어떻게 과학과 예술을 잠재력이 아닌 다른 것으로 여길 수 있으랴?). 이는 무의식적 리비도 투자의 두 극이 이해관계의 전의식적 투자들과 동일한 관계도 동일한 관계의 형식도 갖고 있지 않기 때문이다. 실제로, 한편으로 이해관계의 투자는 욕망의 편집증 **452** 적 투자를 근본적으로 숨기며, 또 숨기는 만큼 편집증적 투자를 강화한다. 전자는 후자의 비합리적 성격을 이해관계들, 원인들과 수단들, 목표들과 근거들 등의 현존 질서 아래에 은폐한다. 또는 이해관계의 투자 자체가 편집증적 투자를 합리화하는 저 이해관계들을 야기하며 창조한다. 또는 더 나아가 새로운 사회체가 혁명의 우월한 이해관계들이라는 이름으로, 또 인과성의 불가피한 연쇄들이라는 이름으로 욕망의 생산 전체를 자신에게 계속 종속시키는 한, 실제로 혁명적인 전의식적 투자는 리비도 차원에서 편집증적 투자를 완전히 유지한다. 다른 한편으로, 이와 반대로 전의식적 이해관계는 다른 종류의 투자의 필연성을 발

분열-분석의 둘째 정립적 임무

견해야 하며, 목표들과 이해관계들을 문제 삼는 식으로 인과성의 일종
의 단절을 행해야 한다. 왜냐하면 여기서 문제는 앞의 경우와 같지 않
기 때문이다. 즉 충만한 몸으로서의 새로운 사회체를 구성하는 것으로
는 충분치 않으며, 새로운 그램분자적 집합을 자신에게 예속시켜야만
하는 욕망의 분자적 구성체들이 행사되고 각인되는 충만한 사회적 몸
의 다른 국면으로 이행해야 한다. 바로 이렇게 해야만 리비도의 무의
식적인 혁명적 절단과 투자에 도달하게 된다. 그런데 이런 일은 인과성
의 단절을 대가로 해서만, 또 이 단절 덕택으로만, 행해질 수 있다. 욕
망은 유형지이며, 욕망은 기관 없는 몸을 가로지르는 사막, 우리를 이
몸의 한 국면에서 다른 국면으로 이행하게 하는 사막이다. 결코 개인적
유형지가 아니고 인물적 광야도 아닌, 집단적 유배지이자 광야. 혁명의
숙명이 착취당하고 지배받는 대중들의 이해관계에만 전적으로 연계되
어 있다는 점은 너무나 명백하다. 하지만 문제는 이 연줄의 본성이다.
그것은 일정한 인과적 연줄인가, 아니면 다른 종류의 연계인가. 문제는
혁명적 퍼텐셜이 어떻게 실현되는지를, 피착취 대중들과의 관계 자체
에서 실현되는지 아니면 주어진 체계의 〈가장 약한 고리들〉과의 관계
자체에서 실현되는지를 아는 것이다. 그 어느 쪽이건, 그것들은 새로
운 사회체를 추진하는 원인들과 목표들의 질서 속에서 작용하는가, 아
니면 반대로 그것들은 원인들 및 목표들과 손을 끊고 사회체를 그 다른
국면으로 되돌리는 욕망의 난입, 그 예기치 못한 돌입의 장소요 담당자
인가? 예속 집단들에서는, 욕망은 아직도 원인들과 목표들의 질서에 의
453 해 정의되며, 통치 구성체 아래서 큰 집합들을 규정하는 거시적 관계들
의 체계 전체를 욕망 자체가 직조한다. 반대로 주체 집단들은 인과성의
단절, 혁명적 도주선을 유일한 원인으로 삼는다. 그런 단절을 가능케
하는 객관적 요인들을, 그런 가장 약한 고리들을 인과적 계열들 속에서
할당할 수 있고 또 할당해야 할지라도, 욕망과 그 난입의 질서에 속하

는 것만이 특정 순간에, 특정 장소에서 그 단절이 취하는 현실을 설명해 준다.[66] 어떻게 모든 것이 공존하고 뒤섞이는지는 잘 보인다. 〈레닌적 절단〉에서, 볼셰비키 집단 또는 적어도 이 집단 일부가, 힘들의 관계들의 예견된 인과 질서를 따르지 않고 틈바구니에 빠짐으로써(도주 또는 〈혁명적 패배주의〉) 사태를 독자적으로 앞당길 프롤레타리아혁명의 즉각적 가능성을 알아차릴 때, 모든 것이 실로 공존하고 있다. 즉 이 가능성을 믿지 않는 몇몇 사람들에게 있는 여전히 주저하는 전의식적 투자들, 새로운 사회체의 가능성을 〈보기〉는 하지만 이미 당을 새로운 주권 형식으로 삼는 그램분자적 인과성의 질서 속에 이 사회체를 유지하는 사람들에게 있는 전의식적인 혁명적 투자들, 끝으로 욕망의 질서 속에서 인과성의 참된 단절을 수행하는 무의식적인 혁명적 투자들이 공존하는 것이다. 그리고 같은 사람들에게서, 아주 잡다한 유형의 투자들이 특정 순간에 공존할 수 있고, 두 유형의 집단이 서로 침투할 수 있다. 이는 이 두 집단이 칸트에서의 결정론과 자유 같은 것이기 때문이다. 즉 이 두 집단은 그야말로 같은 〈대상〉을 갖고 있으며, 사회적 생산은 욕망적 생산과 다르지 않으며, 또 그 역도 마찬가지지만, 이 두 집단은 같은 법칙 또는 같은 체제를 갖고 있지 않다. 혁명적 잠재력의 현행화는 이 잠재력이 물론 포함되어 있는 전의식적 인과성 상태보다는 어떤 정확한 순간에 리비도적 절단의 실효성에 의해, 즉 욕망을 그 유일한 원인으로 지니고 있는 분열의 실효성에 의해, 말하자면 심지어 현실계에 역사를 다시 쓰도록 강요하고 모든 것이 가능한, 이상하게 다의적인 이 순간을 생산하는 인과성의 단절에 의해 더 잘 설명된다. 물론, 분열은 원인들, 목표들, 이해관계들의 땅 밑 작업에 의해 준비되어 왔다. 454

---

66 주체 집단들의 분석, 이 집단들과 욕망 및 인과성의 관계들에 대해서는 J.-P. Sartre, *Critique de la raison dialectique*(Paris: Gallimard, 1960) 참조.((옮긴이) 독: *Kritik der Dialektischen Vernunft*, Reinbek b. Hamburg, 1967)

분열-분석의 둘째 정립적 임무

물론, 원인들의 이 질서는 새로운 사회체와 그 이해관계들의 이름으로 다시 닫히고 틈바구니를 메워 버릴 위험이 있다. 물론, 역사는 집합 및 큰 수들이라는 동일한 법칙들에 의해 끊임없이 지배되어 왔다고 늘 나중에는 말할 수 있다. 남는 것은, 분열은 그것을 그려 내고 그것을 받아들이는, 목표도 원인도 없는 욕망에 의해서만 실존하게 되었다는 점이다. 분열은 원인들의 질서 없이는 불가능하지만, 다른 질서에 속하는 어떤 것에 의해서만 현실적이 된다. 즉 욕망, 사막-욕망, 혁명적 욕망의 투자에 의해서만. 자본주의를 침식하는 것이 바로 이것이다. 혁명은 어디에서 올까? 또한 착취당한 대중들 속에서 어떤 형식으로 올까? 그것은 죽음과도 같다. 어디에서? 언제? 탈코드화된, 탈영토화된 하나의 흐름, 아주 멀리 흐르고, 아주 섬세하게 절단하여, 자본주의의 공리계를 빠져나가는. 그것은 카스트로 같은 사람, 어느 아랍인, 어느 흑표범 당원, 지평선의 어느 중국인일까? 1968년 5월과 같은 때, 공장 굴뚝 위에 은자처럼 심겨 있는 내부의 마오쩌둥 같은 사람일까? 예전의 틈바구니를 메우기 위해 항상 공리 하나를 추가한다, 파시스트 대령들이 마오를 읽기 시작한다, 사람들은 더 이상 붙잡히지 않으리라, 카스트로는 심지어 그 자신과 관련해서도 불가능하게 돼 버렸다, 액포들은 고립된다, 게토들이 만들어진다, 조합들에 도움을 청한다, 〈만류〉의 가장 불길한 형식들이 발명된다, 이해관계의 탄압이 강화된다 ─ 그렇다면 욕망의 새로운 난입은 어디서 올까?[67]

여기까지 우리를 읽어 온 사람들은 아마 우리를 비난할 것이 많으리라. 예술의 그리고 심지어 과학의 순수 잠재력들을 너무 믿고 있다고, 계급 및 계급투쟁의 역할을 부정하거나 과소평가하고 있다고, 욕

---

67 앙드레 글뤽스만은 "Le Discours de la guerre,"(*L'Herne*, 1967)에서 역-혁명적인 이 특유한 공리계의 본성을 분석했다.

망의 비합리주의를 위해 투쟁하고 있다고, 혁명가와 분열자를 동일시하고 있다고, 잘 알려진, 너무 잘 알려진 이 모든 덫에 빠져 있다고. 이것은 나쁜 독서이리라. 그리고 우리는 나쁜 독서와 아예 읽지 않는 것 중 어느 것이 가치가 더 나은지 알지 못한다. 그리고 분명 우리가 생각하지 못했던 더 중대한 다른 비난들도 있으리라. 하지만 앞의 비난들에 대해 우리는 이렇게 말하겠다. 첫째, 예술과 과학은 혁명적 잠재력이 있으며, 단지 그것만이 있다. 또한 불가피하게 전문가들에게 마련된 기의들 내지 기표의 관점에서 예술과 과학이 의미하는 바를 덜 물어볼수록 이 잠재력은 더 많이 나타난다. 하지만 예술과 과학은 더욱더 탈코드화되고 탈영토화된 흐름들을 사회체 속으로 지나가게 한다. 이 흐름들은 모든 사람에게 감지될 수 있으며, 또한 사회적 공리계를 더욱더 복잡화하고 더한층 포화되게 해서, 끝내는 본질상 무능하고도 특히 거세적인(왜냐하면 국가는 고유하게 예술적인 하나의 오이디푸스, 고유하게 과학적인 하나의 오이디푸스를 강요하기 때문에) 국가의 권위주의적 계획들에 맞선 반작용 속에서 예술가와 과학자는 혁명적인 객관적 상황에 합류하도록 규정될 수 있는 지점까지 간다. 둘째, 우리는 계급 및 이해관계의 전의식적 투자들의 중요성을 결코 과소평가하지 않는데, 이 투자들은 하부구조 자체 속에 토대를 두고 있다. 하지만 우리는 이 전의식적 투자들이 하부구조 속에서 다른 본성을 지닌 리비도 투자들의 지표가 되는 그만큼, 또 이 리비도 투자들과 화해하거나 대립 관계에 있을 수 있는 그만큼, 이 전의식적 투자들에 더 큰 중요성을 부여하고 있다. 이는, 일단 배반은 기다린 것이 아니라 처음부터 거기 있다(혁명 집단들 속에 무의식적·편집증적 투자들의 유지)고 일단 말한 이상, 〈어떻게 혁명은 배반될 수 있을까?〉라는 물음을 제기하는 하나의 방식이다. 그리고 우리가 욕망을 혁명의 심급으로 내세운다면, 그 까닭은 자본주의사회가 이해관계의 많은 표명들은 견딜 수 있어도 욕망의 그 어떤 표명도 견딜

　　　　　　　　　　　　분열-분석의 둘째 정립적 임무

수 없기에, 욕망의 표명은 심지어 유아원 수준에서조차도 자본주의사회의 기본 구조를 폭파하기에 충분하리라고 우리가 믿기 때문이다. 우리는 모든 합리성의 불합리함을 믿듯이 욕망을 믿는다. 왜냐하면 욕망이 결핍, 갈증 또는 열망이기 때문이 아니라, 욕망이 욕망의 생산이자 생산하는 욕망이며, 욕망-현실계 또는 그 자체로 현실적이기 때문이다. 끝으로, 우리는 혁명가가 분열자라거나 또는 그 역이라고는 절대로 생각하지 않는다. 반대로 우리는 끊임없이 임상 존재로서의 분열자와 과정으로서의 분열증을 구별했다. 그런데 전자는 탄압이 과정 자체에 강요하는 중단들 또는 공전의 연속들 또는 목적론적 가상들과 관련해서만 정의될 수 있다. 이런 까닭에 우리는, 분열증적 과정과 분열자의 생산의 혼동을 가능한 한 피하기 위해, 사회장의 리비도 투자에서 분열증적 극에 대해서만 말했다. 분열증적 과정(분열증적 극)은, 편집증적 절차가 반동적이고 파시즘적인 것과 같다는 의미에서, 혁명적이다. 그리고 모든 가족주의에서 벗어났다고 해서, 이 정신의학적 범주들이 우리에게 경제-정치적 규정들을 이해시키는 것은 아니며, 사태는 정확히 그 반대이다.

다음으로 특히 우리는 분열-분석이 그 자체로는 엄밀하게 아무 정치적 프로그램도 제안할 것이 없다고 말함으로써 회피하려는 것이 아니다. 만일 분열-분석이 정치적 프로그램을 하나라도 갖고 있다면, 그것은 완전히 기괴한 동시에 염려스러운 일이리라. 분열-분석은 자신을 하나의 당으로도, 심지어 하나의 집단으로도 여기지 않으며, 대중들의 이름으로 말한다고 주장하지도 않는다. 어떤 정치적 프로그램이 분열-분석의 틀 안에서 가공된다고 여겨지지는 않는다. 끝으로 분열-분석은 무엇이든 어떤 것의 이름으로, 심지어 특히 정신분석의 이름으로 말한다고 주장하지 않는다. 그저 인상에 불과하지만, 정신분석에서는 일이 잘되고 있지 않다는, 처음부터 잘되고 있지 않다는 인상을 받는다. 우리는 여전히 너무나 유능하다. 우리는 절대적 무능함의 이름으로 말하고 싶다. 누군가가 우리에게 지금까지 분열자를 본 적이 있느냐고 물었는데, 아니, 아니, 전혀 본 적이 없다. 만일 누군가가 정신분석에서 일이 잘되고 있다고 본다면, 우리는 이 사람을 위해 할 말이 없으며, 우리가 말했던 모든 것을 이 사람을 위해 철회한다. 그렇다면, 분열-분석이 한편으로 정치와, 다른 한편으로 정신분석과 맺는 관계는 어떤 것일까? 모든 것은 욕망 기계들과 욕망의 생산 주위를 돌고 있다. 분열-분석은 그 자체로는 혁명에서 생겨나는 사회체의 본성에 관한 문제를 제기하지 않는다. 분열-분석은 혁명 자체의 등가물이라고 결코 주장하지 않는다. 어떤 사회체가 주어졌을 때, 분열-분석은 다만 다음과 같은 것들을 묻는다. 그 사회체는 욕망적 생산에 어떤 자리를 남겨 둘까? 욕망은 거기서 어떤 동력의 역할을 맡을까? 욕망적 생산과 사회적 생산은 모든 면에서 체제를 달리하되 상이한 두 체제 아래 있으니, 이 두 생산 체제의 화해는 어떤 형식들로 이루어질까? — 따라서 충만한 몸으로서 이 사회체 위에서 한 국면에서 다른 국면으로 이행할 가능성, 말하자면 사회적 생산의 그램분자적 집합들이 조직되는 국면에서 욕망적 생산의 분자적 다양체들이 형성되는 적잖이 집단적인 다른 국면으로 이행할 가능성이 있을까? — 욕망적 생산과 사회적 생산은 체제가 다른 같은 생산이니, 그러한 사회체는 욕망적 생산이 사회적 생산을 자신에게 예속시키되 파괴하지는 않는 권력의 전복을 견딜 수 있을까, 또한 어느 지점까지 견딜 수 있을까? — 주체 집단들의 구성체라는 것이 도대체 있을까, 또 있다면 어떻게 있을까? 등. 우리가 저 유명한 게으름에 대한 권리, 또는 비생산성에 대한 또는 꿈과 환상의 생산에 대한 저 유명한 권리를 요구하고 있다고 누가 우리에게 응답한다면, 우리는 한 번 더 아주 놀라는데, 왜냐하면 우리는 그와 반대되는 것을, 그리고 욕망적 생산은 현실적인 것을 생산한다는 것을, 또 욕망은 환상 및 꿈과 아

분열-분석의 둘째 정립적 임무

무 상관도 없다는 것을 끊임없이 말했기 때문이다. 라이히와는 반대로, 분열-분석은 정치경제학과 리비도 경제학 간에 아무런 본성의 구별도 짓지 않는다. 분열-분석은 사회체 위에서 사회적이며 기술적인 기계적 지표들이 무엇인지만 묻는데, 이 지표들은 욕망 기계들 위로 자신을 열며, 이 지표들이 욕망 기계들을 자신의 부품들, 톱니바퀴들, 모터들 속으로 들어가게 하는 한에서 욕망 기계들의 부품들, 톱니바퀴들, 모터들 속으로 들어간다. 각자는 분열자가 기계임을 안다. 모든 분열자가 이를 말하고 있으며, 꼬마 조이만 그런 게 아니다. 분열자들이 죽은 노동의 살아 있는 기계들인지 아닌지를 아는 것이 문제인데, 이 기계는 보통 자본주의 속에서 조직되는 그런 식의 살아 있는 노동의 죽은 기계들에 대립된다. 또는 이와 반대로 욕망 기계들, 기술 기계들, 사회 기계들이 분열증적 생산의 과정 속에서 일치하는지 아는 것이 문제인데, 그러하다면 이 과정은 생산할 분열자가 더 이상 없게 된다. 모 마노니는 『장관들에게 보내는 편지』에서 〈공부에 맞지 않는다는 선언을 받은 청년들 중 한 사람이, 기계공학을 한다는 조건에서, 3단계 클래스를 아주 경이롭게 따라가고 있습니다. 그는 기계공학에 열정이 있습니다. 자동차 정비소 주인이 그의 가장 좋은 간병인이었습니다. 우리가 그에게서 기계공학을 빼앗아 버리면, 그는 다시 분열자가 될 것입니다〉라고 쓰고 있는데, 이때 그녀는 작업 요법도 사회 적응의 미덕도 찬양하려는 의도가 없다. 그녀는 사회 기계, 기술 기계, 욕망 기계가 긴밀하게 합치해서 서로의 체제를 소통시키는 지점을 표시하고 있다. 그녀는 이 사회가 그럴 능력이 있는지, 또 그럴 능력이 없다면 이 사회가 무슨 가치가 있는지 묻고 있다. 그리고 사회 기계들, 기술 기계들, 과학 기계들, 예술 기계들이 혁명적일 때, 이 기계들의 방향은 다음과 같다. 즉 이 기계들이 자기 고유의 체제 속에서 이미 그 지표로서 있는 욕망 기계들을 형성하는 것, 이와 동시에 욕망 기계들이 자신의 것이자 욕망의 정립과도 같은 체제 속에서 이 기계들을 형성하는 것.

끝으로 분열-분석의 부정적 및 정립적 임무들의 집합 속에서, 분열-분석과 정신분석의 대립은 어떤 것일까? 우리는 끊임없이 두 종류의 무의식 내지 무의식에 대한 두 해석을 대립시켰다. 하나는 분열-분석적이고 다른 하나는 정신분석적이며, 하나는 분열증적이고 다른 하나는 오이디푸스적-신경증적이며, 하나는 추상적·비구상적이고 다른 하나는 상상적이다. 하지만 또한, 하나는 현실적으로 구체적이고 다른 하나는 상징적이며, 하나는 기계적이고 다른 하나는 구조적이며, 하나는 분자적·미시-심리적·미시론적이고 다른 하나는 그램분자적 내지 통계적이며, 하나는 유물적이고 다른 하나는 이데올로기적이며, 하나는 생산적이고 다른 하나는 표현적이다. 우리는 어떻게 분열-분석의 부정적 임무가 폭력적이고 거칠어야 하는지 보았다. 즉 탈가족화하고, 탈오이디푸스화하고, 탈거세하고, 탈남근화하고, 극장, 꿈, 환상을 해체하고, 탈코드화하고, 탈영토화해야 하는가를 ── 이는 끔찍한 소파(搔爬)이며, 악의적 활동이다. 하지만 모든 것은 동시에 행해진다. 왜냐하면, 과정은 동시에 해방되기 때문이다, 이미 분열-분석가의 기계공적 임무를 정의하는 자신의 분자적 도주선들에 따르는 욕망적 생산의 과정은. 그리고 도주선들은 여전히 그램분자적 내지 사회적 투자들로 가득 차 있으며, 이 투자들은 사회장 전체에 걸쳐 있다. 그래서 분열-분석의 임무는 결국 각 경우에 사회장의 리비도 투자들의 본성, 이 투자들의 가능한 내부 갈등들, 이 투자들이 동일한 사회장의 전의식적 투자들과 맺는 관계들, 이 두 투자들 간에 가능한 갈등들, 요컨대 욕망 기계들과 욕망의 탄압의 놀이 전체를 발견하는 것이다. 과정을 완성할 것, 과정을 멈추지 말 것, 과정을 공전시키지 말 것, 과정에 목표를 주지 말 것. 사람들은 흐름들의 탈영토화, 탈코드화 속으로 충분히 멀리 가지 못하리라. 왜냐하면 새로운 대지(《진실로 대지는 어느 날인가는 치료의 장소가 되

분열-분석의 둘째 정립적 임무

리라))는 과정을 멈추거나 과정에 목표들을 정해 주는 신경증적 내지 변태적 재영토화들 속에 있지 않으니까. 새로운 대지는 이제 더 이상 뒤에 있지도 않고 앞에 있지도 않다. 그것은 욕망적 생산의 과정의 완성과 일치한다. 이 과정은 진행하고 있는 한, 그리고 진행하는 만큼 언제나 이미 완성되어 있다. 따라서 우리에게 남은 것은 어떻게 분열-분석의 이 갖가지 임무가 동시에 실효적으로 진행될 수 있는지 보는 것이다.

부록
욕망 기계들을 위한
프로그램 결산*

* *Minuit* 2, 1973년 1월호에 처음 발표된 텍스트이다.((옮긴이) 『안티 오이디푸스』의 1973년 증보판에 부록으로 추가되었다.)

1 욕망 기계들과 기발한 물품들과의 상대적 차이들―환상들 또는 상상
적 투사 체계들과의 상대적 차이들―도구들 또는 현실적 투사 체계들과의
상대적 차이들―변태 기계들과의 상대적 차이들―그렇지만 이 차이들은
우리가 욕망 기계들을 뒤쫓을 수 있게 해 준다

　욕망 기계들은 기발한 물품들 또는 레핀 콩쿠르의 작은 발명품들과
아무 관계가 없으며, 환상들과도 아무 관계가 없다. 또는 오히려 관계가
있다고도 하겠는데, 이는 반대 의미에서이다. 왜냐하면 기발한 물품들,
독창적 발명품들 및 환상들은 자본주의 외부의 시장 내지 정신분석 내
부의 시장의 특유한 법칙들에 순종하는 욕망 기계들의 잔여들이기 때문
이다(환자의 체험 상태들을 환원하고 환상들로 번역하는 것은 정신분석의 〈계
약〉에 속한다). 욕망 기계들은 현실 기계들의 적응, 즉 상징적으로 기능하
는 현실 기계들의 파편들의 적응으로 귀착될 수 없고, 상상적으로 기능
하는 환상 기계들의 꿈으로 귀착될 수도 없다. 그 어떤 경우건, 거기서는
생산의 요소가 개인적 소비의 메커니즘으로 전환되는 것을 목격하게 된
다(심리적 소비 내지 정신분석적 수유(授乳)로서의 환상들). 기발한 물품들과

환상들에서 정신분석은 마음이 편해져, 그 모든 오이디푸스적 거세의 강박관념들을 발전시킬 수 있다는 것은 자명하다. 하지만 그것이 기계 및 기계와 욕망의 관계에 대해 그 어떤 중요한 것을 말해 주지는 않는다.

예술적·문학적 상상은 많은 부조리한 기계들을 착상한다. 부조리함이 동력 장치나 에너지원의 애매함 때문이건, 작동 부품들의 조직의 물리적 불가능 때문이건, 또는 전달 메커니즘의 논리적 불가능 때문이건 말이다. 가령 〈불가능성〉이란 부제가 붙은 만 레이의 「무용가/위험 (*Dancer/Danger*)」은 두 등급의 부조리를 제시한다. 즉 동력 전달용 큰 톱니바퀴는 물론이고 톱니바퀴들의 집단들도 기능할 수 없다. 이 기계가 스페인 무용가의 회전을 재현한다고 여겨지는 한, 이렇게 말할 수 있다. 이 기계는 그 부조리를 통해, 한 기계 자체가 무용가의 운동을 실현하는 데 따르는 불가능함을 기계론적으로 번역하고 있다고(무용가는 기계가 아니다). 하지만 이렇게 말할 수도 있다. 이 기계에는 무용가가 기계 부품으로 있어야 한다고. 또 이 기계 부품은 무용가일 수밖에 없다고. 또 무용가를 부품으로 삼는 기계가 여기 있다고. 인간과 기계를 대면시켜 양자 간에 대응, 확장, 대용이 가능한지 아닌지를 평가하는 것은 더 이상 문제가 아니다. 문제는 이 양자를 소통하게 해서 어떻게 인간이 기계와 더불어 부품을 이루는지, 또는 다른 것과 더불어 부품을 이뤄 하나의 기계를 구성하는지이다. 여기서 다른 것이란 도구 또는 심지어 동물 또는 다른 사람들일 수 있다. 그렇지만 기계에 대해 말하는 것은 은유가 아니다. 잘 규정된 조건들 아래서 인간이 한 부분을 이루는 집합체에 회귀함으로써 이 성격이 소통되자마자 인간은 기계를 이룬다(fait machine). 스텝이라는 조건에서 인간-말-활의 집합체가 유목민 전쟁기계를 형성한다. 대제국들의 관료제라는 조건에서 인간들은 노동 기계를 형성한다. 고대 희랍 보병 밀집 부대라는 조건에서 희랍 보병은 그의 무기와 더불어 기계를 이룬다. 사랑과 죽음이라는 위험한 조

만 레이, 「무용가/위험(불가능성)」

건에서 무용가는 발놀림과 더불어 기계를 이룬다 등. 우리는 기계란 낱말의 은유적 용법에서가 아니라 기원에 관한 (막연한) 가설에서 출발한다. 즉 임의의 요소들이 회귀와 소통에 의해 기계를 이루도록 규정되는 방식, 그리고 〈기계 문(門)(phylum machinique)〉의 실존이라는 가설에서. 인간공학이 적응이나 대용 — 인간이 기계에 적응, 기계가 인간에 적응 — 의 견지가 아니라 인간-기계 체계들에서의 회귀하는 소통의 견지에서 일반적인 문제를 제기할 때, 인간공학은 이 관점과 가깝다. 사실이지, 인간공학이 이렇게 순전히 기술적인 접근을 유지하고 있다고 믿는 그 순간에도, 인간공학은 적응적 접근을 할 때보다 무한히 더 큰 뜻밖의 활력을 지닌 채 권력, 압제, 혁명, 욕망의 문제들을 제기한다.

생물의 확장 및 투사, 인간이 점진적으로 여유롭게 되는 조작, 도구에서 기계로의 진화, 기계가 점점 더 인간과 독립해서 만들어지는 역전 과정 등으로서의 도구라는 영감에 고취된 고전적 도식이 있다. 하지만 이 도식에는 단점이 많다. 이 도식은 욕망 기계들의 현실 및 이 도식의 온갖 여정에 욕망 기계들이 현존함을 파악할 아무런 수단도 우리에게 주지 않는다. 그것은 생물학적·진화론적 도식으로, 기계를 도구에서 시작되는 기계론적 가계의 어떤 순간에 돌발하는 것으로 규정한다. 그 도식은 인간주의적이고 추상적이며, 생산력들을 이것들이 행사되는 사회적 조건들과 떼어 놓고, 이렇게 진화 관계가 부여되는 모든 사회 형식에 공통된 자연-인간이라는 차원을 원용한다. 이 도식은 현실의 도구들, 현실의 기계들에 적용될 때마저도 상상적이고 환상적이고 유아론적이다. 왜냐하면 이 도식은 전적으로 투사의 가설 위에 세워져 있기 때문이다(가령, 이 도식을 채택하고 있는 로하임은 도구들의 물리적 투사와 환상들의 심리적 투사의 유비(類比)를 잘 보여 준다).[1] 우리는 이와 반대로 처음부터

---

1 Roheim, *Psychanalyse et anthropologie*, tr, fr, Paris: Gallimard, pp.190~192.

도구와 기계 사이에 본성의 차이를 정립해야 한다고 믿는다. 도구는 접촉의 담당자이고, 기계는 소통의 요인이다. 도구는 투사적이고, 기계는 회귀적이다. 도구는 가능과 불가능에 관계하고, 기계는 덜 개연적인 것의 확률에 관계한다. 도구는 전체의 기능적 종합에 의해 작동하고, 기계는 하나의 집합체 속에서의 현실적 구별에 의해 작동한다. 어떤 것과 더불어 부품을 이룬다는 것은 자기를 확장하거나 투사하거나 자기를 대체하는 것(소통이 없는 경우)과는 아주 다르다. 피에르 오제는, 아무리 덜 개연적이더라도 가능성은 있는 하나의 체계에서 현실적으로 구별되는 외부 세계의 두 부분 간에 소통이 생기자마자 기계도 생긴다는 점을 밝히고 있다.[2] 동일한 것이, 〈기계 문〉이 그것을 점령하는지 아닌지에 따라, 그것을 지나는지 아닌지에 따라, 도구일 수도 있고 기계일 수도 있다. 즉 희랍 장갑 보병의 무기는 먼 옛날부터 도구로서 실존하지만, 보병 밀집 부대와 희랍 도시라는 조건에서는, 그것을 다루는 인간들과 더불어 기계 부품이 된다. 전통적 도식에 따라 도구를 인간에 관계시킬 때는, 실효적으로 기계화하는 심급과 관련하여 인간과 도구가 어떻게 기계의 상이한 부품들이 되는지 또는 이미 그런지를 이해할 모든 가능성에서 물러나게 된다. 우리는 또한, 도구에 선행하는 기계가 언제나 있다고, 즉 특정 순간에 어느 도구들, 어느 인간들이 해당 사회 체계 속에 기계 부품으로 들어가는지를 규정하는 문(phylum)들이 언제나 있다고 믿는다.

466

욕망 기계들은 환상이라는 형식의 상상적 투사도 아니고 도구라는 형식의 현실적 투사도 아니다. 투사의 체계 전체는 기계에서 파생하지, 그 역이 아니다. 그렇다면 욕망 기계를 일종의 내입으로, 기계의 어떤 변태적 사용으로 정의해야 할까? 전화망의 비밀스러운 예를 들어 보

---

2 Pierre Auger, *L'homme microscopique*, Paris: Flammarion, p.138.

자. 번호가 없어서 자동 응답기에 연결된 번호를 호출하면 북적대는 소리들이 중첩되어 들리는데(〈이 번호는 없는 번호이오니……〉), 이 소리들은 서로 부르거나, 웅하고, 교차되고, 꺼지며, 자동 응답기 내부에서 위로 아래로 빠르고 단조로운 코드들을 따라 언표된 아주 짧은 메시지들이 지나간다. 전화망에는 *호랑이*가 있다고, 심지어 오이디푸스 같은 사람이 있다고들 말한다. 소년들이 소녀들을 불러내고, 소년들이 소년들을 불러낸다. 거기서 변태적·인공적 사회들 또는 *미지*의 사회 형태를 쉽게 알아볼 수 있다. 재영토화 과정이 기계에 의해 보증된 탈영토화 운동에 접목되어 있다(무선 송신자들의 사적 집단들은 이와 똑같은 변태적 구조를 보여 준다). 공공 기관들이, 간섭 현상들 속에서, 기계의 사적 사용이 지닌 이 2차적 이익들에 대해 아무런 장애도 느끼지 않는다는 것은 확실하다. 하지만 동시에 집단적인 것일지언정 단순한 변태적 주관성보다도 더한 무언가가 있다. 정상적인 전화가 소통 기계가 되려 해도 소용없다. 그것은 기계의 특정 부분으로 작동하지 않는 소리들을 투사하거나 확장하는 데 사용되는 한, 하나의 도구로 기능한다. 하지만 여기서 소리들이 기계와 더불어 부품을 이루고, 자동 응답기에 의해 무작위 방식으로 분배되고 분담되는 기계 부품들이 되는 한, 소통은 최고 단계에 도달한다. 가장 덜 개연적인 것이 소멸되는 목소리들의 집합의 엔트로피를 기반으로 해서 구성된다. 바로 이런 관점에서, 사회·기술 기계의 변태적 사용 내지 적용이 있을 뿐 아니라 참된 객관적 욕망 기계의 중첩이, 즉 사회·기술 기계 한가운데서 욕망 기계의 구성이 있기도 한 것이다. 이렇게 욕망 기계들이 한 사회의 인공적 여백에서 탄생하는 일이 있을 수 있다. 이 기계들은 완전히 다르게 발전하고 탄생할 때의 형식들과 안 닮았지만 말이다.

이 전화망 현상을 주석하면서 장 나달은 이렇게 적는다. 〈그것은 내가 알고 있는 것 중에서 가장 성공하고 가장 완전한 욕망 기계라고 믿

467

는다. 그것은 모든 것을 포함하고 있다. 거기서 욕망은 우연과 다양체 속에서, 부분대상으로서 목소리의 에로틱한 요인 위에서 자유로이 기능하며, 망상 내지 표류의 비제한적 전파를 가로질러, 소통의 사회장의 집합을 사방으로 퍼뜨리는 하나의 흐름에 가지를 뻗는다.〉이 주석가가 전적으로 옳은 건 아니다. 더 좋고 더 완벽한 욕망 기계들이 있으니까. 하지만 변태 기계들은 일반적으로, 주관적 적응, 즉 사회·기술 기계의 개조와 욕망 기계의 객관적 창설 사이의 부단한 변동을 우리에게 제시한다는 이점이 있다. 만일 당신들이 공화국 시민이고자 한다면 한 번 더 노력하라……. 미셸 드 뮈장은 마조히즘에 관해 쓴 가장 훌륭한 텍스트들 중 하나에서, 어떻게 본래의 의미에서 기계인 마조히스트의 변태 기계들이 환상이나 상상의 견지에서 이해될 수 없고 또한 오이디푸스나 거세에서 출발해 투사의 길을 통해서 설명되지 않는지를 밝혀 준다. 그는 말하기를, 환상이 있는 것이 아니라, 전혀 다른 것이, 즉 〈오이디푸스적 문제틀 밖에서 본질적으로 구조화된〉프로그램화가 있다(결국 정신분석 속에 있는 약간의 맑은 공기, 변태들에 대한 약간의 이해로다).[3]

468

2 욕망 기계와 오이디푸스 장치 ─ 퇴행-탄압에 맞선 회귀

욕망 기계들은 무의식의 비-오이디푸스적 삶을 구성한다. 오이디푸스는 기발한 물품 내지 환상이다. 반대로 피카비아는 기계를 〈어머니 없이 태어난 딸〉이라 명명했다. 버스터 키튼은 모든 방이 하나의 방에 들어 있는 자신의 집-기계를 어머니 없는 집으로 제시했다. 거기서 모든 것은 욕망 기계들에 의해 행해지고 있으며, 독신자들의 식사도 그

---

3 Michel de M'Uzan, in *La sexualité perverse*, Paris: Payot, pp.34~37.

렇다(「허수아비」, 1920). 기계는 아버지만 있고, 완전 무장한 아테나처럼 남자의 뇌에서 태어난다고 이해해야 할까? 르네 지라르는 우리를 오이디푸스에서 나오게 하는 데는 가부장주의로 충분하며, 〈모방적 경쟁 관계〉는 참으로 콤플렉스의 타자라고 하는데, 그와 함께 이것을 믿으려면 많은 선의지가 필요하다. 정신분석은 끊임없이 다음과 같은 일을 했다. 즉 오이디푸스를 잘게 부수기, 또는 그것을 배가하기, 또는 오이디푸스를 나누고 그 자신에게 대립시키기, 또는 오이디푸스를 승화하고 거대화하고 기표로 승격하기. 전-오이디푸스, 후-오이디푸스, 상징적 오이디푸스를 발견하는 일, 이것은 쳇바퀴 속 다람쥐처럼 우리를 가족 밖으로 나가지 못하게 한다. 우리는 이런 말을 듣는다. 하지만 봅시다, 오이디푸스는 아빠-엄마와 아무 상관이 없어요, 그것은 기표예요, 그것은 이름이에요, 그것은 문화예요, 그것은 유한성이에요, 삶이라는 존재-의-결핍이에요, 그것은 거세예요, 그것은 인물의 모습을 한 폭력이에요……. 웃기고 있네. 저들은 상상적·상징적·언어학적·존재론적·인식론적인 숭고한 아빠-엄마들로 욕망을 더 잘 복귀시키기 위해 욕망의 모든 연결을 절단함으로써 저 낡은 일을 계속하고 있을 따름이다. 사실이지 우리는 정신분석, 욕망에 대한 정신분석의 원한감정, 그 폭정과 관료제에 맞서서 말해야 했던 것의 4분의 1도, 100분의 1도 말하지 않았다.

469

　욕망 기계들을 정확하게 정의하는 것은, 모든 방향에서 또 모든 방면에서 무한히 연결할 수 있는 그것들의 능력(pouvoir)이다. 바로 이 때문에 욕망 기계들은 여러 구조를 동시에 가로지르고 지배하는 기계이다. 왜냐하면 기계는 다음 두 성격 내지 권력을 갖고 있기 때문이다. 하나는 연속된 것의 권력, 즉 기계 문이요, 여기서 특정 부품은 다른 부품과 연결되는데, 증기기관의 실린더와 피스톤이 그렇고, 또는 더 멀리까지 가서 배아 가계에 따르면 기관차의 바퀴도 그렇다. 또한 방향의 급

변도 있는데, 이것은 증기기관에 대해 가스 모터가 갖는 관계처럼, 각 기계가 자신이 대체하는 기계에 대해 절대적 절단인 것과 같은 식의 돌연변이이다. 이 두 권력은 하나를 이룬다. 왜냐하면 기계는 그 자체로 흐름-절단이기 때문이다. 여기서 절단은 언제나 한 흐름의 연속성에 인접해 있으며, 이 흐름에 하나의 코드를 줌으로써, 이 흐름이 이런저런 요소들을 운반하게 함으로써, 이 흐름을 다른 흐름들과 떼어 놓는다.[4] 또한 기계가 어머니가 없다는 것은, 뇌 아버지를 위한 것이 아니고, 하나의 집단적 충만한 몸을, 즉 그 위에서 기계가 자신의 연결들을 세우고 자신의 절단들을 수행하는 기계화하는 심급을 위해서이다.

기계적 화가들은 다음을 강조했다. 자신들은 기계를 정물이나 누드의 대체물로 그리지 않았다는 것, 기계의 그림이 재현이 아닌 것처럼 기계는 재현된 대상이 아니라는 것. 정확히 말해 욕망 기계로 기능하는 회화의 집합일 수 있도록 하기 위해, 화폭의 충만한 몸 위에서 다른 어떤 것 — 설사 그것이 회화 자체일지라도 — 과 더불어 부품을 이룰 그런 방식으로, 기계의 요소를 도입하는 것이 관건이다. 언제나, 유도된 기계는 재현된 것으로 보이는 것과는 다른 어떤 것이다. 기계가 그러한 〈탈선〉에 의해 진행하며 또한 고유하게 기계적인 탈영토화를 보증한다는 점을 우리는 보게 될 것이다. 기계의 유도적 가치 또는 차라리 변환적 가치는 재귀를 정의하며 투사-재현에 대립된다. 오이디푸스적 투사에 맞선 기계적 회귀는 투쟁 및 분리의 장소이다. 이 점은 빅토르 브라우너의 「아에로플라파(플라)(*Aeroplap*(*l*)*a*)」나 「자동 장치(*Automoma*)」 또는 「어머니 형태의 인식 기계」에서 볼 수 있다.[5] 피카비아에게서, 제작도는 잡다한 기입과 더불어 부품을 이루며, 그래서 제작도는 자기와 유 ⁴⁷⁰

----

4 기계적 연속성과 비연속성에 대해서는 A. Leroi-Gourhan, *Milieu et techniques*, Paris: Albin Michel, pp.369ff. 참조.

5 로하임도 오이디푸스-투사-재현의 연결을 잘 보여 준다.

사하지 않은 하나의 기계를 도입하면서, 이 코드와 함께, 이 프로그램과 함께 기능해야만 한다. 뒤상과 더불어 기계의 현실적 요소가 직접 도입되는데, 이 요소는 그 자체로, 또는 그 그림자에 의해, 또는 역할과 지위를 바꾸어 존속하는 재현들을 도입하는 무작위 메커니즘에 의해 가치가 있다. 가령 「너는 나를(*Tu m'*)」이 그것이다. 기계는 재현 전체와 구별된다(하기야 아무 관심도 끌지 않는 식으로 기계를 재현하고 복사하는 일은 언제나 가능하지만). 기계가 재현과 구별되는 것은, 기계가 비구상적이고 비투사적인 순수 *추상*이기 때문이다. 기계는 아무것도 재현하지 않으며, 특히 자기 자신을 재현하지 않는데, 이는 기계가 그 자체로 조직된 내공 상태들의 생산이기 때문이라는 것을 레제는 잘 밝혔다. 기계는 형식도 연장도 재현도 투사도 아니며, 순수하고 회귀하는 내공이라는 것이다. 때로는 피카비아처럼 추상적인 것의 발견이 기계적 요소들에 이르는 일이 생기고, 때로는 많은 미래파 사람들처럼 그 반대의 길을 가는 일이 생긴다. 재현적 상태들과 아무것도 재현하지 않는 정감적 상태들 사이에 철학자들이 설정한 오래된 구별을 생각해 보자. 기계는 정감적 *상태*이다. 그리고 현대의 기계들이 하나의 지각, 하나의 기억을 갖고 있다고 말하는 것은 잘못이다. 기계들 자체는 정감적 상태들만을 갖고 있다.

우리가 욕망 기계들을 오이디푸스와 대립시킬 때, 우리는 무의식이 기계론적이라는 것을 말하려는 것도 아니고(기계들은 오히려 초(meta)-기계론적이다) 오이디푸스는 아무것도 아니라고 말하려는 것도 아니다. 너무 많은 힘들과 사람들이 오이디푸스에 집착하고 있고, 너무 많은 관심이 난무한다. 오이디푸스가 없으면 무엇보다도 나르시시즘이 없으리라. 오이디푸스는 여전히 많은 탄식과 울음을 내지르게 하리라. 오이디푸스는 탐구들을, 점점 가관인 비현실적 탐구들을 부추기리라. 오이디푸스는 계속해서 꿈들과 환상들을 북돋우리라. 오이디푸스는 4, 3, 2, 1,

0······으로 이어지는 하나의 벡터이다. 4는 저 유명한 넷째 상징 항이
고, 3은 삼각형화이며, 2는 이원적 이미지들이요, 1은 나르시시즘이고,
0은 죽음 충동이다. 오이디푸스는 욕망 기계의 엔트로피이며, 외적 소멸로
향하는 욕망 기계의 경향성이다. 오이디푸스는 기계 속에 미끄러져 들
어간 이미지 또는 재현이며, 연결들을 정지하고 흐름들을 마르게 하고
욕망에 죽음을 넣고 절단들을 일종의 반창고로 대체하는 진부함(cliché)
이다. 즉 오이디푸스는 *차단기*이다(욕망의 태업자로서의 정신분석가). 명
시적 내용과 잠복된 내용의 구별, 억압하는 것과 억압된 것의 구별을,
우리는 무의식의 두 극, 즉 분열-욕망 기계와 편집증 오이디푸스 장치
로, 욕망의 연결자들과 그 탄압자들로 대체해야 한다. 그렇다, 당신이
바라는 만큼, 기계들이 입 닫치도록 오이디푸스를 내세우는 만큼, 당신
은 오이디푸스를 발견할 것이다(불가피하게도, 이는 오이디푸스가 억압하
는 자인 동시에 억압되는 자, 말하자면 욕망을 정지하는 동시에 욕망을 떠맡고
욕망을 정지된 것으로 재현하는 진부함-이미지이기 때문이다. 이미지란 그저
볼 수 있을 뿐······. 그것은 타협이다. 하지만 이 타협은 쌍방을, 즉 반동적 탄압
자의 본성과 혁명적 욕망의 본성 모두를 똑같이 일그러뜨린다. 이 타협에서는,
쌍방이 한구석에, 타협 바깥에 머물러 있는 욕망에 대립하면서, 다른 한구석으
로 함께 몰려간다).

쥘 베른에 관한 두 권의 책에서, 모레는 두 주제를 연이어 만났는
데, 그는 이 둘이 서로 뚜렷이 구별된다고 제시했다. 하나는 쥘 베른이
아버지로서 또 아들로서 체험한 오이디푸스 문제이며, 다른 하나는 오
이디푸스의 파괴 및 여성의 대체물로서 기계의 문제이다.[6] 하지만 욕
망 기계의 문제는, 이 기계의 본질적으로 에로틱한 성격 속에서, 하나

---

6 Marcel Moré, *Le très curieux Jules Verne et Nouvelles explorations de Jules
Verne*, Paris: Gallimard.

의 기계가 〈여성의 완전한 가상〉을 줄 수 있을지 여부를 아는 것이 결코 아니다. 오히려 그 반대이다. 즉 욕망의 비-오이디푸스적 대상, 말하자면 비-인간적 성이 될 수 있으려면, 어느 기계 속에 여성을 넣을까, 어느 기계 속에 여성이 놓여 있어야 할까? 모든 욕망 기계에서, 성욕은 오이디푸스의 대용물로서 '기계와 여성'이라는 상상적 쌍 속에 있지 않고, 어머니 없이 태어난 딸, 즉 (그녀 자신에 대해서도 다른 이들에 대해서도 오이디푸스적이지 않은) 비-오이디푸스적 여성의 현실적 생산으로서 '욕망과 기계'라는 쌍 속에 있다. 소설 일반에 오이디푸스적 원천을 부여하는 일이 흔히 있는데, 이것은 나르키소스적이면서 재미도 있는 정신분석-비판적 작업에, *개자식*들, *되찾은 아이*들에 사람들이 전혀 싫증이 나지 않는다는 것을 가리킨다. 가장 위대한 저자들이 이런 다의적인 일을 조장한다고 말해야 한다. 바로 오이디푸스가 문학의 위조화폐, 또는 같은 얘기지만, 문학의 참된 시장가치이기 때문에, 그런 일을 하는 것이다. 하지만, 그들이 오이디푸스 속에, 즉 영원한 엄마의 탄식, 영원한 아빠의 언쟁 속에 푹 빠져 있는 것으로 보이는 바로 그때조차도, 그들은 사실 완전히 다른 고아(孤兒) 사업을 개시해서, 지옥 욕망 기계를 조립하고, 성의 비-인간적 요소를 구성하는 연결들과 절단들, 흐름들과 분열들 등의 리비도 세계에 욕망을 관련시킨다. 여기서는 각각의 것이 〈욕망 모터〉와 더불어, 〈음란한 톱니바퀴〉와 더불어 부품을 이루어, 광물적·식물적·동물적·아이적·사회적 구조들과 질서들을 가로지르고 뒤섞고 뒤집으며, 매번 오이디푸스의 가소로운 형상들을 해체하며, 언제나 탈영토화 과정을 더 멀리 밀고 간다. 왜냐하면 어린 시절조차 오이디푸스적이지 않기 때문이다. 어린 시절은 전혀 오이디푸스적이지 않으며, 오이디푸스적일 가능성도 없다. 오이디푸스적인 것은 어린 시절의 비루한 회상이며, 스크린이다. 결국, 어떤 저자가 오이디푸스의 부질없음과 공허함을 드러내는 가장 좋은 방식은 바로, 기계에 가득 침투해 있으면서 작은 구식 용법에 따라 아이를 퇴행적 환상으로 만드는 낡은 사진들과 스크린-회상들에 대립해, 욕망 기계들을 다시 가동하는 어린 시절의 참된 회귀 블록들을 자기 작품 속에 주입하는 데 도달할 때이다.

이는 특권적 사례이자 탁월한 오이디푸스적 토지인 카프카에게서 잘 볼 수 있다. 바로 이 토지에서, 그리고 특히 이 토지에서, 카프카가 독자의 코밑에서 흔들고 휘두르는 오이디푸스적 극은 더 깊은 땅 밑 사업의 가면이요, 완전히 새로운 문학 기계의 비-인간적 창설이다. 이 기계는 정확히 말해 글자들을 만드는 기계이며, 너무나 인간적인 사랑을 탈오이디푸스화하는 기계요, 또 변태적 관료제·기술 관료 기계에 대한, 이미 파시스트 기계에 대한 예감에 욕망을 연결하는 기계이다. 거기서 가족의 이름들은 그 결속을 잃고서, 성(城)-기계의 얼룩덜룩한 오스트 리아 제국으로, 정체성 없는 유대인들의 상황으로, 러시아, 미국, 중국 으로, 가족주의 인물들과 이름들의 먼 너머에 위치한 대륙들로 개방된 다. 프루스트에 대해서도 이와 흡사한 것을 보여 줄 수 있다. 두 위대한 오이디푸스적 작가인 프루스트와 카프카는 웃자고 오이디푸스적인 것 이며, 오이디푸스를 진지하게 여기는 사람들은 이 둘의 죽도록 슬픈 소 설들 내지 주석들을 언제나 자신들에게 접붙일 수 있다. 왜냐하면, 이 사람들이 잃고 있는 것을 짐작해 보라. 이들은 초인의 희극을, 오이디 푸스적 우거지상 뒤에서 프루스트나 카프카를 뒤흔드는 분열자의 웃음 을, 즉 거미-생성 내지 갑충-생성을 잃고 있다.

로제 다둥은 최근의 한 텍스트에서 꿈의 두 극의 원리를 발전시킨 다. 한 극은 프로그램-꿈, 기계-꿈 내지 기계장치-꿈, 공장-꿈으로, 여 기서 본질적인 것은 욕망적 생산, 기계적 기능, 연결들의 설립, 비-인간 적·분자적 요소로 흘러드는 리비도의 도주점 내지 탈영토화 점, 흐름 의 이행, 내공들의 주입이다. 오이디푸스적인 또 다른 극은 극장-꿈, 스 크린-꿈으로, 이는 그램분자적 해석의 대상일 따름이며, 여기서는 꿈의

473

이야기가 꿈 자체보다 이미 우세하고, 시각 및 언어 이미지들이 비정형적 내지 질료적 계기보다 이미 우세하다.[7] 프로이트가 『과학적 심리학 초고』에서는 아직 가능했던 방향을 『꿈의 해석』과 더불어 포기하고, 이때부터 앞으로 그 실행 조건들 속에서 확립할 막다른 골목들에 어떻게 정신분석을 넣었는지를 다둔은 밝힌다. 게라심 루카와 트로스트는 이상하게도 잘 알려지지 않은 저자인데, 이미 이들에게는 우리가 보기에 아주 훌륭한, 꿈에 대한 반-오이디푸스적 착상이 발견된다. 트로스트는 프로이트를 비난하는데, 프로이트는 오이디푸스의 일률성을 위해 꿈의 명시적 내용을 무시했고, 외부 세계와의 소통 기계로서의 꿈을 놓쳤으며, 꿈을 망상보다는 회상에 결부했으며, 징후와 마찬가지로 꿈에서도 이것들의 내재적으로 혁명적인 효력을 치워 버리는 타협의 이론을 설

474 립했다는 것이다. 트로스트는 전의식에서 온 연상들과 낮의 삶에서 온 스크린-회상들의 도움을 받아 꿈에 도입되는 〈반동적으로 사회적인 요소들〉의 대표로서의 탄압자들 내지 퇴행자들의 작용을 고발한다. 그런데 이 연상들은 물론 이 회상들도 꿈에 속하지 않는다. 바로 이런 이유 때문에 꿈은 이것들을 상징적으로 다루도록 강요되는 것이다. 오이디푸스가 실존한다는 것, 연상들은 언제나 오이디푸스적이라는 것을 의심하지 말자. 하지만 이는 바로 연상들이 의존하는 메커니즘이 오이디푸스의 메커니즘과 같은 것이기 때문이다. 또한 꿈의 생각과 낮의 생각이 둘 다 상이한 탄압자들의 작용을 받는 한 그 둘은 일체를 이루므로, 꿈의 생각을 되찾으려면 바로 연상들을 부숴야만 한다. 트로스트는 이 목적을 위해 버로스식의 일종의 절단(*cut-up*)을 제안하는데, 이것은 꿈의 한 단편을 성욕 병리학 교본의 임의의 한 구절과 관련시키는 것이다.

---

7 Roger Dadoun, "Les ombilics du rêve," in *L'espace du rêve, Nouvelle revue de psychanalyse*, 5호(프로그램-꿈에 관해서는 Sarane Alexandrian, "Le rêve dans le surréalisme," in 같은 책 참조).

그것은 꿈을 해석하는 대신 되살리고 강화하며, 꿈의 기계 문에 새로운 연결들을 부여하는 절단(coupure)이다. 이것은 하나도 위험하지 않다. 왜냐하면 우리가 지닌 여러 형태의 변태 덕에, 무작위로 선택된 구절은 언제나 꿈의 단편과 더불어 기계를 이룰 것이기 때문이다. 그리고 필경 연상들은 다시 형성되고 두 부품 사이에 다시 갇히지만, 그래도 전기(傳記) 및 기억과 무관한 욕망의 성격 속에, 욕망의 오이디푸스적 사전 규정들 저쪽 내지 이쪽에, 욕망을 출현시키기 위해서는, 아무리 짧더라도 관념해리의 순간을 이용해야 하리라. 그리고 트로스트나 루카는 저 훌륭한 텍스트들에서 바로 이 방향을, 혁명의 무의식을 해방하는 방향을 가리키고 있다. 이 무의식은 하나의 존재로, 즉 비-오이디푸스적 여자와 남자로 향하는데, 그것은 〈자유롭게 기계론적인〉 존재, 〈앞으로 발견해야 할 인간 집단의 투사〉, 해석의 신비가 아닌 기능의 신비를 지닌 존재, 〈욕망의 전적으로 세속적인 내공〉이다(정신분석의 권위적이고 독실한 성격이 이렇게 잘 고발된 적은 한 번도 없었다).[8] 이런 의미에서 M. L. F.[여성해방운동]의 지상 목표는 모성애와 거세에 대한 난잡한 열광이 아니라 비-오이디푸스적 여성의 기계적·혁명적 구성 아닐까?

475

연상들을 부수는 일의 필요성으로, 즉 분열증의 성격으로서뿐 아니라 분열-분석의 원리로서의 관념해리로 되돌아가자. 정신분석의 가장 큰 장애물은 연상들의 설립이 불가능하다는 것인데, 이것은 반대로 분열-분석의 조건이다. 말하자면, 그것은 우리가 마침내 욕망 기계로서의 무의식의 기능 집합으로 들어가는 요소들에 도달했다는 기호이다. 이른바 자유연상의 방법이 우리를 줄곧 오이디푸스로 귀착시킨다는 것은 놀라운 일이 아니다. 그 방법은 그걸 위해 만들어진 것이다. 왜냐하면

---

8 Trost, *Vision dans le cristal* (éd. de l'Oubli), *Visible et invisible* (Arcanes), *Librement mécanique* (Minotaure). Gherasim Luca, *Le vampire passif* (éd. de l'Oubli).

이 방법은 자발성을 나타내 주기는커녕 오이디푸스적이라고 미리 상징적으로 규정된 인공적 내지 기억적 도달 집합에 임의의 출발 집합을 대응시키는 적용이나 복귀를 전제하기 때문이다. 진실로, 우리가 연상 가능하지 않은 요소들에 도달해 있지 않는 한, 또는 우리가 요소들을 더 이상 연상 가능하지 않은 형식으로 파악하지 않는 한, 우리는 아직 아무것도 한 게 아니다. 세르주 르클레르가 다음과 같은 하나의 문제를 제시할 때, 그는 결정적인 한 걸음을 뛰어넘고 있다. 그는 말한다, 〈모든 것이 우리가 정면에서 고찰하지 못하게 한다. (……) 요컨대 문제는 그 요소들이 바로 모든 연줄의 부재에 의해 서로 연계된 체계〉를, 〈순수 독자성들의 집합〉을 〈착상하는 것이며, 이때의 연줄을 모든 자연적, 논리적 또는 의미적 연줄이라는 뜻으로 나는 이해한다.〉[9] 하지만 그는 정신분석의 좁은 극한들 안에 머무는 데 마음을 썼기에, 자신이 막 내디딘 걸음을 뒤로 돌린다. 그는 연계가 끊긴 집합을 하나의 허구로, 이 집합의 현시들을 신성현현(神性顯現)들로 내놓고 있는데, 이 현현은 부재의 기표로서의 남근의 통일성에 의해서만 기입되는 것일지라도, 어떻든 재구조화된 새로운 집합에 기입되어야만 한다. 그렇지만 바로 거기서 욕망 기계의 출현이, 즉 욕망 기계를 오이디푸스 장치의 심리적 연계들과도, 또 사회·기술 기계들의 기계론적 내지 구조적 연계들과도 구별해 주는 것의 출현이 있었다. 현실적으로 구별되는 한에서(연줄의 부재에 의해 연계된 한에서) 함께 기능하는 현실적으로 구별되는 부품들의 집합이 출현했던 것이다. 욕망 기계들의 이런 근사치들은 초현실주의 대상들, 극장에서의 신성현현들, 또는 오이디푸스적인 기발한 물품들 따위에 의해서는 주어지지 않는다. 이것들은 연상을 재도입함으로써만 작동한다. 사실 초현실주의는 예전 운동들의 오이디푸스화라는 방대한

9 Serge Leclaire, "La réalité du désir," in *Sexualité humaine*, Paris: Aubier.

사업이었다. 하지만 욕망 기계들의 근사치들을 오히려 몇몇 다다이스트 기계에서, 줄리어스 골드버그의 그림들에서, 또는 오늘날 팅겔리의 기계들에서 찾을 수 있다. 모든 연상을 완전히 분쇄하면서 어떻게 기능 집합을 획득할 수 있을까? (〈연줄의 부재에 의해 연계되어 있다〉라는 것은 무슨 뜻일까?)

팅겔리에게 현실적 구별의 예술은 재귀 절차로서의 일종의 이탈에 의해 획득되었다. 하나의 기계는 그것이 가로지르는 여러 동시 구조들을 작동한다. 첫째 구조는 자기와 관련해서는 기능적이지 않고 둘째 구조 속에서만 기능적인 요소를 적어도 하나는 포함하고 있다. 팅겔리가 본질적으로 유쾌한 것이라고 제시하는 이 놀이야말로 기계의 탈영토화 과정 그리고 가장 탈영토화된 부분으로서 기계공의 위치를 보장한다. 아이의 눈을 기계의 일부로 포함하는 비-오이디푸스적 아이의 경이에 찬 눈 앞에서 자동차 안에서 페달을 밟는 할머니는 차를 전진시키지는 않고, 다만 나무를 톱질하는 둘째 구조를 움직임으로써 작용한다. 회귀의 다른 절차들이 하나의 다양체 안에 부분들의 감싸기로서 개입하거나 추가될 수 있다(가령 그 모든 집이 하나의 집에 들어 있는 도시라는 도시-기계, 또는 그 모든 방이 하나의 방에 들어 있는 버스터 키튼의 집-기계 따위가 있다). 또는 기계를 폐품들 및 찌꺼기들과 본질적으로 관계시키는 한, 계열에서도 재귀가 실현될 수 있다. 거기서 기계는 팅겔리의 로토자자 시리즈처럼 자신의 대상을 체계적으로 파괴하거나, 뒤샹의 *변압기* 기획에서처럼 상실된 내공들 내지 에너지들을 기계 자신이 포획하거나, 스탄키비치의 폐물 예술(Junk Art) 또는 슈비터스의 메르츠(Merz) 및 집-기계처럼 기계 자신이 폐물들로 구성되거나, 끝으로 기계가 태업하거나 자신을 파괴하여 〈기계의 구성과 그 파괴의 시작이 구별될 수 없〉거나 한다. 이 모든 경우(여기에 욕망 기계로서의 약물, 즉 약물 기계(machine junkie)를 추가해야 하리라)에서, 오이디푸스적인 퇴행적 죽음, 정신분석의 안락사에

477

대립되는 고유하게 기계적인 죽음 충동이 나타난다. 정말이지 이 모든 욕망 기계 중에서 심오하게 탈오이디푸스화하지 않는 것은 하나도 없다.

또는, 기계론적 무질서에서 덜 개연적인 것으로 가는 하나의 벡터, 즉 〈미친 벡터〉라 명명할 수 있을 벡터를 따라, 현실적으로 구별되는 요소들 자체들의 연줄 없는 연계, 또는 이 요소들의 자율적 구조들의 연줄 없는 연계를 보장하는 것 역시 바로 무작위 관계들이다. 이는 여기서, 기계 자체 안에서의 그런 무작위 관계들의 현존에 의해, 또 산책 내지 준설(浚渫) 유형의 브라운운동들을 생산하는 것으로서, 욕망 기계들을 정의할 수 있게 해 주는 방드뤼에스의 이론들이 중요하다는 것을 의미한다.[10] 그리고 골드버그의 그림들이 팅겔리에서와 같은 기쁨, 즉 분열자의 웃음을 갖고서, 현실적으로 구별되는 요소들의 기능성을 나름으로 보장하는 것은 바로 무작위 관계들의 실행에 의해서이다. 문제는 미친 벡터를 따라 욕망 기계로 기능하는 하나의 집합체로 단순 기억 회로 또는 사회 회로를 대체하는 것이다(첫째 사례 「아내의 편지를 부치는 걸 잊지 않기 위해」에서, 욕망 기계는 스포츠, 원예, 새장이라는 자동화된 세 구조를 가로지르며 프로그램한다. 둘째 사례 「간단한 감량 기계」에서는, 볼가 강 뱃사공의 수고, 식사 중인 억만장자의 배의 감압, 권투 선수가 링으로 뛰어내림, 토끼의 도약이 원반을 통해 프로그램 되어 있는데, 이는 이 원반이 가장 개연적이지 않은 것 또는 출발점과 도달점의 동시성을 정의하는 한에서 그렇다).

이 모든 기계는 현실 기계들이다. 〈욕망이 작용하는 곳에는 상상계의 자리가 없〉으며 상징계의 자리도 없다는 오캉갬의 말은 옳다. 이 모

---

10 무작위, 〈미친 벡터〉 및 이것들의 정치적 적용에 대해서는 P. Vendryes, *Vie et probabilité* (Pairs: Albin Michel, 1942), *De la probabilité en histoire* (같은 곳, 1952) 및 *Déterminisme et autonomie* (Paris: Armand Colin, 1956) 등의 책들을 참고할 것. 브라운운동 유형의 〈준설 기계〉에 관해서는 Guy Hocquenghem, *Le désir homosexuel*, Paris: éd. Universitaires, 1972.

루브 골드버그, "이봐 얼간이, 저 편지 부쳐(You Sap, Mail that Letter)".

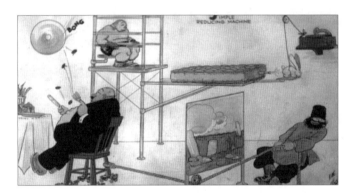

루브 골드버그, 「간단한 감량 기계(Simple Reducing Machine)」

든 기계는 이미 거기에 있으며, 우리는 끊임없이 그것들을 생산하고 제작하고 기능시키는데, 왜냐하면 기계들은 욕망, 본연의 욕망이기 때문이다. 비록 그것들의 자율적 제시를 보장하기 위해서는 예술가들이 있어야 하지만 말이다. 욕망 기계들은 우리 머리에, 우리 상상 속에 있지 않다. 그것들은 사회·기술 기계들 자체 속에 있다. 기계들과 우리의 관계는 발명의 관계도 모방의 관계도 아니다. 우리는 기계의 뇌 아버지도 아니고 기계의 훈련된 아들도 아니다. 기계들과 우리의 관계는 서식의 관계이다. 우리는 욕망 기계들을 사회·기술 기계들 속에 서식시킨다. 달리 할 수는 없다. 우리는 이렇게 말해야 한다. 사회·기술 기계들은 역사적으로 규정된 그램분자적 조건에서 욕망 기계들의 결집들일 뿐이며, 동시에 욕망 기계들은 그 규정적·분자적 조건으로 되돌려진 사회·기술 기계들이라고. 슈비터스의 '메르츠'는 '코메르츠'(Komerz, 상업은행)의 마지막 음절이다. 이 욕망 기계들의 유용성 내지 무용성, 가능성 내지 불가능성을 묻는 것은 쓸데없는 짓이다. 불가능성(또한 드물긴 하지만), 무용성(또한 드물긴 하지만)은 자율적인 예술적 제시 안에서만 나타난다. 욕망 기계들이 있고, 어떻든 여기 있고, 우리가 그것들과 더불어 기능하고 있으니, 그것들이 가능하다는 것이 당신은 보이지 않는가. 욕망 기계들은 탁월하게 유용하다. 왜냐하면 그것들은 두 방향에서 기계와 인간의 관계, 이 둘의 소통을 구성하기 때문이다. 당신이 〈기계는 불가능하다〉라고 말하는 바로 그 순간에도, 당신은 당신 자신이 이 부품들 중 하나로서 그 기계를 가능하게 하고 있다는 것을 못 보고 있다. 기계가 이미 작동하기 위해서는 결핍되어 있다고 당신이 여겼던 바로 그 부품을, 즉 무용가-위험을. 당신은 가능성 내지 유용성을 따지고 있지만, 당신은 이미 기계 속에 있고, 기계의 부분을 이루고 있고, 기계 속에 손가락, 눈, 항문 또는 간을 넣어 버렸다(〈당신 말려들었어……〉의 현실 판).

사회·기술 기계들과 욕망 기계들 간의 차이는 무엇보다 크기나 적응의 문제이고, 욕망 기계들은 작은 기계들 또는 소집단들에 적응한 큰 기계들이라고 믿는 사람도 있으리라. 그러나 기발한 물품들은 전혀 문제가 아니다. 현재 기술의 경향은 열역학의 우위를 정보의 확실한 우위가 대체하고 있는데, 이 경향은 권리상 기계들의 크기의 축소를 수반한다. 역시 대단히 유쾌한 한 텍스트에서, 이반 일리치는 이렇게 밝히고 있다. 큰 기계들은 자본주의 내지 전제군주 유형의 생산관계들을 내포하며, 소비자나 사용자의 상태로 환원된 사람들의 의존, 착취, 무력을 야기한다. 생산수단의 공동소유는 이 사태를 조금도 바꾸지 않고 그저 스탈린적 전제군주 조직을 부양할 따름이다. 또 일리치는 그것을 〈회식(會食) 사회(société convivale)〉, 말하자면 비-오이디푸스적 욕망적 사회에서 각자가 생산수단을 이용할 권리와 대립시킨다. 이것이 뜻하는 바는 다음과 같다. ① 가능한 한 많은 사람들에 의한 기계들의 가장 확장된 이용, ② 작은 기계들의 배가 및 작은 단위들에 큰 기계들이 적응, ③ 생산자-이용자들 자신에 의해 조립되어야 할 기계적 요소들의 배타적 판매, ④ 지식의 전문화나 직업의 독점 파괴 등. 의학 지식 대부분의 독점 내지 전문화, 자동차 모터의 복잡화, 기계들의 거대화 등 서로 아주 다른 것들이 기술의 필요에 응하는 것이 전혀 아니고, 권력이나 통제력을 지배계급의 수중에 집중할 작정인 경제적·정치적 지상명령에 응하는 것일 뿐이라는 점은 아주 명백하다. 도시에서 자동차가 근본적으로 기계적 무용성을 갖는다는 점, 내보이기 위한 기발한 물품들을 장착하고는 있어도 자동차는 구태의연한 성격을 갖는다는 점, 자전거가 베트남전쟁 못지않게 우리 도시에서도 현대적 가능성을 갖는다는 점 등에 주의를 환기시키는 것은 자연으로의 회귀를 꿈꾸는 것이 아니다. 욕망적 〈회식 혁명〉은, 상대적으로 단순하고 작은 기계들의 이름으로가 아니라, 자본주의 내지 공산주의 사회들이 경제적·정치적 권력과 관련하여 전력을 다해 억압하는 기계적 혁신 자체의 이름으로 이루어져야만

한다.[11]

　　욕망 기계들의 가장 위대한 예술가들 중 한 사람인 버스터 키튼은 「항해자(The Navigator)」(1924)에서 군중 기계(machine de masse)를 개인의 목적들 내지 커플이나 소집단의 목적들에 적응시키는 문제를 제기할 줄 알고 있었다. 이 영화에서 두 주인공은 〈일반적으로 수백 명이 사용하는 가사 설비에 대처해야만 한다(갑판의 식량 창고는 지렛대들, 도르래들, 선들의 숲이다)〉.[12] 사실, 기계들의 환원 내지 적응이라는 주제는 그 자체로는 충분치 않고, 가령 모두가 기계들을 이용하고 제어하겠다는 요구가 보여 주듯, 다른 뭔가를 위해 가치가 있다. 왜냐하면 사회·기술 기계들과 욕망 기계들 간의 참된 차이는 분명 크기에 있지도 않고 목적들에 있지도 않으며, 다만 크기와 목적들을 결정하는 체제에 있기 때문이다. 이 둘은 같은 기계지만, 체제는 같지 않다. 기술을 압제적인 경제와 정치에 맞추게 하는 현행 체제에, 기술이 해방되고 또 해방적이리라 할 수 있을 어떤 체제를 대립시켜야 한다는 것은 결코 아니다. 기술은 사회 기계들과 욕망 기계들이 서로 상대방 안에 있다고 전제하며, 그 자체로는 어느 것이 기계화하는 심급인지를, 욕망인지 욕망의 압제인지를 결정할 어떤 권능도 없다. 기술이 자신에 의해서 작용한다고 우길 때마다, 기술은 기술-구조에서처럼, 파시스트 색채를 띠게 된다. 왜냐하면 기술은 경제적·정치적 투자들만이 아니라 리비도 투자들도 똑같이 내포하고 있는데, 이 투자들은 온통 욕망의 압제로 향하고 있기 때문이다. 반-욕망의 체제와 욕망의 체제 같은 두 체제의 구별은 집합체와 개체의 구별로 귀착되는 것이 아니라 두 유형의 군중 조직으로 귀착

11　Ivan Illich, "Re-tooling society," *Nouvel Observateur*, 1972년 9월 11일(기계에 있어서 큼과 작음에 대해서는 Gilbert Simondon, *Du mode d'existence des objects techniques*, pp.132~133을 참고).

12　David Robinson, "Buster Keaton," *Revue du cinéma*(이 책은 키튼의 기계들에 대한 연구를 담고 있다).

되며, 각 유형에서 개인과 집단은 똑같은 관계를 맺지 않는다. 이 두 유형 간에는 거시 물리학과 미시 물리학에서와 똑같은 차이가 있다. 물론 여기서, 미시 물리학의 심급은 기계-전자가 아니라 기계화하는 분자적 욕망이며, 마찬가지로 거시 물리학의 심급은 그램분자적인 기술적 대상이 아니라 반-욕망적·반생산적인 그램분자화하는 사회구조로, 이 사회구조가 기술적 대상들의 사용, 제어, 소유를 현행적으로 조건 짓고 있다. 우리 사회의 현행 체제에서, 욕망 기계는 변태적인 것으로서만, 말하자면 기계들의 진지한 사용의 여백에서만, 또한 사용자들, 생산자들, 또는 반생산자들의 차마 말할 수 없는 2차적 이익으로서만 용인되고 있다(재판하는 판사나 서류를 애무하는 관료가 갖는 성적 쾌락). 하지만 욕망 기계의 체제는 일반화된 변태가 아니라, 차라리 그 반대이며, 결국은 행복해진 일반적이고 생산적인 분열증이다. 왜냐하면 욕망 기계에 대해서는 팅겔리처럼 이렇게 말해야 하기 때문이다. 참으로 기쁨에 찬 기계, 기쁨에 찼다는 말은 내겐 자유롭다는 뜻이다.*

3 기계와 충만한 몸─기계의 투자들

자세한 부분에 관심을 기울이게 되자마자, 생산력과 생산관계에 관한 맑스의 테제들보다 더 모호한 것도 없다. 대체로 사람들은 이렇게 이해한다. 도구들부터 기계들에 이르기까지, 인간의 생산수단은 사회적 생산관계들을 내포하지만, 이 생산관계들은 생산수단 외부에 있고, 생산수단은 생산관계들의 지표일 뿐이라고. 하지만 〈지표〉란 무엇을 뜻할까? 기계는 도구에서 출발해 파악되고 도구는 유기체 및 그 필요들과 관련하여 파악되는 식으로, 왜 인간과 *자연*의 고립된 관계를 재

---

* 이 대목은 원문이 영어로 되어 있다. a truly joyous machine, by joyous I mean free.

현한다고 추정되는 추상적인 진화 계통을 투사했을까? 이렇게 되면 사회관계들은 도구나 기계 외부에 있다고 보이게끔 되며, 이종적 사회조직들에 따르는 진화 계통을 부숨으로써 도구나 기계에 또 다른 생물학적 도식을 안에서부터 강요하게끔 된다[13](부르주아지가 특정 계기에는 혁명적이었다는 이상한 관념을 설명해 주는 것은 특히 생산력과 생산관계 간의 이런 놀이이다). 반대로 우리가 보기에는, 기계는 한 사회적 몸과 관련해서 직접적으로 생각되어야지, 생물학적 인간 유기체와 관련해서 생각되면 안 된다. 사정이 이렇다면, 추상적 인간에서 자신의 출발점을 찾은 하나의 선 위에서 도구의 절편을 계승하는 새로운 절편으로 기계를 여길 수 없다. 왜냐하면 인간과 도구는 해당 사회의 충만한 몸 위에서 이미 기계 부품들이기 때문이다. 무엇보다 기계는, 기계화하는 심급으로서 충만한 몸에 의해, 또 이 몸 위에 분배되어 있는 한에서 기계 작동되는 인간들과 도구들에 의해 구성되는 하나의 사회 기계이다. 가령 인간-말-활을 기계 작동시키는 스텝이라는 충만한 몸이 있고, 인간들과 무기들을 기계 작동하는 희랍 도시라는 충만한 몸이 있고, 인간들과 기계들을 기계 작동하는 공장이라는 충만한 몸이 있고, 이런 식이다. 유어가 부여했고 맑스가 인용한, 제작소에 대한 두 가지 정의 중에서, 첫째 정의는 기계들을 이것들을 감독하는 인간들과 관련시키고, 둘째 정의는 기계들과 인간들, 즉 〈기계적 기관들과 지적 기관들〉을 이것들을 기계 작동하는 충만한 몸으로서 제작소와 관련시킨다. 그런데 바로 이 둘째 정의가 있는 그대로 얘기된 구체적인 것이다.

장소들, 공동 설비들, 소통 수단들, 사회적 몸들이 기계들 또는 기계 부품들로 여겨지는 것은 은유에 의해서도 의미 확장에 의해서도 아니

---

13 조직의 유형들에 기초한 이 다른 생물학적 도식에 대해서는, *Capital* I, 2판 후기 (Pléiade, I, pp.557~558((옮긴이) 독: pp.25ff.)) 참조.

다. 반대로, 기계가 하나의 기술적 현실만을 가리키게 되는 것은 의미 제한과 파생을 통해서인데, 이런 일은 바로 하나의 아주 특수한 충만한 몸, 즉 돈-자본의 몸이라는 조건에서만, 이 몸이 도구에 고정자본의 형식을 주고, 즉 도구들을 자율적인 기계적 대표 위에 분배하고, 인간에게 가변자본의 형식을 주는, 즉 인간들을 노동 일반의 추상적 대표 위에 분배하는 한에서 생긴다. 같은 계열에 속하는 충만한 몸들의 접합, 즉 자본의 몸, 공장의 몸, 메커니즘의 몸……(아니면 희랍 도시의 몸, 보병 밀집 부대의 몸, 손잡이가 둘인 방패). 우리는 어떻게 기술 기계가 단순한 도구들을 계승하는지 물을 것이 아니라, 어떻게 사회 기계가, 또 어떤 사회 기계가 인간들과 도구들을 기계 작동하는 데 그치지 않고 기술 기계들의 출현을 가능하게 하는 동시에 필연적이게끔 하는지 물어야 한다. (자본주의 전에도 기술 기계들이 있었지만, 기계 문은 이것들을 지나가지 않았는데, 정확히 말해 그 까닭은 기계 문이 본질적으로 인간들과 도구들을 기계 작동하는 데 그치기 때문이다. 마찬가지로, 모든 사회구성체에는 기계 작동되지 않는 도구들이 있으며, 이는 기계 문이 이것들을 지나가지 않기 때문이고, 하지만 다른 사회구성체들 안에는 기계 작동되거나 앞으로 기계 작동될 도구들이, 가령 장갑 보병의 무기들이 있다.)

483

이렇게 이해된 기계는 욕망 기계로 정의된다. 그것은 기계 작동하는 충만한 몸과 이 몸 위에서 기계 작동되는 인간들 및 도구들의 집합이다. 여기서 많은 귀결들이 도출되는데, 우리는 이것들을 그저 프로그램으로만 보여 줄 수 있을 뿐이다.

첫째, 욕망 기계들은 정녕 사회·기술 기계들과 같지만, 이것들의 무의식과 같다. 실제로 욕망 기계들은 특정 사회장의 경제, 정치, 기술의 의식적 내지 전의식적 투자들(이해관계의 투자들)에 〈상응〉하는 리비도 투자들(욕망의 투자들)을 현시하고 동원한다. 여기서 상응한다는 것은 유사하다는 뜻이 전혀 아니다. 하나의 다른 분배, 하나의 다른 〈지도〉가 문제이며, 이 분배 내지 지도는 한 사회에서 구성된 이해관계들과도, 가능과 불가능 및 강제와 자유의 할당과도, 즉 한 사회의 근거들을 구성하는 모든 것과 더 이상 관계하지 않는다. 하지만 이 근거들 아래에는, 흐름들 자체와 흐름들의 절단들을 투자하며, 이 사회의 기저에서 무작위 요인들, 덜 개연적인 형상들, 독립된 계열들의 만남들을 끊임없이 재생산하는 여러 색다른 형식의 욕망이 있으며, 이 형식들은 〈자신에 대한〉 하나의 사랑을, 즉 자본 자체에 대한 사랑, 관료제 자체에 대한 사랑, 탄압 자체에 대한 사랑을, 〈한 자본가가 자신의 바닥에서 욕망하는 것은 무엇일까?〉 및 〈인간이 타인들에 대해서뿐 아니라 자신에 대해서도 탄압을 욕망하는 것은 어떻게 가능할까?〉 등 모든 종류의 이상한 사태를 밝혀낸다.

둘째, 욕망 기계들이 사회·기술 기계들의 내부 극한으로 존재한다는 점은, 한 사회의 충만한 몸, 즉 기계화하는 심급이 결코 그 자체로는 주어지지 않으며 이 사회 안에서 작용하는 항들 및 관계들에서 출발해 항상 추론되어야 한다고 여길 때 더 잘 이해된다. 발아하는 몸으로서의 자본, 즉 돈을 생산하는 돈이라는 충만한 몸은 결코 그 자체로 주어지지 않는다. 그것은 극한으로의 이행을 내포하는데, 이 극한에서 항들은 절대적으로 포착된 단순한 형식들로 환원되고, 관계들은 연줄의 부재로 〈정립적으로〉 대체된다. 가령 자본주의 욕망 기계를 위해서는 자본과 노동력의 만남, 즉 탈영토화된 부로서의 자본과 탈영토화된 노동자로서의 노동력의 만남이 있는데, 이 둘은 독립된 두 계열 또는 단순한 형식들로 자본주의에서는 이 둘의 무작위적 만남이 끊임없이 재생산된다. 어떻게 연줄의 부재가 〈정립적〉일 수 있을까? 우리는 욕망의 역설을 언급하는 르클레르의 다음 물음을 발견한다. 어떻게 요소들이 바로 연줄의 부재를 통해 연계될까? 어떤 점에서는, 스피노자나 라이프니츠와 더불어, 데카르트주의가 끊임없이 이 물음에 답해 왔다고 말할 수 있

484

다. 그것은 하나의 특유한 논리를 내포하는 것으로서 현실적 구별의 이론이다. 궁극 요소들 내지 단순한 형식들이 동일한 존재나 동일한 실체에 속하는 것은 바로 이것들이 현실적으로 구별되며, 또 서로 전적으로 독립해 있기 때문이다. 바로 이런 의미에서, 실체의 충만한 몸은 결코 하나의 유기체로 기능하지 않는다. 그리고 욕망 기계는 구별되는 요소들 내지 단순한 형식들의 다양체와 다름없다. 또한 이 요소들 내지 단순한 형식들은, 이것들이 한 사회의 충만한 몸 〈위에〉 있는 한 또는 이것들이 현실적으로 구별되는 한, 이 충만한 몸 위에서 연계되어 있다. 극한을 향한 이행으로서의 욕망 기계. 즉 충만한 몸의 추론, 단순한 형식들의 추출, 연줄의 부재들의 지정. 맑스의 『자본』의 방법은 이 방향으로 가지만, 변증법적 전제들이 하부구조의 일부를 이루는 것으로서의 욕망에까지 도달하는 것을 방해한다.

셋째, 기술 기계 외부에 머물러 있는 생산관계들은 반대로 욕망 기계 내부에 있다. 이는 관계의 자격에서가 아니라 기계 부품이라는 자격에서 참인데, 이 부품의 일부는 생산의 요소들이요 다른 일부는 반생산의 요소들이다.[14] J.-J. 르벨은 감옥의 욕망 기계를 형성하는 주네의 영화 속 이미지들을 인용한다. 인접한 두 독방에 갇힌 두 사람이 있는데, 그중 한 사람이 벽의 작은 구멍에 끼여 있는 빨대를 통해 다른 한 사람의 입 속에 입김을 불어넣고 있고, 한편 간수는 이것을 지켜보면서 자위행위를 한다. 간수는 기계의 반생산의 요소이자 동시에 엿보는 부품이다. 즉 욕망은 모든 부품을 지나간다. 이는 욕망 기계들이 평온하지 않음을 뜻한다. 욕망 기계들에는 지배들과 예속들, 치명적 요소들, 사디즘 부품들과 마조히즘 부품의 중첩이 있다. 바로 욕망 기계에서, 이 부

485

14 〈기계 현상이 침입에 의해 생산되는 각 단절은, 반생산 체계라 부를 수 있는 것, 즉 구조의 특유한 재현 양식과 결합되리라. (……) 반생산이란 무엇보다도 생산관계들의 장부(帳簿) 아래 놓여 있던 것이리라.〉

품들 내지 요소들은 다른 모든 부품 내지 요소처럼 고유하게 성적인 차원을 갖고 있다. 오이디푸스 코드는 사회구성체들의 대역을 하고, 또는 심지어 이 구성체들의 정신적 발생과 조직을 주재하는데(돈과 항문성, 파시즘과 사디즘 등), 정신분석이 바라듯 성욕이 이 코드를 이용한다는 것은 결코 있을 수 없다. 성적 상징체계란 없다. 그리고 성욕은 하나의 다른 〈경제〉, 하나의 다른 〈정치〉를 가리키는 것이 아니라 정치경제학 자체의 리비도적 무의식을 가리킨다. 욕망 기계의 에너지인 리비도는 계급, 인종 등 모든 사회적 차이를 성적인 것으로서 투자한다. 무의식 안에서 성적 차이의 벽을 보장하기 위해서건, 반대로 이 벽을 폭파하여, 비-인간적 성 속에서 이 벽을 소멸시키기 위해서건 말이다. 욕망기계는, 자신의 폭력 속에서, 욕망에 의한 사회장 전체의 시험, 즉 욕망의 승리로 끝날 수도 욕망의 압제의 승리로 끝날 수도 있는 시험이다. 그 시험은 다음과 같은 점에 있다. 즉 하나의 욕망 기계가 주어질 때, 어떻게 이 기계는 생산관계나 사회적 차이를 자기 부품들의 하나로 만들며, 또 이 부품의 위치는 어디일까? 골드버그의 그림 속 억만장자의 배, 주네의 이미지에서 자위하는 간수는? 감금된 사장은 공장이라는 욕망 기계의 한 부품, 시험에 응하는 한 방식이 아닐까?

넷째, 무의식의 에너지로서의 성욕이 욕망 기계들을 통한 사회장의 투자라면, 기계들 일반을 대면하는 태도는 결코 하나의 단순한 이데올로기를 표현하는 것이 아니라, 하부구조 자체 속 욕망의 정립, 즉 사회장을 가로지르는 절단들과 흐름들과 관련한 욕망의 돌연변이들을 표현하는 것 같다. 바로 이런 까닭에 기계라는 주제는 아주 강하게, 아주 공공연하게 성적인 내용을 갖는다. 1차 세계대전을 전후해서 기계를 둘러싸고 네 가지 커다란 태도가 대결하고 있었다. ① 이탈리아 미래파의 그램분자적인 큰 열광은 국가의 생산력을 발전시켜 새로운 국민을 생산하게 하기 위해 기계에 기대를 거는데, 생산관계는 문제 삼지 않는다. ② 러시아 미래파와 구성주의의 태도는 집단 전유에 의해 정의되는 새로운 생산관계와 관련하여 기계를 생각한다(타틀린이나 모호이너지의 탑-기계는 민주 집중제라는 저 유명한 당 조직, 즉 정점, 전달 벨트, 저변을 갖춘 나선형 모델을 표현한다. 생산관계들은 〈지표〉로 기능하는 기계 외부에 계속 존재한다). ③ 다다이즘의 분자적 기계장치는 그 나름대로 욕망 혁명으로서의 전복을 수행한다. 이는 그것이 생산관계들을 욕망 기계의 부품들의 시험에 들게 하고, 국가와 당의 모든 영토성 너머에서 이 욕망 기계로부터 기쁜 탈영토화 운동을 끌어내기 때문이다. ④ 끝으로 휴머니즘의 반-기계주의는 상상적 내지 상징적 욕망을 구해 내고 이 욕망을 다시 기계에 맞서게 하려 하는데, 이를 위해 욕망을 오이디푸스 장치로 복귀시키는 것도 마다하지 않는다(다다이즘에 맞선 초현실주의 또는 다다이스트 버스터 키튼에 맞선 채플린).[15]

그리고 이데올로기가 문제가 아니라 그 시기와 집단의 무의식 전체를 작동하는 기계화가 바로 문제이기 때문에, 이 태도들이 사회·정치장과 맺는 연줄은 규정되지 않은 것은 아니나 복합적이다. 이탈리아 미래파는 파시스트적 욕망 기계의 조직의 조건들 및 형식들을 잘 표현하고 있지만, 또한 국가주의적·호전적 〈좌파〉의 모든 애매함도 지니고 있다. 러시아 미래파들은 자신들의 무정부주의적 요소들을 부수는 당의 기계 속으로 이 요소들을 미끄러져 들어가게 하려 한다. 정치는 다다이스트들의 장기가 아니다. 휴머니스트는 욕망 기계들의 투자 철회를 수행하지만, 이 기계들은 휴머니즘 속에서 여전히 계속 기능한다. 하지만 이 태도들을 둘러싸고 욕망 자체, 욕망의 정립이라는 문제가 제기되었다. 말하자면, 욕망 기계들과 사회·기술 기계들 간에, 한편에선 욕망이 파

487

---

15 미래파와 다다이즘에 있어 기계의 역할에 대해서는, Noémi Blumenkranz, *L'esthétique de la machine* (Société d'esthétique), "La Spirale" (*Revue d'esthétique*, 1971) 참조.

시스트적·편집증적 구성체들을 투자하고 반대로 다른 한편에선 분열증적·혁명적 흐름들을 투자하는 이 두 극단적 극 간에, 각각의 내재성의 관계라는 문제가 제기된 것이다. 욕망의 역설은, 이 극들을 풀어내고 욕망 기계들을 위해 집단의 혁명적 시험들을 극복하기 위해서는 언제나 이토록 긴 분석을, 무의식 분석을 전부 해야 한다는 점이다.

인용 출처

Adler, Alfred, "L'ethnologue et les fétiches". ((옮긴이) 독: "Der Ethnologe und die Fetische")

Althusser, Louis, *Lire* le Capital, Paris: Maspero, 1965. ((옮긴이) 독: *Das Kapital lesen*, Bd. II, Reinbek bei Hamburg, 1972. 영: *Reading Capital*, tr. Ben Brewster, New York: Pantheon, 1970)

Artaud, Antonin, Le Pèse-nerfs, Paris: Gallimard, in Œuvres complètes I. ((옮긴이) 독: *Die Nervenwaage und andere Texte*, Frankfurt, 1964)

Artaud, Antonin, *Van Gogh le suicidé de la société*. ((옮긴이) 영: *Van Gogh, the Man Suicided by Society*, tr. Mary Beach & Lawrence Ferlinghetti, in *Artaud Anthology*, San Francisco: City Lights Books, 1965)

Baran, Paul & Sweezy, Paul, *Le Capitalisme monopoliste*, Paris: Maspero, 1966. ((옮긴이) 영: *Monopoly Capital*, New York: Monthly Review Press, 1966. 독: *Monopolkapital*, Frankfurt, 1967)

Bateson, Gregory et coll., "Towards a Theory of Schizophrenia," *Behavioral Science*, Vol.1, 1956. ((옮긴이) 독: *Schisophrenie und Familie*, Frankfurt, 1969)

Beckett, Samuel, *The Unnamable*, in *Three Novel by Samuel Beckett*. ((옮긴이) 독: *Der*

Namenlose, in *Drei Romane*, Frankfurt, 1969)

Beckett, Samuel, "Assez", in *Têtes-mortes*, Paris: Ed. de Minuit, 1967. ((옮긴이) 영: "Enough," in *First Love and Other Shorts*, New York: Grove Press, 1974. 독: *Schluß jetzt*, in *Residua*, Frankfurt, 1970)

Besançon, A., "Vers une histoire psychanalytique," *Annales*, mai 1969. ((옮긴이) 독일어 축약본: H.-U. Wehler(편), *Geschichte und Psychoanalyse*, Frankfurt & Berlin & Wien, 1974)

Bettelheim, Bruno, *La Fortersse vide*, Paris: Gallimard. ((옮긴이) 영: *The Empty Fortress*, New York: The Free Press, 1967)

Bonnafé, Pierre, "Objet magique, sorcellerie et fétichisme?," *Nouvelle revue de psychanalysyse*, 2호, 1970. ((옮긴이) 독: "Magisches Objekt, Zauberei und Fetischismus?" in J.-B. Pontalis(ed.), *Objekte des Fetischismus*, Frankfurt, 1972)

Bradbury, Ray, *L'Homme illustré*, "La Brousse", Paris: Danoël. ((옮긴이) 영: *The Illustrated Man*, Garden City, N.Y.: Doubleday, 1951. 독: "Das Kinderzimmer," in *Der illustrierte Mann*, Zürich, 1973)

Braudel, Fernand, *Civilisation matérielle et capitalisme*, I, Paris: Armand-Colin, 1967. ((옮긴이) 영: *Capitalism and Material Life, 1400~1800*, tr. Miriam Kochan, New York: Harper and Row, 1973)

Brohm, Jean-Marie, "Psychanalyserevolution". ((옮긴이) 독: "Psychoanalyse und Revolution" in Hans-Peter Gente(편), *Marxismus-Psychoanalyse-Sexpol*, Bd. 2, Frankfurt, 1972)

Büchner, Georg, *Lenz*, Paris: Fontaine. ((옮긴이) 독: in *Werke und Briefe*, Leipzig, 1968. 영: in *Complete Plays and Prose*, tr. Carl Richard Mueller, New York: Hill & Wang, 1963)

Butler, Samuel, *Erewhon*. ((옮긴이) 영: *Erewhon*, Everyman's Library, New York: E. P. Dutton; London: J. M. Dent, 1965. 독: *Merkwürdige Reisen in Land Erewhon*, Berlin(Ost), 1964)

Canetti, Elias, *Masse et puissance*, Paris: Gallimard, 1960. ((옮긴이) 독: *Masse und Macht*, München. 영: Crowds and Power, New York: Viking Press, 1960)

Carroll, Lewis, *Sylvie et Bruno*. ((옮긴이) 영: *Sylvie and Bruno*, in *The Complete Works of Lewis Carroll*, New York: The Modern Library)

Cooper, David, *Psychiatrie et antipsychiatrie*, Paris: Seuil, 1967. ((옮긴이) 영: *Psychiatry and Anti-Psychiatry*, New York: Ballantine Books, 1971. 독: *Psychiatrie und Anti-Psychiatrie*, Frankfurt, 1972)

Derrida, Jacques, *L'Ecriture et la différence*, Paris: Seuil, 1967. ((옮긴이) 독: *Die Schrift und die Differenz*, Frankfurt, 1972)

Dobb, Maurice, *Etudes sur le développement du capitalisme*, Paris: Maspero. ((옮긴이) 영: *Studies in the Development of Capitalism*, London: Routledge and Kegan Paul, 1959. 독: *Entwicklung des Kapitalismus*, Köln-Berlin, 1970)

Engels, Friedrich, *L'Origine de la famille*, Paris: Ed. Sociales. ((옮긴이) 독: *Der Ursprung der Familie, des Privateigentums und des Staates*, in Marx & Engels, *Ausgewählte Schriften in zwei Bänden*, Bd. 2, Berlin(Ost), 1961. 영: *The Origin of the Family*, New York: International Publishers, 1942)

Evans-Pritchard, Edward E., "Les Nouer du Soudan méridional," in *Systemes politiques africains*, Paris: P.U.F., 1962. ((옮긴이) 영: "The Nuer of the Southern Sudan," in *African Political Systems*, ed. Meyer Fortes & E. E. Evans-Pritchard, London: Oxford University Press, 1958)

Fanon, Franz, *Les Damnés de la terre*, Paris: Maspero, 1961. ((옮긴이) 독: *Die Verdammten dieser Erde, Frankfurt*, 1966. 영: *The Wretched of the Earth*, tr. Constance Farrington, New York: Grove Press, 1968)

Foucault, Michel, *Historie de la folie à l'âge classique*, Paris: Plon, 1961. ((옮긴이)

독: *Wahnsinn und Gesellschaft*, Frankfurt, 1969. 영: *Madness and Civilzation: A History of Insanity in the Age of Reason*, tr. Richard Howard, New York: Random House, 1971. 이 영역본은 푸코 자신이 축약한 판본이다.)

Foucault, Michel, *Les Mots et les choses*, Paris: Gallimard, 1966. ((옮긴이) 영: *The Order of Things*, New York: Random House, 1970. 독: *Die Ordnung der Dinge*, Frankfurt, 1971)

Freud, Sigmund, *Le Roman familial des névrosés*, 1909. ((옮긴이) 독: *Der Familienroman der Neurotiker*, GW Bd. VII)

Freud, Sigmund, *L'Homme aux rats*. ((옮긴이) 독: *Bemerkungen über einen Fall von Zwangsneurose*, GW Bd. VII)

Freud, Sigmund, *Totem et tabou*, Paris: Payot, 1912. ((옮긴이) 독: *Totem und Tabu*, GW Bd. IX. 영: *Totem and Taboo*, tr. James Strachey, New York: Norton, 1950)

Freud, Sigmund, *Un cas de paranoïa qui contredisait la théorie psyhanalytique de cette affection*, 1915. ((옮긴이) 독: *Mitteilung eines der psychoanalytischen Theorie widersprechenden Fallen von Paranoia*, GW Bd. X. 영: "A Case of Paranoia Running Counter to the Psychoanalytic Theory of the Disease", 1915)

Freud, Sigmund, "L'Inconscient," in *Métapsychologie*, Paris: Gallimard, 1915. ((옮긴이) 독: "Das Unbewußte", GW Bd. X)

Freud, Sigmund, "La Disparition du complexe d'Œdipe," in *la Vie sexuelle*, Paris: P.U.F., 1923. ((옮긴이) 독: *Der Untergang des Ödipuskomplexes*, GW Bd. XIII. 영: "The Dissolution of the Oedipus Complex", in *Standard Edition*, 1924, Vol.19)

Freud, Sigmund, "Le Moi et le ça," in *Eassai de psychanlyse*, Paris: Payot, 1923. ((옮긴이) 독: *Das Ich und das Es*, GW Bd. XIII. 영: *The Ego and the Id*, tr. Joan Riviere, New York: Norton, 1961)

Freud, Sigmund, "Le président Schreber," *Cinq psychanalyses*, Paris: P.U.F.. ((옮긴이) 독: *Psychoanalytische Bemerkungen über einen autobiographisch beschriebenen Fall von Paranoia*, GW Bd. VIII. 영: "Psycho-Analytic Notes upon an Autobiographical Case of Paranoia (Dementia Paranoides)," in *Collected Papers: Authorized Translation under the Supervision of Joan Rivière*, New York: Basic Books, 1959, Vol.3)

Freud, Sigmund, "Pour introduire le narcissisme," in *La Vie sexuelle*, Paris: P.U.F. ((옮긴이) **독**: *Zur Einführung des Narziβmus*, GW Bd. X. 영: "On Narcissism: An Introduction," in *Collected Papers*, London: Hogarth Press, Vol.4)

Freud, Sigmund, *Inhibition, Symptome et angoisse*, Paris: P.U.F., 1926. ((옮긴이) **독**: *Hemmung, Symptom und Angst*, GW Bd. XIV. 영: *The Problem of Anxiety*, tr. Henry Alden Bunker, New York: Psychoanalytic Quarterly Press, Norton, 1936, or *Inhibitions, Symptoms, and Anxiety*, tr. Alix Strachey, London: Hogarth Press, 1936)

Freud, Sigmund, *la Vie sexuelle*, Paris: P.U.F.. ((옮긴이) 독: GW Bd. XIV. 영: *Collected Papers*, Vol.5)

Freud, Sigmund, *Cinq psychanalyses*, ((옮긴이) **독**: *Aus der Geschichte einer infantilen Neurose*, GW Bd. XII. 영: *Three Case Histories*)

Freud, Sigmund, *Psychologie collective et analyse du moi*. ((옮긴이) **독**: *Massenpsychologie und Ich-Analyse*, GW Bd. XIII. 영: *Group Psychology and the Analysis of the Ego*)

Freud, Sigmund, "Analyse terminée et analyse interminable," 1937, tr. fr. *Revue française de psychanalyse*, 1938~1939, 1호. ((옮긴이) **독**: *Die endliche und die unendliche Analyse*, GW Bd. XVI. 영: "Analysis Terminable and Interminable" (1937), in *Standard Edition of the Complete Psychological Works of Sigmund Freud*, ed. James Strachey, New York: Macmillan & London: Hogarth Press, 1964, Vol.23)

Friedan, Betty, *La Femme mystifiée*, 1963, Paris: Gonthier, t. I. ((옮긴이) 영: *The Feminine mystique*, New York: Norton, 1963. 독: *Der Weiblichkeitswahn*, Reinbek bei Hamburg, 1970)

Fromm, Erich, *La Crise de la psychanalyse*, tr. Jean-René Ladmiral, Paris: Anthropos, 1970. ((옮긴이) 영: *The Crisis of Psychoanalysis. Essays on Freud, Marx and Social Psychology*, New York: Fawcett, 1970. 독: *Analytische Sozialpsychologie und Gesellschaftstheorie*, tr. Hilde Weller, Frankfurt, 1970)

Gantheret, François, "Freud et la question socio-politique". ((옮긴이) 독: "Freud und die gesellschaftlich-politische Fragestellung" in Hans-Peter Gente(편), *Marxismus-Psychoanalyse-Sexpol*, Bd. 2, Frankfurt, 1972)

Ginsberg, Allen, *Kaddish*, Paris: Bourgois, 1967. ((옮긴이) 영: "Kaddish," in *Kaddish and Other Poems*, San Francisco: City Lights Books, 1961. 독: *Kaddish*, Wiesbaden, 1962)

Gorz, André, *Stratégie ouvrière et néo-capitalisme*, Paris: Seuil, 1964. ((옮긴이) 영: *Strategy for Labor*, tr. Martin Nicolaus & Victoria Ortiz, Boston: Beacon Press, 1967. 독: *Zur Strategie der Arbeiterbewegung im Spätkapitalismus*, Frankfurt, 1968)

Hochmann, Jacques, *Pour une psychiatrie communautaire*, Paris: Seuil, 1971. ((옮긴이) 독: *Thesen zu einer Gemeindepsychiatrie*, Frankfurt, 1973)

Jankelevitch, Vladimir, *Ravel*, Paris: Seuil. ((옮긴이) 영: *Ravel*, tr. Margaret Crosland, New York: Grove Press, 1959)

Jaspers, Karl, *Stirindberg et van Gogh*, Paris: Minuit. ((옮긴이) 독: *Strindberg und Van Gogh*, Berlin: J. Springer, 2판, 1926. 영: *Stirindberg and Van Gogh*, tr. Oskar Grunow, Tuscon, Arizona: University of Arizona Press)

Jones, Ernest, *La Vie et l'œuvre de Sigmund Freud*, P.U.F.. ((옮긴이) 영: *The Life and Work of Sigmund Freud*, New York: Basic Books, 1953. 독: *Das Leben und Werk Sigmund Frued*, Bern und Stuttgart, 1960)

Jung, C. G., *La Guérison psychologique*, Paris: Georg, 1953. ((옮긴이) 독: "Ziele der Psychotherapie," in *Seelenprobleme der Gegenwart*, Zürich, 1956. 영: *Contributions to Analytical Psychology*, London: Routledge and Kegan Paul, 1948)

Kafka, Franz, *La Muraille de Chine*. ((옮긴이) 독: *Sämtlische Erzählungen*, Frankfurt, 1975. 영: "The Great Wall of China," *The Great Wall of China*, tr. Willa & Edwin

666

Muir, New York: : Schochen, 1948)

Kant, Immanuel, *Métaphysique des moeurs*, I, 1797. ((옮긴이)) 독: *Metaphysik der Sitten*, Hamburg, 1966)

Kant, Immanuel, *Critique du jugement*. ((옮긴이)) 독: *Kritik der Urteilskraft*)

Klein, Mélanie, *Essai de psychanalyse*, Paris: Payot. ((옮긴이)) 독: *Das Seelenleben des Kleinkindes und andere Beiträge zur Psychoanalys*, Reinbek bei Hamburg, 1972. 영: *Contributions to Psycho-Analysis, with an Introduction by Ernest Jones*, London: Hogarth Press, 1930)

Klein, Mélanie, *La Psychanalyse des enfants*, Paris: P.U.F.. ((옮긴이)) 독: Melanie Klein, *Die Psychoanalyse des Kindes*, München, 1973. 영: *The Psycho-Analysis of Children*, tr. Alix Strachey, The Internatuional Psycho-Analytic Lebrary, no.22, London: Hogarth Press and the Institute of Psycho-Analysis, 1954(초판 1932))

Klossowski, Pierre, *Nietzsche et le cercle vicieux*, Paris: Mercure de France, 1969.

Laing, Ronald, *La Politique de l'expérience*, Paris: Stock, 1967. ((옮긴이)) 영: *The Politics of Experience*, New York: Ballantine, 1967. 독: *Phänomenologie der Erfahrung*, Frankfurt, 1969)

Laing, Ronald, *Soi et les autres*, Paris: Gallimard, 1961 et 1969. ((옮긴이)) 영: *Self and Others*, New York: Pantheon, 1970. 독: *Das Selbst und die Anderen*, Köln, 1973)

Laplanche, Jean & Pontalis, J.-B., *Vocabulaire de la psychanalyse*. Paris: P.U.F., 1967. ((옮긴이)) 독: *Das Vokabular der Psychoanalyse*, Frankfurt, 1972. 영: *The Language of Psycho-Analysis*, tr. Donald Micholson-Smith, New York: Norton, 1974.)

Lawrence, D. H., "Psychanalyse et inconscient," (modifiée), in *Homme d'abord*, bibl. 10~18, 1920. ((옮긴이)) 영: "Psychoanalysis and the Unconscious", in *Psychoanlysis and the Unconscious and Fantasia of the Unconscious*, New York: Viking Press, 1969)

Lawrence, D. H., "Art et moralité," in *Eros et les chiens*, Paris: Bourgois, 1925. ((옮긴이)) 영: "Art and Morality," in *Phoenix*, New York: Viking Press, 1936)

Lawrence, D. H., "Nous avons besoin les uns des autres," in *Eros et les chiens*, Pairs: Bourgois, 1930. ((옮긴이) 영: "We Need One Another," in *Phoenix: The Posthunzoi Papers of D. H. Lawrence*, New York: The Viking Press, 1936. 독: "Wir brauchen einander," in *Pornographie und Obszönität*, Zürich, 1971)

Lawrence, D. H., *La Verge d'Aaron*, Paris: Gallimard. ((옮긴이) 영: *Aaron's Rod*, New York: Penguin, 1976)

Leach, E. R., *Critique de l'anthropolpgie*, 1966, P.U.F.. ((옮긴이) 영: *Rethinking Anthropology*, London: Athlone Press, 1966)

Levi-Strauss, Claude, *Les Structures élémentaire de la parenté*, 2판, Mouton, 1967. ((옮긴이) 영: *The Elementary Structures of Kinship*, tr. James Harle Bell & John Richard von Sturmer, ed. Rodney Needham, Boston: Beacon Press, 1969)

Lévi-Strauss, Claude, *Anthropologie structurale*, Paris: Plon, 1958. ((옮긴이) 독: *Strukturale Anthropologie*, Frankfurt 1967. 영: *Structural Anthropholgy*, tr. Claire Jacobs & Brooke Crundfest Schoepf, New York: Basic Books, Harper Torchbook, 1963)

Lévi-Strauss, Claude, *La Pensée sauvage*, Paris: Plon, 1962. ((옮긴이) 독: *Das wilde Denken*, Frankfurt, 1968. 영: *The Savage Mind*, Chicago: University of Chicago Press, 1966)

Lévi-Strauss, Claude, *Le Cru et le cuit*, Paris: Plon, 1964. ((옮긴이) 영: *The Raw and the Cooked*, tr. John & Doreen Weightman, New York: Harper and Row, 1969. 독: *Das Rohe und das Gekochte*, Frankfurt, 1971)

Lowry, Malcolm, *Choix de lettres*, Paris: Denoël. ((옮긴이) 영: *Selected Letters of Malcolm Lowry*, ed. Harvey Breit & Margerie Bonner Lowry, Philadelphia & New York: J. B. Lippincott, 1965)

Lysenko, T. D., *La Situation dans la science biologique*, Ed. Française, Moscou, 1949. ((옮긴이) 독: T. D. Lyssenko, "Die Situation in der biologischen Wissenschaft," *Vortrag und Diskussion*, Berlin(Ost.), Beiheft 2)

McLuhan, Marshall, *Pour comprendre les média*, Paris: Seuil, 1964. ((옮긴이) 영:
Marshall McLuhan, *Understanding Media*, New York: McCraw-Hill, signet, 1964. 독:
Die Magischen Kanäle, Frankfurt, 1970)

Mannoni, Maud, *Le Psychiatre, son fou et la psychanalyse*, Paris: Seuil, 1970. ((옮긴이)
독: *Der Psychiater, sein Patient und die Psychoanalyse*, Olten, 1973)

Marcuse, Herbert, *Eros et civilisation*, Paris: Minuit. ((옮긴이) 영: *Eros and Civilization*,
Boston: Beacon Press, 1955. 독: *Triebstruktur und Gesellschaft*, Frankfurt: Suhrkamp,
1965)

Marcuse, Herbert, *L'Homme undimensionnel*, Paris: Minuit, 1964. ((옮긴이) 영: *One
Dimensional Man*, Boston: Beacon Press, 1964. 독: *Der eindimensionale Mensch*, Neuwied
und Berlin, 1967)

Marx, Karl, "Critique de la philosophie de l'Etat de Hegel," in *OEuvres
philosophiques*, IV, Paris: Costes. ((옮긴이) 독: *Zur Kritik der Hegelschen
Rechtsphilosophie. Kritik des Hegelschen Staatsrechts*, MEW Bd. 1. 영: *Critique of Hegel's
"Philosophy of Right"*, tr. Annette Jolin & Joseph O'Malley, New York: Cambridge
University Press, 1970)

Marx, Karl, *Economie et philosophie*, Pléiade, II. ((옮긴이) 독: *Ökonomisch-philosophische
Manuskripte aus dem Jahre 1844* (Pariser Manuskripte), MEW Ergänzunsband 1.
영: *Economic and Philosophic Manuscripts of 1844*, tr. Martin Milligan, New York:
International Publishers, 1964)

Marx, Karl, *Introduction générale a la critique de l'économie politique*, Pléiade, I. ((옮긴
이) 독: *Grundrisse*, Einleitung. 영: *Grundrisse*, tr. Martin Nicolaus, New York: Random
House, 1973)

Marx, Karl, *Principes d'une critique de l'économie politique*, 1857, Pléiade II. ((옮긴
이) 독: *Grundrisse*, Berlin, 1953. 영: *Pre-Capitalist Economic Formation*(1857), tr. Jack
Cohen, New York: International Publishers, 1965)

Marx, Karl, *Le Capital*, I, Pléiade, I. ((옮긴이) 독: *Das Kapital I*, MEW Bd. 23. 영:

Capital, tr. Ernest Untermann, New York: International Publishers, 1967, Vol.1)

Marx, Karl, *Le Capital*, III, Pléiade, II. ((옮긴이) 독: *Das Kapital*, 3. Bd., MEW Bd. 25, 영: *Capital*, tr. Ernest Untermann, New York: International Publishers, 1967, Vol.3)

Marx, Karl, "Réponse à Milkhailovski," 1887년 11월, Pléiade, II. ((옮긴이) 독: Antwort an Michailowski, Mark/Engels, *Ausgewälte Briefe*, Berlin(Ost.), 1953. 영: "Reply to Milkhailovski", in Karl Marx & Friedrich Engels, *Basic Writings on Politics and Philosophy*, Garden City, N.Y.: Doubleday, 1959)

Mendel, Gérard, *La révolte contre le père*, Paris: Payot, 1968. ((옮긴이) 독: *Die Revolte gegen den Vater*, Frankfurt, 1972)

Michaux, Henri, *Les Grandes épreuve de l'esprit*, Paris: Gallimard, 1966. ((옮긴이) 영: *The Major Ordeals of the Mind*, tr. Richard Howard, New York: Harcourt Brace Jovanovich, 1974)

Miller, Henry, *Hamlet*, Paris: Correa. ((옮긴이) 영: *The Michael Frankel-Henry Miller Correspondence called Hamlet*, Puerto Rico: Carrefour, 1939)

Miller, Henry, *Sexus*, Buchet-Chastel. ((옮긴이) 영: *Sexus*, New York: Grove Press, 1965. 독: *Sexus*, Reinbek bei Hamburg, 1970)

Miller, Henry, *Tropique du Cancer*. ((옮긴이) 영: *Tropic of Cancer*. 독: *Wendekreis des Krebses*, Hamburg, 1965)

Mitscherlich, Alexander, *Vers la société sans pères*, Paris: Gallimard, 1963. ((옮긴이) 독: *Auf dem Weg zur vaterlosen Gesellschaft*, München, 1965. 영: *Society without the Father*, tr. Eric Mosbacher, New York: Schocken Books, 1970)

Monakow, Constantin von & Mourgue, R. M., *Introduction biologique à l'étude de la neurologie et de la psycho-pathologie*, Paris: Alcan, 1928. ((옮긴이) 독: *Biologische Einführung in das Studium der Neurologie und Psychopathologie*, Stuttgart & Leipzig, 1930)

Monod, Jacques, *Le Hasard et la nécessité*, Paris: Seuil, 1970.

Mumford, Lewis, *La Cite à travers l'histoire*, Paris: Seuil. ((옮긴이) 영: *The City in*

History, New York: Harcourt, Brace, and World, 1961)

Nijinsky, Vaslav, *Journal*, tr. fr. Paris: Gallimard. ((옮긴이)) 영: *Diary*, New York: Simon and Schuster, 1936. 독: *Der Clown Gottes. Tagebuch des Waslaw Nijinskij*, Stuttagrt O. J.)

Parin, Paul et coll, *Les Blacs pensent trop*, Paris: Payot, 1963. ((옮긴이)) 독: *Die Weißen denken zuviel*)

Proust, Marcel, *Sodome et Gomorrhe*, Pléiade II. ((옮긴이)) 독: *Auf der Suche nach der verlorenen Zeit*, Werkausgabe, Frankfrut, 1964, Bd. 7)

Reich, Wilhelm, *Der Einbruch der Sexualmoral*, Verlag für Sexualpolitik, Kopenhagen, 2판, 1932. ((옮긴이)) 영: *The Invasion of Compulsory Sex-Morality*, New York: Farrar, Straus & Giroux, 1971)

Reich, Wilhelm, *Qu'est-ce que la concience de classe?*, Paris: Sinelnikoff, 1934. ((옮긴이)) 독: *Was ist Klassenbewußtsein?*, Amsterdam, 1968(Schwarze Reihe Nr. 4). 영: "What Is Class Consciousness?", tr. Anna Bostock, *Liberation*, Vol.16, no.5, October 1971)

Reich, Wilhelm, *L'Analyse caractérielle*, Paris: Payot. ((옮긴이)) 독: *Charakteranalyse*, Frankfurt, 1973. 영: *Character Analysis*, New York: Simon & Schuster, 1974)

Reich, Wilhelm, *La Fonction de l'orgasme*, Paris: L'Arche, 1942. ((옮긴이)) 독: *Die Funcktion des Orgasmus, Die Entdeckung des Orgons*, Frankfurt, 1972. 영: *The Function of the Orgasm*, tr. Vincent R. Carfagno, New York: Simon & Schuster, 1973)

Reich, Wilhelm, *Psychologie de masse du fascisme*. ((옮긴이)) 독: *Massenpsychologie des Faschismus*, Köln, 1971. 영: *The Mass Psychology of Fascism*, tr. Vincent R. Carfagno, London: Souvenir Press, 1970)

Ricoeur, Paul, *De l'interprétation*, Paris: Seuil, 1965. ((옮긴이)) 독: *Die Interpretation. Ein Versuch über Freud*, Frankfurt, 1969)

Rush, J. H., *L'Origine de la vie*, Paris: Payot. ((옮긴이) 영: *The Dawn of Life*, Garden City, N.Y.: Hanover House, 1957)

Szondi, Lipoítra, *Diagnostic expérimental des pulsions*, P.U.F., 1947. ((옮긴이) 독: *Lehrbuch der experimentellen Triebdiagnstik*, Huber/Bern/Stuttgart, 1947, 1960, 1972. 영: *Experimental Diagnostics of Drives*, New York: Grune & Stratton, 1952)

Tausk, Victor, "De la genèse de l'appareil à influencer au cours de la schizophrénie", in *la Psychanalyse*, 1919, 4호. ((옮긴이) 독: "Über die Entstehung des »Beeinflussungsapparates« in der Schizophrenie," in *Internationale Zeitschrift für Psychoanalyse*, Bd. 5, Leipzig & Wien, 1919, pp.1~33. *Psyche*, Bd. XXIII, H. 5, Stuttgart, 1969, pp.354~384에 재수록. 영: "On the Origin of the Influencing Machine in Schizophrenia," *Psychoanalytic Quarterly*, no.2, 1933, pp.519~556)

Wittfogel, Karl, *Le Despotisme oriental*, Paris: Minuit, 1957. ((옮긴이) 영: *Oriental Despotism. A comparative study of total power*, New Haven, Conn.: Yale University Press, 1957. 독: *Die Orientalische Despotie. Eine vergleichende Untersuchung totaler Macht*, Köln/Berlin, 1962)

옮긴이의 말
세계 자본주의 상황에서 잘 산다는 것

　질 들뢰즈와 펠릭스 과타리가 함께 쓴 『안티 오이디푸스 — 자본주의와 분열증』(1972~1973)은 그동안 읽히지 않는 책으로 악명이 높았다. 한국어로는 물론 원어로도.[1] 옮긴이는 이 책을 원문 참조 없이 번역본만으로도 읽을 수 있는 책이 되게 하려고 최대한 노력했다. 물론 저자들의 수많은 개념들은 쉽게 이해될 수 있는 성격의 것이 아니며, 설사 개별 개념들이 이해되었다 해도 책의 내용이 자동으로 이해되는 것은 아니어서, 번역 과정은 결코 녹록지 않았다. 번역에 착수한 것이 2003년이고 초역이 마무리된 것이 2007년이며 2012년에야 이 책을 중심으로 한 박사 학위논문이 완성되었으니, 무척 긴 시간이 소요된 것도 과장 없이 사실이다. 이 책의 내용을 바탕으로 여러 강의도 진행했고 논문들도 썼지만, 옮긴이 자신도 내용을 충분히 숙지했는지는 여전히

1　최근에 『안티 오이디푸스』에 대한 해설서를 쓴 저명한 들뢰즈 연구자 뷰캐넌은 "『안티 오이디푸스』의 수사학의 어려움은 저자들이 말하려고 하는 것을 이해하는 것 자체가 하나의 성취일 정도이다"라고 고백한다. Ian Buchanan, *Deleuze and Guattri's* Anti-Oedipus. *A Reader's Guide*, London & New York: Continium, 2008, p.133. 한편 옮긴이는 박사 학위논문(「들뢰즈의 비인간주의 존재론」)에서 『안티 오이디푸스』에 대한 여러 해명을 시도했는데, 논문 텍스트는 서울대 도서관 홈페이지에서 쉽게 구할 수 있다.

자신이 없다. 다만 외국에서 간행된 저술들과 논문들 그리고 국제 학술 대회에서 접한 강연과 대화를 통해, 아직 『안티 오이디푸스』는 현 시점에서 세계적으로도 충분히 이해된 책이 아니라는 점은 분명히 확인할 수 있었다. 이런 확인은 특별한 자신감으로 다가왔으며, 번역 작업을 이쯤에서 마쳐도 되리라는 결심을 굳히게 했다. 언제까지 혼자서만 읽는 텍스트로 놔둘 수는 없으며, 한국어를 읽을 수 있는 모든 이가 공유해야 할 시점이 되었다는 느낌이 든 것이다.

잘 알려져 있듯이 이 책은 1994년에 최명관의 번역으로 국내에 소개된 바 있으며, 오랫동안 이 판본으로 유통되었다. 어느덧 이십 년이라는 짧지 않은 시간이 흘렀고 긴급한 필요성이 없다면 굳이 새로 번역해서 출간할 의미가 없었을지도 모른다. 물론 이미 고전의 위치를 차지한 책이기 때문에 얼마간 들뢰즈와 과타리의 사상이 소화된 시점에 내용 이해를 수반한 새 번역이 등장해야 한다는 구실을 붙여 볼 수도 있겠다. 그렇지만 많은 중요한 고전들이 여전히 번역을 기다리고 있다고 할 때, 그 어떤 절박함을 새로운 번역의 이유로 제시하지 않으면 안 될 것이다.

그런데 그 조건이 충분히 성숙되었다. 현재 세계인이 경험하고 있는 유례없는 상황, 즉 '자유무역'이라는 이름으로 진행되고 있는 통합된 세계 자본주의의 완성이 그것이다. 옮긴이는 들뢰즈의 제자이자 그 자신이 독자적인 사상가인 우노 구니이치가 이 책을 일본어로 재번역하면서 쓴 진술에 전적으로 동의한다. 우노는 이 책이 출간된 지 삼십 년 이상이 지난 시점에 "이 책을 다시 고쳐 읽는 일, 새롭게 번역하는 일"이 어떤 의미가 있는지 자문하면서 이렇게 적고 있다. "노동-임금에서의 화폐의 흐름과 융자-자본에서의 화폐의 흐름이라는 전혀 이종적인 흐름이 아무런 고정된 기준도 없이 끊임없이 떠다니고 미세하게 조정

674

되면서 관계를 맺는 자본주의 체계를, 들뢰즈와 과타리는 맑스와 경제학자들을 다시 읽으면서 새롭게 정의한다. 분열증과 편집증은 이 냉소적 체계에서 바로 두 극, 두 경향성으로 출현한다. (……) 끊임없이 극한을 향하면서도 극한을 밀어내는 자본의 운동은, 극한에 있어 욕망적 생산의 운동이기도 하다. 이런 의미에서 이 책은 욕망론으로, 맑스의 모티브를 충실하게 답습하며 새롭게 자본론을 전개한다. (……) 이런 분석들은 오늘날 더욱더 유효하다."[2] 물론 그전에도 우노는 이 책이 "새로운 『자본』을 쓰려는 시도"[3]라고 평가한 바 있지만. 자본주의가 성립하던 시기에 맑스가 했던 일이 자본주의의 정체를 밝히고 그 운동 방향을 모색하는 것이었다면, 말하자면 19세기 자본주의의 지도 제작이 과제였다면, 저자들은 이 과업을 발전시켜 자본주의의 최종 양상인 세계 자본주의의 완성이 가까워진 시점에서 현대자본주의의 지도 제작을 행했다고 할 수 있다. 이것은 전적으로 기술적(記述的)이고 존재론적인 작업이다.

옮긴이는 여기에 이 책이 갖는 다른 국면 하나를 덧붙이고 싶다. 『안티 오이디푸스』는 니체의 '영원회귀' 사상의 정치철학적 확장이다. 앞서 분석된 세계 자본주의의 완성 시점에서 당연히 '어떻게 살 것인가?'라는 문제에 대한 탐색이 자동적으로 요청되며, 저자들은 이 자원을 니체에서 끌어왔다. 들뢰즈는 이미 1962년에 출간된 『니체와 철학』에서 니체의 영원회귀 사상이 지닌 우주론적(존재론적)·윤리적·문화비판적 양상들을 밝힌 바 있는데, 그로부터 십 년이 지난 시점에서 과타리와의 공동 작업을 통해 세계 자본주의라는 조건에서 영원회귀 사

2 宇野邦一, 「세기를 넘어 이 책이 살아남을 이유(世紀を超えてこの本が生き延びる理由)」(옮긴이 후기), 『アンチ·オイディプス 資本主義と分裂症』(河出文庫, 2006) 하권, p.393, p.396.
3 우노 구니이치, 「해설——방법에 대한 주해」(1994), in 들뢰즈·과타리, 『천 개의 고원』(김재인 옮김, 새물결, 2001), p.980.

상의 윤리-정치적 양상을 정교하게 재구성한다. 존재론은 필연적으로 사회이론으로 발전해야 하며(왜냐하면 우리의 존재 조건이 바로 사회이기에) 종국에는 '어떻게 살 것인가?'라는 윤리적·정치적 물음에 답해야 한다. 말하자면 가치적이고 실천적인 작업이 뒤따라야 하는 것이다. 이에 대해 저자들이 제시한 답이 바로 "과정으로서의 분열증"이며, 그 연원이 영원회귀 사상이다. 실제로 저자들은 "경험으로서의 영원회귀"(549쪽)를 출구라고 명시한다.

이렇게 해서 이 책의 제목이 갖는 의미가 밝혀진다. "안티 오이디푸스 ― 자본주의와 분열증"이라는 제목에서, 자본주의의 본성에 대한 해명이 맑스를 승계한 것이라면 분열증의 방향에 대한 긍정은 니체를 이은 것이다. 이 관점에서 옮긴이는 두 가지를 분명히 해 두고 싶다. 첫째로 들뢰즈는 맑스에 대한 별도의 책을 쓸 필요가 없었는데, 그 이유는 이미 이 책에서 충분히 맑스를 사용했기 때문이다. 둘째로 "자본주의와 분열증"을 주제로 한 두 권의 책(『안티 오이디푸스』와 『천 개의 고원』)은 니체에서 출발해야만 적합하게 읽힐 수 있으며, 니체적 정치철학의 정립이야말로 이 작업의 핵심이다. 이는 지금까지 연구자들이 충분히 강조하지 않은 점이었다. 옮긴이는 번역 과정에서 이 책의 언어들을 최대한 맑스와 니체에 관련해서 옮기려 노력했다. 특히 정신분석과 거리 두기는 이 책의 주요한 목표였기에, 정신분석 용어들을 과감히 저자들의 맥락으로 전유해서 번역했다.

들뢰즈는 절친 파르네와 함께 1988~1989년에 걸쳐 사후에 「들뢰즈 ABC」[4]라는 제목으로 발표된 여섯 시간 분량의 대담을 촬영한다. 여기에는 『안티 오이디푸스』에 대한 들뢰즈 본인의 평가가 나오는데, 아

---

4 Gilles Deleuze & Claire Parnet, *L'Abécédaire de Gilles Deleuze, avec Claire Parnet*, Directed by Pierre-André Boutang(1996). 아래에서 언급하는 내용은 "D comme Désir" 항목에 등장한다.

직 그다지 주목받지 못했으면서도 책 전체의 요점을 담고 있기에 해제를 대신해 소개해 보겠다. 들뢰즈는 『안티 오이디푸스』에서 정신분석에 대해 행한 공격에 세 가지 요점이 있으며, 자신과 과타리 모두 대담 시점까지도 철회하지 않는 내용이라고 말한다. 첫째, 무의식은 "극장"이 아니라 "공장이며, 생산"이다. 둘째, 욕망과 매우 긴밀하게 연계된 것인 망상을 보자면, 사람들은 "전 세계"를, "역사, 지리, 부족들, 사막들, 민족들, 인종들, 기후들"을 망상하지 "가족"과 "아버지와 어머니"를 망상하지 않는다. 셋째, "욕망은 언제나 몇 가지 요인들을 동원해서, 언제나 배치체들을 구성하고 자신을 하나의 배치체 안에 설립"한다. 이 셋은 정신분석이 말하는 것과 정반대되는 것들이다. 이어 파르네는 『안티 오이디푸스』가 "오늘날도 여전히 효과들을 갖고 있는지" 질문한다. 이에 들뢰즈는 "그렇다, 그것은 아름다운 책이다, 아름다운 책이다. 왜냐하면 내 생각에 이 책은 무의식에 대한 하나의 착상을 갖고 있으며, 무의식에 대한 이런 종류의 착상이 등장한 유일한 경우이다"라고 답한다. 이어서 들뢰즈는 세 가지 요점을 제시한다. 첫째, "무의식의 다양체"라는 착상. 둘째, "가족 망상이 아닌 세계에 대한 망상, 우주적 망상, 인종들의 망상, 종족들의 망상"이라는 망상에 대한 착상. 셋째, "극장이 아닌 기계와 공장으로서의 무의식"이라는 착상. 말을 맺으면서 들뢰즈는 의미심장한 말을 남긴다. "그래서, 내 생각이고 내 바람인데, 아마도, 아마도, 이 책은 재발견될 책이리라. 이 책이 재발견되도록 행할 수 있는 일은 없지만." 그리고 옮긴이가 생각하기로는 지금이 바로 『안티 오이디푸스』가 재발견될 정확한 시점이 아닌가 싶다.

『안티 오이디푸스』의 서술 구조에 대해 꼭 언급하고 싶은 말이 있다. 이 책은 네 개의 장으로 이루어져 있는데, 서술 구조는 마치 소라 모양으로 회전하면서 전개되는 양상을 띤다. 1장은 현실의 존재론을 구성하며, 그것을 2장에서 정신분석의 내적 오류를 밝히는 데 순서대로 활용한다. 3장은 세 유형의 사회를 등장 순서에 따라 나누어 다루면서, 존재론이 이 지구에서 어떻게 발현되고 있는지를 밝힌다. 끝으로 4장은 이 존재론에 기초한 윤리학, 정치철학의 범위와 내용을 제시함으로써, 자본주의 상황에서 잘 산다는 것이 어떤 것일지 모색한다. 말하자면, 이 책은 같은 내용을 네 번에 걸쳐 반복하고 확장하는 식으로 서술되어 있다. 사실 서술된 장들의 역순으로 읽는 것이 가장 쉬운 독서법이겠지만, 앞을 모르면 뒤도 이해되지 않는다는 것이 난관이다. 그래서 옮긴이로서 제안할 수 있는 가장 적절한 독서법은 조금 이해가 안 가더라도 순서대로 끝까지 읽어 가는 것이라 하겠다.

마지막 교열을 보면서, 아이의 삶과 노인의 삶을 생각해 보게 됐다. 늘 배고프고 먹고 놀고 자고 이를 반복하는 아이의 삶. 은퇴하고도 여전히 이런저런 의문을 탐구하는 노인의 삶. 뭘 이루려 하는 것도 아니고, 실제로 이룰 여지도 희박한 그런 삶. 지금 이 순간이 가장 중요한 삶. 지금 이 순간 무엇이 최선인지를 실천하는 삶. 운명에 맡기는 걸까, 운명을 만드는 걸까? '과거, 현재, 미래'라는 관념적 시간 말고 '과거와 지금'이라는 현실적 시간에 주목해야 한다. 삶의 시간은 실제로는 '지금 이 순간'밖에 없는데, 이 순간이 '과거'를 만든다. 과거란 일어난 일들 전체를 가리킨다. 일단 일어난 일은 돌이킬 수 없다는 점에서, 과거는 영원하다. 가장 기쁜 순간이건 가장 처참한 순간이건 일단 과거에 편입된 그 순간은 그 자체로 영원하다. 한편 우리는 매번 다시 '지금 이 순간'에 직면해서 행동한다. 영원을 만드는 것은 지금 이 순간의 행동밖에 없다. 매 순간 갱신되는 지금 이 순간. 지금 이 순간은 영원에 이르는 출입문이다. 그렇다면, 잘 산다는 건, 모든 과거에도 불구하고, 모든 과거를 무릅쓰고, 지금 이 순간 최선인 것을 행하는 것밖에 없다. 나머지는 모두 허깨비에 불과하다. 노는 아이와 탐구하는 노인은 이 비밀을 알고 있는 듯하다.

아이를 떠나 노인에 이르기 전, 그 중간 삶은 그렇다면? 보통은 아이나 노인과는 다른 식으로 산다. 쫓기면서도, 자신이 쫓기는 것을 즐기는 듯하다. 아침에 성실하게 출근하고, 작은 불만들을 토로하면서도, 결국 다시 출근하는 삶. 달리 살아 보려 하면, 미쳤다는 소리를 듣는다. 아이처럼 군다는 소리도 듣는다. 오늘날 정상적인 삶은 실은 예속된 삶이다. 사람들은 자본주의가 마련해 놓은 길을 얌전히 따른다. 의식하지 못하는 사이에, 무의식적으로, 다른 길은 없는 것처럼. 자본주의가 현대인의 삶에 파 놓은 길들, 있을 수 있는 유일한 길이라고 제시된 그 길들. 이 길들이 우리 삶의 하부구조요 현실적 조건이다. 이것이 무의식이다. 심리적 무의식을 훨씬 넘는 존재론적 무의식, 사회적 무의식. 자본주의는 현대인의 무의식이요, 그 중요한 길들은 시장과 돈이다. 시장과 돈을 직접 비판하지 않는 정치철학은 더 이상 무용지물이다. 자본주의는 놀라울 만큼 강하고 교활하다. 옮긴이의 생각으로는, 이 비판을 가장 멀리까지 끌고 간 사상가가 바로 들뢰즈와 과타리이다.

이 책에는 수많은 고유명사(인명, 사건, 작품 등)가 등장하는데, 옮긴이는 일일이 설명하지 않은 채로 두었다. 요즘 인터넷에서 큰 어려움 없이 정보를 얻을 수 있다는 점이 핑계가 될 수 있다고 보았다. 또한 내용에 대한 주석과 해설도 번역서에 포함하지 않았는데, 일단 달기 시작하면 어디서 멈추어야 할지 결단하지 못해 출간이 마냥 지연될까 우려되었기 때문이다. 더욱이 책의 분량에 대한 고려도 이런 결정에 한몫했다. 본 번역서에 포함되지 않은 이런 내용들은, 가이드북 형식을 한 별도의 책에 담아 보완할 생각이다. 그리고 개인 홈페이지 '철학과 문화론'(http://armdown.net)을 통해 독자와 적극적인 토론에 임할 준비가 되어 있다.

옮긴이의 말

부록으로 수록한 「한국어-프랑스어 용어 대조」는 꼭 개념어에 국한하지 않고 책 전반에 걸쳐 번역의 일관성을 위해 사용한 일반 용어들도 포함했다. 이를테면 저자들의 생각이 지나간 궤적으로, 저자들이 이른 지점들을 가리키는 이정표로 여길 수 있었으면 하는 마음이다. 몇 가지 개념들은 현재 통용되는 용어가 아닌 논란의 여지가 있는 꽤 새로운 용어로 옮겼는데, 이는 들뢰즈와 과타리가 전유한 철학적 맥락을 최우선으로 고려하다 보니 그리된 것이고, 이 점에 대해서는 동료 연구자들과 독자들에게 깊은 양해를 부탁드린다. 그 대신 개념 번역어의 일관성을 최대한 유지했으므로 「한국어-프랑스어 용어 대조」에서 확인 가능한 원어를 통해 일반적으로 통용되는 용어들을 복원할 수 있도록 배려했다. 또한 미셸 푸코의 저 유명한 영어판 서문 「비-파시스트적 삶의 입문서」(1977)도 앞부분에 수록하여 독자들의 이해에 조금이라도 더 보탬이 될 수 있게 하려고 노력했다.

책이 나오는 과정에서 몇몇 큰 도움을 준 이들이 있다. 우선 이 책의 번역을 가능하게 해 준 장은수 형, 이 책이 이런 꼴을 갖추도록 유능한 솜씨로 도와준 민음사 편집부, 그리고 참 많이 견디고 오래 기다려 준 식구들에게 깊은 고마움을 바친다.

번역 대본으로는 Gilles Deleuze & Félix Guattari, *L'Anti-Œdipe. Capitalisme et schizophrénie*, Paris: Les éditions de Minuit, 1972의 증보판 (1973)을 썼다. 또한 다음 번역들을 참조했다. *Anti-Ödipus. Kapitalismus und Schizophrenie I*, tr. Bernd Schwibs, Frankfurt am Main: Suhrkamp Verlag, 1974. *Anti-Oedipus. Capitalism and schizophrenia*, tr. Robert Hurley, Mark Seem, & Helen R. Lane, New York: Viking Press, 1977. 『アンチ・オイディプス 資本主義と分裂症』(上, 下), tr. 宇野邦一, 河出文庫, 2006.

『앙띠 오이디푸스 ─ 자본주의와 정신분열증』, 최명관 옮김, 민음사, 1994.

2014년 12월
김재인

일러두기

1 이 대조표는 개념에 국한되지 않고, 저자들의 문제를 관통하는 어휘들을 대부분 담으려 했다. 그럼으로써 저자들의 문제의 지평이 확인되기를 기대했다.

2 한자를 병기한 것은 의미를 더 분명하게 밝히기 위함이다. 특히 몇몇 한자는 옮긴이가 만든 조어(造語)임을 밝힌다.

한국어-프랑스어 용어 대조

가계(家系) lignée

가공(加工) élaboration

가로지르다 transverser

가면(假面) masque

가문(家門) lignage

가변자본(可變資本) capital variable

가상(假象) illusion

가족 소설(家族小說) roman familial

가족주의(家族主義) familialisme

가지 뻗기 brancher

가치(價値) valeur

각인(刻印) empreinte

감가상각(減價償却) amortissement

감각(感覺) sensation

감정(感情) émotion

감정을 품은 ressenti

값 valeur

강렬(强烈)한 intense

강박(强迫) obsession

개념(槪念) concept

개인(個人) individuel

개인 환상(個人幻想) fantasme individuel

개체(個體) individuel

개체군(個體群) population

개체화(個體化) individuation

객관적(客觀的) objectif

객체적(客體的) objectif

거세(去勢) castration

거인다움(巨人-) gigantisme

결과(結果) effet

결백(潔白) innocence

결속(結束) consistance

결연(結緣) alliance

결핍(缺乏) manque

결합 종합(結合綜合) synthèse conjonctive

결합(結合) conjonction

겹침 recouverment

경과(經過) procès

경도(經度) longitude

경향(성)(傾向性) tendance

경향적 저하(傾向的 低下) baisse
tendancielle

계급(階級) classe

계보(학)(系譜學) généalogie

계시(啓示) révélation
계약(契約) contrat
계열(系列) série
계열체(系列體) paradigme
고아(孤兒) orphelin
고유한 의미의 억압(固有 抑壓)
refoulement proprement dit
고착(固着) fixation
고통(苦痛) douleur
공리(公理) axiome
공리계(公理系) axiomatique
공백(空白) vide
공시적(共時的) synchronique
공장(工場) usine
공제(控除) ponction
공진(共振) résonance
공포(恐怖) terreur
과정(過程) processus
과학(科學) science
관념(觀念 idée
관념해리(觀念解離) dissociation
관료제(官僚制) bureaucratie
광기(狂氣) folie
괴로움 souffrance
교점(交點) nœud
교체(交替) permutation
교환(交換) échange
교환가치(交換價値) valeur d'échange
구매(購買) achat
구별(區別) distinction
구상적(具象的) figuratif
구성체(構成體) formation
구술적(口述的) oral
구조(構造) struture
국가(國家) Etat
국지화(局地化) localisation

군중(群衆) foule
군중(群衆) masse
군집성(群集性) grégarité
권능(權能) pouvoir
권력(權力) puissance
권력의지(權力意志) volonté de puissance
권력 형식(權力形式) forme de puissance
권위(權威) autorité
궤(櫃) arche
규정(規定) détermination
그다음에 et puis
그램분자적 molaire
극(極) pôle
극장(劇場) théâtre
극한(極限) limite
근거(根據) raison
근친상간(近親相姦) inceste
글 écriture
금욕적 이상(禁慾的 理想) idéal ascétique
금융(金融) finance
금지(禁止) interdit
긍정(肯定) affirmation
긍정적(肯定的) affirmatif
기계(機械) machine
기계론(機械論) mécanisme
기계 문(機械門) phylum machinique
기계장치(機械裝置) machinerie
기계적 배치체(機械的 配置體)
agencement collectif
기계적 지표(機械的 指標) indice
machinique
기관(器官) organe
기관-기계(器官機械) machine-organe
기관 없는 몸(器官-) corps sans organes
기능(機能) fonction
기능주의(機能主義) fonctionalisme

기록(記錄) écriture

기록적(記錄的) écrit

기만(欺瞞) mystification

기본전제(基本前提) postulat

기분(氣分) Stimmung

기쁨 joie

기술 관료제(技術官僚制) technocratie

기술 기계(技術機械) machine technique

기억(記憶) mémoire

기울기 gradient

기원(起源) origine

기의(記意) signifié

기입(記入) inscription

기적 기계(奇蹟機械) machine miraculante

기질(基質) substrat

기표(記標) signifiant

기호(記號) signe

기호소(記號素) monème

기호-점(點) point-signe

꿈 rêve

끌어당김 attraction

끝 fin

나머지 reste

나중 par après

난쟁이다움 nanisme

남근(男根) phallus

내공(內鞏) intensité

내공량(內鞏量) quantité intensive

내류(內流) influx

내면화(內面化) intériorisation

내부(內部) intérieure

내부화(內部化) intériorisation

내용(內容) contenu

내용 형식(內容形式) forme de contenu

내입(內入) introjection

내재(성)(內在) immanence

내재적(內在的) immanent

냉소(冷笑) cynisme

냉혹함(冷酷) dureté

너머 au-delà

노동(勞動) travaille

노예(奴隸) esclave

노예 상태(奴隸狀態) esclavage

누멘 numen

눈썰미 coup d'œil

능동(能動) action

능력(能力) capacité

다성성(多聲性) polyvocité

다양체(多樣體) multiplicité

다의적(多義的) polyvoque

단념(斷念) abandon

담당자(擔當者) agent

대상(對象) objet

대상관계(代價關係) relation objectale

대상적(對象的) objectif

대중(大衆) masse

대차대조표(貸借對照表) bilan

대체물(代替物) substitut

대체-투자(代替投資) contre-

investissement

대칭적(對稱的) symétrique

대표(代表) représantant

덧투자(덧投資) surinvestissement

도구(道具) outil

도달 집합(到達集合) ensemble d'arrivé

도약(跳躍) saut

도주선(逃走線) ligne de fuite

도주점(逃走點) point de fuite

도주하다(逃走) fuir

독신 기계(獨身機械) machine célibataire

독실(篤實) piété
독자성(獨子性) singularité
돈 argent
돌파(突破) percée
동기(動機) mobile
동방(東邦) Orient
동성애(同性愛) homosexualité
동일시(同一視) identification
동종적(同種的) homogène
되먹임 feedback
등가관계(等價關係) équivalence
등가물(等價物) équivalent
등급(等級) degré
등급 측정기(等級測程器) gradimètre
등록(登錄) enregistrement
등장인물(登場人物) personnage

리비도 libido
리비도 경제학(-經濟學) économie libidinale

마조히즘 masochisme
만남 rencontre
만족(滿足) satisfaction
망상(妄想) délire
매개(媒介) médiation
메커니즘 mécanisme
면(面) plan
명명(命名) nomination
명칭(名稱) appellation
모순(矛盾) contradiction
모의하다(模擬) simuler
모태(母胎) matrice
목적(目的) fin
목표(目標) but
몫 part

몸[體] corps
무결(無缺) intégrité
무리 meute
무의식(無意識) l'inconscient
무작위(無作爲) aléatoire
무정부상태(無政府狀態) anarchie
무한(無限) infini
무한퇴행(無限退行) régression infinie
문명(文明) civilisé
문제(問題) probléme
문제틀(問題-) problématique
문턱 seuil
문화(文化) culture
물리학(物理學) physique
물신(物神) fétichisme, fétiche
물질(物質) matière
물체(物體) corps
물활론(物活論) animisme
미개(未開) sauvage
미분 비(微分比) rapport différentiel
미분(微分) différention
미분계수(微分係數) coefficient différentiel
미분화(未分化) indifférenciation, l'indifférencé
민족학(民族學) ethnologie
믿음 croyance
밀쳐 냄 répulsion

바깥 dehors
반동적(反動的) réactionnaire
반생산(反生産) anti-production
반응-(反應) réaction
반응(反應) réponse
반응하다 réagir
반작용(反作用) réaction
받침대 support
발전(發展) développement

방계(傍系) latéral
방어(防禦) défense
배아적(胚芽的) germinal
배열형태(配列形態) configuration
배제(排除) exclusion
배치체(配置體) agencement
배타적(排他的) exclusif
벌거벗은 nu
법(法) loi, droit
법률(法律) loi
법칙(法則) loi
벽돌 brique
변동(變動) fluctuation
변수(變數) variable
변용(變容) affection
변이형(變異形) variété
변전(變轉) transition
변주(變奏) variation
변태(變態) pervers
변태(성)(變態性) perversion
변환(變換) transduction
병리(病理) pathodologie
보완성(補完性) complémentarité
보유(保有) rétention
보편(普遍) universel
복귀(復歸) rabattement
복수(復讐) vengence
복합체(複合體) complexe
본능(本能) instinct
본원적 억압(本源的 抑壓) refoulement
originaire
본원적 환상(本源的 幻想) fantasme
originaire
볼룹타스 voluptas
부(富) richesse
부동의 모터(不動-) moteur immobile

부분(部分) partie
부분대상(部分對象) objet partiel
부분적 partiel
부인(否認) dénégation
부재(不在) absence
부정(否定) négation
부정적 négatif
부채(負債) dette
부품(部品) pièce
분간 가능성(分揀可能性) discernabilité
분리(分離) disjonction
분리 종합 synthèse disjonctive
분리차별(分離差別) ségrégation
분배(分配) distribution
분별(分別) différenciation
분열분석(分裂分析) schizo-analysis
분열자(分裂者) schizophrène, schizo
분열증(分裂症) schizophrénie
분자적(分子的) moléculaire
분절(分節) articulation
분파(分派) segment
분할선(分割線) ligne de partage
불멸성(不滅性) immortalité
불변자본(不變資本) capital constant
불변항(不變項) invariant
불안(不安) angoisse
불충분(함)(不充分) insuffisance
붕괴(崩壞) effondrement
블록 bloc
비대칭(非對稱) asymmétire
비인간적 성(非人間的 性) sexe non
humain
비제한적(非制限的) illimitatif
비축하다(備蓄) stocker
비-특유한 non-spécifique
비판(批判) critique

비평형(非平衡) déséquilibre

사슬 chaîne

사심 없는(私心 -) désintéressé

사용-(使用) usage

사유재산(私有財産) propriété privée

사유화(私有化) privatisation

사적(私的) privé

사적 소유(私的 所有) propriété privée

사회 기계 machine sociale

사회적 생산 production sociale

사회체(事會體) socius

사후성(事後性) après-coup

산업(産業) industrie

삶 vie

삼각형화(三角形化) triangulation

삽입(挿入) insertion

상상(想像) imagination

상상계(想像系) le symbolique

상업(商業) commerce

상연(上演) mise en sècne

상징(象徵) symbole

상징계(象徵系) l'imaginaire

상징체계(象徵體系) symbolisme

상품생산(商品牛産) production marchande

생명(生命) vie

생명론(生命論) vitalisme

생산(生産) production

생산관계(生産關係) rapport de production

생산력(生産力) force productive

생산물(生産物) produit

생산성(生産性) productivité

생산적(生産的) productif

생산하기 produir

생성(生成) devenir

서식(棲息) peuplement

선별(選別) sélection

선별선(選別線) ligne de sélection

선험적(先驗的) a priori

선형(線形) linéaire

성(性) sexe

성가족(聖家族) sainte famille

성욕(性慾) sexualité

성좌(星座) constellation

세계사(世界史) histoire universelle

소득(所得) revenu

소비(消費) consommation

소외(疏外) aliénation

소질(素質) aptitude

소집단(小集團) groupuscule

소통(疏通) communication

수동(受動) passion

수동적 종합(受動的 綜合) synthèse passive

순응(順應) conformité

순환(循環) cycle

숭배(崇拜) culte

승화(昇華) sublimation

시간발생 기계 machine chronogène

시대착오(時代錯誤) anachronique

시장(市場) marché

시장경제(市場經濟) économie marchande

시험(試驗) épreuve

식민화(植民化) colonisation

신경증(神經症) névorse

신민(臣民) sujet

신용(信用) crédit

실천(實踐) pratique

실체(實體) substance

실험(實驗) expérimentation

실현(實現) réalisation

실효성(實效性) efficacité

실효적(實效的) effective

실효화(實效化) effectuation
심급(審級) instance
씨족(氏族) clan

아낭케 Ananké
아이 enfant
악령(惡靈) le démonique
안 dedans
액포화(液胞化) vacuolisation
야만(野蠻) barbare
약물(藥物) drogue
약물 기계 machine junkie
양식(糧食) bon sens
양심의 가책(良心 呵責) mauvaise
conscience
양화(量化) quantification
어리석음 connerie
어린 시절 enfance
억압(抑壓) refoulement
억압된 것 refoulé
억압된 대표 représentant refoulé
억압하는 재현작용(- 再現作用)
représentation refoulante
언어(言語) langue
언어활동(言語活動) langage
언표(言表) énoncé
언표행위(言表行爲) énonciation
얼마 quantum
얼마임 quantitas
에너지-기계 machine-énergie
엔트로피 entropie
여행(旅行) voyage
역사(歷史) histoire
역학(力學) dynamique
연결(連結) connexion
연결 종합 synthèse connective

연계(連繫) liaison
연상(聯想) association
연속성 continuité
연속체(連續體) continuum
연줄(聯-) lien
연합(聯合) association
열역학(熱力學) thermodynamique
영토 기계(嶺土機械) machine territoriale
영토성(嶺土性) territorialité
예속(隷屬) asservissement
예속(隷屬) servitude
예속 집단(隷屬集團) groupe assujetti
예술(藝術) art
오류(誤謬) erreur
오류추리(誤謬推理) paralogisme
오이디푸스 Œdipe
오이디푸스화 oedipianisation
온전한 global
옷을 입은 vêtu
완전한(完全) complet
왜곡(歪曲) défiguration
외부(外部) extérieure
외삽(外揷) extrapoliation
외상(外傷) trauma, traumatisme
외연(外延) extension
요구(要求) demande
요구자(要求者) prétendant
요소(要素) élément
요인(要因) facteur
욕망(欲望) désir
욕망 기계(欲望機械) machine désirante
욕망적 생산(欲望的 生産) production
désirante
우발(偶發) contingence
우연(偶然) hasard, accident
원국가(原國家) Urstaat

원리(原理) principe
원소(元素) élément
원시(原始) primitif
원인(原因) cause
원천-기계(源泉機械) machine-source
원한감정(怨恨感情) ressentiment
위계(位階) hiérarchie
위도(緯度) latitude
위반(違反) transgression
위상학(位相學) topologie
위신(威信) prestige
위장(僞裝) déguisement
위치(位置) place
위탁(委託) délégation
유기체(有機體) organisme
유도(誘導) induction
유도자(誘導子) inducteur
유동(流動) fluxion
유목(遊牧) nomadisme
유목민(遊牧民) nomade
유목적(遊牧的) nomadique
유입(流入) afflux
유적(類的) générique
유체(流體) fluide
유출(流出) effusion
유통(流通) circulation
유한(有限) fini
유형(類型) type
유혹(誘惑) séduction
육체적(肉體的) somatique
융자(融資) financement
융합(融合) fusion
은유(隱喩) métaphore
은폐(隱蔽) dissimulation
음소(音素) phonème
음화(陰畫) négatif

응축(凝縮) condensation
의고주의(擬古主義) archaïsme
의도(意圖) intention
의미(意味) sens
의미화(意味化) signification
의인적(擬人的) anthropomorphique
이격(離隔) dispars
이데올로기 idéologie
이드 le ça
이미지 image
이방 기계(異邦機械) machine de l'étrange
이산(離散) dispérsion
이성애(異性愛) hétérosexualité
이윤(利潤) profit
이윤율(利潤率) taux de profit
이전(移轉) déplacement
이전된 재현내용 représenté déplacé
이종적(異種的) hétérogène
이주(移住) migration
이중 구속(二重拘束) double bind
이탈(離脫) détachement
이항적(二項的) binaire
이해관계(利害關係) intérêt
이행(移行) passage
인간 기계(人間機械) machine humaine
인간 형태(人間形態) anthropomorphique
인간 형태 중심주의 anthropomorphisme
인간(人間) homme
인공물(人工物) artifice
인공적(人工的) artificiel
인과성(因果性) causalité
인류(人類) humanité
인물(人物) personne
인물적(人物的) personel
인정(認定) reconnaissance
인조적(人造的) factice

인종말살(人種抹殺) ethnocide
인척(姻戚) alliance
일대일대응(一對一對應) bi-univoque
일의성(一義性) univocité
일의적(一義的) univoque
임금(賃金) salaire
임시변통 재주(臨時變通 -) bricolage
임시변통 재주꾼 bricoleur
잉여가치(剩餘價値) plus-value

자극(刺戟) stimulus
자기 비판(自己批判) auto-critique
자동증(自動症) automatisme
자아(自我) moi
자연(自然) nature
자의적(恣意的) arbitraire
작동(作動) fonctionnement
작용(作用) action
작용받음 agi
잔여(물)(殘餘物) résidu
잔혹(殘酷) cruauté
잔혹극(殘酷劇) théâtre de la cruauté
잠복(기)(潛伏期) latance
잠재(潛在) virtuel
잠재력(潛在力) potentielité
장(場) champ
장래(將來) avenir
장소론(場所論) topique
장치(裝置) appareil
재고(在庫) stock
재귀(再歸) récurrence
재생산(再生産) reproduction
재영토화(再領土化) re-territorialisation
재현(작용-)(再現作用) représentation
재현내용(再現內容) représenté
재화(財貨) biens

저항(抵抗) résistance
적극적(積極的) positif
적용(適用) application
적응(適應) adaptation
전달(傳達) transmission
전유(專有) appropriation
전이(轉移) transfer
전쟁기계(戰爭機械) machine guerrière
전제군주(專制君主) déspote
전제군주 기계(專制君主 機械) machine déspotique
전진(前進) progression
전체(全體) tout
절단(切斷) coupure
절대(絶對) absolu
절차(節次) procédé
절편(切片) segment
절편 기계(切片機械) machine segmentaire
절합(節合) articulation
접기 pliage
접붙이기 greffer
정감(情感) affect
정감적(情感的) affectif
정도(程度) degré
정립(定立) position
정립적(定立的) positif
정립하다(정립-) poser
정보(情報) information
정신병(精神病) psychose
정신분석(精神分析) psychanalyse
정신의학(精神醫學) psychiatrie
정체(停滯) stase
정체성(正體性) identité
정초(定礎) fondation
정치(政治) politique
정치경제학(政治經濟學) économie

politique

정치화(政治化) politisation

제기하다(提起-) poser

제도(制度) institution

제도 분석(制度分析) analyse institutionnelle

제한적(制限的) limitatif

조건(條件) condition

조립(組立) montage

조작(操作) opération

조절(調節) régulation

조직(화)(組織化) organisation

조직자(組織者) organisateur

조합(組合) combinaison

존립면(存立面) plan de consistance

존재(물)(存在物) entité

종속(從屬) subordination

종속면(從屬面) plan de la subordination

종합(綜合) synthèse

좌절(挫折) frustration

좌표(座標) référence

죄책감(罪責感) culpabilité

주관적(主觀的) subjectif

주권(主權) souveraineté

주술(呪術) magique

주인(主人) maître

주체(主體) sujet

주체적(主體的) subjectif

주체 집단(主體集團) groupe-sujet

주파하다(走破-) parcourir

주해(注解) exégèse

죽음 충동(-衝動) pulsion de mort

준거(準據) réference

중립적(中立的) neutre

중의적(重義的) ambigu

중화(中化) neutralisation

지도(地圖) carte

지배(支配) domination

지불(支拂) paiement

지불수단(支拂手段) moyen de paiement

지시(指示) désignation

지표(指標) indice

직조(織造) tissu

진동(振動) vibration

진부함(陳腐-) cliché

진실(眞實) vérité

진화선(進化線) ligne d'évlolution

질서(秩序) ordre

질화(質化) qualification

집단(集團) groupe

집단 담당자(集團 擔當者) agent collectif

집단적(集團的) collectif

집단 환상(集團 幻想) fantasme de groupe

집합(체)(集合體) ensemble

집행(執行) exécution

짝짓기 couplage

착상(着想) conception

채권(債權) créance

채취(採取) prélèvement

책략(策略) ruse

처벌(處罰) sanction

천상(天上) hauteur

체계 système

체념(諦念) résignation

체세포적(體細胞的) somatique

체제(體制) régime

초과노동(超過勞動) surtravaille

초류(超流) surflux

초월(성)(超越性) transcendance

초인(超人) surhumain

초자아(超自我) surmoi

초코드화(超코드化) surcodage

초한적(超限的) transfini

총체성(總體性) totalité

추상량(抽象量) quantité abstraite

추상화(抽象化) abstraction

축적(蓄積) accumulation

출몰하다(出沒-) hanter

출발 집합(出發集合) ensemble de départ

충동(衝動) pulsion

충전(充電) charge

친족(親族) parenté

친화성(親和性) affinité

코드 code

콤플렉스 complexe

쾌(快) plaisir

쾌감(快感) plaisir

쾌락(快樂) plaisir

타협(妥協) compromis

탄압(彈壓) répression

탈영토화(脫領土化) déterritorialisation

탈코드화(脫코드化) décodage

탈현행화(脫現行化) désactualisation

토지(土地) terre

통계(적, 학)(統計) statistique

통과의례(通過儀禮) initiation

통시적(通時的) diachronique

통약 불가능성(通約不可能性)
incommensurabilité

통일(성)(統一性) unité

통합[적분](統合, 積分) intégration

퇴행(退行) régression

투기(投企) spéculation

투사(投射) projection

투자(投資) investissement

투자 철회(投資撤回) désinvestissement

특유한(特有) spécifique

특이성(特異性) singularité

파생물(派生物) dérivé

파열(破裂) éclat

판결(判決) verdict

퍼텐셜 potentiel

편집증(偏執症) paranoïa

편집증 기계(偏執症 機械) machine
paranoïaque

편집증자(偏執症者) paranoïaque

편파적(偏頗的) partial

평가(評價) appréciation

평형(平衡) équilibre

폐제(廢除) forclusion

포괄적(包括的) inclusif

포획(捕獲) capture

폭력(暴力) violence

폭탄(爆彈) machine infernale

표기(表記) graphie

표기행위(表記行爲) graphisme

표류(漂流) dérivé

표시(表示) marque

표현 형식(表現形式) forme de expression

표현(表現) expression

필연(성)(必然性) nécessité

필요(必要) besoin

하부구조(下部構造) infrastructure

할당(割當) répartition

함의(含意) connotation

함의면(含意面) plan de la connotation

함축(含蓄) implication

합목적성(合目的性) finalité

합선(合線) court-circuit

합성물(合成物) composé
항(項) terme
항문(肛門) anus
항문성(肛門性) analité
해석(解釋) interprétation
향유(享有) jouissance
허상(虛像) simulacre
혁명(革命) révolution
현실(성)(現實性) réalité
현실계(現實系) le réel
현실의 총체(現實 總體) omnitudo realitatis
현실적 구별(現實的 區別) distinction réelle
현전(現前) présence
현존(現存) présence
현행(現行) actuel
현행 요인(現行要因) facteur actuel
현행화(現行化) actualisation
현현(顯現) manifestation
혈연(血緣) filiation
형상(形象) figure
형상적(形象的) figural
형성(形成) formation
형식(形式) forme
형이상학(形而上學) métaphysique
혼인적(婚姻的) conjugal
화폐(貨幣) monnai
확률(確率) probabilité
환각(幻覺) hallucination
환류(還流) reflux
환상(幻想) fantasme
환원(還元) réduction
환유(換喻) métonymie
활동(活動) activité
회고적(回顧的) rétrospectif

회귀(回歸) revenir
회상(回想) souvenir
회합(會合) séance
횡단선(橫斷線) transversale
횡단성(橫斷性) transversalité
횡단적(橫斷的) transversal
효과(效果) effet
훈육하다(訓育-) dresser
휠레 hylè
흉내 내다 mimer
흐름 flux
흡수(吸收) absorption
힘 force

2차적 억압(抑壓) refoulement secondaire

인명 찾아보기

652, 659

김재인

1969년 서울에서 태어났다. 서울대 동물자원학과 중퇴 후 같은 대학 미학과를 졸업하고 같은 대학 철학과 석사 학위(「니체의 '영원회귀' 사상 연구」)와 박사 학위(「들뢰즈의 비인간주의 존재론」)를 받았다. 고등과학원 초학제연구단 상주 연구원과 한국예술종합학교, 경희대, 한국외국어대, 서울여대, 가천대 강사를 거쳐 현재 서울대 강사와 철학사상연구소 객원 연구원으로 재직하고 있다. 옮긴 책으로『천 개의 고원』(질 들뢰즈, 펠릭스 과타리), 『베르그송주의』(질 들뢰즈), 『들뢰즈 커넥션』(존 라이크만), 『현대 사상가들과의 대화』(리처드 커니, 공역), 『크산티페의 대화』(로저 스크루턴), 『프뤼네의 향연』(로저 스크루턴) 등이 있고, 지은 책으로『처음 읽는 프랑스 현대철학』(공저) 등이 있다. 논문으로는 "Deleuze, Marx and Non-human Sex: An Immanent Ontology Shared between *Anti-Oedipus* and *Manuscripts from 1844*", 「들뢰즈의 칸트 해석에서 시간이라는 문제」, 「들뢰즈의 "부분대상" 이론 ─ 그 존재론적 미학적 의의의 탐색」, 「들뢰즈의 예술론을 통해 본 예술가적 배움 ─ 초기 프루스트론을 중심으로」, 「들뢰즈의 미학에서 "감각들의 블록"으로서의 예술 작품」, 「지젝의 들뢰즈 읽기에 나타난 인간주의적-관념론적 오독」, 「들뢰즈의 스피노자 연구에서 윅스퀼의 위상」, 「들뢰즈의 흄 연구」, 「들뢰즈의 긍정적인 프로이트」, 「긍정과 기쁨의 생성 ─ 들뢰즈의 스피노자 해석」, 「우리가 자유롭기까지: SF 영화 「매트릭스」와 부정신학의 문제」, 「문제는 니힐리즘이다」, 「그러나 모든 고귀한 것은 어려울 뿐만 아니라 드물다 ─ 푸코, 들뢰즈 그리고 대항 문화의 여명 니체」 등이 있다.

현대사상의 모험 01

안티 오이디푸스 자본주의와 분열증

1판 1쇄 펴냄 1997년 4월 25일
2판 1쇄 펴냄 2000년 3월 10일
2판 4쇄 펴냄 2003년 7월 9일
3판 1쇄 펴냄 2014년 12월 15일
3판 9쇄 펴냄 2024년 1월 17일

지은이 질 들뢰즈, 펠릭스 과타리
옮긴이 김재인
발행인 박근섭·박상준
펴낸곳 (주)민음사

출판등록 1966. 5. 19. 제16-490호
주소   서울시 강남구 도산대로1길 62(신사동) 강남출판문화센터 5층 (우편번호 06027)
대표전화 02-515-2000 | 팩시밀리 02-515-2007
홈페이지 www.minumsa.com

한국어판 ⓒ (주)민음사, 1997, 2000, 2014, 2021. Printed in Seoul, Korea

ISBN 978-89-374-1580-7 (94160)
       978-89-374-1600-2 (세트)

* 잘못 만들어진 책은 구입처에서 교환해 드립니다.